भारतीय जनता पार्टी
की
गौरवगाथा

भारतीय जनता पार्टी की गौरवगाथा

शांतनु गुप्ता

प्रकाशक • **प्रभात प्रकाशन प्रा. लि.**
4/19 आसफ अली रोड,
नई दिल्ली–110002
सर्वाधिकार • सुरक्षित
संस्करण • 2023
मूल्य • आठ सौ रुपए
आवरण फोटो • भीष्म श्रीवास्तव
अनुवाद • आनंद कुमार राय
मुद्रक • नरुला प्रिंटर्स, दिल्ली

BHARATIYA JANATA PARTY KI GAURAVGATHA
by Shri Shantanu Gupta ₹ 800.00
(Hindi translation of 'BHARATIYA JANATA PARTY')
Published by Prabhat Prakashan Pvt. Ltd., 4/19 Asaf Ali Road, New Delhi-2
by arrangement with Rupa Publications India Pvt. Ltd.
e-mail: prabhatbooks@gmail.com ISBN 978-93-90315-73-4

प्रस्तावना

29 मार्च, 2015 भारतीय जनता पार्टी (भाजपा) के 11 अशोक रोड स्थित पुराने कार्यालय में एक डिजिटल काउंटर लगातार आगे बढ़ रहा था। पार्टी कार्यकर्ता, पदाधिकारी और स्टाफ सभी डिजिटल स्क्रीन पर नजरें गड़ाए हुए थे। यह पार्टी के नए 'सदस्यता अभियान' के माध्यम से पार्टी में शामिल किए गए सदस्यों की कुल संख्या दिखा रहा था। पार्टी के राष्ट्रीय अध्यक्ष अमित शाह उस दिन दफ्तर में ही थे। वह जब डिजिटल काउंटर को देखने पहुँचे, तब उनकी आँखों में बालसुलभ उत्सुकता थी। सौभाग्य से मैं उस पल का साक्षी था। जैसे ही काउंटर ने लक्ष्य को हिट किया, पूरे दफ्तर में जबरदस्त उल्लास का माहौल बन गया। उल्लसित पार्टी अध्यक्ष, जिन्हें बेहद कठिन लक्ष्य प्राप्त करने के लिए जाना जाता है, वह भी अपनी खुशी छिपा नहीं सके। महत्त्वाकांक्षी सदस्यता अभियान उनका ही विचार था। उनकी दृष्टि से सक्रिय सदस्यों का आधार भाजपा की बिलकुल नई उपलब्धियों को और सुदृढ़ करने का एक साधन था। अगले दिन, हर बड़े समाचार-पत्र ने इसे मोटे और स्पष्ट अक्षरों में प्रकाशित किया—भाजपा दुनिया की सबसे बड़ी पार्टी बनी। 'द टाइम्स ऑफ इंडिया' ने लिखा—"सत्ताधारी भाजपा दुनिया की सबसे बड़ी राजनीतिक पार्टी बन गई है, जिसके सदस्यों की संख्या पिछले पाँच महीने से चल रहे सदस्यता अभियान के कारण 8.80 करोड़ तक जा पहुँची है। अब तक चीन की कम्युनिस्ट पार्टी को सबसे बड़ा राजनीतिक दल माना जाता था, जिसके लगभग 8.60 करोड़ सदस्य हैं। सूत्रों ने बताया कि पार्टी ने रविवार को 8.80 के आँकड़े को छू लिया और भाजपा को उम्मीद है कि इसकी सदस्यता इस महीने के आखिर तक 10 करोड़ को पार कर जाएगी और यही पिछले साल नवंबर में इस अभियान की शुरुआत करते समय इसका लक्ष्य था। पार्टी अध्यक्ष अमित शाह बेंगलुरु में 3 से 4 अप्रैल तक चलनेवाली राष्ट्रीय कार्यकारिणी में अंतिम आँकड़ों का ऐलान करेंगे।"[1]

---

1. टी.एन.एन., 'बी.जे.पी. दुनिया की सबसे बड़ी राजनीतिक पार्टी बन गई', द टाइम्स ऑफ इंडिया, 30 मार्च, 2015 https://timesofindia.indiatimes.com/india/BJP-becomes-largest-political-party-in-the-world/articleshow/46739025.cms

उसी दिन मैंने तय कर लिया था कि इस महान् घटना की दास्तान पूरी दुनिया को सुनानी चाहिए। स्वतंत्रता के बाद कांग्रेस ने जहाँ दशकों तक शासन किया और वामपंथ ने शिक्षा जगत् पर राज किया, वहीं आर्य समाज से हिंदू महासभा तक और राष्ट्रीय स्वयंसेवक संघ (राष्ट्रीय स्वयंसेवक संघ) से भारतीय जनसंघ एवं भारतीय जनता पार्टी तक राष्ट्रवादी आंदोलन की कहानी को पूरी तरह कभी सुनाया ही नहीं गया। यह पुस्तक दुनिया के सबसे बड़े राजनीतिक दल भाजपा के अतीत, वर्तमान और भविष्य को दस्तावेजी रूप देने का एक ईमानदार प्रयास है।

आज मैं जब इस पुस्तक को पूरा कर रहा हूँ, तब भाजपा अपने सदस्यों की संख्या के आधार पर दुनिया की सबसे बड़ी पार्टी है, जिसके 18 करोड़ से भी अधिक सदस्य हैं। यह उन्नीस राज्यों में सीधे या साझीदारों के साथ मिलकर शासन चला रही है। केरल और पश्चिम बंगाल में इसे अच्छा-खासा वोट मिल रहा है। यह अब 'उत्तर भारत' या काऊ बेल्ट की पार्टी नहीं रह गई है। देश के प्रधानमंत्री, राष्ट्रपति, उपराष्ट्रपति और लोकसभा स्पीकर, सभी भाजपा से ही हैं। देश के इतिहास में पहले ऐसा कभी नहीं हुआ, जब कोई भी गैर-कांग्रेसी दल भारत की राजनीति में इतना प्रभावशाली रहा हो। रुझान दिखाते हैं कि यह प्रभावशाली स्थिति कम-से-कम 2024 और शायद उसके बाद भी बनी रहेगी। कई प्रकार से, आज भाजपा उस स्थान पर खड़ी है, जहाँ कांग्रेस 1950 के दशक में हुआ करती थी। संभव है कि हम एक बार फिर एक-दलीय प्रभुत्व के दौर में प्रवेश कर रहे हैं, जहाँ इस बार एक ऐसा दल आगे बढ़ रहा है, जो भारत के राष्ट्रवादी मूल्यों की बुनियाद पर खड़ा है।

भले ही भाजपा की स्थापना औपचारिक रूप से 1980 में हुई, लेकिन इसकी राजनीतिक यात्रा 1951 में भारतीय जनसंघ के गठन से ही शुरू हो चुकी थी। भारतीय जनसंघ की उत्पत्ति अपनी स्थापना से पहले मौजूद राष्ट्रीय स्वयंसेवक संघ और अन्य धार्मिक, सांस्कृतिक और राष्ट्रवादी आंदोलन से हुई। इसलिए भाजपा को समझने से पहले, हमें भारतीय जनसंघ, राष्ट्रीय स्वयंसेवक संघ और अन्य आंदोलनों की जड़ों, उनके गठन, उनके विचारों, नेताओं और वैचारिक संरचनाओं पर गौर करना होगा, जिनकी शुरुआत आर्य समाज से हुई थी। पाठकों के संज्ञान में उन ताकतों, बाहरी और आंतरिक, को लाना भी सार्थक होगा, जो भारत को हजारों वर्षों से कमजोर कर रही हैं और एक राष्ट्रवादी आंदोलन तथा एक राष्ट्रवादी राजनीतिक दल की जरूरत क्यों पड़ी? यह पुस्तक 160 वर्षों के कालखंड की चर्चा करती है, जिसका विस्तार 1857 से 2019 तक है।

इस 160 वर्ष की यात्रा को हम मोटे तौर पर पाँच हिस्सों में बाँटेंगे—हमें राष्ट्रवादी

राजनीतिक विकल्प की जरूरत क्यों है, राष्ट्रीय स्वयंसेवक संघ से पहले राष्ट्रवादी आंदोलन, वह महान् घटना, जिसे राष्ट्रीय स्वयंसेवक संघ, भारतीय जनसंघ और आखिर में भारतीय जनता पार्टी के नाम से जाना गया।

आधुनिक पाठकों के हित में मैं अतीत की राजनीतिक घटनाओं को वर्तमान नेताओं, मीडिया और टिप्पणीकारों के साथ जोड़ता चलूँगा, जिससे कि वे देश के मौजूदा राजनीतिक परिदृश्य को अच्छी तरह समझ सकें। मैं इस बात से संतुष्ट हूँ कि यह पुस्तक सभी प्रकार के पाठकों के लिए एक समग्र रचना के रूप में सामने आई है, जिनमें नए राजनीतिक पाठकों से लेकर गंभीर राजनीतिक वैज्ञानिक, इतिहासकार और आज की सरकारों के साथ ही वर्तमान तथा भविष्य की पीढ़ियों के नेता शामिल हैं।

आभार

भारतीय जनता पार्टी के इतिहास को अपने पाठकों के समक्ष लाने में मेरी सहायता करनेवाले कई लोग मेरी ओर से हृदय से धन्यवाद के पात्र हैं। मैं उन सभी की हार्दिक रूप से सराहना करना चाहूँगा, जिन्होंने इस पुस्तक को पूरा करने के क्रम में शोध करने में मेरी सहायता की। मैं कुछ नामों की चर्चा करूँगा, जो विशेष हैं, जिनके बिना यह कार्य संभव नहीं था।

सबसे पहले राकेश कृष्णन, शंभू साहू, अवीना कोहली, सौरभ झा और विकास सिंह, जिन्होंने शोध के साथ-साथ रेफरेंस की सही पुस्तकों को चुनने में मेरी सहायता की। मैं नेहरू मेमोरियल लाइब्रेरी और उनकी टीम का अपने अभिलेखागार में मुझे प्रवेश देने के लिए धन्यवाद देना चाहूँगा, जिनसे मुझे इस पुस्तक को अच्छी जानकारियों से समृद्ध बनाने में मदद मिली।

स्वप्निका डुग्गु, इस पुस्तक का संपादन करने के लिए आपका धन्यवाद। पुष्कर शर्मा ने मेरी काफी मदद की और मुझे अपने शोध के लिए आवश्यक सुविधाएँ उपलब्ध कराईं।

सबसे महत्त्वपूर्ण मैं अपनी पत्नी श्वेता राव डुग्गु, अपने बेटे अभिराम और अपनी बेटी नक्षत्रा को धन्यवाद देना चाहूँगा, जिन्होंने मुझे अपने काम पर ध्यान लगाने और इस पुस्तक को समय पर पूरा करने का अवसर दिया, उसके साथ ही मेरी अस्त-व्यस्त दिनचर्या तथा यात्राओं में बिना शिकायत मेरा सहयोग किया। अंत में मैं कहना चाहूँगा कि यह सबकुछ मेरी माँ की प्रार्थना और मेरे स्वर्गीय पिता के आशीर्वाद के बिना संभव नहीं था, जिन्होंने सदैव मुझमें अपना विश्वास जताया।

अनुक्रम

भाग-4

भारतीय जनसंघ : भाजपा का पहला अवतार

(1951–1975)

भाग-5

भारतीय जनता पार्टी (1980–2019)

भाग-1

एक राष्ट्रवादी आंदोलन या एक राष्ट्रवादी दल की जरूरत क्यों है?

भारत दशकों तक जिन राष्ट्रवादी आंदोलनों का गवाह रहा है, आज की भाजपा उसी का सबसे नया राजनीतिक अवतार है। मुख्य प्रश्न है—इसका नेतृत्व करनेवाले एक राष्ट्रवादी आंदोलन या राजनीतिक दल की जरूरत क्यों है? आखिर दाँव पर क्या लगा है?

शिक्षा, उच्च शिक्षा, विज्ञान, तकनीक, चिकित्सा, धातु विज्ञान, खगोलशास्त्र, गणित और सीमापार व्यापार के क्षेत्र में भारत सदियों से दुनिया का पथ-प्रदर्शक रहा है। क्रिस्टोफे जेफ्रेलॉट जैसे लोगों के पक्षपातपूर्ण वर्णन सदियों पुराने भारतीय ऐश्वर्य को 'सैद्धांतिक' स्वर्ण युग कह खारिज कर देते हैं, जो लगभग यही संकेत देते हैं कि भारतीय सभ्यता का ऐसा युग एक कपोल-कल्पना है, जिसके पीछे कोई सच्चाई नहीं है और संभवतः ऐसा कोई युग था ही नहीं। और जब कोई इस स्वर्ण युग को तबाह करने का दोष इसलामिक और ब्रिटिश आक्रमणकारियों पर मढ़ता है, तब जैफ्रेलॉट इसे हिंदू हीनता की भावना कहकर पल्ला झाड़ लेते हैं। भारतीय शिक्षा जगत् पर वामपंथ के बुद्धिजीवियों के नियंत्रण के कारण भी इस प्रकार की आधी-अधूरी विद्वत्ता का बरसों तक महिमामंडन किया गया। मेरा यह दृढ़ विश्वास है कि भारतीय लेखकों को, जिनमें मैं भी शामिल हूँ, विभिन्न क्षेत्रों में सदियों पुरानी भारतीय उपलब्धियों को फिर से सामने लाना चाहिए, ताकि झूठ और भारतीय सभ्यता के प्रति द्वेष के समंदर कहीं खो न जाएँ।

1

दाँव पर क्या है?

प्राचीन भारत की शैक्षणिक स्थिति पर गहन दृष्टि इस देश के ज्ञान और शिक्षा को दिए जाने महत्त्व से हमें अवगत कराती है। हमारे देश के तंत्र और संस्थानों ने दुनिया की सबसे पुरानी सभ्यताओं में से एक का पालन-पोषण किया और यह सबसे महान् और युगांतरकारी खोजों का गवाह रही है। किसी समय पर भारत को देश की शैक्षणिक राजधानी माना जाता था। यह इस तथ्य से स्पष्ट है कि पूरी दुनिया से छात्र और विद्वान् भारतीय विश्वविद्यालयों में शिक्षा ग्रहण करने आते थे। फाह्यान और ह्वेनसांग जैसे चीनी यात्रियों ने भारतीय विश्वविद्यालयों और उनकी शिक्षा प्रणाली के गौरव पर पर्याप्त प्रमाण दिए हैं। ह्वेनसांग ने बताया कि उसने नालंदा विश्वविद्यालय जैसा सुंदर संस्थान कभी नहीं देखा था। इसका एक विशाल द्वार था, जिससे प्रवेश करने अनेक ताल-तलैया और उनमें खिलते कमल के फूल दिखाई पड़ते थे। परिसर के अंदर की इमारतें असाधारण रूप से ऊँची थीं। उदाहरण के लिए, वह पुस्तकालय जो परिसर में था, उसकी नौ मंजिला इमारत थी। परिसर में आठ लैक्चर हॉल थे, जिनमें एक दिन में लगभग सौ लैक्चर दिए जाते थे। उस समय पढ़ाई कर रहे छात्रों की संख्या 8,500 से 10,000 तक थी और वहाँ 1,500 शिक्षक भी थे। प्रवेश के लिए परीक्षा भी होती थी, जिसमें शामिल होने वाले मात्र 20 प्रतिशत छात्र पास हो पाते थे। नालंदा के आसपास इतने सारे विश्वविद्यालयों के खुल जाने का यह भी एक कारण हो सकता है, ताकि बड़ी संख्या में मौजूद उन छात्रों को स्थान दिया जा सके, जो विख्यात संस्थान की परीक्षा में पास नहीं हो पाते थे। कुछ अन्य विश्वविद्यालयों में विक्रमशिला, सोमपुरा, जगदला और ओदंतपुरी शामिल थे। कुछ ऐतिहासिक दस्तावेज नालंद के आसपास के गाँवों के शिक्षकों के प्रमाण भी उपलब्ध कराते हैं, जो छात्रों को प्रवेश परीक्षा की तैयारी कराते थे, जो काफी हद तक आज के कोचिंग सेंटरों की तरह थे। कश्मीर में शारदा पीठ अपने पुस्तकालय की दुर्लभ पांडुलिपियों के लिए प्रसिद्ध थी। दार्शनिक रामानुजाचार्य बुद्ध नीति की प्रतियों का अध्ययन करने के लिए केरल से वहाँ पहुँचे थे। साथ ही, प्राचीन भारत में शिक्षण के महत्त्व को इससे भी समझा जा सकता है कि मंदिर भी शैक्षणिक व्यवस्था का अनिवार्य

अंग थे, जिनके आसपास अधिकांश शिक्षण और अध्ययन के कार्य हुआ करता था। इन व्यवस्थाओं को आसपास के गाँवों तथा धनी-मानी लोगों द्वारा आर्थिक मदद उपलब्ध कराई जाती थी। प्राचीन भारत में शिक्षा की गहराई को इसी तथ्य से मापा जा सकता है कि वाद-विवाद शिक्षण प्रणाली का एक अभिन्न अंग था। वाद-विवाद की वैधता के लिए कुछ नियमों का पालन आवश्यक था और वाद-विवाद के कुछ 'तरीकों' से व्यक्ति अंक खो देता था। साध्य, सिद्धांत, हेतु, उद्धरण, प्रत्यक्ष, अनुमान और प्रमाण किसी वाद-विवाद के अंग हुआ करते थे। न्यायशास्त्र तर्क और ज्ञान के विज्ञान की व्याख्या के लिए जाना जाता था, जो अच्छे और बुरे तर्क के बीच अंतर बताता है।[1]

फाहियान और ह्वेनसांग की तरह अनेक भारतीय विद्वान् भी थे, जो चीन गए और अनुवादों के माध्यम से ज्ञान के हस्तांतरण में काफी सहायता की। कश्यप, मतंग, धर्मरत्न, संघव्रण, धर्मसत्य, धर्मकला, महाबल, विघ्न और धर्मपाल उनमें से कुछ ऐसे ही नाम हैं, जो याद आते हैं। दक्षिण भारत के एक और विद्वान् डी. धर्मरुचि ने चीनी भाषा में लगभग तिरपन ग्रंथों का अनुवाद किया। कुमारजीव भारत के विद्वान् थे, जिन्होंने सैकड़ों संस्कृत रचनाओं का अनुवाद चीनी भाषा में किया, जिन्हें आज चीनी साहित्य की उत्कृष्ट रचनाएँ माना जाता है। भारतीय विश्वविद्यालयों के खगोलविदों को चीनी वैज्ञानिक संस्थानों में बहुत उच्च स्थान दिया जाता था। भारतीय वैज्ञानिक गौतम सिद्ध आठवीं सदी में चीन के खगोलविद्या के आधारिक बोर्ड के अध्यक्ष बने और नवग्रह कलेंडर का अनुवाद चीनी भाषा में किया। उन्होंने भारतीय अंकों से भी चीन को परिचित कराया। प्रिंटिंग प्रेस के आविष्कार का श्रेय भी उन बौद्ध विद्वानों को दिया जाता है, जो भारत से चीन गए थे।[2]

धर्मपाल, जिन्होंने प्राचीन भारतीय घटनाओं पर शोध किया और विस्तार से लिखा, यह सिद्ध करने के लिए अनेक उदाहरण देते हैं कि भारतीय गणित और खगोलविद्या में अत्याधुनिक प्रगति हुई थी। ऐसा ही एक उदाहरण बनारस वेधशाला का है, जिसे इनसाइक्लोपीडिया ब्रिटैनिका ने 1823 तक के अपने संस्करणों में दुनिया की पाँच 'प्रसिद्ध वेधशालाओं' में से एक माना था। लंबे समय तक इस वेधशाला की स्थापना की तारीख को लेकर विवाद रहा। फिर भारतीय पुरातत्त्व सर्वेक्षण (ए.एस.आई.) ने इसे अनिश्चित बताया और सोलहवीं सदी के आसपास का बताया। साथ ही, दक्षिण भारत में पाए गए कुछ खगोलीय टेबल में कुछ बातें समान हैं—उनके 'युग' का समय 'कलयुग' के ही समय का बताया जाता है, जिसका आरंभ 3102 ईसा पूर्व बताया जाता है। यह भी कहा गया है कि इन तालिकाओं में ग्रहों की स्थितियाँ उनके काफी करीब हैं, जिन्हें

1. सहना सिंह, द *एजुकेशनल हैरिटेज ऑफ एन्सिएंट इंडिया : हाऊ एन इकोसिस्टम ऑफ लर्निंग वास लेड टु वेस्ट*, नोशन प्रेस, 2017
2. उपर्युक्त

आधुनिक इंटेग्रल कैलकुलस और गुरुत्वाकर्षण के सिद्धांत के उपयोग से की गई गणना के आधार पर तय किया गया है। इन तालिकाओं को बनाया जाना बताता है कि ज्यामिति और अंकगणित का ज्ञान कितना गहरा था और कैलकुलस का ज्ञान त्रिकोणमिति के ही समान था। रूबेन बरो और एच.टी. कोलब्रुक ने क्रमशः द्विपद प्रमेय और भारतीय बीजगणित के विषय में लिखा है। द्विपद प्रमेय पर बरो लिखित लेख कलकत्ता (अब कोलकाता) में 1790 में प्रकाशित किया गया था। उस समय तक इस प्रमेय की खोज का श्रेय न्यूटन को दिया जा रहा था। यही हाल अधिकांश गैर-यूरोपीय खोजों का भी हुआ—जिन सभी का श्रेय यूरोपीय लोगों को दिया गया, जिन्होंने शायद अनुवादों को पढ़ा था या बहुत बाद में उनकी 'फिर से खोज' की थी।

चिकित्सा की बात करें तो भारत के चिकित्सक देश के विभिन्न हिस्सों में सर्जरी की तकनीकों का व्यापक प्रयोग कर रहे थे। जैसा कि धर्मपाल ने लिखा है—

> "कर्नल किड के अनुसार 'चर्जरी' (सर्जरी के लिए पुराना शब्द) में वे (भारतीय) अकसर अल्सर और बेहद बिगड़ी हालत वाली त्वचा की खराबी को हटाने में सफल रहते थे। सूजन बढ़ाने की प्रक्रिया और हमारे तरीके से एकदम उलट तरीका अपनाए जाने से, जिससे हमारे सर्जन भी अपने कौशल को लेकर उलझन में हैं और यह हैरान करनेवाला है कि उन्हें इसकी जानकारी बहुत पहले हो गई थी। डॉ. एच. स्कॉट भी इसकी पुष्टि करते दिखते हैं और बताते हैं कि पश्चिमी भारत में प्लास्टिक सर्जरी खूब हुआ करती थी⋯"

भारत का चिकित्सा विज्ञान अनेक प्रकार से दुनिया में बहुत आगे था। इसे चेचक के टीके और छेद करने वाले यंत्र के उपयोग के उदाहरण से समझा जा सकता है।[3]

पुर्तगाली चिकित्सक गार्जिया दा ओर्ता 1538 में गोवा आकर बस गए थे। उन्होंने आयुर्वेदिक औषधियों पर विस्तार से जानकारी इकट्ठा की और 'कोलोकियोस दोस सिमप्लेस ई द्रोगास हे कूसास मदिसिनास दा इंडिया' (भारत की सरल चिकित्सा, औषधियों और औषधीय तत्त्वों पर चर्चा) लिखी। चिकित्सा पर बाद में लिखी पुस्तकों पर इस पुस्तक का प्रभाव पड़ा और इसमें उन जड़ी-बूटियों के बारे में लिखा गया, जिनका उपयोग भारतीय कर रहे थे और जिनसे आधुनिक चिकित्सा का मार्गदर्शन हुआ।

प्रसिद्ध लेखक सीताराम गोयल ठीक ही कहते हैं कि भारत का प्राचीन इतिहास इतना महान् है कि इसे जरूरत से ज्यादा दिखाने की आवश्यकता ही नहीं है। गुप्त काल को उन्होंने हिंदू इतिहास का स्वर्ण युग कहा है, जब हिंदू आध्यात्मिकता, कला, साहित्य

---

3. धर्मपाल, *'द ब्यूटीफुल ट्री : इंडीजेनस इंडियन एजुकेशन इन एटीन्थ सेंचुरी'*, बिबलिया इंपेक्स, 1983

और विज्ञान ने ऐसी पूर्णता प्राप्त की, जिसे अब तक कोई पीछे नहीं छोड़ सका है। महानतम खगोलविदों में से एक आर्यभट्ट और विख्यात संस्कृत कवि और नाटककार कालिदास गुप्त काल की ही देन हैं।

मैं जानता हूँ कि पाठकों ने इस पुस्तक को भाजपा के इतिहास के विषय में जानने के लिए उठाया है और भारत के स्वर्णिम अतीत पर इस चर्चा को भटकाव के रूप में देख रहे होंगे, लेकिन हमें राष्ट्रवादी आंदोलनों या उन आंदोलनों का समर्थन करने और उन्हें अपनाने वाले किसी राजनीतिक दल की जरूरत क्यों है, इसे सभ्यता से जुड़ी पृष्ठभूमि को जाने बिना समझा नहीं जा सकता। लोग किसी सरकार की क्षमता का आकलन भले ही पेट्रोल के दाम या डॉलर की तुलना में रुपए की स्थिति से कर सकते हैं, लेकिन जो दाँव पर लगा है, वह इनसे कहीं बड़ा है। हजारों वर्षों पुरानी एक सभ्यता दाँव पर लगी है।

इसलामी आक्रमणकारियों के हजारों वर्षों के शासन से भारत को भारी क्षति हुई

अमेरिकी लेखक और इतिहासकार विल डुरांट कहते हैं, "भारत पर मुसलमानों की विजय शायद इतिहास की सबसे रक्तरंजित कहानी है।" सोमनाथ मंदिर में गजनवी की लूटपाट के बाद आनेवाले इसलामी आक्रमणकारियों द्वारा मंदिरों को तहस-नहस करना एक सामान्य आदत बन गई। सोमनाथ मंदिर से शिवलिंग के टुकड़े गजनी ले जाए गए। उसके कुछ टुकड़ों का इस्तेमाल उस शहर में जामा मसजिद की सीढ़ियाँ बनाने के लिए किया गया और बाकी हिस्सों को मक्का, मदीना और बगदाद भेजकर उसी प्रकार से अपमानित किया गया। इसलामी साम्राज्यवाद को बारहवीं सदी के आखिरी 25 वर्षों में मोहम्मद गौरी ने फिर से जिंदा किया। इस बार सारनाथ का बौद्ध परिसर तहस-नहस किया गया और भिक्षुओं की हत्या कर दी गई। अकेले बनारस में ही उन्होंने 1,000 मंदिरों को तोड़ा और उनकी बुनियाद पर मसजिदें बनवाईं।

वर्ष 1194 में, गौरी के सेनापति कुतुबुद्दीन ऐबक ने दिल्ली में सत्ताईस हिंदू मंदिरों को तोड़ा और उनके मलबे से कुव्वत-उल-इसलाम मसजिद बनाई। अजमेर लौटने पर, ऐबक ने बीसलदेव के संस्कृत महाविद्यालय को नष्ट किया और वहाँ एक मसजिद की नींव रखी, जिसे 'अढ़ाई दिन का झोंपड़ा' के नाम से जाना गया। मंदिरों की यह तोड़फोड़ खिलजियों के समय भी जारी रही। अलाउद्दीन खिलजी ने हिंदू मंदिरों को तोड़ा और टूटी प्रतिमाओं को दिल्ली भेजा गया, ताकि जामा मसजिद के सामने उनका ढेर लगाया जा सके। तुगलकों के शासन में फिरोजशाह तुगलक था, जिसने उड़ीसा (अब ओडिशा) की ओर पुरी के जगन्नाथ मंदिर को तोड़ने और अन्य हिंदू धर्मस्थलों को तबाह करने के लिए कूच किया था। इसके बाद आनेवाले मुगल भी कोई अच्छे नहीं थे। बाबर ने अयोध्या

के राम मंदिर को तुड़वाया। हुमायूँ और बाद में शाहजहाँ ने हिंदू मंदिरों को तोड़ना जारी रखा। औरंगजेब एक कदम और आगे बढ़ गया तथा एक 'फरमान' जारी किया कि उसके द्वारा तोड़े गए किसी भी मंदिर की फिर से मरम्मत नहीं की जा सकेगी।[4]

मंदिरों को तोड़ना इसलामी आक्रमण की बुराइयों का केवल एक पहलू है। इससे न केवल इमारतों का ढाँचा तोड़ा गया, बल्कि अध्ययन और अध्यापन की एक पूरी व्यवस्था को नष्ट किया गया; क्योंकि प्राचीन भारत के मंदिरों ने हमेशा ही शैक्षणिक, बौद्धिक और सांस्कृतिक केंद्रों के रूप में काम किया है। आक्रमणकारियों के इस पहले कदम की इस देश के सांस्कृतिक, सामाजिक और आर्थिक परंपराओं को मिटाने में दूरगामी भूमिका थी।

हजारों वर्षों का इसलामी आक्रमण भारत में विनाश, अराजकता और आघात का कारण बना। इन बर्बर मुसलिम आक्रमणकारियों का बचाव करने के लिए आज के वामपंथ की ओर झुकाव रखनेवाले इतिहासकार 'इसलामी आक्रमणकारियों' के बजाय तुर्क, मंगोल और अरब जैसे शब्दों का इस्तेमाल करते हैं। वे इन आक्रमणों के पीछे किसी धार्मिक मंशा के बजाय जबरन आर्थिक और राजनीतिक उद्देश्यों के तर्क को थोपते हैं। लेकिन हजारों तोड़े गए मंदिरों, नालंदा और तक्षशिला जैसे विलुप्त हुए विश्वविद्यालयों और भारत के टूटे-फूटे मंदिरों और संग्रहालयों में तोड़ी गई मूर्तियों को इतिहासकार झुठला नहीं सकते। इन इसलामी आक्रमणकारियों ने बड़े पैमाने पर हिंदुओं का बल प्रयोग और आर्थिक उत्पीड़न के तौर-तरीकों का इस्तेमाल कर इसलाम में धर्म-परिवर्तन करवाया, जैसे गैर-मुसलिम आबादी पर 'जजिया कर' लगाया गया। ऐसी अपूरणीय क्षति के बावजूद सहिष्णु हिंदू संस्कृति दार्शनिक और सामाजिक स्तर पर इसलाम के संपर्क में है। पंद्रहवीं सदी से ईसाई धर्म-प्रचारकों की गतिविधियों ने भी जोर पकड़ा और कई लोगों को लालच एवं भय दिखाकर ईसाई बनाया गया। कई वर्षों तक जारी रहने के कारण इसने भारत की आबादी के स्वरूप को ही बदल दिया है।

आज भारत के शिक्षा जगत् पर काफी हद तक वामपंथी बुद्धिजीवियों का कब्जा है। स्कूलों और कॉलेजों में आज बदले गए इतिहास को पढ़ाया जा रहा है, जो अधिकांश इसलामी आक्रमणकारियों का महिमामंडन करता है और उनके अत्याचारों की लीपापोती कर देता है। इन क्रूरताओं के गौरवगान से कई पीढ़ियों तक भारतीयों को गुमराह किया गया।

प्याज और आलू के दाम लोगों के लिए बिलकुल महत्त्व रखते हैं, लेकिन जो दाँव पर लगा है, वह इनसे कहीं बड़ा है।

---

4. सीताराम गोयल, *'द स्टोरी ऑफ इसलामिक इंपीरियलिज्म इन इंडिया'*, वॉयस ऑफ इंडिया, 1994

दो सौ वर्षों के अंग्रेजी राज ने भारत को और नुकसान पहुँचाया

ईस्ट इंडिया कंपनी के आगमन से भारतीय अर्थव्यवस्था की आर्थिक बदहाली शुरू हो गई। अंग्रेजी हुकूमत के साथ जैसे-जैसे कंपनी ने पैर जमाए, वैसे-वैसे यह बदहाली तेज होती गई। औद्योगिक क्रांति की बुनियाद भारत के चरणबद्ध अनौद्योगिकरण पर रखी जा रही थी। वस्त्र उद्योग को तबाह करना इसका बहुत बड़ा उदाहरण है—भारतीय कपड़ों के स्थान पर अंग्रेजी कपड़े लाकर अंग्रेजों ने साजिश के तहत भारत में उद्योग को नष्ट कर दिया। शशि थरूर जैसे लोग, जो इसलामी आक्रमणकारियों के अत्याचारों पर टिप्पणी करने से बचते रहे हैं, उन्होंने भी अंग्रेजों के काले शासन पर टिप्पणी की है। अपनी पुस्तक '*एन एरा ऑफ डार्कनेस*' में वह लिखते हैं—"भारत से वस्त्र के क्षेत्र में प्रतिस्पर्धा को अंग्रेजों द्वारा नष्ट किए जाने से आधुनिक विश्व का महान् औद्योगीकरण हुआ।" अंग्रेजों ने भारत के कच्चे माल का इस्तेमाल किया और तैयार माल को वापस भारत तथा पूरी दुनिया में बेचा। उस दौरान भारतीय हथकरघा के कपड़ों की इंग्लैंड में भारी माँग थी। बंगाल के कपड़े की खासतौर पर भारी माँग थी और उसका मोल भी था, जैसा ऑस्टेन और उस युग के अन्य अंग्रेजी साहित्यकारों की रचनाओं से भी पता चलता है। अकसर इन पुस्तकों में अनौपचारिक बातचीत में बेहद पतले मलमल की चर्चा होती है, जिसमें इस मूल्यवान् चीज के महत्त्व पर विशेष जोर दिया जाता है।

अठारहवीं सदी के मध्य तक बंगाल का कपड़ा मिस्र, तुर्की, प्रशा (अब ईरान), चीन, जापान और यूरोप के हिस्सों में निर्यात किया जाता था। "1750 के दशक में अकेले बंगाल के कपड़ा निर्यात का मूल्य लगभग 16 मिलियन रुपए सालान लगाया जा रहा था, जिसमें से 5 से 6 मिलियन रुपए का माल यूरोपीय व्यापारियों द्वारा निर्यात किया जाता था, जो भारत में काम कर रहे थे। इसके साथ ही, बंगाल से सिल्क का निर्यात 1753 तक सालाना 6.5 मिलियन रुपए के लगभग का था, जो उसके बाद घटकर 5 मिलियन पर आ गया।"[5] हालाँकि अंग्रेजों के सत्ता सँभालते ही यह सबकुछ बदल गया। भारतीय कपड़ा उद्योग के बाजार को चरणबद्ध प्रक्रिया के तहत नष्ट किया गया, जिसमें अनुचित कराधान और भ्रष्टाचार का सहारा लिया गया। पहले कदम के रूप में उन्होंने भारतीय कपड़ों के लिए निर्यात का बाजार बंद कर दिया, जिससे देश के दूरगामी व्यापार संबंध का संतुलन बिगड़ गया। कई वर्णनों के अनुसार, ऐसे उदाहरण हैं, जिनमें ईस्ट इंडिया कंपनी के सैनिकों ने बंगाल के बुनकरों के करघों को तोड़ दिया। यहाँ तक कि कुछ बुनकरों के अँगूठे तोड़ दिए, ताकि वे बुनाई का काम न कर सकें।

इन क्रूर तौर-तरीकों के साथ ही कुछ छिपे और चतुराई भरे तरीकों को भी अपनाया

---

5. शशि थरूर, '*एन एरा ऑफ डार्कनेस : द ब्रिटिश एंपायर इन इंडिया*', अलीफ बुक कंपनी, नई दिल्ली, 2016, पृ. 7-8

गया। वे शुल्क और कर के रूप में सामने आए। निर्यात योग्य कपड़ा उद्योग में जो कुछ बच गया था, उस पर भारी टैक्स लगाया गया, जो अकसर 70 से 80 प्रतिशत होता था। इससे निर्यात फिजूल हो जाता था। इसके साथ ही भारतीय बाजारों में सस्ते अंग्रेजी कपड़ों की बाढ़ ला दी जाती थी, जो ब्रिटेन में बने नए-नए मिलों में तैयार किए जाते थे। भारत में कपास की खेती उस समय भी जारी थी, लेकिन कताई या बुनाई नहीं होती थी। कच्चे माल के रूप में कपास को ब्रिटेन भेजा जाता था, जहाँ उसके इस्तेमाल से तैयार माल वापस भारतीय लोगों को बेचने के लिए भेजा जाता था। बुनाई उद्योग की इस तबाही का परिणाम यह हुआ कि भारी तादाद में लोग खेती की ओर जाने पर मजबूर हुए, जिनका बोझ उठाने की क्षमता उपज योग्य जमीन में नहीं थी। वैसे लोग, जो पहले बुनकर थे, वे अब किसान बनने या दूसरों के खेतों में मजदूर बनने के लिए मजबूर कर दिए गए। कई परिवारों में आमतौर पर महिलाएँ कताई और बुनाई का काम करती थीं और अगर किसी सीजन में फसल खराब हो गई तो उनके काम से परिवार का गुजारा चल जाता था। लेकिन कताई और बुनाई उद्योग जैसे ही घाटे का सौदा बना, लोगों से मुसीबत के समय का सहारा ही छिन गया। इस कारण, यह कहना अतिशयोक्ति नहीं होगी कि भारत में ग्रामीण गरीबी देश में अंग्रेजों की कारवाइयों का सीधा परिणाम थी। कपड़ा उद्योग की बदहाली का असर दूसरे क्षेत्रों, जैसे जूट, सिल्क, कोयला, अफीम, चावल और चाय में भी दिखा। भारत मात्र कच्चे माल का निर्यातक बन गया था, जो तैयार माल को आयात कर रहा था।

बॉलीवुड की फिल्म 'लगान' ने नब्ज को सही पकड़ा, जब उसने दिखाया कि भारतीय अर्थव्यवस्था को पंगु बनाने के लिए अंग्रेज कैसे भारी टैक्स लगाया करते थे! आमतौर पर ये टैक्स आय का कम-से-कम 50 प्रतिशत हुआ करते थे, जिसके कारण लोग अकसर खेतों को छोड़कर भाग जाते थे। लोगों पर उनके चुकाने की क्षमता से अधिक टैक्स लगाया जाना समाज में व्यापक हिंसा का मूल कारण बन गया। उन्नीसवीं सदी के अंत तक भारतीय समाज में जो कुछ था, उसे अंग्रेजों ने नष्ट कर दिया था। भारत ब्रिटेन के राजस्व का सबसे बड़ा स्रोत था, ब्रिटिश निर्यातों का सबसे बड़ा खरीदार और ब्रिटिश नौकरशाहों के लिए सबसे अधिक वेतन देनेवाला स्रोत—और यह सबकुछ भारत की बदहाली की कीमत पर हो रहा था। इस प्रकार अपने ऊपर किए जा रहे अत्याचारों की कीमत खुद हम ही चुका रहे थे।

कैसे इसलामी आक्रमणकारियों और बाद में मैकाले ने भारत की शिक्षा प्रणाली को नष्ट किया

इसलामी आक्रमणकारियों ने जिस प्रकार भारत की शिक्षा प्रणाली को नष्ट किया, उसकी चर्चा पिछले खंड में विस्तार से की गई है—उच्च शिक्षा के संस्थान, जैसे

नालंदा और तक्षशिला विश्वविद्यालय तथा कई अन्य शिक्षा केंद्र नष्ट कर दिए गए और अनेकानेक पांडुलिपियों को जला दिया गया। जो बच गया, उसे अंग्रेजों ने किस प्रकार बरबाद किया, वह अपने आप में ही एक डरावनी कहानी है। उन्होंने भारत में गुरुकुल प्रणाली को नष्ट कर प्राथमिक शिक्षा प्रणाली पर हमला किया। थॉमस बैबिंगटन मैकाले के लिए अंग्रेजी शिक्षा भारतीय जनमानस पर औपनिवेशिक कब्जा जमाने का एक रास्ता थी। अपने अलोकप्रिय 'मिनट ऑन एजुकेशन' में उसने कहा था, "अपने सीमित साधनों से हमारे लिए लोगों को शिक्षित कर पाना असंभव है। हम अभी यही कर सकते हैं कि एक ऐसा वर्ग तैयार करें, जो हमारे और उन लाखों लोगों के बीच दुभाषिए का काम करे, जिन पर हम शासन कर रहे हैं। व्यक्तियों का ऐसा वर्ग जो, रंग और रक्त से भारतीय हो, लेकिन शौक, विचारों, नैतिकता और समझ के मामले में अंग्रेज हो।"

व्यावहारिक रूप से मैकाले के कार्यक्रमों के कारण ग्रामीण स्कूलों की पारंपरिक प्रणाली समाप्त हो गई, जिसने लोगों को लगभग पूरी तरह साक्षर बना दिया था। ग्रामीण स्कूल स्थानीय सत्ता के संस्थानों में से एक था। उनके स्थान पर जब नए स्कूल आ गए, जिन्हें ब्रिटिश नौकरशाह फिरंगी भाषा में चलाते थे, जिनका लाभ सामान्य लोगों को नहीं मिलता था, उनसे गरीब वर्ग ने अपने बच्चों को निकाल लिया। इससे भारतीय लोगों के बीच बड़े पैमाने पर निरक्षरता बढ़ गई।[6] 'हमारी शिक्षा प्रणाली की बुराई' की जो बात की जाती है, उनमें से कई अंग्रेजों की इसी विरासत की देन है। अंग्रेजों के अधीन ही रटकर सीखने का प्रचलन बढ़ा, क्योंकि स्कूल और यूनिवर्सिटी काफी हद तक परीक्षा पर आधारित थीं, जो भारतीय शिक्षा प्रणाली की गुरु-शिष्य परंपरा की पहले से चली आ रही व्यवस्था के बिलकुल विपरीत थी, जिसमें छात्र अकसर अपने शिक्षकों के साथ रहते और मात्र सूचना नहीं, बल्कि सच्चे ज्ञान को प्राप्त करते थे।

भारतीयों को अंग्रेजी में जो पढ़ाया जा रहा था, उसका काफी बड़ा हिस्सा भारत की देसी भाषा के खिलाफ मैकाले की नफरत से निर्देशित था। इस कारण, इसमें आश्चर्य नहीं कि कालिदास की शाकुंतलम्, जिसे भारतीय साहित्य का रत्न माना जाता है, उसे अंग्रेजों के अधीन भारतीय स्कूलों और विश्वविद्यालयों में पढ़ाने के उपयुक्त नहीं माना गया। भारतीय दिमागों को आज भी उपनिवेश बनाने की प्रक्रिया अंग्रेजी शिक्षा प्रणाली का प्रत्यक्ष परिणाम है। शिक्षा में किसी देश को बनाने या तबाह करने की क्षमता होती है, इसलिए जो दाँव पर है, वह बहुत बड़ा है। अंग्रेज देश छोड़कर चले गए, लेकिन विरासत

6. सुभाष काक, *'द कोलोनियल इन्फ्लुएंस : हाऊ द ब्रिटिश ट्रिगर्ड द इलिटरेशन ऑफ लार्जली लिटरेट इंडिया'*, Swarajyamag.com, 4 सितंबर, 2016, https://swarajyamag.com/culture/the-colonial-influence-how-the-british-triggered-the-illiteratisation-of-largely-literate-india

में अंग्रेजियत छोड़ गए है। कांग्रेस ने शिक्षा जगत् को वामपंथ के बुद्धिजीवियों के हवाले कर दिया, जो भारत के गौरवशाली इतिहास से जुड़े विज्ञान, चिकित्सा, गणित जैसी हर बात से नफरत करते हैं।

यह एक दिलचस्प संस्थिति है कि प्रयागराज शहर (पहले इलाहाबाद के नाम से जाना जाता था) में अनेक परिवारों के अलावा, दो महत्त्वपूर्ण परिवार रहते थे, कैंब्रिज शिक्षा प्राप्त नेहरू परिवार और संस्कृत शिक्षा प्राप्त महामना परिवार। महामना पं. मदन मोहन मालवीय ने हमें बनारस हिंदू विश्वविद्यालय (बी.एच.यू.) दिया, जिसने भारतीय स्वतंत्रता संग्राम में एक महत्त्वपूर्ण भूमिका निभाई और जवाहरलाल नेहरू ने हमें जवाहरलाल नेहरू यूनिवर्सिटी (जे.एन.यू.) दी, जहाँ हम अलगाववादी नारे सुनते हैं। इसलिए केवल अंग्रेजों से आजादी ही काफी नहीं थी। भारत को अंग्रेजियत से आजादी की जरूरत थी। इस कारण से ही हमारे लिए भाजपा की चर्चा करने से पहले राष्ट्रवादी सोच और आंदोलनों पर विचार करना जरूरी है।

हिंदुओं की घटती संख्या : बलपूर्वक और जबरन धर्मांतरण

सन् 1871 के बाद पंजाब में ब्रिटिश सरकार की ओर से कराई गई जनगणना के दौरान हिंदुओं को 'घटती हिंदू आबादी' के नुकसान की बात समझ आने लगी। इसके कारण स्पष्ट थे—इसलाम और ईसाई धर्म में जबरन धर्मांतरण। जनगणना ने हिंदू आबादी में निरंतर कमी को दरशाया, विशेष रूप से पंजाब में। 1891 में प्रांतीय आबादी में, जहाँ हिंदू 43.8 प्रतिशत थे, वहीं 1911 में उनकी आबादी घटकर 36.3 प्रतिशत रह गई। जनगणना की उसी अवधि के दौरान ईसाइयों और मुसलमानों का प्रतिशत बढ़ गया। 1911 के जनगणना के आँकड़ों ने बताया कि 1901 के बाद से 40,000 हिंदुओं का इसलाम में और 1,20,000 का ईसाई धर्म में धर्म-परिवर्तन किया गया था। ब्रिटिश सेंसस कमिश्नर एच.एच. रिजली ने सावधान किया कि यह हिंदुत्व के लिए एक खतरा है और कहा, "क्या भविष्य में हिंदुत्व अपना गढ़ बचा पाएगा, जैसा कि उसने इतने युग से लेकर अब तक किया है?"[7] वर्ष 1909 में, यू.एन. मुकर्जी[8] ने एक लेख लिखा और आगे चलकर एक परचा छपवाया, 'हिंदूज : ए डाइंग रेस' (हिंदू : खत्म होती नस्ल) और इस तथ्य को दोहराया कि 'हिंसा, बल और छल' से मुसलिम आक्रांताओं और ईसाई मिशनरियों द्वारा धर्मांतरण से हिंदुओं के सामने विलुप्त होने का खतरा है।

भारत नए धर्मों, आध्यात्मिक प्रथाओं, दार्शनिकों और विचारों की उर्वर भूमि रहा

---

7. वरिंदर ग्रोवर, *'लाला लाजपत राय (पॉलिटिकल थिंकर्स ऑफ मॉडर्न इंडिया)'*, खंड-15, साउथ एशिया बुक्स, 1993, पृ. 125
8. यू.एन. मुकर्जी, *'हिंदूज : ए डाइंग रेस'*, कलकत्ता, 1909

है। भारत ने दूसरे देश के धर्मों और क्रूर आक्रमणकारियों के मतों को अपने यहाँ शरण दी है। पारसियों से लेकर यहूदियों तक कई मतावलंबी भारत आए और यहाँ सौहार्द के साथ रहे। संविधान सभा की बहस के दौरान पारसियों ने स्पष्ट रूप से कहा कि हजारों वर्षों तक भारतीयों ने उनकी देखभाल की। उन्होंने स्वेच्छा और विवेक से ऐसी किसी भी सहूलियत और आरक्षणों को छोड़ दिया, जिसे उन्हें दिया गया था।[9] वर्ष 2007 में नई दिल्ली में आयोजित यहूदी-हिंदू धर्मों के परस्पर पहले नेतृत्व सम्मेलन में इजरायल के मुख्य रब्बी, योना मेत्जगर ने कहा, 'भारत में यहूदी 2,000 से भी अधिक वर्षों से रह रहे हैं और उनके साथ कभी भेदभाव नहीं हुआ। मानव इतिहास में यह कुछ ऐसा है, जो अतुलनीय है।'[10] फोर्ब्स में एक आलेख में गैरी वाइज कहते हैं—

> "धार्मिक सहिष्णुता के विषय में हम भारत से बहुत कुछ सीख सकते हैं...मेरी समझ से इसका सबसे अच्छा उदाहरण बेहद छोटी सी आबादी के विषय में कुछ दिलचस्प बातें हैं—और ये भारत के यहूदी समुदाय से संबंधित हैं। भारत दुनिया का शायद इकलौता ऐसा देश है, जिसका पूरा इतिहास यहूदी-विरोधी भावना से मुक्त रहा है। जैसा कि यहूदी वंशावली पत्रिका 'अवोताइनू' ने एक भारतीय यहूदी समूह के बारे में हाल ही में एक लेख में लिखा था, 'बेने इजरायल समुदाय एक सहिष्णु देश में 2,400 वर्षों तक पला-बढ़ा, जहाँ यहूदी-विरोध की भावना कभी नहीं रही और अपने धर्म के अनुसार सामाजिक-आर्थिक तथा सांस्कृतिक जीवन के सभी पहलुओं में सफल रहे।"[11]

इसलिए अन्य धर्मों के साथ भारत में सहज सह-अस्तित्व कभी समस्या नहीं रही है, सिवाय इसलाम और ईसाई धर्म के, जो राजनीतिक विचारधारा के साथ आए और हिंसा, बल तथा छल के माध्यम से भारी संख्या में लोगों का धर्म-परिवर्तन किया। यह प्रवृत्ति आज भी जारी है।

वर्ष 2011 की जनगणना का विश्लेषण करते हुए जनसांख्यिकी विशेषज्ञ डॉ. जे.के. बजाज ने कहा, "2001 से 2011 के बीच मुसलिम आबादी 24.4 प्रतिशत की

---

9. कंस्टीट्युएंट असेंबली डिबेट्स 27 अगस्त, 1947 भाग I, https://indiankanoon.org/doc/1662687/
10. शुल्फा कोफ, 'द बिगेस्ट शो ऑन अर्थ', द यरूसलेम पोस्ट, 6 मार्च, 2003, https://www.jpost.com/Jerusalem-Report/Arts-And-Culture/The-biggest-show-on-earth
11. गैरी वाइज, 'इंडियाज ज्यूज', फोर्ब्स, 13 अगस्त, 2007, https://www.forbes.com/2007/08/05/india-jews-antisemitism-oped-cx_gw_0813jews.html#2d543e03d458

दर से बढ़ी। इस दशक के दौरान कुल आबादी का औसत विकास मात्र 17.7 प्रतिशत रहा। हिंदुओं का विकास काफी कम था, जो मात्र 14.5 प्रतिशत रहा। विभिन्न समुदायों के बीच आबादी का संतुलन बनाए रखने के लिए जो महत्त्वपूर्ण है, वह विकास की पूर्ण दर नहीं, बल्कि विभिन्न समुदायों की विकास दर का अंतर है। 2011 में मुसलिम विकास दर राष्ट्रीय औसत से लगभग 38 प्रतिशत अधिक थी। साल 2001 में मुसलमानों के विकास की दर और राष्ट्रीय औसत के बीच अंतर 36.8 प्रतिशत था। दूसरी तरफ हिंदुओं के विकास की दर राष्ट्रीय औसत से लगभग 20 प्रतिशत कम हो गई है। आबादी में मुसलमानों का हिस्सा, जो 2001 में 13.4 प्रतिशत था, 2011 में 14.2 प्रतिशत हो गया। कोई यह कह सकता है कि महज 0.8 प्रतिशत की वृद्धि बहुत कम है और इसमें चिंता की कोई बात नहीं। लेकिन एक बहुत बड़े अल्पसंख्यक समुदाय के हिस्से में वृद्धि का यह स्तर किसी लिहाज से कम नहीं माना जा सकता है। इस प्रकार का परिवर्तन इतना बड़ा है कि यह समुदायों के बीच सामाजिक, राजनीतिक और भौगोलिक संतुलन को बुरी तरह से उलट-पलट कर सकता है।"[12]

जातीय जनगणना : भारत को बाँटने की औपनिवेशिक साजिश

अंग्रेज जब भारत में आए, तब वे यहाँ की जाति व्यवस्था को देखकर चकित थे। उन्होंने इसे भारत की विशाल आबादी की विशिष्टताओं वाले छोटे-छोटे हिस्सों में बाँटकर उनसे निपटने के एक तरीके के तौर पर देखा और इसमें उन्होंने एक ऐसी बड़ी दरार देखी, जिसका लाभ 'फूट डालो और राज करो' की औपनिवेशिक रणनीति के तहत उठाया जा सकता था। वर्ष 1857 के विद्रोह के बाद से ही अंग्रेजों ने भारतीय समाज को बाँटने के सामाजिक-राजनीतिक तरीकों की तलाश शुरू कर दी और जाति का इस्तेमाल देश को बाँटने और 200 वर्षों से भी अधिक समय तक राज करने के लिए किया। लेकिन कैसे?

अपनी पुस्तक '*ब्रेकिंग इंडिया*'[13] में राजीव मल्होत्रा ने लिखा है कि किस प्रकार वर्ष 1871 में, ब्रिटिश सरकार ने एक जाति वैज्ञानिक, सर जॉन रिजली को भारत की पहली जातीय जनगणना करने के लिए नियुक्त किया। रिजली ने भारत की भिन्न-भिन्न 'जातियों' की सूची बनाने की शुरुआत की और कौन श्रेष्ठ है और कौन नीच, इसका निर्णय खुद ही किया। कई बार जनगणना सर्वेक्षण में शामिल लोगों को अपनी जाति का

---

12. डॉ. जे.के. बजाज, 'सेंसस 2011 : द रिलीजियस इमबैलेंस वर्सेस', Indiafacts.org, 28 जनवरी 2015, http://indiafacts.org/census-2011-religious-imbalance-worsens/
13. राजीव मल्होत्रा, '*ब्रेकिंग इंडिया : वेस्टर्न इंटरवेन्शंस इन द्रविड़ियन एंड दलित फॉल्टलाइंस*', अमेरीलिस, 2011

ज्ञान नहीं होता था। रिजली ने बड़ी चालाकी से 'जाति को नस्ल' बताने की बात गढ़ी और एक हास्यास्पद थ्योरी का प्रचार किया कि 'जाति की सामाजिक स्थिति में नाक के सूचकांक के अनुसार परिवर्तन आता है।' नाक का सूचकांक किसी व्यक्ति की नाक की लंबाई से मापा जाता है। रिजली के अनुसार, किसी व्यक्ति की नाक जितनी तीखी, लंबी और यूरोपीय लोगों जैसी होगी, उस व्यक्ति की जाति उतनी ही ऊँची होगी।

दरअसल, वर्ष 1871 में अंग्रेज आपराधिक जनजाति अधिनियम-1871 नाम का एक कानून लेकर आए और कुछ जनजातियों को जन्म से ही अपराधी घोषित कर दिया, ताकि स्थानीय लोगों के खिलाफ ब्रिटिश सशस्त्र काररवाई को जायज ठहराया जा सके, जो अपने जंगलों और उत्पादों को लूटने के लिए आनेवाली उसकी फौज का विरोध करते और उन पर हमला करते थे। जेम्स फिट्जेम्स स्टीफन, जो ब्रिटिश संसद् के तत्कालीन सदस्य थे, उन्होंने अभद्र, नस्ली और नरसंहारवादी टिप्पणी की कि ऐसी जनजातियाँ जन्म से ही अपराधी होती हैं और 'जब तक पूरी जनजाति को मिटा न दिया जाए' तब तक उनकी संतानें कानून तोड़ती रहेंगी।[14]

इस रिपोर्ट के अनुसार, जनजातीय आपराधिक कानून के लागू होने के बाद इन जनजातियों को विभिन्न इलाकों में प्रवेश के लिए पास लेना पड़ता था। इससे ब्रिटिश औपनिवेशिक पुलिस को उनकी गिरफ्तारी और उन पर नियंत्रण तथा उनकी गतिविधियों पर नजर रखने की बेहिसाब शक्तियाँ मिलीं। एक बार किसी जनजाति को अधिसूचित कर दिया जाता था तो उसके सदस्यों के पास न्यायिक प्रणाली के तहत ऐसी अधिसूचनाओं को रद्द कराने का कोई रास्ता नहीं बचता था। उसके बाद से उनकी गतिविधियों की निगरानी अनिवार्य रजिस्ट्रेशन प्रक्रिया से की जाती थी और ऐसे पास जारी किए जाते थे, जिनमें लिखा होता था कि उसके धारक किस इलाके में जाएँगे और रहेंगे तथा जिलाधिकारियों से अपेक्षा की जाती थी कि वे ऐसे सभी लोगों का रिकॉर्ड रखें। हालाँकि वे जब अन्य सभी लोगों के समान आजीविका का प्रयास करते तो उन्हें उस बस्ती के बाहर काम नहीं मिलता था, क्योंकि लोग उनसे भेदभाव करते और उन्हें समाज से बाहर मानते थे और यह आज तक जारी है।

अंग्रेजी शासकों ने इस कानून को लगभग अस्सी वर्षों तक दृढ़-संकल्प के साथ बारीकियों का ध्यान रखते हुए ऐसी तत्परता से लागू रखा, जो 'अंग्रेजियत' की पहचान बन गया। अपने पैतृक समुदायों तथा संस्कृतियों से हटाई जानेवाली और समाज में हाशिए पर धकेली गई इन जनजातियों की बड़ी संख्या के चलते, उन्हें शहरों और गाँवों के बाहर

---

14. 'कास्ट, कन्वर्सन एंड ए 'थॉरोली कॉलोनियल कॉन्सपीरेसी', Nchtuk@org, 9 अगस्त, 2017, http://www.nchtuk.org/pdfiles/caste_g_full.pdf

'दुरावों' के साथ जीने पर मजबूर होना पड़ा। आजीविका के सभी साधन छीन लिये जाने के कारण उन्हें मैला ढोने और नालों की सफाई तथा चर्मकारी के सबसे निम्न कोटि के कार्य करने पड़े। अकेले मद्रास (जो अब चेन्नई है) में अंग्रेज कानून निर्माता की कलम के एक वाक्य से ही ऐसी 273 जनजातियों को 'जन्म से अपराधी' समूह घोषित कर दिया गया।

ब्रिटिश साम्राज्य के कनाडा के इतिहासकार केविन हडसन ने 'द इंडियन कास्ट सिस्टम एंड द ब्रिटिश : एथनोग्राफिक मैपिंग एंड द कंस्ट्रक्शन ऑफ द ब्रिटिश सेंसस इन इंडिया' (भारतीय जाति व्यवस्था और ब्रिटिश : नृवंशविज्ञान मानचित्रण और भारत में ब्रिटिश जनगणना का निर्माण) में लिखा—

> "अंग्रेजों के लिए भारत में आगमन के साथ जाति व्यवस्था आकर्षण का केंद्र बनी रही। वर्ग में विभाजित समाज को देखनेवाले अंग्रेजों ने जाति व्यवस्था को वर्ग व्यवस्था के समतुल्य रखने का प्रयास किया—यही नहीं, जब जनगणना पर प्रतिक्रियाओं की समीक्षा की जाती है, तब यह स्पष्ट हो जाता है कि नस्ली शुद्धता की अंग्रेजों की अवधारणा लोगों के संबंध में जाति पर आधारित निर्णयों से आपस में जुड़ी थी।"[15]

हडसन ने आगे लिखा कि कैसे 'जाति' को भारतीयों पर थोपा गया, "जाति शब्द को भारतीयों ने जन्म नहीं दिया। यह पुर्तगाली शब्द 'कास्टा' से बना है, जिसका अर्थ होता है—नस्ल, किस्म या वंश। हालाँकि उन्नीसवीं सदी के दौरान जाति शब्द का अर्थ काफी हद तक नस्ल शब्द से निकाला जाने लगा... [इस कारण,] जनगणना, मात्र जो मौजूद था, उसका लेखा-जोखा नहीं रह गई, बल्कि समाज की रचना और परिवर्तन में सक्रिय भागीदार भी बन गई।"[16]

न्यू ब्रुन्सविक यूनिवर्सिटी में समाजशास्त्र के एसोसिएट प्रोफेसर और जनसंख्या तथा सामाजिक नीति में कनाडा शोध के प्रमुख माइकल हान[17] ने 'कास्ट कन्फ्यूजन एंड सेंसस एनुमेरेशन इन कोलोनियल इंडिया, 1871-1921' (जाति भ्रम और औपनिवेशिक

15. केविन हडसन, 'द इंडिया कास्ट सिस्टम एंड द ब्रिटिश : एथनोग्राफिक मैपिंग एंड द कंस्ट्रक्शन ऑफ द ब्रिटिश सेंसस इन इंडिया', https://www.infinityfoundation.com/mandala/h_es/h_es_hobso_caste_frameset.htm
16. उपर्युक्त
17. माइकल हान और केविन वाल्बी, 'कास्ट कन्फ्यूजन एंड सेंसस इनुमेरेशन इन कॉलोनियल इंडिया, 1871-1921', नवंबर 2012, https://www.researchgate.net/publication/265445481_Caste_Confusion_and_Census_Enumeration_in_Colonial_India_1871-1921

भारत में जनगणना गणन, 1871-1921) में लिखा—"भारत की औपनिवेशिक जनगणना जातियों की गणना मिश्रित वर्गीकरण के अनुसार करने का बहुत बड़ा प्रयास थी, जिसने स्थानीय ज्ञान को यूरोपीय पूर्वधारणाओं और भ्रांतियों के साथ मिला दिया।"

हडसन के अनुसार, रिजली ने इस पूरी जनगणना को इस प्रकार तैयार किया कि भारतीय अपने आप को समाज के विभिन्न स्तरों का प्रतिनिधित्व करनेवाले वर्गों में बाँट लें। एक बार विभिन्न जातियों की सूची बना दी गई और लोग तैयार किए गए, पदानुक्रम में फिट कर दिए गए तो अंग्रेजों ने विभिन्न सरकारी सेवाओं को इन जातियों के आधार पर तय करना शुरू कर दिया और धीरे-धीरे लोगों को सरकारी लाभ पाने के लिए इन ढाँचों को अपनाने पर मजबूर कर दिया गया। एक बार उन्होंने जातियों के बीच खाई पैदा कर दी तो अंग्रेजों ने चुन-चुन कर मनुस्मृति[18] के हिस्सों को सामने रखना शुरू किया, ताकि जाति का संबंध हिंदुओं से जोड़ा जा सके। यह सामाजिक नियंत्रण और वर्गीकरण का आसान उपाय बन गया और अंग्रेजों की औपनिवेशिक योजना के भी एकदम अनुकूल था। यहाँ तक कि आज भी वामपंथी बुद्धिजीवी वैदिक ग्रंथों से लिये गए पश्चिम के गलत अनुवादों को उद्धृत करते हैं और निरंतर भारतीय समाज में फूट पैदा करने का प्रयास करते हैं। इसलिए राजनीतिक इच्छाशक्ति से प्रेरित एक सतत राष्ट्रवादी आंदोलन की आवश्यकता है, ताकि भारतीय समाज की संरचना को अक्षुण्ण रखा जा सके।

अंग्रेजों द्वारा प्रायोजित मैक्समूलर ने आर्य-द्रविड़ की खाई पैदा की

भारतीय समाज को बाँटने और उस पर शासन करने के लिए अंग्रेजों ने दरार पैदा की और जो पहले से थे, उनका लाभ उठाया। ऐसी ही एक दरार आर्य-द्रविड़ थ्योरी से पैदा की गई, जो आज तक भारत में उत्तर-दक्षिण के बँटवारे के रूप में मौजूद है। यदि हम 'आर्य' शब्द की जाँच करें तो इसका अस्तित्व संस्कृत साहित्य में भी नहीं है। इसका जो सबसे करीबी शब्द है, वह है 'आर्य', जिसका मोटे तौर पर अनुवाद 'एक सभ्य व्यक्ति' या 'अच्छे व्यक्ति' या 'एक योग्य व्यक्ति' के रूप में किया जा सकता है। इसका उपयोग वैसे ही किया जाता था, जैसे हम आज 'एक महिला' या 'एक सज्जन' के रूप में करते हैं। 'द्रविड़' शब्द का इस्तेमाल पहली बार आदि शंकराचार्य ने अपने आप को बताने के लिए किया था। जब उनसे अपने बारे में बताने को कहा गया तो उनका कहना था कि वह 'त्रविड़ शिशु' हैं। 'त्रविड़' दो शब्दों से मिलकर बना है—'त्र,' मतलब तीन और 'विड़' यानी तट। इस प्रकार 'त्रविड़' शब्द ने उस क्षेत्र,

---

18. 'कास्ट सिस्टम : रीविजिटिंग द हिस्टोरिकल ट्रैजेक्ट्री', http://shodhganga.inflibnet.ac.in/bitstream/10603/122555/10/10_chapter%202.pdf

यानी दक्षिण भारत के बारे में बताया, जहाँ के वे रहनेवाले थे।

'ब्रेकिंग इंडिया' में मल्होत्रा बताते हैं कि 1700 के दशक के आखिर में जर्मनों में राष्ट्रीय गौरव की कोई भावना नहीं थी। जब उन्हें जर्मन और संस्कृत के बीच निकटता का पता चला, तब उन्होंने इसका इस्तेमाल अपने लिए एक आर्य की पहचान बनाने के लिए किया। अंग्रेजों ने इसी आर्य की पहचान को लिया और भारत को बाँटने के लिए इसका इस्तेमाल किया। तर्क यह था कि अंग्रेज दूसरे आर्य थे, जिन्होंने आक्रमण किया। मैक्समूलर के अनुसार, पहले आर्य आक्रमण से संस्कृत आई और भारत में एक सभ्य तथा समृद्ध संस्कृति का विस्तार हुआ। अंग्रेजों के अनुसार, दूसरे आर्य आक्रमणकारी अंग्रेजों ने भी ऐसा ही किया।

जर्मन विद्वान्, मैक्समूलर के जरिए, अंग्रेजों ने इस विचार का प्रचार किया कि लंबे समय तक द्रविड़ भारत के अधिकांश हिस्सों में रह रहे थे; उनकी स्थिति काफी अच्छी थी। लेकिन आर्य यूरोप से आए और जो हिंसा हुई, उसने द्रविड़ों को दक्षिण की तरफ धकेल दिया तथा आर्यों ने भारतीय प्रायद्वीप पर शासन करना शुरू कर दिया। इस प्रकार एक क्षेत्रीय शब्द नस्ली विवाद का प्रतीक बन गया। अंग्रेजों ने इस मनगढ़ंत इतिहास का इस्तेमाल दक्षिण भारतीयों को उत्तर के खिलाफ भड़काने के लिए किया, जिसके कारण द्रविड़ आंदोलन का जन्म हुआ। यह बँटवारा किसी भारतीय ग्रंथ का संदर्भ दिए बिना ही पैदा कर दिया गया।

आज आर्य-द्रविड़ बँटवारे की इस थ्योरी को वैज्ञानिक रूप से गलत सिद्ध किया जा चुका है। डॉ. नागास्वामी[19] जैसे तमिल विद्वानों ने 'तिरुक्कुरल' जैसे प्राचीन तमिल ग्रंथों के संबंध में विस्तार से लिखा है, जो 2,000 वर्ष से भी अधिक पुराना है और उसमें एक भी ब्राह्मणवाद-विरोधी, आर्य-विरोधी बात नहीं है। नीलेश ओक[20] जैसे विद्वानों ने भी सिद्ध किया है कि 'आर्य-आक्रमण' की थ्योरी गलत है।

भले ही यह स्पष्ट है कि आर्य-द्रविड़ बँटवारा अंग्रेजों ने लोगों के बीच खाई पैदा करने के लिए गढ़ा था, लेकिन यह बँटवारा आज भी जारी है और भारत के अनेक राजनीतिक दल, खासतौर पर जो तमिलनाडु में हैं, वे इसी मनगढ़ंत बँटवारे पर पल रहे हैं। इसलिए अपने देश और अपने लोगों को एकजुट रखने के लिए हमें एक सतत राष्ट्रवादी आंदोलन की आवश्यकता है।

---

19. 'डॉ. नागास्वामी 'डिमॉलिशेज द्रविड़ियनिज्म : पार्ट 1', YouTube.com, 12 February, 2018, https://www.youtube.com/watch?v=C0KMXbtoTcg
20. 'स्वदेशी इंडोलॉजी 3-नीलेश ओक्स प्लीनरी टॉक ऑन आर्यन इनवेजन थ्योरीज', YouTube.com, 19 March, 2018, https://www.youtube.com/watch?v=ctH7SW0_TFA

अंग्रेजों ने भारत की गौ आधारित अर्थव्यवस्था को नष्ट करने का प्रयास किया

अंग्रेजों के अत्याचारों पर जब चर्चा करें, तब गौ-हत्या के इर्द-गिर्द होने वाली चर्चा पर प्रकाश डालना भी आवश्यक है। भारतीय अर्थव्यवस्था गौ आधारित अर्थव्यवस्था थी, जिसके कारण मुसलिम शासकों को भी कई बार गौ-हत्या को छोड़ना पड़ा। भारतीय कृषि मूल रूप से जैविक है, जो गाय के गोबर और मूत्र पर आधारित है। यही नहीं, गाय का दूध और इसके उत्पाद प्रत्येक परिवार के पोषण और आय का साधन थे। जिस प्रकार उन्होंने भारत के समृद्ध कपड़ा कारोबार को तबाह किया, उसी प्रकार चालाकी से भारत की गौ आधारित अर्थव्यवस्था पर भी हमला किया।

धर्मपाल और टी.एम. मुकुंदन ने अपनी पुस्तक *द ब्रिटिश ओरिजिन ऑफ काऊ-स्लॉटर इन इंडिया*[21] (भारत में गौ-हत्या की ब्रिटिश उत्पत्ति) में लिखा है—"भारत में आने से पहले एशियाई मुसलिम आप्रवासियों के आहार में रोटी के कुछ प्रकार और भेड़, बकरी और ऊँट का मांस आदि शामिल थे। उत्सवों और धार्मिक त्योहारों (विशेष रूप से बकरीद) के दौरान इसलामी परंपरा में बकरी और भेड़ की हत्या करने और उन्हें खाने की बात है और जब दावत में सात या उससे अधिक लोग शामिल हों, तब ऊँट को काटा जाता था···भारत में समय के साथ ऊँट की हत्या का स्थान गौ-हत्या ने ले लिया। आगे चलकर भारतीय और इसलामी आक्रांताओं में चूँकि स्वाभाविक शत्रुता थी, इसलिए ऐसे आक्रांता स्थानीय लोगों की भावनाओं को अपमानित करने के लिए गौ-हत्या कर विजेता की शक्ति का प्रदर्शन करने लगे। राजनीतिक जरूरतों को देखते हुए कई मुसलिम राजाओं ने अलग-अलग समय पर गौ-हत्या पर पाबंदी लगा दी।"

धर्मपाल और मुकंदन आगे लिखते हैं कि ब्रिटिश सेना को खिलाने के लिए राज्य-प्रायोजित और राज्य-नियंत्रित पशुओं की हत्या की शुरुआत वर्ष 1750 के कुछ समय बाद हुई। इसके लिए पेशेवर कसाइयों की जरूरत पड़ती थी। अंग्रेजों ने मुसलिम समुदाय के लोगों को पशुओं का कसाई बनने के लिए मनाया, जो बकरीद जैसे त्योहारों पर गौ-हत्या किया करते थे। उन्हें यह महसूस कराया जाता था कि कसाई का काम सम्मानजनक होता है, लेकिन गाय हिंदुओं के लिए पवित्र थी। इससे सामाजिक तनाव और हिंदू-मुसलमानों में दूरी पैदा हुई। अंग्रेजों के लिए यह महत्त्व रखता था कि मुसलमानों की एक अलग पहचान बने और अन्य भारतीयों के साथ उनका सामाजिक मेल-जोल कम हो जाए। नतीजा यह हुआ कि समय के साथ मुसलमान अलग बस्तियों

---

21. धर्मपाल और टी.एम. मुकुंदन, *'द ब्रिटिश ओरिजिन ऑफ काऊ स्लॉटर इन इंडिया : विद सम ब्रिटिश डॉक्यूमेंट्स ऑन द एंटी-काइन-किलिंग मूवमेंट'*, 1880-1894, सोसाइटी फॉर इंटीग्रेटेड डवलपमेंट ऑफ हिमालयाज, 2002

में रहने लगे। सोलहवीं सदी के मध्य में इस प्रकार का अलगाव यूरोप में अलग-अलग मत को माननेवाले ईसाई धर्मावलंबियों के बीच हुआ था।

हमें महारानी विक्टोरिया का आभार अवश्य प्रकट करना चाहिए, जिन्होंने 8 दिसंबर, 1893 को भारतीय वायसराय लैंसडाउन को लिए एक पत्र में अंग्रेजों द्वारा भारत में व्यापक गौ-हत्या का सच सबको बताया। "वैसे तो मुसलमानों द्वारा गौ-हत्या को विरोध का आधार बताया जाता है, लेकिन सच यह है कि यह हमारे खिलाफ होता है, क्योंकि हमने मुसलमानों से कहीं अधिक गायों की हत्या अपनी सेना के लिए की है... 1880 से 1894 के बीच गौ-हत्या के खिलाफ आंदोलन वास्तव में अंग्रेजों के विरुद्ध था, जो 1,00,000 से भी अधिक अंग्रेज सैनिकों और अधिकारियों/नागरिकों को हर दिन गौमांस की सप्लाई कर रहे थे।"[22]

भारतीयों के क्रोध की पहली बड़ी अभिव्यक्ति 'कूका' (नामधारी सिखों) और कुछ साल बाद आर्य समाज के स्वामी दयानंद सरस्वती की ओर से हुई। अन्य संन्यासियों के साथ ही उन्होंने अंग्रेजों का आह्वान किया कि वे गौ-हत्या बंद करें और उन्हें गौ-संवर्धन सभाओं के गठन का सुझाव दिया। भले ही गौ-हत्या विरोधी आंदोलन को 1893-94 में दबा दिया गया, लेकिन यह रुक-रुककर ही सही, लेकिन 1947 तक चलता रहा।

भारतीय मूल के धर्मावलंबी (हिंदू, जैन, सिख और बौद्ध) गाय को पवित्र मानते हैं। यहाँ तक कि इसलामी कानून भी गौ-हत्या की बात नहीं करता है। कोई भी मुसलमान, जो हज यात्रा पर जाता है, वह मक्का या मदीना में गाय की बलि नहीं देता है। लेकिन अंग्रेजों ने भारतीय ग्रामीण अर्थव्यवस्था को नष्ट करने और भारत में हिंदू-मुसलिम तनाव पैदा करने के लिए गौ-हत्या का इस्तेमाल किया। मुहम्मद अली जिन्ना के नेतृत्व और अंग्रेजों की शह पर चले 'अलीगढ़ आंदोलन' ने गौ-हत्या को अंग्रेजों द्वारा हिंदू-मुसलिम मतभेद को बढ़ाने के साधन के तौर पर गौ-हत्या को बढ़ावा दिया। अंग्रेजों की सफलता का अंदाजा इस बात से लगाया जा सकता है कि नेहरू से संवाद के दौरान जिन्ना ने अनेक माँगों में से एक गौ-हत्या करने की आजादी भी माँगी थी।[23]

आज के संदर्भ में गौ-हत्या का विषय काफी महत्त्वपूर्ण है। यह हिंदुओं और मुसलमानों के बीच तकरार का एक प्रमुख मुद्दा है। एक तरफ गौ-हत्या को बंद करने

---

22. धर्मपाल और टी.एम. मुकुंदन, *'द ब्रिटिश ओरिजिन ऑफ काऊ श्लॉटर इन इंडिया : विद सम ब्रिटिश डॉक्यूमेंट्स ऑन द एंटी-काइन-किलिंग मूवमेंट, 1880-1894'*, सोसाइटी फॉर इंटीग्रेटेड डेवलपमेंट ऑफ हिमालयाज, 2002
23. संजीव नैयर, 'द ट्रुथ अबाउट काऊ श्लॉटर इन इंडिया', Rediff.com, 16 October, 2015, http://www.rediff.com/news/column/the-truth-about-cow-slaughter-in-india/20151016.htm

और अपनी गौ आधारित अर्थव्यवस्था को पुनर्जीवित करने के लिए; और दूसरी तरफ मुसलमानों को यह बताने के लिए कि वे अंग्रेजों के उस विभाजनकारी हथकंडे के फेर में न फँसें, जिसका इस्तेमाल सैकड़ों साल पहले किया गया था, हमें राष्ट्रवादी आंदोलनों और सरकारों की जरूरत है।

भारत को तोड़नेवाली ताकतें और शहरी नक्सली, जो आज सक्रिय हैं

हम इसलामी आक्रमणों और अंग्रेजों के प्रभुत्व, दोनों से ही उबर चुके हैं। आदर्श परिस्थिति अब यह होगी कि हम अपने खोए ऐश्वर्य को फिर से जगाने के पथ पर चलें, साथ ही नई वैश्विक व्यवस्था में अपना स्थान बनाएँ। हालाँकि हम अब भी इससे कोसों दूर हैं। इसका पहला कारण यह है कि ऐसी ताकतें सक्रिय हैं, जो भारत को भीतर से तोड़ने में जुटी हैं। ये 'बाहरी' नहीं, बल्कि 'भारतीय' हैं। विवेक अग्निहोत्री ने इस लॉबी के बारे में अपनी पुस्तक, *अर्बन नक्सल्स : द मेकिंग ऑफ बुद्ध इन ए ट्रैफिक जाम* में लिखा है। जिस प्रकार नक्सलवादियों ने भारत के ग्रामीण और जनजातीय इलाकों में युद्ध छेड़ रखा है, उसी प्रकार शहरी नक्सली उनके संदेशों को आवाज देने, रंगरूटों की भरती करने और शहरों में सोशल तथा पारंपरिक मीडिया के जरिए एक प्रोपेगेंडा वॉर चला रहे हैं। अग्निहोत्री ने उस ब्लूप्रिंट दस्तावेज के बारे में लिखा है, जिसे अर्बन नक्सलियों ने देश को तोड़ने के लिए बनाया है। उस दस्तावेज में माना है कि शत्रु शहरी क्षेत्रों में मजबूत है और उससे तब तक नहीं उलझना चाहिए, जब तक कि परिस्थितियाँ अनुकूल न हों। उन्हें अनुकूल बनाने के लिए यह अवसर की तलाश करने उन्हें इस्तेमाल करने और उन लोगों को संगठित करने को कहता है, जो भोले-भाले हैं। अल्पसंख्यकों, महिलाओं, दलितों, मजदूरों और छात्रों के 'भोले-भाले समूहों' को प्रभाव डालनेवालों के माध्यम से लक्ष्य करो, जो लंबे समय तक छिपकर काम कर रहे हैं और अपनी शक्ति बढ़ाओ।

यह दस्तावेज औद्योगिक सर्वहारा और छात्रों को एकजुट करने और उनका उपयोग आगे-आगे चलनेवाले दल के रूप में करने पर बल देता है, जो क्रांति में प्रत्यक्ष भूमिका अदा कर सकते हैं। शहर पैसों का स्रोत, कैडर के लिए आने-जाने के बीच आश्रयस्थल, हथियारों का स्रोत, कानूनी संरक्षण, चिकित्सकीय सहायता और मीडिया के आकर्षण तथा बुद्धिजीवी वर्ग के नेटवर्क का केंद्र बन सकते हैं। शहरी क्षेत्रों में यह आंदोलन जितना शक्तिशाली होगा, तथाकथित 'पीपुल्स वॉर' के लिए नेतृत्व प्रदान करने, लोगों और संसाधनों के लिहाज से कृषि क्रांति में इसका योगदान उतना ही अधिक होगा। माओवाद से प्रभावित इलाके के अधिकांश लोगों, यहाँ तक कि उनके समर्थकों और कैडर का भी वैचारिक स्तर पर माओवाद से कोई लेना-देना नहीं है। वे मात्र अलग-थलग पड़े और गुस्साए लोग हैं, जिनमें अन्याय, उत्पीड़न और अपमानित किए जाने की भावना है।

माओवादी बड़ी चालाकी से ऐसी भावनाओं को अपने हित में भुनाते हैं—बिहार में जाति-संघर्ष, आंध्र प्रदेश में जमींदारों के खिलाफ असंतोष, आदिवासी इलाकों में वन कानून से नाराजगी, युवाओं की बेरोजगारी और मुसलमानों के बीच कट्टरवाद को बंदूक के दम पर सत्ता हथियाने के लिए इस्तेमाल किया जाता है। स्थानीय समस्याओं को जहाँ शासन में सुधार और कठोर जवाबदेही के जरिए प्रभावी ढंग से निपटाने की जरूरत है, वहीं उग्रवादियों की गहरी साजिश और उसके परिणामों के प्रति जनजागरण की भी तत्काल आवश्यकता है। वन-आधारित विद्रोह काफी हद तक इस प्रकार जारी रहता है, जिसे माओवादी विचारक वरावरा राव 'शहरी क्षेत्रों में आंदोलन' कहते हैं। यह नेटवर्क कई शहरों में है और इनसे सहानुभूति रखनेवाले अहम पदों पर बैठे हैं।[24] पहली बार ऐसा हुआ है, जब नरेंद्र मोदी के नेतृत्व वाली वर्तमान भाजपा सरकार के तहत ऐसे शहरी नक्सलियों पर कड़ी नजर रखी जा रही है।[25]

देश तोड़नेवाली ताकतों की यही एक रणनीति नहीं है। दूसरा हथकंडा बच्चों को कच्ची उम्र में शिक्षा प्रणाली और पाठ्यक्रम के माध्यम से अपना शिकार बनाना है। लंबे समय से चले आ रहे स्कूलों ने एक गलत पाठ पढ़ाया है। उदाहरण के लिए, हिंदू संस्कृति के बारे में यह लिखना कि इसमें पीछे ले जानेवाली और सती तथा जौहर जैसी आदिम प्रथाएँ थीं, या यह दिखाया जाता है कि जिसे आज भारतीय संस्कृति कहा जाता है, इसमें खाने-पीने, कविताओं और कला के रूप में जो कुछ है, वह इसलामी संस्कृति की देन है। अधिकांश छात्र स्कूल की पढ़ाई पूरी करते-करते यह मानने लगते हैं कि जो भारतीय संस्कृति है, वह असल में आदिम और बर्बर थी, जिसे बाद में आनेवाले आक्रमणकारियों ने सभ्य बनाया। इसके फलस्वरूप लोगों में अपनी पहचान की भावना नहीं रहती और वे भारतीय परंपराओं की आलोचना इसकी समृद्धि को समझे बिना करने लगते हैं। इसी प्रकार यूनिवर्सिटी के स्तर पर भी शिक्षाविदों और भारतविरोधी ताकतों के बीच साँठगाँठ इतना मजबूत है कि वे न केवल अन्य सभी संस्थानों में घुसपैठ कर चुके हैं, बल्कि अपना एजेंडा भी पूरी ताकत से आगे बढ़ाने में सफल रहे हैं। जे.एन.यू. में हाल की अलगाववादी नारेबाजी इस बात का संकेत है कि शहरी नक्सलवाद की जड़ें कितनी गहरी हैं!

---

24. विवेक अग्निहोत्री, 'द सीज विदिन : अर्बन नक्सलिज्म इन इंडिया लूमिंग लार्ज', स्वराज्य, 9 मार्च, 2018, https://swarajyamag.com/magazine/the-siege-within-urban-naxalism-in-india-looming-large
25. पी.टी.आई., 'वरावरा राव से सुधा भारद्वाज तक, माओवादी संबंधों के आरोप में गिरफ्तार कार्यकर्ता', हिंदुस्तान टाइम्स, 28 अगस्त, 2018, https://www.hindustantimes.com/india-news/who-are-the-activists-raided-and-arrested-by-maharashtra-police/story-I9B7xJxZRNWPYP9EleqdpM.html

अच्छे और जवाबदेह शासन की जरूरत को जहाँ कोई खारिज नहीं कर सकता और हम सभी को चुनी हुई सरकारों पर अच्छे शासन के लिए दबाव डालना चाहिए, वहीं खाने-पीने की चीजों की महँगाई और ट्रैफिक जाम से कहीं बड़ी चीज आज दाँव पर लगी है। हजारों वर्ष की एक सभ्यता दाँव पर लगी है। इस पुस्तक के आगे के खंडों में हम देखेंगे कि कैसे विभिन्न सामाजिक और राजनीतिक आंदोलनों, जैसे आर्य समाज, हिंदू महासभा, राष्ट्रीय स्वयंसेवक संघ, भारतीय जनसंघ और भाजपा को इसकी रक्षा में आगे आना पड़ा और उन्होंने साहित्य, दर्शन, संगीत, कला, संस्कृति, विज्ञान, गणित, चिकित्सा और आध्यात्मिकता में हजारों वर्ष पुरानी भारतीय विरासत को आगे बढ़ाया।

□

भाग-2

भारतीय जनसंघ से पूर्व के राष्ट्रवादी आंदोलन (1857-1925)

पुस्तक के प्रमुख विषय भाजपा के विषय में चर्चा करने से पहले चलिए हम उन सांस्कृतिक विचारों के इतिहास पर नजर डालते हैं, आज की भाजपा जिनकी कसम खाया करती है। हिंदुत्व को बहुलता का वरदान जन्म से ही मिला है और यह एक भगवान्, एक पुस्तक और एक जीवन तक सीमित नहीं है। इसलिए इन बर्बर आक्रमणों से बड़े पैमाने पर सांस्कृतिक विध्वंस के साथ-साथ विभिन्न हिंदू सुधार आंदोलन भी चल रहे थे। स्वामी दयानंद सरस्वती द्वारा 1875 में शुरू किया गया आर्य समाज आंदोलन और आर्य समाज का नेतृत्व करनेवालों की ओर से 1915 में शुरू की गई हिंदू महासभा, ब्रिटिश भारत के ऐसे ही दो महत्त्वपूर्ण आंदोलन हैं।

2

घर वापसी और गौ-रक्षा पर बहस नई नहीं है

आर्य समाज दो मुख्य आंदोलनों पर काम कर रहा था, जो आज भी प्रासंगिक हैं—शुद्धि आंदोलन और गौ-हत्या के विरुद्ध आंदोलन।

घर वापसी आंदोलन का इतिहास

नीतेश एस. ने आर्य समाज[26] पर एक लेख में कहा कि इस सुधार आंदोलन का उद्‍देश्य वैदिक हिंदुत्व को पुनर्जीवित करना और मुसलिम तथा ईसाई बन चुके लोगों को अपने मूल मत में वापस लाना था। वह यह भी बताते हैं कि कैसे दयानंद सरस्वती ने 'शुद्धि आंदोलन' की शुरुआत की। इस आंदोलन का मुसलमानों ने कड़ा विरोध किया। आर्य समाज आंदोलन की आधिकारिक वेबसाइट[27] में हिंसक धर्म-परिवर्तनों और इन धर्म-परिवर्तनों के विरुद्ध आर्य समाज का रुख दर्ज है—

> "ऐतिहासिक दृष्टि से भारत में अधिकांश धर्म-परिवर्तन मुसलिम और ईसाई आक्रांताओं के प्रभाव के कारण हुए। भारत में इसलाम में होने वाले अधिकांश धर्म-परिवर्तन मुगल साम्राज्य के दौरान शुरू हुए और इतिहास बेहिसाब धर्म-परिवर्तन से भरा है। इसलाम में तलवार की नोक पर, धमकी और बलपूर्वक ऐसा किया गया। इसलाम को अपना धर्म मानने से इनकार करनेवाले कई लोगों का सिर धड़ से अलग कर दिया गया। बाल हकीकत राय नाम के एक युवक ने जब इसलाम को स्वीकार करने से मना किया तो उसका सिर उसकी माँ के सामने काट डाला गया। सिख धर्म के कई गुरुओं और उनके परिजनों का भी इसलाम में धर्म-परिवर्तन से इनकार पर यही हश्र हुआ।"

---

26. 'रिमेंबरिंग आर्य समाज—ए पायनियरिंग इनिशिएटिव इन रिवाइविंग हिंदुइज्म', http://www.opindia.com/2018/04/remembering-arya-samaj-a-pioneering-initiative-in-reviving-hinduism/
27. www.aryasamaj.com/enews/2012/jan/4.htm

एक दौर ऐसा भी आया, जब मुगल राज का पटाक्षेप हो रहा था और ब्रिटिश राज का उदय हो रहा था तथा उत्तर भारत में वास्तविक सत्ता अंग्रेजों के हाथ में चली गई, लेकिन धर्म-परिवर्तन कभी नहीं रुका। ईसाइयों ने धर्मांतरण के धूर्तता भरे कुछ उपायों को अपनाया और सामान्य लोगों तथा गरीबों की मजबूरी का फायदा उठाया, निर्दोष और असहाय लोगों के खिलाफ ताकत का इस्तेमाल किया, उन्हें धमकाया और झूठे वादों के साथ ही धन का लालच देकर फँसाया। हिंदुत्व को पाखंड बताकर बदनाम किया और उसे ईसाई धर्म से हीन बताया। उन्होंने हमारे धर्मग्रंथों को महज मिथ्या और अनेकनेक देवी-देवताओं की झूठी कहानियों से भरा बताकर अपमानित किया।

बहुसंख्यक हिंदुओं का एक बहुत बड़ा हिस्सा, जो युद्ध में पराजय के बावजूद अपने धर्म के प्रति निष्ठावान् बना रहा, वह धर्म बदलनेवालों को उन लोगों के रूप में देख रहा था, जिन्होंने आक्रमणकारी से हाथ मिलाकर देश के साथ गद्दारी की।

आर्य समाज कुल मिलाकर हिंदुओं के इसलाम और ईसाई धर्म में परिवर्तन का विरोध कर रहा था और 19वीं सदी के उत्तरार्ध का यह सबसे प्रभावी आंदोलन था और इस कारण इसने कुछ समय पूर्व तक धर्म बदलनेवालों की घर वापसी की वकालत की। आर्य समाज ने एक प्रक्रिया के अंतर्गत गैर-हिंदुओं की हिंदू धर्म में वापसी के लिए आंदोलन चलाया, जिसे 'शुद्धि' नाम दिया गया। शुद्धि की इस अवधारणा ने एक प्रमुख भूमिका निभाई और आर्य समाज के कुछ नेताओं को शुद्धि से एकजुट करने की क्षमता समझ आ गई। 'भारत भारतीयों के लिए है' का नारा दिया गया। स्वामी दयानंद सरस्वती ने कहा कि भारत का भाग्य वैदिक धर्म को पुनर्जीवित करने में है। उन्होंने 'वेदों की ओर लौटो' का नारा दिया।

'शुद्धि' की पहली घटना एक मुसलिम की थी, जो वर्ष 1877 में सामने आई, **जब दयानंद** सरस्वती ने देहरादून के रहनेवाले एक मुसलिम व्यक्ति की शुद्धि की। मुसलिम समुदायों की बड़ी संख्या में घर वापसी के पहले प्रयास साल 1908 में किए गए, जब आर्य धर्म प्रचारकों ने भारत के विभिन्न हिस्सों की यात्रा की और इसलाम धर्म को हाल ही में अपनानेवालों से इसलाम छोड़ने की अपील की, जिसे उन पर जबरन थोपा गया था। आर्य धर्म प्रचारकों ने पाया कि कुछ लोग, जो खुद को मुसलिम बता रहे थे, वे अब भी अपने 'पैतृक धर्म' के रूप में हिंदू रीति-रिवाजों और संस्कारों का पालन कर रहे थे। आर्य समाज ने इस अवधि में इन दबे-कुचले वर्ग के लोगों की हिंदू धर्म में वापसी का उत्कृष्ट

कार्य किया। आर्य समाजियों ने कभी भी खुद को हिंदू विचार की मुख्य धारा से अलग नहीं किया। इन धर्मों के शास्त्रों में विधान के आधार पर जमीन–आसमान का अंतर था, क्योंकि इसलाम और ईसाई धर्म अपनी दैवी सत्ता का दावा क्रमशः कुरान और बाइबिल से करते थे, जबकि हिंदू धर्म के वेदों ने तब तक ऐसा कोई दावा नहीं किया, जब तक कि आर्य समाज के संस्थापक, महर्षि स्वामी दयानंद सरस्वती ने वेदों को उसी प्रकार की अलौकिक सत्ता देने का प्रयास नहीं किया।

स्वामी दयानंद के इस वैदिक अभियान को स्वामी श्रद्धानंद ने आगे बढ़ाया, जिन्हें आज भी 'महात्मा मुंशीराम' के नाम से जाना जाता है। उन्होंने संन्यास लिया और इस हिंदू सुधारवादी आंदोलन के सक्रिय सदस्य बन गए तथा नई पीढ़ियों के सहयोग से उन्हें सफलता मिली। उन्होंने गृहस्थ जीवन को छोड़ा और पूरे मन से शुद्धि आंदोलन के साथ जुड़ गए एवं उसे हिंदू धर्म का एक शक्तिशाली अंग बना दिया।

शुद्धि के इस अभियान को मुसलिम नेताओं ने गंभीर चुनौती के रूप में देखा और मुसलमानों ने इससे बौखलाकर व्यापक सामुदायिक स्तर पर इसलामी सुधार की वकालत की; मुसलिम समुदायों से संपर्क साधा और उन्हें फिर मुसलिम समुदाय में वापस लाने का प्रयास किया। इसलिए 23 दिसंबर, 1926 को स्वामी श्रद्धानंद ने सर्वोच्च बलिदान दिया, जब एक मुसलिम सिरफिरे अब्दुल राशिद ने उनकी हत्या कर दी।

आज 2018 में, भले ही अनेक भारतीय राज्यों में जोर–जबरदस्ती तथा अन्य अनुचित साधनों से धर्मांतरण के विरुद्ध नियम है, फिर भी इसलामिक और ईसाई धर्म प्रचारक आज भी भारत में इसे आगे बढ़ा रहे हैं। ऐसे धर्म–परिवर्तनों से मतदाताओं की आबादी संबंधी पहचान बदल जाती है। इस बदली हुई जनसांख्यिकी से भारतीय राष्ट्रीय कांग्रेस (आई.एन.सी.) तथा जाति–आधारित क्षेत्रीय दलों को सहायता मिलती है, इसलिए वे इस घटना से आँखें मूँद लेते हैं और उन विधेयकों[28] का विरोध करते हैं, जो ऐसे बलपूर्वक धर्मांतरणों के खिलाफ कारवाई प्रस्तावित करते हैं। वामपंथी इतिहासकारों और कुछ मीडिया संस्थानों[29] ने इस दौरान मुसलिम और ईसाई धर्म प्रचारकों पर परदा डालने में अपना पूरा सहयोग दिया और धर्मांतरण के पक्ष में माहौल

---

28. 'कांग्रेस अपोज्ड टु एंटी–कनवर्जन बिल', द हिंदू, 23 मई, 2016, http:// www.thehindu.com/news/cities/bangalore/conversion-controversy/article6720108.ece
29. शरत प्रधान, 'व्हेन ऑल फेल्स, योगी आदित्यनाथ पुशेज हिंदुत्व बटन', Dailyo. in, 30 अक्तूबर 2017, https://www.dailyo.in/politics/uttar-pradesh-civic-body-polls-soft-hindutva-yogi-adityanath/story/1/20305.html

बनाने के लिए घर वापसी की आलोचना की। राम पुनियानी[30] जैसे लोगों ने यह भ्रामक तर्क दिया कि लोगों ने सामाजिक समानता की तलाश में हिंदू धर्म को छोड़ा है। लेकिन उनके साथ ही उनके जैसे लोग यह भूल गए कि इसलाम और ईसाई धर्म में जाति की समाप्ति एक भ्रम है।[31]

भारतीय ईसाइयों के बीच जाति व्यवस्था अकसर मतों के वर्गीकरण, स्थान और पूर्वजों की जाति के रूप में सामने आती है। एक अनुमान के अनुसार, 42 प्रतिशत से अधिक भारतीय ईसाई दलित हैं, जबकि तथाकथित उच्च जाति के कैथोलिकों का 90 प्रतिशत कैथोलिक चर्चों के प्राशासनिक पदों पर वर्चस्व है। दलित क्रिश्चियन वेबसाइट के अनुसार, 156 कैथोलिक बिशपों में से मात्र छह निम्न जाति के हैं।[32] अस्पृश्य कैथोलिकों ने अपने विरुद्ध कैथोलिक चर्च के सदस्यों द्वारा किए जा रहे भेदभाव के खिलाफ आवाज उठाई है। बामा फौस्टीना नाम की एक दलित सामाजिक कार्यकर्ता ने ऐसी पुस्तकें लिखी हैं, जो 'चर्च इन साउथ इंडिया' (सी.एस.आई.) में ननों और पादरियों द्वारा किए जानेवाले भेदभाव की आलोचना करती है।[33]

इसलाम की बात करें तो गौस अंसारी[34] भारत में मुसलमानों के सामाजिक विभाजनों के निम्नलिखित चार प्रमुख वर्गों के नाम गिनाते हैं—अशरफ, जो अफगानों, अरबों, ईरानियों और तुर्कों से विदेशी-मूल का दावा करते हैं। उच्च जातियों (जैसे मुसलिम राजपूत) से धर्म-परिवर्तन करनेवाले। अन्य तथाकथित 'स्वच्छ' जातियों (जैसे दर्जी, धोबी, धुनिया, गद्दी, फकीर, हज्जाम (नाई), जुलाहा, कबरिया, कुम्हार, कुंजड़ा, मिरासी, मनिहार और तेली) से धर्म-परिवर्तन करनेवाले। और धर्म-परिवर्तन करनेवाले तथाकथित अस्पृश्य, जिन्हें 'अरजाल' के रूप में वर्गीकृत किया गया है,

---

30. डी. गनैया, फैजाम मुस्तफा, के.एन. पनिक्कर व अन्य, सं. राम पुनियानी, घर वापसी कन्वर्जन्स एंड फ्रीडम ऑफ रिलिजन, मीडिया हाउस, 2015
31. लिज मैथ्यू, 'फर्स्ट टाइम, चर्च सेज : दलित क्रिश्चियंस फेस अनटचेबिलिटी', द इंडियन एक्सप्रेस, 19 दिसंबर, 2016, http://indianexpress.com/article/india/church-says-dalit-christians-face-untouchability-discrimination-4427658/ स्वामीनाथन नटराजन, 'इंडिया दलित्स फाइंड नो रिफ्यूज फ्रॉम कास्ट इन क्रिश्चियनिटी', बी.बी.सी. न्यूज, 14 सितंबर, 2010, http://www.bbc.com/news/world-south-asia-11229170
32. 'आर्चबिशप अरुलप्पा कंडेम्स वैटिकन फॉर प्रमोटिंग ए दलित बिशप एज हिज सक्सेसर इन हैदराबाद, इंडिया', http://www.dalitchristians.com/Html/arulappa.htm
33. 'ए पामिरा लीफ दैट सियर्स अस', द हिंदू, 16 सितंबर, 2001, https://www.thehindu.com/2001/09/16/stories/1316017m.htm
34. गौस अंसारी, *मुसलिम कास्ट इन उत्तर प्रदेश : ए स्टडी ऑफ कल्चर कॉनटैक्ट*, एथनोग्राफिक एंड फोक कल्चर सोसाइटी, 1960

जिनमें सबसे निचली जातियों की आबादी है, जैसे—हालाखोर, लालबेगी, अब्दाल और बेड़िया, 'जिनसे कोई दूसरा मुसलमान संबंध नहीं रखेगा और जिनके मसजिद में जाने या सार्वजनिक कब्रगाह का इस्तेमाल करने पर पाबंदी है।'[35] बी.आर. अंबेडकर अपनी पुस्तक *पाकिस्तान ऑर द पार्टीशन ऑफ इंडिया* में कहते हैं कि अस्पृश्य हिंदू धर्म-परिवर्तन करनेवालों को इसलाम में अरजाल ('तुच्छ') वर्ग में रखा जाता था। उन्हें तुच्छ कार्यों, जैसे कि मैला ढोने और मल-मूत्र उठाने जैसे काम दे दिए गए। इस कारण यह तर्क देना कि मुसलमानों और ईसाइयों के बीच सामाजिक समानता है, भ्रम फैलाने के साथ ही शरारतपूर्ण भी है।

गौ-रक्षा आंदोलनों का इतिहास

आर्य समाज और इसके संस्थापक दयानंद सरस्वती उन लोगों में शामिल थे, जिन्होंने बहुत पहले ही गौ-रक्षा आंदोलन का समर्थन किया था।[36] दयानंद सरस्वती ने 1881 में 'गौकरुणानिधि' लिखा था, जिसमें उन्होंने गौ-हत्या का कड़ा विरोध किया था। भाग-1 में जिस प्रकार बताया गया था, भारत की गौआधारित ग्रामीण अर्थव्यवस्था को नष्ट करने और हिंदू-मुसलमानों के बीच गाय के नाम पर तनाव पैदा करने का काम अंग्रेजों द्वारा बड़ी चालाकी से किया गया था। शेखर बंदोपाध्याय के अनुसार, दयानंद के समय के दौरान गौ-रक्षा आंदोलन प्रत्यक्ष रूप से मुसलिम विरोधी नहीं था, लेकिन धीरे-धीरे यह सांप्रदायिक तनाव का एक कारण बन गया।

बरसों से भारतीय धर्मों के अनेक समूहों ने गौ-रक्षा आंदोलन चलाया है। गौ-रक्षा पर भारत की संविधान सभा की चर्चा में विस्तार से बात हुई और इसके फलस्वरूप गौ-हत्या पर पाबंदी राज्य के नीति-निर्देशक सिद्धांतों में से एक है, जिसके विषय में संविधान के अनुच्छेद 48 में प्रावधान है। आज अनेक राज्यों में गौ-हत्या के विरुद्ध कानून है, लेकिन गौ-रक्षा, गायों की तस्करी और गौ-हत्या हिंदू-मुसलमानों के बीच संघर्ष के प्रमुख मुद्दे हैं। हालाँकि हमें यह समझना चाहिए कि भारतीय धर्मों के बीच इस पवित्र पशु के प्रति प्रेम किसी एक राजनीतिक दल के कारण नहीं है। यह कोई नई घटना नहीं है—यह भारतीय संस्कृति में रचा-बसा है।

अवैध बूचड़खानों पर उत्तर प्रदेश के मुख्यमंत्री योगी आदित्यनाथ द्वारा लगाए गए

---

35. तनवीर फजल, 'डीरिजर्व दीज मिथ्स', द इंडियन एक्सप्रेस, 6 सितंबर, 2006, http://archive.indianexpress.com/news/dereserve- these-myths/12109/2
36. शेखर बंदोपाध्याय, *'फ्रॉम पलासी टु पार्टीशन : ए हिस्टरी ऑफ मॉडर्न इंडिया'*, ओरिएंट ब्लैकस्वान, 2004, पेज 240

प्रतिबंध या भाजपा की छत्तीसगढ़ सरकार द्वारा धर्म-परिवर्तन विरोधी कानून की चर्चा करते हुए हमें उनके 150 साल पुराने इतिहास को जान लेना चाहिए।

चलिए, अब मुसलिम तुष्टीकरण के इतिहास पर नजर डालते हैं, जिसकी शुरुआत अंग्रेजों ने भारत को बाँटने के लिए की थी और जिसे बाद में कांग्रेस तथा अन्य क्षेत्रीय दलों के क्षत्रपों ने राजनीतिक लाभ के लिए अपना लिया।

□

3

कांग्रेस को मुसलिम तुष्टीकरण किसने सिखाया?

इतिहासकार मक्खन लाल लिखते[37] हैं कि सन् 1193 से 1857 के बीच उत्तर भारत के एक बड़े हिस्से पर मुसलिम शासन था और मुसलिम आक्रमणकारियों के कारण हिंदू आबादी ने काफी कष्ट झेला। लेकिन धैर्यवान् और जीवट हिंदू समाज ने मुसलमानों को, जिनमें से अधिकांश हिंदू से मुसलमान बने थे, स्थान दिया और उन्हें अपने त्योहारों और सामाजिक जीवन का हिस्सा बनाया। विभिन्न भारतीय, ब्रिटिश और विदेशी लेखकों ने मुसलमानों के होली, दुर्गा-पूजा आदि में शामिल होने का विवरण दिया है और बताया है कि कैसे हिंदू से मुसलमान बननेवालों ने अपने हिंदू नाम के साथ बस 'खान' को जोड़ दिया। लाल यह भी लिखते हैं कि भारत के मुसलिम कुलीनों में मुसलमानों से पहले की संस्कृति के प्रति सदैव एक घृणा रहती थी। उनके लिए भारत का इतिहास पैगंबर मोहम्मद और भारत पर अरबों के विजय से शुरू होता है। उनके लिए वेद, उपनिषद्, रामायण, महाभारत, पाणिनी आदि, जो इसी देश में उत्पन्न हुए, कोई मायने नहीं रखते थे। वास्तव में मुसलमानों के बीच अधिकांश 'समाज सुधार' आंदोलनों का उद्देश्य ज्योतिष, शाकाहार, त्योहारों और संतों की समाधि पर जाने की हिंदू प्रथाओं के प्रभावों को हटाना था।

1857 के विद्रोह के बाद अंग्रेजों का कहर इन नेताओं और आम जनता पर टूटा। उन पर अधिक चोट पड़ी, जिनके पास अधिक संसाधन थे। अधिकांश उच्चवर्गीय मुसलमान जमींदार थे, जिनकी मुगल शासन में तरक्की हुई थी और उनके पास काफी जमीन थी। दूसरों के साथ उन्हें भी जुल्म का सामना करना पड़ा। भारत में मुसलमानों के लिए यह मुश्किल की घड़ी थी और उत्तर भारत के कुलीन मुसलमान अपने निजी हितों की रक्षा के लिए अंग्रेजों से निकटता बढ़ाने लगे। उन्हें सर सैयद अहमद खान के रूप में एक नेता भी मिल गया।

---

37. मक्खन लाल, *सेक्यूलर पॉलिटिक्स कम्युनल एजेंडा; ए हिस्ट्री ऑफ पॉलिटिक्स इन इंडिया फ्रॉम 1860 टु 1953*, प्रगुन पब्लिकेशन, नई दिल्ली, 2008

ए.एम.यू. के संस्थापक सर सैयद अहमद में हिंदुओं के तिरस्कार की भावना

लाल आगे बताते हैं कि सर सैयद ईस्ट इंडिया कंपनी के सेवक थे और 1857 के विद्रोह के दौरान बिजनौर में पदस्थापित थे तथा अंग्रेज अफसरों और उनके परिवारों एवं उनकी संपत्ति की रक्षा कर ब्रिटिश मालिकों की शाबाशी हासिल की, जिसकी काफी जरूरत थी। विद्रोह के बाद, सर सैयद को समझ आया कि मुसलमानों को अंग्रेजों का विरोध करने से कहीं बड़ा फायदा उनसे हाथ मिलाने पर होगा। उन्होंने ही सबसे पहले यह कहते हुए बँटवारे के बीज बोए थे कि उन्हें काफिर हिंदुओं के बजाय ईसाई शासकों का साथ देना चाहिए।[38] सर सैयद ने स्पष्ट रूप से इसलाम का सेमेटिक धर्मों, जैसे ईसाई धर्म से निकट संबंध का जिक्र किया और कहा—

"हमें यह देखते हुए ईसाइयों के हित को आगे बढ़ाना चाहिए कि हमारी तरह ही उन्हें जन्नत से अलौकिक ज्ञान मिला है, वे पैगंबरों में यकीन रखते हैं और पवित्र पुस्तक में लिखे ईश्वरीय शब्दों को पवित्र मानते हैं, जिस प्रकार हम अपने मत में इबादत करते हैं ···अल्लाह ने हमें धर्म की रोशनी दी है और कुरान हमें राह दिखाने के लिए मौजूद है, जिसने उन्हें (ईसाइयों को) और हमें दोस्त बताया है।"

इस धार्मिक संबंध के अलावा सर सैयद ने मुसलमानों को इस बात का यकीन दिलाया कि वे और ब्रिटिश दोनों ही शासक वर्ग से आते हैं। उन्होंने कहा, "मेरे मुसलमान भाइयो, मैं तुम्हें फिर से याद दिला दूँ कि तुमने देशों पर सदियों तक शासन किया है और अलग-अलग मुल्कों पर तुम्हारा कब्जा रहा है। भारत में 700 वर्षों तक तुमने अपनी बादशाहत चलाई। तुम जानते हो कि शासन करना क्या होता है! उस देश से अन्याय न करो, जो शासन कर रहा है··· और सोचो—उसका (अंग्रेजी हुकूमत) शासन कितना ईमानदार है।"[39]

उन्होंने बार-बार मुसलमानों को याद दिलाया कि अपनी समृद्धि के लिए उन्हें भारत में ब्रिटिश शासन की स्थापना का श्रेय लेना चाहिए। उन्होंने कहा, "यह हमारी (मुसलिमों की) दिली इच्छा है कि अंग्रेजी शासन न केवल लंबे समय तक चलता रहे, बल्कि यह भी कि यह कभी खत्म न हो और हमेशा बना रहे।"[40] जीवन भर सर सैयद हिंदू बनाम मुसलमान, हिंदी बनाम उर्दू और संस्कृत बनाम फारसी के विभाजनकारी विचारों से ग्रस्त

---

38. शान मोहम्मद, *राइटिंग्स एंड स्पीचेज ऑफ सर सैयद अहमद खान, नचिकेता पब्लिकेशंस लिमिटेड,* नई दिल्ली, 1972
39. *सर सैयद अहमद खान ऑन द प्रेजेंट स्टेट ऑफ इंडियन पॉलिटिक्स, कंसिस्टिंग ऑफ स्पीचेज एंड लेटर्स* 'पायनियर' (इलाहाबाद : पायनियर प्रेस, 1888) से पुनर्मुद्रित
40. शान मोहम्मद, राइटिंग्स एंड स्पीचेज ऑफ सर सैयद अहमद खान, नचिकेता पब्लिकेशंस लिमिटेड, नई दिल्ली, 1972

रहे। उनकी पूरी सोच पर हिंदू फोबिया और भारत की सांस्कृतिक विरासत के खिलाफ शत्रुता हावी थी। वह मुसलमानों को यह समझाने में सफल रहे कि कांग्रेस (1884 में स्थापित) एक हिंदू संगठन है। उन्होंने सख्त हिदायत दी कि वे अंग्रेजों के खिलाफ चल रहे स्वतंत्रता संग्राम से कोई संबंध न रखें।

सर सैयद के नेतृत्व में जहाँ मुसलमान अपने हितों को आगे बढ़ाने के लिए अंग्रेजों के साथ जा रहे थे, वहीं कुलीनों का एक छोटा समूह, उस समय बिना प्रतिनिधित्व वाली भारतीय जनता, एलन ऑक्टावियन ह्यूम के नेतृत्व में एकजुट हुई और 1885 में आई.एन.सी. की स्थापना की।[41] 1883 में ह्यूम, जो ब्रिटिश राज के एक रिटायर्ड सिविल सेवक थे, कोलकाता यूनिवर्सिटी के स्नातकों को लिखी खुली चिट्ठी के जरिए एक ऐसे संगठन को खड़ा करने के विचार के साथ आगे आए, जो भारतीय हितों का प्रतिनिधित्व करेगा। उनका उद्देश्य शिक्षित भारतीयों के लिए सरकार में एक बड़ी हिस्सेदारी हासिल करना और उनके तथा ब्रिटिश राज के बीच नागरिक और राजनीतिक बातचीत के लिए एक प्लेटफॉर्म बनाना था। अपने अस्तित्व के पहले दशक के दौरान कांग्रेस ने एक राजनीतिक दल के बजाय कुलीन भारतीय महत्त्वाकांक्षाओं के मंच के रूप में कहीं अधिक काम किया।

आप देखेंगे कि अंग्रेज हमेशा से ही भारतीय नेताओं, समूहों और दलों के साथ अपेक्षाकृत नरम थे, जो ब्रिटिश राज के साथ शासन में अधिक भागीदारी की माँग करते थे या उनसे जो एक अल्पसंख्यक समूह का नेतृत्व करते थे, क्योंकि यह उनका साम्राज्य के अनुकूल था। नेहरू जिन्ना और अन्य कांग्रेसी, जो पत्रों, अपीलों, अदालतों और नुमाइंदगी की बौद्धिक क्षमता के आधार पर अंग्रेजों से संवाद किया करते थे, उनके साथ अंग्रेजों का रवैया सुलह का रहता था। लेकिन जो भी तलवार या बंदूक की ताकत के दम पर उनका विरोध करता, जो ब्रिटिश साम्राज्य को उखाड़ फेंकने की क्रांतिकारी सोच रखता, उन्हें खौफ में डाल देता था। 1857 के विद्रोह के बाद ब्रिटिश भारतीयों द्वारा सैन्य संघर्ष को लेकर काफी सतर्क हो गए। भारतीय वनवासी, जिन्होंने हमेशा से ही ब्रिटिश लूट का विरोध किया था, उनसे कठोर आपराधिक जनजातीय अधिनियम से निपटा गया। भारतीय युवाओं को अनेक प्रकार की रणनीतियों से क्रांति के पथ पर ले जानेवाले विनायक दामोदर सावरकर की भूमिका प्रमुख ब्रिटिश अधिकारियों को खत्म करने में अहम थी और उन्होंने ही 'ब्रिटिश सेना में शामिल हो और भीतर से विद्रोह करो' की रचना की थी, जिसने अंग्रेजों को इतना डरा दिया था कि उन्हें दो आजीवन कारावास की सजा दे दी, जो कुल पचास वर्ष की थी और उन्हें अंडमान-निकोबार द्वीप समूह के

---

41. बी. पट्टाभि सीतारमैया, *द हिस्ट्री ऑफ द इंडियन नेशनल कांग्रेस (1885-1935)*, कांग्रेस की वर्किंग कमेटी, 1935

सेलूलर जेल भेज दिया। सुभाष चंद्र बोस, जिनकी नेशनल आर्मी को ब्रिटिश प्रधानमंत्री एटली ने अंग्रेजों द्वारा भारत छोड़ने का असली कारण बताया, उन्हें अंग्रेजों ने आतंकवादी करार दे दिया और युद्ध अपराधी घोषित कर दिया। यह दुर्भाग्यपूर्ण है कि आज की कांग्रेस अब तक भारतीय स्वतंत्रता संग्राम के इन नायकों को अपमानित करती रही है। आगे के अध्यायों में हम इन बातों पर विस्तार से चर्चा करेंगे।

सर सैयद अहमद ने जैसी दरार पैदा की, उसे भाँपने में अंग्रेजों ने देर नहीं की, जिनके समर्थकों की संख्या अब काफी बढ़ चुकी थी। भारत को लेकर संकीर्ण सोच रखनेवाले अनेक ब्रिटिश अधिकारियों ने उन्हें अपने विभाजनकारी एजेंडा को और आगे बढ़ाने की सलाह दी। आला अंग्रेज अफसर जॉन स्ट्रेची ने कहा था, "आज भी और इससे पहले भी ऐसा भारत नहीं था, जिसमें किसी भी तरह की एकता थी—भौतिक, राजनीतिक, सामाजिक या धार्मिक।"[42] जे.ए. डुबियोस[43] ने लिखा कि एक तमिल, तेलगु और मराठा के बीच वही फर्क है, जो एक अंग्रेज, एक फ्रेंच और एक इटालियन और जर्मन में है। उन्होंने सभी को अलग राष्ट्र बताया, जिनकी भाषा और पहचान अलग-अलग थी। अंग्रेज अधिकारियों से मिले इन दिशा-निर्देशों के बाद सर सैयद को यह यकीन हो चला था कि हिंदुओं और मुसलमानों की तकदीर अलग-अलग है। सर सैयद के लिए मुसलमान एक देश थे, तो हिंदू दूसरे। हिंदुओं और मुसलमानों को लेकर यही विभाजनकारी रवैया आगे चलकर बदनाम 'टू नेशन थ्योरी' की वजह बन गया, जिसका फायदा जिन्ना ने अलग पाकिस्तान की माँग करके उठाया।

लाल कहते हैं कि ऑकलैंड कोलविन, जॉन स्ट्रेची और थ्योडोर बेक जैसे ब्रिटिश अधिकारी एक भाषा, एक धर्म और एक शासक वाले छोटे से देश से आए थे, जिसकी कोई सामाजिक, धार्मिक, सांस्कृतिक और भाषाई सहिष्णुता की परंपरा नहीं थी। वे यह सोच ही नहीं सकते थे कि धार्मिक, सांस्कृतिक, सामाजिक, भाषाई और क्षेत्रीय विविधता की परंपरावाला कोई राष्ट्र हजारों वर्षों तक एक साथ रह सकता है। अपनी संकुचित सोच के कारण वे इस अच्छाई को देख ही नहीं पाए कि हिंदुत्व एक सांस्कृतिक परंपरा है और भारत एक ऐसा देश है, जहाँ सभी प्रकार के लोग शांति से रहते और तरक्की करते हैं। भारत ने सदैव सभी धर्मों के उपदेशकों का स्वागत किया और अपने मत की रक्षा करनेवाले धर्मों को शरण दी।

---

42. https://www.newstatesman.com/asia/2008/12/india-attacks-internal-threat

43. जे.ए. डुबोइस, *ए डिस्क्रिप्शन ऑफ द कैरेक्टर, मैनर्स एंड कस्टम्स ऑफ द पीपल ऑफ इंडिया, एंड ऑफ देयर इंस्टीट्यूशंस, रिलीजियस एंड सिविल*, लंदन, लॉन्गमैन, हर्स्ट, रीज, ओरमे, और ब्राउन के लिए मुद्रित, मद्रास, 1879

अंग्रेजों द्वारा मुसलिम तुष्टीकरण

अब तक कांग्रेस वायसराय के काउंसिल में भारतीय प्रतिनिधित्व के लिए दबाव बनाने लगी थी। अरुण शौरी ने अपनी पुस्तक *कंट्रोवर्सीज*[44] में लिखा है कि सर सैयद ने इसका पुरजोर विरोध किया, क्योंकि वह जानते थे कि मुसलमानों की संख्या एक-चौथाई भी नहीं है और वे इतने योग्य नहीं थे कि चुनाव के जरिए ऐसे पद प्राप्त कर सकें। ऐसे शिक्षित मुसलिम वर्ग को बनाने के लिए, जो चुनावों में और अन्य सामाजिक-राजनीतिक मंचों पर हिंदू समकक्षों के खिलाफ खड़ा हो सके, उन्होंने अलीगढ़ में मोहम्मडन एंग्लो-ओरिएंटल (MAO) कॉलेज (जिसे आज अलीगढ़ मुसलिम यूनिवर्सिटी या ए.एम.यू. के नाम से जाना जाता है) की स्थापना की। पश्चिमी इतिहासकारों ने सर सैयद की प्रशंसा मुसलमानों के प्रमुख सामाजिक सुधारक के रूप में की है, लेकिन सच्चाई यह है कि उनका प्रमुख उद्देश्य हिंदुओं पर मुसलमानों का वर्चस्व स्थापित करना था। ब्रिटिश साम्राज्य के प्रति उनकी वफादारी के लिए लॉर्ड नॉर्थब्रुक ने MAO कॉलेज को 10,000 रुपए का चंदा दिया। हिंदुओं की ओर से किए जानेवाले सामाजिक कार्यों को कभी इस तरह का कोई चंदा नहीं मिला।

ब्रिटिश गवर्नरों और अफसरों ने ब्रिटिश जनता की राय को बड़ी आसानी से मुसलिमों के पक्ष में और हिंदुओं के खिलाफ बना दिया। लॉर्ड डफरिन ने अपने विदाई भाषण में कहा, 'आप उन लोगों के वंशज हैं, जिन्हें इससे पहले भारत में इतना प्रभावशाली स्थान प्राप्त था; जो लोग अब शासन कर रहे हैं, उनके ऊपर की जिम्मेदारियों को आप बहुत अच्छी तरह समझ सकते हैं।'[45] डब्ल्यू.डब्ल्यू. हंटर जैसे ब्रिटिश अधिकारियों ने अपने लेखों में सर सैयद की जमकर तारीफ की। अंग्रेज कवि और डब्ल्यू.एस. ब्लंट ने मुसलमानों और उनकी क्षमता की प्रशंसा की। ब्रिटिश नौकरशाह और इतिहासकार अल्फ्रेड लायल ने प्रतिष्ठित मंचों पर MAO कॉलेज के संस्थापकों की सराहना की। जॉन स्ट्रेची MAO कॉलेज के मामलों में कुछ ज्यादा ही शामिल थे। फिलिप मेसन जैसे ब्रिटिश लेखकों ने हिंदुओं को कायर घोषित किया और उन्हें नेतृत्व क्षमता विहीन बताया तथा हिंदुत्व को नकारात्मक, बेजान, क्रूर, मूर्तिपूजक एवं सुझावों को अनसुना करनेवाला और घृणास्पद कहा।[46] ए.जे. ग्रीनबर्गर[47] ने मुसलमानों के बारे में लिखा कि वे शाही लोग थे, जिन्होंने अंग्रेजों की तरह ही हिंदुओं से भारत को छीना

44. अरुण शौरी, *इंडियन कंट्रोवर्सीज*, रूपा पब्लिकेशंस, नई दिल्ली, 1993
45. लॉर्ड डफरिन, *स्पीचेज डिलीवर्ड इन इंडिया* (1884-88), लंदन
46. मक्खन लाल, *सेक्यूलर पॉलिटिक्स कम्युनल एजेंडा, ए हिस्ट्री ऑफ पॉलिटिक्स इन इंडिया फ्रॉम 1860 टु 1953*, प्रगुन पब्लिकेशन, नई दिल्ली 2008, पृ.15
47. ए.जे. ग्रीनबर्जर, *द ब्रिटिश इमेज ऑफ इंडिया : ए स्टडी इन द लिटरेचर ऑफ इंपीरियलिज्म, 1880-1960*, ऑक्सफोर्ड यूनिवर्सिटी प्रेस, 1969

था। यह भी कि उनमें सक्रियता, पौरुष और बलशाली होने के सर्वोच्च मूल्य थे और हिंदुओं के विपरीत, वे होशियार, सक्षम और समृद्ध थे। मुसलमानों की इतनी वाहवाही और चाटुकारिता किसी बड़े मजाक की तरह लगती है, जब हम जानते हैं कि 98 प्रतिशत मुसलमान हिंदू से धर्म परिवर्तित कर मुसलमान बने थे।[48] यहाँ तक कि आज के युग में भी अंग्रेजों द्वारा एक राजनीतिक उपाय के रूप में सिखाए गए, 'मुसलिम तुष्टीकरण'[49] का इस्तेमाल भारत में कांग्रेस[50] पार्टी और समाजवादी पार्टी[51] तथा तृणमूल कांग्रेस[52] जैसे क्षेत्रीय दल कर रहे हैं।

सर सैयद के नेतृत्व में, अंग्रेजों के प्रोत्साहन और समर्थन से 'ऑल इंडिया मुहम्मडन 'एजुकेशनल कॉन्फ्रेंस' ने गलत कहानी गढ़नी शुरू कर दी कि मुसलमान आर्थिक और शैक्षणिक रूप से पिछड़े हुए हैं। 1882 में उन्होंने लॉर्ड रिपन को अपनी माँग पेश की, जिसमें पुरानी स्थिति बहाल करने के लिए सरकारी संरक्षण माँगा गया। उनका तर्क था कि मुसलमानों को सरकारी नौकरी और शैक्षणिक अवसरों में उनका हिस्सा नहीं दिया गया। लेकिन विभिन्न प्रांतों से इकट्ठा किए गए आँकड़ों ने लॉर्ड रिपन को दिखाया कि मुसलमान झूठ बोल रहे थे और उनकी माँग सही नहीं है। उदाहरण के लिए, मध्य प्रांत में उनकी आबादी 2.5 प्रतिशत थी, फिर भी प्रशासन में मुसलिम नौकरशाह 36.7 प्रतिशत थे, जो आबादी में उनकी संख्या का पंद्रह गुना था। इसी प्रकार, शिक्षा में मात्र 0.8 प्रतिशत हिंदुओं को स्कूली शिक्षा उपलब्ध थी, जबकि मुसलिम आबादी के 1.9 प्रतिशत को यह शिक्षा मिल रही थी।[53] अन्य प्रांतों के आँकड़ों ने भी यही रुझान दिखाया।

48. मक्खन लाल, *सेक्यूलर पॉलिटिक्स कम्युनल एजेंडा, ए हिस्ट्री ऑफ पॉलिटिक्स इन इंडिया फ्रॉम 1860 टु 1953*, प्रगुन पब्लिकेशन, नई दिल्ली, 2008
49. मयंक सिंह, *'इंडियन पॉलिटिक्स : दे डेंजरस गेम ऑफ अपीजमेंट'*, फेयर ऑब्जर्वर, 21 फरवरी, 2012, https://www.fairobserver.com/politics/indian-politics-dangerous-game-appeasement/
50. संजय सिंह, 'कांग्रेस लीक्ड "मुसलिम अपीजमेंट" ड्राफ्ट मेनिफेस्टो फॉर तेलंगाना पोल्स एक्सपोजेज कन्फ्यूज्ड, बाईपोलर पार्टी', फर्स्टपोस्ट, 27 नवंबर, 2018, https://www.firstpost.com/politics/congress-leaked-muslim-appeasement-draft-manifesto-for-telangana-vidhan-sabha-polls-exposes-confused-bipolar-party-5625671.html
51. पी.टी.आई., 'समाजवादी पार्टी डिमांड्स कोटा फॉर मुसलिम्स इन गवर्नमेंट जॉब्स', द इकोनॉमिक टाइम्स, 18 दिसंबर, 2012, https://economictimes.indiatimes.com/news/politics-and-nation/samajwadi-party-demands-quota-for-muslims-in-government-jobs/articleshow/17664011.cms?from=mdr
52. चंदन मित्रा, 'ममता बनर्जीज अपीजमेंट पॉलिसीज हैव क्रिएटेड रियल डेंजर', एन.डी.टी.वी., 5 जुलाई, 2017, https://www.ndtv.com/opinion/mamata-banerjees-appeasement-policies-have-created-real-danger-1721089
53. डब्ल्यू.डब्ल्यू. हंटर, रिपोर्ट ऑफ इंडियन एज्यूकेशन कमीशन, कलकत्ता, 1884

डब्ल्यू.डब्ल्यू. हंटर ने अपनी रिपोर्ट में बताया कि मुसलमानों में अपने पिछड़ेपन को बढ़ा-चढ़ाकर बताने की प्रवृत्ति थी। MAO कॉलेज के लिए धन जुटाने के लिए सर सैयद ने यह कहानी गढ़ी कि मुसलमानों ने अंग्रेजी शिक्षा को छोड़ दिया था और उन्हें फिर से मुख्यधारा में लाना होगा। लेकिन प्रसिद्ध इतिहासकार हफीज मलिक[54] के अनुसार, शैक्षणिक पिछड़ापन एक झूठ था, जिसे सर सैयद ने गढ़ा था। वास्तव में 1882 से 1898 के बीच सर सैयद के MAO कॉलेज से स्नातक होने वालों की संख्या 122 थी, जबकि सरकार की ओर से चलाई जानेवाली इलाहाबाद यूनिवर्सिटी से 250 ग्रैजुएट निकले थे।

आज की कांग्रेस कई मामलों में अंग्रेजों के पदचिह्नों पर चल रही है। 2005 के आम चुनावों में अप्रत्याशित रूप से भाजपा से सात सीट अधिक जीतकर सबसे बड़ी पार्टी के रूप में उभरने के बाद कांग्रेस मुसलिम समुदाय का शुक्रिया अदा करना चाहती थी, क्योंकि राजनीतिक पंडितों ने उसकी जीत की बड़ी वजह मुसलमानों के वोट को बताया था। 2005 में मुसलमानों को खुश करने के लिए उन्होंने जस्टिस राजिंदर सच्चर के अधीन एक समिति गठित की, जो केवल 'मुसलमानों' की सामाजिक-आर्थिक स्थिति की रूपरेखा सामने रखेगी, जबकि अन्य धार्मिक और भाषाई अल्पसंख्यकों को 'नजरअंदाज' करेगी। 'सच्चर कमेटी रिपोर्ट' संसद् में 2006 में पेश की गई और उसने बताया कि भारत में मुसलमान दयनीय स्थिति में जी रहे हैं। इस रिपोर्ट की विस्तृत समीक्षा में राजनीतिक और शैक्षणिक टिप्पणीकार विवेक गुमस्ते ने अपने प्रसिद्ध हफिंगटन पोस्ट लेख[55] में कहा कि 'सच्चर कमेटी रिपोर्ट' की जब गहराई से समीक्षा की गई तो तथाकथित बुद्धिजीवियों और स्वार्थी राजनीतिक तत्त्वों की ओर से निकाले गए निष्कर्षों की पुष्टि नहीं हो सकी।

गुमस्ते ने आगे लिखा कि जिन इक्कीस राज्यों में सर्वे हुआ, उनमें से दस में मुसलिम समुदाय पूरे हिंदू समाज को मिलाने के बाद भी उनकी तुलना में अधिक अमीर था। तमिलनाडु में मुसलमानों ने हिंदू उच्च जातियों तक को पीछे छोड़ दिया। वास्तव में पूरी मुसलिम आबादी का सच्चा सर्वे करने की बात तो रहने दीजिए, सच्चर रिपोर्ट ने इस समुदाय के विभिन्न वर्गों का नाममात्र का भी सर्वे नहीं किया। सच्चर रिपोर्ट का पूरा निष्कर्ष कुछ चुनिंदा राज्यों का दौरा करने और चुनिंदा संस्थानों, जैसे कि सरकारी,

---

54. हफीज मलिक, *सर सैयद अहमद खान एंड मुसलिम मॉडरनाइजेशन इन इंडिया एंड पाकिस्तान* (स्टडीज इन ओरिएंटल कल्चर), कोलंबिया यूनिवर्सिटी प्रेस, न्यूयॉर्क, 1980
55. विवेक वी गुमस्ते, *'रिविजिटिंग द सच्चर रिपोर्ट : 10 ईयर्स ऑन, द सेम ओल्ड मिथ्स प्रिवेल'*, हफपोस्ट इंडिया, 25 जनवरी, 2017, https://www.huffingtonpost.in/vivek-v-gumaste/revisiting-the-sachar-report-10-years-on-the-same-old-myths-pr_a_21659994/

एन.जी.ओ. तथा मुसलिम संगठनों के इंटरव्यू पर आधारित था, जिस पद्धति में पक्षपात की एक स्पष्ट आशंका है। जस्टिस सच्चर को इस बात की पूरी जानकारी थी और इस कारण उन्होंने आगाह किया, "हम जब राज्यों में लोगों और संगठनों से मिले, तब उन्होंने हमें जो बताया, वही इन आँकड़ों का आधार है। किसी अंतिम निष्कर्ष तक पहुँचने से पहले उनके विश्लेषण की जरूरत है।"[56] लेकिन इन तथ्यों को नजरअंदाज कर दिए जाने से बरसों बाद यह रिपोर्ट परम सत्य और वामपंथियों तथा उदारवादियों के लिए बहस का मुद्दा बन गई है, जिसके हवाले से आए दिन बयान दिया जाता है।

उन्नीसवीं सदी की ओर फिर से लौटते हैं—1898 में सर सैयद चल बसे, लेकिन उस समय तक वह हिंदू-मुसलिम बँटवारे के बीज पूरी कामयाबी से बो चुके थे। पाकिस्तान की अवधारणा का श्रेय सर सैयद को देते हुए पाकिस्तान के एक सम्मानित इतिहासकार बशीर अहमद डार ने लिखा कि पाकिस्तान वास्तव में उस 'भले बुजुर्गवार' (सर सैयद)[57] की ओर से बनाई गई पूरी योजना का परिणाम है। मैं नहीं जानता कि यह हिंदु सहिष्णुता है या महज अज्ञानता कि स्वतंत्र भारत में नई दिल्ली में सर सैयद अहमद खान के नाम की एक सड़क है और अलीगढ़ यूनिवर्सिटी आज भी 17 अक्तूबर को हर साल 'सर सैयद अहमद डे' मनाती है।

हिंदू-मुसलिम आधार पर बंगाल का विभाजन

19 जुलाई, 1905 में भारत के वायसराय लॉर्ड कर्जन ने बंगाल को सांप्रदायिक आधार पर पश्चिम बंगाल और पूर्वी बंगाल में बाँट दिया। इस बँटवारे ने मुसलिम पूर्वी क्षेत्रों को काफी हद तक हिंदू पश्चिमी क्षेत्रों से अलग कर दिया गया। आधिकारिक रूप से इस बँटवारे की वजह बताई गई कि बंगाल इतना बड़ा प्रांत है कि एक गवर्नर के लिए इस पर शासन करना संभव नहीं था और प्रशासनिक उद्देश्यों से इसका बँटवारा करना पड़ा। लेकिन इस बँटवारे का असली कारण राजनीतिक था, न कि प्रशासनिक। पूर्वी बंगाल में मुसलमानों की बड़ी संख्या थी तो पश्चिम बंगाल में हिंदुओं की। यह बँटवारा ब्रिटिश राज के 'बाँटो और राज करो' का एक और कदम था।

इस बँटवारे से धार्मिक आधार पर बहुत बड़ा राजनीतिक संकट खड़ा हो गया। कांग्रेस के 'गरम दल' ने जब स्वदेशी आंदोलन की शुरुआत की, तब हिंदुओं का विरोध

56. विवेक वी. गुमस्ते, *'रिविजिटिंग द सच्चर रिपोर्ट : 10 ईयर्स ऑन, द सेम ओल्ड मिथ्स प्रिवेल'*, हफपोस्ट इंडिया, 25 जनवरी, 2017, https://www.huffingtonpost.in/vivek-v-gumaste/revisiting-the-sachar-report-10-years-on-the-same-old-myths-pr_a_21659994/

57. बशीर अहमद डार, *'रिलिजियस थॉट ऑफ सैयद अहमद खान'*, इंस्टीट्यूट ऑफ इसलामिक कल्चर, लाहौर, 1957

खुलकर सामने आया, जिसमें ब्रिटिश सामानों का बहिष्कार और सार्वजनिक संस्थानों में चर्चा, बैठक, प्रदर्शन, कमेटियों का गठन, प्रेस के माध्यम से प्रचार और कूटनीतिक दबाव बनाना शामिल था। अब तक भारतीय समाज के जो वर्ग इन आंदोलनों से दूर थे, वे इसमें शामिल हुए, जिससे आगे के आंदोलनों के लिए एक मजबूत आधार तैयार हुआ। यह आंदोलन संस्कृति, विज्ञान और साहित्य तक फैल गया। जनता को साहसिक राजनीति की शिक्षा दी गई और औपनिवेशिक प्रभुत्व की आलोचना की गई। पूर्वी बंगाल के मुसलमानों को उम्मीद थी कि अलग क्षेत्र बन जाने से शिक्षा और रोजगार पर उनकी पकड़ मजबूत होगी और इस कारण उन्होंने इन आंदोलनों का विरोध किया।[58] रवींद्रनाथ टैगोर ने भी बंगाल के बँटवारे के खिलाफ अपील के रूप में 'बांगलार माटी बांगलार जल' नाम का गीत लिखा। इस बँटवारे के बाद मुसलमानों के सामने सांप्रदायिक आधार पर अपना ही राष्ट्रीय संगठन खड़ा करने का रास्ता खुल गया और 1906 में 'मुसलिम लीग' का गठन हुआ, जिसका नेतृत्व जिन्ना के हाथ में था और आखिर में भारत का बँटवारा हो गया।

1906 और मुसलमानों के लिए अलग निर्वाचक मंडल की माँग

सर सैयद के बाद सैयद मेहदी अली हसन, मुश्ताक हुसैन और आगा खाँ तृतीय ने हिंदू-मुसलमान विभाजन को आगे बढ़ाया। 1906 में मुसलमानों का एक प्रतिनिधिमंडल आगा खाँ के नेतृत्व में शिमला में भारत के वायसराय लॉर्ड मिंटो से मिला। इस प्रतिनिधिमंडल ने कांग्रेस की ओर से विधानसभाओं में चुने गए भारतीय प्रतिनिधियों के होने की माँग की निंदा की। प्रतिनिधिमंडल ने यह भी कहा कि अगर इस तरह के 'लोकतांत्रिक' उपाय को अपनाया जाता है तो मुसलमानों के लिए अलग निर्वाचन मंडल होना चाहिए। साथ ही मुसलमानों को विधानसभा में उनकी संख्या बल से अधिक सीटें दी जानी चाहिए। उनकी याचिका का पाँचवाँ पैराग्राफ उद्धृत किए जाने योग्य है। इसमें लिखा था—

> "महामहिम की इजाजत से हम निश्चित रूप से एक कदम आगे जाना चाहते हैं और अपील करते हैं कि मुसलिम समुदाय को प्रत्यक्ष या अप्रत्यक्ष तथा अन्य सभी प्रकार से, किसी भी तरह के प्रतिनिधित्व में कोई स्थान दिया जाता है, जिससे उनकी हैसियत और प्रभाव पर असर पड़ता है, तो वह न केवल उनके संख्या बल के अनुपात में होना चाहिए, बल्कि उनके राजनीतिक महत्त्व और योगदान के मूल्य के अनुसार भी होना चाहिए, जो वे साम्राज्य की रक्षा के प्रति

58. गॉर्डन जॉनसन, *'पार्टीशन, एजिटेशन एंड कांग्रेस : बंगाल 1904 टु 1908'*, मॉडर्न एशियन स्टडीज, खंड 7, अंक 3, मई 1973, पृ. 533-588

देते हैं। हम यह भी आशा करते हैं कि महामहिम इस संबंध में उस स्थिति पर अवश्य विचार करेंगे, जो उन्हें भारत में सौ वर्षों से कुछ पहले प्राप्त थी और जिसकी परंपरा स्वाभाविक रूप से अब तक उनके मन से मिटी नहीं है।"[59]

ब्रिटिश राज के 'फूट डालो और राज करो' की रणनीति में प्रशिक्षित लॉर्ड मिंटो को एक सुनहरा अवसर दिखा। उसने तुरंत याचिका की माँगों को स्वीकार कर लिया और जवाब में लिखा, "आपके संबोधन का जो सार है, जितना मैं समझ पाया, वह यह दावा है कि...मुसलिम समुदाय का प्रतिनिधित्व एक समुदाय के रूप में होना चाहिए, मात्र उनके संख्या बल के आधार पर नहीं, बल्कि आपके समुदाय के राजनीतिक महत्त्व और साम्राज्य के प्रति जो सेवा इसने दी है, उसके आधार पर होना चाहिए। मेरी आपसे पूर्ण सहमति है।"[60]

इससे पहले कि शिमला के प्रतिनिधियों की याचिका को लॉड मिंटो की मंजूरी मिलती, वायसराय की टीम खुले तौर पर मुसलिम कुलीनों के साथ उसके वायसराय तक पहुँचने से पहले, याचिका की ध्यान से समीक्षा करने, ड्राफ्ट तैयार करने, फिर से ड्राफ्ट करने और कई बार याचिका का संपादन करने में जुटी थी। कोई और नहीं, स्वयं डनलप स्मिथ (वायसराय के प्राइवेट सेक्रेटरी), MAO कॉलेज के प्रिंसिपल, डब्ल्यू.ए.जे. आर्चबोल्ड के साथ सीधे तौर पर इसमें शामिल थे। आखिरकार, मुसलिम कुलीनों का यह छोटा समूह मुसलिम समुदाय का स्वयंभू प्रवक्ता बन गया। हिंदुओं और मुसलमानों के लिए एक अलग निर्वाचक मंडल पहला प्रशासनिक विभाजनकारी कदम था, जिसका अंत भारत के बँटवारे के तौर पर हुआ। आगा खाँ ने अपनी जीवनी में लिखा—"लॉर्ड मिंटो की ओर से हमारी माँगों को मिली मंजूरी भविष्य के उन सभी संवैधानिक प्रस्तावों का आधार बन गई, जिसे भारत ने एक के बाद एक ब्रिटिश सरकारों के सामने पेश किया और इसका अंतिम नतीजा भारत के बँटवारे तथा पाकिस्तान[61] के उदय के रूप में सामने आया।"

लाल लिखते हैं कि 1906 तक यह देखा जा सकता है कि ब्रिटिश सरकार और मुसलिम अलगाववादियों ने साँठगाँठ में काम करना शुरू कर दिया था। उसके बाद 1947 तक पूरे समय अंग्रेजों को न केवल मुसलिम समुदाय में अपना सबसे मजबूत सहयोगी

59. https://www.cambridge.org/core/journals/modern-asian-studies/article/partition-agitation-and-congress-bengal-1904-to-1908/AC81D4557F2A6F1DA70557CFE3A90390
60. 'स्पीचेज बाई अर्ल ऑफ मिंटो (1905–1910)', सुप्रिंटेंडेंट गवर्नमेंट प्रिंटिंग, कलकत्ता, 1911
61. आगा खाँ, *द मेमॉयर्स ऑफ आगा खाँ : वर्ल्ड एनफ एंड टाइम*, साइमन एंड शुस्टर, न्यूयॉर्क, 1954

मिला, बल्कि एक हथियार भी मिला, जिससे वे कांग्रेस और हिंदुओं पर प्रहार कर सकते थे।[62] दुर्भाग्य यह है कि स्वतंत्र भारत में भी हमारे यहाँ 'मिंटो रोड' है, जो मध्य दिल्ली में एक प्रमुख स्थान है और भारत में कई जगहों पर आगा खाँ के नाम से इमारतें हैं।

मुसलिम लीग का गठन

अधिक प्रयास किए बिना ही मुसलमानों के लिए अलग निर्वाचन मंडल दिलानेवाले शिमला प्रतिनिधिमंडल की सफलता और बंगाल के बँटवारे ने मुसलमानों का हौसला बेहिसाब बढ़ा दिया। लाल लिखते हैं कि इससे उत्साहित होकर 'मुसलमानों में एक ठोस राजनीतिक बदलाव आया; उन्होंने ब्लैकमेल और तोल-मोल की राजनीति को जोरदार ढंग से आगे बढ़ाना शुरू कर दिया।' मिंटो को लिखी आगा खाँ की मशहूर चिट्ठी के महज दो महीने बाद ही कई मुसलिम नेताओं ने अलगाववादी विचारधारा को अपनाया और दिसंबर 1906 में 'ऑल इंडिया मोहम्मडन एजुकेशन कॉन्फ्रेंस' के तहत ढाका में इकट्ठा हुए। इस कॉन्फ्रेंस में दो बड़े फैसले किए गए—अलीगढ़ मुसलिम यूनिवर्सिटी में राजनीतिक चर्चा 'आधिकारिक' पाबंदी का ढकोसला खत्म कर दिया गया और विकार-उल-मुल्क ने एक राजनीतिक संघ की स्थापना का प्रस्ताव रखा, जो ब्रिटिश भारत में मुसलमानों के हितों को आगे ले जा सके। उन्होंने इसे 'ऑल इंडिया मुसलिम लीग' (ए.आई.एम.एल.) नाम दिया। ए.आई.एम.एल. के गठन के निम्नलिखित उद्देश्य थे[63]—

(क) भारत के मुसलमानों के बीच ब्रिटिश सरकार के प्रति वफादारी की भावना को बढ़ाना और ऐसे किसी भी भ्रम को दूर करना, जो सरकार के किसी भी फैसले पर उसके इरादे को लेकर हो सकता था।

(ख) भारत के मुसलमानों के राजनीतिक अधिकारों व उनके हितों की रक्षा करना और उन्हें आगे बढ़ाना तथा सरकार के सामने उनकी जरूरतों और आकांक्षाओं को आदरपूर्वक रखना।

(ग) भारत के मुसलमानों में अन्य समुदायों के प्रति किसी भी प्रकार की शत्रुता की भावना को, लीग के उपर्युक्त वर्णित उद्देश्यों के साथ समझौता किए बिना, बढ़ने से रोकना।

सन् 1971 में क्रेग बैक्सट[64] ने अपनी पुस्तक में लिखा कि मुसलिम लीग की धारा

---

62. मक्खन लाल, *सेक्यूलर पॉलिटिक्स कम्युनल एजेंडा, ए हिस्ट्री ऑफ पॉलिटिक्स इन इंडिया फ्रॉम 1860 टु 1953*, प्रगुन पब्लिकेशन, नई दिल्ली 2008

63. 'फाउंडर्स ऑफ पाकिस्तान प्लेज्ड लॉयल्टी टु ब्रिटिश रूल ऑफ इंडिया', http://www.muslim.org/allegs/mleague.htm

64. क्रैग बैक्सटर, *द जन संघ : ए बायोग्राफी ऑफ एन इंडियन पॉलिटिकल पार्टी*, यूनिवर्सिटी ऑफ

(ख) की आड़ के बावजूद भारत ने पहले बड़े 'सांप्रदायिक' राजनीतिक समूह को देख लिया, जिसने पूरे भारत से अपील की और इस प्रकार इसकी स्थापना हुई। यह इस मायने में सांप्रदायिक है कि इसकी सदस्यता एक समुदाय तक सीमित थी और इसके कार्यक्रमों का उद्देश्य उसी समुदाय के राजनीतिक और सामान्य हितों को आगे बढ़ाना था।

अंग्रेजों को 'फूट डालो और राज करो' की रणनीति की एक बड़ी सफलता के रूप में मुसलिम लीग के गठन से खुशी हुई। 1 जनवरी, 1970 को ब्रिटेन में '*द इंगलिशमैन*' अखबार ने मोटे अक्षरों में लिखा—'लीग कांग्रेस को मुँहतोड़ जवाब देने के साथ ही मुसलमानों की आकांक्षाओं को प्रकट करने का एक रास्ता भी उपलब्ध कराएगा।' इस पर टिप्पणी करते हुए प्रिंस ऑफ वेल्स, भविष्य के किंग जॉर्ज पंचम ने कहा कि मुसलमानों का आंदोलन काफी संतोषजनक था और यह बंगाल के प्रदर्शनकारियों का मुकाबला करेगा।[65]

ए.एम.यू. के अलगाववादी बोल बनाम बी.एच.यू. की राष्ट्रवादी हुंकार

MAO कॉलेज और इसके संस्थापक सर सैयद से जुड़ी मुसलिम अलगाववादी चेतना का जागरण 'अलीगढ़ आंदोलन' के नाम से जाना गया। अलीगढ़ यूनिवर्सिटी मुसलिम लीग की अलगाववादी गाथा की कर्मभूमि बना रहा। MAO कॉलेज के अधिकारी भारत के बँटवारे के प्रस्तावक, समर्थक और प्रसारक थे—चाहे वह इसके संस्थापक सर सैयद हों, जिन्हें पाकिस्तानी इतिहासकार पाकिस्तान की अवधारणा का जनक मानते हैं। इसके प्रिंसिपल डब्ल्यू.ए.जे. आर्चबोल्ड, जिन्होंने आगा खाँ जैसे लोगों को मिंटो से मुसलमानों के लिए सांप्रदायिक तर्ज पर अलग निर्वाचन मंडल की माँग करने के लिए निर्देशित, उत्साहित और प्रोत्साहित किया या इसके सचिव विकार-उल-मुल्क (उर्फ मुश्ताक हुसैन), जिन्होंने मुसलिम लीग के गठन का प्रस्ताव रखा या फिर आगे चलकर ए.एम.यू. छात्र संघ के आजीवन सदस्य मोहम्मद अली जिन्ना, जिनकी भारत के बँटवारे में अहम भूमिका थी। जिन्ना ने खतरनाक और नाकाम 'दो देश के सिद्धांत' को राजनीतिक अभिव्यक्ति दी, जिसकी माँग लंबे समय से मोहम्मद इकबाल और सर सैयद जैसे लोग कर रहे थे।[66] अपने लेख में लेखक मुशीरुल हसन[67] अलीगढ़

पेंसिलवेनिया प्रेस, 1969

65. प्रिंस ऑफ वेल्स टु मिंटो, मिंटो पेपर्स, एन.एल.एस., 1 जनवरी, 1907
66. कृष्ण कुमार, '*व्हाई जिन्ना फाइंड्स ए कनेक्ट विद ए सेक्शन ऑफ मुसलिम यूथ*', Opindia.com, 22 मई, 2018, http://www.opindia.com/2018/05/why-jinnah-finds-a-connect-with-a-section-of-indian-muslim-youth/
67. मुशीरुल हसन एंड मोहम्मद अफजल हुसैन कादरी, 'नेशनलिस्ट एंड सेपरेटिस्ट ट्रेंड्स इन अलीगढ़, 1915-47', सेज जर्नल्स, 1 मार्च, 1985

मुसलिम यूनिवर्सिटी के मुट्ठी भर छात्रों के कभी-कभार सामने आए राष्ट्रवादी स्वर को अतिशयोक्तिपूर्ण और आकर्षक बनाकर किसी बड़ी घटना के रूप में पेश करने का भरपूर प्रयास करते हैं।

निराशाजनक तो यह है कि आज भी, स्वतंत्र भारत में, ए.एम.यू. में बड़े जोशो-खरोश के साथ 'सर सैयद अहमद डे' मनाया जाता है और जिन्ना की तसवीर भारतीय इतिहास के अन्य नेताओं, जैसे—महात्मा गांधी, सी.वी. रमन और सी. राजगोपालाचारी के साथ यूनिवर्सिटी के स्टूडेंट यूनियन ऑफिस में लगी है। 2018-19 में भी, जबकि यूनिवर्सिटी को केंद्र से पैसा मिलता है, भारत के संविधान के अनुसार SC/ST/OBC आरक्षण को माना नहीं जाता और इसने आज भी अवैध रूप से मुसलमानों के लिए अपने 50 प्रतिशत आरक्षण को जारी रखा हुआ है।[68]

इसके विपरीत, 1916 में जिस बी.एच.यू. की स्थापना मदन मोहन मालवीय ने की थी, वह भारतीय स्वतंत्रता संग्राम का प्रमुख केंद्र बन गया और वहाँ से अनेक राष्ट्रवादी नेता निकले। मालवीय शिक्षा को राष्ट्रीय जागरण का प्रमुख साधन मानते थे। ब्रिटिश सरकार ने बी.एच.यू. को फूटी-कौड़ी भी नहीं दी। मालवीय ने जनता से इसके लिए पैसे जुटाए। मालवीय अपनी वकालत को छोड़ यूनिवर्सिटी और भारत के स्वतंत्रता संग्राम को आगे बढ़ाने में जुट गए। आज बी.एच.यू. केंद्र से धन पानेवाली एक सेंट्रल यूनिवर्सिटी है, जो समाज के सभी वर्गों के लिए भारत के संविधान में जैसा लिखा है, उसके अनुसार आरक्षण के नियमों का पालन करती है।

1909 और मुसलमानों के लिए अलग निर्वाचन क्षेत्र को जायज ठहराने के लिए मॉर्ले-मिंटो 'सुधार'

जॉन मॉर्ले का मानना था कि बंगाल के आंदोलन से सख्ती से निपटा जाना चाहिए, लेकिन लॉर्ड कर्जन द्वारा बंगाल के विभाजन से ब्रिटिश राज के स्थायित्व के लिए यही काफी नहीं था। उसका मानना था कि भारत में मौजूद वफादारों और तेजी से पश्चिमी रंग में रँगनेवाले एक वर्ग को फिर से आश्वस्त करने के लिए एक चौंकानेवाले कदम की जरूरत है। इसके जवाब में ही भारत के विभिन्न राज्यों के विधान परिषदों में भारतीयों को कुछ प्रतिनिधित्व देने के लिए 'मॉर्ले-मिंटो सुधार' (या भारतीय परिषद् कानून 1909) आया। लेकिन 'मॉर्ले-मिंटो सुधार' का मूल या बड़ी चाल मुसलमानों को अलग मताधिकार क्षेत्र का अधिकार देना था।

68. अभिषेक बनर्जी, 'फॉरगेट जिन्ना पोरट्रेट, लेट अलीगढ़ मुसलिम यूनिवर्सिटी बिकम सब्जेक्ट टु इंडियन लॉज', Opindia.com, 4 मई 2018, http://www.opindia.com/2018/05/forget-jinnah-portrait-let-aligarh-muslim-university-become-subject-to-indian-laws/

जेम्स स्टुअर्ट ओलसन और रॉबर्ट शेडले (1996) ने अपनी प्रसिद्ध *रचना हिस्टॉरिकल डिक्शनरी ऑफ द ब्रिटिश एंपायर* में उद्धृत किया है, "मॉर्ले-मिंटो सुधारों का सबसे विवादास्पद पहलू सांप्रदायिक मताधिकार क्षेत्रों की स्थापना थी। मिंटो ने 1906 में एक मुसलिम डेलिगेशन से वादा किया था कि वह मुसलमानों के लिए विधायिका की कुछ सीटों का समर्थन करेंगे, जिन्हें केवल मुसलिम वोटों से चुना जाएगा। अलग सांप्रदायिक निर्वाचन क्षेत्र की स्थापना को हिंदुओं ने भारत को 'बाँटने और राज करने' के एक प्रयास के रूप में देखा और 'मॉर्ले-मिंटो सुधारों' को हिंदुओं और मुसलमानों के बीच तनाव को और बढ़ाने का दोषी ठहराया गया।"[69]

मुसलिम बुद्धिजीवियों की ओर से क्षेत्रीय हितों को लेकर बनाया गया जबरदस्त सांप्रदायिक दबाव और अंग्रेज सरकार की ओर से मुसलमानों के खुले तुष्टीकरण ने बहुसंख्यक समुदाय में असंतोष भड़काना शुरू कर दिया। इन मुसलिम बुद्धिजीवियों को भारत की आजादी और उसकी खुशहाली से कोई लेना-देना नहीं था। इसकी बजाय उनका ध्यान पूरी तरह से ब्रिटिश शासकों से अपने समुदाय के लिए बेहिसाब फायदे हासिल करने पर था। हिंदू, सिख, जैन और बौद्ध समुदायों की उपेक्षा खुलकर होने लगी थी। इसने हिंदू नेताओं को एकजुट करने में अहम भूमिका निभाई और हिंदुओं के अधिकारों की रक्षा के लिए 'हिंदू महासभा' नाम का एक संगठन बनाया गया। लेकिन आश्चर्यजनक रूप से 'हिंदू महासभा' ने कभी इस समुदाय के लिए अंग्रेजों से मदद नहीं माँगी, उन्होंने अंग्रेजों की 'फूट डालो और शासन करो' की नीति का ही मुख्य रूप से विरोध किया और सभी के लिए समान नीतियों की माँग की।

1916 और 'लखनऊ समझौता' : मुसलिम दबाव के आगे झुकी कांग्रेस

सन् 1916 में कांग्रेस ने मुसलिम दबाव के आगे घुटने टेक दिए और प्रांतीय विधानसभाओं में धार्मिक अल्पसंख्यकों के अधिक प्रतिनिधित्व की माँग पर सहमत हो गई। इस अधिक प्रतिनिधित्व की शर्त पर ही मुसलिम लीग के नेता भारत की स्वायत्तता की माँग करनेवाले आंदोलन में शामिल होने पर सहमत हुए। बाल गंगाधर तिलक, जिन्हें कांग्रेस में हिंदू हितों की आवाज उठानेवाला माना जाता है, ने 'लखनऊ समझौते' को संभव बनाने में प्रमुख भूमिका निभाई। तिलक ने यह कहते हुए कांग्रेस का रुख स्पष्ट किया कि कांग्रेस का यह उदार रवैया, ऐसी आशा है कि मुसलिमानों के मन में भय और संदेह को समाप्त करेगा और इस प्रकार कांग्रेस उनके अलग देश की माँग के स्थान

---

69. जेम्स स्टुअर्ट ओल्सन और रॉबर्ट शेडर द्वारा संपादित, *हिस्टॉरिकल डिक्शनरी ऑफ द ब्रिटिश एंपायर ए-जे*, ग्रीनवुड पब्लिशिंग ग्रुप, 1996, पृ.759

पर भारतीय राष्ट्रवाद को स्थापित कर देगी।[70] लेकिन जिन्ना के लिए यह उनके व्यापक अलगाववादी एजेंडा की दिशा में एक और कदम था। उनका कहना था, "यह कह सकते हैं कि अपनी संवैधानिक लड़ाई में हमें आधी जीत मिल चुकी है।"[71]

'लखनऊ समझौते' की स्याही अभी सूखी भी नहीं थी कि 1971 में, मुसलिम लीग ने अपनी माँगों को बढ़ाना शुरू कर दिया। कलकत्ता में अपने वार्षिक अधिवेशन में स्थानीय निकायों, सार्वजनिक सेवाओं, यहाँ तक कि विश्वविद्यालयों में भी अधिक प्रतिनिधित्व का प्रस्ताव पास किया गया, जैसा कि प्रांतीय विधानसभाओं में पहले ही किया गया था। स्वतंत्रता आंदोलन के लिए मुसलमानों के सहयोग को लेकर कांग्रेस की आशावादिता एक मृग-मरीचिका साबित हुई।

□

---

70. सं. एस.वी. बापट, द *रेमनिसेंसेज एंड एनेकडोट्स ऑफ लोकमान्य तिलक,* एस.वी. बापट, पूना, 1925, पृ.21
71. एम.ए. जिन्ना, *मोहम्मद अली जिन्ना : एन एंबेसजर ऑफ यूनिटी, हिज स्पीचेज एंड राइटिंग्स,* 1912-1917, आतिश फिशान पब्लिकेशंस, 1989, मद्रास, पृ. 47-48

4

घोर मुसलिम तुष्टीकरण पर हिंदू महासभा की प्रतिक्रिया

आर्य समाजियों ने मिलकर हिंदू महासभा का गठन किया

आर्य समाज पहला ऐसा संगठन था, जिसने बौद्धिक स्तर पर इसलाम से सीधी टक्कर ली, जिसके कारण इसके नेताओं पर हत्या का जोखिम भी मँडराने लगा। आर्य समाज के संस्थापक स्वामी दयानंद सरस्वती ने अपनी प्रसिद्ध पुस्तक 'सत्यार्थ प्रकाश' के आखिरी अध्याय में इसलाम और कुरान पर विस्तार से समालोचना लिखी। आर्य समाज के जाने-माने नेता पंडित लेख राम (1858-1897) ने अपने लेखनों और भाषणों में अहमदी आंदोलन और मिर्जा गुलाम अहमद की जोरदार आलोचना की। 6 मार्च, 1897 को कथित तौर पर इसलाम के विरुद्ध अपने लेखन के कारण पंडित लेख राम की हत्या कर दी गई।[72] जजिया कर और इसलामी आक्रमणकारियों तथा शासकों के दबाव के कारण जिन हिंदुओं ने इसलाम को अपना लिया था, उन्हें फिर से हिंदू धर्म में वापस लाने के लिए (आज की घर वापसी के समान) आर्य समाज के समाज-सुधारकों ने शुद्धि आंदोलन चलाया। फिर से धर्म में वापस लाने के अपने अभियानों के कारण ही मुसलिम सिरफिरे अब्दुल राशिद ने स्वामी श्रद्धानंद की हत्या कर दी।[73]

1857 के बाद भारत के कुलीन मुसलमानों को अपनी सत्ता के चले जाने का अहसास हुआ और मुसलिम बुद्धिजीवियों ने अंग्रेजों से अपने समुदाय के लिए लाभ पाने के मकसद से और अधिक कूटनीतिक तरीका अपनाना शुरू कर दिया। आर्य समाज की गतिविधियाँ ज्यादातर सामाजिक क्षेत्र में थीं और वे उस समय के शासकों के साथ किसी प्रकार की राजनीतिक बातचीत में शामिल नहीं थे। लेकिन 1905 में सांप्रदायिक आधार पर बंगाल के विभाजन, हिंदुओं की कम होती आबादी (जैसा कि अध्याय 1 में बताया गया है), मुसलिम हितों को सांप्रदायिक आधार पर आगे बढ़ाने के लिए 1906

72. http://www.thearyasamaj.org/panditlekhram_en
73. http://www.hindujagruti.org/articles/86.html

में मुसलिम लीग का गठन और ब्रिटिश भारतीय सरकार द्वारा 1909 में अलग मुसलिम मताधिकार क्षेत्र बनाए जाने के बाद आर्य समाज के नेताओं को धड़ल्ले से किए जा रहे मुसलिम तुष्टीकरण के खिलाफ कारवाई के लिए संगठित राजनीतिक मंच पर विचार करना पड़ा।

सभी में यह भय व्याप्त था कि अल्पसंख्यकों के रूप में मुसलमान बेहिसाब ब्रिटिश संरक्षण और 1909 के भारतीय परिषद् कानून जैसे उपायों से अन्यायपूर्ण तथा प्रभुत्ववादी ताकत बन जाएँगे।[74] 1909 में लाला लाजपत राय, लाल चंद और शादी लाल जैसे आर्य समाज के नेताओं ने मिलकर 'पंजाब हिंदू सभा' का गठन किया। 'पंजाब हिंदू महासभा' के महासचिव शादी लाल ने वायसराय लॉर्ड मिंटो को एक विस्तृत आवेदन लिखा, जिसमें कहा कि 'ऐतिहासिक और राजनीतिक महत्त्व' के झूठे और मनगढ़ंत आधार पर मुसलमानों के लिए अलग मताधिकार क्षेत्र तथा अत्यधिक प्रतिनिधित्व दिया जाना उनकी तरफदारी है, जो 'न्याय और निष्पक्षता'[75] के सिद्धांतों के विरुद्ध है। अक्तूबर 1909 में मालवीय ने लाहौर में सभा के पहले अधिवेशन की अध्यक्षता की। सभा ने स्पष्ट रूप से कहा कि यह सांप्रदायिक संगठन नहीं होगा, बल्कि 'सबके साथ लेकर चलनेवाला आंदोलन' होगा, जिसका उद्देश्य 'पूरे हिंदू समुदाय' के हितों की रक्षा करना होगा।

21-22 अक्तूबर, 1909 में इसने 'पंजाब प्रांतीय हिंदू सम्मेलन' का आयोजन किया, जिसने हिंदू हितों की रक्षा करने में विफल रहने के लिए कांग्रेस की आलोचना की। सभा ने पंजाब में पाँच और सालाना प्रांतीय सम्मेलन आयोजित किए। हिंदू एकता के लिए बड़े पैमाने पर जो काम पंजाब में बीसवीं सदी के आरंभ में शुरू हुआ, वह 'अखिल भारतीय हिंदू महासभा' के गठन की एक भूमिका थी। अगले कुछ वर्षों में, ऐसी अनेक हिंदू सभाओं का पंजाब के बाहर संयुक्त प्रांत (आज का उत्तर प्रदेश), बिहार, बंगाल, मध्य प्रांत और बेरार, तथा बंबई प्रेसीडेंसी में गठन हुआ। 8 दिसंबर, 1913 में पंजाब हिंदू महासभा ने अपने अंबाला अधिवेशन में 'अखिल भारतीय हिंदू महासभा' के गठन का एक प्रस्ताव पास किया। हरिद्वार, लखनऊ और दिल्ली के कुछ तैयारी वाले अधिवेशनों के बाद अप्रैल 1915 में हरिद्वार के कुंभ मेला में क्षेत्रीय हिंदू सभाओं के मुख्य संगठन के रूप में अखिल भारतीय हिंदू महासभा का गठन हुआ।[76]

भले ही हिंदू महासभा का गठन मुसलिम कुलीनों की सांप्रदायिक माँगों और अंग्रेजी

---

74. *पैसा अखबार,* लाहौर, 21 दिसंबर, 1909
75. 'द मेमोरैंडम ऑफ द हिंदू सभा', होम डिपार्टमेंट [ए] प्रोसीडिंग्स नं. 29-31 दिसंबर, 1909, एन.ए.आई.
76. प्रभु बापू, *'हिंदू महासभा इन कोलोनियल नॉर्थ इंडिया, 1915-1930 : कंस्ट्रक्टिंग नेशन एंड हिस्टरी',* रूटलेज, 2013

सरकार द्वारा मुसलमानों के घोर तुष्टीकरण का विरोध करने के लिए किया गया था, लेकिन इसने कभी भी हिंदू समुदाय के लिए न लाभ माँगा, न ही इसकी पैरवी की। इसने सदैव तथाकथित अल्पसंख्यक समुदाय को मिल रहे विशेष लाभ का विरोध किया और सभी भारतीयों के लिए समान नियमों के पालन की अपील की। 2019 में, लगभग सौ वर्षों बाद यह अंतर अब भी नजर आता है, जब कांग्रेस कहती है कि संसाधनों पर पहला दावा अल्पसंख्यकों का है[77] और भाजपा कहती है—'सबका विकास, तुष्टीकरण किसी का नहीं'।

कांग्रेस का हिंदू महासभा से अवसरवादी प्यार-नफरत का संबंध

बीसवीं सदी के आरंभिक दौर में कांग्रेस और हिंदू महासभा के बीच अंतर स्पष्ट नहीं था। कई सदस्यों के पास दोनों की ही सदस्यता थी। विशेष रूप से संयुक्त प्रांत जैसे बड़े सूबे में, कांग्रेस और स्थानीय हिंदू सभा आपस में जुड़े हुए थे। उदाहरण के लिए 1909 और 1918 में मालवीयजी कांग्रेस के अध्यक्ष थे और उन दोनों ही साल वह हिंदू महासभा में भी सक्रिय थे। वास्तव में उन्होंने कांग्रेस में इस प्रकार कार्य किया, मानो वह हिंदुओं की आवाज हों। स्व-शासन और अविभाजित भारत कांग्रेस और हिंदू महासभा, दोनों के लिए ही प्रमुखता रखता था। समय के साथ कांग्रेस ने दूसरे विषय पर समझौता कर लिया। अनेक कांग्रेस नेता, जैसे गोकर्ण नाथ मिश्रा, हृदय नाथ कुंजरू, गौरी शंकर मिश्रा, शिवप्रकाश गुप्ता और ईश्वर शरण हिंदू महासभा में भी सक्रिय थे। वास्तव में, अगस्त 1923 में जब मालवीय ने वाराणसी में महासभा के अधिवेशन की फिर से शुरुआत की, तब मुख्यधारा के कांग्रेस के नेता जवाहरलाल नेहरू, राजेंद्र प्रसाद, पुरुषोत्तम दास, भगवान दास और घनश्यामदास बिड़ला उस अधिवेशन में शामिल हुए। 1924 में मालवीय ने एक बार फिर हिंदू महासभा के अधिवेशन की अध्यक्षता की, जो बेलगाम नगर में कांग्रेस अधिवेशन के स्थल पर हुआ, जिसमें स्वयं महात्मा गांधी शामिल हुए।

तिलक जब तक जीवित थे, कांग्रेस पर हावी रहे और हिंदुओं के हितों की बात उठाते रहे। 1920 में उनकी मृत्यु के बाद महात्मा गांधी का प्रभाव कांग्रेस पर हावी हो गया। हमने देखा है कि कांग्रेस ने पूर्णतया इसलामिक, खिलाफत आंदोलन का समर्थन किया और मोपला तथा कोहट दंगों में हिंदुओं पर मुसलमानों के अत्याचारों पर मौन धारण कर लिया। खिलाफत आंदोलन को समर्थन के रूप में कांग्रेस की ओर से

---

77. पी.टी.आई., 'माइनॉरिटीज मस्ट हैव फर्स्ट क्लेम ऑन रिसोर्सेज : पी.एम.', द इकोनॉमिक टाइम्स, 9 दिसंबर, 2006, https://economictimes.indiatimes.com/news/politics-and-nation/minorities-must-have-first-claim-on-resources-pm/articleshow/754218.cms?from=mdr

मुसलमानों के तुष्टीकरण के अतिवादी कदम ने लाला लाजपत राय, बालकृष्ण शिवराम, (बी.एस.) मुंजे और डॉ. केशव बलिराम (के.बी.) हेडगेवार समेत कई नेताओं का मोहभंग हुआ और उन्हें निराशा हुई। वास्तव में राय ने 1924 में महात्मा गांधी की ओर से धर्म और राजनीति के घालमेल के विरोध में कांग्रेस से इस्तीफा दे दिया। तिलक के करीबी सहयोगी मुंजे ने भी 1920 में गांधी की मुसलमानों के मान-मनौव्वल की नीतियों से असहमति के कारण कांग्रेस को छोड़ दिया। आगे चलकर हम विस्तार से जानेंगे कि कैसे मुंजे और डॉ. हेडगेवार ने इस देश के सबसे बड़े राष्ट्रवादी आंदोलन और संगठन राष्ट्रीय स्वयंसेवक संघ को खड़ा किया!

कांग्रेस हिंदू महासभा की ताकत और मतदाताओं के बीच पैठ का अंदाजा लेती रही और महासभा के साथ अपना संबंध 1930 के दशक के अंत तक जारी रखा। उस समय तक देश में चल रहे अन्य सभी आंदोलनों की तुलना में लोगों के मन पर अंग्रेजों से आजादी का मुद्दा हावी हो चुका था। 1937 के प्रांतीय चुनावों में कांग्रेस की पकड़ मजबूत हुई, जबकि महासभा का प्रदर्शन अच्छा नहीं रहा। कांग्रेस को जब लगा कि हिंदू महासभा के साथ गठबंधन का चुनावों में कोई बड़ा फायदा नहीं मिल रहा है, तब दिसंबर 1938 में उसने महासभा से नाता तोड़ने का औपचारिक ऐलान कर दिया और कांग्रेसियों के दोहरी सदस्यता रखने पर पाबंदी लगा दी।

गांधी का आगमन, खिलाफत आंदोलन को उनका समर्थन और मुसलिम तुष्टीकरण की पराकाष्ठा

गांधी 1915 में भारत आए। लाल लिखते हैं कि शुरुआत में थोड़ा हिचकिचाया करते थे, लेकिन 1917 आते-आते चंपारण सत्याग्रह के साथ वह भारतीय राजनीति में कूद चुके थे। भारतीय राजनीति में गांधी का उदय कुछ अधिक तेजी से हुआ और कांग्रेस पर उनका नियंत्रण 1948 में उनकी मृत्यु तक बना रहा। दक्षिण अफ्रीका में उनकी जो छवि बनी थी, उसने नेतृत्व के पायदान में उन्हें काफी ऊँचा स्थान दिलाया। और जब तक गांधी भारतीय राजनीतिक परिदृश्य का हिस्सा बने, तब तक सबसे दिग्गज नेता, जैसे कि महादेव गोविंद रानाडे, गोपाल कृष्ण गोखले, बाल गंगाधर तिलक, आनंदा चारू, एस.एन. बनर्जी, ए.ओ. ह्यूम, दादाभाई नौरोजी, फिरोजशाह मेहता, बी. तैयबजी और श्रीमती एनी बेसेंट या तो इस लोक से जा चुके थे या उनकी उम्र ढल चुकी थी।[78]

प्रथम विश्वयुद्ध की समाप्ति के साथ ओटोमन साम्राज्य नष्ट हो चुका था और अरब मुल्क आजाद हो चुके थे तथा कुछ द्वीप और प्रमुख भू-भाग पर विजेता देशों ने

78. मक्खन लाल, *'सेकुलर पॉलिटिक्स कम्युनल एजेंडा, ए हिस्टरी ऑफ पॉलिटिक्स इन इंडिया फ्रॉम 1860 टु 1953'*, प्रगुन पब्लिकेशन, नई दिल्ली 2008

कब्जा जमा लिया था। मुसलमानों के पवित्र स्थलों पर ओटोमन साम्राज्य की संप्रभुता छीन ली गई थी और खलीफा की व्यवस्था समाप्त हो चुकी थी। ओटोमन साम्राज्य की तबाही या खलीफा के खत्म होने पर किसी भी देश के एक भी मुसलमान ने आँसू नहीं बहाया। लेकिन अली बंधुओं, मौलाना आजाद, हाकिम अजमल और जेड.ए. अंसारी के नेतृत्व में भारतीय मुसलमानों ने खलीफा को फिर से बहाल करने के लिए भारत में अंग्रेजों के विरुद्ध 'खिलाफत आंदोलन' की शुरू कर दिया। तकनीकी रूप से इसका अर्थ यह भी था कि ओटोमन साम्राज्य को उसके युद्ध की पूर्व की स्थिति में लाया जाए, यानी अरबों पर ओटोमन शासन लादा जाए, जो किसी भी कीमत पर उसे स्वीकार करने के लिए तैयार नहीं थे। मोहम्मद अली जौहर और उनके बड़े भाई शौकत अली आंदोलन का नेतृत्व कर रहे थे, लेकिन भू-राजनीति, शामिल हितधारकों और इसके विभिन्न आयामों तथा जटिलताओं का उन्हें कोई ज्ञान नहीं था। उनका उद्देश्य इस मुद्दे को लपकना, इसलामी मुसलिम पहचान को सभी जगह पर लागू करना और भारत में मुसलिम आबादी पर अपना नेतृत्व कायम करना था।

इस समय गांधी पूरे भारत में 'असहयोग आंदोलन' की योजना बना रहे थे। उन्होंने खिलाफत आंदोलन में शामिल होने पर हामी भर दी, जबकि लाला लाजपत राय, स्वामी श्रद्धानंद और मदन मोहन मालवीय जैसे अन्य वरिष्ठ कांग्रेस नेताओं की ओर से ऐसा न करने की सलाह को उन्होंने ठुकरा दिया। गांधी ने सोचा कि खिलाफत आंदोलन को समर्थन देने और उसमें शामिल होने से वे असहयोग आंदोलन और अंग्रेजों के खिलाफ भविष्य के अन्य आंदोलनों में भी मुसलमानों का सहयोग हासिल कर लेंगे। वे हिंदू-मुसलिम एकता के भी बहुत बड़े हिमायती थे। उन्होंने इसे उस एकता को मजबूत करने के अवसर के रूप में देखा। गांधी स्वयं लिखते हैं, "यदि हिंदू मुसलमानों के साथ हमेशा के लिए दोस्ती बढ़ाना चाहते हैं तो इसलाम के सम्मान को बचाने के प्रयास में उन्हें उनके साथ न्योछावर हो जाना चाहिए।"[79] जैसी कि उम्मीद थी, खिलाफत आंदोलन की विश्वसनीयता तीन वर्षों के भीतर समाप्त हो गई, क्योंकि 1922 आते-आते स्वयं तुर्की ने ही पवित्र स्थलों पर संप्रभुता के विचार को छोड़ दिया था और मार्च 1924 तक खलीफा के पद को भी समाप्त कर दिया था।

खिलाफत आंदोलन के बारे में जानने को और भी बहुत कुछ है। भारतीय मुसलमानों ने एक ऐसा मुद्दा उठाया, जो सीमा से परे था; भारत के मुसलमानों का उससे कोई लेना-देना नहीं था; अन्य देशों के मुसलमानों से उसका कोई संबंध नहीं था। यह समझ नहीं आता कि कैसे ओटोमन साम्राज्य और इसके सुल्तान (खलीफा) भारत में इतने बड़े और हिंसक आंदोलन का मुद्दा बन गए, जहाँ ओटोमन साम्राज्य के खलीफा को कोई

79. महादेव देसाई, *डे टू डे विद गांधी*, खंड 4, सर्व सेवा संघ प्रकाशन, 1969

जानता तक नहीं था? न तो मुगलों ने तुर्की के खलीफा की सत्ता को माना था, न ही सर सैयद ने कभी खलीफा को मान्यता दी थी।

हाल के दिनों में हमने कई इसलामी कवायदों को देखा है, जिनमें मुसलिम समूह वैश्विक मुसलिम भाईचारे के लिए सड़कों पर उतरे, जिनका भारतीय मुसलमानों से बिलकुल भी संबंध नहीं है। दरअसल, कई बार ऐसा देश का अहित करते हुए भी किया गया है। उदाहरण के लिए, रोहिंग्या शरणार्थियों के मामले में, अनेक मुसलमान समूहों ने इसलामी हकों के लिए जरूरत से ज्यादा जोश के साथ भारत में उनका स्वागत किए जाने की वकालत की, जबकि सरकार के खुफिया सूत्रों ने बताया कि ऐसे आप्रवासी 'देश की सुरक्षा के लिए गंभीर खतरा हैं।'[80]

खिलाफत आंदोलन की ओर वापस लौटें तो यह अली बंधुओं और उस समय के अन्य मुसलमान नेताओं की मुसलमानों के बीच वाहवाही लूटने की महज एक चाल थी, जिसके लिए वे ऐसा मुद्दा उठा रहे थे, जिसके बारे में अधिकांश लोग जानते तक नहीं थे। गांधी के असहयोग आंदोलन को मुसलमानों का समर्थन देने के नाम पर उन्होंने सफलतापूर्वक गांधी को अपना सहयोगी बनाया और गांधी उनकी चाल में फँस गए।

अली बंधु : मुसलिम लीग में अवसरवादिता के प्रतीक

जब तक खिलाफत आंदोलन अपने चरम पर था और तुर्की खलीफा की किस्मत दाँव पर थी, तब तक मोहम्मद अली और शौकत अली गांधी की तारीफ के पुल बाँध रहे थे। डॉ. अंबेडकर अपनी पुस्तक *पाकिस्तान या भारत का बँटवारा*[81] में लिखते हैं कि छोटे भाई मोहम्मद अली जौहर को तो 1923 में काकीनाडा में होने वाले कांग्रेस अधिवेशन का अध्यक्ष तक चुन लिया गया, जहाँ मोहम्मद अली जौहर ने गांधी की प्रशंसा में अतिशयोक्तिपूर्ण शब्दों का प्रयोग किया और उन्हें 'हमारे समय के ईसा-मसीह जैसे महान् व्यक्ति' बताया। माधव देसाई *डे-टू-डे विद गांधी*[82] में लिखते हैं कि जनवरी 1924 में जब खिलाफत आंदोलन जारी था, तब गांधी को पुणे के ससून अस्पताल में भरती कराना पड़ा था और अली बंधुओं ने अस्पताल छोड़ने से पहले बापू के पैर चूम लिये थे।

लाल लिखते हैं कि कुछ समय बाद सभी को यह समझ आ गया कि खिलाफत

---

80. श्रीमॉय तालुकदार, *'इंडियाज स्टैंड ऑन रोहिंग्या क्राइसिस लाउडेबल : थ्री-प्रॉन्ड पॉलिसी कवर्स सिक्यूरिटी, ह्यूमैनिटेरियन कंसर्न्स'*, फर्स्टपोस्ट, 19 सितंबर, 2017, https://www.firstpost.com/india/indias-stand-on-rohingya-crisis-laudable-three-pronged-policy-covers-both-security-and-humanitarian-concerns-4057029.html
81. डॉ. बी.आर. अंबेडकर, *'पाकिस्तान ऑर द पार्टीशन ऑफ इंडिया'*, सम्यक प्रकाशन, 2013
82. महादेव देसाई, *'डे टू डे विद गांधी, खंड 3'*, सर्व सेवा संघ प्रकाशन, 1968

आंदोलन एक फिजूल की चीज है, जिससे भारतीयों को कोई लाभ नहीं होने वाला है। यह स्पष्ट था कि इसलामी धर्मस्थलों पर खलीफा और ओटोमन साम्राज्य की संप्रभुता को फिर से स्थापित नहीं किया जा सकता था। कांग्रेस और गांधी को भी समझ आ गया कि हिंदू-मुसलिम एकता को मजबूत करने के उनके प्रयास किसी मरीचिका का पीछा करने जैसा था। खिलाफत आंदोलन के विफल होते ही अली बंधुओं ने गिरगिट की तरह रंग बदल लिया और गांधी को नजरअंदाज करने लगे। मोहम्मद अली, जिसने गांधी को 'ईसा मसीह जैसा महान्' बताया था और उनके पैर तक चूमे थे, अलीगढ़ और अजमेर में कहा कि गांधी चाहे कितने ही पाक-साफ क्यों न हों, उनके लिए धार्मिक दृष्टिकोण से वह किसी भी मुसलमान से तुच्छ हैं, भले ही वह मुसलमान चरित्रहीन ही क्यों न हो![83]

यंग इंडिया में 10 अप्रैल, 1924 को प्रकाशित एक लंबे पत्र में मोहम्मद अली ने कहा, "···इसलाम के एक अनुयायी होने के नाते मैं इसलाम को उस धर्म से बेहतर मानने को बाध्य हूँ, जिसका पालन किसी भी गैर-इसलामी धर्म के अनुयायी करते हैं। इस लिहाज से किसी पापी और घटिया मुसलमान के धर्म को भी अन्य किसी गैर-मुलिम के धर्म से उच्च स्थान मिलेगा, भले ही उस व्यक्ति का चरित्र कितना ही अच्छा क्यों न हो और वह स्वयं महात्मा गांधी ही क्यों न हों!"[84]

पूर्ण इसलामी देश की सीमा से बाहर के मुद्दे पर राष्ट्रीय हितों की कीमत पर भारतीय मुसलमान नेताओं की भागीदारी ने कई राष्ट्रवादी नेताओं, जैसे कि सावरकर का हिंदू-मुसलिम एकता के विषय से मोहभंग कर दिया था। स्वामी श्रद्धानंद, मदन मोहन मालवीय और लाला लाजपत राय, सभी ने खिलाफत आंदोलन के समर्थन से रूढ़िवादी कट्टर मुसलमानों को बेवजह महत्त्व देने के लिए गांधी को दोषी ठहराया। शंकर घोष अपनी पुस्तक *महात्मा गांधी* में लिखते हैं कि असल में 1924 तक गांधी ने भी मान लिया था कि सांप्रदायिक मुद्दा गंभीर हो गया है। उन्होंने यहाँ तक कहा कि 'देश के सामने जिस समस्या का हल तुरंत होना चाहिए, वह हिंदू-मुसलिम की समस्या है।'[85]

सांप्रदायिक दंगे (मोपला, कोहट और नागपुर), जिनके बारे में वामपंथी इतिहासकार आपको कभी नहीं बताएँगे

1857 के बाद मुसलिम कुलीनों ने यह याद दिलाने का कोई मौका नहीं छोड़ा कि हिंदुओं पर मुसलमानों ने हजार साल तक शासन किया है। 'फूट डालो और राज करो' की नीति के तहत अंग्रेजों के संरक्षण के साथ, मुसलमानों की अलगाववाद और देश

83. रनबीर वोहरा, *'द मेकिंग ऑफ इंडिया : ए पॉलिटिकल हिस्टरी'*, रूटलेज, 2012

84. *'कलेक्टेड वर्क्स ऑफ महात्मा गांधी'*, खंड 23, अपेंडिक्स XIII (A), पृ. 568

85. शंकर घोष, *'महात्मा गांधी'*, एलाइड पब्लिशर्स, 1991

को सांप्रदायिक आधार पर बाँटने की माँग ने जोर पकड़ लिया। टुकड़े-टुकड़े करने के अंदाज में की जानेवाली राजनीतिक बातचीत के साथ सांप्रदायिकता दिन दूनी-रात चौगुनी रफ्तार से बढ़ी। यहाँ तक कि सबसे सीधी बात पर भी सांप्रदायिक दंगे होने लगे। त्योहार और उत्सव दंगों का अवसर बन गए। चाहे होली के रंग की बूँद गिर जाए, मसजिद के सामने से गाजे-बाजे के साथ कोई जुलूस निकल जाए या मसजिद में सूअर घुस जाए—छोटे-से-छोटा कारण काफी था और गाँवों, कस्बों और पूरे शहर में दंगा भड़क जाता था। गौ-हत्या, यानी उस पशु की हत्या, जिसे हिंदू पवित्र मानते हैं और माँ के समान मानते हैं, वह मध्य युग से ही तनाव की बड़ी वजह रही है।[86]

मुसलमान अपने इसलामी एजेंडा को सबसे ऊपर रखते थे। खिलाफत आंदोलन की विफलता के बाद हिंदू मुसलमानों की खीज का शिकार बन गए। डॉ. अंबेडकर लिखते हैं, "महात्मा गांधी पर इस बनावटी हिंदू-मुसलिम एकता का भूत सवार था, जो एक मरीचिका थी। मुसलमान गांधी की बात सुनने को तैयार नहीं थे। उन्होंने गांधी के अहिंसा के सिद्धांत को मानने और उसके सूत्रों को पूजने से इनकार कर दिया। वे स्वराज की प्रतीक्षा करने के लिए तैयार नहीं थे। उन्हें तुर्की की मदद करने और खिलाफत को बचाने के लिए तत्काल किसी उपाय की जल्दबाजी थी। और अपनी इस अधीरता में मुसलमानों ने वही किया, जिसका डर हिंदुओं को था, यानी अफगानों को भारत पर आक्रमण का न्योता दे दिया।"[87]

विफल खिलाफत आंदोलन के दौरान और उसके बाद सांप्रदायिक दंगे चरम पर पहुँच गए। तुर्की के सुल्तान की हार और खलीफा की समाप्ति से बौखलाए मुसलमानों ने इस प्रकार हिंदुओं पर अपना गुस्सा निकाला, मानो हिंदू ही उसके लिए जिम्मेदार हों! 1918 से 1924 के बीच, पेशावर से ढाका और कश्मीर से केरल तक, भारत के लगभग हर हिस्से में दंगे हुए। मोपला, कोहट और नागपुर जैसे दंगे, जिनकी जानकारी पूरी तरह दस्तावेजों में है, हमें इन दंगों की सबसे क्रूरतम घटनाओं, राजनेताओं की देश को तोड़ने वाली संकुचित सोच तथा इसमें शामिल लोगों की विकृत मानसिकता के बारे में बताते हैं।[88] दुर्भाग्य से वामपंथी इतिहासकारों ने शायद ही कभी इन दंगों का जिक्र अपने लेखनों में किया, मानो वे कभी हुए ही नहीं या लिखा भी तो इन्हें छिट-पुट घटना बताया या मुसलिम मजदूरों और हिंदू जमींदारों के बीच का वर्ग-संघर्ष कहा।

---

86. मक्खन लाल, *'सेकुलर पॉलिटिक्स कम्युनल एजेंडा, ए हिस्टरी ऑफ पॉलिटिक्स इन इंडिया फ्रॉम 1860 टु 1953'*, प्रगुन पब्लिकेशन, नई दिल्ली 2008 पृ. 97
87. डॉ. बी.आर. अंबेडकर, *'पाकिस्तान ऑर द पार्टीशन ऑफ इंडिया'*, सम्यक् प्रकाशन, 1945, पृ. 174
88. उपरोक्त, पृ. 98

मोपला दंगे

खलीफा के पतन के बाद भारत में मुसलिम समूहों ने दो बड़े प्रदर्शनों का आयोजन किया—एक केंद्रीय खिलाफत समिति और दूसरा अंजुमन-ए-खुद्द-आम-ए काबा (मक्का के सेवक) द्वारा आयोजित किया गया। इन प्रदर्शनों के लिए अंग्रेजों से अधिक भारत दारुल हर्ब था, जिसका मतलब है 'दुश्मन का घर'। यह शब्द बताता है कि इस क्षेत्र पर इसलाम का शासन नहीं था, जो दारुल इसलाम यानी इसलामी शासन के क्षेत्र के उलट था। सटीक ढंग से कहें तो ये इलाके ऐसी भू-राजनैतिक इकाइयाँ थीं, जिनमें इसलाम स्थापित धर्म नहीं था, जहाँ का शासक मुसलमान नहीं था और जहाँ ऐसी कोई व्यवस्था नहीं थी, जिससे राजनीतिक या सैन्य नेतृत्व इसलामी धार्मिक जानकारों की सलाह ले सके। 'दारुल हर्ब' शब्द का इस्तेमाल मुसलिम समुदाय से युद्ध के खतरे को भी बताता है।[89] इसलिए ऐसे प्रदर्शन अंग्रेजों के खिलाफ तैयार किए गए थे, जिनका उद्देश्य दारुल इसलाम या निजामे मुस्तफा (इसलाम का राज्य) स्थापित करना था। स्पष्ट रूप से इस सोच के कारण हिंदू समुदायों को निशाना बनाया जाने लगा।

मलाबार क्षेत्र के एरनाड, वल्लूवनाड, पोन्नाली और कालीकट के मोपला मुसलमानों ने हिंदू समुदाय के खिलाफ एक अन्यायपूर्ण आंदोलन चलाया। आर.सी. मजूमदार मोपला दंगों की आधिकारिक रिपोर्ट का हवाला अपनी पुस्तक *स्ट्रगल फॉर फ्रीडम* में देते हैं—

> "जैसे ही प्रशासन पंगु हुआ, मोपला लोगों ने घोषित किया कि स्वराज की स्थापना हो चुकी है। किसी अली मुसलियार को राजा घोषित कर दिया गया, खिलाफत के झंडे लहराए गए और एरनाड तथा वल्लूवनाड को खिलाफत राज्य घोषित कर दिया गया। मोपला आक्रोश की आग में सरकार नहीं जली, बल्कि उसने बदकिस्मत हिंदुओं को जलाया, जो बहुसंख्यक थे। नरसंहार, बलपूर्वक धर्म-परिवर्तन, मंदिरों में तोड़-फोड़, महिलाओं के खिलाफ घिनौने अपराध, लूटपाट, आगजनी और तबाही को अंजाम दिया गया। संक्षेप में कहें तो क्रूरता और बेलगाम बर्बरता की सारी हदें पार कर दी गईं। और यह सब तब तक चलता रहा, जब तक कि सैनिकों को आनन-फानन में देश के ऐसे हिस्से में व्यवस्था कायम करने के लिए नहीं भेजा गया, जहाँ पहुँचना बेहद मुश्किल था।"[90]

---

89. डार अल-हर्ब, Encyclopedia.com, https://www.encyclopedia.com/religion/encyclopedias-almanacs-transcripts-and-maps/dar-al-harb
90. आर.सी. मजूमदार *'स्ट्रगल फॉर फ्रीडम : द हिस्टरी एंड कल्चर ऑफ इंडियन पीपल'*, भारतीय विद्या भवन, 1969, पृ. 361-365

केरल में कांग्रेस की विभिन्न समितियों ने उन लोगों के कथनों पर आधारित एक हस्ताक्षर युक्त बयान जारी किया, जिसमें मोपला दंगे की विभीषिका के पीड़ितों के बयान दर्ज थे। यह बयान इस प्रकार था—

> "हिंदुओं पर उनके निर्दयतापूर्ण और बिना उकसावे के हमले, एरनाड और वल्लूवनाड, पोन्नानी और कालीकट तालुकों के हिस्सों में उनके घरों में जबरदस्त लूट, विद्रोह के आरंभ में हिंदुओं का बलपूर्वक धर्म-परिवर्तन और उन लोगों का बड़े पैमाने पर धर्मांतरण, जो बाद के चरणों में अपने घरों में फँसे थे, निहत्थे हिंदुओं, पुरुष, महिलाओं और बच्चों की क्रूरता से नृशंस हत्या की, वह भी बिना कारण, मात्र इस वजह से कि वे 'काफिर' (इसलाम को नहीं माननेवाले) थे या उसी नस्ल के थे, जिसके पुलिस वाले थे, जिन्होंने उनके तंगलों को अपमानित किया या उनकी मसजिदों में घुस गए, हिंदू मंदिरों में तोड़-फोड़ और आगजनी हुई, हिंदू स्त्रियों का शीलभंग किया गया और जबरन धर्म बदलकर मोपलाओं से उनका विवाह कराया गया।"[91]

इस बयान पर केरल प्रांतीय कांग्रेस समिति के सचिव, कालीकट जिला कांग्रेस समिति के सचिव, एरनाड खिलाफत समिति के सचिव और के.के. गोपाल मेनन के दस्तखत थे। कालीकट संस्करण के 7 सितंबर, 1921 के *टाइम्स ऑफ इंडिया* की रिपोर्ट और *न्यू इंडिया* में 6 दिसंबर, 1921 को छपी रिपोर्ट ने भी मोपला दंगों में हिंदू महिलाओं पर भयंकर अत्याचारों पर विस्तार से बताया था।

यह समझा जा सकता है कि खिलाफत आंदोलन का नेतृत्व करनेवाले मुसलमान नेताओं ने एक के बाद एक ऐसे प्रस्ताव क्यों पारित किए, जिनमें मोपलाओं को धर्म की खातिर लड़ी जा रही बहादुरी की लड़ाई के लिए बधाई दी जा रही थी। लेकिन हैरान करनेवाली प्रतिक्रिया तो कांग्रेस नेताओं की थी, जिनमें नेहरू और गांधी भी शामिल थे। गांधी ने हिंदुओं पर वीभत्स अत्याचार करने के लिए मुसलमानों की प्रशंसा की और उन्हें 'भगवान् से डरनेवाले बहादुर मोपला' कहा, जो उसके लिए लड़ रहे थे, जिसे वे धर्म मानते थे और इस तरीके से लड़ रहे थे, जिसे वे धार्मिक मानते थे।[92]

द शेड ऑफ शोड्र्स पुस्तक में एम.जे. अकबर ने मोपला दंगों पर गांधीजी की प्रतिक्रिया पर ठीक ही लिखा है कि गांधी ने सांप्रदायिक हिसाब चुकता करनेवाले मुसलमानों के सारे पाप धो दिए।[93]

नेहरू एक कदम और आगे बढ़ गए और पूरी तरह से नई कहानी गढ़ दी। अपनी

91. उपरोक्त, पृ. 149-152
92. *'कलेक्टेड वर्क्स ऑफ महात्मा गांधी'*, खंड 22, पृ. 200-202
93. एम.जे. अकबर, *'द शेड ऑफ शोड्र्स'*, रूटलेज, नई दिल्ली, 2002, पृ. 237

आत्मकथा में, उन्होंने 'संभव है' और 'संभवत:' के आधार पर मोपला मुसलमानों को सही ठहराने के लिए पूरा पैराग्राफ लिख दिया। नेहरू कहते हैं—

"हालाँकि यह संभव है कि एक विशाल आंदोलन को अचानक दबा दिए जाने से देश में भयंकर घटनाएँ हुईं। राजनीतिक संघर्ष में छिटपुट और बेवजह की हिंसा करने पर लगाम लगा दी गई, लेकिन दबाई गई हिंसा को कहीं-न-कहीं बाहर आना था और आनेवाले वर्षों में संभवत: सांप्रदायिक समस्या गंभीर हो गई। तरह-तरह के सांप्रदायिक लोगों, जिनमें से अधिकांश राजनीतिक कट्टरवादी थे, वे असहयोग और सविनय अवज्ञा आंदोलनों को मिल रहे जबरदस्त जनसमर्थन के कारण चुप रहने पर मजबूर हो गए। वे अब अपने अज्ञातवास से बाहर आ गए हैं। अन्य कई, सीक्रेट एजेंट और लोग, जो सांप्रदायिक झगड़ा पैदा कर अधिकारियों को खुश करना चाहते थे, वे भी इसी मुद्दे पर काम कर रहे थे। 'मोपला-विद्रोह' और इसे असाधारण क्रूरता से दबाने, जिनमें रेलवे के बंद वैनों में मोपला बंदियों को आग में भूनकर मार डालने जैसे भयंकर कृत्य ने पहले ही उन लोगों को हथियार थमा दिया था, जिन्होंने सांप्रदायिक हिंसा भड़काई थी। यह काफी हद तक संभव है कि यदि नागरिक विरोध को रोका नहीं गया होता और आंदोलन को सरकार द्वारा कुचला नहीं जाता तो सांप्रदायिक कटुता इतनी नहीं होती और बाद के दंगों के लिए उफान मारनेवाली ऊर्जा भी कम हो जाती।"[94]

मोपला दंगों पर नेहरू की सफाई को लेकर लाल लिखते हैं कि नेहरू ने मोपला मुसलमानों द्वारा किए गए दुराचारों, क्रूरता और अत्याचारों पर एक शब्द नहीं कहा। हिंदुओं के विरुद्ध ऐसे किसी भी दंगे से बचने का जो विचित्र समाधान वह सुझाते हैं, वह है—खिलाफत जैसे आंदोलन में मोपला मुसलमानों की 'उफान मारती ऊर्जा' को डायवर्ट करना।[95]

नीचे झुकने और खिलाफत आंदोलन के नेताओं की सिलसिलेवार धोखाधड़ी के बाद भी मुसलमानों ने तुष्टीकरण की अपनी नीति को जारी रखते हुए, कांग्रेस कार्य समिति (सी.डब्ल्यू.सी.) ने मोपलाओं को हिंदुओं के खिलाफ किए गए जघन्य अत्याचारों से माफ करनेवाला प्रस्ताव पारित किया। उस प्रस्ताव में कहा गया—"कांग्रेस दृढ़ विश्वास के साथ कहती है कि मोपला विद्रोह असहयोग आंदोलन या खिलाफत

---

94. *'टुवार्ड फ्रीडम : एन ऑटोबायोग्राफी ऑफ जवाहरलाल नेहरू'*, क्रिएटस्पेस इंडिपेंडेंट पब्लिकेशन, 1934, पृ. 86-87

95. मक्खन लाल, *'सेकुलर पॉलिटिक्स कम्युनल एजेंडा, ए हिस्टरी ऑफ पॉलिटिक्स इन इंडिया फ्रॉम 1860 टु 1953'*, प्रगुन पब्लिकेशन, नई दिल्ली 2008, पृ. 102

आंदोलन के कारण नहीं हुआ, बल्कि उस कारण से हुआ, जो इन दो आंदोलनों से कहीं से जुड़ा नहीं था और यह विद्रोह नहीं होता, अगर अहिंसा का संदेश उन तक पहुँचने दिया गया होता।"[96]

कांग्रेस का यह प्रस्ताव केरल प्रांत के इसके ही विभिन्न सदस्यों के हस्ताक्षर वाली तमाम रिपोर्ट को झूठ ठहरा देता है। इतिहासकार आर.सी. मजूमदार ने मोपला दंगों को लेकर कांग्रेस और इसके वरिष्ठ नेताओं की प्रतिक्रिया की धज्जियाँ यह कहते हुए उड़ा दी—

> "यह प्रस्ताव ऐसे महान् राजनीतिक संगठन के लिए अशोभनीय था, जो किसी विशेष समुदाय नहीं, बल्कि भारत का प्रतिनिधित्व करने का दावा करता है। उन्मादी मुसलमानों के एक गिरोह द्वारा हजारों असहाय हिंदुओं पर किए गए अपराधों की भयावहता को जानबूझकर कम करने का प्रयास वैसा ही है, जैसे (ब्रिटिश) सरकार भारतीयों पर अपने अधिकारियों द्वारा किए गए अपराधों पर लीपा-पोती कर दे।"[97]

आज एरनाड और पोन्नानी के ऐसे इलाके, जहाँ मोपला दंगे हुए थे, केरल के मल्लापुरम जिले का हिस्सा हैं। पिछले कुछ वर्षों में मल्लापुरम जिला इसलामी धर्मांतरण की प्रयोगशाला बन गया है।[98] 2011 की जनगणना के अनुसार, जिले की आबादी में 70.24 प्रतिशत मुसलिम आबादी थी और हिंदू बेहद सीमित अल्पसंख्यक थे। इस जिले के कई ऐसे शहर हैं, जहाँ मुसलिम आबादी 85 प्रतिशत तक है। *इंडिया टुडे* की एक जाँच रिपोर्ट के अनुसार, पॉपुलर फ्रंट ऑफ इंडिया (पी.एफ.आई.) द्वारा संचालित 'सत्य सारणी' जैसे संगठन और जैनब जैसी उनकी हैंडलर 'लव जिहाद' के जरिए हिंदू युवतियों का धर्म-परिवर्तन इसलाम में कराने का प्रयास करते हैं।[99] *इंडिया टुडे* की ओर

---

96. अहमदाबाद में सी.डब्ल्यू.सी. की बैठक में पारित कांग्रेस कार्यसमिति का प्रस्ताव, जिसे आर.सी. मजूमदार के *'स्ट्रगल फॉर फ्रीडम'*, 1969, पृ. 363-64 में उद्धृत किया गया।
97. सं. आर.सी. मजूमदार और ए.के. मजूमदार, *'भारत, इंडिया : स्ट्रगल फॉर फ्रीडम'*, भारतीय विद्या भवन, बंबई, 1969, पृ. 364
98. उपानंद ब्रह्मचारी, 'केरल दक्षिण भारत का कश्मीर है। केरल के हिंदुओं की गरदन जेहादी इस्लाम ने जकड़ रखी है', *'स्ट्रगल फॉर हिंदू एग्जिस्टेंस'*, https://hinduexistence.org/2012/01/22/kerala-is-kashmir-in-the-south-india-kerala-hindus-are-under-strangulation-by-jehadi-islam/
99. इंडिया टुडे वर्क डेस्क, 'सरकार ने की इंडिया टुडे के ऑपरेशन कनवर्जन माफिया की तारीफ, भाजपा की पी.एफ.आई. पर बैन की माँग', Indiatoday.in, 1 नवंबर, 2017, https://www.indiatoday.in/india/story/operation-love-jihad-mafia-kerala-hadiya-popular-front-of-india-1078055-2017-11-01

से प्रसारित टेप में पी.एफ.आई. की महिला विंग की अध्यक्ष जैनब को कथित तौर पर यह कहते सुना गया था कि 'जो भी 'सत्य सारणी' में गई, वह 'इसलाम को कबूल' करके ही बाहर निकली', जो जबरन धर्मांतरण को स्पष्ट रूप से बताता है।[100] भारत के सुप्रीम कोर्ट के निर्देश पर, राष्ट्रीय जाँच एजेंसी (एन.आई.ए.) 'लव जिहाद' की प्रक्रिया और इसके राष्ट्र विरोधी संबंधों की जाँच कर रही है।[101]

केरल में 1921 में जो शुरू हुआ, वह आज भी जारी है। 2003 में कांग्रेस की सरकार के दौरान हिंदुओं के एक नरसंहार की खबर देते हुए पत्रकार राजीव श्रीनिवासन ने अपनी स्टोरी 'मोपला रिबेलियन, पार्ट II : हिंदूज मैसकर्ड ऑन मराड बीच'[102] (मोपला विद्रोह, भाग II : मराड समुद्र तट पर हिंदुओं का नरसंहार) में कहा था कि समुद्र तट पर एक मंदिर के पास बैठे हिंदू मछुआरों के समूह पर बिना किसी उकसावे या चेतावनी के, तलवारों से लैस मुसलिम सशस्त्र लोगों की भीड़ ने अचानक हमला कर दिया। अराजकता भरे दस मिनट के बाद तट पर नौ लोग मृत या लहूलुहान पड़े थे। उनमें से कई गंभीर रूप से घायल थे। श्रीनिवासन ने सवाल उठाया वि इस बार आखिर क्या मकसद था? संभवतः गुजरात में गोधरा नरसंहार के बाद जो हुआ, उसी की तर्ज पर सांप्रदायिक दंगा भड़काना था; या शायद यह बताना था कि मलाबार में उसी प्रकार मुसलमानों का दबदबा है, जैसा बांग्लादेश और कश्मीर में है और इस कारण हिंदुओं की हत्या करना ठीक है। हमलावर चाहे जो भी हों, इस बात को लेकर आश्वस्त थे कि उनका कुछ नहीं बिगड़ेगा। इसके बाद क्या हो सकता था? ज्यादा कुछ नहीं। डरे-सहमे हिंदू किसी सुरक्षित स्थान पर चले जाएँगे और जमीन का एक और टुकड़ा दारुल इसलाम या मुसलमानों का मुल्क बन जाएगा।

कोहट दंगे

सन् 1921 के मोपला दंगों के दौरान दक्षिण भारत में हिंदुओं पर अत्याचार की

---

100. टी.ए. अमीरुद्दीन, *'पॉपुलर फ्रंट ऑफ इंडिया : ए. पीक इनटू द केरल मुसलिम ऑर्गनाइजेशन द गवर्मेंट थ्रिटेन्स टु बैन'*, Scroll.in, 3 नवंबर, 2017, https://scroll.in/article/856458/popular-front-of-india-a-peek-into-the-kerala-muslim-organization-the-government-threatens-to-ban
101. 'केरल लव जिहाद : सुप्रीम कोर्ट का एन.आई.ए. जाँच का आदेश, एस.सी. जज की निगरानी में होगी जाँच', फर्स्टपोस्ट, 16 अगस्त, 2017, https://www.firstpost.com/india/kerala-love-jihad-case-supreme-court-orders-nia-probe-investigation-to-be-monitored-by-retired-sc-judge-3936021.html
102. राजीव श्रीनिवासन, *'मोपला रिबेलियन, पार्ट II : हिंदूज मैसकर्ड ऑन मराड बीच'*, Rediff.com, 9 मार्च, 2003, http://www.rediff.com/news/report/rajeev/20030509.htm

यादें अभी भारत के लोगों के मन में ताजा ही थीं कि 1924 में एक बार फिर हिंसा भड़क गई। इस बार उत्तर-पश्चिम सीमांत प्रांत (जो आज के पाकिस्तान में है) के पेशावर में हिंदुओं और सिखों के शिकार होने की बारी थी। इंडियन एनुअल रजिस्टर, 1924, खंड-2 के अनुसार, सितंबर 1924 में एक मुसलिम अखबार ने हिंदू-विरोधी कविता छापी। मुसलिम समुदाय से किसी ने भी न तो माफी माँगी, न ही उसके प्रकाशन की निंदा की। सनातन धर्म सभा से जुड़े एक हिंदू जीवन दास ने उस हिंदू-विरोधी कविता के जवाब में एक परचा छापा। सौहार्द बनाए रखने के लिए हिंदुओं ने उस परचे के छापे जाने पर खेद जताने के लिए एक प्रस्ताव पारित किया। लेकिन मुसलमान इससे संतुष्ट नहीं हुए और उन्होंने अधिकारियों से कठोर काररवाई करने को कहा। जीवन दास को गिरफ्तार किया गया और जमानत पर छोड़ दिया गया। इसके बाद मुसलमानों ने एक मसजिद में तुरंत बैठक बुलाई और 'तलाक की कसम' खाई, जिसका मतलब था कि उनकी पत्नियों का तलाक हो चुका है, क्योंकि मर्द अब या तो मरने के लिए तैयार थे या अगली सुबह किसी संतोषजनक फैसले पर पहुँचना चाहते थे। इस कसम का तकनीकी रूप से मतलब यह था कि मुसलिम मर्द उस व्यक्ति और उस समुदाय को सजा देंगे, जिसने इसलाम का अपमान किया है, यदि वे प्रशासन की ओर से की गई काररवाई से संतुष्ट नहीं हुए। हिंदू समूहों ने प्रशासन को मुसलमानों की इस कसम की जानकारी देने का प्रयास किया और सुरक्षा माँगी, लेकिन पुलिस बल नहीं पहुँचा। 9 सितंबर को हिंसा भड़क गई, जिसमें कोहट बाजार में लूटपाट हुई और यह सब अगले दिन तक चलता रहा। मुसलमानों ने जबरदस्त लूटपाट, रेप, अपहरण और आगजनी का सहारा लिया। अधिकांश हिंदुओं के घर जला दिए गए।

सरकार के अनुसार, एक पुलिस इंस्पेक्टर की गलती के कारण वह रिपोर्ट समय पर डिप्टी कमिश्नर तक नहीं पहुँच सकी; असल में वह देरी से मिली थी। लाला लाजपत राय ने इस दंगे पर एक रिपोर्ट पेश की, जिसमें बताया गया कि कैसे हिंदुओं ने पुलिस को लगातार 8, 9 और 10 सितंबर को सूचित किया था और डिप्टी कमिश्नर को भी सीधे एक टेलीग्राम भेजा था, लेकिन कोई काररवाई नहीं हुई।[103]

मुसलिम लीग ने अपने प्रस्ताव में मुसलमानों की प्रतिक्रिया को सही ठहराया और कहा, "ऑल इंडिया मुसलिम लीग को लगता है कि अपने कर्तव्य के रूप में सबकुछ सामने रख दिया जाए कि कोहट के हिंदुओं का उत्पीड़न अकारण नहीं था, बल्कि प्रकाश में लाए गए तथ्य साफ बताते हैं कि मुसलमानों की धार्मिक भावनाओं को

103. आर.सी. मजूमदार, *'स्ट्रगल फॉर फ्रीडम : द हिस्टरी एंड कल्चर ऑफ इंडियन पीपल'*, भारतीय विद्या भवन, 1969, पृ. 428-433

जबरदस्त तरीके से भड़काया गया था।"[104]

जाँच के लिए गांधी और शौकत अली मौके पर पहुँचे। हिंसा की शुरुआत किसने की और किसकी तरफ की ज्यादा जानें गईं, इस पर दोनों के निष्कर्ष अलग-अलग थे; लेकिन दुर्भाग्य से दोनों ने ही हिंसा के लिए स्थानीय प्रशासन की अक्षमता को ही दोषी ठहराया। दोनों ने खुलेआम इशारा किया कि मुसलमानो ने जो किया, उसका उन्हें हक था और उन्हें काबू में करना सरकार की जिम्मेदारी थी। कोई यह पूछ सकता है कि ब्रिटिश सरकार को हिंदू-मुसलिम एकता की परवाह क्यों करनी चाहिए थी, जब पहले दोनों एक साथ उसके खिलाफ खिलाफत आंदोलन में शामिल हुए थे?[105]

नागपुर दंगे

बरसों पहले भी गणेशोत्सव पूरे महाराष्ट्र में हिंदुओं की ओर से बड़े धूमधाम से मनाया जाता था। हफ्ते भर चलनेवाले उत्सव का मुख्य आकर्षण सड़क पर निकलनेवाली वह यात्रा थी, जिसमें हजारों लोग शामिल होते थे। हालाँकि इन यात्राओं में बाधा डालने और तनाव पैदा करने के लिए मुसलमान ने एक साजिश रची। यह कामयाब हो गई और जिला कलेक्टर ने हफ्ते भर चलनेवाले त्योहार की यात्रा पर पाबंदी लगा दी। हिंदू निराश हुए, क्योंकि यह त्योहार साल में एक बार ही आता था, फिर भी उन्होंने पाबंदी का पालन किया। 30 सितंबर, 1923 को जिला कलेक्टर ने दांडी यात्रा पर भी पाबंदी लगा दी और वह भी भगवान् गणेश की प्रतिष्ठा में निकाली जाती थी। संभवत: यह भारत में हिंदुओं के एकजुट होने के इतिहास का बड़ा मोड़ था। अनेक प्रमुख हिंदू समूहों ने इस पाबंदी को तोड़ने का निर्णय लिया। नागपुर के हिंदू इकट्ठा हुए और डॉ. बी.एस. मुंजे और डॉ. हेडगेवार के नेतृत्व में एक संगठन बनाया। 20,000 से अधिक लोग भव्य यात्रा में शामिल हुए। यह पहला उदाहरण था, जहाँ हिंदुओं ने अपने संख्या बल का प्रदर्शन किया और उसमें कोई हिंसा नहीं हुई; और यह कारगर साबित हुआ। हिंदुओं की एकजुटता से हिंदुओं, मुसलमानों और सरकार के बीच तीन तरफा समझौता हुआ और उसके बाद से ही परंपरा के अनुसार हिंदू धार्मिक यात्राओं में शामिल हो सके।

नागपुर दंगों का परिणाम मोपला और कोहट के दंगों से एकदम अलग था। इसने हिंदुओं को एक महत्त्वपूर्ण सबक सिखाया—यह कि संख्या बल के एकजुट प्रदर्शन से बिना हिंसा अपने पक्ष में तोल-मोल किया जा सकता है। यहीं से हिंदुओं ने तोल-मोल की भाषा सीखी। नागपुर दंगों के बाद हिंदुओं ने मुसलिम व्यवसायियों से सामान की

---

104. वही

105. मक्खन लाल, *'सेकुलर पॉलिटिक्स कम्युनल एजेंडा, ए हिस्टरी ऑफ पॉलिटिक्स इन इंडिया फ्रॉम 1860 टु 1953'*, प्रगुन पब्लिकेशन, नई दिल्ली 2008, पृ 107

खरीदारी के पूर्ण बहिष्कार की घोषणा की। मुसलमानों के हितों को जब नुकसान हुआ, तब कांग्रेस की नींद खुली और उसने अब्दुल कलाम आजाद और मोतीलाल नेहरू को मध्यस्थता करने भेजा। डॉ. मुंजे ने नागपुर दंगों से सीखी गई बातों को स्पष्ट रूप से लिखा है। वह कहते हैं, "नागपुर की 1.5 लाख आबादी में मुसलमान महज 20 हजार हैं। फिर भी हमें डर लगता है। मुसलमान कभी 1.3 लाख हिंदुओं से नहीं डरते। इसलिए इस समस्या को आज के बाद हिंदुओं की समस्या माना जाएगा। मुसलमानों ने ही हमें सिखाया है कि कांग्रेस के भीतर और बाहर हिंदुओं के तौर पर कैसे व्यवहार करना है।"[106] नागपुर दंगों के बाद हिंदुओं की इस एकजुटता से प्रेरित होकर कुछ साल बाद, 1925 में डॉ. हेडगेवार और डॉ. मुंजे ने दुनिया के सबसे बड़े सांस्कृतिक स्वैच्छिक संगठन—राष्ट्रीय स्वयंसेवक संघ का गठन किया।

अपनी पुस्तक *पाकिस्तान ऑर द पार्टीशन ऑफ इंडिया* में डॉ. अंबेडकर ने 1920 से 1940 के दौरान भारत के विभिन्न हिस्सों में हुए दंगों पर गहराई और विस्तार से लिखा है। वह विस्तृत आँकड़ों के साथ लिखते हैं कि इन सारे दंगों में, हिंदुओं को ही नुकसान उठाना पड़ा। हिंदू-मुसलिम दंगों की व्यापकता, पुनरावृत्ति और विस्तार ऐसा था कि डॉ. अंबेडकर इसे 'भारत में हिंदुओं और मुसलमानों के बीच बीस वर्षों का गृहयुद्ध कहते हैं, जिसके बीच सशस्त्र क्रांति के दौर आते रहे।'[107] मुसलमानों के तुष्टीकरण के लिए सर सैयद के समय अंग्रेजों से केवल मुसलमानों के लिए लाभ पाने की जो शुरुआत हुई और जिसे बाद में अंग्रेजों और उस समय कांग्रेस ने अपनाया, उसके कारण हिंदुओं की एकजुटता पहले हिंदू महासभा के रूप में, फिर वीर सावरकर और फिर राष्ट्रीय स्वयंसेवक संघ के रूप में बढ़ती चली गई।

विनायक दामोदर सावरकर और सावरकरवादी हिंदू महासभा का आगमन

भारतीय राष्ट्रवाद की गाथा को समझने के लिए सावरकर को समझना महत्त्वपूर्ण है। भारत की स्वतंत्रता के बाद, नेहरू और गांधी को एकमात्र भारतीय राष्ट्रीय नायक के रूप में स्थापित करने की हड़बड़ी में वामपंथी इतिहासकारों ने कई अहम राष्ट्रीय हस्तियों को बदनाम किया और सावरकर उनमें से एक थे। यह इस हद तक हुआ कि राहुल गांधी जैसा व्यक्ति, जो कांग्रेस का अभिन्न अंग है, सावरकर को कायर कहता है, जिसका कारण उनकी अलग राजनीतिक विचारधारा या अज्ञानता है। वर्तमान समय में भारत में राष्ट्रवाद पर जो बहस जारी है, उसकी शब्दावली को कोई समझना चाहता है

---

106. एन.एच. पालकर, *'डॉ. हेडगेवार'*, लोहित प्रकाशन, पुणे, 1964, पृ. 129
107. डॉ. बी.आर. अंबेडकर, *'पाकिस्तान ऑर द पार्टीशन ऑफ इंडिया'*, सम्यक प्रकाशन, 1945, पृ. 183-204

तो उसके लिए भारत को लेकर सावरकर के विचार, हिंदू राष्ट्र को लेकर उनकी सोच, अंग्रेजों के खिलाफ उनके काम और भारत से जाति-पाँति को मिटाने के उनके प्रयास को जानना महत्त्वपूर्ण है।

इस अवधि को सावरकर पर चर्चा के बिना समझा नहीं जा सकता है, जो एक वकील, कवि, लेखक, नाटककार, स्वतंत्रता सेनानी और राजनीतिज्ञ थे। जनवरी 1902 में सावरकर ने पुणे के फर्ग्युसन कॉलेज में दाखिला लिया। अपने बेहतरीन लेखन और धारदार भाषण-कौशल की बदौलत क्रांतिकारी छात्रों के बीच वे तेजी से एक राष्ट्रीय नेता के रूप में सामने आए। चाहे हस्तलिखित *आर्यन वीकली* में उनके लेख हों, देश की उत्पत्ति के चरणों पर 'सप्तपदी' हो या रामायण पर उनका निबंध, सभी ने प्रोफेसरों और छात्रों को समान रूप से उद्वेलित किया। अच्छे शोध के बाद वे दूसरे देशों, जैसे इटली, नीदरलैंड और अमेरिका के स्वतंत्रता संग्राम पर अकसर भाषण दिया करते थे। उन्होंने अपने सहयोगियों को उन तनावों और संघर्षों में शिक्षित किया, जिससे इन देशों को अपनी स्वतंत्रता प्राप्त करने के लिए गुजरना पड़ा था। लोग तिलक से सावरकर की तुलना करने लगे, जिन्हें अपनी बेबाकी और बेधड़क तौर-तरीकों के लिए जाना जाता था।[108]

सांप्रदायिक आधार पर बंगाल के विभाजन ने देश में शांत पड़ी राष्ट्रवादी और सांप्रदायिक शक्तियों को जगा दिया। हिंदुओं ने बंगाल के विभाजन का विरोध किया, जबकि मुसलमानों ने इसका समर्थन किया। तिलक के प्रयासों से बंगाल का मुद्दा राष्ट्रीय स्तर पर आ चुका था और यह देशव्यापी हो गया। उस समय तक सावरकर पुणे के सामाजिक-राजनीतिक समूहों के बीच एक प्रमुख हस्ती बन चुके थे।[109] सावरकर और उनके समूह ने सभी अंग्रेजी चीजों के बहिष्कार की हिमायत की थी और लोगों से कहा कि वे विदेशी सामान नहीं खरीदें। नवंबर 1905 में,[110] तिलक के आशीर्वाद से सावरकर ने भारत की पहली विदेशी कपड़ों की होलिका जलाई। यह खबर पूरे देश ही नहीं, उसके बाहर भी फैल गई। सावरकर पर फर्ग्युसन कॉलेज ने 10 रुपए का जुरमाना लगाया और कॉलेज के हॉस्टल से निष्कासित कर दिया। रातोरात सावरकर क्रांतिकारियों के लिए एक मसीहा बन गए। वे पहले भारतीय छात्र बन गए, जिन्हें किसी सरकारी सहायता प्राप्त कॉलेज से राजनीतिक कारणों से निकाला गया था। तिलक जैसे कई राष्ट्रवादी नेताओं और देशभक्त समाचार-पत्रों ने फर्ग्युसन कॉलेज की कारवाई की निंदा की।

उधर देश से बहुत दूर दक्षिण अफ्रीका में गांधी ने सावरकर की होलिका की

---

108. धनंजय कीर, *'वीर सावरकर'*, पॉपुलर प्रकाशन, 1966, पृ. 14-16

109. कालेकर काका, 'द प्रतिभा', 15 जनवरी, 1936

110. 'क्रोनोलॉजी ऑफ सावरकर्स लाइफ', http://savarkar.org/en/encyc/2017/5/22/Chronology-Of-Savarkar-s-Life.html

आलोचना की, क्योंकि उनका मानना था कि बहिष्कार की जड़ों में नफरत और हिंसा होती है। हालाँकि 1908 में गांधी ने स्वयं सारवकर के बहिष्कार के सिद्धांत को अपनाया और जोहानसबर्ग की हमीदिया मसजिद के मैदान में 2,000 से अधिक रजिस्ट्रेशन सर्टिफिकेट (पास) को सार्वजनिक रूप से जलाने में देश का नेतृत्व किया। कुछ वर्षों बाद 'स्वदेशी' गांधी के कार्य की एक प्रमुख रणनीति बन गई और उन्होंने इसे "स्वराज की आत्मा' बताया। गांधी के लिए 'स्वदेशी' का मतलब ब्रिटिश सामानों का बहिष्कार और देसी सामानों के इस्तेमाल तथा उनके उत्पादन को फिर से शुरू करना था।

जून 1906 में पंडित श्यामाजी कृष्ण वर्मा की ओर से दी गई छात्रवृत्ति की सहायता से सावरकर लंदन के ग्रे इन लॉ कॉलेज से पढ़ाई करने के लिए भारत से चले गए। पंडित श्यामाजी ने ही उत्तर लंदन के हाईगेट में 'इंडिया हाउस' की स्थापना की थी, जहाँ छात्रों के रहने और खान-पान का बंदोबस्त था। जल्दी ही सावरकर 'इंडिया हाउस' के आकर्षण का केंद्र बन गए। भारत में सावरकर ने क्रांतिकारी विचारोंवाले युवाओं को संगठित करने के लिए 'मित्र मेला' और 'अभिनव भारत' सोसाइटी की स्थापना की और लंदन में उन्होंने 'फ्री इंडिया सोसाइटी' का गठन किया।

सावरकर ने लंदन में अपने रहने के शुरुआती छह महीनों के दौरान मैजिनी की आत्मकथा का अनुवाद मराठी भाषा में किया। सावरकर गुइसेप मेजिनी के प्रशंसक थे, जिन्होंने इटली की स्वतंत्रता और एकीकरण के लिए संघर्ष किया था और भारत में अंग्रेजों के खिलाफ लड़ाई को तेज करने के लिए उन्होंने उनकी आत्मकथा के अनुवाद का दायित्व सँभाला। मराठी पांडुलिपि को भारत भेजा गया और सावरकर के भाई बाबाराव सावरकर ने उसका प्रकाशन कराया। भारतीय स्वतंत्रता संग्राम पर इस पुस्तक का जबरदस्त प्रभाव पड़ा। लाला लाजपत राय से लेकर सुरेंद्रनाथ बनर्जी तक, देश भर के स्वतंत्रता सेनानियों ने अपने भाषणों में मैजिनी के विचारों को शामिल करना शुरू कर दिया। इसे कई लोगों ने एक राष्ट्रवादी पाठ्य-पुस्तक बताया। इस पुस्तक को काफी हद तक इसके परिचय, जिसे सावरकर ने लिखा था और भारत के संदर्भ में इसकी प्रासंगिकता के कारण पसंद किया गया। यह अनुवाद उन पहली पुस्तकों में से एक था, जिसे 1909 में अंग्रेजों के काले कानून 'इंडियन प्रेस ऐक्ट' के तहत प्रतिबंधित कर दिया गया। लेकिन क्रांतिकारियों के नेटवर्क से यह पुस्तक युवाओं के बीच पहुँचती रही।

अनेक वामपंथी इतिहासकार सावरकर के क्रांतिकारी विचारों को पश्चिमी और फासीवादी कहते हैं। वे भूल जाते हैं कि सावरकर अपने भाषणों में अकसर शिवाजी की बहादुरी और मुगल बादशाहों के खिलाफ उनके दम-खम का उल्लेख किया करते थे। वामपंथी इतिहासकारों ने यह भी नहीं बताया कि एक और भारतीय नेता, स्वतंत्र भारत के पहले प्रधानमंत्री, जवाहरलाल नेहरू भी इटली के राष्ट्रवादी नेताओं जैसे मैजिनी और

गुइसेप गैरीबॉल्डी से प्रभावित थे। नेहरू ने अपनी कुछ विशिष्ट रचनाओं में लिखा कि मैजिनी और गैरीबॉल्डी ने भारत को आजादी की राह दिखाई। मैजिनी और गांधी के राजनीतिक विचारों का तुलनात्मक विश्लेषण दिखाता है कि 'मैजिनी का 1834 के यंग यूरोप और उनके यंग इटली ने गांधीजी को अपने यंग इंडिया आंदोलन की शुरुआत करने के लिए भी प्रेरित किया था।'[111]

इटली के क्रांतिकारी आंदोलन से प्रेरणा लेने के बाद सावरकर ने 1857 के महान् योद्धाओं के जीवन और उनके कार्यों का वर्णन भारत के नायकों के रूप में किया। उन्होंने इंडिया ऑफिस की लाइब्रेरी में मौजूद सभी उपलब्ध पुस्तकों, मौलिक पत्रों के ढेर, गोपनीय दस्तावेजों, गुप्त अर्धसैनिक बलों के पत्रों और सेना के पत्रों आदि को पढ़ डाला। अप्रैल 1908 में सावरकर ने *द इंडियन वॉर ऑफ इंडिपेंडेंस : 1857* का लेखन पूरा किया और उसकी पांडुलिपि को अपने नासिक में भाई बाबाराव को भेजा। अंग्रेजों को इस पुस्तक की भनक लग गई और यह जानने के बाद कि 1857 की सच्चाई किस प्रकार क्रांतिकारियों में जोश भर देगी, इसे राजद्रोही करार दे दिया। शायद लेखन के इतिहास में यह अपनी तरह की पहली घटना थी, जिसमें किसी पुस्तक को उसके प्रकाशन से पहले ही प्रतिबंधित कर दिया गया। हालाँकि जीत आखिर में सावरकर की ही हुई, क्योंकि वे अंग्रेजों को चकमा देने में कामयाब रहे और 1909 में हॉलैंड में उन्होंने पुस्तक का प्रकाशन करा लिया। जल्दी ही यह पुस्तक पूरी दुनिया में फैल गई।

यह भारत, अमेरिका, जापान और चीन में बदले नाम के कवर के साथ पहुँची और पूरी दुनिया में चर्चित हो गई। इसका फ्रेंच संस्करण 1910 में प्रकाशित किया गया और इसका पूर्वकथन लिखनेवाले फ्रेंच पत्रकार तथा क्रांतिकारी ई पीरियन ने कहा कि इस पुस्तक ने हिंदुओं और मुसलमानों को एकता की सीख दी और यह देशभक्ति की एक नियमावली है।[112] भगत सिंह और उनकी टीम ने अपनी गतिविधियों के लिए पैसे जुटाने के उद्देश्य से इस पुस्तक का संस्करण निकाला और इसे 'क्रांतिकारियों की गीता' के रूप में देखा। सबसे महत्त्वपूर्ण, इस पुस्तक ने नेताजी सुभाष चंद्र बोस की ओर से लड़ी जा रही जंग को काफी प्रेरित किया। बटालियनों के नाम, जैसे रानी झाँसी रेजीमेंट, उसके गीत, नारे और इंडियन नेशनल आर्मी (आई.एन.ए.) के प्रति प्रेरणा सावरकर की इस प्रतिबंधित पुस्तक की देन थी। सावरकर के 'इंडिया हाउस' दिनों के बारे में बताते हुए आसफ अली ने सावरकर पर अपने संस्मरण में लिखा—"मैं हैरान हूँ कि कैसे इतनी कम

---

111. इटैलियन एंड इंडियन नेशनलिज्म-यूनिटी ऑफ थॉट एंड एक्शन, http://shodhganga.inflibnet.ac.in/bitstream/10603/74210/14/14_chapter%205.pdf

112. धनंजय कीर, *'वीर सावरकर'*, पॉपुलर प्रकाशन, 1966, पृ. 68-69

उम्र का व्यक्ति, क्योंकि 1909 में वह बाईस या तेईस से ज्यादा के नहीं होंगे, अपने संपर्क में आनेवाले लगभग हर व्यक्ति को अपने वश में कर लेता था···सावरकर में शिवाजी की भावना थी।"[113]

सन् 1905 में श्यामजी कृष्ण वर्मा के 'इंडिया हाउस' की स्थापना के एक साल बाद मदनलाल ढींगरा लंदन पहुँचे। ढींगरा सावरकर और कृष्ण वर्मा से मिले, जो ढींगरा की दृढ़ता और कूट-कूटकर भरी देशभक्ति की भावना से प्रभावित हुए। सावरकर सशस्त्र क्रांति में विश्वास रखते थे और ढींगरा तथा अन्य कई लोगों को उन्होंने इसकी प्रेरणा दी। 1 जुलाई, 1909 को ढींगरा ने भारत में ब्रिटिश राज के एक अधिकारी के रूप में भारतीयों के खिलाफ किए गए जघन्य अत्याचार का बदला लेने के लिए सर विलियम कर्जन वाइली को गोली मारकर हत्या कर दी। प्रतिक्रियाओं की बाढ़ आ गई। लंदन में सर आगा खाँ और उनके जैसे अंग्रेजों के वफादार भारतीय ढींगरा की ओर से की गई हिंसा की आधिकारिक निंदा के लिए इकट्ठा हो गए। भले ही सावरकर ने एकमत से प्रस्ताव पारित करने की उनकी योजना में पलीता लगा दिया, लेकिन भारतीयों का ऐसा समूह कभी भी भारत में अंग्रेजों की ओर किए जा रहे अत्याचारों की निंदा के लिए इकट्ठा नहीं हुआ था। आज मैं वामपंथी बुद्धिजीवियों और कार्यकर्ताओं में ऐसी ही प्रवृत्ति देखता हूँ, जब वे कश्मीर घाटी में भारतीय सेना के जवानों पर पत्थरबाजी को लेकर चुप्पी साध लेते हैं, जबकि अफजल गुरु जैसे आतंकवादियों की फाँसी के विरोध में वे सुप्रीम कोर्ट के बाहर इकट्ठा हो जाते हैं।

17 अगस्त, 1909 को ढींगरा को फाँसी दे दी गई; उनके अंतिम शब्द थे—"मेरी इच्छा यह है कि मैं उसी मातृभूमि में जन्म लूँ और उसके लिए ऐसी ही मौत फिर से मरूँ।"[114] सावरकर की जीवनी में धनंजय कीर ने लिखा कि इस घटना ने लंदन को अंदर तक दहला दिया, मानो लोहे के डंडे ने लंदन को उलट-पुलट कर दिया! लेकिन आज दुर्भाग्य यह है कि हम जब अपने शहरों से गुजरते हैं तो अनगिनत सड़कों और इमारतों के नाम इसलामी और अंग्रेज आक्रमणकारियों के नाम पर देखते हैं, जिनसे लड़ते हुए हमारे क्रांतिकारियों और स्वतंत्रता सेनानियों ने अपने प्राणों का बलिदान दिया।

श्यामजी कृष्ण वर्मा जैसे लोग, जिन्होंने इंग्लैंड में भारतीय क्रांतिकारियों को सब प्रकार से मदद मुहैया कराई, उन्हें भारत की आजादी के बाद भुला दिया गया। 2003 में वे फिर से चर्चा में आए, जब गुजरात के तत्कालीन मुख्यमंत्री नरेंद्र मोदी उनकी अस्थियाँ वापस लेकर आए। अंग्रेजों के औपनिवेशिक साम्राज्य के विरुद्ध अपने कार्यों के कारण

---

113. उपरोक्त, पृ. 37-38

114. उपरोक्त, पृ. 60

कृष्ण वर्मा की ब्रिटिश बार की सदस्यता समाप्त कर दी गई। भारत का प्रधानमंत्री बनने के बाद मोदी की सरकार ने इस मामले को ब्रिटेन की सरकार के सामने उठाया और उसे इस बात के लिए राजी किया कि ब्रिटिश बार में उनकी सदस्यता को दिसंबर 2015 में फिर से बहाल करने का सर्टिफिकेट जारी करे। उस सर्टिफिकेट को अब श्यामजी कृष्ण वर्मा मेमोरियल 'क्रांति तीर्थ' में गुजरात के मांडवी स्थित वर्मा के गृह नगर में रखा गया है।[115]

सावरकर की टीम द्वारा वैश्विक मंच पर भारत की स्वतंत्रता का पहला ध्वज फहराया गया

दुनिया भर में भारत की स्वतंत्रता की गाथा को जोर-शोर से उठाने और उसे स्थापित करने के लिए अगस्त 1907 में सावरगर ने मैडम कामा और सरदार सिंह राणा को जर्मनी के स्टुटगार्ट में इंटरनेशनल सोशलिस्ट कांग्रेस में भारत का प्रतिनिधित्व करने भेजा। कुछ पक्षों के विरोध के बावजूद भीकाजी रुस्तम कामा ने भारत पर प्रस्ताव पेश किया और इतिहास में पहली बार भारत की स्वतंत्रता के ध्वज को एक विश्व मंच पर फहराया। ब्रिटिश प्रतिनिधियों ने प्रक्रियात्मक आधार पर उस प्रस्ताव को पारित नहीं होने दिया, लेकिन उन्हें भाषण देने की अनुमति दी गई, जिसमें उन्होंने कहा, "यह ध्वज भारत की स्वतंत्रता का ध्वज है। देखिए, यह जन्म ले चुका है। शहीद भारतीय युवाओं के रक्त से यह पहले ही पवित्र हो चुका है। सज्जनो, मैं आपसे आग्रह करती हूँ, उठिए और भारत की स्वतंत्रता के इस ध्वज को सलाम कीजिए। इस ध्वज की खातिर दुनिया भर में स्वतंत्रता के प्रेमियों से मैं अपील करती हूँ कि मानव जाति के पाँचवें हिस्से को मुक्त कराने के लिए इस ध्वज के साथ सहयोग करें।"[116] दुनिया भर से आए प्रतिनिधि खड़े हो गए और भारतीय ध्वज को सैल्यूट किया। इंटरनेशलन सोशलिस्ट कांग्रेस के अध्यक्ष हेर सिंगर ने ऐलान किया कि इंटरनेशनल ब्यूरो और कांग्रेस ने इस प्रस्ताव की भावना को स्वीकृति दे दी है।

मैडम कामा के ध्वज की डिजाइन स्वयं उन्होंने, सावरकर और कृष्ण वर्मा ने तैयार

115. टी.एन.एन., *'पी.एम. हैंड्स ओवर श्यामजी कृष्ण वर्माज री-इंस्टेटमेंट सर्टिफिकेट टी.सी.एम. आनंदीबेन'*, द टाइम्स ऑफ इंडिया, 19 दिसंबर, 2015, https://timesofindia.indiatimes.com/articleshow/50243631.cms?utm_source=contentofinterest&utm_medium=text&utm_campaign=cppst
116. आर.सी. मजूमदार, *'हिस्टरी ऑफ द फ्रीडम मूवमेंट इन इंडिया'*, साउथ एशिया बुक्स, 1969, पृ. 322

की थी।[117] हरा, पीला और लाल रंग क्रमश: इसलाम, हिंदू धर्म और बौद्ध धर्म का प्रतीक था। अर्धचंद्र और सूरज इसलाम और हिंदू धर्म को दरशाता था। यह गौर करना महत्त्वपूर्ण है कि हिंदू-मुसलिम एकता इस समय तक सावरकर के विचारों के केंद्र में थी। ऊपरी पट्टी में आठ कमल के फूल ब्रिटिश भारत के आठ प्रांतों का प्रतिनिधित्व करते थे। मध्य में देवनागरी लिपि में 'वंदे मातरम्' लिखा था। मैडम कामा ने जिस मूल झंडे को स्टुटगार्ट में लहराया था, उसे अब पुणे के केसरी वाडा म्यूजियम में दर्शन के लिए रखा गया है। विडंबना यह है कि इस म्यूजियम का उद्घाटन सोनिया गांधी द्वारा जनवरी 1999 में किया गया था, जिनकी पार्टी सावरकर के लिए 'गद्दार' जैसे शब्दों का इस्तेमाल करती है।

अंडमान जेल में सावरकर का जीवन और कैसे इसने उनके विचारों को ढाला

ढींगरा की शहादत के बाद ब्रिटिश एजेंसियों की नजरें सावरकर और 'इंडिया हाउस' पर गड़ गईं। सावरकर के बड़े भाई बाबूराव पहले ही अंडमान जेल में थे। उनके समर्थकों, सगे-संबंधियों और कॉमरेडों को दंडित-प्रताड़ित किया जा रहा था। वायसराय लॉर्ड मिंटो की हत्या के विफल और नासिक के ब्रिटिश कलेक्टर ए.एम.टी. जैक्सन की हत्या के सफल प्रयास के बाद, भारत और लंदन में ब्रिटिश अधिकारियों ने इन हत्याओं के तार सावरकर से जोड़ने या गढ़ने में दिन-रात एक कर दिया और वे सफल भी हो गए। जैक्सन की हत्या के मुकदमे में उन्होंने यह साबित कर दिया कि 'इंडिया हाउस' के प्राण और 'अभिनव भारत सोसाइटी' के नेता सावरकर ने जैक्सन की हत्या में इस्तेमाल ब्राउनिंग पिस्टल को भिजवाया था। बंबई के गवर्नर जॉर्ज क्लार्क ने ठान लिया कि वह सावरकर को सजा दिलाएँगे।

क्लार्क ने कहा कि सावरकर भारत में पैदा हुए सबसे खतरनाक लोगों में से एक है।[118] आरंभिक जाँच के बाद 1881 के भगोड़ा आपराधिक अधिनियम के अंतर्गत बंबई की सरकार ने एक वारंट जारी किया और उसे लंदन ऑफिस को तार से भेज दिया। उस समय सावरकर पेरिस में थे। उनके साथियों ने उन्हें छिप जाने की सलाह दी, लेकिन सावरकर मिसाल पेश करना चाहते थे और इस कारण वे पेरिस से निकल गए। वे जैसे ही लंदन के विक्टोरिया स्टेशन पर ट्रेन से उतरे, उन्हें गिरफ्तार कर लिया गया। उनके

117. के.ई. एडुलजी, *'द इंस्पायरिंग स्टोरी ऑफ भीकाजी कामा (1861-1936)'*, Heritageinstitute. com,
http://www.heritageinstitute.com/zoroastrianism/reference/Madame_Cama_Complete-Eduljee.pdf

118. 'कर्नल लॉर्ड सिडेनहैम ऑफ कॉम्बे, माई वर्किंग लाइफ', जॉन मरे, लंदन, 1927, पृ. 247

खिलाफ कई तरह के आरोप लगा दिए गए और आगे के मुकदमे के लिए उन्हें जहाज से भारत के लिए रवाना कर दिया गया। फ्रांस में उन्होंने जहाज से भागने का ऐतिहासिक प्रयास किया और कुछ हद तक सफल भी हो गए। चूँकि मैडम कामा और अन्य लोग बंदरगाह पर पूर्व नियोजित समय पर पहुँचने में विफल रहे, इस कारण ब्रिटिश पुलिस ने उन्हें फिर से पकड़ लिया। अपने जीवन में लंबे समय तक उन्हें एक ऐसे व्यक्ति के रूप में जाना गया, जो जहाज से कूदा और भागने का साहसपूर्ण प्रयास किया। भारत में चले मुकदमे के दौरान उन्हें पुणे के यरवदा जेल में रखा गया। मुकदमे की काररवाई के बाद सावरकर को, जो उस समय अट्ठाईस वर्ष के थे, दोषी ठहराया गया और अठावन साल के कठोर कारावास की सजा सुनाई गई। 4 जुलाई, 1911 को अंडमान और निकोबार द्वीप समूह की खौफनाक जेल में भेज दिया गया।

सावरकर की जीवनी *सावरकर एंड हिज टाइम्स* में धनंजय कीर विस्तार से बताते हैं कि जेल में सावरकर ने किस प्रकार की यातनाएँ सहीं। क्रूर जेलर बारी के साथ सावरकर की पहली मुलाकात और बातचीत के बारे में कीर ने लिखा है और वह इस प्रकार है—

> अपने सिर पर एक कंबल और हाथ में थाली लिये सावरकर भयंकर रूप से बुलंद उस गेट के सामने बेड़ियों में खड़े थे, जो सभी प्रकार की जंजीरों, हथकड़ियों, रस्सों, बंदूकों और संगीनों से सुसज्जित था। गेट चरमराहट के साथ खुला! कोई फुसफुसाया कि मिस्टर बारी आ रहे हैं। सावरकर कहीं खोए थे और उन्हें बारी के आने का अहसास नहीं हुआ। एक आवाज गरजी, 'छोड़ दो उसे। वह कोई बाघ नहीं है!' कठोर आवाज ने सावरकर का ध्यान भंग कर दिया। जेलर सावरकर की ओर मुड़ा और उनके साथ उसकी निम्नलिखित बातचीत हुई—
>
> **बारी** : तुम वही हो, जिसने मार्सले में भागने की कोशिश की थी?
>
> **सावरकर** : हाँ, क्यों?
>
> **बारी** : तुमने ऐसा क्यों किया था?
>
> **सावरकर** : कुछ कारण थे। उनमें से एक इन तकलीफों से खुद को आजाद करना था।
>
> **बारी** : लेकिन अपनी करनी से तुम उसमें फँस गए, है न?
>
> **सावरकर** : सही बात है। मैं जानबूझकर फँसा। इसलिए कि मैंने सोचा कि इन सारी यातनाओं से बच निकलना मेरा कर्तव्य है।
>
> **बारी** : सच बताऊँ तो मैं अंग्रेज नहीं हूँ। मैं एक आयरिश नागरिक हूँ।
>
> **सावरकर** : हो सकता है। अगर तुम अंग्रेज होते, तो भी फर्क नहीं पड़ता। मैं आपसे आपके अंग्रेज होने की वजह से नफरत नहीं करता। मैंने अपनी

जवानी के अच्छे दिन इंग्लैंड में बिताए हैं और मैं अंग्रेजों की कई अच्छी बातों की प्रशंसा करता हूँ।

बारी : लेकिन बड़ी बात यह है कि मैं एक आयरिश क्रांतिकारी था और आयरलैंड की आजादी के लिए लड़ चुका हूँ। अब मुझे लगता है कि वह सब बेकार था, इसलिए एक दोस्त की तरह मैं तुमसे कहूँगा कि तुम अभी जवान हो और मैं तुमसे उम्र में काफी बड़ा हूँ।

सावरकर (बीच में ही टोकते हुए) : और क्या आपको नहीं लगता कि शायद उसके कारण ही आपमें यह बदलाव आया है? बुद्धि नहीं बढ़ी, लेकिन जोश कम हो गया!

बारी (भौंचक्का रह गया) : मैं जानता हूँ, तुम एक वकील हो और मैं महज एक जेलर हूँ। मेरी सलाह मान लो। एक के बाद एक हत्याएँ, लेकिन आजादी कभी नहीं मिलेगी।

सावरकर : हो सकता है, लेकिन आप अपनी यह सलाह सिन फेन (आयरलैंड का एक दल) वालों को क्यों नहीं देते? और आपसे किसने कह दिया कि मैं हिंसा में शामिल था?

बारी (अब अचानक अपने सरकारी लहजे में आ गया): ...मुझे तुम्हारे अतीत से कोई लेना-देना नहीं है। ध्यान रहे, तुम्हें नियमों का पालन करना है। उन्हें तोड़ा तो उनकी अपनी ही सजा है। एक बात और, मैं तुम्हें बता दूँ कि इस द्वीप से अगर तुमने भागने की कोशिश की तो तुम नरभक्षियों का भोजन बन जाओगे।

सावरकर : मैं जानता हूँ, पोर्ट ब्लेयर मार्सले नहीं है!

और इस तरह मिस्टर बारी और सावरकर के बीच जुबानी जंग का पहला दौर यहाँ समाप्त हुआ। यह जो बारी था, वह अपराधियों और भारत के राजनीतिक बंदियों के बीच कुछ ज्यादा ही कुख्यात था। हिंसक, भयंकर और सनकी, तोंदवाला, भारी-भरकम, लाल चमड़ीवाला ऐसा आदमी था, जिसकी गोल घूरनेवाली आँखें, डरावनी मूँछें, चपटी नाक, छोटी गरदन थी और अपने हाथ में एक बड़ा डंडा लेकर चलता था। बारी ने जितना समय अंडमान में गुजारा था, उतना वहाँ के कैदियों की याददाश्त के अनुसार किसी भी अधिकारी ने जेलर के तौर पर भारतीय बास्तील में इतना अत्याचार नहीं किया था।[119]

---

119. धनंजय कीर, *'सावरकर एंड हिज टाइम्स'*, एवी कीर, 1950, पृ. 106-107

कीर ने यह भी बताया है कि पहले पंद्रह दिनों तक सावरकर को एक अलग कोठरी में अकेले ही रखा गया था। फिर उन्हें लकड़ी के एक भारी हथौड़े से नारियल के पेड़ों की छाल को टुकड़े-टुकड़े करने का काम दिया गया। उनके हाथों से खून बहता था, सूजन आ जाती थी, दर्द होता था और नारियल के छिलके पर खून के छींटे पड़ जाते थे। सावरकर को डराकर अपने वश में करने के लिए बारी अपने गुस्से का खुलेआम इजहार कर उनके साथी कैदियों को उनकी मौजूदगी में अपमानित करता था। बारी का एक उद्देश्य सावरकर को यह अहसास दिलाना था कि वह राजनीतिक बंदी नहीं, बल्कि एक सामान्य अपराधी है। उस जेलर ने उन्हें उनके सीने पर लटकते बिल्ले पर अपनी नजरें गड़ाकर हताश और भयभीत करना चाहा, जिस पर उनकी आधी सदी तक कैद लिखी थी। लेकिन अपनी पूरी ताकत लगाने के बाद भी बारी न तो सावरकर को झुका पाया, न ही डरा पाया। उनका व्यक्तित्व, उनका तेज और साहस बारी की सोच और ताकत से बहुत आगे निकल चुका था।[120]

सावरकर ने अपनी प्रसिद्ध पुस्तक *माई ट्रांसपोर्टेशन फॉर लाइफ* में लिखा है कि उन्हें जेल के कुख्यात होने का अहसास पहली बार तब हुआ था, जब उन्हें पता चला कि सारे राजनीतिक बंदियों को पठान और बलूच वार्डनों की निगरानी में रखा गया है, जिन्हें हिंदुओं के प्रति अपनी उन्मादी नफरत के लिए जाना जाता था। सावरकर के लिए तीन ऐसे ही वार्डन खासतौर पर चुने गए थे।[121]

जेल मे रोंगटे खड़े कर देनेवाली कुछ ऐसी ही घटनाओं के बारे में सावरकर ने बताया है—

> "हम जितनी मेहनत करते, वे हमसे उतनी ही और ज्यादा मेहनत करवाते थे। वे हमारे शरीर की दुर्गति करते हैं तो करने दो, चलो कम-से-कम अपनी आत्मा को ही मुक्त रखें। मेरे शरीर पर भले ही उनका शासन चल जाए, लेकिन अपनी आत्मा का तो मैं ही स्वामी रहूँगा। मैं अपने सर्वस्व को उनकी गुलामी करने नहीं दूँगा। मुझे तीन महीने और बेहद मुश्किल मजदूरी की सजा सुनाई गई थी और एक बार फिर मुझे वापस अपने सेल में बंद कर दिया गया था। वही सिल्वर जेल, जेल के पास खड़े वही मिस्टर बारी! मुझे देखते ही वह गरजने लगा, 'ये कोई खुला मैदान नहीं है, कान खोलकर सुन लो, ये जेल है...जेल। अगर तुमने यहाँ का अनुशासन तोड़ा, तो मैं बेंत से तुम्हारी बुरी तरह पिटाई करूँगा। तुम्हें तीस बेंत लगाऊँगा और हर एक तुम्हारे जिस्म के भीतर तक चोट पहुँचाएगा।'

---

120. उपरोक्त, पृ. 113

121. वी.डी. सावरकर, *'माई ट्रांसपोर्टेशन फॉर लाइफ'*, वीर सावरकर प्रकाशन, 1984, पृ. 112

मैंने कहा, 'तुम चाहो तो मेरे शरीर को टुकड़े-टुकड़े कर दो। मैं अब और यहाँ काम नहीं करूँगा, क्योंकि तुम्हारे आदेश के मुताबिक काम करना मेरे लिए अपनी अंतरात्मा पर अपराध करने जैसा है।' तुरंत ही मिस्टर बारी ने आदेश दिया कि मेरे हाथों में बेड़ियाँ डाल दी जाएँ और एक हफ्ते तक मुझे मेरे सेल में लगातार लटकाकर छोड़ दिया जाए¨। मैं अपने कमरे में बेड़ियों में था, जहाँ मेरे हाथ मेरी कोठरी की छत से बँधे थे और मैं हवा में झूल रहा था।"[122]

जेल को चलाने का बुनियादी नियम यह था कि राजनीतिक बंदियों के साथ डकैतों और हत्यारों से भी बुरा व्यवहार किया जाता था। उनकी इच्छा को कुचला जाता था। सावरकर इन्हीं हालातों में जेल में दस वर्ष से भी अधिक समय तक रहे, जहाँ उनका शरीर भले ही टूट गया था, लेकिन मानसिक रूप से वे दहाड़ते रहे थे।

आज कई बुद्धिजीवियों और कांग्रेस के लोगों की बात मैं सुनता हूँ, जो सावरकर की विचारधारा से सहमत नहीं हैं और कहते हैं कि सावरकर एक कायर था, एक देशद्रोही था, जिसने अंग्रेजों से हाथ मिला लिया और उनसे माफी माँग ली। मेरा उन सभी से आग्रह है कि वे पढ़ लें कि सावरकर किन हालातों से गुजरे थे और कैसे उनके लेखों और आंदोलनों ने भारत के क्रांतिकारियों को प्रेरित किया था।

सावरकर की बहुचर्चित 'दया याचिका' का सत्य

सावरकर जैसे ही जेल पहुँचे, उन्हें अहसास हो गया कि यह एक ऐसी जगह है, जो उन्हें और उनके जैसे दूसरे क्रांतिकारियों को शारीरिक रूप से निचोड़ देने और सोच-समझ भुलाकर अपनी मौत का इंतजार करनेवाले इनसान में बदलने के लिए बनाई गई है। लेकिन उन्हें तो अभी बहुत कुछ करना था। बहुत कुछ लिखना था। उनके सामने बहुत बड़ा उद्देश्य था, जो अधूरा था। वे ज्यादा-से-ज्यादा लोगों तक अपनी बात पहुँचाना चाहते थे और अंग्रेजों को इस देश से खदेड़ देना चाहते थे। अपने जीवन के अगले पचास साल इस जेल में बरबाद करने और अपने देश की सेवा किए बिना मर जाने का उनका कोई इरादा नहीं था। 1910 में जब सावरकर ने अंडमान जेल में कदम रखा तो उनके बिल्ले पर 'D' यानी डेंजरस (खतरनाक) लिखा था। जेल में आने के कुछ ही दिनों बाद सावरकर ने जेल अधिकारियों को वहाँ के हालातों के बारे में अर्जियाँ लिखना शुरू कर दिया। दरअसल, 1913 में उन्होंने जो अर्जी लिखी, उसके बाद के उनके रिकॉर्ड दिखाते हैं कि उन्हें मिलनेवाली सजा की क्रूरता और बढ़ गई। इसलिए हम अंदाजा लगा सकते हैं कि उनकी अर्जी में क्या लिखा होगा! 8 जून, 1914 को उन्हें दी गई सजा का दस्तावेज

122. उपरोक्त

कहता है—सात दिन तक हथकड़ी लगाए खड़ा रहना। 16 जून, 1914 का दस्तावेज : चार महीने बेड़ियों में रहना। 18 जून, 1914 : दस दिन क्रॉसबार पर बेड़ियों की सजा।

कीर का कहना है कि सावरकर का दिमाग लगातार चलता रहता था। वे इस बात को समझते थे कि प्रथम विश्वयुद्ध के दौरान भारत के नेता अंग्रेजों पर आजादी के लिए दबाव बना सकते थे। युद्ध के दौरान भारत दुनिया के अन्य देशों के जरिए भी दबाव डाल सकता था। सावरकर ने प्रथम विश्व युद्ध के दौरान अपनी रिहाई के लिए जबरदस्त प्रयास किए। कीर ने सरकार को दी गई सावरकर की अर्जियों को पढ़ा था और इस वजह से उनका कहना है कि उनके जरिए अंग्रेजों पर भारत में एक जिम्मेदार सरकार चलाने का दबाव अप्रत्यक्ष रूप से डाला जा रहा था। हालाँकि 'अधिकारी उनकी मंशा को समझते थे और उनका जिम्मेदारी से सरकार चलाने का कोई इरादा नहीं था।'[123] अरविंदन नीलकंदन लिखते हैं कि इस बात की पुष्टि अंग्रेजों के रवैये से भी हो गई, जिन्हें सावरकर की तथाकथित 'माफी' की अर्जियों में ऐसा कहीं नहीं दिखता था कि उनका संकल्प कमजोर पड़ गया हो। सावरकर ने अपनी अर्जी गवर्नर जनरल की परिषद् में गृहमंत्री रेजिनाल्ड क्रैडॉक को भेजी थी। क्रैडॉक ने कहा था कि भले ही यह दया याचिका थी, लेकिन इसमें कहीं भी खेद या पछतावा जाहिर नहीं किया गया था। जैसा क्रैडॉक ने बताया, सावरकर ने अपने कदमों को यह कहते हुए सही ठहराया कि बीस ब्राउनिंग पिस्तौल नासिक भिजवाने का मकसद हत्या कराना नहीं था, 'बल्कि एक क्रांतिकारी आंदोलन को आगे बढ़ाना' था।

सावरकर का दिमाग राजनीतिक दृष्टि से काफी तेज था। साल 1920 तक उन्हें यह अहसास हो गया था कि अगर उन्हें जेल से बाहर निकलना है तो काफी सोच-समझकर काम करना होगा। उन्होंने अंग्रेजों के सामने एक चारा फेंका और उस अर्जी पर बिना शर्त दस्तखत करने के लिए हुए राजी हो गए, जिसे अंग्रेज ही लिखेंगे। अंग्रेज उनकी चाल में फँस गए। अंत में, जेल में बेहद मुश्किल भरे दस साल काटने के बाद सावरकर को उनके भाई के साथ साल 1921 में रत्नागिरी की एक जेल में शिफ्ट कर दिया गया। उसके बाद उन्हें 1924 में इस शर्त पर रिहा किया गया कि वे रत्नागिरी जिले से बाहर नहीं जाएँगे और राजनीतिक गतिविधियों में हिस्सा नहीं लेंगे। इन प्रतिबंधों को 1937 में ही हटाया गया।

नीलकंदन ने ठीक ही पूछा है—अंडमान जेल से बाहर आने के बाद सावरकर ने क्या किया? क्या वह अंग्रेजों से मिल गए या स्वतंत्रता संग्राम में अपना योगदान दिया?

---

123. अरविंदन नीलकंदन, 'वीर सावरकर : द मैन एंड मिशन बियोंड मर्सी पिटीशंस', स्वराज्य, 29 मई, 2017, https://swarajyamag.com/politics/veer-savarkar-the-man-and-mission-beyond-the-mercy-petitions

सावरकर को अंग्रेजों ने इस कड़ी चेतावनी के साथ रिहा किया था कि उन्हें किसी भी समय फिर से जेल में डाल दिया जाएगा और अंडमान में उनका निर्वासन फिर से शुरू कर दिया जाएगा। इसलिए उन्हें सावधान रहना था और वे सावधान थे। इसके बावजूद उन्होंने छद्म नामों से ऐसी किताबें लिखीं, जो युवा क्रांतिकारियों के लिए प्रेरणा का स्रोत बन गईं।[124] उन्होंने अस्पृश्यता को समाप्त करने के लिए प्रभावी आंदोलन चलाए और मंदिरों में दलितों के प्रवेश तथा तथाकथित निचली जातियों के विद्यार्थियों के लिए *जनेऊ संस्कार* को संभव किया। डॉ. अंबेडकर ने उनके प्रयासों की काफी सराहना की।

सावरकर को जिन अमानवीय परिस्थितियों में जेल में रखा गया था, उनकी तुलना में जेल में बिताए गए नेहरू के दिन लगभग किसी छुट्टी के समान थे। जेल में नेहरू के बिताए दिनों का वर्णन करते हुए अरविंदन नीलकंदन लिखते हैं—

> "किसी और ने नहीं, बल्कि आसफ अली ने ही अपने पत्रों में बताया था कि नेहरू के पास अपना निजी कमरा था, जो किसी छोटे बँगले जैसा था, जिसकी खिड़कियों में नीले परदे लगे थे, जो नेहरू का पसंदीदा रंग था। नेहरू बागवानी किया करते थे, जिसमें वह गुलाब के पौधे उगाने पर हाथ आजमा रहे थे। वह किताबें लिख सकते थे। उनकी पत्नी जब बीमार थी, तब नेहरू ने कहा भी नहीं और अंग्रेजों ने बड़ा दिल दिखाते हुए उनकी सजा को कुछ दिन के लिए रोक दिया और उन्हें अपनी बीमार पत्नी के पास जाने दिया। नेहरू ने विनम्रता से अंग्रेजों के इस प्रस्ताव को स्वीकार कर लिया।"[125]

हिंदू राष्ट्र का सावरकर का विचार

हम पहले ही चर्चा कर चुके हैं कि सावरकर के सहयोग से तैयार भारत की स्वतंत्रता का जो पहला झंडा साल 1909 में उनकी टीम ने जर्मनी में फहराया था, उसने हिंदू-मुसलिम एकता का एक स्पष्ट संदेश दिया था।

रत्नागिरी जेल में पहली बार सावरकर की मुलाकात मुसलिम खिलाफत के बंदियों से हुई थी। सावरकर दुनिया में इसलाम की स्थापना के उनके विचारों से निराश थे, क्योंकि उन बंदियों के लिए इसलाम देश से भी बढ़कर था। उस समय तक वह मोपला दंगों की दर्दनाक घटनाओं के बारे में भी सुन चुके थे, जहाँ हजारों हिंदुओं का कत्लेआम किया

124. अरविंदन नीलकंदन, 'वीर सावरकर : द मैन एंड मिशन बियोंड मर्सी पीटीशंस', स्वराज्य, 29 मई, 2017, https://swarajyamag.com/politics/veer-savarkar-the-man-and-mission-beyond-the-mercy-petitions

125. उपरोक्त

गया था, महिलाओं के साथ शर्मनाक अभद्रता की गई थी और हिंदुओं को बलपूर्वक इसलाम धर्म कबूल करवाया गया था। उसी दौरान रत्नागिरी जेल में उन्होंने अविस्मरणीय पुस्तक *एसेंसियल्स ऑफ हिंदुत्व* की रचना की थी। यह पुस्तक सावरकर की गहरी सोच और गांधीवाद के विरुद्ध उनकी तीव्र प्रतिक्रिया का परिणाम थी, जिसने राष्ट्र-विरोधी मुसलिम कट्टरपंथियों की माँगों के आगे समर्पण कर दिया था और मुसलिम धर्मांधता को बढ़ावा देने में सहायता की थी।[126]

एक हिंदू राष्ट्र को लेकर सावरकर की सोच का मतलब केवल हिंदुओं के लिए एक देश के रूप में निकालना बेतुका और नौसिखियापन होगा। उन्होंने हिंदू राष्ट्रवाद के अपने विचार को स्पष्ट रूप से सामने रखा। दरअसल, सावरकर एक नास्तिक और पक्के तर्कवादी थे। उन्होंने स्पष्ट रूप से कहा कि 'हिंदू' शब्द को केवल उसके धार्मिक पक्ष को ध्यान में रखकर समझने का प्रयास निरर्थक होगा। उन्होंने कहा कि हिंदू धर्म हिंदुत्व का केवल एक पहलू है। हिंदुत्व को परिभाषित करते हुए सावरकर ने ऐतिहासिक दृष्टिकोण को अपनाया और हिंदू समुदाय, धर्म और राजनीति के विकास की व्याख्या वैदिक युग के समय से की। एक दोहे में उन्होंने कहा था—

आसिंधु-सिंधु पर्यन्ता, यस्य भारत भूमिका।
पितृभू-पुण्यभू भुश्चेव सा वै हिंदूरीती स्मृता॥

इसका मतलब है कि जो भी सिंधु नदी से सागर तक की इस भूमि को अपनी पितृभूमि या पुण्यभूमि मानता है, वह एक हिंदू है। पितृभूमि और पुण्यभूमि की चर्चा करनेवाली इस परिभाषा से सावरकर ने सीधे तौर पर दारुल-इसलाम (मुसलमानों का देश) और दारुल-हर्ब (दुश्मन देश) के विचारों के प्रति लोगों का ध्यान खींचा और उसका विरोध किया, जिनका जिक्र इसलामी धर्मग्रंथों में है और जिनका आह्वान खिलाफत आंदोलन के दौरान बार-बार किया गया था। पारंपरिक इसलामी कानून[127] के अनुसार, जिस जमीन पर पूरी तरह से मुसलमान रहते हैं या जिन पर मुसलमानों का शासन है, वे मुसलमानों के देश हैं। इसके अलावा किसी भी दूसरे देश में रहनेवाला सच्चा मुसलमान वहाँ के प्रति वफादार नहीं हो सकता और उसे 'दारुल-हर्ब' (दुश्मन देश) कहा जाता है। डॉ. अंबेडकर, डॉ. एनी बेसेंट, सर फिरोजशाह मेहता, गोपाल कृष्ण गोखले और लाला लाजपत राय इस विभेद के आलोचक थे, जो मुसलमानों के बीच अलगाववादी प्रवृत्ति को बढ़ावा देता था।

सावरकर के अनुसार, सभी भारतीयों को इसके एक ही इतिहास, एक ही संस्कृति को मानना चाहिए और अपनी संस्कृति तथा भूभाग की रक्षा के लिए एक साथ मिलकर

126. धनंजय कीर, *'वीर सावरकर'*, पॉपुलर प्रकाशन, 1966, पृ. 161-162
127. http://www.oxfordislamicstudies.com/article/opr/t125/e491

संघर्ष करना चाहिए। उनके अनुसार, वैदिक ऋषियों पर और उनके द्वारा किए विभिन्न वैज्ञानिक आविष्कारों तथा साहित्यिक रचनाओं पर हम सभी को समान रूप से गर्व होता है। वैयाकरण पाणिनी, स्वास्थ्य विशेषज्ञ पाणिनी, अर्थशास्त्री चाणक्य, विभूति और कालिदास जैसे कवि, राम और कृष्ण, शिवाजी और गुरु गोविंद सिंह जैसे नायकों पर हम सभी को गर्व होना चाहिए।

ऐसे लोगों को, जो सावरकर की एक हिंदू राष्ट्र की परिभाषा पर सीमित, पृथकतावादी और संकीर्ण होने का आरोप लगाते हैं, उनका जवाब था कि उसी तर्क के अनुसार, भारतीय राष्ट्रवाद या भारत देश की क्षेत्रवादी परिभाषा भी एक मानवतावादी देश के संबंध में उतनी ही संकीर्ण है। उन्होंने यह भी कहा कि 'वसुधैव कुटुंबकम्' की भारतीय परंपरा के अनुसार, यह पृथ्वी हमारी मातृभूमि है और मानवता हमारा राष्ट्र है। राष्ट्रवाद और सांप्रदायिकता पर बात करते हुए सावरकर ने जोर देकर कहा कि जब राष्ट्रवाद आक्रामक हो जाए, तब वह भी अनैतिक हो जाता है। सांप्रदायिकता को केवल तभी सही ठहराया जा सकता है, जब वह रक्षात्मक हो और दूसरे समुदायों के समान अधिकारों को दबाने का प्रयास न करे। सावरकर ने कहा कि जिस पर दूसरों का अधिकार है, उसे हिंदुओं ने हड़पने का प्रयास कभी नहीं किया। वे विशेष अधिकार नहीं चाहते थे, लेकिन कोई उनका शोषण करे, यह भी वे होने नहीं देंगे। आज भी हम यही देखते हैं, जब प्रधानमंत्री नरेंद्र मोदी कहते हैं, 'विकास सबका, तुष्टीकरण किसी का नहीं।' सावरकर ने एक ऐसे भारत देश की कल्पना की थी, जिसमें सभी नागरिकों के साथ 'एक व्यक्ति, एक मत' के सिद्धांत पर समान व्यवहार किया जाए, चाहे वे किसी भी जाति, संप्रदाय या धर्म के क्यों न हों।[128]

जो लोग अंग्रेजों पर हिंदू-मुसलिम एकता को तोड़ने का दोष मढ़ा करते थे, उनसे वह पूछते थे कि क्या मुहम्मद बिन कासिम, महमूद गजनी या औरंगजेब के धर्मांध कोप के लिए भी अंग्रेज ही जिम्मेदार थे? सावरकर हमेशा ही ऐसे प्रभावशाली मुसलमान समूहों की आलोचना किया करते थे, जो अखंड इसलामी अलगाववाद के विचार रखते थे। वह इस अलगाववादी दृष्टिकोण की निंदा करते थे और गैर-हिंदुओं से कहा करते थे, "अगर तुम आते हो तो तुम्हारे साथ, अगर नहीं आते तो तुम्हारे बिना और अगर तुम विरोध करते हो तो उसके बावजूद, हिंदू यथासंभव अपने देश की स्वतंत्रता के लिए संघर्ष करते रहेंगे।"

सावरकर ने जो कुछ लिखा, अधिकांशतया बेहद मुश्किल परिस्थितियों में लिखा।

---

128. धनंजय कीर, *'डॉ. बालासाहेब अंबेडकर : लाइफ एंड मिशन'*, पॉपुलर प्रकाशन, मुंबई, 1954, पृ. 269-270

जेल में उन्होंने कैदखाने की दीवारों को कागज और पत्थर के टुकड़ों को पेन के तौर पर इस्तेमाल किया। वे सालाना पुताई का इंतजार किया करते थे, ताकि दीवारें फिर से सफेद हो सकें। लिखने के लिए वे अपनी नई सफेद चादरों का भी इस्तेमाल करते थे।

वे अपने साथ कैद कुछ बंदियों की मदद लिया करते थे, जिनकी रिहाई नजदीक होती थी। वह उन्हें अपनी कविताओं और साहित्यिक रचनाओं को बोल-बोलकर याद कराया करते थे और उनके साथ अपनी रचना को जेल से बाहर भेजा करते थे। इसकी तुलना में कांग्रेस के राजनीतिक बंदियों को लिखने के लिए विशेष रूप से सामान और स्याही मुहैया कराई जाती थी।

साल 1923 में वी.वी. केलकर ने सावरकर की पुस्तक *हिंदुत्व* के पहले संस्करण का प्रकाशन कराया, जिसके लेखक के नाम की जगह 'एक मराठा' लिखा गया था। लेखक का नाम लिखा न होने पर भी राष्ट्रवादी नेताओं ने उस पुस्तक को पूरे उत्साह के साथ हाथोहाथ लिया। लाला लाजपत राय, मदन मोहन मालवीय और कई अन्य लोगों ने इसे 'हिंदू विचारधारा' की सबसे मौलिक रचना और विद्वत्तापूर्ण योगदान बताया।

एक बार भारतीय राष्ट्रीय कांग्रेस की अध्यक्षता करनेवाले श्री विजय राघव आचार्यजी ने इस पुस्तक को आगे चलकर पढ़ा और लिखा—

> "मैंने बड़ी तेजी से *हिंदुत्व* को पढ़ डाला है। खासतौर पर आखिरी अध्याय अनुकरणीय रूप से देशभक्ति पूर्ण है। इस पुस्तक के विषय में, विशेष रूप से इसके आखिरी अध्याय को बता पाने के लिए मेरे पास शब्द नहीं हैं। मैं अपने दिल की गहराई से लेखक को उनकी इस उत्कृष्ट रचना के लिए बधाई देता हूँ और भगवान् से प्रार्थना करता हूँ कि उन्हें दीर्घायु और स्वस्थ रखे।"[129]

आज 2018 में देखें तो राहुल गांधी मंदिरों के कुछ ज्यादा ही चक्कर लगा रहे हैं, वह भी जब उनकी पार्टी के दिग्गज नेता ए.के. एंटनी ने उन्हें 2014 के चुनावों में करारी हार के बाद सलाह दी कि कांग्रेस को हिंदू-विरोधी छवि को तोड़ना होगा। राहुल गांधी का बचाव करते हुए कांग्रेस कहती है[130], वह भाजपा के विभाजनकारी हिंदुत्व की बजाय समावेशी हिंदुत्व को आगे बढ़ा रहे हैं। जब यह पूछा गया कि क्या 2019 में कांग्रेस की

---

129. वी.डी. सावरकर, प्रकाशक लिखित 'प्रीफेस', 'हिंदुत्व', पृ. 9-11

130. भावना विज अरोड़ा, 'व्हाट कन्विंस्ड राहुल गांधी अबाउट द नीड फॉर डिमॉन्स्ट्रेटिव हिंदुइज्म?' आउटलुक, 25 मार्च, 2018, https://www.outlookindia.com/website/story/what-convinced-rahul-gandhi-about-the-need-for-demonstrative-hinduism/309947

लड़ाई भाजपा की हिंदुत्व की विचारधारा के खिलाफ है, तो राहुल गांधी ने कहा[131] कि भाजपा या राष्ट्रीय स्वयंसेवक संघ जिसका पालन कर रहे हैं, वह हिंदू धर्म नहीं है। ऐसे अपरिपक्व, अज्ञानता भरे बयान सावरकर की रचनाओं के सामने कहीं नहीं टिकते। अज्ञानता की इस मंडली के सदस्य शशि थरूर अपनी पुस्तक *व्हाई आई एम ए हिंदू* का प्रचार करने के लिए एड़ी-चोटी का जोर लगा रहे हैं। अपनी पुस्तक के बारे में बात करते हुए वह कहते हैं कि हिंदू धर्म और हिंदुत्व दो अलग-अलग चीजें हैं।[132] उन्होंने हिंदुत्व को एक 'राजनीतिक विचारधारा' कहा, जिसे मात्र वोट जुटाने के लिए गढ़ा गया है। मैं नहीं जानता कि सावरकर कौन सा वोट जुटा रहे थे। मुझे शक है कि इन लोगों ने कभी हिंदू धर्म, हिंदुत्व या हिंदू राष्ट्र को लेकर सावरकर के स्पष्ट दृष्टिकोण को पढ़ा भी है, जिसकी प्रशंसा कांग्रेस नेताओं समेत उनके कई समकालीनों ने की थी!

सावरकर के अनुसार, गांधी का भारत छोड़ो आंदोलन भारत बाँटो आंदोलन था

अगस्त 1942 में कांग्रेस ने गांधी के मार्गदर्शन में भारत छोड़ो आंदोलन छेड़ दिया। कांग्रेस के प्रति सहानुभूति रखनेवाले प्रेस ने सावरकर पर यह कहकर कीचड़ उछाला कि वह और उनकी हिंदू महासभा ने अंग्रेजों से मिलीभगत कर ली और भारत छोड़ो आंदोलन का समर्थन नहीं किया। भारत छोड़ो आंदोलन पर सावरकर के विचार स्पष्ट थे। उन्होंने ऐलान किया कि हिंदू महासभा भारत छोड़ो आंदोलन में कांग्रेस के साथ शामिल होगी, बशर्ते वह इस बात की गारंटी दे कि वह भारत की अखंडता के अपने अपरिवर्तनीय रुख पर कायम रहेगी और राष्ट्र-विरोधी मुसलिम लीग के साथ क़िसी प्रकार का कोई समझौता नहीं करेगी, जो भारत का बँटवारा करा सकती है। सावरकर हिंदू सैन्यीकरण की नीति को आगे बढ़ाना चाहते थे, जिसके तहत वह दूसरे विश्वयुद्ध का लाभ उठाना चाहते थे और ब्रिटिश सेना में अधिक-से-अधिक हिंदुओं को भरती कराना चाहते थे, क्योंकि उन्हें लगता था कि इससे हमें अपने देश, अपनी मिट्टी और घर को बचाने में मदद मिलेगी, यदि हम पर कोई बाहरी ताकत या देश में मौजूद हिंदू-विरोधी अराजकतावादी हमला कर दें। सावरकर सेना में भरती को इसलिए भी एक अवसर के रूप में देखते

---

131. टी.एन.एन., 'दिस इलेक्शन इज बिटविन कर्नाटक एंड नागपुर, सेज राहुल गांधी', द टाइम्स ऑफ इंडिया, 9 अप्रैल, 2018, https://timesofindia.indiatimes.com/india/this-election-is-between-karnataka-and-nagpur-says-rahul-gandhi/articleshow/63675162.cms
132. 'हिंदुत्व इज ए पॉलिटिकल आइडियोलॉजी, हिंदुइज्म इज नॉट : शशि थरूर', द क्विंट, 4 अप्रैल, 2018, https://www.thequint.com/news/india/shashi-tharoor-on-his-book-why-i-am-a-hindu

थे कि यह जातियों में बँटे हिंदू समाज को जातिगत बँटवारे की बुराइयों से निजात दिला देगी। इसलिए उन्होंने डॉ. अंबेडकर के उस आह्वान का खुलकर समर्थन किया, जिसमें वे महार युवाओं से ब्रिटिश सेना में भरती होने की अपील कर रहे थे।

सावरकर ने सहयोग के लिए जो शर्तें रखी थीं, वे देश के व्यापक हित में थीं, लेकिन कांग्रेस ने इन शर्तों को खारिज कर दिया। इसकी बजाय उसने मुसलिम लीग को तुष्ट करना शुरू कर दिया। गांधी ने जिन्ना को लिखा—

> "यदि अंग्रेज सरकार अपने उन सभी अधिकारों को मुसलिम लीग को सौंप दे, जिनका प्रयोग आज वह पूरे भारत की ओर से कर रही है, जिसमें तथाकथित भारतीय भारत भी शामिल है, तो कांग्रेस को कोई आपत्ति नहीं होगी। कांग्रेस मुसलिम लीग की ओर से बनाई जानेवाली किसी भी सरकार की राह में रोड़ा तो नहीं ही बनेगी, बल्कि उस सरकार में शामिल भी होगी।"[133]

कांग्रेस के इस प्रकार के बहुसंख्यक विरोधी रुख के कारण सावरकर को पूरा विश्वास था कि बेतुके भारत छोड़ो आंदोलन का अंत भारत बाँटो आंदोलन के रूप में होगा। महज एक संयुक्त मोरचा के लिए सावरकर किसी ऐसे मुद्दे को नहीं अपना सकते थे, जो देश के विघटन और उसकी बरबादी का कारण बन सकता था।

दरअसल, भारत छोड़ो आंदोलन के आरंभ में ही गांधी और नेहरू समेत कांग्रेस के सभी प्रमुख नेताओं को गिरफ्तार कर लिया गया। भले ही सावरकर की विचारधारा कांग्रेस की विचारधारा से मेल नहीं खाती थी, फिर भी वह हमेशा भारत की स्वतंत्रता की माँग का समर्थन करते रहे। सावरकर ने ब्रिटिश प्रेस को एक तार भेजा, जो ब्रिटिश जनता से की गई अपील थी। इंग्लैंड के सभी प्रमुख अखबारों ने उसे स्थान दिया और यह ब्रिटेन के लोगों तथा वहाँ के नेताओं के बीच चर्चा का एक विषय बन गया। उस तार में सावरकर ने कहा कि अंग्रेजों की संगीनें (राइफल से जुड़े चाकू) भले ही भारत में जनता के असंतोष को दबा दें, लेकिन राष्ट्रीय असंतोष या उसके कारणों को कभी दूर नहीं कर सकेंगी। ब्रिटिश जनता के नाम सावरकर की अपील में दूसरे विश्व युद्ध के दौरान और उसके बाद अंग्रेज सरकार से संबंधों को लेकर भारत की प्रस्तावित शर्तों का भी जिक्र था। यही शर्तें उस 'आजादी के लिए संयुक्त माँग' का आधार बनीं, जिन्हें हिंदू महासभा ने ग्रेट ब्रिटेन के प्रधानमंत्री विंस्टन चर्चिल को भेजा था। इस संयुक्त माँग में ये बातें शामिल थीं—(1) ब्रिटिश संसद् की ओर से भारत को एक स्वतंत्र देश के रूप में तुरंत मान्यता मिले। (2) राष्ट्रीय गठबंधन सरकार बने, जिसे युद्ध कि अवधि के दौरान सैन्य विभाग के सिवाय, काम करने के जरूरी सारी शक्तियाँ दी जाएँ। (3) युद्ध समाप्त

133. जगदीश चंद्र जैन, *'गांधी, द फॉरगॉटन महात्मा'*, मित्तल पब्लिकेशंस, 1987, पृ. 28

होते ही संविधान की रचना करनेवाली सभा की बैठक बुलाई जाए।

इन संयुक्त माँगों पर सभी समुदायों के नेताओं, जैसे—सिख बंधुत्व, मोमिन और आजाद मुसलिम कॉन्फ्रेंस तथा अन्य प्रमुख मुसलिम संगठनों के अध्यक्षों, क्रिश्चियन फेडरेशन के अध्यक्षों, नेशनल लीग, लिबरल फेडरेशन और सिंध, बंगाल तथा ओडिशा की प्रांतीय सरकारों के मंत्रियों ने हस्ताक्षर किए थे।

हिंदू महासभा की ओर से की गई इन एकजुट माँगों को दुनिया भर की मीडिया ने सुर्खियों में स्थान दिया और विश्व भर में चर्चा शुरू हो गई। आजादी के लिए उठाए गए इस कदम का एक महत्त्वपूर्ण परिणाम यह हुआ कि जो लोग यह कह रहे थे कि हिंदू महासभा सांप्रदायिक है या यह सभी को साथ लेकर नहीं चलना चाहती है, ऐसे आलोचकों की बात गलत साबित हुई। वास्तव में, हिंदू महासभा ने देशहित में हमेशा ही उचित समझौतों के लिए रास्ता खुला रखा था। धनंजय कीर लिखते हैं—

"सिंध हिंदू महासभा ने गठबंधन की सरकार चलाने के लिए मुसलिम लीग के साथ हाथ मिलाया था। डॉ. मुकर्जी ने सभी समुदायों के हित के लिए बंगाल कैबिनेट में लगभग एक साल तक फरजुल हक के साथ सफलतापूर्वक काम किया था, लेकिन गवर्नर ने जब ऐसे हालात पैदा कर दिए कि उनके लिए आत्मसम्मान के साथ लोगों की सेवा करना असंभव हो गया, तब उन्होंने अपने पद से इस्तीफा दे दिया। ऐसे कदम स्पष्ट रूप से दिखाते हैं कि हिंदू महासभा ने सत्ता का सुख भोगने के लिए नहीं, जनता के हित में सत्ता के केंद्रों पर आसीन होने का प्रयास किया।"[134]

हिंदू महासभा की ओर से भारत छोड़ो आंदोलन के साथ जुड़ने से इनकार की तुलना मुसलिम लीग और कम्युनिस्ट पार्टी के इनकार से करना अनुभवहीनता ही कहा जाएगा। मुसलिम लीग ने इस कारण भारत छोड़ो आंदोलन का समर्थन नहीं किया, क्योंकि वह कांग्रेस पर अपनी अलगाववादी माँगों के लिए दबाव बनाना चाहती थी। कम्युनिस्ट पार्टी अंग्रेजों का समर्थन कर रही थी, ताकि अपने ऊपर से पाबंदी हटवा सके।

सावरकर : बोस की इंडियन नेशनल आर्मी (आई.एन.ए.) के आध्यात्मिक पिता

अभिमानी देशभक्त सावरकर को इतिहासकार सावरकर ने 1857 के इतिहास से एक कड़वी सच्चाई को समझा दिया था कि औपनिवेशिक शासन ने जानबूझकर और व्यवस्थित रूप से भारतीयों का असैन्यीकरण किया था। इस परिस्थिति को जब

134. धनंजय कीर, *'डॉ. बालासाहेब अंबेडकर : लाइफ एंड मिशन'*, पॉपुलर प्रकाशन, मुंबई, 1954

तक पलटा नहीं जाता, तब तक एक और विद्रोह लगभग असंभव है। सावरकर और डॉ. अंबेडकर, दोनों ब्रिटिश-भारतीय सेना के जल्द-से-जल्द भारतीयकरण की जरूरत को समझ रहे थे, क्योंकि यदि ऐसा नहीं हुआ तो बँटवारे की स्थिति में देश में तबाही आ सकती थी। सावरकर अपनी कल्पना में एक ऐसी सेना देख रहे थे, जिसमें विद्रोह होने पर भारतीय अंग्रेजों पर भारी पड़ें।

इसलिए सावरकर इंतजार करते रहे और जब दूसरे विश्वयुद्ध के रूप में अवसर आया, तब उन्होंने भारतीय युवाओं से सेना में भरती होने की अपील की। सावरकर मात्र देश की आजादी का ही सपना नहीं देख रहे थे, बल्कि सेना में भरती उनके लिए जातियों में विभाजित हिंदू समाज से इस विभाजन के कारण पैदा हुई बुराइयों को दूर करने का भी अवसर थी। इस कारण उन्होंने महार युवकों से ब्रिटिश सेना में भरती होने की डॉ. अंबेडकर की अपील का खुलकर समर्थन किया। डॉ. धनंजय कीर, जो अंबेडकर के आधिकारिक जीवनीकार भी थे, कहते हैं—"सावरकर, जिनकी इच्छा थी कि हिंदुओं की अगली पीढ़ी योद्धाओं के रूप में जन्म ले, उन्होंने यह उम्मीद जताई कि अंबेडकर के योग्य मार्गदर्शन में महार भाइयों में सैनिकों के गुण एक बार फिर से भर जाएँगे और उनके सैन्य उत्थान से हिंदुओं की एकजुटता को बढ़ावा मिलेगा।"[135]

इस कदम का लाभ आगे चलकर सुभाष चंद्र बोस को आई.एन.ए. के गठन में मिला। सावरकर की इस दूरदर्शिता का समर्थन और इसकी प्रशंसा आई.एन.ए. के गठन में महत्त्वपूर्ण भूमिका निभानेवाले क्रांतिकारियों—सुभाष चंद्र बोस और रास बिहारी बोस ने की। 'आजाद हिंद रेडियो' के अपने प्रसारण (25 जून, 1944) में सुभाष बोस ने सावरकर की इस दूरदर्शिता और भूमिका को खुलकर स्वीकार किया—

> "जब दिग्भ्रमित राजनीतिक सोच और दूरदर्शिता के अभाव के कारण कांग्रेस पार्टी के लगभग सभी नेता भारतीय सैनिकों की 'भाड़े के सैनिक' कहकर निंदा कर रहे हैं, तब यह देखकर उम्मीद बँध जाती है कि वीर सावरकर निडर होकर भारत के युवाओं को सैन्य बलों में शामिल होने के लिए प्रोत्साहित कर रहे हैं। भरती होनेवाले इन्हीं युवकों में से हमें अपनी इंडियन नेशनल आर्मी के प्रशिक्षित जवान और सैनिक मिलते हैं।"[136]

---

135. धनंजय कीर, *'डॉ बालासाहेब अंबेडकर : लाइफ एंड मिशन'*, पॉपुलर प्रकाशन, मुंबई, लि., 2016

136. अरविंदन नीलकंदन, 'वीर सावरकर : द हिस्टोरियन एक्सट्रा ऑर्डिनेयर', स्वराज्य, 11 जून, 2013, https://swarajyamag.com/commentary/veer-savarkar-the-historian-extraordinary

एक रेडियो प्रसारण में रास बिहारी बोस ने सीधे सावरकर को संबोधित किया, "आपको सलाम करते हुए मुझे अपने एक सशस्त्र वरिष्ठ साथी के प्रति अपना कर्तव्य निभाने की खुशी मिलती है। आपको सलाम करना मेरे लिए बलिदान के प्रतीक को ही सलाम करने जैसा है।"[137]

सावरकर और अंबेडकर : प्रमुख दलित विचारक, जिनमें काफी समानता थी

सावरकर पहले और प्रमुख दलित विचारकों में से एक थे, जिन्होंने भारत में जाति प्रथा की बुराइयों के खिलाफ जंग लड़ी। 1924 से 1937 के दौरान, जब रत्नागिरी से बाहर जाने और राजनीतिक गतिविधियों में भाग लेने से सावरकर को रोक दिया गया, तब उन्होंने हिंदू समाज से अस्पृश्यता मिटाने के लिए दिन-रात एक कर दिया।

सावरकर के नेतृत्व में रत्नागिरी हिंदू महासभा ने आगे बढ़कर विभिन्न प्रकार की गतिविधियों की शुरुआत की, जिनकी सहायता से अस्पृश्यता की बुराई को दूर किया जा सकता था। सावरकर के प्रयासों के कारण ही 1925 में हनुमान जयंती के अवसर पर सभी के लिए एक नए मंदिर को खोला गया, जहाँ अस्पृश्य भी जा सकते थे। सभी जातियों की महिलाएँ भी वहाँ साथ बैठकर, 'स्पर्श-बंदी' की प्रथा को तोड़कर हल्दी-कुमकुम संस्कार कर सकती थीं, जिसमें किसी तथाकथित निचली जाति के व्यक्ति के माथे पर तिलक लगाना निषिद्ध था। यह महाराष्ट्र में चलाए गए मंदिर-प्रवेश आंदोलनों में से पहला प्रमुख सफल प्रयास था, जिसका नेतृत्व सावरकर कर रहे थे। इससे प्रेरित होकर ऐसे अनेक आंदोलन चलाए गए। रत्नागिरी में रहते हुए सावरकर ने ऐसे अनेक आंदोलनों में भाग लिया और उनका नेतृत्व किया, जैसे 1928 में विट्ठल के शिवभांगी मंदिर में अस्पृश्यों का प्रवेश हुआ, जिसमें शिव नाम के भंगी समुदाय के एक सदस्य को पतितपावन मंदिर में गायत्री मंत्र का पाठ करने और दलित समुदाय के बच्चों को जनेऊ संस्कार कराने का अवसर मिला।

महाड नगरपालिका ने 1924 में एक प्रस्ताव पारित किया, जिसमें यह घोषित किया गया था कि वह अपने तालाबों को दलितों के लिए खोल देगा। इस प्रस्ताव को लागू करवाने और अस्पृश्यों के अधिकारों को स्थापित करने के लिए डॉ. अंबेडकर ने एक सत्याग्रह का नेतृत्व करने का फैसला किया, जिसमें उनके समर्थक उस तालाब से पानी

137. अरविंदन नीलकंदन, 'वीर सावरकर : द मैन एंड मिशन बियोंड मर्सी पीटीशंस', स्वराज्य, 29 मई, 2017, https://swarajyamag.com/politics/veer-savarkar-the-man-and-mission-beyond-the-mercy-petitions

लेनेवाले थे।[138] एक ऐसे नेता, जिसने निर्भीकता और पूरे दिल से अंबेडकर के आंदोलन का समर्थन किया, वह सावरकर ही थे। महाराष्ट्र में मंदिर-प्रवेश के अनेक आंदोलनों से प्रेरित होकर डॉ. अंबेडकर ने 1930 में, नासिक में हजारों दलित समर्थकों के साथ 'कालाराम-प्रवेश आंदोलन' शुरू कर दिया।

सावरकर को रत्नागिरी की सीमा से बाँध दिया गया था। उनके आने-जाने के साथ ही राजनीतिक गतिविधियों में उनके शामिल होने पर भी पाबंदी लगी थी। फिर भी उन्होंने दलितों का मुद्दा उठाया और रत्नागिरी में आयोजित महार सम्मेलन की अध्यक्षता की। डॉ. अंबेडकर सावरकर से मिलने रत्नागिरी आनेवाले थे, लेकिन नहीं आ सके। सावरकर को लिखे अपने पत्र में अन्य कार्यक्रमों में व्यस्तता के कारण आने में असमर्थता जताते हुए डॉ. अंबेडकर ने लिखा—"फिर भी इस अवसर पर मैं समाज सुधार के क्षेत्र में आपके कार्यों के लिए आपकी सराहना करना चाहूँगा। यदि अस्पृश्यों को हिंदू समाज का हिस्सा बने रहना है तो अस्पृश्यता को समाप्त कर देना ही पर्याप्त नहीं होगा, इसके लिए आपको 'चातुर्वर्ण' को भी समाप्त करना होगा। मुझे प्रसन्नता है कि आप गिने-चुने नेताओं में से एक हैं, जिन्हें इस बात का अहसास हुआ है।"[139]

अप्रैल 1933 में डॉ. अंबेडकर ने *जनता* पत्रिका के एक विशेषांक में दलितों के मुद्दों को उठाने में योगदान के लिए वीर सावरकर को धन्यवाद दिया, क्योंकि यह उतना ही निर्णायक और महान् था, जितना गौतम बुद्ध के योगदान को माना जाता है।

दूसरी तरफ अस्पृश्यता को हटाने के लिए प्रयासों की कमी और पाखंड को लेकर अंबेडकर गांधी और कांग्रेस की कड़ी आलोचना कर रहे थे। आलोचना भी इस हद तक कि डॉ. अंबेडकर ने कांग्रेस को बेनकाब करने लिए *व्हाट कांग्रेस एंड गांधी हैव डन टु अनटचेबल्स?* (कांग्रेस और गांधी ने अस्पृश्यों के साथ क्या किया?) शीर्षक से एक पूरी पुस्तक लिख डाली। इस पुस्तक में डॉ. अंबेडकर ने इस बात का प्रमाण भी दिया कि गांधी और उनकी पार्टी ने दलितों के हितों का प्रतिनिधित्व नहीं किया।

सन् 1915 में अपने गठन के बाद से ही हिंदू महासभा का मुख्य प्रयास अस्पृश्यता का उन्मूलन कर एक समरस समाज का निर्माण करना था। गांधी ने दलित वर्गों के सामने पानी और शिक्षा की समस्याओं पर पहली बार अपना विचार वर्ष 1920 के अंत में *यंग इंडिया* में व्यक्त किया था। महासभा ने हिंदुओं की विभिन्न जातियों के बीच एकजुटता की जरूरत को अप्रैल 1921 के हरिद्वार अधिवेशन में फिर से दोहराया। महासभा ने

---

138. धनंजय कीर, *'डॉ. बालासाहेब अंबेडकर : लाइफ एंड मिशन'*, पॉपुलर प्रकाशन, मुंबई, 1954, पृ. 75

139. 'वीर सावरकर', 1950 में एक पत्र से धनंजय कीर का उद्धरण।

अस्पृश्यों के उत्थान के लिए और जाति के बंधनों को तोड़ने के लिए भी विभिन्न प्रकार के कार्यक्रमों की शुरुआत की। अगस्त 1923 में वाराणसी अधिवेशन में स्वामी श्रद्धानंद ने अस्पृश्यों को मुख्यधारा में शामिल करने के तरीकों का पता लगाने के लिए एक प्रस्ताव रखा और कहा कि भारत में राष्ट्रीयता की भावना जगाने के लिए अस्पृश्यता के अभिशाप को समाप्त करना अनिवार्य है।[140] 1924 में मदन मोहन मालवीय ने दोहराया कि अस्पृश्यता को मिटाना हिंदू महासभा का मुख्य मुद्दा है। 1938 के बाद सावरकर की अध्यक्षता में हिंदू महासभा ने घोषित किया कि अस्पृश्यता को मिटाना इसका मुख्य उद्देश्य है।

इतिहासकारों ने सावरकर को उचित सम्मान क्यों नहीं दिया?

एक मराठा दैनिक से गायिका लता मंगेशकर ने 2009 में कहा था कि वीर सावरकर को स्वतंत्र भारत में वह सम्मान नहीं मिला, जिसके वे हकदार थे।[141] अपने कॅरियर में लता ने सावरकर लिखित देशभक्ति के कई गीत गाए हैं। अपने कई इंटरव्यू में वह इस बात का श्रेय उन्हें दे चुकी हैं कि वही थे, जिन्होंने उन्हें गाते रहने और अपनी आवाज के जरिए देश की सेवा करते रहने की प्रेरणा दी थी।[142] क्या लताजी का यह आकलन सही है कि इतिहासकारों और आजादी के बाद के नेताओं ने सावरकर को उचित सम्मान नहीं दिया?

सावरकर ने ही पहली बार अपने सहयोगियों के साथ मिलकर आजाद भारत का पहला ध्वज किसी वैश्विक मंच पर लहराया था। उन्होंने ही पहली बार ब्रिटिश कपड़ों की होलिका जलाए जाने का नेतृत्व कर विदेशी सामानों के बहिष्कार के आंदोलन को गति दी थी, जिसका इस्तेमाल आगे चलकर कांग्रेस के कई नेताओं ने किया, जिनमें गांधी भी शामिल थे। वह और उनका लेखन उनके समय के क्रांतिकारियों के लिए प्रेरणा का **सबसे बड़ा स्रोत** था। डॉ. हेडगेवार ने कहा था कि सावरकर और उनके लेखन ने उन्हें काफी प्रभावित **किया था** और उनके विचारों से उन्हें अपने संगठन को स्वरूप देने में मदद मिली है। डॉ. **अंबेडकर** ने जाति व्यवस्था को समाप्त करने में सावरकर के कार्यों की प्रशंसा की थी। स्वयं **गांधी** ने कहा था कि सावरकर और उनके परिवार से बड़ा

---

140. प्रभु बापू, 'हिंदू महासभा इन कॉलोनियल नॉर्थ इंडिया', 1915–1930, रूटलेज, 2013, पृ. 51–52
141. 'वीर सावरकर डिन नॉट गेट हिज ड्यू : लता', इंडिया टुडे, 10 दिसंबर, 2009, https://www.indiatoday.in/india/story/veer-savarkar-did-not-get-his-due-lata-62768-2009-12-10
142. http://hindi.webdunia.com/bollywood-article/lata-mangeshkar-veer-savarkar-yateendra-mishra-116120100050_1.html

देशभक्त कोई हो नहीं सकता। सावरकर ने अंडमान जेल में क्रूरतम दस साल बिताए, जहाँ देश की आजादी के लिए उन्होंने अमानवीय यातना भोगी। तो फिर आज कांग्रेस के नेता और उसके सहयोगी सावरकर का नाम इतने अपमान के साथ क्यों लेते हैं? क्यों संसद् के राष्ट्रीय सभागार में उनकी तसवीर लगाने में पचास साल लगे और अब यह काम भाजपा की सरकार को करना पड़ा?

मार्च 2018 में, कांग्रेस के आधिकारिक ट्विटर हैंडल से सावरकर को देशद्रोही कहा गया।[143] सावरकर को तुच्छ साबित करने और देश के प्रति उनके योगदान का मजाक उड़ाते हुए 2018 में कांग्रेस के एक महाधिवेशन में राहुल गांधी ने कहा था, "भारत को कभी यह भूलना नहीं चाहिए कि जब हमारे नेता (महात्मा गांधी) अंग्रेजों की जेल में फर्श पर सोया करते थे, तब उनके नेता मिस्टर सावरकर अंग्रेजों से माफी की भीख माँग रहे थे।"[144] मार्च 2016 में भाजपा का जिक्र करते हुए एक बार फिर राहुल गांधी ने ही संसद् में कहा था, "आपके पास सावरकर है, हमारे पास गांधी है।"[145] सावरकर का मजाक उड़ाते हुए राहुल गांधी और कांग्रेस उस चिट्ठी को तो भूल ही गए, जिसे पूर्व प्रधानमंत्री इंदिरा गांधी ने 1980 में सावरकर की जन्म शताब्दी के अवसर पर लिखा था, जो कहती है, "अंग्रेजी हुकूमत के खिलाफ वीर सावरकर का साहसिक विरोध हमारी आजादी की लड़ाई में अपना ही महत्त्वपूर्ण स्थान रखता है।"[146] जैसा कि *द हिंदू* ने प्रकाशित किया था, भाजपा प्रवक्ता वी.के. मल्होत्रा ने यह भी बताया कि इंदिरा गांधी ने सावरकर का एक स्मारक डाक टिकट जारी किया था और अपने निजी खाते से उनके नाम से 11,000 रुपए का दान एक ट्रस्ट को दिया था।[147]

फरवरी 2003 में, जब अटल बिहारी वाजपेयी प्रधानमंत्री थे, तब सरकार ने

---

143. 'कांग्रेस' ट्वीर कॉल्स सावरकर 'ट्रेटर'; सेज ही बेग्ड फॉर हिज रिलीज', डी.एन.ए. इंडिया, 24 मार्च, 2016, http://www.dnaindia.com/india/report-congress-tweet-calls-savarkar-traitor-says-he-begged-for-his-release-2193369
144. इंडिया टुडे वेबडेस्क, 'इन प्लीनरी स्पीच, राहुल सेज महात्मा डाइड फॉर इंडिया, भाजपा आइकॉन सावरकर बेग्ड ब्रिटिश फॉर मर्सी', Indiatoday.in, 18 मार्च, 2018, https://www.indiatoday.in/india/story/man-accussed-of-murder-is-bjp-president-rahul-gandhi-hits-out-at-modi-govt-during-congress-plenary-1192155-2018-03-18
145. इफ्तिखार गिलानी, 'राहुल गांधीज एग्रेसिव पॉश्चर अगेंस्ट सावरकर वरीज कांग्रेस लीडर्स', डीएनए इंडिया, 25 मार्च, 2016, http://www.dnaindia.com/india/report-rahul-gandhi-s-aggressive-posture-against-savarkar-worries-congress-leaders-2193606
146. 'सावरकर की प्रतिमा का अनावरण', द हिंदू, 27 फरवरी, 2003, http://www.thehindu.com/2003/02/27/stories/2003022705830100.htm
147. उपरोक्त

संसद् के केंद्रीय कक्ष में सावरकर की तसवीर लगाने का मुद्दा आगे बढ़ाया था। प्रणब मुकर्जी और शिवराज पाटिल उस संसदीय समिति के सदस्य थे, जिसने उस प्रस्ताव को स्वीकृति दे दी और लोकसभा के तत्कालीन स्पीकर मनोहर जोशी ने इसे सदन के सामने रख दिया। हालाँकि कांग्रेस और विपक्ष का मूड बदल गया और बाद में उन्होंने चित्र-अनावरण समारोह का बहिष्कार कर दिया। द *हिंदू* की 27 मार्च, 2003 की खबर के अनुसार—

"पूर्व प्रधानमंत्री चंद्रशेखर और जनता दल (एस) के एक सांसद के सिवाय पूरे विपक्ष ने समारोह का बहिष्कार किया। गैरहाजिर लोगों में एक प्रमुख नाम लोकसभा के उपाध्यक्ष पी.एम. सईद का था, जिन्होंने बहिष्कार के कांग्रेस के आह्वान का साथ दिया, जबकि राज्यसभा की उपसभापति, नजमा हेपतुल्ला समारोह में शामिल हुईं। भारत के तत्कालीन राष्ट्रपति, डॉ. ए.पी.जे. अब्दुल कलाम से कांग्रेस ने समारोह में शामिल होने के अपने फैसले पर पुनर्विचार करने का आग्रह किया था। राष्ट्रपति कलाम ने कांग्रेस की ओर से इतिहास को तोड़-मरोड़कर पेश करने के प्रयास पर ध्यान नहीं दिया और आयोजन में शामिल हुए। केंद्रीय कक्ष में उनका प्रवेश हो रहा था और बैकग्राउंड में सावरकर का लिखा गीत बज रहा था। राष्ट्रपति कलाम ने जब सावरकर के चित्र का अनावरण किया, तब भाजपा और शिवसेना के सांसदों तथा उनके समर्थकों ने 'स्वातंत्र्यवीर सावरकर अमर रहें' के नारे लगाए। चित्रकार चंद्रकला कुमार कदम का परिचय डॉ. कलाम से कराया गया और फिर उन्हें चित्र के लिए निर्धारित स्थान दिखाया गया—ठीक उस मेहराबदार ताख के सामने, जहाँ महात्मा गांधी की तसवीर लगी है। राष्ट्रपति ने 'स्वातंत्र्यवीर विनायक दामोदर सावरकर' के नाम का एक बुकलेट भी जारी किया। सदन में उस दिन दोपहर बाद भाजपा सांसद योगी आदित्यनाथ ने विपक्ष पर आरोप लगाया कि समारोह का बहिष्कार कर उसने एक महान् स्वतंत्रता सेनानी वीर सावरकर का अपमान किया है।"[148]

27 मार्च, 2018 को, सूरत में किसानों की एक रैली में 'आपके पास सावरकर है, हमारे पास गांधी हैं' के राहुल गांधी के बयान का जवाब देते हुए भाजपा अध्यक्ष अमित शाह ने कहा—

"कांग्रेस अब भारत के राष्ट्रवादी नायकों का अपमान करने पर तुल गई है। कांग्रेस और राहुल गांधी वीर सावरकर को निशाना बना रहे हैं। राहुलजी ने

---

148. उपरोक्त

सावरकर के लिए अपमानजनक शब्दों का प्रयोग किया था। राहुल गांधी ने संसद् में भाजपा से कहा कि सावरकर हमारे (भाजपा के) हैं। राहुलजी हम आपके विचारों को स्वीकार करते हैं। भाजपा को यह स्वीकार करने में कोई हिचक नहीं कि सावरकर हमारे हैं। राहुलजी, आप सावरकर के बारे में कुछ नहीं जानते हैं। भाजपा के कार्यकर्ता सावरकर के जीवन और इस देश के प्रति उनके प्रेम से प्रेरणा लेते हैं। हमें गर्व है कि उनके जैसे एक व्यक्ति का जन्म भारत में हुआ था।"[149]

यह कौन भूल सकता है कि 2004 में सत्ता में आने के तीन महीने के भीतर संयुक्त प्रगतिशील मोर्चा (यू.पी.ए.) सरकार ने अंडमान की पूर्ववर्ती जेल से सावरकर की स्मृति में लगाई गई उनके नाम की पट्टी को हटवा दिया था, जहाँ उन्होंने दस साल बिताए थे। तत्कालीन केंद्रीय मंत्री मणिशंकर अय्यर ने व्यक्तिगत रूप से इसके निर्देश दिए थे। सावरकर की स्मृति में लगाई गई पट्टी जेल में सबसे पहले 2004 में राम नाईक ने लगवाई थी, जब वे वाजपेयी सरकार में मंत्री थे। साल 2015 में मोदी सरकार ने मणिशंकर अय्यर की ओर से उसे हटवाए जाने के ग्यारह साल बाद उस पट्टी को जेल परिसर में फिर से लगवाया और एक बार फिर इसका श्रेय राम नाईक को जाता है, जो उस समय उत्तर प्रदेश के राज्यपाल थे।

चर्चिल ने ठीक ही कहा था कि इतिहास विजेताओं द्वारा लिखा जाता है। आजादी के बाद कांग्रेस चुनावी राजनीति में शामिल हो गई और एक राजनीतिक परिवार, नेहरू परिवार के प्रति भक्ति का माहौल बनाया। राजनीतिक संरक्षण के बदले, कांग्रेस ने शिक्षाविदों को अपने साथ मिलाया और वामपंथ में मौजूद अपने दोस्तों को इतिहास लिखने की जिम्मेदारी सौंप दी। कई वर्षों तक वामपंथी इतिहासकारों और शिक्षाविदों ने शिक्षा जगत्, विश्वविद्यालयों, कॉलेजों, पाठ्यक्रम बोर्ड और प्रकाशनों पर राज किया और कई पीढ़ियों तक छात्र एक विशेष दृष्टिकोण से लिखे गए भारतीय इतिहास को पढ़ते रहे।

सावरकर और डॉ. हेडगेवार : दोनों मराठी, दोनों ही राष्ट्रवादी

सावरकर का जन्म महाराष्ट्र के नासिक में 1883 में हुआ था और डॉ. हेडगेवार

---

149. 'भाजपा भारत के प्रति सावरकर के प्रेम से प्रेरणा लेती है : राहुल गांधी के 'गांधी हमारे, सावकर तुम्हारा' के बयान पर बरसे अमित शाह', फर्स्टपोस्ट, 27 मार्च, 2016, https://www.firstpost.com/politics/bjp-takes-inspiration-from-savarkars-love-for-india-amit-shah-lashes-out-at-rahul-gandhi-over-gandhi-ours-savarkar-yours-remark-2698138.html

का जन्म महाराष्ट्र के नागपुर में 1889 में हुआ था। दोनों करीब-करीब समकालीन ही थे, जिनमें सावरकर थोड़े बड़े थे। जन्म से ही दोनों के इरादे फौलादी थे और उनमें अपने देश की सेवा का दृढ़ संकल्प था। सावरकर और डॉ. हेडगेवार में एक-दूसरे के प्रति सर्वोच्च सम्मान था।

डॉ. हेडगेवार क्रांतिकारी संगठन अनुशीलन समिति के सदस्य थे। उनके कोलकाता, नागपुर और पंजाब के क्रांतिकारी गुटों से करीबी संबंध थे। 1917 के आसपास क्रांतिकारी समूह नागपुर के अलग-अलग जगहों पर मिलते थे। नए रंगरूटों को कई अन्य चीजों के साथ, सावरकर की लिखी मैजिनी की जीवनी और 1857 के स्वतंत्रता संग्राम पर लिखी उनकी पुस्तक दी जाती थी। इन पुस्तकों को कहानियों की कुछ सामान्य पुस्तकों के बीच छिपाकर रखा जाता था।[150]

डॉ. हेडगेवार कांग्रेस नेताओं द्वारा खिलाफत आंदोलन के रूप में इसलामी भावनाओं के तुष्टीकरण को लेकर चिंतित थे। हिंदुत्व और हिंदू राष्ट्रवाद पर उनके विचार आईने की तरह साफ थे। यह एक संयोग ही था कि इसी समय के आसपास सावरकर ने इसी विषय पर अपने विचार सामने रखे। जेल में ही सावरकर ने अपनी अत्यंत प्रभावशाली पुस्तक *एसेंशियल्स ऑफ हिंदुत्व (हिंदुत्व का सार)* लिखी और 1922-23 में इसे जेल से बाहर भिजवा दिया। पांडुलिपि की पहली प्रति नागपुर के एडवोकेट विश्वनाथराव केलकर के पास पहुँची। केलकर सावरकर के दूर के रिश्तेदार और डॉ. हेडगेवार के करीबी मित्र थे। डॉ. हेडगेवार को सावरकर और अपने विचारों में अद्भुत समानता को देखकर खुशी हुई। डॉ. हेडगेवार को वह पुस्तक काफी अच्छी लगी। उस समय और उसके बाद भी वे उसका प्रचार-प्रसार करते रहे।[151]

14 अक्तूबर, 1923 में सावरकर को रिहा करने की माँग को लेकर नागपुर में आयोजित एक रैली में डॉ. हेडगेवार ने बिना लाग-लेपट वाला बेहद तीखा भाषण दिया। उन्होंने कहा, "चौदह साल बाद उन्हें (सावरकर को) रिहा कर सरकार कोई अहसान नहीं करेगी। कानून यही कहता है। अगर सरकार न्याय की हत्या करके भी उन्हें सजा देने में अपनी नाकामी को मिटाना चाहती है तो उसे ऐसा (उन्हें रिहा) करना ही पड़ेगा। लेकिन सरकार की मंशा ऐसी लगती नहीं है। सावरकर को केवल एक ही पक्ष के प्रमाण के आधार पर सजा सुना दी गई थी! सरकार ने साफ-साफ अपनी बदनीयती को दिखाया है। अगर सरकार उन्हें अब भी रिहा नहीं करती है तो यह भारत देश के खिलाफ सरकार

---

150. एन.एच. पालकर, *'डॉ. हेडगेवार (मराठी)'*, भारतीय विचार साधना, चतुर्थ संस्करण, पुणे, 1998, पृ. 61

151. उपरोक्त, पृ. 121

के पक्षपात का एक और प्रमाण होगा।"[152]

साल 1923 के मध्य में डॉ. हेडगेवार, केलकर और अन्य लोगों ने *स्वातंत्र्य* नाम का दैनिक अखबार निकालने का निर्णय लिया, ताकि 'संपूर्ण राजनीतिक स्वतंत्रता' की माँग को आगे बढ़ाया जा सके। डॉ. हेडगेवार के जीवनीकार एन.एच. पालकर को इस अखबार की केवल एक ही प्रति मिल पाई। इस प्रति के पहले पन्ने और आखिरी पन्ने पर क्रमशः सावरकर की *इकोज फ्रॉम अंडमान* (अंडमान की गूँज) तथा *एसेंसियल्स ऑफ हिंदुत्व* (हिंदुत्व का सार) पुस्तकों का विज्ञापन छपा था।[153]

वैसे तो दोनों एक-दूसरे के काम से परिचित थे, लेकिन उनकी पहली मुलाकात मार्च 1925 में रत्नागिरी में डॉ. महादेव गणपत शिंदे के घर पर हुई, जो सावरकर के करीबी सहयोगी थे। डॉ. हेडगेवार हिंदू राष्ट्र को संगठित करने के विचार को अंतिम रूप दे रहे थे। उन्होंने सावरकर से मिलने का फैसला किया। डॉ. हेडगेवार दो दिन तक वहाँ रुके और उस दौरान उन्होंने सावरकर को अपने भावी संगठन के बारे में बताया तथा इस संबंध में सावरकर के विचारों को समझा।[154] उस समय सावरकर ने कहा था कि यह आंदोलन और नया संगठन नागपुर तक सीमित नहीं रहना चाहिए, बल्कि इसका विस्तार पूरे देश में होना चाहिए, तभी यह उपयोगी सिद्ध होगा। डॉ. हेडगेवार ने जो संगठन की स्थापना की, वह था राष्ट्रीय स्वयंसेवक संघ या राष्ट्रीय स्वयंसेवक संघ, जो आज विश्व का सबसे बड़ा स्वैच्छिक संगठन है।

□

---

152. उपरोक्त

153. http://savarkar.org/en/encyc/2017/5/29/Q-A6.html

154. उपरोक्त

भाग–3

राष्ट्रीय स्वयंसेवक संघ : भारतीय जनसंघ और भाजपा का वैचारिक मार्गदर्शक

आज यदि कोई यह समझना चाहता है कि क्यों भारत के सबसे सुदूर गाँव में भी भारतीय जनता पार्टी भाजपा का एक कार्यकर्ता देश और पार्टी के लिए काम करने के प्रति प्रेरित रहता है—क्या चीज है, जो उस स्त्री या पुरुष कार्यकर्ता का जोश बनाए रखती है, तो उसे इस खंड में अपना जवाब मिल जाएगा। भारतीय जनसंघ और भाजपा को समझने के लिए हमें उनके वैचारिक मार्गदर्शक—राष्ट्रीय स्वयंसेवक संघ (राष्ट्रीय स्वयंसेवक संघ) को समझना होगा।

5

राष्ट्रीय स्वयंसेवक संघ की स्थापना कैसे हुई?

खिलाफत आंदोलन जैसे अखिल इसलामी आंदोलन को महात्मा गांधी के समर्थन ने कई लोगों को मुसलमानों के लगातार तुष्टीकरण के जरिए हिंदू-मुसलिम एकता हासिल करने की उनकी अति महत्त्वाकांक्षी रणनीति से मायूसी हुई। सावरकर, डॉ. हेडगेवार, लाला लाजपत राय और डॉ. मुंजे जैसे लोग यह नहीं समझ पा रहे थे कि खिलाफत जैसा कोई आंदोलन, जो भारत देश से धर्म को बड़ा मानता था, उससे देश को क्या लाभ मिल सकता है? इसके बाद जो हुआ, वह और भी बुरा था। मोपला और कोहट के दंगों में, इन क्षेत्रों में बहुसंख्यक होने के बावजूद हिंदुओं को मुसलमानों के हाथों जघन्य अत्याचारों का सामना करना पड़ा। इन दंगों में मुसलमानों के कृत्यों पर कांग्रेस की ओर से परदा डालना और सांप्रदायिक हिसाब बराबर करने के लिए गांधी की ओर से उन्हें दी गई 'खुली छूट' ने कांग्रेस के भीतर कई राष्ट्रवादी नेताओं के मन में निराशा और मायूसी की जो भावना थी, उसने विश्वासघात का शिकार होने और उससे पैदा क्रोध का स्थान ले लिया। इसके बाद नागपुर के दंगे हुए। जैसा कि पहले बताया जा चुका है, नागपुर दंगों का नतीजा मोपला और कोहट के दंगों से एकदम अलग था। इस बार डॉ. मुंजे और डॉ. हेडगेवार के नेतृत्व में हिंदुओं ने सड़कों पर, हिंसा किए बिना ही बड़ी संख्या में उतरकर अपनी ताकत दिखाई, जिससे मुसलमानों और उनका तुष्टीकरण करनेवाले अंग्रेजों से अपने हक में समझौता कराने में मदद मिली।

कांग्रेस भारत में अंग्रेजी सरकार में राजनीतिक प्रतिनिधित्व हासिल करने के लिए समझौता करने में जुटी थी। मुसलिम लीग मुसलमानों के लिए अंग्रेजों से अपने हक से अधिक अधिकार हासिल करने के लिए बातचीत कर रही थी। कोई भी देश के निर्माण या अखिल भारतीय स्तर पर चरित्र-निर्माण के लिए एकजुट और समर्पित होकर काम नहीं कर रहा था। लेकिन अब उसके लिए परिस्थितियाँ तैयार होने लगी थीं। एक नई जागरूकता बढ़ रही थी। कांग्रेस नेताओं के बीच मौजूद एक योग्य संगठनकर्ता उभर रहा था, जिसका सांस्कृतिक राष्ट्रवाद और हिंदू समुदाय की एकता तथा आपसी तालमेल को लेकर एक व्यापक और अधिक समग्र लक्ष्य था। स्वामी दयानंद, स्वामी विवेकानंद और

श्रीअरविंद जैसी आध्यात्मिक हस्तियों से प्रेरणा लेकर डॉ. हेडगेवार ने बुराई पर अच्छाई की जीत के पर्व दशहरा के शुभ दिन राष्ट्रीय स्वयंसेवक संघ की स्थापना की। अन्ना सोहानी, बापूराव बेहड़ी, बालाजी हुद्दार, वी.आर. केलकर और भाउजी कावरे उन आठ लोगों में शामिल थे, जिनके साथ डॉ. हेडगेवार ने राष्ट्रीय स्वयंसेवक संघ की शुरुआत की थी। आरंभ से ही यह तय किया गया था कि राष्ट्रीय स्वयंसेवक संघ एक गैर-राजनीतिक संगठन होगा, जो हिंदू समाज को संगठित करने, जाति प्रथा को समाप्त करने, सांस्कृतिक राष्ट्रवाद के मुद्दे को मजबूत करने, भारत के महान् इतिहास के बारे में जागरूकता पैदा करने और अपनी शाखाओं के माध्यम से व्यक्तियों के चरित्र-निर्माण का काम करेगा।

सच्चे दूरदर्शी, डॉ. के.बी. हेडगेवार (1925-1930 और 1931-1940 तक सरसंघचालक) ने राष्ट्रीय स्वयंसेवक संघ का गठन किया

राष्ट्रीय स्वयंसेवक संघ के संस्थापक डॉ. हेडगेवार का जन्म नागपुर में 1889 में हुआ था। एम.एस. गोलवलकर के शब्दों में—

> "...बचपन से लेकर अपनी अंतिम साँस तक उनका जीवन मातृभूमि के लिए दीये की स्थिर लौ के समान जलता रहा। आठ साल के बच्चे के रूप में भी, उन्होंने रानी विक्टोरिया के जन्मदिन पर क्रोध में आकर अपने स्कूल में मिली मिठाई को यह कहते हुए फेंक दिया था कि यह गुलामी की निशानी है। उन्होंने अपनी उम्र से कई वर्ष बड़े लोगों को हैरान करनेवाले सवाल पूछकर सोचने पर मजबूर कर दिया था, जैसे 'आखिर यह कैसे हुआ कि हजारों मील दूर से आए ये अंग्रेज हमारे शासक बन गए?' वह जब हाई स्कूल में थे, तब छात्रों के बीच 'वंदे मातरम् आंदोलन' की अलख जगाने के लिए उन्हें स्कूल से निकाल दिया गया था। ऐसा लगता था, मानो उन्होंने अपनी माँ की कोख में ही विशुद्ध देशभक्ति की भावना को ग्रहण कर लिया था।"[155]

मैट्रिक की पढ़ाई पूरी करने के बाद डॉक्टरी की पढ़ाई के लिए वह कोलकाता चले गए। जल्दी ही वह बंगालियों से घुल-मिल गए और उनके रीति-रिवाजों को समझ लिया। उन्होंने जोर-शोर से वहाँ राजनीतिक और सामाजिक गतिविधियों को बढ़ावा देना शुरू दिया और जल्दी ही देश के कोने-कोने से आए युवा देशभक्तों की टोली के लिए प्रेरणा का स्रोत बन गए। उनकी पढ़ाई जब पूरी हुई, तब कई लोग उन्हें उम्मीद भरी नजरों से देख रहे थे। उनके सामने एक अच्छा-खासा कॅरियर था और उनके लिए शादी के कई प्रस्ताव भी आए। लेकिन उन्होंने अपना जीवन किसी और काम के लिए समर्पित करने

155. *'एम.एस. गोलवलकर, बंच ऑफ थॉट्स'*, साहित्य सिंधु प्रकाशन, तीसरा संस्करण, पृ. 348

का फैसला किया। ऐसे सारे प्रस्तावों को लेकर उन्होंने अपने चाचा अबाजी हेडगेवार को लिखा, "मैंने अपना जीवन एक आदर्श कार्य के प्रति समर्पित कर दिया है। मैंने अपना सबकुछ इसी वेदी पर न्योछावर कर दिया है, तो फिर मेरे पास व्यक्तिगत सुख और पारिवारिक जीवन के लिए समय कहाँ से आएगा और इतनी ऊर्जा कैसे बचेगी?"[156]

हेडगेवार 'अनुशीलन समिति' के सक्रिय सदस्य रहे थे, जो भूमिगत क्रांतिकारियों का एक संगठन था। राष्ट्रीय स्वयंसेवक संघ की शुरुआत करने से पहले वे आजादी से पूर्व की कांग्रेस पार्टी में वरिष्ठ पदाधिकारी थे। कांग्रेस ने भारत की जब पूर्ण आजादी की माँग की, उससे नौ वर्ष पहले ही डॉ. हेडगेवार की ओर से स्थापित नागपुर नेशनल यूनियन ने कांग्रेस की सब्जेक्ट्स कमेटी को एक प्रस्ताव सौंपा था, जिसमें यह माँग की गई थी कि कांग्रेस 'पूर्ण स्वतंत्रता को अपना एकमात्र उद्देश्य' घोषित करे। यही कारण है कि उन्होंने राष्ट्रीय स्वयंसेवक संघ की सभी शाखाओं को निर्देश दिया था कि वे 1929 के कांग्रेस के 'पूर्ण स्वतंत्रता' के प्रस्ताव का 26 जनवरी, 1930 को तिरंगा फहराकर जश्न मनाएँ और स्वतंत्रता के इस संदेश को जन-जन तक ले जाएँ।[157]

राष्ट्रीय स्वयंसेवक संघ की स्थापना से पहले हेडगेवार को एक उग्र वक्ता के रूप में जाना जाता था। 1921 के असहयोग आंदोलन के दौरान ऐसे ही एक भाषण के लिए उन्हें गिरफ्तार किया गया था। देशद्रोह के आरोप में उन्हें एक अदालत में पेश किया गया था। कोर्ट में अपने बचाव में उनकी तरफ से की गई जोरदार बहस को सुनने के बाद मजिस्ट्रेट ने कहा था, 'इनका बचाव इनके भाषण से कहीं अधिक देशद्रोही है!' लेकिन संघ की स्थापना करने के बाद उन्होंने अपनी अभिव्यक्ति को नियंत्रित किया। उसके बाद से उनके भाषण जोशपूर्ण रहते थे, लेकिन उनमें कभी उकसावे की बात नहीं होती थी। रतन शारदा की पुस्तक *सीक्रेट्स ऑफ राष्ट्रीय स्वयंसेवक संघ* (राष्ट्रीय स्वयंसेवक संघ के राज) से उन्हीं के शब्दों में—

> "भारतीय सामाजिक संगठनों के सृजन, प्रबंधन और विकास के सिद्धांत में डॉ. हेडगेवार का योगदान अतुलनीय है। यह बात उनके राष्ट्रीय स्वयंसेवक संघ के संस्थापक होने से भी अधिक महत्त्व रखती है। उन्होंने एक सामाजिक और सांस्कृतिक संगठन का पूरी तरह से नया मॉडल तैयार किया। उन्होंने कई चीजें पहली बार करने का श्रेय जाता है, जैसे प्रतिदिन कम-से-कम एक घंटे के लिए इकट्ठा मिलना, ताकि नैतिक मूल्यों, देशभक्ति की भावना, अनुशासन की भावना को जगाया जा सके, अनमोल मूल्य प्रणाली तथा त्याग की भावना पैदा की जा सके

---

156. उपरोक्त, पृ. 417
157. सी.के. साजी नारायणन, 'डोंट फॉएस्ट फीयर ऑन टु नेशनलिज्म', आउटलुक, 24 जनवरी, 2018, https://www.outlookindia.com/magazine/story/dont-foist-fear-onto-nationalism/299738

और कम उम्र से ही व्यक्तिगत रूप में नहीं, बल्कि एक टीम के रूप में काम किया जा सके। प्रतिदिन कम-से-कम एक घंटा समाज और देश को समर्पित करने की यह युक्ति भले ही साधारण लगती है, लेकिन इस अपील पर अनेक सामान्य लोगों ने न केवल एक घंटा, बल्कि अपना जीवन तक समर्पित कर दिया।"[158]

हेडगेवार ही थे, जिन्होंने राष्ट्रीय स्वयंसेवक संघ को उसकी सबसे अनोखी विशेषताएँ दीं, जो उसे किसी भी अन्य सामाजिक और सांस्कृतिक संगठन से अलग बनाती हैं। किसी व्यक्ति या व्यक्तित्व को राष्ट्रीय स्वयंसेवक संघ का 'गुरु' या 'स्वामी' न चुनने और उसके स्थान पर एक प्रतीक को चुनने की उनकी सोच न केवल उनकी निस्स्वार्थता और सत्ता के लिए भूखे न रहनेवाले व्यक्तित्व का प्रमाण है, बल्कि यह भी दिखाता है कि किस प्रकार उन्होंने संघ के लिए एक शक्तिशाली परंपरा की स्थापना की, जिसने इतने वर्षों तक उसे मजबूत बनाए रखा है। इस तरीके से उन्होंने आत्म-केंद्रित न होने के महत्त्व को दरशाया और नेतृत्व के लिए सर्वोच्च संभव त्याग का अपना ही उदाहरण प्रस्तुत किया।

उन्होंने स्वयंसेवकों की अधिकांश गतिविधियों का खर्च स्वयं अपनी जेब से देने के तरीके को भी स्थापित किया, जिससे देने की आदत बनी, न कि कुछ पाने की। उन्होंने एक और महत्त्वपूर्ण नियम बनाया, जिसमें पहचान बताए बिना व्यक्ति अपने सामर्थ्य के अनुसार अंशदान करता था, जिससे किसी भी स्तर पर पैसे से निर्णय लेने की प्रक्रिया को प्रभावित नहीं किया जा सकता था।

स्वयंसेवकों में राष्ट्र-निर्माण, समाज की निस्स्वार्थ सेवा और बिना शर्त देशभक्ति की भावना भरने के लिए उन्होंने प्रशिक्षण के अधिकांश कार्यक्रमों की रूपरेखा स्वयं तैयार की, जिनका पालन आज भी किया जाता है।

अपने विचारों और सिद्धांतों में अटल इरादा रखनेवाले एक दूरदर्शी व्यक्ति होने के कारण वे उस समय भी प्रशिक्षण का कार्य किया करते थे, जब उनका स्वास्थ्य खराब रहता था। गोलवलकर के शब्दों में—

"...गंभीर बीमारी में भी डॉक्टरजी ने उस परिपाटी को नहीं छोड़ा। वे कार्यकर्ताओं को रात को बुलाते और उनसे एक-एक कर या एक साथ देर रात में भी बात किया करते थे। हमारे लाख समझाने का भी उन पर कोई असर नहीं होता था, क्योंकि वे संघ के कार्य का विस्तार पूरी रफ्तार से करने के प्रति दृढ़-संकल्पित थे। अंधाधुंध रफ्तार से आगे बढ़ने के उनके उत्साह को उनका फौलादी शरीर भी ज्यादा दिनों तक सह नहीं पाया। संगठन की शुरुआत करने के पंद्रह वर्षों के भीतर आदर्शवाद

158. रतन शारदा, *'सीक्रेट्स ऑफ राष्ट्रीय स्वयंसेवक संघ : डीमिस्टीफाइंग संघ'*, मानस पब्लिकेशंस, 2011, पृ. 219

की अग्नि में उनका शरीर पूरी तरह होम हो गया। ऐसा नहीं था कि उन्हें नजदीक आती अंतिम घड़ी का अहसास नहीं था। असल में, वे स्वयं कहा करते थे, 'मैं अपनी बीमारी को अच्छी तरह जानता हूँ। मैं इसका उपचार भी जानता हूँ। लेकिन इलाज के लिए मेरे पास बिलकुल भी समय नहीं है। मैं इसके नतीजे देख रहा हूँ। लेकिन मैं कुछ कर नहीं सकता। ईश्वर जो चाहेगा, वही होगा।'"[159]

गुरु गोलवलकर और उनकी विचारधारा
(1940-1973 तक सरसंघचालक)

गोलवलकर, जिन्हें प्यार से 'गुरुजी' कहा जाता था, संघ में उनकी भरती उनके ही एक छात्र ने उस समय की, जब वे बी.एच.यू. में पढ़ाया करते थे। गोलवलकर को न केवल चौंतीस साल की कम उम्र में ही सर्वोच्च पद पर बिठा दिया गया, बल्कि उनके हाथों में संघ की कमान सबसे लंबे समय तक यानी तैंतीस वर्षों तक रही। उनके ही नेतृत्व में राष्ट्रीय स्वयंसेवक संघ ने सबसे उथल-पुथल भरे, समय में जबरदस्त तरक्की का दौर देखा। उनके प्रमुख योगदानों में सबसे महत्त्वपूर्ण था—हिंदू समाज को एकजुट करना और विभिन्न मतों, धर्मों और समूहों को विश्व हिंदू परिषद् (वी.एच.पी.) के बैनर तले एक ही मंच पर लाना।

उनकी पुस्तक *बंच ऑफ थॉट्स* (विचारों का पुंज) के अनेक विचार आज भी राष्ट्रीय स्वयंसेवक संघ और इसकी गतिविधियों का मार्गदर्शन करते हैं। इससे न केवल संघ से जुड़े विभिन्न विषयों को समझने में बल्कि समाज के सामान्य मुद्दों को समझने में भी मदद मिलती है। लेकिन इनके साथ ही राष्ट्रीय स्वयंसेवक संघ नए सामाजिक परिवर्तनों के अनुसार भी अपने आप को लगातार ढालता रहता है। हाल ही में नई दिल्ली में दिए गए एक भाषण में राष्ट्रीय स्वयंसेवक संघ के वर्तमान सरसंघचालक ने कहा—

> "बंच ऑफ थॉट्स भाषणों का एक संग्रह है, जो किसी विशेष संदर्भ में दिए गए थे और वे अनंत काल तक मान्य नहीं रह सकते हैं। संघ पोंगापंथी संगठन नहीं है। समय बदलता है और उसके साथ ही हमारे विचार भी बदल जाते हैं। वास्तव में, डॉ. हेडगेवार (राष्ट्रीय स्वयंसेवक संघ के संस्थापक) ने ही कहा था कि जैसे-जैसे समय बदलता है, उसके साथ खुद को ढालने के लिए हम स्वतंत्र हैं।"[160]

---

159. एम.एस. गोलवलकर, *'बंच ऑफ थॉट्स'*, साहित्य सिंधु प्रकाशन, तीसरा संस्करण

160. अखिलेश सिंह, 'पार्ट्स ऑफ गोलवलकर्स 'बंच ऑफ थॉट्स' नॉट वैलिड एनीमोर : राष्ट्रीय स्वयंसेवक संघ चीफ मोहन भागवत', द टाइम्स ऑफ इंडिया, 19 सितंबर, 2018, https://timesofindia.indiatimes.com/india/parts-of-golwalkars-bunch-of-thought-not-valid-anymore-rss-chief-mohan-bhagwat/articleshow/65877873.cms

जाति को लेकर गोलवलकर कहते हैं—

"...एक और प्रमुख विशेषता, जिससे हमारे समाज की पहचान होती है, वह थी—वर्ण-व्यवस्था। लेकिन आज इसे 'जातिवाद' कहा जाता है और इसकी हँसी उड़ाई की जाती है। हमारे देश के लोग ऐसा महसूस करते हैं कि वर्ण-व्यवस्था का जिक्र करना ही अपने आप में अपमानजनक है। यह जिस सामाजिक व्यवस्था की बात करता है, उसे वे अकसर सामाजिक भेदभाव समझने की भूल कर बैठते हैं। असमानता, ऊँच-नीच की जो भावना वर्ण-व्यवस्था में घुस आई है, वह हाल के दिनों की घटना है। इस विकृति को साजिशकर्ता अंग्रेजों ने अपनी 'फूट डालो और राज करो' की नीति के अनुसार और भी आगे बढ़ाया। लेकिन अपने मूल रूप में उस सामाजिक व्यवस्था में इस प्रकार के अंतर का अर्थ समाज के बीच छोटे-बड़े, ऊँच-नीच का कोई भेदभाव करना नहीं था। समाज की अवधारण परमात्मा के चार रूपों के अनुसार की गई थी, जिसका पालन सभी को अपने तरीके से और अपनी क्षमता के अनुसार करना था। यदि कोई ब्राह्मण शिक्षा देकर महान् बन सकता था, तो शत्रुओं का नाश करनेवाले किसी क्षत्रिय को भी उतना ही महान् समझा जाता था। वैश्य का महत्त्व भी कम नहीं था, जो समाज का पालन-पोषण कृषि और व्यापार के माध्यम से करता था या शूद्र, जो अपनी कला और शिल्प से समाज की सेवा करता था। साथ मिलकर और एक-दूसरे पर अपनी निर्भरता के कारण वे समझते थे कि उनसे ही उस सामाजिक व्यवस्था का निर्माण हुआ है।"

दूसरे समाजों से हमारे समाज की तुलना करते हुए वे कहते हैं—

"...'जातिवाद से भरा' तथाकथित हिंदू समाज अक्षय और अजेय रहा और दो हजार से भी अधिक वर्षों तक यूनानियों, शकों, हुणों, मुसलमानों, यहाँ तक कि यूरोपीय लोगों के लूटमार के बावजूद आज भी इसमें रामकृष्ण, विवेकानंद, तिलक और गांधी जैसे लोगों को जन्म देने की क्षमता है, जबकि ऐसे लूटपाट के एक झटके से ही तथाकथित जातिविहीन समाज इस प्रकार धराशायी हुए कि फिर कभी उठ नहीं पाए।"[161]

सार्वजनिक चर्चा के दौरान अकसर राष्ट्रीय स्वयंसेवक संघ की आलोचना 'मुसलिम-विरोधी' और 'अल्पसंख्यक-विरोधी' कहकर की जाती है। यह देखना जरूरी हो जाता है कि राष्ट्रीय स्वयंसेवक संघ के सबसे लंबे समय तक सरसंघचालक का देश के मुसलमानों और अल्पसंख्यकों को लेकर क्या कहना था। *बंच ऑफ थॉट्स* में वे कहते हैं—

---

161. एम.एस. गोलवलकर, *'बंच ऑफ थॉट्स'*, साहित्य सिंधु प्रकाशन, तीसरा संस्करण

"...जहाँ तक इस देश की राष्ट्रीय परंपरा की बात है, तो यह कभी नहीं मानती कि प्रार्थना का तरीका बदल जाने से कोई व्यक्ति इस माटी का लाल नहीं रह जाता है और उसे विदेशी मान लिया जाना चाहिए। यहाँ इस देश में, भगवान् को चाहे किसी भी नाम से पुकारें, कोई आपत्ति नहीं कर सकता है। इस देश की मिट्टी में सभी मतों और धार्मिक भावनाओं के प्रति प्यार और सम्मान बसा है। वह इस धरती का लाल नहीं हो सकता, जो अन्य मतों के प्रति असहिष्णु है।"[162]

अपने रुख को वह कुछ और उदाहरणों से मजबूत बनाते हैं—

"...कुछ उदाहरण गिनाएँ तो छत्रपति शिवाजी का नौसेना प्रमुख दर्या सारंग एक मुसलमान था और इब्राहिम खान तथा दौलत खान उनकी सेना के दो प्रमुख सरदार थे। अफजल खान के साथ खतरनाक लड़ाई में शिवाजी के साथ जो दस विश्वासपात्र अंगरक्षक गए थे, उनमें से तीन मुसलमान थे। यही नहीं, 18 साल का वह नौजवान, जो शिवाजी के साथ आगरा गया था और औरंगजेब के चंगुल से उनके रोमांचक तरीके से बच निकलने में महत्त्वपूर्ण भूमिका निभानेवाला मदारी मेहतर भी एक मुसलमान ही था। अनगिनत बार शिवाजी ने मसजिदों और दरगाहों के लिए जमीन दान की और सालाना अनुदान दिया।"[163]

सबको साथ लेकर चलने का राष्ट्रीय स्वयंसेवक संघ का आज भी यही स्वभाव है। सितंबर 2018 में, राष्ट्रीय स्वयंसेवक संघ के वर्तमान सरसंघचालक, मोहन भागवत ने कहा था कि मुसलमानों के बिना किसी भी हिंदू राष्ट्र का अस्तित्व नहीं हो सकता है और हिंदुत्व अनेकता में एकता पर आधारित है। हिंदुत्व की संघ की परिभाषा क्या है, इस मुद्दे पर भागवत ने विस्तार से बताया था कि हिंदू राष्ट्र की अवधारणा किसी समुदाय या धर्म को अलग करने या खारिज करने पर आधारित नहीं है। "हिंदू राष्ट्र का अर्थ यह नहीं है कि इसमें मुसलमानों का कोई स्थान नहीं है। जिस दिन ऐसा होगा, उस दिन यह हिंदुत्व नहीं रह जाएगा। हिंदुत्व एक विश्व परिवार की बात करता है।"[164]

गोलवलकर का यह दृढ़ विश्वास था कि देश के दो प्रमुख धर्मों के बीच पैदा की

---

162. रतन शारदा, *'सीक्रेट्स ऑफ राष्ट्रीय स्वयंसेवक संघ : डीमिस्टीफाइंग संघ'*, मानस पब्लिकेशंस, 2011, पृ. 133
163. उपरोक्त, पृ. 135
164. स्मृति काक रामचंद्रन, 'नो हिंदू राष्ट्र विदाउट मुसलिम्स, हिंदुत्व बेस्ड ऑन यूनिटी इन डायवर्सिटी : मोहन भागवत', हिंदुस्तान टाइम्स, 18 सितंबर, 2018, https://www.hindustantimes.com/india-news/no-hindu-rashtra-without-muslims-hindutva-based-on-unity-in-diversity-mohan-bhagwat/story-DRFWYkKTNfSVyDPQMVFV1I.html

गई दरार अंग्रेजों की देन थी। वह ऐसा मानते और कहते थे कि केवल हिंदू राष्ट्र में ही यह संभव है कि सभी धर्म आपस में मिल-जुलकर, बिना किसी मतभेद के साथ रह सकते हैं। वे लिखते हैं—

> "...एकमात्र हिंदू विचारधारा ही है, जिसने इस संसार की संपूर्ण मानवता में एक सर्वोच्च शक्ति की सर्वव्यापकता को माना और सभी प्रकार के मतों और संप्रदायों का न केवल सम्मान किया, बल्कि उनकी रक्षा की और उन्हें उनकी संतुष्टि के अनुसार फलने-फूलने का प्रोत्साहन भी दिया। इन सारी बातों से यही संकेत मिलता है कि केवल एक सुदृढ़ और पुनरुत्थानशील हिंदू राष्ट्र ही तथाकथित अल्पसंख्यकों को स्वतंत्र और संपन्न जीवन की गारंटी देता है, जहाँ वे इस मातृभूमि के अभिमानी संतानों के रूप में समान अवसरों का लाभ उठा सकते हैं।"[165]

एक हिंदू राष्ट्र और एक धर्मनिरपेक्ष देश की तुलना करते हुए वह कहते हैं—

> "...एक ऐसी शरारतपूर्ण बहस, जो घिन आने की हद तक बार-बार छेड़ी जाती है, वह है हिंदू राष्ट्र बनाम 'धर्मनिरपेक्षता'। सबसे पहले तो 'धर्मनिरपेक्षता' की अवधारणा हमारे देश पर लागू ही नहीं होती, क्योंकि इसकी उत्पत्ति पश्चिमी देशों में हुई है। यही नहीं, 'सेकुलर' शब्द हमारे संविधान में कहीं नहीं है, जैसा कि हमारे देश के पूर्व मुख्य न्यायाधीश श्री के. सुब्बा राव ने कहा था। इस कारण हमारे संविधान पर उस शब्द को लादना एक प्रकार से एक अंतर्वेशन और उस पर थोपना कह सकते हैं...इस प्रकार के राज्य के लिए उपयुक्त शब्द 'बहुधर्मी' होगा, न कि 'सेकुलर'। इस देश में 'राज्य' को कभी किसी विशेष धर्म से नहीं जोड़ा गया था। गैर-हिंदू धर्म के लोगों को दूसरे दर्जे का नागरिक बनाए जाने या उन पर 'जजिया' लगाने जैसी बात किसी ने सुनी ही नहीं। कानून की नजर में सभी पूरी तरह से समान थे।"[166]

इस सर्वव्यापी पाखंड की ओर इशारा करते हुए उन्होंने लिखा, "...जब दिवंगत डॉ. जाकिर हुसैन एक मसजिद का उद्घाटन करने विशेष रूप से केरल गए, तब किसी ने भी आपत्ति नहीं की। लेकिन डॉ. गिरी राष्ट्रपति चुने जाने के बाद जब तिरुपति गए, तब

---

165. एम.एस. गोलवलकर, *'बंच ऑफ थॉट्स'*, साहित्य सिंधु प्रकाशन, तीसरा संस्करण
166. रतन शारदा, *'सीक्रेट्स ऑफ राष्ट्रीय स्वयंसेवक संघ : डीमिस्टीफाइंग संघ'*, मानस पब्लिकेशंस, 2011, पृ. 136

इसे सांप्रदायिक कह दिया गया।"[167]

आज राष्ट्रीय स्वयंसेवक संघ का जो स्वरूप है, डॉ. हेडगेवार और गुरुजी ने ही इसे इसमें ढाला था। आगे चलकर प्रत्येक सरसंघचालक ने इस विरासत को आगे बढ़ाया और राष्ट्रीय स्वयंसेवक संघ को इस धरती का सबसे बड़ा स्वैच्छिक सेवा संगठन बनाया। हर सरसंघचालक ने इसमें एक नया आयाम जोड़ा। बाला साहब देवरस (1973 से 1994 तक सरसंघचालक), जो डॉ. हेडगेवार के एक शिष्य और उस संगठनात्मक प्रक्रिया की 'सर्वोत्कृष्ट देन थे, जिसकी स्थापना डॉ. हेडगेवार ने की थी', उन्होंने राष्ट्रीय स्वयंसेवक संघ को इस प्रकार आगे बढ़ाया कि वह अधिक मीडिया-फ्रेंडली बना और मीडिया के साथ बातचीत में उसमें अधिक खुलापन आया। उनके कार्यकाल के दौरान देश पर इमरजेंसी लागू की गई, भारतीय जनसंघ का विलय जनता दल में हुआ और भाजपा का जन्म हुआ। उनके ही समय में ऐतिहासिक 'एकात्मता यात्रा' और 'रामजन्मभूमि आंदोलन' हुआ, जो ऐसी घटनाएँ थीं, जिन्होंने न केवल भारतीय राजनीतिक के परिदृश्य को बदला, बल्कि हिंदुओं को जिस नजरिए से देखा जाता था, उसे भी बदल दिया। देवरस ने 'सेवा भारती' की भी स्थापना की, जो अब डेढ़ लाख से भी अधिक समाज-सेवा की योजनाएँ चलाती है।[168]

राजेंद्र सिंह (1993 से 2000 तक सरसंघचालक), जिन्हें प्यार से 'रज्जू भैया' भी कहा जाता था, धोती-कुरता पहननेवाले भारत के एक प्रमुख परमाणु वैज्ञानिक थे, जिन्होंने अनेक स्कूलों की स्थापना की और देश के अलग-थलग, सुदूर इलाकों तक संघ की पहुँच बनाई। सरसंघचालक के रूप में उनके कार्यकाल के दौरान ही भाजपा भारतीय राजनीति में दमदार भूमिका में आई, जब उसने केंद्र में अपनी सरकार बनाई।

के.एस. सुदर्शन (2000 से 2009 तक सरसंघचालक) बहुभाषी थे, जो छह भाषाएँ जानते थे और उन्हें इसलाम के विषय में गहरी और पूर्ण शोध से प्राप्त जानकारी थी, जिसके कारण 'मुसलिम राष्ट्रीय मंच' के गठन में उनकी प्रमुख भूमिका थी। स्वदेशी से उन्हें गहरा लगाव था और अनोखी देशी तकनीकों की तलाश में वे सुदूर क्षेत्रों की यात्रा किया करते थे। रतन शारदा के शब्दों में—"...उनका एक बड़ा योगदान हिंदुत्व के दर्शन में ऐसी तार्किक आक्रामकता को वापस लाना था, जिसमें खेद जताने की जरूरत नहीं थी। उन्होंने हिंदुत्व को वैज्ञानिक तरीके से सामने रखा और बताया कि पर्यावरण को होने वाले नुकसान, सभ्यताओं के बीच संघर्ष और भारत तथा विश्व के लिए समस्या बने मुद्दों को यही सुलझा सकता है।"[169]

---

167. उपरोक्त, पृ. 137
168. उपरोक्त, पृ. 224
169. रतन शारदा, *'सीक्रेट्स ऑफ राष्ट्रीय स्वयंसेवक संघ : डीमिस्टीफाइंग संघ'*, मानस पब्लिकेशंस, 2011, पृ. 226

मोहन भागवत (2009 से अब तक सरसंघचालक) एक पशु चिकित्सक तथा नागपुर के रहनेवाले दूसरी पीढ़ी के स्वयंसेवक हैं, जो मौजूदा सरसंघचालक की भूमिका निभा रहे हैं। अपनी आँखों में चमक और चेहरे पर मुसकान लिये वह एक ऐसे व्यक्ति हैं, जिनके साथ आप किसी भी परिस्थिति में हर्ष का अनुभव कर सकते हैं। उनके भाषण सटीक और मुद्दे से जुड़े होते हैं, जो उनके विचारों की स्पष्टता को दिखाते हैं। 2014 और 2019 में भाजपा तथा मोदी की जबरदस्त जीत के दौरान वही सरसंघचालक थे और भाजपा में नई पीढ़ी के बदलावों को उन्होंने अपना पूरा समर्थन दिया, जिसके कमाल के नतीजे सामने आए हैं।

□

6

व्यक्तिगत और राष्ट्रीय चरित्र-निर्माण के लिए राष्ट्रीय स्वयंसेवक संघ का अभियान

आर.एस.एस. संघ का आश्चर्यजनक रूप से एकजुट कैडर रातोरात नहीं बन गया। डॉ. हेडगेवार इतिहास का अध्ययन करते थे और इस कारण हिंदू समाज की बुराइयों को अच्छी तरह समझते थे। उनके अनुसार, यह ऐसा समाज था, जिसमें जाति, धर्म, भाषा आदि के आधार पर गहरा विभाजन था। उनका यह विचार था कि हिंदुओं में आत्म-अनुशासन, सामाजिक प्रतिबद्धता और आत्मविश्वास की कमी थी। उन्हें यह भी लगता था कि हिंदू मातृभूमि के प्रति प्रेम की भावना से नहीं, बल्कि स्वार्थ से प्रेरित थे। इस कारण हिंदुओं को एक सामंजस्यपूर्ण, अनुशासित देशभक्त समाज में संगठित करने की जरूरत है, जिसके सदस्यों में निस्स्वार्थता का गुण भरना होगा, ताकि वे देश के लिए कुछ भी करने के लिए तैयार रहें। इसी सोच के साथ डॉ. हेडगेवार ने राष्ट्रीय स्वयंसेवक संघ की स्थापना की। उनका उद्‍देश्य देश और देशवासियों के प्रति निस्स्वार्थ समर्पण के मूल्यों को पैदा करना और देश की उन्नति के लिए काम करना था। रतन शारदा के शब्दों में—"अधिकांश सफल सामाजिक और सांस्कृतिक आंदोलनों की तरह ही राष्ट्रीय स्वयंसेवक संघ विशुद्ध रूप से उस भावना से प्रेरित है, जो सीधे दिल से निकलती है—समाज के लिए दिल से महसूस किया जानेवाला दर्द और करुणा तथा इसे बेहतर बनाने के लिए कुछ कर गुजरने की दिली तमन्ना।"[170]

शाखा में जो प्रार्थना हर दिन गाई जाती है, वह राष्ट्रीय स्वयंसेवक संघ की स्थापना के इसी उद्‍देश्य की पुष्टि करती है। संस्कृत भाषा की इस प्रार्थना का हिंदी में अर्थ इस प्रकार है—

हे प्यार करनेवाली मातृभूमि! मैं तुझे सदा (सदैव) नमस्कार करता हूँ। तूने मेरा सुख से पालन-पोषण किया है।

हे महामंगलमयी पुण्यभूमि! तेरे ही कार्य में मेरा यह शरीर अर्पण हो। मैं तुझे

---

170. रतन शारदा, *'सीक्रेट्स ऑफ राष्ट्रीय स्वयंसेवक संघ : डीमिस्टीफाइंग संघ'*, मानस पब्लिकेशंस, 2011, पृ. 205

बारंबार नमस्कार करता हूँ।

हे सर्वशक्तिशाली परमेश्वर! हम हिंदू राष्ट्र के अंगभूत तुझे आदरसहित प्रणाम करते हैं। तेरे ही कार्य के लिए हमने अपनी कमर कसी है। उसकी पूर्ति के लिए हमें अपना शुभाशीर्वाद दें।

हे प्रभु! हमें ऐसी शक्ति दें, जिसे विश्व में कभी कोई चुनौती न दे सके, ऐसा शुद्ध चारित्र्य दे, जिसके समक्ष संपूर्ण विश्व नतमस्तक हो जाए, ऐसा ज्ञान दे कि स्वयं के द्वारा स्वीकृत किया गया यह कंटकाकीर्ण मार्ग सुगम हो जाए।

उग्र वीरव्रती की भावना हम में उत्स्फूर्त होती रहे, जो उच्चतम आध्यात्मिक सुख एवं महानतम ऐहिक समृद्धि प्राप्त करने का एकमेव श्रेष्ठतम साधन है। तीव्र एवं अखंड ध्येयनिष्ठा हमारे अंत:करणों में सदैव जागती रहे।

तेरी कृपा से हमारी यह विजयशालिनी संगठित कार्यशक्ति हमारे धर्म का संरक्षण कर इस राष्ट्र को वैभव के उच्चतम शिखर पर पहुँचाने में समर्थ हो।[171]

आज के आधुनिक युग में भी विश्व का कोई भी बड़े पैमाने का सामाजिक आंदोलन राष्ट्रीय स्वयंसेवक संघ की संगठनात्मक संरचना से बहुत कुछ सीख सकता है। जैसा कि इसके संविधान में स्पष्ट बताया गया है, राष्ट्रीय स्वयंसेवक संघ का ढाँचा पूरी तरह से संघीय प्रणाली का है। वैसे तो अधिकांश नीतियाँ केंद्र से ही बनती और नियंत्रित की जाती हैं, लेकिन क्षेत्रीय, राज्य या स्थानीय स्तरों पर विभिन्न योजनाओं और नीतियों को लागू करने की पूरी छूट दी जाती है।

'गट' या टीम कार्य करने के स्तर पर शाखा की सबसे छोटी इकाई होती है। स्थानीय स्तर की पूर्ण इकाई को 'शाखा' कहा जाता है, जिसकी कमान मुख्य शिक्षक और कार्यवाह के हाथों में होती है। तहसीलों में गाँवों के स्तर पर विभिन्न प्रकार की शाखाओं का आयोजन किया जाता है, जबकि शहरी क्षेत्रों में 'मंडल' उस 'नगर' का हिस्सा होते हैं। इसके बाद जिला, राज्य और फिर क्षेत्र का स्तर आता है। संगठन स्तर पर सबसे ऊपर केंद्रीय समिति होती है, जिसे इसकी 'अखिल भारतीय प्रतिनिधि सभा' (ए.बी.पी.एस.) से चुना जाता है, जो एक निर्वाचित निकाय होती है। प्रत्येक स्तर पर मार्गदर्शक और विचारक की भूमिका संघचालक की होती है। केंद्रीय निकाय के लिए हर तीन साल पर चुनाव होते हैं, जहाँ विभिन्न भौगोलिक क्षेत्रों के स्थानीय प्रतिनिधि राष्ट्रीय समिति के सदस्यों के लिए मतदान करते हैं और ये सदस्य महासचिव पद के लिए मतदान करते हैं; हालाँकि सरसंघचालक का पद निर्वाचन से बाहर है और उसे उसका पूर्ववर्ती नामित करता है।

राष्ट्रीय स्वयंसेवक संघ की कुछ अनोखी बातें हैं, जिनकी चर्चा यहाँ विशेष रूप

171. रतन शारदा, *'राष्ट्रीय स्वयंसेवक संघ 360 : डीमिस्टीफाइंग राष्ट्रीय स्वयंसेवक संघ'*, ब्लूम्सबरी, 2018, पृ. 221

से करना जरूरी हो जाता है। पहला है, संवाद का माध्यम। सभी औपचारिक आदेशों के लिए संस्कृत भाषा का इस्तेमाल किया जाता है। फिर कोई भी निर्देश या सूचना संगठन की संरचना से होकर गुजरती है। इसका एक निर्धारित क्रम होता है और उसमें कोई शॉर्टकट नहीं होता। दूसरी अनोखी विशेषता यह है कि संगठन व्यक्तित्व को लेकर तटस्थ रहता है। 'गुरु' या सर्वोच्च शिक्षक कोई व्यक्ति नहीं होता, बल्कि भगवा ध्वज ही सर्वोपरि होता है। कई प्रकार से राष्ट्रीय स्वयंसेवक संघ का यह पहलू आगे बढ़ता रहा और जब-जब इसके किसी नेता का निधन हुआ, तब यह और भी मजबूत बनकर उभरा। तीसरी अनोखी विशेषता इस संगठन के पैसों के बंदोबस्त से जुड़ी है। राष्ट्रीय स्वयंसेवक संघ ने संगठन को चलाने के लिए कभी धन या अनुदान नहीं माँगा। संभवत: यह एकमात्र ऐसा सामाजिक संगठन है, जहाँ सदस्य अपनी जेब से पैसे खर्च करते हैं। 'गुरु पूजन' या 'गुरु दक्षिणा' नाम का एक वार्षिक कार्यक्रम होता है, जो गुरु पूर्णिमा के दिन होता है। उसी दिन सभी सदस्य गुरु के आगे शीश झुकाते हैं और संगठन को बिना अपना नाम लिखे, सादे लिफाफे में अपना अंशदान देते हैं। इसमें इकट्ठा किए गए पैसे से ही पूरे साल संगठन को चलाया जाता है।

किसी स्वयंसेवक को शायद सबसे महत्त्वपूर्ण प्रशिक्षण 'संघ शिक्षा वर्ग' में ही मिलता है। इसे पहले ओ.टी.सी. या 'ऑफिसर्स ट्रेनिंग कैंप' कहा जाता था। गरमियों में चलाया जानेवाला यह स्वैच्छिक प्रशिक्षण कार्यक्रम दो हफ्ते तक चलता है। सामान्य रूप से इसका आयोजन राज्य स्तर पर होता है। इस प्रशिक्षण शिविर में शामिल होने के लिए सहभागियों को एक हफ्ते के एक प्राथमिक प्रशिक्षण कार्यशाला में अपनी योग्यता सिद्ध करनी पड़ती है, जो साल में एक बार राज्य या जिला स्तर पर होता है। उम्र को लेकर जहाँ ऊपरी सीमा (जहाँ न्यूनतम आयु सोलह वर्ष है) तय नहीं है, वहीं सहभागी का संगठन में किसी पद पर होना अनिवार्य है। यह प्रशिक्षण ऐसे तीन ग्रीष्मकालीन शिविरों के दौरान चलता है, जिन्हें प्रथम वर्ष, द्वितीय वर्ष और तृतीय वर्ष कहा जाता है। तीसरे साल की आखिरी ट्रेनिंग नागपुर में होती है, जो किसी राष्ट्रीय स्वयंसेवक संघ सदस्य की सबसे बड़ी योग्यता का सूचक होती है। इन प्रशिक्षण शिविरों के मापदंड का स्तर इतना ऊँचा है कि कुछ ही लोग तृतीय वर्ष तक पहुँच पाते हैं। इन शिविरों को सुबह-शाम होने वाले शारीरिक प्रशिक्षण और चर्चा के साथ होने वाले व्याख्यानों में बाँटा जाता है, जो शारीरिक प्रशिक्षण को दोनों सत्रों के बीच होते हैं। राष्ट्रीय स्वयंसेवक संघ की शाखाओं में शारीरिक ड्रिल प्रशिक्षण की पद्धति के अन्य अंग होते हैं। ऐसे ड्रिल अनुशासन और साथ-साथ मार्च करने के मौलिक गुणों को स्वयंसेवकों के स्वभाव का हिस्सा बनाने के लिए कराए जाते हैं, जो साथ मिलकर काम करने का ही दूसरा नाम है। मैदानों में खेले जानेवाले खेल भी इस शारीरिक प्रशिक्षण कार्यक्रम का हिस्सा होते हैं। इनसे सहनशक्ति और शरीर को शक्तिशाली बनाने में सहायता मिलती है, जो किसी व्यक्ति के समग्र विकास का पहला कदम होता है।

बौद्धिक प्रशिक्षण की बुनियाद अधिकांशतया प्राचीन श्लोकों और देशभक्ति के गीतों पर खड़ी की जाती है। इन प्रशिक्षण सत्रों में देशभक्ति के गीतों को सिखाया जाता है, साथ मिलकर गाने का अभ्यास होता है, राष्ट्रीय स्वयंसेवक संघ की प्रार्थना को सीखने और समझने तथा भारतीय इतिहास और संस्कृति तथा सामाजिक विषयों पर व्याख्यानों जैसी गतिविधियाँ शामिल रहती हैं। एक बड़ी परंपरा 'भारत भक्ति स्त्रोतम्' की है, जिसका उद्‌देश्य इस देश के नायकों को याद करना और उन्हें श्रद्धांजलि देना होता है। कुछ वर्षों पहले एक 'एकात्मता मंत्र' को शुरू किया गया था, जिसमें संस्कृत का एक श्लोक होता है, जो हिंदू सभ्यता में विभिन्न प्रकार के धर्मों की मौजूदगी को याद दिलाता है और उन सभी का सम्मान करने का संदेश देता है, क्योंकि सभी उसी एक परम सत्य तक ले जाते हैं।[172]

शारीरिक और बौद्धिक प्रशिक्षण के अलावा राष्ट्रीय स्वयंसेवक संघ की किसी भी शाखा में रूटीन के तौर पर ऐसी कई प्रकार की गतिविधियाँ होती हैं, जिनसे किसी व्यक्ति को एक अच्छा प्रबंधक और नेता बनने की शिक्षा मिलती है। कम उम्र में ही किसी स्वयंसेवक को 'गटनायक' या समूह के नेता की जिम्मेदारी सौंपी जाती है। अपनी टीम को प्रतिदिन शाखा में लेकर आना, शाखा की गतिविधियों का नेतृत्व करना और टीम के सदस्यों के घर जाना तथा उनके माता-पिता से बात करना उसकी जिम्मेदारियों में शामिल रहता है। इन सभी से उन्हें अच्छा संयोजक और आखिर में नेता बनने का प्रशिक्षण मिलता है। इस प्रकार, एक स्वयंसेवक किशोरावस्था से ही प्रबंधन और टीम का निर्माण करने में जुट जाता है। वह जैसे-जैसे परिपक्व होता है, अपनी टीम का मनोबल बढ़ाना और कार्यों को पूरा करवाना सीख लेता है। उसे समस्याओं का पता लगाने और उन्हें हल करने का प्रशिक्षण भी मिलता है। इस प्रकार, इसमें कोई आश्चर्य नहीं कि राष्ट्रीय स्वयंसेवक संघ ने इस देश को कई प्रभावशाली और योग्य राजनीतिज्ञ दिए हैं।

राष्ट्रीय स्वयंसेवक संघ साल भर में छह उत्सव मनाता है, जिनका आधार हिंदू कलेंडर होता है। इन उत्सवों के पीछे की सोच सदस्यों में विभिन्न प्रकार के मूल्यों का विकास करना होता है, जिनसे खुशियाँ मनाने के माध्यम से देश के निर्माण में सहायता मिलती है। ये उत्सव हैं—वर्ष प्रतिपदा, हिंदू साम्राज्य दिवस, गुरु पूजन, रक्षा बंधन, विजयादशमी और मकर संक्रांति।

एक शक्तिशाली राष्ट्र और सशक्त समाज के निर्माण के लिए युवाओं को तैयार करने के अपने प्रयास में राष्ट्रीय स्वयंसेवक संघ ने शिक्षा पर सदैव बहुत अधिक बल दिया है। एकल विद्यालय और 'विद्या भारती' जैसी राष्ट्रीय स्वयंसेवक संघ की बड़े पैमाने पर की गई पहल इसके प्रमुख उदाहरण हैं और उन पर इस अध्याय में पहले चर्चा की जा चुकी है। अच्छी शिक्षा देने के लिए राष्ट्रीय स्वयंसेवक संघ ने कई तरीकों

172. उपरोक्त, पृ. 104

को अपनाया है। इनमें खेल प्रतियोगिताओं के आयोजन के साथ ही संगीत, कला और कौशलोन्मुखी शिक्षा तथा कोचिंग क्लास की व्यवस्था शामिल है। वास्तव में 2 जनवरी, 2015 को विद्या भारती ने भारत के सभी 9,000 प्रशासनिक खंडों में मॉडल स्कूलों की स्थापना की योजना की घोषणा की, जो सरकारी स्कूलों के लिए उत्कृष्टता के ऐसे उदाहरण बनेंगे, जिनका अनुकरण सरकारी स्कूल भी करेंगे।

राष्ट्रीय स्वयंसेवक संघ और इसके सहयोगी संगठन आमतौर पर अपने प्रदर्शन की समीक्षा साल में चार बार करते हैं। इन समीक्षा बैठकों के दौरान देश की बदली जरूरतों को ध्यान में रखते हुए, स्कूलों और उनके पाठ्यक्रम को अधिक प्रासंगिक बनाने के लिए नए-नए प्रस्तावों को रखा जाता है और उन पर चर्चा होती है।

राष्ट्रीय स्वयंसेवक संघ के पास इतिहासकारों का अपना एक विंग भी है, जिसे 'अखिल भारतीय इतिहास संकलन योजना' (ए.बी.आई.एस.वाई.) के नाम से जाना जाता है, जिसने 1984 में अपने गठन के बाद से 350 पुस्तकों का प्रकाशन किया है। इतिहासकारों के विंग की जरूरत इतिहास को तोड़-मरोड़कर लिखने के कारण पड़ी। अपने सहयोगियों के साथ मिलकर राष्ट्रीय स्वयंसेवक संघ ऐसी ही गलतियों को ठीक करना चाहता है।

वाजपेयी के नेतृत्व में जब भाजपा की पहली सरकार बनी, तब उन्होंने मानव संसाधन विभाग की जिम्मेदारी मुरली मनोहर जोशी को सौंपी, जिन्हें अपने बेबाकपन के लिए जाना जाता था। उन्होंने जैसे ही गैर-मार्क्सवादी विद्वानों की नियुक्ति की, वैसे ही चीख-पुकार मच गई, क्योंकि नियुक्त विद्वानों में कई राष्ट्रीय स्वयंसेवक संघ और उसकी विचारधारा से सहानुभूति रखते थे और उन्हें भारतीय ऐतिहासिक अनुसंधान परिषद् (ICHR), भारतीय सामाजिक विज्ञान अनुसंधान परिषद् (ICSSR) और राष्ट्रीय शैक्षिक अनुसंधान और प्रशिक्षण परिषद् (NCERT) जैसे संस्थानों में शीर्ष पद दिए गए थे।

इसके पीछे की सोच को बताने के लिए यदि प्रसिद्ध पत्रकार दीनानाथ मिश्र के शब्दों का प्रयोग करें, तो इन संस्थानों को 'कट्टर कम्युनिस्टों के चंगुल से छुड़ाना था, जो केकड़े की तरह इन पर अपनी पकड़ बनाए हुए थे।'

हालाँकि इसके बाद यू.पी.ए. सरकार के दस वर्षों के दौरान और पाठ्य-पुस्तकों तथा पाठ्यक्रमों पर विशेष प्रकार की विचारधारा का कलेवर चढ़ाए जाने से मुख्यधारा की गाथा आगे बढ़ती रही। 2014 में जब भाजपा एक बार फिर सत्ता में लौटी तो उसने हिंदू धर्म को जानबूझकर नीचा दिखाने की कोशिश को नाकाम करने का अपना काम फिर से शुरू किया। इस लक्ष्य को उस समय से ही यह जोर-शोर से आगे बढ़ाती चली जा रही है, जिसे राजधानी में दक्षिणपंथ की ओर झुकाव रखनेवाले विशेषज्ञों के उभरने के रूप में देखा जा सकता है।

□

7

राष्ट्रीय स्वयंसेवक संघ को बदनाम करने की सुनियोजित साजिश

राष्ट्रीय स्वयंसेवक संघ और मीडिया : कभी अच्छे दोस्त नहीं रहे

राष्ट्रीय स्वयंसेवक संघ और मीडिया के रिश्ते कभी सौहार्दपूर्ण नहीं रहे। यह सच है कि राष्ट्रीय स्वयंसेवक संघ ने अपने कार्यों के प्रचार को कभी बहुत महत्त्व नहीं दिया है। एक और सच यह है कि राष्ट्रीय स्वयंसेवक संघ के अच्छे कामों को दिखाते हुए मीडिया को संकोच होता है। ऐसा क्यों होता है, यह तो वे ही बेहतर बता सकते हैं।

मीडिया और प्रचार को लेकर राष्ट्रीय स्वयंसेवक संघ का रुख गोलवलकर के उस उत्तर से अच्छी तरह समझा जा सकता है, जो उन्होंने एक विद्वान् की ओर से पूछे गए सवाल पर दिया था कि संघ साहित्य का प्रकाशन क्यों नहीं करता है। उन्होंने 'श्रुति' की परंपरा याद दिलाई थी और कहा था—

> "···हम बोले गए शब्द 'श्रुति' को अधिक महत्त्व देते हैं। जब तक कोई बोले गए शब्दों से काम चला सकता है, तब तक उसे इसी की सहायता से काम करना चाहिए। संघ के स्वयंसेवक घर-घर जाकर लोगों से आमने-सामने मिलकर उनसे जान-पहचान बढ़ाते हैं और 'श्रुति' के आधार पर आगे बढ़ते हैं, यानी अपने जीवन में उन्होंने जो अनुभव किया उसे बताते हैं···"[173]

हालाँकि राष्ट्रीय स्वयंसेवक संघ की युवा पीढ़ी मीडिया से खुलकर बातचीत करती है और अपने कामों के बारे में भी खुलकर बताती है। इसके बावजूद राष्ट्रीय स्वयंसेवक संघ के साथ मीडिया का भेदभाव एक बड़ी समस्या है। मीडिया को जब राष्ट्रीय स्वयंसेवक संघ की किसी अच्छी बात का थोड़ा सा भी जिक्र करना पड़ता है तो उसकी बढ़ी हुई परेशानी को देखा जा सकता है। मीडिया का एक बड़ा हिस्सा, जहाँ इस तरह के भेदभाव से ग्रस्त है, वहीं जो हिस्सा इससे ग्रस्त नहीं है, वह भी उस वर्ग की

173. रतन शारदा, *'सीक्रेट्स ऑफ राष्ट्रीय स्वयंसेवक संघ : डीमिस्टीफाइंग संघ'*, मानस पब्लिकेशंस, 2011, पृ. 208

चपेट में आ जाता है, जो मीडिया पर हावी है।

अपनी पुस्तक में रतन शारदा इसी से जुड़ी अपने जीवन की एक घटना को बताते हैं। वे लिखते हैं—

> "राष्ट्रीय स्वयंसेवक संघ के लिए मुंबई में मैं जब मीडिया इंचार्ज की भूमिका निभा रहा था, तब मैंने देखा कि राष्ट्रीय स्वयंसेवक संघ नेताओं की ब्रीफिंग और चर्चा में गिने-चुने पत्रकार ही आया करते थे। उनकी दिलचस्पी केवल राष्ट्रीय स्वयंसेवक संघ प्रमुख में होती थी, क्योंकि उन्हें मालूम ही नहीं था कि इसका नेतृत्व सामूहिक प्रकृति का है। मीडिया ने शायद ही कभी राष्ट्रीय स्वयंसेवक संघ कैंपों में या विशेष कार्यक्रमों में आने का न्योता स्वीकार किया। अगर कोई पत्रकार उस कार्यक्रम में आ भी गया तो उस पर मीडिया में कोई रिपोर्ट नहीं छपती थी।"[174]

वे आगे लिखते हैं कि किस प्रकार उन्हें यह देखकर मायूसी होती थी कि राष्ट्रीय मीडिया कभी राष्ट्रीय स्वयंसेवक संघ के प्रशिक्षण कार्यक्रमों और विशाल सभाओं तथा पंथ-संचालन की खबरें प्रकाशित नहीं करता था, भले ही क्षेत्रीय मीडिया उन्हें पर्याप्त प्रमुखता देता था।

एक और हाल की घटना के बारे में उन्होंने लिखा है, जो भागवतजी से जुड़ी है, जिन्होंने एक साल में देश भर के पचास शहरों का दौरा किया था। इन कार्यक्रमों में स्वयंसेवक राष्ट्रीय स्वयंसेवक संघ के पूर्ण गणवेश में शामिल हुए और कुल उपस्थिति ज्यादा नहीं तो दस लाख से ऊपर रही होगी। फिर भी राष्ट्रीय समाचार-पत्रों में शायद ही कोई खबर छपी या दिखी।

यह बात केवल राष्ट्रीय स्वयंसेवक संघ की बैठकों और सभाओं पर ही लागू नहीं होती, बल्कि उसके द्वारा चलाए जानेवाले व्यापक सामाजिक अभियानों या राष्ट्रीय स्वयंसेवक संघ स्वयंसेवकों द्वारा किए जानेवाले सेवा कार्य पर भी लागू होती है। चूँकि ये अपने देश और देशवासियों के लिए निस्स्वार्थ प्रेम से जुड़ी कहानियाँ हैं, इस कारण राष्ट्रीय मीडिया की इनमें कोई दिलचस्पी नहीं होती। तो उनकी दिलचस्पी किसमें होती है, देश को टुकड़े-टुकड़े करनेवाली नारेबाजी में?

स्वतंत्रता संग्राम में राष्ट्रीय स्वयंसेवक संघ की भूमिका

कई लोगों द्वारा एक बड़ा झूठ यह फैलाया जाता है कि देश की आजादी की लड़ाई में राष्ट्रीय स्वयंसेवक संघ की कोई भूमिका ही नहीं थी। यह पूरी तरह असत्य है। संघ के

---

174. उपरोक्त, पृ. 209

जीवनकाल में स्वतंत्रता के लिए दो प्रमुख आंदोलन चलाए गए थे। पहला था—1930 का नमक सत्याग्रह। स्वयं डॉ. हेडगेवार इस आंदोलन में शामिल हुए थे। वह जब इस आंदोलन में शामिल थे, तब सरसंघचालक की सारी जिम्मेदारियाँ डॉ. एल.वी. परांजपे को सौंप दी थीं। वर्धा के अप्पाजी जोशी और दादाराव परमार्थ भी उनके साथ जेल गए थे। सभी शाखाओं को एक परिपत्र भेजा गया था कि अगर 'आम स्वयंसेवक' चाहें तो व्यक्तिगत रूप से सत्याग्रह में हिस्सा ले सकते हैं।[175]

बारह साल बाद दूसरा प्रमुख स्वतंत्रता आंदोलन चला। यह 1942 का भारत छोड़ो आंदोलन था। संघ के इतिहास में यह बहुत बड़े बदलाव का साल था। बड़ी संख्या में शिक्षित स्वयंसेवकों ने स्वेच्छा से प्रचारक बनने की इच्छा जताई थी। अपनी पुस्तक में शारदा ने निम्नलिखित आँकड़े दिए हैं, "अकेले लाहौर से 48 प्रचारक आए थे, 52 अमृतसर से आए, जबकि नागपुर ने उस साल 22 नए प्रचारक दिए। अन्य केंद्रों पर भी ऐसा ही देखा गया।"[176]

भारत छोड़ो आंदोलन का आरंभ होते ही उस समय के सरसंघचालक गोलवलकर के सामने यह सवाल था कि राष्ट्रीय स्वयंसेवक संघ को उस आंदोलन में हिस्सा लेना चाहिए या नहीं? यहाँ दो महत्त्वपूर्ण बिंदुओं की चर्चा आवश्यक हो जाती है। पहली यह कि 5 अगस्त, 1940 को सरकार ने एक गजट निकाला था। धारा 56 से 58 के अनुसार, सभी निजी संगठनों पर सेना की वरदी पहनकर सैन्य प्रशिक्षण देने पर पाबंदी लगा दी गई थी। संघ का नाम विशेष रूप से नहीं लिया गया था, लेकिन गजट की भाषा से यह स्पष्ट था कि इसके निशाने पर संघ भी था। चूँकि अंग्रेज डॉ. हेडगेवार की राजनीतिक पृष्ठभूमि से परिचित थे, इसलिए यह स्पष्ट था कि उनकी ओर से गठित संगठन राष्ट्रीय स्वयंसेवक संघ भी अंग्रेजों के राडार पर था। दूसरा महत्त्वपूर्ण बिंदु है—भारत छोड़ो आंदोलन के समय संघ के कार्यकर्ताओं की संख्या। यह बात जहाँ सच है कि संघ की संख्या बढ़ रही थी, वहीं यह भी सच है कि इस संख्या में वृद्धि समान नहीं थी। ज्यादातर विस्तार मुंबई प्रेसिडेंसी और मध्य प्रांत तक सीमित था।

इन दो बातों को ध्यान में रखते हुए गोलवलकर को भारत छोड़ो आंदोलन पर राष्ट्रीय स्वयंसेवक संघ का रुख तय करना था। गोलवलकर ने राज्य-स्तर के कार्यकर्ताओं की एक बैठक बुलाई। बैठक का एजेंडा निर्विकार भाव से सारी बातों को समझना और उस आंदोलन को लेकर दिशा और दशा तय करना था। डॉ. पांडुरंग खानखोजे और संघ के रणनीतिकार बालासाहब देवरस को इसी मकसद से भूमिगत नेता जयप्रकाश नारायण से मुलाकात करने के लिए भेजा गया था। चर्चा और मूल्यांकन के

175. उपरोक्त, पृ. 234

176. उपरोक्त, पृ. 233

लिए सात प्रश्नों के उत्तर की आवश्यकता थी।[177] ये सात प्रश्न थे—

1. 'करो या मरो' के नारे में 'मरने' की बात तो स्पष्ट थी। लेकिन 'करना' क्या था? क्या कांग्रेस वर्किंग कमेटी ने इस पर कोई निर्देश दिए हैं?
2. इस आंदोलन का तात्कालिक और दूरगामी लक्ष्य क्या है? क्या हम उसे ही हासिल करना चाहते हैं?
3. इस आंदोलन की कार्यप्रणाली क्या है और यह कैसे काम करेगा?
4. यह आंदोलन कितने समय तक चलेगा?
5. आपने अपनी ताकत का अंदाजा लगा लिया होगा! यह ताकत कितनी है?
6. आंदोलन के सफल होने के बाद अगला कदम क्या होगा?
7. यदि यह विफल हुआ, तो आगे क्या होगा?

इस बैठक के बाद डॉ. खानखोजे का विचार था कि 'जयप्रकाशजी ने एक भी प्रश्न का संतोषजनक उत्तर नहीं दिया। इतना ही नहीं, कोई स्पष्ट निर्देश नहीं था कि लोगों को क्या करना है या क्या नहीं करना है, जबकि सारे बड़े नेताओं की गिरफ्तारी के बाद कमान जनता के ही हाथों में थी।'[178]

इस जानकारी को देखते हुए अन्य लोगों से चर्चा के बाद गोलवलकरजी ने तय किया कि देशभक्त नागरिकों के रूप में स्वयंसेवक इस राष्ट्रीय आंदोलन में हिस्सा लेंगे और इसे अपना भरपूर समर्थन देंगे। हालाँकि अपनी आचार-संहिता के कारण एक संगठन के रूप में संघ को इस आंदोलन से दूर ही रहना पड़ा। व्यक्तिगत भागीदारी की बात इससे स्पष्ट है कि डॉ. हेडगेवार ने 'नमक सत्याग्रह' में संगठन के प्रतिनिधि के रूप में नहीं, बल्कि एक स्वतंत्र प्रतिनिधि के रूप में हिस्सा लिया था।

इसके बाद कई स्वयंसेवक इस आंदोलन में सक्रिय रूप से शामिल हुए और कुछ अन्य ने इसे दूसरे तरीकों से अपना समर्थन दिया। विदर्भ में चिमूर के स्वयंसेवकों ने रमाकांत देशपांडे के नेतृत्व में एक आंदोलन शुरू किया। दुर्भाग्य से यह आंदोलन हिंसक हो गया और मुठभेड़ में कुछ अंग्रेज भी मारे गए। यह मुठभेड़ भारत छोड़ो आंदोलन के इतिहास में 'चिमूर-आष्टी कांड' के नाम से जानी जाती है।

ऐसी गतिविधियों के अलावा अनेक स्वयंसेवकों ने इस आंदोलन के दौरान कई भूमिगत नेताओं की मदद भी की। ऐसी ही एक घटना अरुणा आसफ अली और पूर्वोत्तर के संघचालक लाला हंसराज से जुड़ी थी। अरुणा आसफ अली ने उनके घर को छिपने के ठिकाने के तौर पर चुना था। अगस्त 1967 में हिंदी दैनिक 'हिंदुस्तान' से बातचीत में उन्होंने इसके बारे में बताया था—

177. उपरोक्त, पृ. 234
178. उपरोक्त, पृ. 235

"1942 के आंदोलन के दौरान मैं भूमिगत थी। दिल्ली के संघचालक लाला हंसराज ने 10–15 दिनों के लिए अपना घर मुझे छिपने के ठिकाने के तौर पर उपलब्ध कराया था और मेरी सुरक्षा का पूरा बंदोबस्त किया था। उनकी वजह से ही किसी को भी मेरे उनके घर में होने की खबर नहीं मिली। चूँकि भूमिगत कार्यकर्ताओं को एक ही स्थान पर ज्यादा दिनों तक नहीं ठहरना चाहिए, इसलिए एक बारात के साथ मैं उनके घर से कढ़ाईदार घाघरा और चुनरी में 'भंगड़ा' करती हुई निकल गई। वह पोशाक मुझे लालाजी की पत्नी ने दी थी…"[179]

यह इकलौती ऐसी घटना नहीं थी। उस आंदोलन के दौरान कांग्रेस कार्यकर्ताओं का स्वयंसेवकों के घर ठहरना आम बात थी। एक और घटना सोलापुर के कांग्रेस कमेटी के सदस्य गणेश बापूजी शिंकर से जुड़ी है, जिन्होंने कहा था—

"मैंने 1942 में भारत छोड़ो आंदोलन में हिस्सा लिया था…हमें भूमिगत रहकर काम करने के लिए संघ कार्यकर्ताओं के घरों में ठहरना पड़ता था। हमारे भूमिगत कार्यों में संघ के लोग खुशी–खुशी हमारी सहायता करते थे। वे हमारी सारी जरूरतों का खयाल रखते थे। इतना ही नहीं, अगर हममें से कोई बीमार पड़ जाता था तो संघ के स्वयंसेवक डॉक्टर हमारा इलाज और हमारी देखभाल किया करते थे। संघ के जो स्वयंसेवक वकील थे, वे बिना डरे हमारे केस लड़ा करते थे। उनकी देशभक्ति और मूल्य–आधारित जीवन प्रणाली किसी भी संदेह से परे है।"[180]

इसलिए राष्ट्रीय स्वयंसेवक संघ ने एक संगठन के रूप में भले ही भारत छोड़ो आंदोलन में सक्रिय रूप से हिस्सा नहीं लिया, लेकिन स्वयंसेवक इसमें शामिल हुए थे।

राष्ट्रीय स्वयंसेवक संघ पर दो बार लगी पाबंदी

गांधी की हत्या, बिना सबूत नेहरू ने राष्ट्रीय स्वयंसेवक संघ पर लगाई पहली पाबंदी

कांग्रेस ने गांधी की हत्या का इस्तेमाल राष्ट्रीय स्वयंसेवक संघ के खिलाफ साजिश रचने के लिए किया। इतिहासकार मक्खन लाल ने अपनी पुस्तक *सेकुलर पॉलिटिक्स कम्युनल एजेंडा* में इस पर विस्तार से लिखा है—

"राष्ट्रीय स्वयंसेवक संघ के खिलाफ दुष्प्रचार और दुर्भावनापूर्ण अभियान को

179. रतन शारदा, *'सीक्रेट्स ऑफ राष्ट्रीय स्वयंसेवक संघ : डीमिस्टीफाइंग संघ'*, मानस पब्लिकेशंस, 2007
180. उपरोक्त, पृ. 238

भारतीय इतिहास की सबसे दुर्भाग्यपूर्ण घटना 30 जनवरी, 1948 को नाथूराम विनायक गोडसे द्वारा महात्मा गांधी की हत्या से बल मिल गया। गोडसे 1930 के दशक में राष्ट्रीय स्वयंसेवक संघ से जुड़ा था, लेकिन गंभीर मतभेदों के कारण जल्दी ही उससे अलग हो गया था।

"राष्ट्रीय स्वयंसेवक संघ के तत्कालीन प्रमुख गुरु गोलवलकर को जब गांधीजी की हत्या की खबर मिली, तब वे मद्रास में थे। हत्या की जानकारी मिलते ही उन्होंने नेहरू, वल्लभ भाई पटेल और देवीदास गांधी को शोक संदेश भेजा। टेलीग्राम के जरिए गोलवलकर ने 30 जनवरी, 1948 को राष्ट्रीय स्वयंसेवक संघ की विभिन्न शाखाओं को निम्नलिखित निर्देश जारी किया—'महात्माजी की दुःखद मृत्यु के प्रति श्रद्धांजलि और शोक प्रकट करते हुए तेरहवें दिन तक सभी सामान्य गतिविधियों को रोककर शोक मनाएँ।'

अगले ही दिन यानी 31 जनवरी, 1948 को नागपुर वापस लौटकर उन्होंने नेहरू को पत्र लिखा—

"कल जब मैं मद्रास में था, तब मुझे यह चौंकानेवाली खबर मिली कि एक सिरफिरे ने पूज्य महात्माजी की जीवनलीला गोली मारकर अचानक समाप्त कर दी... ऐसे पुण्यात्मा पर हमला...निश्चित रूप से न केवल एक व्यक्ति, बल्कि पूरे देश के साथ विश्वासघात है।"[181]

उसी दिन उन्होंने अपना दुःख प्रकट करते हुए सरदार पटेल को पत्र लिखा—

"मेरे हृदय में अत्यधिक पीड़ा है। जिस व्यक्ति ने यह अपराध किया है, उसकी निंदा के लिए मेरे पास शब्द नहीं हैं...उस व्यक्ति के विषय में क्या कहूँ, जिसने पूरे विश्व को ऐसा शोक दिया है, जिसका वर्णन नहीं किया जा सकता है?"[182]

जैसे ही यह बात पता चली कि हत्यारा चित्तपावन ब्राह्मण था और पहले किसी-न-किसी रूप से राष्ट्रीय स्वयंसेवक संघ और महासभा से जुड़ा था, वैसे ही कांग्रेस ने नफरत फैलाना शुरू कर दिया और सरकारी मशीनरी उसे बढ़ाने में दिन-रात जुट गई। नेहरू के अनुयायियों की तरफ से आई एक थ्योरी चर्चा का विषय बन गई कि राष्ट्रीय स्वयंसेवक संघ और हिंदू महासभा ने हिंसा से सत्ता हथियाने की साजिश रची है और महात्मा की हत्या उसका पहला चरण है। क्रेग बैक्स्टर ने सही निष्कर्ष निकाला कि भारत सरकार ने इस आरोप का लाभ उठाते हुए 3 फरवरी, 1948 को गोलवलकर को गिरफ्तार कर लिया और उसके बाद लगभग 20,000 स्वयंसेवकों की गिरफ्तारी हुई।

---

181. मक्खन लाल, *'सेकुलर पॉलिटिक्स कम्युनल एजेंडा, ए हिस्टरी ऑफ पॉलिटिक्स इन इंडिया फ्रॉम 1860 टु 1953'*, प्रगुन पब्लिकेशन, नई दिल्ली 2008, पृ. 122

182. उपरोक्त

अगले दिन 4 फरवरी, 1948 को राष्ट्रीय स्वयंसेवक संघ को प्रतिबंधित किए जाने की अधिसूचना जारी हुई, जिसने इसे अवैध संगठन घोषित कर दिया। सरकारी अधिसूचना में राष्ट्रीय स्वयंसेवक संघ के खिलाफ कुछ गंभीर आरोप थे, जिनमें गांधी की हत्या का आरोप भी शामिल था।[183]

यह ऐसा समय था, जब संघ की लोकप्रियता बढ़ रही थी और इसे ऐसे संगठन के रूप में देखा जा रहा था, जो निस्स्वार्थ भाव से देश की भलाई के काम में जुटा था। कई कांग्रेसियों को यह बात खटक रही थी, जो संघ की लोकप्रियता पर लगाम लगाना चाहते थे। अनेक घटनाओं से यह बात साफ तौर पर देखने को मिली। पहली घटना तब की है, जब संघ ने आजादी के दिन से पहले और बाद में कट्टरपंथी धर्म को माननेवालों के अत्याचारों से निर्दोष लोगों को बचाया, जो प्रशंसनीय कार्य था। इस बात को सरदार पटेल ने माना था और इसकी प्रशंसा की थी। इस बात को मानने और ऐसी सराहना किए जाने से कई राजनीतिक हलकों में ईर्ष्या और भय का माहौल बन गया। लोग राष्ट्रीय स्वयंसेवक संघ को राजनीति में एक क्षमतावान् विरोधी के रूप में देख रहे थे, जबकि इस प्रकार के भय पर प्रतिक्रिया देते हुए 24 अक्तूबर, 1947 में विजयादशमी के पर्व पर गोलवलकरजी ने कहा था—

> "पंजाब के प्रभावित हिंदुओं के दर्द को कम करने में संघ को जैसी पहचान मिली है, उस पर एक अंग्रेजी दैनिक ने लिखा कि यह 'दुर्भाग्यपूर्ण, किंतु सत्य' है। अनेक राजनीतिक दल भी इसी प्रकार से संघ का विरोध कर रहे हैं। उन्हें इस बात की चिंता है कि अगर संघ चुनावी राजनीति के क्षेत्र में आया तो उनका हश्र क्या होगा? मैं इन दलों को आश्वस्त करना चाहता हूँ, जो सही-गलत तरीकों से अपनी-अपनी छवि बचाने में जुटे हैं कि उनका भय बेमतलब है।"[184]

एक और घटना पश्चिमी महाराष्ट्र के युवा स्वयंसेवकों के शिविर से जुड़ी है, जिसका आयोजन पुणे में 1 से 2 नवंबर, 1947 में किया जाना था। इस शिविर में सरसंघचालक गोलवलकर के साथ एक लाख स्वयंसेवक हिस्सा लेनेवाले थे, जिन्हें पूरे आयोजन के दौरान मौजूद रहना था। सरदार पटेल मुख्य अतिथि बनने पर सहमत हो गए थे। पूरे जोर-शोर से तैयारियाँ चल रही थीं, जब राज्य के गृहमंत्री ने आपातकालीन परिस्थिति का बहाना बनाते हुए कथित तौर पर नेहरू के इशारे पर शिविर की अनुमति को रद्द कर दिया। अब तक यह बात स्पष्ट हो चुकी थी कि संघ कांग्रेस की अंदरूनी लड़ाई का शिकार हो रहा था।

---

183. उपरोक्त, पृ. 123
184. उपरोक्त, पृ. 240

कांग्रेस संघ और उसकी लोकप्रियता से चिढ़ी हुई थी और इस दलील का समर्थन करनेवाली तीसरी घटना दिल्ली में मुख्यमंत्रियों की एक बैठक में नवंबर 1947 में हुई। इस बैठक में संघ की लोकप्रियता और उससे पैदा होने वाली चुनौतियों के मुद्दे पर चर्चा हुई। आगे चलकर, 17 जनवरी, 1948 को दिल्ली में अखिल भारतीय कांग्रेस कमेटी (ए.आई.सी.सी.) की एक बैठक हुई, जिसमें संघ की कड़ी आलोचना करनेवाला प्रस्ताव पारित किया गया। इसमें यह माँग की गई कि राज्य सरकारों को भी संघ के खिलाफ कारवाई करनी चाहिए। तत्कालीन भारत सरकार ने एक सर्कुलर जारी किया, जिसमें किसी सरकारी कर्मचारी के राष्ट्रीय स्वयंसेवक संघ का सदस्य होने को अवैध घोषित कर दिया गया।

पहले से ही चिढ़ी और बौखलाई हुई कांग्रेस को गांधी की हत्या से संघ के खिलाफ अपने द्वेषपूर्ण एजेंडा को पूरा करने का सुनहरा अवसर मिल गया। जैसे ही यह खबर फैली, गोलवलकर ने स्पष्ट शब्दों में हत्या की निंदा की और वे स्वयं इस घटना से काफी आहत थे। फिर भी रत्ती भर साक्ष्य मिले बिना ही राष्ट्रीय स्वयंसेवक संघ पर प्रतिबंध लगा दिया गया। धारा 302 के तहत गोलवलकर को गिरफ्तार कर लिया गया। हालाँकि गोलवलकर पर लगे आरोपों को हटा लिये जाने के बाद, चौबीस घंटे के भीतर कांग्रेस को शर्मिंदा होकर पीछे हटना पड़ा। राष्ट्रीय स्वयंसेवक संघ के खिलाफ सरकार की साजिश का पर्दाफाश गांधी की हत्या को लेकर चले 'लाल किला केस' में होने लगा, जब सरकार उस अपराध में राष्ट्रीय स्वयंसेवक संघ के शामिल होने का कोई प्रमाण नहीं दे सकी, न ही सरकार को उखाड़ फेंकने के किसी षड्यंत्र के सबूत दे सकी। 5 अगस्त, 1948 को गोलवलकर को जेल से रिहा कर दिया गया और उस महीने के अंत तक हिरासत में रखे गए राष्ट्रीय स्वयंसेवक संघ के अधिकांश स्वयंसेवकों को भी छोड़ दिया गया। सी.आई.डी. जाँच का नेतृत्व कर रहे एक सम्मानित पुलिस अधिकारी संजीव ने गांधी की हत्या के सात दिनों के भीतर एक रिपोर्ट सौंपी, जिसमें स्पष्ट रूप से कहा गया था कि इस हत्या में राष्ट्रीय स्वयंसेवक संघ की कोई भूमिका नहीं थी।

इसके साथ ही नाथूराम गोडसे के खिलाफ चली कारवाई में न तो उसकी तरफ से, न ही उसके साथी की तरफ से और न ही उस केस के फैसले में राष्ट्रीय स्वयंसेवक संघ का कहीं कोई जिक्र था। इसके बावजूद, पाबंदी नहीं हटाई गई।

आखिरकार स्वयंसेवकों के सत्याग्रह के सफल समापन के बाद पाबंदी हटाई गई। इसके बाद राष्ट्रीय स्वयंसेवक संघ और मजबूती के साथ उभरा। सत्याग्रह के रूप में ही राष्ट्रीय स्वयंसेवक संघ की शाखाओं को फिर से खोल दिया गया। एक अधिकृत स्वयंसेवक ने स्थानीय प्रशासन को लिखित जानकारी देकर बताया कि एक निश्चित स्थान पर स्वयंसेवक दैनिक शाखा की शुरुआत करने जा रहे हैं और पूर्व चयनित

स्वयंसेवकों की एक टोली निश्चत समय पर वहाँ पहुँचेगी, जहाँ शाखा की गतिविधियाँ होंगी। यह सुनिश्चित किया गया कि आम आदमी का जीवन प्रभावित न हो और कोई भी 'रास्ता रोको' या धरना नहीं होगा।

कई महीने तक चले सत्याग्रह के बाद जब जेलों में इतनी जगह नहीं बची कि स्वयंसेवकों को उनमें डाला जा सके, तब भारत सरकार ने राष्ट्रीय स्वयंसेवक संघ को बातचीत के लिए बुलाया। संघ से कहा गया कि वह अपना संविधान बनाए। उस संविधान को जब सौंपा गया और जब सही-गलत सारे तरीके आजमाकर भी सरकार अपने इरादे में कामयाब नहीं हो सकी, तब उसे न चाहते हुए भी संघ से पाबंदी हटानी पड़ी।

इंदिरा गांधी के इमरजेंसी लगाने के निर्दयतापूर्ण फैसले के साथ राष्ट्रीय स्वयंसेवक संघ पर दूसरी बार प्रतिबंध

राष्ट्रीय स्वयंसेवक संघ के इतिहास में यह अवधि और भी महत्त्वपूर्ण थी। इसने न केवल लोकतंत्र बहाल करने में राष्ट्रीय स्वयंसेवक संघ के प्रयासों पर रोशनी डाली, बल्कि इस संगठन से जुड़े रहस्यों से भी काफी हद तक परदा उठा दिया। साल 1975 में इमरजेंसी के दौरान किसी भी विरोध को कुचलने के लिए 'मेनटेनेंस ऑफ इंटरनल सिक्यूरिटी ऐक्ट' (मीसा) के काला कानून को फिर से अमल में लाया गया, जिसके तहत किसी व्यक्ति को कम-से-कम दो साल तक बिना मुकदमा चलाए हिरासत में रखा जा सकता था। सभी विपक्षी नेताओं को गिरफ्तार कर लिया गया था और राष्ट्रीय स्वयंसेवक संघ पर दूसरी बार प्रतिबंध लगा दिया गया था। लोकतांत्रिक मूल्यों को फिर से बहाल करने की इस लड़ाई में संघ को मुख्य भूमिका निभानी पड़ी। इमरजेंसी के दौरान गिरफ्तार किए गए 1,30,000 सत्याग्रहियों में से लगभग 1,00,000 राष्ट्रीय स्वयंसेवक संघ के थे। मीसा के खौफनाक कानून के तहत गिरफ्तार 30,000 लोगों में से 25,000 राष्ट्रीय स्वयंसेवक संघ के कार्यकर्ता थे।[185]

राष्ट्रीय स्वयंसेवक संघ और उसके सहयोगी संगठनों के नेता इस लोकतांत्रिक लड़ाई में शामिल अन्य दलों के साथ कंधे-से-कंधा मिलाकर काम कर रहे थे। स्वयंसेवकों को निर्देश दिए गए थे कि भारत को बचाने की आड़ में जिस प्रकार के अत्याचार किए जा रहे थे, उनके प्रति लोगों में जागरूकता पैदा करने के लिए देश भर में सत्याग्रह का आयोजन करें। यही समय था, जब राष्ट्रीय स्वयंसेवक संघ के सहयोगी संगठनों की महिलाओं के साथ ही राष्ट्रीय स्वयंसेवक संघ स्वयंसेवकों के परिवारों और छात्रों ने बड़ी संख्या में इस संघर्ष में हिस्सा लिया। राष्ट्रीय स्वयंसेवक संघ को इस अवधि में उन लोगों से पहली बार सम्मान और वैधता मिली, जो पहले इसका मजाक उड़ाया करते थे।

185. रतन शारदा, *'सीक्रेट्स ऑफ आर.एस.एस. : डीमिस्टीफाइंग संघ'*, मानस पब्लिकेशंस, 2011

मुसलमान, ईसाई, महिलाएँ और राष्ट्रीय स्वयंसेवक संघ

मीडिया ने राष्ट्रीय स्वयंसेवक संघ की छवि जिस प्रकार अल्पसंख्यक विरोधी या मुसलिम-विरोधी संगठन की बनाई है, उसके विपरीत राष्ट्रीय स्वयंसेवक संघ ने अल्पसंख्यकों को अपने संगठन में काफी अच्छी तरह शामिल किया है। इसका आरंभ तब हुआ, जब संघ के सहयोगी संगठनों, भारतीय जनसंघ और भारतीय मजदूर संघ ने सभी धर्मों के लोगों के लिए सदस्यता के रास्ते खोल दिए, जिनमें मुसलमान भी शामिल थे। और ऐसे प्रयास केवल सदस्यता तक ही सीमित नहीं थे।

वास्तव में सहायक इकाइयाँ गठित की गईं, जिनका प्रमुख उद्देश्य मुसलमानों के मुद्दों को सुलझाना था। साल 2002 में के.एस. सुदर्शन के नेतृत्व में 'मुसलिम राष्ट्रीय मंच' (एम.आर.एम.) का गठन भारत में हिंदुओं और मुसलमानों के बीच बढ़ते फासले को पाटने के उद्देश्य से किया गया। एम.आर.एम. की स्थापना राष्ट्रीय स्वयंसेवक संघ के सहयोग से की गई थी और आरंभ से ही राष्ट्रीय स्वयंसेवक संघ प्रचारक इंद्रेश कुमार इसका मार्गदर्शन कर रहे हैं। कुमार पूर्व में जम्मू-कश्मीर में प्रांतीय राष्ट्रीय स्वयंसेवक संघ संगठनकर्ता थे और अब वे विधिवत् रूप से एम.आर.एम. के मार्गदर्शक हैं।

गौ-हत्या और गौ मांस पर प्रतिबंध को लेकर छिड़ी गरमागरम चर्चा को देखते हुए इस पर एम.आर.एम. के रुख को बताना अनिवार्य हो जाता है। अपनी स्थापना के एक साल बाद 2003 में अपने पहले सम्मेलन में एम.आर.एम. ने एक प्रस्ताव पारित कर गौ-हत्या पर पूर्ण प्रतिबंध लागू करने की माँग की।[186]

एम.आर.एम. पर टिप्पणी करते हुए लेखक श्रीधर दामले और वाल्टर एंडरसन लिखते हैं—

> "2004 में हुए दूसरे राष्ट्रीय सम्मेलन ने इस माँग को जोड़ा कि भारत के संविधान के अनुच्छेद 370 (जो मुसलिम-बहुसंख्यक जम्मू-कश्मीर राज्य को स्वायत्ता देता है) को समाप्त कर राष्ट्रीय एकता को और सुदृढ़ किया जाए। इसके साथ ही आतंकवाद की निंदा और मुसलिम महिलाओं के लिए समान अधिकारों की माँग करनेवाली घोषणाएँ की गईं। साल 2012 में अपने दसवें सम्मेलन में राष्ट्रीय संयोजक मोहम्मद अफजल ने यह बताते हुए कि एम.आर.एम. के कार्यकर्ताओं ने श्रीनगर में भारत का राष्ट्रीय ध्वज फहराया है, भारत के राष्ट्रपति को गौ-हत्या बंद करने की माँग करनेवाला एक ज्ञापन सौंपा, जिसमें दस लाख मुसलमानों के हस्ताक्षर थे। एम.आर.एम. के कार्यकर्ताओं ने भाजपा के 2014 के संसदीय

---

186. http://mrm.testbharati.com//Encyc/2016/7/12/National-Conventions.html

चुनावों में अपना योगदान दिया और उसके बाद जम्मू-कश्मीर तथा बिहार में होने वाले चुनावों में भी भाजपा के उम्मीदवारों की सहायता की।"[187]

एम.आर.एम. ने एक परचा जारी किया, जिसमें स्पष्ट रूप से लिखा था कि न तो पैगंबर साहब, न ही कुरान ने मुसलमानों को गौ-हत्या करने या गौमांस खाने का कोई निर्देश दिया था। उस परचे में यह भी लिखा गया था कि सौ से अधिक गौशालाओं का प्रबंधन मुसलमानों द्वारा किया जा रहा था।[188] इसमें अनेक मुसलिम बुद्धिजीवियों के लेख थे, जिनमें इसलाम में गाय के महत्त्व को बताया गया था। एम.आर.एम. ने 13 सितंबर, 2015 में हरियाणा में गौशाला पर अपनी पहली बैठक की, जिसमें तत्कालीन मुख्यमंत्री मनोहर लाल खट्टर शामिल हुए थे।

अपने सहयोगी संगठनों की तरह ही राष्ट्रीय स्वयंसेवक संघ ने 1979 में मुसलमानों और ईसाइयों के लिए अपनी सदस्यता खोल दी। आज लगभग चार दशक बाद राष्ट्रीय स्वयंसेवक संघ और इसके लगभग सभी सहयोगी संगठनों में मुसलिम सदस्य मौजूद हैं। राष्ट्रीय स्वयंसेवक संघ की ओर से चलाए जानेवाले स्कूलों में मुसलिम छात्र पढ़ते हैं और मुसलमान राष्ट्रीय स्वयंसेवक संघ-प्रायोजित स्वास्थ्य और कौशल प्रशिक्षण सेवा परियोजनाओं के भी लाभार्थी हैं। कुछ मुसलिम सदस्यों ने तीसरे वर्ष का अपना प्रशिक्षण भी पूरा कर लिया है, जिसे संगठन का सबसे कठिन प्रशिक्षण कार्यक्रम माना जाता है और जहाँ से पूर्णकालिक प्रचारक निकलते हैं।

मुसलमानों की तरह ही ईसाई भी राष्ट्रीय स्वयंसेवक संघ का एक अभिन्न अंग हैं। रतन शारदा ने अपनी पुस्तक *सीक्रेट्स ऑफ राष्ट्रीय स्वयंसेवक संघ* में फादर कुंडुकुलम का जिक्र किया है, जो राष्ट्रीय स्वयंसेवक संघ पर डॉक्टरेट करनेवाले पहले ईसाई पादरी थे। फादर कुंडुकुलम के अनुसार, राष्ट्रीय स्वयंसेवक संघ राजनीतिक, सांस्कृतिक, धार्मिक और स्वैच्छिक प्रकृति और दृष्टिकोण वाला एक बहुमुखी संगठन है। सामाजिक और राजनीतिक परिस्थितियों के अनुसार इसके अलग-अलग पहलू सामने आते हैं। इसके साथ ही उन्होंने राष्ट्रीय स्वयंसेवक संघ की विचारधारा को फासीवाद, नाजीवाद, कट्टरवाद और सांप्रदायिक बताने के खिलाफ भी तर्क दिए। उनके अनुसार, राष्ट्रीय स्वयंसेवक संघ की विचारधारा और आधुनिक शब्दावली की सहायता से जिस प्रकार संघ के नेताओं ने इसकी व्याख्या की, उसकी तुलना कट्टरवाद के उस रूप से नहीं की जा सकती है, जिस रूप में उसे अमेरिका में लिया जाता है। उन्होंने यह भी

187. श्रीधर डी. दामले एंड वाल्टर के. एंडरसन, *'द राष्ट्रीय स्वयंसेवक संघ : ए व्यू टू द इनसाइड'*, पेंग्विन वाइकिंग, नई दिल्ली, 2018, पृ. 99

188. *'गाय और इस्लाम'*, गोरक्षा प्रकोष्ठ, 2016

कहा कि फासीवाद और नाजीवाद के इटली और जर्मनी में उस समय की सामाजिक-राजनीतिक परिस्थितियों के अनुसार अलग ही मायने हैं, जिनका भारत की परिस्थिति से कोई लेना-देना नहीं है।

इसके साथ ही फादर कुंडुकुलम ने यह भी महसूस किया कि केंद्र में शासन के दौरान भाजपा (राष्ट्रीय स्वयंसेवक संघ का राजनीतिक संगठन) ने ऐसा कोई भी काम नहीं किया, जिसे कट्टरवादी, फासीवादी या सांप्रदायिक कहा जा सकता है। उन्होंने बताया कि पिछली बार देश के प्रधानमंत्री पद की शपथ लेने के बाद वाजपेयी ने सबसे पहले जो काम किए, उनमें मदर टेरेसा और दिल्ली के आर्क बिशप से जाकर मिलना शामिल था। फादर कुंडुकुलम का कहना था कि राष्ट्रीय स्वयंसेवक संघ का एक प्रशंसनीय गुण है कि यह समय के अनुसार खुद को लचीला बनाता है और सामाजिक, सांस्कृतिक और धार्मिक आंदोलनों की सबसे अच्छी बातों को अपनाता है। इसने समाज-सेवा की बुनियादी बातों को चर्च के धर्म-प्रचारक संगठनों से और भारी संख्या में लोगों को जुटाने का तरीका कम्युनिस्टों से सीखा।

उन्होंने राष्ट्रीय स्वयंसेवक संघ कैडर में समर्पण और अनुशासन, इसके प्रचारकों की सादा जीवन-शैली, अपनी दैनिक शाखाओं में जिस प्रकार वह युवा पीढ़ी को नैतिक शिक्षा देता है और इसके कार्यकर्ता स्वेच्छा से प्राकृतिक आपदाओं जैसी मुश्किल घड़ी में जिस प्रकार सेवा करते हैं, उनके लिए उसकी प्रशंसा की।[189]

राष्ट्रीय स्वयंसेवक संघ पर एक और झूठा आरोप यह लगाया जाता है कि यह महिला-विरोधी है और इसके लिए उनका कोई महत्त्व नहीं है। यदि सच में ऐसा होता तो 2014 और 2019 में मोदी सरकार में, रक्षा और विदेश विभाग जैसे दो सबसे प्रभावशाली मंत्रालयों का कार्यभार महिलाएँ नहीं सँभाल रही होतीं। हालाँकि केवल राष्ट्रीय स्वयंसेवक संघ की ही बात करें तो राष्ट्रीय स्वयंसेवक संघ की गतिविधियों में महिलाओं की सक्रिय भागीदारी 'राष्ट्रीय सेविका समिति' से स्पष्ट है, जो राष्ट्रीय स्वयंसेवक संघ की सहयोगी है, जिसके गठन और कार्यों पर नीचे विस्तार से चर्चा की गई है।

राष्ट्रीय स्वयंसेवक संघ से प्रेरित कार्य

अपने सहयोगी संगठनों को मिलाकर राष्ट्रीय स्वयंसेवक संघ को अकसर 'संघ परिवार' कहा जाता है। हालाँकि 'संघ परिवार' का शब्द मीडिया का गढ़ा हुआ है। संघ की ओर से गठित और उसके साथ काम करनेवाले संगठनों को सहायक या

189. रतन शारदा, *'सीक्रेट्स ऑफ राष्ट्रीय स्वयंसेवक संघ : डीमिस्टीफाइंग संघ'*, मानस पब्लिकेशंस, 2011

सहयोगी संगठन कहा गया और उनके साथ कभी पिता-पुत्र संगठन जैसा व्यवहार नहीं किया गया।[190] राष्ट्रीय स्वयंसेवक संघ के विचारकों और स्वयंसेवकों ने अनेक सक्रिय सामाजिक, राजनीतिक, व्यापार और वित्तीय संगठनों की स्थापना की। इनमें जोश से भरपूर छात्र संगठन अखिल भारतीय विद्यार्थी परिषद् (ए.बी.वी.पी.), पहले बताया गया मजदूर संघ भारतीय किसान मजदूर संघ और किसानों का संगठन, जिसे भारतीय किसान संघ (बी.के.एस.) कहा जाता है, से लेकर महिलाओं का स्वैच्छिक संघ राष्ट्रीय सेविका समिति, जनजातियों का उत्थान करनेवाला संगठन वनवासी कल्याण आश्रम, विश्व हिंदू परिषद् (वी.एच.पी.) और सरस्वती शिशु मंदिर के अंतर्गत आनेवाले हजारों स्कूल, विद्या भारती और एकल विद्यालय तक शामिल हैं। इनके अलावा स्वदेशी सामान और उनके उत्पादन के लिए चलाया गया देशव्यापी आंदोलन, जिसे 'स्वदेशी जागरण मंच' कहा जाता है, तथा राष्ट्रीय स्वयंसेवक संघ का वैश्विक संगठन—हिंदू स्वयंसेवक संघ (एच.एस.एस.) और भारतीय जनसंघ (भारतीय जनसंघ) भी शामिल है, जिसने अपने आप को भारतीय जनता पार्टी या भाजपा के रूप में स्थापित किया।

अखिल भारतीय विद्यार्थी परिषद् (ए.बी.वी.पी.)

यह कहा जा सकता है कि 1948 में राष्ट्रीय स्वयंसेवक संघ पर लगी पाबंदी का परिणाम ए.बी.वी.पी. के रूप में सामने आया। ए.बी.वी.पी. की स्थापना का श्रेय राष्ट्रीय स्वयंसेवक संघ नेता बलराज मधोक को दिया जाता है।[191] जब राष्ट्रीय स्वयंसेवक संघ पर पाबंदी लगी थी, तब कई वरिष्ठ नेताओं ने हाथ पर हाथ धरकर बैठने के बजाय एक संगठन खड़ा करने का निर्णय लिया और इस प्रकार ए.बी.वी.पी. का जन्म हुआ। कुछ ही वर्षों के भीतर यह एक प्रभावशाली छात्र संगठन बन गया, जिसने देश को पीछे ले जा रहे सामाजिक और राजनीतिक मुद्दों पर अपने तेवर से युवाओं को आकर्षित किया। भारत के छात्र आंदोलन में यह अपनी एक अलग ही पहचान और राष्ट्रीय सुरक्षा तथा शिक्षा से जुड़े मुद्दों पर राष्ट्रवादी सोच के लिए जाना जाता है। राष्ट्रीय सुरक्षा के मुद्दों के समर्थन में इसने कई आंदोलन चलाए हैं। इनमें से एक बांग्लादेशी घुसपैठियों के खिलाफ था, जो हैरान करनेवाली संख्या तक उनके पहुँचने से काफी पहले चलाया गया था।

'स्टूडेंट्स एक्सपीरिएंस इन इंटरस्टेट लर्निंग' (अंतरराज्यीय शिक्षा में छात्रों का अनुभव) या 'सील' एक ऐसा कार्यक्रम है, जिसकी शुरुआत ए.बी.वी.पी. ने की थी और

190. उपरोक्त, पृ. 147
191. https://www.patrika.com/national-news/abvp-founder-and-veteran-rss-leader-balraj-madhok-dies-2236435/

जिसका उद्‌देश देश की एकता है। इसके अंतर्गत पूर्वोत्तर के छात्रों को न्योता दिया जाता है और उनके रहने की व्यवस्था मुंबई, पुणे आदि में सामान्य मध्यमवर्गीय परिवारों के साथ की जाती है, जहाँ वे उन परिवारों के बच्चों के साथ स्कूल जाते हैं। अपनी शिक्षा पूरी करने के बाद वे अपने-अपने परिवारों के पास लौट जाते हैं और इस प्रकार देश की एकता में अपना योगदान करते हैं।

भारतीय मजदूर संघ (बी.एम.एस.)

दत्तोपंत ठेंगड़ी ने इसकी स्थापना 1955 में की थी। यह 'मजदूर संघों के क्षेत्र में पूरी तरह से अलग ही तरह का जोशीला' संगठन है।[192] यह संगठन 'देश के औद्योगीकरण, उद्योग के श्रमिकीकरण और श्रमिकों के राष्ट्रीयकरण' के सिद्धांत पर काम करता है।

पहले ही दिन से बी.एम.एस. को एक ऐसे मजदूर संघ के रूप में देखा गया, राष्ट्रवाद जिसका मुख्य आधार होगा, जो सच्चे मजदूर संगठन के रूप में काम करेगा और अपने आप को दलगत राजनीति से पूरी तरह अलग रखेगा। यह सच है कि उस समय तक देश के सभी मजदूर संघ किसी-न-किसी पार्टी से जुड़ चुके थे। एक और बात जो भारतीय मजदूर संघ को दूसरों से अलग करती है, एक सिद्धांत के रूप में, वे संगठन में अपने आप को एक हितधारक के रूप में देखते थे, इस कारण उन्होंने यह तय किया था कि जहाँ वे काम करते हैं, वहाँ यदि हड़ताल पर जाते हैं, तब भी मशीनों या परिसरों में किसी प्रकार की तोड़-फोड़ नहीं करेंगे।

संघर्ष करके इसने धीरे-धीरे उस क्षेत्र में अपनी पैठ बनाई, जहाँ कम्युनिस्टों और कांग्रेस पार्टी का दबदबा था···बी.एम.एस. के बिल्ले पर मानव-नियंत्रित औद्योगिक विकास और कृषि संबंधी समृद्धि के बीच तारतम्य दिखता है।

> "इसे घूमते पहिए और मक्की की बाली के बीच हाथ के एक मजबूत, आश्वस्त और तने अँगूठे के रूप में स्पष्ट दिखाया गया है···इसने एक जोशीले और साहसी आर्थिक रुख का परिचय देते हुए यह कहा कि भारत में आय का अनुपात एक और दस होना चाहिए।"[193]

बी.एम.एस. संघर्षशील स्वतंत्र निकाय है और यह दूसरे मजदूर संगठनों के साथ अपना विलय करने के सभी प्रयासों का विरोध करता है। कई नीतिगत मुद्‌दों पर यह भाजपा तक का विरोध करता है और इस बात को सभी जानते हैं।

---

192. रतन शारदा, *'सीक्रेट्स ऑफ राष्ट्रीय स्वयंसेवक संघ : डीमिस्टीफाइंग संघ'*, मानस पब्लिकेशंस, 2011, पृ. 152

193. उपरोक्त, पृ. 152

भारतीय किसान संघ (बी.के.एस.)

बी.एम.एस. से ही उत्पन्न 'भारतीय किसान संघ' किसानों के मुद्दों को उठाता है और भारत के अधिकांश राज्यों में इसकी अच्छी-खासी मौजूदगी है। बी.के.एस. की अपनी एक रिसर्च विंग भी है, जो औद्योगिक क्षेत्र में निष्पक्ष शोध और विकास का अपने आप में ही एक संस्थान है। इस 'भारतीय श्रम-शोध मंडल' कहा जाता है।

बी.एम.एस. ने 'विश्वकर्मा दिवस' मनाने की एक महत्त्वपूर्ण परंपरा शुरू की है, जिसे युगों-युगों से भारत के शिल्पकार मनाते आए हैं। इसके पीछे की सोच यह है कि भारतीय श्रमिकों के लिए 2मई दिवस' से अधिक विश्वकर्माजी मायने रखते हैं।

राष्ट्रीय सेविका समिति

'राष्ट्रीय सेविका समिति' की स्थापना लक्ष्मीबाई केलकर द्वारा 1936 में की गई थी। वह राष्ट्रीय स्वयंसेवक संघ के कार्यों की काफी सराहना किया करती थीं और उनकी इच्छा थी कि महिलाओं के लिए भी ऐसा ही एक संगठन खड़ा किया जाए, ताकि बचपन से ही उन्हें प्रशिक्षित किया जा सके। चूँकि महिलाएँ ही बच्चों में मूल्यों को डालती और विकसित करती हैं, इस कारण उनका मानना था कि महिलाओं का प्रशिक्षण अनिवार्य है। इस मकसद से ही, उन्होंने डॉ. हेडगेवार से मुलाकात की और महिलाओं के लिए एक संगठन बनाने की अपनी इच्छा व्यक्त की। हालाँकि उन्होंने ऐसा कोई संगठन खड़ा करने में अपनी असमर्थता जताई, लेकिन उनसे वादा किया कि यदि वे ऐसा करेंगी तो उन्हें उनका पूरा समर्थन मिलेगा। इस प्रकार 'राष्ट्रीय सेविका समिति' का जन्म हुआ।

वनवासी कल्याण आश्रम (वी.के.एस.)

इसकी स्थापना 1952 में बालासाहेब देशपांडे ने की थी, जिन्होंने जशपुर क्षेत्र में काम करने के लिए अपनी वकालत छोड़ दी, जहाँ उन्होंने न केवल 110 स्कूल खोले, बल्कि आदिवासियों के कल्याण के प्रति अपना जीवन समर्पित कर दिया। वी.के.एस. सबसे बड़ा हिंदू संगठन है, जो आदिवासियों के उत्थान और कल्याण के प्रति समर्पित है और जो अपने इलाके के आठ करोड़ से भी अधिक लोगों की सेवा करता आ रहा है।[194]

राष्ट्रीय स्वयंसेवक संघ ने जहाँ अधिकांशतया परमार्थ संबंधी कार्यों में पहल की है, वहीं वी.के.एस. का लक्ष्य स्थानीय आबादी को आत्मनिर्भर बनाने और व्यक्तिगत तथा सामाजिक स्तर पर उनमें आत्मविश्वास पैदा करने का रहा है। आदिवासियों को उनकी प्राचीन परंपरा और विरासत पर गर्व का अहसास कराने और उन्हें राष्ट्रीय स्तर पर मुख्यधारा के करीब लाने के साथ ही इसके प्रयास भी किए गए हैं कि वे अपने देसी

194. उपरोक्त, पृ. 157

तौर-तरीकों को जारी रखें। इस उद्देश्य की पूर्ति के लिए शिक्षा, स्वास्थ्य, रोजगार, संस्कृति समेत सामाजिक जीवन के सभी पहलुओं पर कार्य किया जाता है।

यह राष्ट्रीय स्वयंसेवक संघ से जुड़ा एक ऐसा संगठन है, जिसे चर्च का सबसे अधिक विरोध का सामना करना पड़ता है, जिसे वी.के.एस. सदस्यों द्वारा किए गए कार्यों से खतरा महसूस होता है।

विश्व हिंदू परिषद् (वी.एच.पी.)

यह संघ से जुड़ा संभवतः एकमात्र ऐसा संगठन है, जिस पर गोलवलकरजी ने व्यक्तिगत रूप से ध्यान दिया। इसके लिए उन्होंने अपनी आखिरी दौर की रेडिएशन थेरैपी तक को टाल दिया था। वी.एच.पी. का उद्देश्य मंदिरों की कार्यप्रणाली में सुधार लाना और उन्हें सामाजिक बदलाव का माध्यम बनाना था, जहाँ उन्हें उन विषयों पर अधिक सक्रिय भूमिका निभानी थी, जो आमतौर पर हिंदुओं की एकता को प्रभावित करते हैं। चूँकि वी.एच.पी. की स्थापना को काफी महत्त्वपूर्ण माना जा रहा था, इस कारण गोलवलकर ने स्वयं कई गुरुओं, संतों और आध्यात्मिक नेताओं से मुलाकात की। वी.एच.पी. का पहला पूर्ण अधिवेशन इलाहाबाद (अब प्रयागराज) में 1996 के महाकुंभ के दौरान हुआ था। इस भव्य सम्मेलन में विभिन्न मतों के अनेक संतों और मुनियों ने हिस्सा लिया था। इस सम्मेलन की एक सबसे बड़ी उपलब्धि अस्पृश्यता और जाति के आधार पर समाज के बँटवारे को समाप्त करने का संकल्प लेनेवाला प्रस्ताव पारित किया जाना था। वी.एच.पी. ने अन्य कई सुधारवादी कार्यक्रम भी शुरू किए। इनमें गैर-ब्राह्मणों को संस्कारों की शिक्षा देना और पुजारी के रूप में उनका कार्य करना शामिल था। इसने महिला पुजारियों की दीक्षा का भी समर्थन किया, जो उस समय की परिपाटी के विरुद्ध था। रामजन्मभूमि का आंदोलन वी.एच.पी. के इतिहास की सबसे बड़ी घटना है।

सरस्वती शिशु मंदिर और विद्या भारती

'सरस्वती शिशु मंदिर' भारत में स्कूलों की एक सबसे बड़ी श्रृंखला है, जिसमें लगभग 27,000 स्कूल हैं और इसकी स्थापना 1952 में उत्तर प्रदेश में प्रो. राजेंद्र सिंह, नानाजी देशमुख और दीनदयाल उपाध्याय के प्रयासों से हुई थी। ये सभी उस समय राष्ट्रीय स्वयंसेवक संघ के युवा प्रचारक थे। आज 'सरस्वती शिशु मंदिर' भारत में गैर-सरकारी स्कूलों की सबसे बड़ी श्रृंखला है। 'विद्या भारती' एक विशाल शैक्षणिक संगठन है, जिसकी स्थापना 1977 में हुई थी। इसमें कई शैक्षणिक ट्रस्ट शामिल हैं। शिशु मंदिरों को अंत में 'विद्या भारती' के अंतर्गत लाया गया। प्राथमिक शिक्षा से स्नातकोत्तर तक की शिक्षा देनेवाले संस्थान 'विद्या भारती' के अंतर्गत आते हैं। इसके पीछे कम खर्च में अच्छी

शिक्षा देने के साथ ही पारंपरिक भारतीय मूल्यों को भी आगे बढ़ाना है।

स्वदेशी जागरण मंच (एस.जे.एम.)

'स्वदेशी जागरण मंच' वर्ष 1992-93 के दौरान सुर्खियों में आया, जब भारत में वैश्वीकरण का आगमन हो रहा था। इसकी स्थापना भारतीय उद्योग और वाणिज्य को आंतरिक रूप से उदार बनाए जाने से पहले बेलगाम वैश्वीकरण के प्रयासों का विरोध करने के मकसद से की गई थी। मंच का लक्ष्य एक सशक्त वैकल्पिक राष्ट्रवादी आर्थिक एजेंडे को सामने रखना था।

एकल विद्यालय

वरिष्ठ राष्ट्रीय स्वयंसेवक संघ प्रचारक श्याम गुप्त की अध्यक्षता में यह हाल के दिनों में सामने आए सबसे उत्साही और तेजी से आगे बढ़ते संगठनों में से एक है। मात्र एक दशक में इसने 30,000 स्कूल स्थापित किए हैं, जिनमें से अधिकांश देश के पूर्वी हिस्से में हैं। 'फ्रेंड्स ऑफ ट्राइबल सोसाइटी' और 'बवनबंधु' परिषद् जैसे कई सहयोगी संगठन इस आंदोलन के साथ जुड़े हैं।

विवेकानंद रॉक मेमोरियल

शुरुआत में राष्ट्रीय स्वयंसेवक संघ ने इसे देखा-भाला और आगे बढ़ाया, लेकिन अब यह कन्याकुमारी स्थित एक स्वायत्त संगठन है, जिसका प्रबंधन 'विवेकानंद केंद्र' करता है। अब यह स्वयं ही अपने कर्मियों और स्वयंसेवकों की भरती और प्रशिक्षण का काम करता है। ईसाई पादरियों के कड़े विरोध के कारण इस मेमोरियल के निर्माण में अनेक मुश्किलों का सामना करना पड़ा।

हिंदू स्वयंसेवक संघ (एच.एस.एस.)

जैसा कि पहले बताया गया है, यह राष्ट्रीय स्वयंसेवक संघ का समकक्ष है, जो विदेश में काम करता है। विदेश में सबसे पहले शाखाओं ने 1947 में काम करना शुरू किया, जिनकी शुरुआत केन्या और म्याँमार में भारत से जाकर बसनेवाले स्वयंसेवकों ने की।

विदेश में मौजूद भारतीय समुदाय के प्रति राष्ट्रीय स्वयंसेवक संघ की दिलचस्पी का मूल कारण यह है कि यह दुनिया भर के हिंदुओं को एकजुट करना चाहता है। यहाँ तक कि 1953 में ही गोलवलकर ने राज्य प्रचारकों को अपने संबोधन

में विदेशी हिंदुओं के प्रति राष्ट्रीय स्वयंसेवक संघ की दिलचस्पी को एक दार्शनिक संदर्भ में व्यक्त किया था और कहा था कि राष्ट्रीय स्वयंसेवक संघ का एक 'वैश्विक मिशन' है, जिसमें वह दुनिया को दिखाना चाहता है कि सारे हिंदू एक परिवार का हिस्सा हैं। यदि बेनेडिक्ट एंडरसन के शब्दों का प्रयोग करें तो 'लंबी दूरी के इस राष्ट्रवाद' का लक्ष्य एकीकृत हिंदू समुदाय को इस प्रकार साथ लाना है कि वे देश के काम आ सकें, जहाँ भारत में और अन्यत्र संघ परिवार द्वारा चलाए जा रहे सेवा के कार्यों के लिए वित्तीय और स्वयंसेवियों की सहायता जुटाना इसका प्रमुख उद्देश्य है।[195]

सेवा के ऐसे अभियानों के अंतर्गत तमाम तरह के विषय शामिल हैं, जिनमें प्राकृतिक आपदा के शिकार लोगों की सहायता भी की जाती है। वे राजनीतिक कार्यों की जिम्मेदारी भी सँभालते हैं, जिनमें राजनीतिक नेताओं की रैलियों के लिए धन जुटाना शामिल है। विदेश में होने वाली पी.एम. मोदी की अधिकांश रैलियाँ इसकी उदाहरण हैं।

बाहरी देशों में एच.एस.एस. की ब्रांच उसी प्रकार स्वायत्त हैं, जिस प्रकार भारत में राष्ट्रीय स्वयंसेवक संघ के सहयोगी संगठन। कुछ देशों में एच.एस.एस. की इकाइयों में एक महिला विंग होती है, जिसे 'हिंदू सेविका समिति' कहा जाता है, जैसा कि भारत में है, जबकि कुछ अन्य देशों में यह पारिवारिक इकाई के रूप में कार्य करती है। वी.एच. पी. राष्ट्रीय स्वयंसेवक संघ का पहला सहयोगी संगठन था, जिसने अमेरिका में 1970 में अपने पैर जमाए थे, जो भारत में इसके अस्तित्व में आने के मात्र छह साल बाद की बात है।

राष्ट्रीय स्वयंसेवक संघ सदस्य, जो राजनीति में आए

जैसा कि रतन शारदा राष्ट्रीय स्वयंसेवक संघ के प्रशिक्षण को लेकर अपनी पुस्तक *सीक्रेट्स ऑफ राष्ट्रीय स्वयंसेवक संघ* में लिखते हैं—"इसी प्रशिक्षण ने नितिन गडकरी जैसा अत्यधिक कार्यकुशल मंत्री दिया है, जिन्होंने 5 साल में इतने पुल, फ्लाईओवर और हाईवे बना दिए, जितने 50 साल में कांग्रेस ने नहीं बनाए थे।"

इस व्यवस्था ने स्वर्गीय मनोहर पर्रिकर जैसा मुख्यमंत्री दिया, जिन्होंने गोवा जैसे छोटे से राज्य को औद्योगिक विकास और वहाँ की प्रणाली में मौजूद खामियों को समाप्त कर प्रगति के पथ पर मजबूती से आगे बढ़ाया, जिसे उनके आने से पहले तक घूमने-फिरने के लिए मात्र एक समुद्री तट माना जाता था। इसी प्रकार मध्य प्रदेश में शिवराज

195. श्रीधर डी. दामले एंड वाल्टर के एंडरसन, *'द राष्ट्रीय स्वयंसेवक संघ : ए व्यू टू द इनसाइड'*, पेंग्विन वाइकिंग, नई दिल्ली, 2018, पृ. 46

सिंह और छत्तीसगढ़ में डॉ. रमन सिंह ने समाज के सबसे उपेक्षित वर्ग के लिए जिस प्रकार की कल्याणकारी योजनाएँ चलाईं, उन्हें दूसरे राज्यों ने गहराई से देखा और अपने-अपने यहाँ लागू किया। पी.एम. मोदी कैंटीन में काम करनेवाले एक लड़के के औसत स्तर से उठे और पहले एक प्रचारक बने, फिर गुजरात के मुख्यमंत्री और अंत में देश के प्रधानमंत्री बने।

भारत के सबसे लोकप्रिय प्रधानमंत्रियों में से एक वाजपेयी ने योजना बनानेवालों को ऐसी सोच दी, जो राष्ट्रीय राजमार्गों के जाल और ग्रामीण सड़कों के जाल को बिछाने की योजनाओं के रूप में सामने आई, जिसने इस विशाल देश में लोगों और सामानों की आवाजाही के तरीके को बदला और अछूते इलाकों में आर्थिक विकास को नई ताकत दी। केवल एक अटल बिहारी ही परमाणु बम का परीक्षण कर सकते थे, पाबंदियों का सामना कर सकते थे, इन पाबंदियों का साहस के साथ मुकाबला करने के लिए भारत के खजाने में दिल खोलकर योगदान करने के लिए प्रवासी भारतीयों को प्रेरित कर सकते थे और अंत में अमेरिका को एक ऐसी स्थिति में ला सकते थे, जहाँ उसने भारत को एक दोस्त और सहयोगी के रूप में देखना शुरू कर दिया।[196]

भारतीय जनसंघ (भारतीय जनसंघ)

'भारतीय जनसंघ' राष्ट्रीय स्वयंसेवक संघ से निकला एक संगठन था, जिसकी स्थापना वर्ष 1951 में की गई थी। भारतीय जनसंघ के जन्म को राष्ट्रीय स्वयंसेवक संघ की ओर से अपने प्रशिक्षित सदस्यों को किसी दूसरे संगठन में भेजने के पहले प्रयोग के रूप में भी देखा जा सकता है। चूँकि इस संगठन की गतिविधियाँ उनसे अलग थीं, जिन्हें राष्ट्रीय स्वयंसेवक संघ किया करता था, इसलिए यह काम और भी चुनौतिपूर्ण था। अपना राजनीतिक दल बनाने का विचार पहले भी आया था, जब राष्ट्रीय स्वयंसेवक संघ पर लगी पाबंदी को नहीं हटाया गया था। दिलचस्प तौर पर, जब सी.आई.डी. और गांधी की हत्या की जाँच करनेवाले आयोग ने क्लीन चिट दे दी, लिखित संविधान सौंप दिया गया और इसके सदस्य शांतिपूर्ण सत्याग्रह करते रहे, तब भी पाबंदी नहीं हटाई गई। यह भी बता दें कि जब राष्ट्रीय स्वयंसेवक संघ पर पाबंदी लगी थी, तब किसी भी दल के नेता ने इसका साथ नहीं दिया। इन परिस्थितियों में ही राष्ट्रीय स्वयंसेवक संघ के कई वरिष्ठ नेताओं ने गोलवलकरजी को एक राजनीतिक संगठन खड़ा करने के लिए मनाया; इस प्रकार भारतीय जनसंघ अस्तित्व में आया।

□

196. उपरोक्त, पृ. 122

भाग-4

भारतीय जनसंघ : भाजपा का पहला अवतार (1951-1975)

इससे पहले कि हम भारतीय जनता पार्टी पर चर्चा की शुरुआत करें, भारतीय जनसंघ को जानना बेहद जरूरी हो जाता है, जो भाजपा का पहला अवतार था। हिंदू महासभा के बाद राष्ट्रवादी विचारधारा से ओत-प्रोत दूसरा राजनीतिक संगठन जनसंघ था। भारतीय जनसंघ के एक से बढ़कर एक दूरदर्शी नेता हुए, जिनमें से डॉ. श्यामा प्रसाद मुकर्जी और दीनदयाल उपाध्याय से लेकर अटल बिहारी वाजपेयी और लाल कृष्ण आडवाणी तथा अन्य नेता शामिल थे। भारतीय जनसंघ जनता पार्टी के उस गठबंधन का हिस्सा था, जिसने भारत में नेहरू-गांधी परिवार के वंशवादी शासन को 1977 में पहली बार बेदखल किया था। और फिर भाजपा ने 2014 और 2019 में नेहरू-गांधी परिवार के परिवारवादी शासन को उखाड़ फेंका। भारतीय जनसंघ का भाजपा के रूप में आना कई तरीके से बस, नाम बदलने जैसा था, क्योंकि भाजपा के कई संस्थापक नेता भारतीय जनसंघ के ही थे, वहीं भाजपा की विचारधारा की नींव भारतीय जनसंघ में ही थी और आज भी भाजपा उन्हीं सामाजिक, आर्थिक और वैश्विक नीतियों को आगे बढ़ा रही है, जिन्हें भारतीय जनसंघ ने अपनाया था।

8

भारतीय जनसंघ की स्थापना

आजादी के समय तक कांग्रेस, कम्युनिस्ट पार्टी और हिंदू महासभा जैसे राजनीतिक दल अंग्रेजी राज के समय से ही प्रांतीय विधानसभा के चुनावों में हिस्सा लेते चले आ रहे थे। 1951-52 के पहले आम चुनावों से पहले कई नए दलों का गठन हुआ। कुछ की स्थापना उन असंतुष्ट कांग्रेसियों द्वारा की गई, जो नेहरू के काम करने की शैली को पसंद नहीं करते थे, जैसे किसान मजदूर प्रजा पार्टी (के.एम.पी.पी.) और सोशलिस्ट पार्टी। हालाँकि भारतीय जनसंघ की स्थापना का इतिहास एकदम अलग है। इसकी स्थापना आजादी के बाद देश के भविष्य के प्रति एक सुदृढ़ दूरदर्शी विचारधारा के आधार पर की गई थी।

चूँकि संस्थापक सदस्यों की पहली खेप और बाद के दिग्गज नेता राष्ट्रीय स्वयंसेवक संघ के प्रचारकों के बीच से आए, इसलिए हम सबसे पहले उस बहस की बात करेंगे, जो राष्ट्रीय स्वयंसेवक संघ में चल रही थी कि उसे सीधे तौर पर राजनीति में शामिल होना चाहिए या नहीं? राष्ट्रीय स्वयंसेवक संघ की राजनीति में कोई दिलचस्पी नहीं थी, लेकिन भारत की राजनीतिक और आर्थिक स्थिति पर उसकी नजर थी। एक नजर में विरोधाभास जैसी स्थिति वास्तविक भारतीय परंपरा के कारण थी और इस स्थिति को गुरु गोलवलकर ने इस प्रकार स्पष्ट किया था—

> "कभी भी राजनीतिक शासक हमारे समाज के सर्वमान्य कर्णधार नहीं रहे। उन्हें कभी हमारे राष्ट्रीय जीवन का प्रतीक नहीं माना गया। ऐसे संत-महात्मा, जो स्वार्थ और सत्ता के नश्वर आकर्षणों से ऊपर उठ चुके थे और समाज में सुख, नेकी और एकजुटता स्थापित करने के लिए अपने आप को पूरी तरह समर्पित कर चुके थे, वे लगातार इसका मार्गदर्शन कर रहे थे। वे धर्मसत्ता (नैतिक सत्ता) के प्रतीक थे। राजा मात्र उस उच्च नैतिक सत्ता का कर्तव्यनिष्ठ अनुयायी था। प्रतिकूल और आक्रामक ताकतों के कारण कई राज परिवार धराशायी हो चुके थे। लेकिन धर्मसत्ता ने लोगों को एकजुट बनाए रखा।"[197]

197. एम.एस. गोलवलकर, *'बंच ऑफ थॉट्स'*, साहित्य सिंधु प्रकाशन, तीसरा संस्करण, पृ. 93

डॉ. हेडगेवार और गोलवलकर ने राष्ट्रीय स्वयंसेवक संघ की अवधारणा एक ऐसे संगठन के तौर पर की थी, जिसके दो उद्‌देश्य थे—लोगों का चरित्र-निर्माण और देश की अंतरात्मा की रक्षा। इसलिए गोलवलकर कहते हैं—

> "हम अपने समाज के सभी सदियों पुराने आदर्शों का एक प्रकाशमान केंद्र बनना चाहते हैं, वैसे ही जैसे वह अवर्णनीय शक्ति, जो सूर्य के माध्यम से प्रकाश फैलाती है। तब उस राजनीतिक सत्ता के पास उस प्रकाश को परावर्तित करने के सिवाय कोई और लक्ष्य नहीं होगा, जिसके जीवन का स्रोत यह समाज है।"[198]

गोलवलकर आगे कहते हैं—

> "चलिए, हम अपने जीवन को उन प्राचीन पथ-प्रदर्शकों के पदचिह्नों पर आगे बढ़ाएँ, जो हमारे देश के सांस्कृतिक तपस्वी हैं। चलिए, उस गौरवशाली परंपरा को पुनर्जीवित करें, जिसने एक वसिष्ठ, एक विश्वामित्र, एक चाणक्य, एक विद्यारण्य और एक समर्थ को जन्म दिया, जो श्रीराम, चंद्रगुप्त, कृष्णदेव राय और शिवाजी के रूप में पुष्पित हुए...चलिए, इस दृढ़ निश्चिय के साथ बाहरी दुष्प्रचार की तमाम कोशिशों के बीच चट्टान के समान खड़े रहें और राजनीतिक लाभ के लिए अनैतिक रास्तों और आकर्षणों से बचें। चलिए, अपने देश के लोगों को एक बार फिर अपनी राष्ट्रीय प्रतिभा के मार्ग पर अग्रसर कर, अपनी भारत माता को इस संसार के सांस्कृतिक मार्गदर्शक के रूप में पुनर्स्थापित करने के सपने को साकार करें।"[199]

नेहरू को हमेशा यह डर सताता रहा कि राष्ट्रीय स्वयंसेवक संघ एक राजनीतिक दल बन जाएगा। एंडरसन और दामले ने अपनी पुस्तक[200] में लिखा था कि सरकार और समाज के विभिन्न तत्त्वों ने किसी-न-किसी प्रकार से राष्ट्रीय स्वयंसेवक संघ की सेवा ली थी। सरदार वल्लभ भाई पटेल ने कश्मीर के महाराजा को इस बात पर सहमत करने के लिए गोलवलकर की मदद माँगी थी कि वह अपने राज्य का विलय कश्मीर के साथ कर दें। एक अन्य अवसर पर दिल्ली क्षेत्र के सैन्य कमांडर ने सितंबर 1947 में गोलवलकर से मुलाकात की और उनसे बँटवारे के बाद बड़े पैमाने पर आबादी के आने-जाने से पैदा हुई कानून-व्यवस्था की स्थिति को बनाए रखने में मदद माँगी थी।

---

198. उपरोक्त, पृ. 100
199. उपरोक्त, पृ. 100
200. वाल्टर के एंडरसन और श्रीधर डी. दामले, *'द ब्रदरहुड इन सैफ्रन : द राष्ट्रीय स्वयंसेवक संघ एंड हिंदू रिवाइवलिज्म'*, वेस्टव्यू प्रेस, 1987

10 दिसंबर, 1947 को दिल्ली में आयोजित राष्ट्रीय स्वयंसेवक संघ की एक विशाल रैली में मशहूर कारोबारी, राजकुमार और विभिन्न हिंदू संगठनों के नेताओं ने हिस्सा लिया, जिससे कई लोगों को यह लगने लगा कि राष्ट्रीय स्वयंसेवक संघ एक राजनीतिक ताकत बन सकता है।

नेहरू को खासतौर पर यह डर सताने लगा कि कहीं राष्ट्रीय स्वयंसेवक संघ उनसे सत्ता न छीन ले! उनकी नजर राष्ट्रीय स्वयंसेवक संघ की गतिविधियों पर लगाम कसने के बहाने ढूँढ़ने पर लग गई। गांधी की हत्या के बाद इसी डर के कारण गोलवलकरजी को 3 फरवरी को गिरफ्तार किया गया और 4 फरवरी, 1948 को राष्ट्रीय स्वयंसेवक संघ पर पाबंदी लगा दी गई। यह मात्र उन अफवाहों पर आधारित थी कि उनकी हत्या में राष्ट्रीय स्वयंसेवक संघ और हिंदू महासभा का हाथ है। यह पाबंदी 11 जुलाई, 1949 को तब हटाई गई, जब कई दौर की बातचीत हुई और सरदार पटेल के कहने पर राष्ट्रीय स्वयंसेवक संघ ने अपना लिखित संविधान सौंप दिया। इस पाबंदी के दौरान ही पटेल और बी.जी. खेर तथा डी.पी. मिश्रा जैसा अन्य मंत्रियों के माध्यम से कांग्रेस ने राष्ट्रीय स्वयंसेवक संघ को ऐसे संदेश भिजवाए कि वह कांग्रेस में शामिल हो जाए। राष्ट्रीय स्वयंसेवक संघ के कई सदस्यों को लगा कि राष्ट्रीय स्वयंसेवक संघ पर लगी पाबंदी बिना सबूत भी जारी रह सकती थी, क्योंकि कांग्रेस चाहती थी कि संघ अपना विलय कांग्रेस में कर दे। कांग्रेस नेताओं को यह डर भी था कि एक बार पाबंदी हटी तो राष्ट्रीय स्वयंसेवक संघ एक ताकतवर राजनीतिक शक्ति बनकर उभरेगा। यहाँ उस बात को याद करना जरूरी हो जाता है कि पाबंदी हटाए जाने के बाद सी.डब्ल्यू.सी. ने 10 अक्तूबर, 1949 को सर्वसम्मति से एक प्रस्ताव पारित कर राष्ट्रीय स्वयंसेवक संघ के स्वयंसेवकों को कांग्रेस में शामिल होने का न्योता दिया।[201]

कुछ ऐसी घटनाएँ और तथ्य हैं, जो इशारा करते हैं कि नेहरू किसी भी कीमत पर सत्ता में बने रहना चाहते थे और उनके कई कृत्य हिंदू-विरोधी और मुसलिम समर्थक थे। मध्य प्रदेश के तत्कालीन गृह मंत्री द्वारका प्रसाद मिश्रा ने कहा था कि कांग्रेस ने जमीयत उलेमा-ए-हिंद के सदस्यों को अपनी पार्टी में शामिल होने पर कोई आपत्ति नहीं की, जिसका एकमात्र उद्‌देश्य इसलामी संस्कृति को सुरक्षित रखना था। इतना ही नहीं, पूर्व मुसलिम लीग के सदस्यों का भी स्वागत किया गया था, जो बँटवारे के लिए जिम्मेदार थे।

नेहरू की कांग्रेस हिंदुओं के साथ एकदम अलग तरीके का व्यवहार करती थी। नेहरू की हिंदू विरोधी मानसिकता का पता सोमनाथ मंदिर के पुनर्निर्माण को लेकर उनके रुख से चल जाता है। जूनागढ़ के भारत में विलय के बाद लोक निर्माण, खनन और

201. *'हिस्टरी ऑफ भारतीय जनसंघ 1952-1980 : पार्टी डॉक्यूमेंट'*, खंड 6, पृ. 57

बिजली विभाग के तत्कालीन मंत्री एन.वी. गाडगिल मंदिर का पुनर्निर्माण कराना चाहते थे, जिस पर सरदार पटेल भी सहमत थे। हालाँकि तत्कालीन शिक्षा मंत्री मौलाना आजाद ने इस पर आपत्ति जताई और कहा कि सोमनाथ मंदिर भारतीय पुरातत्त्व सर्वेक्षण विभाग को सौंप देना चाहिए और उसका संरक्षण एक ऐतिहासिक इमारत के रूप में किया जाना चाहिए। चूँकि सरदार पटेल ठान चुके थे, इस कारण भारत सरकार ने मंदिर के पुनर्निर्माण का फैसला किया। हालाँकि पटेल के निधन के बाद नेहरू पलट गए और पुनर्निर्माण परियोजना को हिंदू पुनर्जागरण की कारस्वाई बता दिया।

वामपंथी भी नेहरू के चहेते थे। मुसलमानों की तरह ही, उन्होंने कम्युनिस्टों की न कभी शिकायत की, न ही जब उन्होंने कोई गलती की, तब उन पर हमला किया। स्वतंत्रता संग्राम के दौरान कम्युनिस्टों ने गांधी, नेहरू और बोस समेत सभी राष्ट्रीय नेताओं के लिए अपशब्दों का प्रयोग किया। उन्होंने मुसलिम लीग की माँगों के लिए संघर्ष तक किया। ख्वाजा अहमद अब्बास, जो एक कम्युनिस्ट लेखक थे, उन्होंने कहा था कि कम्युनिस्टों ने ही मुसलिम लीग को पाकिस्तान की तर्कहीन और राष्ट्र विरोधी माँग करने का वैचारिक आधार दिया, जब उन्होंने 'अपना मुल्क', 'नागरिकता', 'आजादी' जैसे शब्दों का इस्तेमाल किया।[202]

कम्युनिस्टों ने आजादी को कभी स्वीकार नहीं किया और कहा कि 'यह आजादी झूठी है।' इससे भी बुरा तो तब हुआ, जब 1962 में भारत-चीन युद्ध के बाद, जिसमें नेहरू के भोलेपन की कीमत भारत को करारी हार के रूप में चुकानी पड़ी, मार्क्सवादी कम्युनिस्ट पार्टी या सी.पी.आई. (एम) ने चीन को आक्रमणकारी मानने से इनकार कर दिया। इतना ही नहीं, 1963 में जब नेहरू प्रधानमंत्री थे, तब उन्हें लगा कि रक्तरंजित क्रांति का यही सही समय है। क्या नेहरू ने उन्हें फटकार लगाई थी? उनकी आलोचना की थी? इतिहास गवाह है कि नेहरू ने उच्च शिक्षा का क्षेत्र उनके हवाले कर उन्हें सम्मानित ही किया था। ऐसे लोग, जो भारत के इतिहास को नहीं मानते और जिनका लोकतंत्र पर विश्वास नहीं था, उन्होंने उस समय के बाद से ही भारत का इतिहास और यहाँ की राजनीति के बारे में लिखना और यह तय करना शुरू कर दिया कि कौन अच्छा था और कौन बुरा!

राजनीति में राष्ट्रीय स्वयंसेवक संघ की भूमिका पर राष्ट्रीय स्वयंसेवक संघ नेतृत्व के विचार

राष्ट्रीय स्वयंसेवक संघ के प्रमुख नेताओं में इस बात का रोष था कि कुछ एक लोगों के सिवाय कोई भी राजनीतिज्ञ या बड़ा राजनीतिक दल या महत्त्वपूर्ण सामाजिक

202. उपरोक्त, पृ. 59-60

संगठन राष्ट्रीय स्वयंसेवक संघ पर डेढ़ साल तक लगी अन्यायपूर्ण पाबंदी के खिलाफ जरा सी भी आवाज उठाने के लिए आगे नहीं आया। इस बात को महसूस किया गया कि किसी ईमानदार संगठन के अस्तित्व को बचाए रखने के लिए एक राजनीतिक आवाज की जरूरत है।

सी. परमेश्वरन, दादाराव परमार्थ, के.आर. मल्कानी और बलराज मधोक ने राष्ट्रीय स्वयंसेवक संघ की पत्रिका *ऑर्गनाजर* में लेख लिखा और सुझाव दिया कि राष्ट्रीय स्वयंसेवक संघ को राजनीति में आना चाहिए। इन लेखों में इस माँग के समर्थन में यह दलील दी गई कि इसकी जरूरत मात्र राजनीतिज्ञों की गिद्धदृष्टि से संघ को बचाने के लिए नहीं है, बल्कि सरकार की गैर-भारतीय और भारतविरोधी राजनीति को रोकने के लिए भी है। 'भारतीयता' के मुद्दे को सरकारी मशीनरी के जरिए तेजी से आगे ले जाने की जरूरत है। इसके साथ ही, यह भी महसूस किया गया कि देश को उसकी आर्थिक और राजनीतिक समस्याओं से बाहर निकालने के लिए संघ को देश का नेतृत्व करना चाहिए। एक मत यह भी था कि संगठन को महत्त्वपूर्ण प्रश्नों पर अपना विचार स्पष्ट रूप से सामने रखना चाहिए, नहीं तो इसके आगे बढ़ने का जज्बा ही खत्म हो जाएगा।[203]

राष्ट्रीय स्वयंसेवक संघ संस्थापक सदस्यों में से एक, दादाराव परमार्थ ने बताया कि क्यों कोई भी राजनीतिक दल इस लायक नहीं कि राष्ट्रीय स्वयंसेवक संघ उसका समर्थन करे! उनके अनुसार, "कांग्रेस के दिल में देश से जुड़े मुद्दे नहीं हैं...उसके दिमाग में बस, एक ही बात है, सत्ता में टिके रहना।" कम्युनिस्ट 'सभी प्रकार की जोर-जबरदस्ती और ताकत के इस्तेमाल में विश्वास करते हैं', समाजवादियों के पास 'ऐसा नेतृत्व ही नहीं, जो लोगों को तरक्की की दिशा में ले जाए और उनका आत्मविश्वास बढ़ाए' और अंत में हिंदू महासभा को देखें तो उसके पास कहने के लिए 'कुछ मौलिक, अनिवार्य और महत्त्वपूर्ण बातें हैं, लेकिन उनके बीच वैसा नेतृत्व नहीं उभरा, जिसमें दृढ़ इच्छाशक्ति हो और जिसके पीछे समर्थकों की एक ताकत हो।' इसके अलावा उन्होंने कहा कि राष्ट्रीय स्वयंसेवक संघ की ओर से अपने सदस्यों पर यह पाबंदी है कि वे सीधे तौर पर चुनावी राजनीति में हिस्सा नहीं ले सकते, जबकि उन्हें देश की जरूरत के अनुसार फैसला लेने के लिए स्वतंत्र छोड़ दिया गया है।[204]

के.आर. मल्कानी और बलराज मधोक जैसे नेता नई पार्टी की संभावना तलाशने में जुटे रहे। हालाँकि गोलवलकर, भैयाजी दानी, एकनाथ रानाडे जैसे नेताओं के शीर्ष नेतृत्व का मानना था कि राष्ट्रीय स्वयंसेवक संघ को राजनीतिक या चुनावी गतिविधियों

---

203. उपरोक्त, पृ. 73

204. 'ऑर्गनाइजर', खंड III, अंक 22, 23 जनवरी, 1950

में शामिल नहीं होना चाहिए।[205] वहीं गोलवलकर लोकतांत्रिक व्यक्ति थे और उन्होंने स्वयंसेवकों को अपने फैसले खुद करने की छूट दी थी। 'ऑर्गनाइजर' के एक इंटरव्यू में उन्होंने कहा था—

"पाबंदी जब हट गई और स्वयंसेवकों को साथ मिल-बैठने का मौका मिला, तो यदि वे चाहें तो संघ को एक राजनीतिक दल में बदल सकते हैं। यही लोकतांत्रिक तरीका है। मैं इसमें कुछ नहीं कह सकता। मैं कोई तानाशाह नहीं। मैं राजनीति से बाहर हूँ...लोग हमें राजनीति में क्यों घसीटना चाहते हैं? हमें खुशी है कि वे राजनीति में हैं और हम स्वयंसेवक हैं।"[206]

जहाँ तक सरदार पटेल की ओर से राष्ट्रीय स्वयंसेवक संघ से कांग्रेस में शामिल होने की अपील की बात है, तो गोलवलकर ने कहा था—

"मैं पहले ही बता दूँ कि राष्ट्रीय स्वयंसेवक संघ राजनीतिक दल नहीं है, जिसकी देश में राजनीतिक सत्ता हासिल करने की कोई इच्छा हो। अपने इतने साल के इतिहास में, यह राजनीति और सत्ता हासिल करने की उसकी प्रतिद्वंद्विता और आपाधापी से दूर रहा है...इसने अपने (राष्ट्रीय स्वयंसेवक संघ के) सदस्यों को यह छूट दे रखी है कि वे जिस राजनीतिक विचारधारा को चुनना चाहें उसे चुन सकते हैं और अपनी चुनी हुई पार्टी के लिए काम कर सकते हैं।"[207]

परिस्थितियाँ, जिनके कारण भारतीय जनसंघ की स्थापना हुई

भले ही राष्ट्रीय स्वयंसेवक संघ अपने आप को राजनीति से दूर रखना चाहता था, लेकिन तीन घटनाओं ने इसके रुख को बदल डाला—अप्रैल 1950 में श्यामा प्रसाद मुकर्जी का इस्तीफा, दिसंबर 1950 में सरदार पटेल की मृत्यु और कांग्रेस अध्यक्ष के पद से दबाव डालकर कराया गया पुरुषोत्तम दास टंडन का इस्तीफा।

'दिल्ली समझौते' की अवमानना और नेहरू कैबिनेट से मुकर्जी का इस्तीफा

डॉ. मुकर्जी भले ही हिंदू महासभा के अध्यक्ष थे, फिर भी नेहरू ने उन्हें अपनी कैबिनेट में शामिल होने का न्योता दिया। यह दिखाता है कि डॉ. मुकर्जी का हिंदू महासभा के साथ और उसके बिना सभी के बीच कितना सम्मान था। एक कैबिनेट मंत्री

205. 'ऑर्गनाइजर', खंड IV, अंक 9, 9 अक्तूबर, 1950, एवं खंड IV, अंक 11, 23 अक्तूबर, 1949
206. ऑर्गनाइजर, 2 अक्तूबर, 1948
207. 'जस्टिस ऑन ट्रायल', 1958, पृ. 78-79, 2 नवंबर, 1948 को जारी प्रेस रिलीज

के रूप में उनका प्रदर्शन शानदार था। भारत की कई सरकारी परियोजनाएँ, जैसे सिंदरी उर्वरक संयंत्र, हिंदुस्तान एयरक्राफ्ट फैक्टरी (आज का हिंदुस्तान एरोनॉटिक्स लिमिटेड या एच.ए.एल.) और चितरंजन लोकोमोटिव वर्क्स उनके नेतृत्व में ही शुरू हुए थे। तकनीकी सहायता के लिए उन्होंने ही विदेशी निवेशकों और सरकारों से बात की, जो भारतीय उद्योग के निर्माण के लिए आवश्यक था।

देश के बँटवारे, शरणार्थियों की समस्या का प्रबंधन करने, पाकिस्तान में हिंदुओं के साथ किए जा रहे सलूक, राजे-रजवाड़ों का देश में विलय और कश्मीर मुद्दे पर डॉ. मुकर्जी के नेहरू से कई मतभेद थे। डॉ. मुकर्जी के विचार पटेल के विचारों के करीब थे। पूर्वी बंगाल की समस्या से नेहरू ने जिस प्रकार निपटे, वही उनके इस्तीफे की वजह बन गया।

देश के बँटवारे के दौरान पूरे बंगाल को 'पूर्वी बंगाल' कहा जाता था। लेकिन डॉ. मुकर्जी ने उस आंदोलन की शुरुआत की, जिसके बाद हिंदू बहुल पश्चिमी हिस्से को भारत में शामिल किया गया। इस आंदोलन में एन.सी. चटर्जी और कई अन्य लोगों ने हिस्सा लिया। अंत में, कांग्रेस और मुसलिम लीग को पश्चिम बंगाल के हिंदुओं की आवाज सुननी पड़ी। दुर्भाग्य से आज जो पश्चिम बंगाल है, उसे बचाने में डॉ. मुकर्जी के योगदान को न तो गिनाया जाता है, न ही उसकी ज्यादा चर्चा होती है।

बंगाल के बँटवारे के बाद राज्य प्रायोजित हिंसा हुई, जिसमें हिंदुओं का कत्लेआम हुआ। इसका नतीजा यह हुआ कि पूर्वी बंगाल से भारी तादाद में हिंदुओं का पश्चिम बंगाल में पलायन हुआ। राज्य की स्वीकृति से हिंदुओं को हिंसा का शिकार बनाए जाने की तुलना होलोकॉस्ट के दौरान यहूदियों को ढूँढ़-ढूँढ़कर मारने से की जा सकती है, जिसके विषय में पूर्वी बंगाल के दिग्गज नेता समीर गुहा ने लिखा था। इसकी याद दिलाते हुए वह कहते हैं—

> "1948 के अंत तक पाकिस्तान ने श्री नेहरू की तरफ से पहले ही दो 'उपचारात्मक स्पर्श' प्राप्त कर लिये थे। दोनों देशों की सरकारों ने 18 महीने की अवधि के दौरान दो समझौतों पर दस्तखत किए और अल्पसंख्यकों के हितों की सुरक्षा करने के अपने 'नेक इरादों' को स्पष्ट किया तथा उन्हें आश्वस्त किया कि सम्मान के साथ-साथ सुरक्षा भी दी जाएगी। इस नेक इरादे को पूरी 'वफादारी' के साथ पूर्वी पाकिस्तान में लागू किया गया, जहाँ से 15 लाख हिंदुओं और बौद्धों को 1948 के अंत तक अपनी सीमा से बाहर खदेड़ दिया गया।
>
> "हालाँकि पाकिस्तान हिंदुओं के देश छोड़कर जाने की रफ्तार से संतुष्ट नहीं था। 1949 में जब सभी प्रकार की आर्थिक समस्याओं ने पूर्वी पाकिस्तान

को अपनी चपेट में ले लिया, तब उसे बड़ी संख्या में अल्पसंख्यकों को खदेड़ने का अवसर मिला, जिसकी इच्छा उसे काफी समय से हो रही थी। सुनियोजित साजिश के अनुसार, सीमावर्ती इलाकों में घटनाएँ होने लगीं। पुलिस और अंसारों (सहायक मुसलिम लड़ाके) ने हिंदुओं और बौद्धों तथा सीमावर्ती इलाकों में आदिवासियों पर हमलों और दमनकारी गतिविधियों को तेज कर दिया। देखते-ही-देखते छिटपुट हिंसा की इन आधिकारिक काररवाइयों का विस्फोट फरवरी 1950 में अभूतपूर्व आगजनी के तौर पर हुआ, जिसमें कई लोगों की हत्या कर दी गई। आधिकारिक रिपोर्ट के अनुसार, गैर-मुसलिम समुदायों के 50,000 से भी अधिक पुरुष, महिलाएँ और बच्चे मारे गए थे। इतनी लूट और आगजनी हुई, जिसकी हद नहीं। महिलाओं को अगवा किए जाने और छेड़छाड़ से इस वीभत्स त्रासदी में कोई कुकर्म बाकी नहीं रहा।"[208]

फरवरी 1950 के इस संकट से नेहरू कैसे निपटे थे? गुहा के अनुसार—

"फरवरी की बर्बरतापूर्ण हत्याओं ने कुछ समय के लिए नेहरू को सन्न कर दिया। उन्होंने खुलकर 'दूसरे तरीके' से निपटने का संकल्प लिया, यानी पाकिस्तान के खिलाफ किसी किस्म की पुलिस काररवाई की मंशा जताई। लेकिन लेडी माउंटबेटन की जादुई छड़ी ने फिर एक चमत्कार किया, जैसा चमत्कार भारत के बँटवारे की 'माउंटबेटन योजना' को लेकर किया था, जब गांधी की इच्छा के विपरीत नेहरू उससे सहमत हो गए थे। भारतीय सेना, जो पूर्वी बंगाल में शांति और व्यवस्था को बहाल करने के लिए कूच करने की तैयारी में थी, उसे अपनी बैरकों में वापस बुला लिया गया। ट्रूमैन और एटली के निर्देश पर श्री लियाकत अली आनन-फानन में दिल्ली पहुँचे, जहाँ नेहरू ने उन्हें 'दिल्ली समझौते' से 'उपचारात्मक स्पर्श' का प्रस्ताव दिया।"[209]

अप्रैल 1950 का 'दिल्ली समझौता' या 'नेहरू-लियाकत समझौता' भारत और पाकिस्तान की सरकारों के बीच अल्पसंख्यकों को सुरक्षा और बहुसंख्यकों के साथ समान अवसर देने का करार था। हालाँकि इसके पारित किए जाने के महीने भर के भीतर ही पूर्वी पाकिस्तान की सरकार ने समझौते को तोड़ दिया। गुहा ने पूर्वी पाकिस्तान के एक सरकारी सर्कुलर को भी उद्धृत किया, जो यह दिखाता है कि पूर्वी पाकिस्तान किस तरह

208. *'हिस्टरी ऑफ भारतीय जनसंघ 1952-1980 : पार्टी डॉक्यूमेंट'*, खंड 6, पृ. 79-80। यह खंड समर गुहा के ईस्ट बंगाल माइनॉरिटीज सिंह दिल्ली पैक्ट (1953) और उनके मैस्कर ऑफ हिंदूज इन ढाका तथा हरीश चंदर के श्यामा प्रसाद मुखर्जी : ए कंटेंप्रेरी स्टडी, दिल्ली पर आधारित है

209 *'हिस्टरी ऑफ भारतीय जनसंघ 1952-1980 : पार्टी डॉक्यूमेंट'*, खंड 6, पृ. 80

धड़ल्ले से 'दिल्ली समझौते' का उल्लंघन कर रहा था।

नेहरू ने जिस तरह सैन्य काररवाई से कदम पीछे खींचा और पाकिस्तान के साथ हिंदुओं के नरसंहार और उन पर हिंसा के मामले में बातचीत की, उसका विरोध डॉ. मुकर्जी ने किया था। नेहरू की कायरता और सिद्धांतविहीन होने के विरोध में उन्होंने नेहरू की कैबिनेट से इस्तीफा दे दिया। गुहा ने यह भी लिखा है कि ब्रिटेन को जब पता चला कि भारत सैन्य काररवाई करनेवाला है, तो क्लीमेंट एटली ने नेहरू को मनाने और धमकाने के लिए लेडी माउंटबेटन को भेज दिया। नेहरू से कहा गया कि भारत ने सैन्य काररवाई की तो ब्रिटेन सारी मदद बंद कर देगा।[210] आंतरिक संबंध और चेतावनी के बीच देश की संप्रभुता को गिरवी रख दिया गया।

अपने इस्तीफे में डॉ. मुकर्जी ने कहा था—

> "मुझे ऐसा लगता है कि आज जिस समझौते को अंतिम रूप दिया जाएगा, वह मूल समस्या से परे है और इससे किसी भी प्रकार का हल निकलने की संभावना नहीं है। किसी भी परिस्थिति में मैं इसका हिस्सा नहीं बन सकता हूँ। इससे पीड़ितों को थोड़ी सी भी राहत नहीं मिलेगी। इसके अलावा इसमें कुछ ऐसी बातें हैं, जिनसे भारत में नए सिरे से सांप्रदायिक और राजनीतिक समस्याओं का खड़ा होना अवश्यंभावी है, जिनके नतीजों का आज हम अंदाजा भी नहीं लगा सकते हैं। मैं विनम्रता से कहना चाहूँगा कि आप जिस नीति पर चल रहे हैं, वह विफल हो जाएगी। इसकी गवाही केवल समय ही दे सकता है।"[211]

उस पल को इतिहास की दृष्टि से देखने और उस स्थिति की गंभीरता को समझने के लिए चलिए 1950 की उस भयंकर स्थिति को याद करते हैं। 9 अक्तूबर, 1950 में छपी *टाइम्स ऑफ इंडिया* की एक खबर के अनुसार, 10 और 20 फरवरी के बीच 10,000 हिंदुओं की हत्या कर दी गई थी। 22 मई, 1950 को *द पायनियर* ने खबर छापी कि महज पिछले दो महीने में 8,60,000 हिंदू भारत में शरणार्थियों के रूप में आए। 2 अगस्त, 1950 के *द स्टेट्समैन* के अनुसार, 9 अप्रैल की जिस तारीख को नेहरू ने समझौते पर हस्ताक्षर किए थे, उस दिन से लेकर 25 जुलाई तक 13,00,000 हिंदू शरणार्थी पश्चिम बंगाल में प्रवेश कर चुके थे।

डॉ. मुकर्जी में दूरदर्शिता थी, वे इस समस्या की जटिलता को समझ चुके थे। यह

---

210. समर गुहा, *'2000, मैस्कर ऑफ हिंदूज इन ढाका'*, हरीश चंदर (सं.) *'श्यामा प्रसाद मुखर्जी : ए कंटेंप्ररी स्टडी'*, दिल्ली, पृ. 290

211. एस.पी. मुखर्जी का जवाहरलाल नेहरू को दिनांक 6 अप्रैल, 1950 का, उनके इस्तीफे की सूचना देने वाला पत्र।

दुर्भाग्यपूर्ण है कि उनकी बातें सच हो गईं और आज भी हम भारत में बांग्लादेश से आ रहे लोगों की समस्या से जूझ रहे हैं।

देश में 'दिल्ली समझौते' को लेकर नकारात्मकता थी, इसका काफी विरोध हुआ। देश में मची उथल-पुथल के बीच, दिसंबर 1950 में सरदार पटेल का निधन हो गया। राजे-रजवाड़ों का देश में विलय कराने में और डॉ. राजेंद्र प्रसाद को भारत का राष्ट्रपति बनाए जाने में उनकी महत्त्वपूर्ण भूमिका थी। भले ही उनकी उम्र साथ नहीं दे रही थी, लेकिन पूरा देश उनके विराट् व्यक्तित्व का सम्मान करता था। उनके गुजर जाने और डॉ. मुकर्जी के इस्तीफे के बाद कैबिनेट में विरोध करनेवाला कोई नहीं बचा और नेहरू के अंदर सोई तानाशाही की प्रवृत्तियाँ जाग उठीं। वह विरोध के किसी भी स्वर को बरदाश्त करने के मूड में नहीं था, फिर चाहे वह कितना ही नैतिकतावादी क्यों न हो! नेहरू के गुस्से का अगला शिकार बने वफादार कांग्रेस नेता पुरुषोत्तम दास टंडन।

पुरुषोत्तम दास को कांग्रेस ने निकाल बाहर किया

सरदार पटेल चाहते थे कि ईमानदार और निर्भीक नेता पुरुषोत्तम दास कांग्रेस के अध्यक्ष बनें। वह नेहरू के व्यक्तित्व से भयभीत होने वाले नहीं थे। दूसरी तरफ नेहरू उनके पक्ष में नहीं थे और पटेल को लिखे अपने पत्रों में नेहरू ने टंडन को 'सांप्रदायिक और क्रांतिकारी दृष्टिकोण का प्रतीक' बताया, क्योंकि उनका समर्थन राष्ट्रीय स्वयंसेवक संघ और हिंदू महासभा द्वारा किया जा रहा था।[212] नेहरू ने पटेल को धमकी दी कि यदि टंडन को अध्यक्ष बनाया गया तो वह पार्टी और सरकार दोनों से इस्तीफा दे देंगे। उन्होंने टंडन को अध्यक्ष बनाए जाने की संभावना को अपनी प्रतिष्ठा का प्रश्न बना लिया। दरअसल, उन्होंने कहा था—

> "किसी भी लिहाज से मैं इसे अपने विरुद्ध उन कांग्रेस सदस्यों या उन लोगों द्वारा अविश्वास मत के रूप में देखूँगा, जो कांग्रेस कार्यसमिति या अन्य कार्यकारिणियों में कार्य करते हैं। इसका अगला नतीजा यह होगा कि मैं प्रधानमंत्री के तौर पर काम नहीं कर सकूँगा।"[213]

नेहरू अपना विचार दूसरों पर थोपना चाहते थे, चाहे वह गलत ही क्यों न हो और उनका निरंकुश स्वभाव यह दिखाता था कि उनमें लोकतंत्र की भावना नहीं थी। इसके साथ ही इसने यह भी दिखाया कि हमेशा ही ऐसा होता था कि या तो नेहरू की बात

---

212. नेहरू का पत्र पटेल के नाम, दिनांक 27/28 अगस्त, 1950, 'सरदार पटेल्स कॉरेस्पॉण्डेंस, 1945-50', खंड 10, पृ. 221

213. उपरोक्त, पृ. 216

मानो या दफा हो जाओ। इसके बाद से कांग्रेस का इतिहास नेहरू और उनके परिवार का इतिहास बनकर रह गया।

हालाँकि नेहरू के हाय-तौबा मचाने का पटेल पर कोई असर नहीं हुआ। उन्होंने टंडन का समर्थन जारी रखा, जो 214 मतों के अंतर से कृपलानी को पराजित कर चुन लिये गए। टंडन के चुनाव के बाद अपनी धमकी के विपरीत, नेहरू बड़े आराम से कांग्रेस में बने रहे और भारत के प्रधानमंत्री पद पर कार्य करते रहे। क्या किसी भी कीमत पर सत्ता की नेहरूवादी विरासत की शुरुआत यहीं से हुई थी?

टंडन को लेकर रची जा रही साजिशों और कटाक्षों में वे शामिल थे और 15 दिसंबर, 1950 में पटेल की मृत्यु के बाद उन्होंने 'धर्मनिरपेक्षता' के नाम पर टंडन को निशाना बनाया। आखिरकार 8 सितंबर, 1951 को उन्होंने टंडन को इस्तीफा देने पर मजबूर कर दिया। पटेल और टंडन के रास्ते से हट जाने के बाद अन्य कई लोग, जो नेहरू के काम करने के तानाशाही तौर-तरीकों और अल्पसंख्यकों के तुष्टीकरण को पसंद नहीं करते थे, उन्होंने या तो कांग्रेस छोड़ दी या उन्हें निकाल बाहर किया गया।

अब नेहरू का मुसलिम तुष्टीकरण और 'सेकुलरिज्म' बिना रोक-टोक जारी रह सकता था। धर्मनिरपेक्षता वह हथियार था, जिसे नेहरू ने थाम रखा था, क्योंकि शासन के बाकी सभी मोरचों पर वह विफल हो चुके थे। चुनावों में अपना महत्त्व दिखाने के लिए वह मुसलमानों के रक्षक बन गए। उन्होंने राजनीति में सांप्रदायिक और गैर-सांप्रदायिक गोलबंदी पैदा की और कहा कि कांग्रेस गैर-सांप्रदायिक और धर्मनिरपेक्ष देश की बात करनेवाली पार्टी है। दिलचस्प तौर पर नेहरू ने न यह बताया कि धर्मनिरपेक्षता, सांप्रदायिकता, धर्मनिरपेक्ष देश या सांप्रदायिक संगठनों की उनकी परिभाषा क्या है, न ही उन्होंने इनका मतलब बताया, क्योंकि वह इन शब्दों का इस्तेमाल अपनी सुविधा से करना चाहते थे और जरूरत पड़ने पर इनकी सीमा को विस्तृति या सीमित कर सकते थे। दिलचस्प रूप से उन्होंने मुसलिम लीग और जमीयत-उलेमा-ए-हिंद के सदस्यों को कांग्रेस में शामिल होने और उसके टिकट पर लड़ने इजाजत दी। इस प्रकार इन सदस्यों को धर्मनिरपेक्ष घोषित किया गया और कांग्रेस अल्पसंख्यकों की पार्टी बन गई। नेहरू के समकालीन के.एम. मुंशी ने उनकी इस प्रकार की धर्मनिरपेक्षता के बारे में लिखा—

> "हम सभी का विचार यह था कि देश का कोई धर्म नहीं होना चाहिए और सभी धर्मों को उनके विधिक दायरे में समान माना जाना चाहिए। अलग-अलग संप्रदायों को उनकी परंपरा, धर्म और रीतियों के अनुसार काम करने देना चाहिए। प्रत्येक नागरिक के पास इसका पालन करने, इसका प्रचार करने और धर्म बदलने का अधिकार होना चाहिए। इस प्रकार संविधान से मिली भारत की

धर्मनिरपेक्षता अन्य देशों की धर्मनिरपेक्षता से महत्त्वपूर्ण बातों और महत्त्व को लेकर अलग है। भारत में 'धर्मनिरपेक्षता' शब्द का व्यक्तियों या धार्मिक समूहों के दृष्टिकोण और व्यवहार पर कोई प्रभाव नहीं होता। फिर भी एक नारे के रूप में इसका उपयोग अलग-अलग तरीके से किया गया है। इसके नाम पर अल्पसंख्यकों को सुविधाएँ मिलती हैं और चाहे उनकी माँग कितनी ही बेतुकी क्यों न हो, उन्हें स्वीकार कर लिया जाता है। इसके नाम पर ही सत्ता में बैठे नेता एक विचित्र प्रवृत्ति रखते हैं, जिसके कारण एक तरफ जहाँ वे अल्पसंख्यकों की धार्मिक और सामाजिक भावनाओं का खयाल रखते हैं, वहीं बहुसंख्यक समुदाय के प्रति वैसी ही भावना को सांप्रदायिकतावादी और प्रगति विरोधी कह देते हैं··· और इस तरह के दुर्भाग्यपूर्ण रुख से बहुसंख्यक समुदाय में हताशा की भावना पैदा हो रही है। ऐसे में 'धर्मनिरपेक्षता शब्द का दुरुपयोग जारी रहा तो (हिंदू धर्म) का पारंपरिक सहिष्णुता का सोता सूख जाएगा।"[214]

श्यामा प्रसाद मुकर्जी ने भारतीय जनसंघ की स्थापना की

डॉ. मुकर्जी के इस्तीफे की चारों ओर प्रशंसा हुई। दिल्ली के नागरिकों की ओर से 19 अप्रैल, 1950 को उनका भव्य स्वागत समारोह आयोजित किया गया। इसकी अध्यक्षता दिल्ली के सबसे बड़े कारोबारी प्रकाश दत्त भार्गव ने की। उनके इस्तीफे को जनभावना की गूँज और यथार्थवाद तथा राजनीति में शुचिता की वापसी के रूप में देखा गया। इसे एक साहसिक कार्य के रूप में देखा गया। उनसे कहा गया कि वह शत्रु को तुष्ट किए बिना देश का नेतृत्व करें। जनता की बातों पर अपनी प्रतिक्रिया देते हुए डॉ. मुकर्जी ने कहा, "आज मैं जब आप सबके बीच खड़ा हूँ तो ऐसा लग रहा है, जैसे ढाई साल की सरकारी बंदिशों से मुक्त होकर खुली हवा में साँस ले रहा हूँ।"[215] उस सभा में दिल्ली के संघचालक लाला हंसराज गुप्ता, प्रचारक वसंतराव कृष्णा ओक, लाला योधराज और पंडित मौली चंद्र शर्मा मौजूद थे। जब राष्ट्रीय स्वयंसेवक संघ पर पाबंदी लगा दी गई थी, तब पंडित शर्मा सरकार और उसके बीच मध्यस्थ की भूमिका निभा रहे थे। उनके पिता हिंदू महासभा के पूर्व अध्यक्ष थे।

21 मई, 1951 में कलकत्ता में डॉ. मुकर्जी का स्वागत करनेवाली जनसभा में, लगभग तीन लाख लोग उन्हें सुनने के लिए इकट्ठा हुए थे। वह जनता में स्वीकार्य और सम्मानित थे और उनके इस्तीफे से उनकी लोकप्रियता में और इजाफा हुआ। दिल्ली की तरह ही यहाँ भी उनसे एक नई पार्टी का नेतृत्व सँभालने का आग्रह किया गया। उन्हें यह

214. के.एम. मुंशी, *'पिलग्रिमेज टु फ्रीडम'*, भारतीय विद्या भवन, बंबई, 1967, पृ. 311–12

215. 'ऑर्गनाइजर', खंड III, अंक 35, 24 अप्रैल, 1950

बताया गया कि लोग बेसब्र हो रहे हैं और एक नया नेता चाहते हैं।

नवंबर 1949 और जुलाई 1950 के बीच एक नई पार्टी के गठन पर चर्चा के लिए डॉ. मुकर्जी कई बार गोलवलकरजी से मिल चुके थे। वह राष्ट्रीय स्वयंसेवक संघ को एक राजनीतिक दल बना देना चाहते थे। गोलवलकरजी के साथ ही पूरा नेतृत्व इसके खिलाफ था। हालाँकि गोलवलकरजी ने इस गतिरोध को दूर करते हुए 'राष्ट्रीय स्वयंसेवक संघ कार्यकर्ताओं को यह छूट दी कि वे एक ऐसे दल के गठन में डॉ. मुकर्जी की सहायता करें, जो राष्ट्रीय मुद्दों पर उनके विचारों को अभिव्यक्त कर सकता है।'[216]

जैसे ही गोलवलकरजी ने भरोसेमंद, तेज-तर्रार और मेहनती स्वयंसेवकों को इसकी जिम्मेदारी सौंपी, पार्टी के गठन ने रफ्तार पकड़ ली। भारतीय जनसंघ का गठन नीचे से ऊपर की तरफ हुआ, जिसका मतलब है कि राज्य की इकाइयों पर फैसला पहले हुआ, फिर राष्ट्रीय स्तर पर शीर्ष निकाय का गठन किया गया। 5 मई, 1951 को डॉ. मुकर्जी ने कलकत्ता में, एक नए राजनीतिक दल 'द पीपुल्स पार्टी' की शुरुआत की घोषणा की। उन्हें इसका नेता चुना गया। एक आठ-सूत्री कार्यक्रम की घोषणा की गई, जिसे आगे चलकर भारतीय जनसंघ ने अपनी स्थापना के बाद अपनाया—(1) अखंड भारत, (2) पाकिस्तान के तुष्टीकरण के बजाय जैसे को तैसा का व्यवहार। (3) भारत के सर्वोच्च हितों के अनुकूल एक स्वतंत्र विदेश नीति, (4) पाकिस्तान से उचित मुआवजा लेकर शरणार्थियों का पुनर्वास, (5) सामानों का अधिक-से-अधिक उत्पादन, विशेष रूप से अनाज और कपड़ों का, तथा उद्योगों का विकेंद्रीकरण, (6) भारतीय संस्कृति का विकास, (7) सभी नागरिकों के समान अधिकार, चाहे वे किसी भी जाति, समुदाय और धर्म के हों और पिछले वर्गों की दशा में सुधार, (8) बिहार के साथ लगती पश्चिम बंगाल की सीमा का फिर से निर्धारण।

इस आठ सूत्री एजेंडा के अधिकांश बिंदु के.आर. मल्कानी के *ऑर्गनाइजर* में 'प्रोग्राम फॉर अ न्यू पॉलिटिकल पार्टी' शीर्षक से लिखे लेख में शामिल थे।[217] यह लेख एक परचे का संक्षिप्त रूप था, जिसे उन्होंने लिखा था और उसके परिचय में डॉ. मुकर्जी ने लिखा था, "अगर लोकतंत्र को जीवित रहना है तो पार्टियों का अस्तित्व अनिवार्य है। नहीं तो लोकतंत्र का पतन एक-दलीय शासन में और फिर एक व्यक्ति के शासन में बदल जाएगा।"[218] निश्चित रूप से यह टिप्पणी न केवल डॉ. मुकर्जी के, बल्कि

---

216. बलराज मधोक, *'पॉलिटिकल ट्रेंड्स इन इंडिया'*, यूनिवर्सिटी ऑफ कैलिफॉर्निया लाइब्रेरीज, दिल्ली, 1959, पृ. 45
217. के.आर. मल्कानी, *'प्रिंसिपल्स फॉर ए न्यू पॉलिटिकल पार्टी'*, विजय पुस्तक भंडार, दिल्ली, 1951
218. एस.पी. मुखर्जी, *'प्रस्तावना'*, *'प्रिंसिपल्स फॉर ए न्यू पॉलिटिकल पार्टी'*, विजय पुस्तक भंडार, दिल्ली, 1951 पृ. 11

भारतीय जनसंघ के लोकतंत्र के मजबूत आदर्शों को फिर से पुष्ट करती है, जिसका उदय भारतीय लोकतंत्र के एक निर्णायक मोड़ पर हुआ। यह नेहरूवादी भारत में एक साहसिक और निर्भीक कदम था।

नया दल अपने रुख को लेकर बिलकुल स्पष्ट था। पूरे स्वतंत्रता संग्राम के दौरान और पाकिस्तान के निर्माण तक कम्युनिस्टों की नकारात्मक तथा अलगाववादी भूमिका से सबक लेते हुए यह तय किया गया कि यह पार्टी विदेशी मूल्यों, दृष्टिकोणों और तौर-तरीकों पर आधारित नहीं होगी। इनकी बजाय यह हिंदुत्व पर आधारित होगी, जो हिंदुस्तान के पुनर्गठन का सिद्धांत है।

जैसाकि पहले बताया गया है, भारतीय जनसंघ के गठन की शुरुआत राज्यों से हुई। भारतीय जनसंघ की पहली राज्य इकाई पंजाब-दिल्ली इकाई थी। इसमें राष्ट्रीय स्वयंसेवक संघ और गैर-राष्ट्रीय स्वयंसेवक संघ कार्यकर्ता शामिल थे। दिल्ली में शुरुआती बातचीत के बाद इस इकाई की घोषणा 27 मई, 1951 को जालंधर में हुई। बलराज भल्ला अध्यक्ष, मौली चंद्र शर्मा उपाध्यक्ष और बलराज मधोक को सचिव चुना गया। उन दिनों पंजाब, हरियाणा और हिमाचल प्रदेश पंजाब का हिस्सा थे। ये इकाइयाँ काम करना शुरू करें, इसके लिए भल्ला ने पूरे उत्तर भारत की यात्रा की। जून में दिल्ली की एक जनसभा में उन्होंने कहा—

> "कांग्रेसियों, समाजवादियों, कृपलानीवादियों और ऐसे अन्य लोगों से हमारे मतभेद सिद्धांत को लेकर है, न कि नीतियों को लेकर और इस वजह से ही हमने जनसंघ का गठन किया। समाजवादी या कृपलानीवादी जब सरकार को भला-बुरा कहते हैं तो उनका झगड़ा कांग्रेस के सिद्धांतों से नहीं, बल्कि नेहरू के साथ होता है और उनका आरोप है कि नेहरू सिद्धांतों को लागू नहीं कर सके। यहीं हम उनसे अलग हैं, क्योंकि हमारा मानना है कि कांग्रेस की बुरी नीतियाँ ही हमारे देश की समस्याओं का कारण हैं।"[219]

उपर्युक्त कथन यह बताने के लिए काफी है कि भारतीय जनसंघ की विचारधारा क्या थी और उसने जो किया, वह क्यों किया! यह व्याख्या देश की समस्याओं को लेकर डॉ. मुकर्जी के रुख का विस्तार थी, जो मानते थे कि उनका एक बड़ा कारण नेहरू का कुशासन था। कांग्रेस की दिलचस्पी मात्र अपने उत्थान में थी, न कि लोगों की भलाई में। इस कारण राष्ट्रवादियों ने एक अलग सोच रखनेवाली पार्टी की शुरुआत की। यहाँ तक कि आज भी, देश और देश के निर्माण को लेकर कांग्रेस और भारतीय जनसंघ के मौजूदा रूप, भाजपा में जमीन-आसमान का अंतर है।

---

219. बलराज मधोक, *'श्री श्यामा प्रसाद मुखर्जी—ए बायोग्राफी'*, दीपक प्रकाशन, दिल्ली, 1954, पृ. 62

दिल्ली इकाई का गठन किया गया और वैद्य गुरुदत्त इसके अध्यक्ष बनाए गए। अगले तीन महीने में उत्तर प्रदेश, राजस्थान, मध्य प्रदेश, विंध्य प्रदेश[220], कर्नाटक, गुजरात, बिहार और असम में इकाइयों का गठन किया गया। उत्तर प्रदेश की इकाई 2 सितंबर, 1951 में बनी, जिसके अध्यक्ष राव कृष्णपाल सिंह और सचिव दीनदयाल उपाध्याय थे। राव कृष्ण पाल सिंह उत्तर प्रदेश में हिंदू महासभा के अध्यक्ष थे और दीनदयाल उपाध्याय राज्य के प्रांत प्रचारक थे। संयोग से उसी दिन मध्य प्रदेश की इकाई की घोषणा इंदौर में की गई।

8 सितंबर, 1951 को दिल्ली में डॉ. मुकर्जी ने एक बैठक बुलाई, जिसमें कई अन्य लोगों के साथ बलराज मधोक, बलराज भल्ला, कृष्ण पाल सिंह, दीनदयाल उपाध्याय और मोहराव मोघे शामिल हुए। उन्होंने उस घोषणा-पत्र पर काम करना शुरू किया, जिसका मसौदा मधोक ने तैयार किया था और कश्मीर से प्रजा परिषद् तथा उड़ीसा (अब ओडिशा) के स्वाधीन जनसंघ जैसे समान विचारधारा वाले दलों के साथ राज्य की सभी इकाइयों का एक अखिल भारतीय अधिवेशन बुलाने का फैसला किया। यह अधिवेशन दिल्ली में 21 अक्तूबर, 1951 को राघोमल आर्य कन्या हायर सेकेंडरी स्कूल में आयोजित किया जाना था। अनुमति न मिलने के कारण अधिवेशन को एक छोटी सी जगह पर आयोजित किया गया, जिसमें लगभग 500 प्रतिनिधियों ने हिस्सा लिया। बैठक की अध्यक्षता भल्ला ने की और इस बात का संकल्प लिया गया कि राज्य की सभी इकाइयों का विलय कर एक राष्ट्रीय दल बनाया जाएगा, जिसका नाम होगा 'भारतीय जनसंघ'। संयोग से मधोक ने डॉ. मुकर्जी की लिखी जीवनी में बताया है कि कुछ सदस्य नई पार्टी का नाम 'भारतीय लोक संघ' रखना चाहते थे, लेकिन डॉ. मुकर्जी ने 'भारतीय जनसंघ' पर ही जोर दिया।[221]

औपचारिक दृष्टि से डॉ. मुकर्जी से पार्टी का राष्ट्रीय अध्यक्ष बनने के लिए कहा गया। डॉ. मुकर्जी ने भाई महावीर और मौली चंद्र शर्मा को सचिव नियुक्त किया। मधोक, योधराज, उपाध्याय, ओक, लाला हंसराज और अन्य की कार्यकारी समिति बनाई गई। मध्य प्रदेश के पूर्व गृह मंत्री बैठक में मौजूद थे। वह पटेल ग्रुप का हिस्सा थे और जब नेहरू ने टंडन को कांग्रेस अध्यक्ष पद छोड़ने पर मजबूर किया, तब उन्होंने टंडन का समर्थन किया था। मिश्रा ने भी कांग्रेस और सरकार से इस्तीफा दिया था। हालाँकि वे इस नए दल में शामिल नहीं हुए। कुछ ने कहा कि वे नए दल का अध्यक्ष बनना चाहते थे, जबकि कुछ का कहना था कि उनकी नीयत साफ नहीं थी। खैर, उन्होंने 'भारतीय लोक कांग्रेस' नाम की अपनी पार्टी बनाई और तीन विधानसभा सीटों से चुनाव में उतरे, लेकिन

220. 1956 में, मध्य भारत, विंध्य प्रदेश और भोपाल का मध्य प्रदेश में विलय कर दिया गया था।

221. नोट सं. 47, *'हिस्टरी ऑफ भारतीय जनसंघ 1952–1980 : पार्टी डॉक्यूमेंट'*, खंड 6, पृ. 98

हार गए। चुनावी शिकस्त के बाद वे 'प्रजा सोशलिस्ट पार्टी' में शामिल हुए और 1962 में आखिरकार कांग्रेस में लौट गए।

अपने उद्घाटन भाषण में डॉ. मुकर्जी ने ऐसे कई मुद्दों का जिक्र किया, जिन्हें पटेल ने नेहरू के साथ गोपनीय पत्राचार में उठाया था। कई वरिष्ठ कांग्रेसी नेताओं को इसकी जानकारी थी। उन्होंने अपनी आत्मकथाओं और संस्मरणों में उनसे परदा उठाया है। हालाँकि सार्वजनिक रूप से उन पर चर्चा करने का साहस नहीं था। डॉ. मुकर्जी और भारतीय जनसंघ का रुख साफ था। वे इसे तार्किक परिणति तक ले जाने के लिए तैयार थे। डॉ. मुकर्जी के उद्घाटन भाषण की कुछ खास बातें इस प्रकार हैं।[222]

नए राजनीतिक दल की परिकल्पना पर डॉ. मुकर्जी का बयान—

"मैं इस ऐतिहासिक सम्मेलन में आप सभी का स्वागत करता हूँ, जो भारत के इतिहास के एक महत्त्वपूर्ण समय पर हो रहा है। मैं इस बात को समझता हूँ कि हमारे सामने एक कठिन चुनौती है···मुझे विश्वास है कि यदि हम सभी एकजुट होकर सही राह से भटके बिना पूरे साहस और उत्साह के साथ आगे बढ़ेंगे, अपने सामने लोगों की सेवा और अपनी प्रिय मातृभूमि के सम्मान एवं प्रतिष्ठा को अपने प्रमुख उद्देश्य के रूप में आगे बढ़ाएँगे, तो आज नहीं तो कल, हमें सफलता मिलेगी ही···राजनीतिक स्वतंत्रता प्राप्त किए चार वर्ष हो चुके हैं और इस बात को सभी मानते हैं कि देश काफी बदतर स्थिति में है। आज देश में असंतोष और हताशा अपनी जड़ें जमा चुकी हैं और सरकार द्वारा प्रशासन को सुचारु, निष्पक्ष और कुशलता से चलाने की क्षमता पर लोगों का भरोसा बहुत बुरी तरह हिल चुका है। कालाबाजारी, मुनाफाखोरी और भ्रष्टाचार ने हमारे समाज को अनैतिक बना दिया है···सरकार थोड़ी सी भी आलोचना बरदाश्त नहीं करती और अकसर विचारों की अभिव्यक्ति को, जो न्यायसम्मत हैं, उन्हें दबाने का प्रयास करती है···कांग्रेस शासन के तानाशाही रवैया अख्तियार कर लेने की एक वजह संगठित विपक्षी दलों का न होना भी है, जबकि वही बहुमत रखनेवाले दल पर रचनात्मक अंकुश लगा सकता है और देश के सामने एक वैकल्पिक सरकार की संभावना बनाए रख सकता है।

"इस कारण भारतीय जनसंघ आज एक अखिल भारतीय राजनीतिक दल के रूप में उभरा है, जो प्रमुख विपक्षी दल के रूप में कार्य करेगा···विपक्ष का अर्थ किसी सरकार के सामने खड़ी सभी समस्याओं के प्रति बुद्धिहीन या विध्वंसक रुख अपनाना नहीं होता। हमारा लक्ष्य यह होगा कि हम सभी

222. *'हिस्टरी ऑफ भारतीय जनसंघ 1952–1980 : पार्टी डॉक्यूमेंट'*, खंड 6, पृ. 93–95

समस्याओं के प्रति एक रचनात्मक भावना रखें।"[223]

राष्ट्रवाद और अल्पसंख्यकवाद पर डॉ. मुकर्जी ने कहा था—

"हमने अपने दल के दरवाजे भारत के सभी नागरिकों के लिए खोल दिए हैं, चाहे वे किसी भी जाति, धर्म या समुदाय के हों। हम जहाँ इस बात को मानते हैं कि रीति-रिवाजों, आदतों, धर्म और भाषा के मामले में भारत अनेकता में एकता की मिसाल है, वहीं लोगों को भी एक समान मातृभूमि के प्रति गहरी आस्था और स्वामीभक्ति की भावना से प्रेरित होकर भाईचारा और समझदारी के बंधन में एकजुट होकर रहना चाहिए। हमारी पार्टी उसी अनेकता में एकता के लिए प्रयत्न करेगी, जो भारत की संस्कृति और सभ्यता की मुख्य बात रही है।

"जाति और धर्म के आधार पर राजनीतिक अल्पसंख्यकों को प्रोत्साहन देना जहाँ खतरनाक होगा, वहीं भारत की आबादी के बहुसंख्यकों का यह कर्तव्य है कि वे सभी वर्गों के उन लोगों को आश्वस्त करें, जो सच में अपनी मातृभूमि के प्रति इतने निष्ठावान् हैं कि उन्हें कानून की पूरी सुरक्षा का हक मिले और उनके साथ सामाजिक, आर्थिक और राजनीतिक, सभी मामलों में समानता का व्यवहार किया जाए। हमारी पार्टी यह आश्वासन स्पष्ट रूप से देती है।

"भारत की छवि को धर्मनिरपेक्ष बनाने की चिंता में डूबी कांग्रेस ने मुसलमानों के तुष्टीकरण की आत्मघाती नीति को जारी रखा और पार्टी के कुछ नेताओं, विशेष रूप से प्रधानमंत्री ने, हिंदुओं की भावनाओं और संवेदनाओं से खिलवाड़ करने में खासतौर पर लुत्फ उठाया और कभी-कभी सिखों पर भी हमले किए। कोई भी एक अच्छा हिंदू, सिख, बौद्ध, ईसाई या मुसलमान हो सकता है और उसके बाद भी अपने देश के हितों के प्रति समर्पित एक सच्चा भारतीय भी हो सकता है।"[224]

विदेश मामलों, कश्मीर और पाकिस्तान पर उनका कहना था—

"...हम सर्वाधिकारवाद के खिलाफ हैं, चाहे वह किसी भी प्रकार का क्यों न हो। हम इस बात को मानते हैं कि अपनी राष्ट्रीय नीति और अपने लोगों की बुद्धिमानी तथा परंपराओं के अनुसार जीवन के प्रति दृष्टिकोण को स्वरूप देने की स्वतंत्रता प्रत्येक देश को होनी चाहिए। भारत ने दुनिया को 'जियो और जीने दो' के सिद्धांत का संदेश दिया है। जब तक अपने तरीके से भारत के आगे बढ़ने

223. उपरोक्त
224. उपरोक्त

में हस्तक्षेप नहीं किया जाता है, तब तक कोई कारण नहीं कि सभी देशों के साथ हम अपने संबंधों को मित्रतापूर्ण न बनाएँ···।

"पाकिस्तान को लेकर हमारे विचार स्पष्ट हैं। हमारा मानना है कि भारत का बँटवारा एक त्रासद भूल थी। इससे किसी का हित नहीं हुआ और आर्थिक, राजनीतिक या सांप्रदायिक, किसी भी समस्या का हल नहीं निकला···। पाकिस्तान में अल्पसंख्यकों की आज भी जैसी स्थिति है और जैसा व्यवहार उनके साथ किया जा रहा है, वह स्पष्ट रूप से साबित करता है कि दोनों देशों में अल्पसंख्यकों को सुरक्षा देने का जो समझौता किया गया था, उसकी धज्जियाँ उड़ाई गई हैं··· कांग्रेस ने तुष्टीकरण की जो नीति अपनाई है, उसने भारत को कमजोर किया है और उसके सम्मान तथा प्रतिष्ठा को धूमिल किया है···कश्मीर भारत का अभिन्न अंग है और उसके साथ देश के किसी भी दूसरे राज्य के जैसा व्यवहार किया जाना चाहिए। निश्चित रूप से यह त्रासद है कि एक-तिहाई कश्मीर दुश्मन के हाथों में है और बीच-बीच में किसी भी आक्रमण का मुँहतोड़ जवाब देने की बात करनेवाली हमारी सरकार उस इलाके को विदेशी कब्जे से छुड़ाने में नाकाम रही है।"[225]

□

225. उपरोक्त

9

श्यामा प्रसाद मुकर्जी के नेतृत्व में तय हुई भारतीय जनसंघ की दिशा और दशा

श्यामा प्रसाद मुकर्जी का जन्म कोलकाता में 6 जुलाई, 1901 में हुआ था। उनके पिता का नाम आशुतोष मुकर्जी और माता का नाम जोगमाया देवी मुकर्जी था। उनके पिता कलकत्ता हाईकोर्ट के जज और कलकत्ता यूनिवर्सिटी के कुलपति रह चुके थे।

बचपन से ही डॉ. मुकर्जी कुशाग्र बुद्धिवाले छात्र थे। 1914 में स्कूली शिक्षा और मैट्रिक की परीक्षा पास करने बाद उन्होंने प्रेसिडेंसी कॉलेज में दाखिला लिया। 1916 की इंटर-आट्र्स परीक्षा में उन्होंने सत्रहवाँ स्थान प्राप्त किया और 1921 में अंग्रेजी भाषा में फर्स्ट क्लास फर्स्ट पोजिशन पर रहकर ग्रैजुएशन की डिग्री हासिल की। वर्ष 1923 में उन्होंने बांग्ला भाषा में मास्टर्स की डिग्री भी फर्स्ट क्लास श्रेणी में हासिल की और 1923 में कलकत्ता यूनिवर्सिटी की सीनेट के सदस्य भी बने। उन्होंने 1924 में लॉ की बैचलर डिग्री हासिल की, जबकि उस समय उनकी उम्र मात्र तेईस वर्ष थी।

वर्ष 1924 में उन्होंने कलकत्ता हाईकोर्ट में एक वकील के रूप में अपना नाम दर्ज कराया, लेकिन दुर्भाग्यवश, उसी साल उनके पिता की मृत्यु हो गई। करीब दो साल बाद 1926 में लिंकन्स इन में पढ़ाई के लिए वे इंग्लैंड चले गए, जहाँ उस साल उन्हें इंगलिश बार में वकालत करने का न्योता मिला। 1934 में तैंतीस वर्ष की उम्र में वे सबसे कम उम्र के कोलकाता यूनिवर्सिटी के कुलपति बने। उस पद पर वे 1938 तक बने रहे। अपने कार्यकाल के दौरान उन्होंने अनेक रचनात्मक सुधारों की शुरुआत की और 'एशियाटिक सोसाइटी ऑफ कलकत्ता' में भी सक्रिय रहे। कोर्ट के सदस्य भी रहे। वे इंडियन इंस्टीट्यूट ऑफ साइंस बैंगलोर (अब बेंगलुरु) की काउंसिल के सदस्य तथा इंटर-यूनिवर्सिटी बोर्ड के चेयरमैन भी रहे। कुलपति के रूप में उनके ही कार्यकाल के दौरान पहली बार बांग्ला भाषा में यूनिवर्सिटी का दीक्षांत भाषण रवींद्रनाथ टैगोर द्वारा दिया गया और भारतीय स्थानीय भाषा की शुरुआत सर्वोच्च परीक्षा के एक विषय के तौर पर

हुई। 26 नवंबर, 1938 में डॉ. मुकर्जी ने कलकत्ता यूनिवर्सिटी से डी.लिट. की उपाधि प्राप्त की।[226]

साल 1929 में उन्हें कांग्रेस उम्मीदवार के रूप में बंगाल विधान परिषद् के सदस्य के रूप में चुना गया था, जहाँ वे कलकत्ता यूनिवर्सिटी के प्रतिनिधि थे, लेकिन अगले ही वर्ष जब कांग्रेस ने विधायिका का बहिष्कार करने का फैसला किया, तब उन्होंने इस्तीफा दे दिया। आगे चलकर एक निर्दलीय के रूप में उन्होंने चुनाव लड़ा और जीत दर्ज की। 1937 से 41 तक, जब कृषक प्रजा पार्टी और मुसलिम लीग गठबंधन की सरकार थी, तब वे नेता प्रतिपक्ष बने और आगे चलकर फजलुल हक के नेतृत्व वाली गठबंधन सरकार में वित्त मंत्री बने। साल भर के भीतर ही उन्होंने इस्तीफा दे दिया। वह हिंदुओं के प्रवक्ता के तौर पर उभरे और कुछ ही समय बाद हिंदू महासभा में शामिल हो गए। फिर 1944 में उसके अध्यक्ष बने। गांधी की हत्या के बाद वे चाहते थे कि हिंदू महासभा के दरवाजे केवल हिंदुओं के लिए नहीं, बल्कि सभी के लिए खोल दिए जाएँ या वह मात्र जनता की सेवा करनेवाला गैर-राजनीतिक संगठन न रहे और इस मुद्दे पर उन्होंने 23 नवंबर, 1948 को अपने आप को हिंदू महासभा से अलग कर लिया।

नेहरू ने उन्हें अंतरिम केंद्र सरकार में उद्योग और आपूर्ति मंत्री के तौर पर शामिल किया। जैसा कि पिछले अध्याय में हम विस्तार से पढ़ चुके हैं, लियाकत अली खान के साथ 'दिल्ली समझौते' के मुद्दे पर डॉ. मुकर्जी ने 6 अप्रैल, 1950 को कैबिनेट से इस्तीफा दे दिया। राष्ट्रीय स्वयंसेवक संघ के प्रमुख गोलवलकरजी से बातचीत के बाद 21 अक्तूबर, 1951 को उन्होंने दिल्ली में भारतीय जनसंघ की स्थापना की और इसके पहले अध्यक्ष बने। अब यह नई पार्टी आजाद भारत के पहले आम चुनावों के लिए तैयार थी।[227]

पहली बार आम चुनावों में भारतीय जनसंघ (1951-52), नेहरू ने भारतीय जनसंघ को बताया सांप्रदायिक

दिसंबर 1951 में संसद् और प्रांतीय विधान सभाओं के लिए आम चुनावों की घोषणा कर दी गई, जबकि उनका कार्यकाल 1952 तक था। भारतीय जनसंघ का गठन महज दो महीने पहले हुआ था। नेहरू ऐसे विपक्ष का फायदा उठाना चाहते थे, जो न तो संगठित था, न ही तैयार था। डॉ. मुकर्जी जानते थे कि बिखरा विपक्ष चुनावों का सामना

---

226. https://shwetankspad.com/2014/06/23/dr-syama-prasad-mookerjee-a-heartfelt-tribute/
227. https://www.bjp.org/en/leaders/syamaprasadmukharji

नहीं कर सकता, इसलिए उन्होंने एक व्यापक गठबंधन बनाने का प्रयास किया। समान विचारधारा वाले दलों के विलय पर भी विचार किया गया। जून के आखिर में कलकत्ता के श्रद्धानंद पार्क में एक जनसभा में डॉ. मुकर्जी ने समान विचारों वाले दलों को साथ मिलकर चुनाव लड़ने का न्योता दिया।

भारतीय जनसंघ का गठन होने के तुरंत बाद पार्टी ने घोषणा-पत्र पर काम करने का फैसला किया। इसमें डॉ. मुकर्जी के अध्यक्षीय भाषण और बलराज मधोक तथा के.आर. मल्कानी की ओर से तैयार किए गए मसौदों का इस्तेमाल किया गया। पार्टी ने निम्नलिखित बातों को माना—

> ···देश पार्टी से ऊपर है और भारत के प्रारब्ध से कुछ एक लोगों की गलतियों के कारण खिलवाड़ करने नहीं दिया जाएगा···हिमालय से कन्याकुमारी तक पूरा भारतवर्ष भौगोलिक, सांस्कृतिक और ऐतिहासिक रूप से सदियों से संघटनात्मक रूप से संपूर्ण रहा है। यह सभी भारतीय लोगों की माता है, जिन्हें समान अधिकार प्राप्त हैं···भारत एक प्राचीन देश है···इस कारण भारतीय राष्ट्रवाद को स्वाभाविक रूप से अखंड भारत के प्रति अविभाजित निष्ठा और उसकी महान् तथा प्राचीन संस्कृति पर ही आधारित होना चाहिए, जो उसे अन्य देशों से अलग बनाती है···अनेकता में एकता भारतीय संस्कृति की विशिष्टता रही है, जो विभिन्न क्षेत्रीय, स्थानीय और जनजातीय विकास का एक मिला-जुला रूप है और इतने विशाल देश के लिए स्वाभाविक भी है। यह कभी किसी विशेष धर्म-सिद्धांत या धर्म से बँधा नहीं रहा है। भारतीय राष्ट्र के वे सभी धर्म, जो इस गणराज्य के स्वरूप का निर्माण करते हैं, उनकी भारतीय संस्कृति की इस धारा में हिस्सेदारी है, जो निर्बाध रूप से वेदों से अविरल बहती आ रही है और विभिन्न लोगों, धर्मों और संस्कृतियों के योगदानों को स्वीकार करती तथा अपना बनाती चली जा रही है, जो इतिहास के क्रम में इसके संपर्क में आए···इस प्रकार, भारतीय संस्कृति एक और अविभाज्य है।[228]

नेहरू के बाद से ही तथाकथित 'धर्मनिरपेक्षियों' ने बिना यह समझे कि इसका उपयोग कितने विस्तृत अर्थों में किया है, उपरोक्त कथन की मूल भावना का इस्तेमाल अकसर भारतीय जनसंघ पर और आगे चलकर भाजपा पर हमले के लिए किया है। उनका कहना है कि 'भारत' शब्द से इतिहास, संस्कृति और सभ्यता के पुरातन होने का भाव आता है और राष्ट्रवाद की जड़ों की समानता 'सांप्रदायिकता', 'नवजागरणवाद',

---

228. संपूर्ण मैनिफेस्टो के लिए देखें, *'भारतीय जनसंघ 1952-70'*, भारतीय जनता पार्टी द्वारा प्रकाशित, नई दिल्ली, पृ. 282-294। यह विशेष अंश पृ. 283-288 का है।

'अंधकारवाद' और 'प्रतिक्रियावाद' से की गई है। क्या पहली बार कोई भारत के विषय में इन संदर्भों में बात कर रहा है? इतिहासकार और गांधी, गोखले, बिपिन चंद्र पाल, यहाँ तक कि नेहरू जैसे राजनीतिज्ञों ने भी इसी प्रकार की बात की है। यहाँ नेहरू के जनवरी 1948 के ए.एम.यू. के दीक्षांत भाषण को याद करना जरूरी हो जाता है, जहाँ उन्होंने इन्हीं अर्थों में भारतीय विरासत की भावना को अपने शब्दों में रखा था।[229]

यह स्पष्ट है कि जहाँ तक भारत की अवधारणा की बात है, तो कागजों पर नेहरू और भारतीय जनसंघ में कोई अंतर नहीं था। बस, एक अंतर यह था कि भारतीय जनसंघ जो कहता था, वही करता था, जबकि नेहरू ऐसा नहीं करते थे। यह भी दिलचस्प है कि जो नेहरू भारत की अवधारणा को लेकर ढुलमुल और अस्पष्ट थे, वही कहते थे, "यदि भारत में कोई संगठन है, जो सही मायने में सांप्रदायिक है तो वह जनसंघ है। यह पूरी तरह से प्रगति विरोधी संगठन है।"[230]

जैसा कि हम पहले देख चुके हैं, भारतीय जनसंघ के पार्टी मैनिफेस्टो और भारत को लेकर नेहरू के दृष्टिकोण में कोई अंतर नहीं था। वास्तव में 'पाँच हजार साल के इतिहास' से नेहरू को यह समझ आया कि राष्ट्रवाद विदेशियों के विरुद्ध एकजुट करनेवाली ताकत है और 'पाँच हजार साल के इतिहास के दौरान एक सांस्कृतिक परंपरा की निरंतरता अपने आप में अनोखी है।' उन्होंने अपने विचार एक पुस्तक में स्पष्ट किए, जिसे उन्होंने जेल में बिताए गए दिनों में लिखा था—*द डिस्कवरी ऑफ इंडिया* (1946)। यह भारतीय जनसंघ के गठन के महज पाँच साल पहले की बात है, जब भारत की अवधारणा क्या है और इसे कैसा होना चाहिए, के विषय में कोई अंतर नहीं था। उस समय नेहरू के लिए राष्ट्रवाद प्रगति विरोधी नहीं था, सांस्कृतिक परंपराओं का आह्वान नवजागरणवाद नहीं था और 'भारतीय परंपराओं और इतिहास की पुरातनता' में कोई सांप्रदायिकता नहीं थी, जिससे खतरा पैदा हो। *द डिस्कवरी ऑफ इंडिया* में नेहरू ने भारत माता की राष्ट्रवादी अवधारणा पर, सच्चे भारत की खोज और भारत की विविधता एवं एकता पर खुलकर बात की। नेहरू ने भारत की परंपरा, संस्कृति और सभ्यता संबंधी निरंतरता पर विस्तार से बात की और बताया कि वह इसे महत्त्वपूर्ण क्यों मानते हैं। फिर ऐसा क्या हुआ कि अचानक उन्होंने यू-टर्न ले लिया और भारतीय जनसंघ को सांप्रदायिक करार दे दिया, जो समान विचार रखनेवाला एक राजनीतिक दल था? इसका संकेत भी नेहरू ने ही दिया है। यदि आप उस पंक्ति को याद करें, जिसमें जोर डाला गया था—'राजनीति और चुनाव रोजाना के मामले थे, जब हम दिखावटी बातों

---

229. जवाहरलाल नेहरू, अलीगढ़ मुसलिम यूनिवर्सिटी में दीक्षांत भाषण, 24 जनवरी, 1948, https://awaam.net/nehrus-speech-at-amu-convocation-1948/

230. द स्टेट्समैन, 12 दिसंबर, 1951

पर खुश हो जाया करते थे'[231]—तो पता चलता है कि सत्ता और चुनावों को लेकर नेहरू अपने आदर्शों को त्याग चुके थे! उन्हें उन राष्ट्रवादी ताकतों से, जिनका प्रतिनिधित्व भारतीय जनसंघ करता था और अन्य लोग जो सत्ता में आ रहे थे, उनसे डर लगता था। क्रेग बैक्सटर ने नेहरू के यू-टर्न को बेहद शानदार तरीके से बताया है—"1952 के चुनावों में (नेहरू को) समाजवादी और कम्युनिस्ट वामपंथ से ज्यादा भय राष्ट्रवादी तथा प्रतिक्रियावादी दक्षिणपंथ से था।"[232]

भारतीय जनसंघ ने स्पष्ट शब्दों में बता दिया था कि यह सभी के लिए समानता और सभी की भागीदारी, यानी 'धर्म राज्य' या कानून के शासन वाले देश की स्थापना के लिए संघर्ष कर रहा है। भारत के लिए देश की धार्मिक अवधारणा स्वदेशी नहीं है और नेहरूवादी धर्मनिरपेक्षता मुसलिमों के तुष्टीकरण के सिवाय और कुछ भी नहीं है। नेहरू के विपरीत, भारतीय जनसंघ ने कृषि और उद्योग आधारित अर्थव्यवस्थाओं के समान रूप से उत्थान पर बल दिया। नेहरू ने बड़े-बड़े बाँधों और उद्योगों को भारत के नए मंदिरों के रूप में पेश किया, जबकि ग्रामीण क्षेत्र की अनदेखी की, जिस पर भारतीय जनसंघ जोर दे रहा था। भारतीय जनसंघ का घोषणा-पत्र बेहतर बीज उपलब्ध कराने और जन-जन तक उन्हें पहुँचाने, छोटे-छोटे बाँध, कुएँ, ट्यूबवेल बनाने में कृषकों की मदद करने और जमीन से अधिक-से-अधिक उपज हासिल करने की बात कर रहा था। कांग्रेस की इस उपेक्षा के कारण कृषि संकट पैदा हो गया और जो हरित क्रांति दशकों बाद हुई, वह भारतीय जनसंघ के मैनिफेस्टो की नकल लगती है। भारतीय संविधान के नीति-निर्देशक सिद्धांतों के अनुसार गौ-हत्या पर प्रतिबंध भी भारतीय जनसंघ के प्रमुख उद्देश्यों में से एक था।

भारतीय जनसंघ ने एक शक्तिशाली सेना की वकालत की, जिसका मजाक नेहरू ने यह कहते हुए उड़ाया कि भारत का कोई शत्रु नहीं है। सीमा पर पाकिस्तान और चीन से होनेवाली झड़पें इस नेता की महान् 'दूरदर्शिता' की गवाही देती हैं। नेहरू की गलतियों के कारण ही कश्मीर भारत के लिए एक बड़ी समस्या बन गया।

1951-52 के चुनावों का राजनीतिक परिदृश्य

कांग्रेस छोड़नेवाले नेताओं ने कई दलों का गठन किया, जैसे जय प्रकाश नारायण और राम मनोहर लोहिया ने 'सोशलिस्ट पार्टी' बनाई। हिंदू महासभा, कम्युनिस्टों, समाजवादियों के अलावा क्षेत्रीय स्तर पर दलों का गठन हुआ। डॉ. मुकर्जी के समर्थकों के कारण बंगाल

---

231. जवाहरलाल नेहरू, *'द डिस्कवरी ऑफ इंडिया'*, ऑक्सफोर्ड यूनिवर्सिटी प्रेस, 1946, पृ. 59
232. क्रेग बैक्सटर, *'जन संघ : ए बायोग्राफी ऑफ एन इंडियन पॉलिटिकल पार्टी'*, यूनिवर्सिटी ऑफ पेंसिल्वेनिया प्रेस, 1969, पृ. 90-91

में और पंजाब, उत्तर प्रदेश, मध्य भारत और विंध्य प्रदेश में वहाँ के नेताओं को मिलनेवाले समर्थन के कारण भारतीय जनसंघ के बेहतर प्रदर्शन की उम्मीद थी।

भारतीय जनसंघ जिन इलाकों में कमजोर था, वहाँ उसने गठबंधन करने का फैसला किया। उड़ीसा में इसने एक भी उम्मीदवार नहीं उतारा और जब दो क्षेत्रीय दलों, स्वाधीन तथा गणतंत्र परिषद् से गठबंधन की बातचीत विफल रही तो यही दोनों दल मैदान में उतरे। उत्तर प्रदेश में भारतीय जनसंघ हिंदू महासभा और रामराज्य परिषद् के साथ तथा अजमेर में पुरुषार्थी परिषद् के साथ चुनावी समझौता करने में काफी हद तक कामयाब रही।

जयप्रकाश नारायण, राम मनोहर लोहिया और पुरुषोत्तम दास टंडन के पार्टी से बाहर हो जाने के कारण कांग्रेस में नेहरू को कोई रोकनेवाला नहीं था। वह प्रधानमंत्री थे और पार्टी के अध्यक्ष भी, और जैसा चाहते थे, उसी तरह अभियान का नेतृत्व कर रहे थे। उन्होंने धर्मनिरपेक्षता को इस प्रकार परिभाषित किया कि भारतीय आबादी के 88 प्रतिशत हिंदुओं को 12 प्रतिशत मुसलमानों के लिए सुधारों के नाम पर अपने अधिकारों का बलिदान दे देना चाहिए।

डॉ. मुकर्जी ने लोकसभा में नेहरू को यह कहते हुए चुनौती दी कि अगर नेहरू सच में धर्मनिरपेक्ष हैं तो उन्हें सभी के साथ समान व्यवहार करना चाहिए और समान नागरिक संहिता लागू कर देनी चाहिए। उनका तर्क था कि धर्मनिरपेक्षता सभी धर्मों, समाजों और समुदायों के लिए समान होनी चाहिए। नेहरू ने वोट बैंक की अपनी राजनीति का बचाव यह कहते हुए किया कि डॉ. मुकर्जी के नेतृत्व वाला भारतीय जनसंघ प्रगति विरोधी, सांप्रदायिक संगठन है, जो उग्र हिंदुत्व के प्रति समर्पित है। समाजवादी नेहरू के गुर्गों की तरह काम करते थे और उनकी बातों को तोते की तरह रटते रहते थे। इस प्रकार नेहरू ने देश और मतदाताओं को 'धर्मनिरपेक्ष' तथा 'सांप्रदायिक' के आधार पर बाँट दिया और यह बँटवारा आज भी जारी है, बल्कि और भी गहरा हो गया है। नेहरू को जवाब देते हुए लखनऊ में अपने भाषण में डॉ. मुकर्जी ने नेहरू की मुसलिम तुष्टीकरण की नीति और कांग्रेस की ओर से उन्हें एकमुश्त वोट बैंक के तौर पर इस्तेमाल करने के प्रयास पर हमला किया—"हम नहीं चाहते कि चार करोड़ मुसलिम भारत से बाहर जाएँ, क्योंकि हमारा देश धर्मनिरपेक्ष है''' क्या श्री नेहरू हमारे चार करोड़ मुसलमानों की रक्षा करनेवाले हैं, जो भारत में रह रहे हैं? यदि ऐसा है, तो उनके बाद उनकी रक्षा कौन करेगा? केवल हिंदू ही उनकी रक्षा करेंगे और मुसलमानों को हिंदुओं का विश्वास तथा सद्भाव हासिल करने का प्रयास **करना चाहिए।**"[233]

233. ऑर्गनाइजर, खंड 18, 17 दिसंबर, 1951

क्या राष्ट्रीय स्वयंसेवक संघ ने चुनावों में भारतीय जनसंघ की मदद की थी ?

भारतीय जनसंघ से उन इलाकों में बेहतर प्रदर्शन की उम्मीद की जा रही थी, जहाँ राष्ट्रीय स्वयंसेवक संघ का काम मजबूत था, क्योंकि पंजाब और जम्मू में मौली चंद्र शर्मा और प्रेमनाथ डोगरा तथा दिल्ली में लाला योधराज और लाल हंसराज गुप्ता राष्ट्रीय स्वयंसेवक संघ और भारतीय जनसंघ का चेहरा थे।

राष्ट्रीय स्वयंसेवक संघ ने अपने कैडर को चुनावों में उम्मीदवार बनने की इजाजत दी, खासतौर पर पंजाब में, भले ही राष्ट्रीय स्वयंसेवक संघ के कई नेताओं ने राजनीति में उतरने से इनकार कर दिया। वैसे तो मद्रास में राष्ट्रीय स्वयंसेवक संघ के सरसंघचालक गोलवलकर ने जनसंघ को अपने परोक्ष समर्थन की घोषणा कर दी, फिर भी उन्होंने दोहराया कि राष्ट्रीय स्वयंसेवक संघ राजनीति से दूर रहेगा।

> आगामी आम चुनावों में राष्ट्रीय स्वयंसेवक संघ हिंदू महासभा या अन्य किसी भी दल को मदद नहीं देगा। चुनावों के इस नाटक में हम महज दर्शक बने रहेंगे। स्वयंसेवक जैसा चाहें वैसा करने के लिए स्वतंत्र हैं। हमारे सारे प्रयास चरित्र-निर्माण, निस्स्वार्थ भाव से सेवा की भावना जगाने और असीम देशभक्ति की शिक्षा के रचनात्मक माध्यमों की दिशा में किए जाएँगे। हमारा उद्देश्य एक समरस देश के लिए सुदृढ़ संगठन का निर्माण करना है। केवल इससे ही देश गरीबी और कष्ट से आजाद हो सकेगा।[234]

1951-52 के चुनावी नतीजे : पहले ही चुनाव में भारतीय जनसंघ राष्ट्रवादी दल बना

1951-52 के चुनावों में छब्बीस राज्यों में कुल मिलाकर लोकसभा की 489 सीटें थीं। भारतीय जनसंघ ने मात्र तिरानबे सीटों पर चुनाव लड़ा, जो कुल सीटों के 20 प्रतिशत से भी कम थीं और ग्यारह राज्यों—बंबई, मद्रास, उड़ीसा, हैदराबाद, सौराष्ट्र, ट्रावणकोर, कोचिन, भोपाल, बिलासपुर, कुर्ग, कच्छ और मणिपुर में उम्मीदवार नहीं उतारे। तिरानबे सीटों में से उन्होंने 3 पर जीत हासिल की और राष्ट्रीय स्तर पर कुल मतों में से 3.06 प्रतिशत मत हासिल किए। तीन में से दो सीटों पर बंगाल में जीत मिली, जहाँ स्वयं डॉ. मुकर्जी की जीत हुई और दूसरे देव प्रसाद घोष थे, जबकि एक सीट राजस्थान में मिली, जहाँ उमा शंकर त्रिवेदी विजयी उम्मीदवार थे। हालाँकि भारतीय जनसंघ के समर्थन से जीतनेवाले उम्मीदवारों की एक बड़ी संख्या थी। भारतीय जनसंघ की पहचान

---

234. ऑर्गनाइजर, खंड 11, 29 अक्तूबर, 1951

एक राष्ट्रीय पार्टी के तौर पर बनी, जिसका एक अपना चुनाव चिह्न था और अपने पहले ही चुनाव में अपना झंडा भी था।

विधानसभाओं की 3,283 सीटों के लिए मुकाबला था, जिसमें भारतीय जनसंघ ने 725 सीटों पर चुनाव लड़ा और पैंतीस में उसे जीत मिली। इसने तीन प्रांतीय विधानसभाओं के लिए उम्मीदवार नहीं उतारे। पंजाब के नतीजे निराशाजनक थे, क्योंकि यहीं भारतीय जनसंघ की पहली इकाई गठित की गई थी। इसे सभी दस सीटों पर हार मिली। दिल्ली से सभी तीन सीटों पर हारे। हालाँकि मुकाबला जबरदस्त था, क्योंकि उम्मीदवारों की जमानत बच गई और सभी उम्मीदवार दूसरे नंबर पर आए। राष्ट्रीय स्वयंसेवक संघ के सहयोग से भारतीय जनसंघ का प्रदर्शन अच्छा रहा। जहाँ भी राष्ट्रीय स्वयंसेवक संघ मजबूत था, वहाँ भारतीय जनसंघ का वोट शेयर अच्छा था—पंजाब में 5.6 प्रतिशत, उत्तर प्रदेश 7.29 प्रतिशत, मध्य भारत 9.65 प्रतिशत, अजमेर 16.20 प्रतिशत, दिल्ली 25.92 प्रतिशत, हिमाचल प्रदेश 10.72 प्रतिशत और विंध्य प्रदेश 12.71 प्रतिशत। बंगाल में भारतीय जनसंघ को डॉ. मुकर्जी की लोकप्रियता का लाभ मिला। मिदनापुर जिले में भारतीय जनसंघ की आठ सीटों पर जीत हुई और 12.68 प्रतिशत वोट मिले।

बलराज मधोक, जो नए दल की शुरुआत के लिए चलाए गए अभियान में सबसे आगे थे और राष्ट्रीय स्वयंसेवक संघ की भी उसमें एक भूमिका थी। उन्होंने लिखा—

> "जनसंघ ने संसाधनों के घोर अभाव के बीच जिस प्रकार चुनाव लड़ा, उसे देखते हुए यह एक उल्लेखनीय उपलब्धि थी। सबसे नई पार्टी होने के कारण इसके पास अपने बारे में जाकर बताने का समय ही नहीं था...कार्यकर्ताओं में राजनीतिक और चुनावी अनुभव की कमी थी, जो अधिकांशतया नौजवान थे और संसाधनों की कमी ने इसे बुरी तरह लाचार बना दिया। लेकिन इसकी राह में सबसे बड़ी बाधा शायद पंडित नेहरू की ओर से किए गए सघन और सुनियोजित हमले थे, जिनमें जनसंघ की निंदा के लिए विषाक्त शब्दों का प्रयोग किया जाता था और पूरी प्रेस तथा देश की सभी वामपंथी पार्टियों में उनकी ही गूँज सुनाई देती थी।[235]

"गोलवलकर ने पार्टी को सलाह दी कि उन्हें न तो हिम्मत हारने की जरूरत है, न ही निराश होने की, बल्कि 'उन्हें अपने ऊपर और अपने अभियान पर अविचलित

---

235. बलराज मधोक, *'पॉलिटिकल ट्रेंड्स इन इंडिया'*, यूनिवर्सिटी ऑफ कैलिफॉर्निया लाइब्रेरीज, दिल्ली, 1959, पृ. 62

आत्मविश्वास के साथ आगे बढ़ने की जरूरत है।' "[236]

यह सच है कि एक नई पार्टी का गठन करना और अधिकांश प्रांतों में इसकी शाखा बना लेना जन्म लेने के दो महीने के भीतर चुनावों का सामना करने के मुकाबले काफी आसान होता है। भारतीय जनसंघ के सामने जो बड़ी समस्या थी, वह ऐसे उम्मीदवारों को चुनने की थी, जिन्हें लोग पहचानते हों। भारतीय जनसंघ ने मात्र तिरानबे सीटों पर चुना लड़ा, जो कुल सीटों के 20 प्रतिशत से भी कम था। चुनावों के लिए पैसे का बंदोबस्त करना एक और मुश्किल काम था। पार्टी के पास बिलकुल भी पैसा नहीं था। ऐसी स्थिति में अगर जाना-पहचाना चेहरा मिल भी जाए, तो समस्या यह थी कि उसके चुनाव प्रचार के लिए पैसे कहाँ से आएँगे?

एक नई पार्टी के रूप में इसके पास न अनुभव था, न ही कांग्रेस नेताओं के जैसा जनता से सीधा संवाद, जो स्वतंत्रता संग्राम के दिनों से ही सक्रिय थे। विपक्षी एकता के अभाव ने कांग्रेस विरोधी वोटों को बाँट दिया और कई स्थानों पर कांग्रेस की जीत 500 से भी कम मतों से हुई। कांग्रेस ने आजादी की लड़ाई में जो भूमिका अदा की थी, उसके कारण लोगों का उससे जो भावनात्मक जुड़ाव था, वह काफी मजबूत था।

भारत में राजनीतिक गठबंधनों के जनक के रूप में डॉ. मुकर्जी

नेहरू और झारखंड पार्टी के जयपाल सिंह मुंडा के अलावा डॉ. मुकर्जी एकमात्र पार्टी अध्यक्ष थे, जिन्होंने 1951 के चुनावों में जीत दर्ज की थी। विपक्षी खेमे में डॉ. मुकर्जी सबसे अच्छे और सबसे अनुभवी सांसद माने जाते थे। उन्हें एक अच्छा और प्रभावी वक्ता कहा जाता था। चूँकि संसद् में बोलने का समय पार्टी के सांसदों की संख्या के आधार पर निर्धारित किया जाता है, इसलिए उन्होंने चुनाव बाद का गठबंधन बनाने का फैसला किया, ताकि संसद् में एक संगठित समूह के रूप में कार्य किया जा सके। 28 मार्च, 1952 को पैंतालीस लोकसभा सांसदों के समूह ने डॉ. मुकर्जी के नेतृत्व में एक समूह के रूप में काम करने का फैसला किया। ये सांसद भारतीय जनसंघ, अकाली दल, झारखंड पार्टी, गणतंत्र परिषद् और हिंदू महासभा के थे, जिनके साथ कुछ निर्दलीय भी जुड़ गए। बाद में तमिलनाडु की 'टॉयलर्स पार्टी' और 'कॉमनवेल्थ पार्टी' भी इस गठबंधन का हिस्सा बन गई। चूँकि डॉ. मुकर्जी राजनीति में किसी को अछूत नहीं मानते थे, इस कारण उन्होंने अशोक मेहता, सुचेता कृपलानी और 'किसान मजदूर प्रजा पार्टी' से संपर्क किया, लेकिन वे चाहते थे कि हिंदू महासभा को बाहर किया जाए। हालाँकि डॉ. मुकर्जी ने उनकी माँगों को नहीं माना। आखिर में बत्तीस सांसदों के एक समूह ने उनके नेतृत्व में काम करने का फैसला किया और इस समूह

236. ऑर्गनाइजर, खंड 28, 25 फरवरी, 1952

को 'नेशनल डेमोक्रेटिक पार्टी' (एन.डी.पी.) कहा गया।

यह भी दिलचस्प है कि बरसों बाद 1998 में भाजपा ने समान सोचवाले दलों का एक गठबंधन बनाया, इसे एन.डी.पी. की ही तर्ज पर 'नेशनल डेमोक्रेटिक अलायंस' (एन.डी.ए.) कहा गया।

एन.डी.पी. में विविध राजनीतिक सोच रखनेवाले देश भर के दल शामिल थे, हिंदू महासभा के एन.सी. चटर्जी और शकुंतला नायर, गणतंत्र परिषद् के आर.एन. सिंहदेव, अकाली दल के हुकुम सिंह, 'कॉमनवेल्थ पार्टी' के कृष्णास्वामी मुदलियार और द्रविड़ कड़गम के एस.के. कंडास्वामी। कांग्रेस (346) और कम्युनिस्टों (35) के बाद एन.डी.पी. तीसरा सबसे बड़ा समूह था। डॉ. मुकर्जी 'समाजवाद और उदारवाद' के मौलिक सिद्धांतों पर समान विचारोंवाले दलों को साथ लाने का भरपूर प्रयास कर रहे थे।

1951-52 के चुनावों के बाद भारतीय जनसंघ के कानपुर के बेहद महत्त्वपूर्ण अधिवेशन में डॉ. मुकर्जी को अध्यक्ष और मौली चंद्र शर्मा तथा दीनदयाल उपाध्याय को महासचिव चुना गया था। अपने अध्यक्षीय भाषण में डॉ. मुकर्जी ने कहा कि चुनाव के नतीजों से वे निराश हैं, लेकिन उन्हें यह नहीं भूलना चाहिए कि 'हमारी पार्टी का गठन केवल चुनाव लड़ने के लिए नहीं किया गया था, बल्कि इसका लक्ष्य अपने आप को व्यापक आधार देना है, ताकि भविष्य में भारत की प्रगति के हित में प्रभावी सेवा दी जा सके…'[237]

आजाद भारत का पहला आम चुनाव हो चुका था। नेहरू और उनकी पार्टी चुनाव जीत चुकी थी। कांग्रेस पार्टी के सामने मजबूत विपक्ष का अभाव था। लोगों के दिलो-दिमाग में आजादी की यादें अभी ताजा थीं। भारत को लेकर अपनी दोषपूर्ण अवधारणा को नेहरू लोगों को समझाने में कामयाब रहे थे। प्रोफेसर लाल और माथुर ने इसे सटीक ढंग से रखा है—

> "'धर्मनिरपेक्षता' और 'सांप्रदायिकता' की आड़ में नेहरू ने पूरे देश की आबादी को 'सांप्रदायिक' और 'धर्मनिरपेक्ष' में बाँट दिया था, जिसे लोग मुसलिम तुष्टीकरण की उनकी नीति को लेकर अपने-अपने ढंग से देख रहे थे। कांग्रेस को मुसलमानों के इकलौते रक्षक के रूप में पेश करके, नेहरू मुसलमानों को कांग्रेस के वोट बैंक के तौर पर बदलने में कामयाब रहे,

237. कानपुर में आयोजित भारतीय जनसंघ के पहले अखिल भारतीय सत्र में डॉ. श्यामा प्रसाद मुखर्जी का अध्यक्षीय भाषण, 29-31 दिसंबर, 1952। देखें 'ऑर्गनाइजर', खंड VI, अंक 20, 5 जनवरी, 1953

लेकिन सांप्रदायिक एकता और समान नागरिक संहिता की दिशा में इसके साथ आगे बढ़ने की सारी संभावनाएँ हमेशा के लिए समाप्त हो गईं, जबकि यह किसी भी धर्मनिरपेक्ष देश की एक पूर्व-शर्त होती है। अपने जीवनकाल में 'धर्मनिरपेक्षता' के इस मसीहा ने कभी 'समान नागरिक संहिता' की बात नहीं की, जबकि देश के संविधान में इसे पूरे सम्मान के साथ रखा गया है। यह शर्मनाक है! कश्मीर में अराजकता, पूर्वी बंगाल और पाकिस्तान में हिंदुओं पर जुल्म वगैरह से नेहरू और उनकी पार्टी को फर्क नहीं पड़ता था। कांग्रेस की चिंता 'हिंदू कोड बिल' को पास करने और उसे हिंदुओं पर थोपने (मुसलिम पर्सनल लॉ को हाथ लगाए बिना) को लेकर थी। वह 'सांप्रदायिकता' और 'धर्मनिरपेक्षता' की रट लगाती रही और बिना शक अंग्रेजों से भारत को आजाद कराने का पूरा श्रेय इसने केवल अपने लिए सुरक्षित कर लिया था। लोगों के दिमाग पर आजादी के आंदोलन की यादें इस कदर ताजा थीं कि वे कांग्रेस की गलतियों पर तार्किक ढंग से सोचने को तैयार ही नहीं थे।"[238]

□

238. 'हिस्टरी ऑफ भारतीय जनसंघ 1952-1980 : पार्टी डॉक्यूमेंट', खंड 6, पृ. 118

10

कश्मीर समस्या से निपटने में नेहरू की नाकामी

लौहपुरुष सरदार पटेल ने 563 स्वशासित रियासतों का भारत में विलय कर हमें एक मजबूत और एकीकृत देश दिया। जम्मू-कश्मीर की रियासत का मामला सीधे प्रधानमंत्री जवाहरलाल नेहरू और उनकी टीम देख रही थी। आज तक वहाँ कैसी अराजकता है, जिसका श्रेय नेहरू की भ्रामक कूटनीति को जाता है। यह तो हमारी किस्मत अच्छी है कि सरदार पटेल ने दो अन्य जिद्दी रियासतों—हैदराबाद और जूनागढ़ के विलय के मामले में नेहरू को दखलअंदाजी की इजाजत नहीं दी। नहीं तो आज भारत अपनी सीमा के भीतर कुछ और कश्मीरों से उलझ रहा होता। वैसे तो कश्मीर भारत का अभिन्न अंग है, लेकिन पाकिस्तान आज भी इसे विवादित क्षेत्र बताता है और कश्मीरी अलगाववादी इसे स्वतंत्र राष्ट्र के रूप में पेश करते हैं। इस प्रक्रिया में तीन लाख से भी अधिक कश्मीरी पंडितों को बेघर कर दिया गया। कश्मीर मुद्दे का हल निकालने को लेकर पटेल और भारतीय जनसंघ के विचार समान थे, लेकिन नेहरू की कुछ और ही योजना थी। चलिए, कश्मीर समस्या, इसके खिलाड़ियों और हितधारकों को इतिहास के दृष्टिकोण से देखते हैं, ताकि वर्तमान परिस्थिति को समझा जा सके।

1930 में एक स्कूल टीचर शेख मोहम्मद अब्दुल्ला ने अपनी नौकरी छोड़ी और 'मुसलिम कॉन्फ्रेंस' की स्थापना की। इसने बताया कि इसका उद्देश्य जम्मू-कश्मीर के शासक महाराज हरि सिंह के खिलाफ एक आंदोलन चलाना था। अब्दुल्ला ने दिखावे के तौर पर कहा कि वह प्रशासन का लोकतंत्रीकरण चाहते हैं, लेकिन असली उद्देश्य मुसलमानों को संगठित करना था, क्योंकि उन्हें ऐसा लगता था कि प्रशासन में उन्हें पर्याप्त प्रतिनिधित्व नहीं दिया गया है।

हिंदू-मुसलिम तनावों के बढ़ने के साथ ही अब्दुल्ला की लोकप्रियता बढ़ती गई; आखिरकार जून 1931 में श्रीनगर में सांप्रदायिक दंगे भड़क गए। इसके फलस्वरूप महाराजा ने एक जाँच बिठाई, जो इस नतीजे पर पहुँची कि लोगों की भागीदारी बढ़ाई

जानी चाहिए। इसके बाद 'जे एंड के प्रजा सभा' का गठन किया गया। इन घटनाओं को देखते हुए अब्दुल्ला अपने संगठन में गैर-मुसलमानों को शामिल करना चाहते थे, ताकि उसका जनाधार बढ़ सके। मुसलिम कॉन्फ्रेंस की कार्यसमिति में यह फैसला हुआ कि जाति, धर्म और संप्रदाय का भेदभाव किए बिना लोगों को शामिल किया जाएगा।[239] बख्शी गुलाम मोहम्मद, जो आगे चलकर मुख्यंत्री बने और जिन्होंने अब्दुल्ला को जेल में डाला था और मिर्जा अफजल बेग ने इस प्रस्ताव का विरोध किया, लेकिन उनकी बात सुनी नहीं गई। पार्टी के नाम से 'मुसलिम' शब्द को हटाकर 'नेशनल' शब्द जोड़ दिया गया और इसके बाद से यह 'नेशनल कॉन्फ्रेंस' के नाम से जानी गई। 10 मई, 1946 को अब्दुल्ला ने महाराजा हरि सिंह के खिलाफ 'कश्मीर छोड़ो' के नारे के साथ एक आंदोलन शुरू किया। हिंदुओं के खिलाफ सांप्रदायिक और नफरत भरे भाषण देकर उन्होंने लोगों की भावनाओं को भड़काया और जिहाद का आह्वान किया। 17 मई, 1946 को उन्होंने ऐलान किया, "ये काररवाई का वक्त है, आप सभी को गुलामी से जंग लड़नी होगी और सैनिकों के तौर पर 'जिहाद' के मैदान में उतरना होगा। एक-एक पुरुष, महिला और बच्चा 'कश्मीर छोड़ो' का नारा लगाएगा। कश्मीरी देश ने अपना इरादा जता दिया है। मैं जनमत संग्रह की माँग करूँगा।"[240] इस भाषण के कारण राज्य सरकार ने 20 मई, 1946 को शेख अब्दुल्ला को गिरफ्तार कर लिया। 'कश्मीर छोड़ो' को 'भारत छोड़ो' जैसा समझने की भूल नहीं करनी चाहिए। अब्दुल्ला का इरादा कश्मीर के महाराजा को गद्दी छोड़ने और सत्ता उनके हवाले करने के लिए मजबूर करना था।

अपना समर्थन व्यक्त करते हुए नेहरू ने तत्काल अब्दुल्ला को रिहा करने की माँग की। उन्होंने जून में कश्मीर जाने का फैसला किया। राज्य सरकार ने उनके प्रवेश पर पाबंदी लगा दी, लेकिन नेहरू अड़ गए।

> "मैं सबसे पहले तो अब्दुल्ला के बचाव के लिए कश्मीर जा रहा हूँ; दूसरा, खुद वहाँ के हालात देखने जा रहा हूँ; हालाँकि मेरा श्रीनगर दौरा संक्षिप्त होगा। और तीसरा, राज्य सरकार की नीति के कारण जो समस्या पैदा हुई, उसे समाप्त करने के लिए जो कुछ संभव होगा, वह कर सकूँ।"[241]

वायसराय की सलाह को नजरअंदाज करते हुए नेहरू कश्मीर गए। उन्होंने अपने रुख को यह कहकर भी सही ठहराया—

---

239. *'सरदार पटेल्स कॉरेस्पोंडेंस : 1945-50'*, खंड 1, (सं.) दुर्गा दास अहमदाबाद, पृ. 75
240. *'हिस्टरी ऑफ भारतीय जनसंघ 1952-1980 : पार्टी डॉक्यूमेंट'*, खंड 6, पृ. 130
241. *'सरदार पटेल्स कॉरेस्पोंडेंस : 1945-50'*, खंड 1, (सं.) दुर्गा दास, अहमदाबाद, पृ. 92

"मैं अपने आप को किसी भी राज्य में बाहरी नहीं मानता हूँ। पूरा भारत मेरा घर है और मुझे किसी भी हिस्से में जाने का अधिकार है। अगर शासकों और अन्य लोगों को भारत की किसी नई शर्त के बारे में इतना सोचना पड़ रहा है, तो जो कुछ हुआ, उसका मुझे अफसोस नहीं है।"[242]

पाबंदी का उल्लंघन कर 20 जून, 1946 को नेहरू जम्मू-कश्मीर में दाखिल हुए और 22 जून 1946 को उन्हें गिरफ्तार कर लिया गया। बाद में उन्हें रिहा किया गया और दिल्ली भेज दिया गया। कश्मीरी पंडितों और बड़ी संख्या में हिंदुओं तथा मुसलमानों ने नेहरू को नेशनल कॉन्फ्रेंस के कुचक्र से आगाह किया। इसके बावजूद नेहरू ने अब्दुल्ला का समर्थन किया और उन्हें 'शेर-ए-कश्मीर' कहा; उनको राज्य में सबसे महत्त्वपूर्ण साथी बताया। डॉ. मुकर्जी ने भी उन्हें अब्दुल्ला के हिंदू-विरोधी, पंडित विरोधी और भारत-विरोधी साजिशों को लेकर चेताया।

अब्दुल्ला को नेहरू के समर्थन से महाराजा हरि सिंह के मन में कांग्रेस को लेकर संदेह पैदा हो गया। असल में इसी आधार पर महाराजा ने अपनी रियासत को लेकर बातचीत में शामिल होने से इनकार कर दिया। इसके बावजूद सरदार पटेल ही थे, जिन्होंने नेहरू की घोर लापरवाही के कारण खोई गई कूटनीतिक जमीन को फिर से हासिल किया और महाराजा को राजी करने की कोशिश की। पटेल ने लिखा—

"मुझे यह जानकर खेद हुआ कि आपके मन में कांग्रेस को लेकर काफी गलतफहमी है। राजा साहब, मैं आपको आश्वस्त करना चाहूँगा कि कांग्रेस आपकी शत्रु नहीं, जैसा कि आपको लगता है, बल्कि कांग्रेस में आपके राज्य के कई प्रबल समर्थक हैं...यह सच है कि हाल की घटनाओं ने ऐसे कई कांग्रेसियों के मन में भारी असंतोष पैदा किया है, जो आपके राज्य का भला चाहते हैं। पं. जवाहरलाल नेहरू कश्मीर से आते हैं। उन्हें इसका गर्व है और आप आश्वस्त रहें कि वह कभी आपके शत्रु नहीं बनेंगे...आपके राज्य को जिस मुश्किल और नाजुक स्थिति में ला खड़ा किया गया है, उसे मैं पूरी तरह समझता हूँ, लेकिन राज्य के एक सच्चे दोस्त और शुभचिंतक होने के नाते, मैं आपको विश्वास दिलाता हूँ कि कश्मीर का हित भारतीय संघ और इसकी संविधान सभा में बिना देरी किए शामिल होने में ही है।"[243]

---

242. द हिंदू, 10 जून, 1946
243. कश्मीर के महाराजा के नाम पटेल का पत्र, दिनांक 3 जुलाई, 1947; 'इन सरदार पटेल्स कॉरेस्पोंडेंस : 1945-50', खंड 1, पृ. 49-51 में

15 अगस्त, 1947 को भारत आजाद हो गया और सरदार पटेल की वजह से हैदराबाद और जूनागढ़ से जुड़ी समस्याओं का हल निकल पाया। दूसरी तरफ नेहरू के लापरवाही के कारण कश्मीर की समस्या बनी रही। सितंबर 1947 में नेहरू को पाकिस्तान की ओर किए जानेवाले हमले की खबर थी, लेकिन उन्होंने पटेल से कहा कि तब तक कोई ठोस कदम नहीं उठाया जा सकता है, जब तक महाराजा अब्दुल्ला और नेशनल कॉन्फ्रेंस के दूसरे नेताओं को रिहा न कर दें। पता नहीं क्या कारण था कि नेहरू नेशनल कॉन्फ्रेंस को बहुत अधिक महत्त्व देते थे!

जब यह सबकुछ हो रहा था, तब पाकिस्तान की शरारत जारी थी। जम्मू-कश्मीर में हिंदुओं और सिखों के साथ लूटमार तथा उनकी हत्या शुरू हो गई, खासतौर पर सीमावर्ती इलाकों में। ऐसा बताया गया कि सीमा के 4 किमी. भीतर तक के इलाके में 75 प्रतिशत हिंदू और सिख घरों को लूटा गया, पुरुषों को जला दिया गया, महिलाओं से बलात्कार किया गया और बच्चों को मार डाला गया। परचे गिराए गए, जिनमें होने वाले हमले के संकेत थे। नरसंहार के साथ-साथ, धर्म-परिवर्तन भी हो रहा था। पाकिस्तान के शासक—प्रधानमंत्री, सेना और अनौपचारिक समूहों ने जम्मू-कश्मीर सरकार को अनौपचारिक माध्यमों से यह धमकी दी कि यदि जम्मू-कश्मीर पाकिस्तान में शामिल नहीं हुआ तो इसके गंभीर परिणाम होंगे।[244]

बिगड़ती कानून-व्यवस्था, विशेष रूप से हिंदुओं और सिखों के खिलाफ होने वाली हिंसा के कारण महाराजा को भारत के साथ 26 अक्तूबर, 1947 को परिग्रहण की संधि पर हस्ताक्षर करने पड़े। जब इस पर दस्तखत हो रहे थे, तब पाकिस्तान की सेना श्रीनगर से महज 35 किमी. दूर थी। परिस्थितियाँ जिस रफ्तार से बिगड़ रही थीं, उसे देखते हुए सरदार पटेल ने कमान सँभाली। वायसराय माउंटबेटन ने अनुमान लगा लिया कि भारत की तरफ से मुँहतोड़ जवाब दिया जाएगा, इसलिए उन्होंने पटेल को गुमराह करने का प्रयास किया। उन्होंने पटेल को यह कहते हुए पत्र लिखा कि यह नियमित सेना नहीं, बल्कि कबाइलियों का जत्था है, जो छापेमारी करने, महज लूटपाट करने आ रहा है। पटेल ने उन्हें नजरअंदाज किया और श्रीनगर की रक्षा करने का फैसला किया। जम्मू-कश्मीर के प्रधानमंत्री, मेहर चंद महाजन ने पटेल का शुक्रिया अदा किया—

> "कल कश्मीर के लिए आपने जो किया (श्रीनगर में भारतीय सैनिकों को विमान से लाकर), उसके लिए महाराजा और मैं हृदय से आपके आभारी हैं। महाराजा ने मुझसे कहा है कि समय पर की गई इस मदद के लिए, जो बड़ी तेजी से साथ पहुँची, मैं उनकी तरफ से स्वयं आपके प्रति आभार प्रकट करूँ। मैं केवल

244. *'हिस्टरी ऑफ भारतीय जनसंघ 1952-1980 : पार्टी डॉक्यूमेंट'*, खंड 6, पृ. 134

आपके मूल्यवान् सुझाव और मार्गदर्शन पर आश्रित हूँ। मैंने यदि कुछ मूर्खतापूर्ण कह दिया हो तो उसके लिए क्षमा प्रार्थी हूँ। अब यह पूरा मामला आपके हाथों में है।"[245]

कश्मीर मुद्दे पर नेहरू ने पटेल को अपमानित किया और पटेल ने लगभग इस्तीफा दे ही दिया था

पटेल पाकिस्तानियों को अंतरराष्ट्रीय सीमा तक खदेड़ देना चाहते थे। 1 नवंबर, 1947 को माउंटबेटन और लॉर्ड इसमे ने लियाकत अली खान और मोहम्मद अली जिन्ना से लाहौर में मुलाकात की। दिल्ली लौटने पर माउंटबेटन ने युद्ध-विराम पर जोर दिया और एक संयुक्त विज्ञप्ति तैयार की, जिसे तब जारी किया जा सकता था, जब भारतीय और पाकिस्तानी सरकारें जनमत संग्रह और संयुक्त राष्ट्र (यू.एन.) का सम्मान करने पर सहमत हो जाएँ।

इस बीच अब्दुल्ला 30 अक्तूबर, 1947 में जम्मू-कश्मीर प्रशासन के मुखिया बन गए। नेहरू, माउंटबेटन और गोपालास्वामी आयंगर, जो नेहरू सरकार में बिना विभाग के मंत्री थे, के साथ मिलकर पटेल को जानकारी दिए बिना कश्मीर मामले में दखलअंदाजी करने लगे। गोपालस्वामी ने तो सेना को सीधे तौर पर आदेश भी दे दिए। पटेल ने जब आपत्ति जताई, तो नेहरू ने कहा—

"अपने काम के संबंध में गृह मंत्रालय का जो दृष्टिकोण है, वह मेरी समझ से परे है...वर्तमान परिस्थिति कश्मीर से संबंधित है। इससे कई प्रकार के विषय जुड़े हैं—अंतरराष्ट्रीय, सैन्य और अन्य, जो गृह मंत्रालय के अधिकार-क्षेत्र से बाहर हैं...और इस कारण ही मुझे प्रधानमंत्री के रूप में अपनी विभिन्न गतिविधियों के बीच समन्वय स्थापित करना पड़ता है...मैं समझ नहीं पा रहा हूँ कि गृह मंत्रालय की इसमें कोई भूमिका कहाँ है, सिवाय इसके कि उसे उठाए गए कदमों से अवगत कराते रहना चाहिए!"[246]

भारत के लौहपुरुष कश्मीर समस्या को एक पड़ोसी के आक्रमण की काररवाई के रूप में देखते थे और उससे उसके अनुसार ही निपटना चाहते थे, न कि उसे यू.एन. का मुद्दा बनाना चाहते थे। उन्होंने नेहरू को जवाब देने के लिए अपने लैटर पैड पर

---

245. पटेल के नाम मेहर चंद का पत्र, दिनांक 27 अक्तूबर, 1947, 'सरदार पटेल्स कॉरस्पोंडेंस : 1945-50', खंड 1, पृ. 69

246. नेहरू का पत्र पटेल के नाम, दिनांक 23 दिसंबर, 1947, 'सरदार पटेल्स कॉरस्पोंडेंस : 1945-50', खंड 1, पृ. 121-22

उनकी कैबिनेट से अपने इस्तीफे का ड्राफ्ट तैयार किया—

> "आज का आपका पत्र बस, अभी शाम के 7 बजे मिला है और मैं तुरंत ही यह बताने के लिए आपको लिख रहा हूँ। मुझे इससे काफी कष्ट हुआ है। आपका पत्र मिलने से पहले मैं गोपालस्वामी को एक पत्र लिख चुका था, जिसकी प्रति यहाँ संलग्न कर रहा हूँ··· खैर, आपके पत्र से मैं समझ गया हूँ कि मुझे सरकार के सदस्य के रूप में अपना कार्य हरगिज या कम-से-कम नहीं करना चाहिए और इस कारण मैं इस्तीफा दे रहा हूँ। अपने कार्यकाल के दौरान जब स्थितियाँ काफी तनावपूर्ण थीं, आपकी ओर से दिखाई गई विनम्रता और दयालुता के लिए मैं आपका आभारी हूँ।"[247]

इस पत्र पर 'ड्राफ्ट' लिखा गया था। हालाँकि इसे टाइप किए जाने और भेजे जाने से पहले लोगों को इसकी जानकारी हो गई और उन्होंने नेहरू तथा पटेल को इस विवाद को समाप्त करने के लिए मना लिया।

1 जनवरी, 1948 को नेहरू मामले को यू.एन. में ले गए, जहाँ उन्होंने कश्मीर पर हुए आक्रमण का हल निकालने के लिए भारतीय सेना को पाकिस्तान भेजने की इजाजत माँगी। भारत की सुरक्षा और संप्रभुता से कहीं अधिक नेहरू को यह चिंता सता रही थी कि पश्चिमी देश भारत को लेकर क्या सोचेंगे?

अब्दुल्ला का आजाद कश्मीर का आह्वान और कुख्यात अनुच्छेद 370 का जन्म

अब्दुल्ला ने अपनी ताकत दिखानी शुरू कर दी और ऐसा करने में उसका असली रंग भी नजर आने लगा। उसने 'आजाद कश्मीर' की माँग शुरू कर दी और जो जमींदार पाकिस्तान चले गए थे, उनसे कहा कि वे लौट आएँ। उसका कहना था—

> "दोनों में से किसी भी पक्ष के साथ विलय से शांति स्थापित नहीं होगी। हम दोनों देशों के साथ दोस्ताना संबंध चाहते हैं···आजाद कश्मीर की गारंटी न केवल भारत और पाकिस्तान द्वारा, बल्कि ब्रिटेन, अमेरिका और संयुक्त राष्ट्र के अन्य सदस्यों द्वारा भी दी जानी चाहिए। हाँ, संयुक्त राष्ट्र की ओर से दी जानेवाली स्वतंत्रता की गारंटी से ही इसका हल निकल सकता है।"[248]

---

247. उपरोक्त, पृ. 122

248. मैकहेल डेविडसन को दिया शेख अब्दुल्ला का इंटरव्यू, जो 'द स्कॉट्समैन' में, 14 अप्रैल, 1949 को प्रकाशित किया गया। 'सरदार पटेल्स कॉरेस्पोंडेंस : 1945-50', खंड 1, पृ. 266

यहाँ तक कि नेहरू के करीबी सहयोगी गोपालस्वामी, जो अब्दुल्ला से सहानुभूति रखते थे, इस प्रस्ताव को इतिहास का सबसे बड़ा विश्वासघात मानते थे।

इस बीच संविधान का मसौदा तैयार किया जा रहा था, जो उस समय अपने आखिरी चरणों में था। गोपालस्वामी को उस हिस्से का प्रभारी बनाया गया, जिसमें कश्मीर से जुड़ी बातों को लिखा जा रहा था। अनुच्छेद 306ए तैयार किया गया और संविधान सभा ने उसे स्वीकृति दे दी। उस मसौदे पर नेहरू, पटेल, महाराज, अब्दुल्ला और उनके तीन सहयोगियों ने सहमति जताई थी। श्रीनगर पहुँचते ही अब्दुल्ला ने यू-टर्न ले लिया और अनुच्छेद 306ए पर आपत्ति करने लगे और जम्मू-कश्मीर के लिए विशेष दर्जा की माँग शुरू कर दी। महज दिखावे के लिए नेहरू और गोपालस्वामी ने पटेल के सामने अब्दुल्ला पर दोष मढ़ना शुरू कर दिया। दूसरी, तरफ साथ ही साथ, अनुच्छेद ए का मसौदा भी फिर से तैयार करने लगे, जिसे जानकर पटेल हैरान रह गए, क्योंकि उनसे कहा गया था कि केवल कुछ मामूली परिवर्तन किए जाएँगे। उनका कहना था—

> "मैं देख रहा हूँ कि मूल मसौदे में कुछ बड़े परिवर्तन किए गए हैं, विशेष रूप से मौलिक अधिकारों और राज्य नीति-निर्देशक सिद्धांतों के संबंध में। आप खुद इस गड़बड़ी को समझ सकते हैं कि यह राज्य भारत का हिस्सा बन रहा है, लेकिन इसके किसी भी प्रावधान को नहीं मानता है। जब स्वयं शेख साहब के सामने सारी बातों को हमारी पार्टी ने स्वीकृत कर दिया, तब मुझे कोई भी परिवर्तन किया जाना बिलकुल भी अच्छा नहीं लग रहा है। शेख साहब जब भी पलटना चाहते हैं, तब हमेशा ही हमारे सामने अपने लोगों के प्रति अपने कर्तव्य की दुहाई देते हैं। बेशक, भारत या भारत सरकार के प्रति, यहाँ तक कि व्यक्तिगत रूप से आपके प्रति भी उनका कोई व्यक्तिगत कर्तव्य नहीं बनता और प्रधानमंत्रीजी, आपने उन्हें सहूलियत देने के लिए सबकुछ ताक पर रख दिया! इन परिस्थितियों में मेरी स्वीकृति का कोई प्रश्न नहीं उठता है। यदि आपको लगता है कि ऐसा करना सही होगा, तो आप ऐसा कर सकते हैं।"[249]

नेहरू और गोपालस्वामी ने अब्दुल्ला की सनक के अनुसार संविधान सभा अनुच्छेद 306ए को फिर से खोल दिया। पटेल की मृत्यु के बाद नेहरू जैसा चाहते थे, सबकुछ वैसा ही हुआ। संशोधित अनुच्छेद 306ए कुख्यात अनुच्छेद 370 के नाम से जाना गया। नेहरू और अब्दुल्ला के बीच एक समझौता हुआ, जिसे 'नेहरू-अब्दुल्ला समझौता' के नाम से जाना गया। हालाँकि अनुच्छेद 370 के कारण यह समझौता अस्थायी और

249. गोपालस्वामी के नाम पटेल का पत्र, दिनांक 16 अक्तूबर, 1949, 'सरदार पटेल्स कॉरेस्पोंडेंस : 1945-50', खंड 1, पृ. 305

अल्पकालिक बन गया और अनुच्छेद 370 ने कश्मीर के मामलों में खुद को एक स्थायी विशेषता बना लिया।

अनुच्छेद 370 ने कश्मीर को एक अलग संविधान और झंडा दिया, साथ ही मुख्यमंत्री के बजाय प्रधानमंत्री का पद दिया। मौलिक अधिकार, जैसे कि संपत्ति का अधिकार, नागरिकता का अधिकार और बसने का अधिकार जम्मू-कश्मीर के अपने ही थे। इसने भारतीयों को जम्मू-कश्मीर में गैर-नागरिक बना दिया, जबकि जम्मू-कश्मीर के नागरिकों को भारत में कहीं भी पूरी नागरिकता हासिल थी। मूल रूप से नेहरू ने कश्मीर को एक स्वतंत्र देश के भीतर पूरी तरह से आजाद राज्य का दर्जा दे दिया।

अनुच्छेद 370 को लेकर डॉ. मुकर्जी का नेहरू पर हमला

नेहरू के राष्ट्र विरोधी रुख को लेकर डॉ. मुकर्जी ने उन पर हमला करना शुरू किया और कहा—

> "शेख अब्दुल्ला ने अपनी सबसे बेतुकी माँग को मनवा लिया, जबकि उसके बदले में कुछ भी बड़ा नहीं दिया, भारत ने पूरी तरह से घुटने टेक दिए…एक बार फिर वही मुसलिम कट्टरता और सांप्रदायिक अलगाववाद के तुष्टीकरण की घिसी-पिटी कहानी दोहराई गई है। इससे भारत को कश्मीर नहीं मिलनेवाला है, लेकिन जम्मू-कश्मीर की सुरक्षा और विकास पर निश्चित रूप से खतरा मँडराने लगेगा।"[250]

अब्दुल्ला एक तानाशाह शासक था और कई लोग उसके कुशासन का विरोध करते थे। नेहरू और पटेल को इस सिलसिले में कई अर्जियाँ भेजी गई थीं। यहाँ तक कि महाराजा ने उनके रवैए की शिकायत भारत सरकार से की थी।

1952 के चुनावों के दौरान जम्मू-कश्मीर में भारतीय जनसंघ की सहयोगी 'प्रजा परिषद्' के नामांकनों को बेबुनियाद आधार पर खारिज कर दिया गया। कांग्रेस ने तय किया था कि वह चुनाव नहीं लड़ेगी, इसलिए शेख अब्दुल्ला की नेशनल कॉन्फ्रेंस को जम्मू-कश्मीर विधानसभा की सभी पचहत्तर सीटों पर जीत मिली।

इस मामले को लेकर चुनावों के खिलाफ 'प्रजा परिषद्' ने एक आंदोलन की शुरुआत की। उसकी माँग थी—

"एक देश में दो विधान,
एक देश में दो निशान,
एक देश में दो प्रधान नहीं चलेगा!"

---

250. ऑर्गनाइजर, खंड 51, 4 अगस्त, 1953

जम्मू और लद्दाख में भी कई लोग विरोध में शामिल हुए। अब्दुल्ला को कश्मीर तक सीमित रखने के लिए जम्मू और लद्दाख को कश्मीर से अलग करने का भी प्रस्ताव था। यही नहीं, भाषाई, सांस्कृतिक, भौगोलिक, ऐतिहासिक और जातिगत आधार पर भी वे कश्मीरियों से पूरी तरह अलग थे। केवल एक ही बात समान थी—सरकार। 'प्रजा परिषद्' ने अब्दुल्ला सरकार के खिलाफ सत्याग्रह शुरू कर दिया, जिसमें निम्नलिखित आठ बातों को उठाया—

1. जम्मू-कश्मीर का भारत में पूर्ण एकीकरण।
2. अगर इसमें कोई समस्या है, तो जम्मू और लद्दाख को तत्काल एकीकृत कर दिया जाना चाहिए।
3. भारतीय संविधान को इस राज्य में पूरी तरह लागू किया जाना चाहिए।
4. इसे भारत के सुप्रीम कोर्ट के अधिकार-क्षेत्र में आना चाहिए।
5. जम्मू-कश्मीर की संविधान सभा को स्वतंत्र और निष्पक्ष चुनावों में फिर से चुना जाना चाहिए।
6. भारत और कश्मीर के बीच सीमा शुल्क की बाधाओं को समाप्त किया जाना चाहिए।
7. कश्मीर को भी अन्य भारतीय राज्यों के समान 'राज्य', 'केंद्रीय' और 'समवर्ती' सूचियों के विषयों का पालन करना चाहिए।
8. राज्य सरकार के खिलाफ भ्रष्टाचार के आरोपों की जाँच एक निष्पक्ष अधिकरण की ओर से की जानी चाहिए।[251]

कानपुर के वार्षिक सत्र में भारतीय जनसंघ ने कश्मीर समस्या का संज्ञान लिया और निम्नलिखित प्रस्ताव पारित किया—

"जनसंघ का यह सत्र जम्मू-कश्मीर के संबंध में भारत सरकार की नीतियों के प्रति गहरी चिंता व्यक्त करता है। इसके फलस्वरूप पाकिस्तान ने एक-तिहाई राज्य को हड़प लिया है और वह हिस्सा आज भी पाकिस्तानी कब्जे में है, जबकि दूसरे हिस्से को शेख अब्दुल्ला ने अलग शेख राज्य बना दिया है, जिसका अलग संविधान, अलग झंडा और एक अलग प्रधानमंत्री है।"

जम्मू-कश्मीर भारत का अभिन्न अंग है...भारत के साथ कश्मीर राज्य के पूर्ण एकीकरण के लिए जम्मू और लद्दाख के लोग, जो संवैधानिक प्रयास कर रहे हैं, वे स्वाभाविक और प्रशंसनीय हैं। यह एक माना हुआ तथ्य है कि उन्हें एक आंदोलन की शुरुआत करने पर मजबूर होना पड़ा है, क्योंकि उनकी हार्दिक भावनाओं को क्रूर तरीके से लगातार नजरअंदाज किया गया है।

251. ऑर्गनाइजर, खंड, 6, 22 सितंबर, 1952

यह भारी अफसोस का विषय है कि भारत सरकार और कई अंग्रेजी अखबार अब्दुल्ला सरकार के इस दुष्प्रचार के प्रभाव में आ गए हैं।[252]

अब्दुल्ला को एक पत्र में डॉ. मुकर्जी ने लिखा—

> "ऐसा कहना गलत है कि मैं या 'प्रजा परिषद्' चाहती है कि जम्मू को कश्मीर घाटी से अलग कर दिया जाना चाहिए। राज्य की एकता को बनाए रखा जाना चाहिए। फिर भी मैंने ये कहा था कि अगर जम्मू-कश्मीर घाटी के लोग ढुलमुल एकीकरण चाहते हैं तो संघर्ष और विवाद को टाला नहीं जा सकेगा। इसका एक समाधान यह संभव हो सकता है कि कश्मीर घाटी को अलग राज्य बना दिया जाए और अपने विकास के लिए जो भी चाहिए, दे दिया जाए।"[253]

'सदर-ए-रियासत' और महाराजा हरि सिंह के बेटे कर्ण सिंह के शब्दों को याद करना जरूरी हो जाता है, जिन्हें उन्होंने अपनी आत्मकथा में जम्मू-कश्मीर की बिगड़ती स्थिति पर लिखा है—

> "14 नवंबर को शेख अब्दुल्ला के खिलाफ प्रजा परिषद् के व्यापक आंदोलन में यह स्पष्ट रूप से दिखा। 'एक विधान, एक निशान, एक प्रधान' के उनके नारे ने भारत के साथ राज्य के पूर्ण एकीकरण को व्यक्त कर दिया। यह आंदोलन अगले कुछ महीने में जोर पकड़ने लगा...शेख और उनकी पार्टी ने जम्मू के लोगों की भावनाओं को शांत करने का कोई प्रयास नहीं किया, बल्कि अपना शत्रुतापूर्ण और आक्रामक रवैया जारी रखा...वैसे तो मैं परिषद् के प्रति जवाहरलाल की घृणा को जानता हूँ, फिर भी मुझे लगा कि उन्हें हालात की सही जानकारी देना मेरा कर्तव्य है। मैंने एक विस्तृत नोट तैयार किया... (और निचोड़ निकालते हुए) इसमें से सभी गैर-जरूरी बातों को हटा दिया, तो परिस्थिति यह है कि जहाँ जम्मू और लद्दाख में भारत के साथ पूर्ण एकीकरण की गहरी इच्छा है, वहीं शेख साहब और उनके सहयोगी 'सीमित' प्रकार के परिग्रहण पर जबरदस्त जोर डाल रहे हैं और संपूर्ण एकीकरण के लिए तैयार नहीं हैं। मैं बार-बार कहता रहा कि राज्य सरकार और प्रदर्शनकारी नेताओं के बीच बातचीत होनी चाहिए, लेकिन शेख अब्दुल्ला ऐसा नहीं चाहते थे और जवाहरलाल भी इस प्रकार की बातचीत के खिलाफ थे। उन्होंने (नेहरू) लिखा, 'मेरे विचार से इन लोगों

252. *'भारतीय जनसंघ 1952-80, पार्टी डॉक्यूमेंट्स, खंड 4 : हिस्टरी ऑफ जन संघ'*
253. *'इंटेग्रेट कश्मीर'*, दिल्ली, पृ. 113-114 में दिनांक 23 फरवरी, 1953 को अब्दुल्ला को लिखा मुखर्जी का पत्र।

(आंदोलनकारियों) ने जो किया है, वह देश और लोगों के साथ लगभग राजद्रोह है और लोगों को इसे समझ लेना चाहिए।'"[254]

डॉ. मुकर्जी की गिरफ्तारी और हिरासत में रहस्यमय मौत

नेहरू भारतीय जनसंघ और 'प्रजा परिषद् के एक विधान, एक निशान और एक प्रधान' की माँग को 'राजद्रोह' मानते थे और उनके लिए शेख अब्दुल्ला, जिसने हर समझौते में विश्वासघात किया था और भारतीय संविधान का मखौल उड़ाया था, वह एक राष्ट्रवादी था। 10 फरवरी, 1953 को भारतीय जनसंघ ने एक लंबा-चौड़ा प्रस्ताव पास कर कश्मीर में बिगड़ते हालात को बताया और प्रजा परिषद् को अपना समर्थन दिया। वैद्य गुरु दत्त, उमा शंकर त्रिवेदी और राजकुमार श्रीवास्तव की सदस्यता वाली एक समिति का गठन किया गया, जो विभिन्न दलों से बात कर कश्मीर में हुई गड़बड़ी से निपटने के लिए रणनीति बनाएगी। इस बीच हिंदू महासभा, अखिल भारतीय राम राज्य परिषद् (आमतौर पर राम राज्य परिषद् के नाम से मशहूर) और पंजाब आर्य समाज भी इस आंदोलन में शामिल हो गए।

अब्दुल्ला और उसके अलगाववादी इरादों के खिलाफ जनसमर्थन जुटाने के लिए डॉ. मुकर्जी ने उत्तर और पश्चिमी भारत का व्यापक दौरा किया। वाजपेयी उनके साथ थे, जो उस समय *वीर अर्जुन* (दैनिक और साप्ताहिक) के संपादक थे और भारतीय जनसंघ में शामिल भी हो गए थे। चूँकि जम्मू-कश्मीर जाने के लिए पंजाब से गुजरना पड़ता था और पंजाब की कांग्रेस सरकार किसी भी व्यक्ति को गिरफ्तार कर सकती थी, जो वहाँ जाना चाहता था। अप्रैल में भारतीय जनसंघ के तीन-तीन प्रदेश अध्यक्ष पंजाब की जेल में थे, क्योंकि उन्होंने जम्मू-कश्मीर जाने का प्रयास किया था। चूँकि पार्टी के अन्य किसी भी नेता को जम्मू-कश्मीर जाने नहीं दिया गया, इसलिए डॉ. मुकर्जी ने, जो सांसद थे, स्वयं वहाँ जाने का फैसला किया और वह भी किसी परमिट के बिना। उनके और तमाम भारतीयों के लिए जम्मू-कश्मीर देश का अभिन्न अंग था। डॉ. मुकर्जी ने जम्मू-कश्मीर की यात्रा पर निकलने से पहले 8 मई, 1953 में कहा था, "श्री नेहरू ने बार-बार यह कहा है कि जम्मू-कश्मीर राज्य का परिग्रहण शत-प्रतिशत पूरा हो चुका है। फिर भी यह विचित्र है कि किसी को भी उस राज्य में जाने से पहले भारत सरकार से परमिट लेना पड़ता है। यह परमिट कम्युनिस्टों को भी मिल जाता है, जो जम्मू-

254. कर्ण सिंह, हीयर अपेरेंट : एन ऑटोबायोग्राफी, ऑक्सफोर्ड यूनिवर्सिटी प्रेस, दिल्ली, 1983, पृ. 149-156

कश्मीर में अपनी चिर-परिचित भूमिका निभा रहे हैं, जबकि उन लोगों के लिए प्रवेश पर पाबंदी है, जो भारतीय एकता और राष्ट्रीयता की बात सोचते या उस दिशा में कार्य करते हैं। मुझे नहीं लगता कि भारत सरकार के पास भारतीय संघ के किसी भी हिस्से में किसी को जाने से रोकने का हक है, जब स्वयं नेहरू कहते हैं कि जम्मू-कश्मीर भी उसका हिस्सा है।"[255]

नेहरू और अब्दुल्ला की तमाम चेतावनियों के बावजूद डॉ. मुकर्जी जम्मू-कश्मीर गए। अनेक दोस्तों और सहयोगियों ने, जिनमें सरसंघचालक गुरु गोलवलकर भी शामिल थे, उन्हें वहाँ न जाने की सलाह दी। लेकिन डॉ. मुकर्जी को अपने जीवन पर कोई खतरा नहीं लग रहा था और इस कारण उन्होंने वहाँ जाने का फैसला किया।

11 मई, 1953 को लगभग 20,000 लोगों ने अमृतसर रेलवे स्टेशन पर उनका स्वागत किया। उन्हें परमिट के बिना जम्मू-कश्मीर में प्रवेश की इजाजत देने को लेकर शुरुआती हिचक के बाद गुरदासपुर (पंजाब) के डिप्टी कमिश्नर ने आश्चर्यजनक रूप से अपना फैसला बदल दिया और उनके पठानकोट आगमन पर उन्हें सूचित किया कि वह जम्मू-कश्मीर जा सकते हैं। लेकिन उन्होंने डॉ. मुकर्जी को सलाह दी कि वे अपने साथ कम-से-कम लोगों को ले जाएँ। डॉ. मुकर्जी को इस पर काफी आश्चर्य हुआ कि पठानकोट में उन्हें गिरफ्तार नहीं किया गया, डिप्टी कमिश्नर उनके साथ रावी नदी के बीच तक आया और वहाँ से उन्हें खुश होकर विदा किया। हालाँकि ब्रिज के बीच में रास्ता बंद था और उनकी जीप वहीं रुक गई। कठुआ के एस.पी. ने, जो जम्मू-कश्मीर पुलिस का अधिकारी था, उन्हें राज्य के मुख्य सचिव की एक चिट्ठी सौंपी, जिस पर 10 मई, 1953 की तारीख थी और जिसमें लिखा था कि उनके जम्मू-कश्मीर में दाखिल होने पर पाबंदी लगा दी गई है। दूसरा पत्र, जो जम्मू-कश्मीर के आईजी का था, वह भी उन्हें दिखाया गया, जो जम्मू-कश्मीर के नागरिक सुरक्षा कानून के तहत उन्हें गिरफ्तार करने का आदेश था। डॉ. मुकर्जी को उनके दो सहयोगियों, वैद्य गुरु दत्त और श्री टेक चंद के साथ गिरफ्तार कर लिया गया और अन्य लोगों को लौट जाने का आदेश दिया गया।

यह एक साजिश थी, जिसके तहत उन्हें पंजाब से गुजरने और जम्मू-कश्मीर में गिरफ्तार करने दिया गया। चूँकि डॉ. मुकर्जी एक सांसद और लोकसभा में तीसरे सबसे बड़े ब्लॉक के नेता थे, इसलिए पंजाब में गिरफ्तार किए जाने का मतलब होता कि वह भारतीय संविधान की ओर से मिलनेवाले सभी विशेषाधिकारों का उपयोग कर सकते थे और सुप्रीम कोर्ट का दरवाजा भी खटखटा सकते थे। लेकिन अनुच्छेद 370 से वैधता हासिल कर चुके 'नेहरू-अब्दुल्ला समझौते' का विधान कुछ ऐसा था कि जम्मू-कश्मीर

255. ऑर्गनाइजर, खंड VI, अंक 39, 11 मई, 1953

के कानून, संविधान और न्यायपालिका न केवल पूरे देश से अलग ही थी, बल्कि उसका भारत से कोई लेना-देना ही नहीं था। इसलिए नेहरू ने एक साजिश रची और अब्दुल्ला ने डॉ. मुकर्जी को उसमें फँसा लिया, जिसका एक भयंकर नतीजा सामने आया। उनके शुभचिंतकों का डर और उनकी आशंकाएँ सच साबित हुईं।

1946 में नेहरू अवैध रूप से जम्मू-कश्मीर में दाखिल हुए थे और कहा था, 'पूरा भारत मेरा घर है।' अब्दुल्ला का बचाव करने और उनके हाथ मजबूत करने के लिए उन्होंने अवैध प्रवेश को सही ठहराया था। लेकिन स्वतंत्रता के बाद डॉ. मुकर्जी के प्रवेश को 'अवैध' घोषित कर दिया गया और उसी आदमी के द्वारा कुचल दिया गया। डॉ. मुकर्जी नेहरू-अब्दुल्ला की साजिश को भाँप चुके थे और उन्होंने वाजपेयी से कहा कि इस संदेश को पूरी दुनिया तक पहुँचा दें—"मैंने बिना परमिट जम्मू-कश्मीर में प्रवेश किया है। मैं जम्मू-कश्मीर राज्य में प्रवेश कर चुका हूँ, लेकिन एक कैदी के रूप में।"[256]

यह स्पष्ट था कि जम्मू-कश्मीर प्रशासन ने ठान लिया था कि वह डॉ. मुकर्जी को शारीरिक और मानसिक तकलीफ देगा। उन्हें एक घटिया प्राइवेट गेस्ट हाउस में बंद कर दिया गया, जहाँ किसी प्रकार की कोई सुविधा नहीं थी। यह न तो सरकारी इमारत थी, न कोई डाक बँगला था। यह एक निजी, सुनसान, खँडहरनुमा घर था, जहाँ उल्लुओं और साँपों का बसेरा था। उस घर में कमरे को गरम रखने का और टेलीफोन का कोई इंतजाम नहीं था। जम्मू-कश्मीर की ठंडी और बर्फीली हवाओं के बावजूद अनगिनत बार आग्रह के बाद उन्हें गरम कपड़े और कंबल दिए गए। उनका स्वास्थ्य खराब रहता था, इसके बावजूद उन्हें इतनी दयनीय स्थिति में रखा गया और यह बताया तक नहीं गया कि उनका अपराध क्या था? न ही किसी कोर्ट-कचहरी में पेश किया गया। यह सोचकर यकीन नहीं होता कि दो महीने तक नेहरू सरकार को पता ही नहीं था कि उसके एक सांसद तथा कैबिनेट मंत्री के साथ क्या-क्या हो रहा है? और कुछ दिनों की बीमारी और श्रीनगर से 8 किमी. दूर निशात बाग के उस खँडहरनुमा घर में बयालीस दिनों की हिरासत के बाद 23 जून, 1953 को डॉ. मुकर्जी की मृत्यु हो गई।

डॉ. मुकर्जी के साथ कठुआ तक जानेवाले वाजपेयी इन सारी घटनाओं के गवाह थे और जम्मू-कश्मीर के उस पुल पर हिरासत में लिये जाने तक सबकुछ देख रहे थे। उन्हें जब इस मृत्यु की खबर मिली तो उन्होंने कहा—

"मुझे लगा जैसे डॉ. मुकर्जी कह रहे हैं, आसमान से उनकी आत्म कह रही

---

256. 'भारतीय जनसंघ 1952-80, पार्टी डॉक्यूमेंट्स', खंड 6, पृ. 157

है, 'देखो मैं जम्मू-कश्मीर राज्य से बाहर निकल आया हूँ, एक शहीद के तौर पर ही सही। वे मुझे वहाँ नहीं रख सके। एक तो भारत सरकार मुझे बिना परमिट जम्मू-कश्मीर में प्रवेश करने से नहीं रोक सकी, भले ही मैं एक कैदी के तौर पर वहाँ दाखिल हुआ और दूसरा, जम्मू-कश्मीर सरकार ने मुझे बंदी बना लिया, लेकिन मुझे एक कैदी के तौर पर नहीं रख सकी। यह और बात है कि मैं वहाँ से एक शहीद के तौर पर ही बाहर निकल सका।' उस समय मेरे मन में विचार आया कि मैं राजनीति में शामिल हो जाऊँ और उस काम को पूरा करूँ, जिसे डॉ. मखुर्जी अधूरा छोड़ गए हैं। मैंने पत्रकारिता छोड़ दी और जनसंघ के लिए काम करना शुरू कर दिया।"[257]

डॉ. मुकर्जी के निधन से पूरा देश सदमे में था और किसी को इस खबर पर यकीन नहीं हो रहा था। प्रबुद्ध नागरिकों और नेताओं ने, जिनमें पश्चिम बंगाल कांग्रेस के अध्यक्ष भी शामिल थे, जाँच की माँग की। प्रमुख चिकित्सकों की ओर से माँग की गई कि डॉ. मुकर्जी के साथ हुए दुर्व्यवहार और आपराधिक लापरवाही की जाँच शुरू की जाए। उनकी मृत्यु से पहले बीमारी की कोई खबर नहीं थी और 16 से 21 मई के बीच नेहरू कश्मीर में ही थे, लेकिन नजरबंद किए गए डॉ. मुकर्जी से मुलाकात न करने को लेकर उनके बेपरवाह रवैए के कारण जनता का आक्रोश बढ़ गया और उन्हें इसके पीछे किसी गहरी साजिश का संदेह हुआ। डॉ. मुकर्जी की माँ जोगमाया देवी ने 4 जुलाई, 1953 को, नेहरू को एक लंबा-चौड़ा पत्र लिखकर निष्पक्ष जाँच की माँग की—

"उनकी मौत रहस्यों से घिरी है। मेरे लिए उनकी माँ के रूप में इससे अधिक चौंकाने और सदमा पहुँचाने वाली खबर नहीं हो सकती थी कि जब से उन्हें वहाँ हिरासत में लिया गया, उसके बाद, जो पहली जानकारी मुझे जम्मू-कश्मीर सरकार ने दी, वह यह थी कि मेरा बेटा अब इस दुनिया में नहीं है और वह भी उसकी मौत के लगभग ढाई घंटे बाद।

"मैं अपने प्यारे बेटे के लिए विलाप नहीं कर रही हूँ। आजाद भारत के एक निर्भीक बेटे की मौत सबसे त्रासद और रहस्यमय हालातों में हिरासत में हुई, जिस पर कोई मुकदमा नहीं चलाया गया। इस दुनिया को छोड़कर जानेवाली उस महान् आत्मा की माँ होने के नाते मेरी यह माँग है कि बिना किसी देरी के स्वतंत्र और योग्य व्यक्तियों द्वारा पूर्णतया निष्पक्ष और पारदर्शी

---

257. दिल्ली में अटल बिहारी वाजपेयी के साथ इंटरव्यू, जिसका संदर्भ जे.पी. माथुर और मक्खन लाल के 'हिस्टरी ऑफ जन संघ, 1952-1980', खंड 6

जाँच की जाए। मैं जानती हूँ कि जो जीवन समाप्त हो गया, उसे फिर से वापस नहीं लाया जा सकता है। लेकिन मैं यह चाहती हूँ कि भारत के लोग स्वयं इस भयानक त्रासदी के वास्तविक कारण पर निर्णय करें, जिसे एक स्वतंत्र देश में अंजाम दिया गया है और इसमें आपकी सरकार ने जो भूमिका अदा की है...यही मेरी और भारत की माताओं की जानेवाली माँग है। ईश्वर आपको साहस दें कि आप सच को सामने आने दें।"[258]

लेकिन जाँच की सभी माँगों को प्रधानमंत्री नेहरू ने, 'जो भारत के महानतम राजनेता और लोकतांत्रिक व्यक्ति थे', अनसुना कर दिया। उनके लापरवाह रवैए पर जोगमाया देवी ने एक बार फिर नेहरू को पत्र लिखा—

"तुमसे बात करना व्यर्थ है, बाबा। तुम सच्चाई से डरते हो। मैं अपने बेटे की मौत के लिए कश्मीर की सरकार को जिम्मेदार मानती हूँ। तुम झूठे प्रचार के पीछे चाहे अपनी पूरी ताकत लगा दो, लेकिन सच एक-न-एक दिन सामने जरूर आएगा और तुम्हें भारत के लोगों को और स्वर्ग में भगवान् के सामने जवाब देना ही होगा।"[259]

जयप्रकाश नारायण ने जब सुना कि नेहरू डॉ. मुकर्जी की मौत का कारण बनी परिस्थितियों की जाँच नहीं कराएँगे, तो उन्होंने 8 जुलाई, 1953 को लखनऊ में प्रेस को एक वक्तव्य जारी किया—

"मुझे गहरा खेद है कि प्रधानमंत्री ने कहा है कि स्वर्गीय डॉ. श्यामा प्रसाद मुकर्जी की देखभाल में कोई लापरवाही नहीं बरती गई थी। मुझे नहीं पता कि प्रधानमंत्री के सामने किस प्रकार के तथ्य रखे गए थे? लेकिन जिन बातों की जानकारी मुझे है, उनसे एकदम अलग ही निष्कर्ष निकलता है। मुझे लगता है कि इस प्रकार की राष्ट्रीय त्रासदी के बाद भारत सरकार को इस पूरे मामले में कम-से-कम एक उपयुक्त और निष्पक्ष जाँच बिठानी चाहिए थी। इन सबके बीच, प्रधानमंत्री के लिए यह उचित नहीं कि इतने विवादित विषय पर वह फैसला सुना दें और उन लोगों के पाप पर लीपापोती कर दें, जिन्हें ऐसा लगता है कि कठोर दंड मिलना चाहिए।"[260]

---

258. *'भारतीय जनसंघ 1952-80, पार्टी डॉक्यूमेंट्स'*, खंड 6, पृ. 160
259. जे.पी. माथुर और मक्खन लाल, 'हिस्टरी ऑफ जन संघ, 1952-1980', खंड 6
260. 'हिंदुस्तान स्टैंडर्ड', 9 जुलाई, 1953

कश्मीर पर पटेल की भविष्यवाणी, 'जवाहरलाल रोएगा' सच निकली

कश्मीर समस्या से निपटने को लेकर पटेल कभी नेहरू और उनकी टीम से सहमत नहीं थे। कश्मीर पर उनका रुख साफ था और एक बार उन्होंने कहा था और जो बात काफी मशहूर है कि '*जवाहरलाल रोएगा*'।[261] और ऐसा ही हुआ भी। अनुच्छेद 370 पर पटेल और भारतीय जनसंघ की पूर्ण असहमति के बाद भी नेहरू और गोपालस्वामी ने अब्दुल्ला का तुष्टीकरण किया। और जैसा कि पहले बताया गया है, पटेल ने कश्मीर के मामले में हस्तक्षेप करना बंद कर दिया।

पटेल के निधन के बाद अब्दुल्ला को किसी का डर नहीं रहा और उसने परिग्रहण की संधि को खारिज कर दिया और दावा किया कि अनुच्छेद 370 के अंतर्गत कश्मीर किसी स्वतंत्र राज्य से कम नहीं है। इससे नेहरू के होश उड़ गए, जो अब्दुल्ला को चिट्ठियाँ लिखते रहे, जिन पर अब्दुल्ला ने कभी जवाब नहीं दिया। जब बातचीत की नेहरू की हर कोशिश नाकाम हो गई, तब उन्होंने मौलाना आजाद से दखल देने का आग्रह किया। लेकिन अब्दुल्ला ने मौलाना की चिट्ठियों को भी नजरअंदाज कर दिया। वास्तव में 10 जुलाई, 1953 को अब्दुल्ला ने घोषित किया कि कश्मीर को पूर्ण आजादी दी जानी चाहिए और उसे 'आजाद देश' घोषित कर दिया। पहले मौलाना आजाद और फिर रफी अहमद किदवई को कश्मीर भेजा गया। दोनों ने कहा कि इसका एकमात्र हल अब्दुल्ला सरकार की बरखास्तगी है। इसका मतलब था कि कश्मीर में नेहरू विफल हो गए थे। उन्होंने इस कष्टदायी सच को स्वीकार कर लिया और अब्दुल्ला को हिरासत में ले लिया गया, लेकिन एक खास जेल में रखा गया, जहाँ तमाम सुविधाएँ थीं।

नेहरू की बहन विजया लक्ष्मी पंडित को इसमें कोई शक नहीं था कि कश्मीर समस्या की वजह कौन है—

> "अगर मेरा भाई अड़ गया होता तो शेख अब्दुल्ला के मन में हसीन सपने नहीं आते। अगर भाई ने अपनी पकड़ मजबूत रखी होती तो बख्शी गुलाम मोहम्मद को सीधे और सँकरे रास्ते से भटकने का मौका नहीं मिलता।"[262]

नेहरू कैबिनेट में निर्माण, बिजली और खनन मंत्री, एन.वी. गाडगिल कश्मीर समस्या का सार इस तरह बताते हैं—

"हममें से (कैबिनेट के सदस्य) कई कश्मीर को नेहरू का व्यक्तिगत मामला

---

261. राजमोहन गांधी, '*पटेल : ए लाइफ*', नवजीवन ट्रस्ट, अहमदाबाद, पृ. 517
262. दुर्गा दास, '*इंडिया : फ्रॉम कर्जन टू नेहरू एंड आफ्टर*', रूपा पब्लिकेशंस, नई दिल्ली, 1969, पृ. 378

मानते थे···शेख अब्दुल्ला एक साधारण आदमी था, जिसे भारत सरकार ने आसमान पर बिठा दिया था···मुझे तो लगता है कि पहले पाँच वर्षों के दौरान हर मौके पर समझौता करने के लिए तैयार रहने के कारण इस समस्या को खींचने के लिए नेहरू ही जिम्मेदार हैं। अगर कश्मीर की समस्या से वल्लभभाई निपट रहे होते तो उन्होंने इसे बहुत पहले ही सुलझा दिया होता।"[263]

अगस्त 2019 में प्रधानमंत्री के रूप में अपने दूसरे कार्यकाल में पी.एम. मोदी ने अनुच्छेद 370 और 35(ए) को समाप्त कर दिया और जम्मू-कश्मीर को सही मायने में पूरे भारत से जोड़ दिया।

□

---

263. एन.वी. गाडगिल, *'गवर्नमेंट इनसाइड'*, मीनाक्षी प्रकाशन, मेरठ, 1968, पृ. 72–73

11

दीनदयाल उपाध्याय का आगमन और उनके नेतृत्व में भारतीय जनसंघ

दीनदयाल उपाध्याय का जन्म 25 सितंबर, 1916 में मथुरा में हुआ था। वह मात्र तीन वर्ष के ही थे, जब उनके पिता चल बसे और और सात साल के होने तक उनकी माता भी दुनिया छोड़ गईं। माता-पिता के चले जाने के बाद उनके नाना ने उनकी और उनके छोटे भाई शिवदयाल की देखभाल की। दु:खों का पहाड़ एक बार फिर टूट पड़ा, जब वह दस साल के और उनके भाई आठ साल के थे, तब उनके नाना की भी मृत्यु हो गई। उनके मामा और मामी दोनों को अपने साथ ले गए, लेकिन 1931 में, जब दीनदयाल की उम्र पंद्रह वर्ष थी, तब उनके मामा का देहांत हो गया और उनकी नानी को उनकी जिम्मेदारी सँभालनी पड़ी। लेकिन अठारह की उम्र में उन पर एक और वज्र टूटा, जब बीमारी के कारण 18 नवंबर, 1934 को उनके छोटे भाई की मृत्यु हो गई। उसी साल उन्होंने अपनी पढ़ाई पूरी की और दुर्भाग्य से उनकी नानी का भी निधन हो गया। अब परिवार के नाम पर उनके साथ उनकी ममेरी बहन बची थी, लेकिन 1940 में उनकी भी मौत हो गई, जब उपाध्याय चौबीस वर्ष के थे। वह अंग्रेजी साहित्य में आगरा यूनिवर्सिटी से एम.एम. की पढ़ाई कर रहे थे, लेकिन अपनी बीमार ममेरी बहन की देखभाल के कारण उन्हें परीक्षा छोड़नी पड़ी। उनकी मृत्यु के बाद वे टीचर ट्रेनिंग कोर्स के लिए इलाहाबाद चले आए। इस उम्र तक वे अपने आठ परिजनों की मृत्यु को देख चुके थे और शायद मानवता की सेवा के लिए वह अकेले बच गए थे!

वर्ष 1937 की बात है, जब उपाध्याय राष्ट्रीय स्वयंसेवक संघ के संपर्क में आए। उनकी मुलाकात डॉ. हेडगेवार से कानपुर में हुई, जहाँ से वह अपनी स्नातक की पढ़ाई कर रहे थे। हालाँकि सही अर्थों में उनका जीवन भारत के लोगों की सेवा में 1941 में समर्पित हो गया, जब इलाहाबाद यूनिवर्सिटी से उन्होंने अपना टीचर ट्रेनिंग प्रोग्राम पूरा किया। वह प्रचारक बन गए और तब तक रहे, जब तक कि 1952 में भारतीय जनसंघ में शामिल नहीं हुए।

भारतीय जनसंघ के महासचिव पद पर उन्हें काफी सोच-समझकर बिठाया गया था। महत्त्वाकांक्षी वसंतराव ओक भारतीय जनसंघ का नेतृत्व सँभालना चाहते थे। बलराज मधोक, जिन्होंने भारतीय जनसंघ के गठन में योगदान दिया था, इतने आक्रामक और महत्त्वाकांक्षी थे कि सामूहिक नेतृत्व का हिस्सा नहीं बन सकते थे। भाई महावीर, जो भाई परमानंद के बेटे थे, नई पार्टी की जरूरतों पर खरे नहीं उतर सकते थे। इन परिस्थितियों में गोलवलकर ने उपाध्याय के पक्ष में फैसला किया। वास्तविक कारण यह था कि गोलवलकर को लगा कि उपाध्याय भारतीय जनसंघ के राजनीतिक दर्शन को भारतीय दर्शन के अनुसार तय कर सकेंगे और सत्ता की राजनीति से दूर भी रहेंगे और अंत में देश के उत्थान के लिए एक टीम का निर्माण कर सकेंगे।[264]

दिसंबर 1952 में भारतीय जनसंघ के कानपुर अधिवेशन में उपाध्याय सीधे राष्ट्रीय मंच तक पहुँच गए। भारतीय जनसंघ का पहला अखिल भारतीय सत्र कानपुर में 29 से 31 दिसंबर तक कानपुर में आयोजित किया गया। राष्ट्रीय स्वयंसेवक संघ के उत्तर प्रदेश के पूर्व सहसंघचालक नानाजी देशमुख उत्तर प्रदेश इकाई के संगठन सचिव और प्रमुख आयोजक थे। हालाँकि इसके पीछे दिमाग उपाध्यायजी का था, जो उत्तर प्रदेश जनसंघ के सचिव थे। कानपुर में पारित सोलह प्रस्तावों में से आठ का मसौदा उपाध्याय ने तैयार किया था। इस सत्र में वरिष्ठ नेतृत्व ने उन्हें भारतीय जनसंघ का महासचिव चुना और वह 1968 तक इस पद पर काम करते रहे। भारतीय जनसंघ में उनकी प्रतिनियुक्ति गोलवलकर ने की। जनसंघ और देश के अलावा दीनदयाल का कोई व्यक्तिगत जीवन नहीं था। डॉ. मुकर्जी उन्हें भारतीय जनसंघ की स्थापना के वर्ष से ही जानते थे, लेकिन कानपुर सत्र के दौरान ही उनकी पूर्ण बौद्धिक और संगठनकर्ता की क्षमता को समझ सके। उनसे प्रभावित होकर उन्होंने कहा, "अगर मुझे दो दीनदयाल मिल जाएँ तो मैं भारतीय राजनीति का चेहरा बदल सकता हूँ।"[265]

डॉ. मुकर्जी की मृत्यु के बाद सबने यही सोचा कि अब भारतीय जनसंघ समाप्त हो जाएगा। यहाँ तक कि डॉ. राधाकृष्णन ने कहा था कि सिर जा चुका है, केवल शव को दफनाना है। भारतीय जनसंघ में युवकों का एक दल था, जिसके विचार अलग थे। उनमें से उपाध्याय के विचार एकदम अलग और दूरदर्शी थे। भारतीय जनसंघ को परिभाषित करते हुए उन्होंने कहा था, "भारतीय जनसंघ अलग सोच वाली पार्टी है। यह किसी भी प्रकार सत्ता में आने के लिए लालायित लोगों का समूह नहीं है। जनसंघ एक पार्टी नहीं, बल्कि एक आंदोलन है। यह देश की उस इच्छा के कारण उत्पन्न हुई है, जिसमें वह

---

264. एम.सी. शर्मा, *'दीनदयाल उपाध्याय : कृतित्व एवं विचार'*, प्रभात प्रकाशन, 1994, नई दिल्ली, पृ. 71-72

265. कमल किशोर गोयनका, *'दीनदयाल उपाध्याय : व्यक्ति दर्शन'*, नई दिल्ली, पृ. 23

जताना और हासिल करना चाहता है, जो उसका प्रारब्ध है।"[266]

आज भी भाजपा अपने आप को 'पार्टी विद अ डिफरेंस' कहती है और जिस सिद्धांत की नींव पर वह खड़ी है, उसके साथ कोई समझौता नहीं किया है।

हिंदू महासभा के साथ विलय की विफलता और नेहरू की ओर से भारतीय जनसंघ को तोड़ने के प्रयास

लगभग एक वर्ष तक हिंदू महासभा, राम राज्य परिषद् और भारतीय जनसंघ के बीच विलय की बातचीत चल रही थी। महासभा के एन.सी. चटर्जी बिना शर्त विलय के पक्ष में थे, क्योंकि डॉ. मुकर्जी तीनों को साथ लाना चाहते थे। राम राज्य परिषद् के स्वामी करपात्री विलय के लिए तैयार थे, बशर्ते धर्म को लेकर उनके सिद्धांतों के साथ कोई समझौता न हो। हिंदू महासभा और राम राज्य परिषद् भारतीय जनसंघ की संगठनात्मक शक्ति का लाभ उठाना चाहते थे, लेकिन उन्हें संदेह था कि जमीनी स्तर पर भारतीय जनसंघ के कार्यकर्ता इसे स्वीकार करेंगे या नहीं! इस कारण ही तीनों संगठनों का विलय विफल हो गया।

भले ही 1953 में बातचीत विफल हो गई, लेकिन 1955 में एक बार फिर से यह प्रस्ताव आया, जब भारतीय जनसंघ ने अपने महासचिव को उचित काररवाई का अधिकार दे दिया। इस समय तक प्रस्तावित एकीकृत संगठन के हित में सभी ने आमतौर पर भारतीय संस्कृति के सिद्धांतों और सभी भारतीय नागरिकों की परंपरा को जाति और धर्म का भेदभाव किए बिना स्वीकार कर लिया था।[267]

यह सहमति सकारात्मक थी, क्योंकि महासभा ने हमेशा ही गैर-हिंदुओं की सदस्यता से इनकार किया था और परिषद् कठोर जाति व्यवस्था पर जोर दे रही थी। भले ही उनका विलय नहीं हुआ, भारतीय जनसंघ और महासभा ने साथ मिलकर काम करने का फैसला किया और आखिर में, दोनों दलों के महत्त्वपूर्ण नेता भारतीय जनसंघ में शामिल हो गए।

डॉ. मुकर्जी के निधन के बाद मौली चंद्र शर्मा भारतीय जनसंघ के अध्यक्ष बने और महासचिव के रूप में उपाध्याय का स्थान भाई महावीर ने ले लिया। जनवरी 1954 के बंबई सत्र में उमाशंकर त्रिवेदी से अध्यक्ष पद स्वीकार करने के लिए बात की गई। उन्होंने इनकार कर दिया और शर्मा पार्टी के चुने हुए अध्यक्ष बने। वह 'सिविल लिबर्टी यूनियन' के सक्रिय सदस्य थे और राष्ट्रीय स्वयंसेवक संघ से पाबंदी हटाने के लिए

---

266. दीनदयाल उपाध्याय, 'द मिशन ऑफ जनसंघ', ऑर्गनाइजर : सिल्वर जुबली सोवनीर, 1964, पृ. 187

267. ऑर्गनाइजर, VII 49, 25 जुलाई, 1955

पटेल से बातचीत में शामिल थे। भारतीय जनसंघ के अध्यक्ष के रूप में शर्मा का कार्यकाल उथल-पुथल से भरा था। वह अपने चुने लोगों को शीर्ष पदों पर रखना चाहते थे। वास्तव में पार्टी के भीतर तनाव इतना ज्यादा बढ़ गया कि वह अगस्त 1954 में जनसंघ की अखिल भारतीय समिति की बैठक में शामिल नहीं हुए। प्रजा परिषद् के अध्यक्ष प्रेम नाथ डोगरा ने स्वागत भाषण दिया। बढ़ते मतभेदों के कारण शर्मा ने डेढ़ वर्ष बाद अध्यक्ष पद से इस्तीफा दे दिया। इसके तुरंत बाद 3 नवंबर, 1953 में कांग्रेस पार्टी ने उन्हें अपने पाले में खींच लिया और मौलाना आजाद की भृत्यु के बाद वह कांग्रेस की टिकट पर गुड़गाँव संसदीय सीट से उम्मीदवार बने। ऐसा कहा जाता है कि भारतीय जनसंघ को कमजोर करने के लिए नेहरू ने शर्मा पर पार्टी छोड़ने का दबाव बनाया और उसी का उन्हें इनाम दिया गया।[268]

भारतीय जनसंघ की ओर से उठाए गए अहम मुद्दों, जैसे हिंदी को आधिकारिक भाषा घोषित करना, गौ-हत्या पर पाबंदी, संस्कृत को बढ़ावा आदि को कांग्रेस ने हथिया लिया। प्रांतों के मुख्यमंत्रियों से इन माँगों को लागू करने के लिए कहा गया, जिससे नेहरू तथाकथित सेकुलर और प्रगतिशील होने का मुखौटा लगाए रख सकें। ऐसा भारतीय जनसंघ को राजनीतिक रूप से समाप्त करने के लिए किया गया था।

हिंदी को आधिकारिक भाषा का दर्जा दिए जाने के विषय पर हुई राजनीति से हिंदी, हिंदू और हिंदुस्तान का नेहरू विरोध उनके दोहरे रवैए से अच्छी तरह समझा जा सकता है। हिंदी को जब आधिकारिक भाषा बना दिया गया, तब गैर-हिंदी भाषा राज्यों ने अंग्रेजी को आधिकारिक भाषा के रूप में अगले पंद्रह वर्षों तक इस्तेमाल करते रहने की छूट माँगी। इस समय का उपयोग हिंदी के प्रसार के लिए किया जना था। हालाँकि 1963 में, जब पंद्रह वर्षों का विस्तार समाप्त होने वाला, तब नेहरू ने लोकसभा में अंग्रेजी को 'सहायक आधिकारिक भाषा' का दर्जा देनेवाला एक बिल पेश कर दिया। भारतीय जनसंघ ने इस कदम की निंदा की।

भारतीय जनसंघ की काट के लिए कांग्रेस ने हिंदी को उत्तर प्रदेश, मध्य प्रदेश, राजस्थान और बिहार की आधिकारिक भाषा घोषित कर दिया, जहाँ भारतीय जनसंघ की स्थिति मजबूत थी। उसने यही काम गौ-हत्या को लेकर किया, जब 1955 आते-आते, अनेक राज्यों ने कानून लागू कर दिया था, लेकिन पूरे देश पर लागू होने वाले कानून का प्रयास नहीं किया गया। नेहरू ने यह कहते हुए अपने फैसले का बचाव किया कि केंद्रीय अधिनियम की आवश्यकता नहीं है, क्योंकि राज्यों के पास हिंदी और गौ-हत्या पर कानून बनाने की शक्ति मौजूद है।

268. अटल बिहारी वाजपेयी के साथ इंटरव्यू, दिनांक 24 अप्रैल, 2005, नई दिल्ली, 'भारतीय जनसंघ : पार्टी डॉक्यूमेंट्स', खंड 6, पृ. 19

भारतीय जनसंघ में अनुशासनहीनता के अधिकांश मामले कांग्रेस की ओर से इसके सदस्यों को दिए जानेवाले प्रलोभन के कारण हुए। कुछ डॉ. मुकर्जी की मृत्यु के बाद यह सोचकर पार्टी से चले गए कि भारतीय जनसंघ का कोई भविष्य नहीं था। लोकसभा में उनकी मृत्यु के बाद खाली हुई सीट को भारतीय जनसंघ बचा नहीं पाई, लेकिन भारतीय जनसंघ ने अनुशासनहीनता से सख्ती से निपटा। पार्टी से बरखास्त किए जानेवाले पहले व्यक्ति थे वसंतराव ओक, जिन्हें अति महत्त्वाकांक्षा के कारण हटाया गया। दिल्ली इकाई के पंद्रह प्रमुख सदस्यों को एक समिति ने अनुशासनहीनता के कारण बाहर का रास्ता दिखाया, जिस समिति में वाजपेयी, राजकुमार श्रीवास्तव और राजकिशोर शुक्ला थे। निष्कासित सदस्यों में कँवर लाल गुप्ता, अमरनाथ बजाज और वसंतराव ओक शामिल थे। बाद में गुप्ता और ओक पार्टी में लौट आए।

विधानसभा के लिए चुने गए पाँच में से तीन सदस्यों ने पार्टी छोड़ दी। उत्तर प्रदेश विधानसभा के दो में से एक सदस्य को अनुशासनहीनता के कारण निष्कासित कर दिया गया। राजस्थान में कांग्रेस के पास बेहद मामूली बहुमत था, जिसके बयासी सदस्य थे, जबकि विपक्ष के अठहत्तर। विधानसभा में एकजुट रणनीति के लिए सभी विपक्षी दलों ने एक संघ बना लिया था। इसे 'संयुक्त दल' कहा जाता था। हालाँकि यह संघ भूमि सुधारों के खिलाफ था, जिसे भारतीय जनसंघ ने पूरी ताकत से आगे बढ़ाया था। इस कारण भारतीय जनसंघ इस दल से अपने सदस्यों को दूर रखना चाहती थी। एक सदस्य भैरो सिंह शेखावत के सिवाय सभी ने पार्टी के निर्देश का उल्लंघन किया और सभी को निष्कासित कर दिया गया। कुछ समय बाद दो सदस्य पार्टी में लौट आए।

उपाध्याय के कार्यकाल में भारतीय जनसंघ का प्रमुख एजेंडा—धर्मांतरणो पर रोक, समान नागरिक संहिता और गोवा की आजादी

आज भी हम देश के कई हिस्सों में जबरन धर्मांतरण को लेकर बहस सुनते हैं, लेकिन यह समस्या कोई नई नहीं है। साल 1954 में भारतीय जनसंघ ने 'विदेशी धर्म-प्रचारक विरोधी सप्ताह' की शुरुआत की, क्योंकि ईसाई धर्म प्रचारक उड़ीसा, मध्य प्रदेश, असम और बिहार में आदवासियों का जबरन धर्मांतरण कर रहे थे। छोटा नागपुर इन सारी गतिविधियों का केंद्र था। भारतीय जनसंघ के इस आंदोलन की ताकत को भाँपते हुए इसके बीच में ही मध्य प्रदेश की कांग्रेस सरकार ने मध्य प्रदेश के सेवानिवृत्त मुख्य न्यायाधीश डॉ. एम.बी. नियोगी की अध्यक्षता में 'ईसाई धर्म-प्रचारक जाँच गतिविधि समिति' के गठन की घोषणा कर दी।

दो साल बाद यह समिति निम्नलिखित निष्कर्षों के साथ सामने आई—

1. आजादी के बाद से अमेरिकियों की संख्या में काफी वृद्धि हुई है। ईसाई धर्म-

प्रचारकों की टीमों को भेजा गया है।

2. ईसाई धर्म-प्रचार के कार्यों के लिए विदेश से बेहिसाब धन आ रहा है, जिनमें शैक्षिणक, चिकित्सा संबंधी और धर्मप्रचार की गतिविधियाँ शामिल हैं।
3. अधिकांश धर्मांतरणों में अनैतिक प्रभाव, छल-प्रपंच आदि का इस्तेमाल किया जाता है। कर्ज पर धन देना और शैक्षणिक सुविधाओं का प्रयोग प्रलोभनों के लिए किया जाता है।
4. समिति से अप्रत्यक्ष राजनीतिक गतिविधियों की भी शिकायत की गई थी।
5. चूँकि धर्मांतरण धर्म बदलनेवाले की अपने समाज से एकता और एकजुटता की भावना को गड्ड-मड्ड कर देता है, इसलिए देश के प्रति उसकी स्वामिभक्ति को खतरा पैदा हो जाता है और देश का महत्त्व खत्म हो जाता है।
6. बहुसंख्यक समुदाय के धर्म के विरुद्ध नीचतापूर्ण दुष्प्रचार से सार्वजनिक शांति भंग होने की आशंका बनी रहती है।
7. ऐसा प्रतीत होता है कि ईसाई धर्म-प्रचार फिर से पश्चिमी प्रभुत्व को स्थापित करने के लिए ईसाइयत के पुनर्जागरण की सार्वभौमिक नीति का हिस्सा है। यह उद्देश्य स्पष्ट रूप से ईसाई बहुसंख्यक मोहल्लों का निर्माण करना है, जो गैर-ईसाई समाजों की एकजुटता को भंग कर सकें।
8. ईसाई धर्म-प्रचार की सहायता के लिए स्कूलों, अस्पतालों और अनाथालयों का इस्तेमाल किया जाता है।
9. आदिवासियों और हरिजनों को विशेष रूप से निशाना बनाया जाता है।
10. मध्य प्रदेश सरकार तटस्थ रही है और ईसाई धर्म-प्रचार या ईसाइयों के मामले में उसने दखल नहीं दिया है।[269]

इस रिपोर्ट ने राष्ट्रीय स्वयंसेवक संघ और भारतीय जनसंघ के रुख पर मुहर लगा दी, लेकिन पश्चिम विद्वानों, 'धर्मनिरपेक्षवादियों' और 'धर्म-प्रचारकों' की ओर से निंदा की गई। इस विषय पर भारतीय जनसंघ ने एक प्रस्ताव पारित किया—

> "केंद्रीय कार्यसमिति ने इस रिपोर्ट पर विचार किया है···और इसके सुझावों पर उस हद तक अपना समर्थन सामान्य रूप से देती है, जहाँ तक इसकी मंशा भारत में विदेशी ईसाई मिशनरियों की अवांछित गतिविधियों को समाप्त करना है। 'नियोगी कमेटी' ने भारत में विदेशी ईसाई धर्म-प्रचारकों की आपत्तिजनक गतिविधियों के दुष्परिणामों पर भारतीय जनसंघ की आशंकाओं की पुष्टि कर

---

269. जानकारी के लिए देखें, 'रिपोर्ट ऑफ क्रिश्चियन मिशनरी एक्टीविटीज इनक्वायरी कमेटी 1956', नागपुर।

दी है, जो लोगों के मन में राष्ट्रविरोधी भावना भरना चाहते हैं। कार्यसमिति को लगता है कि भारतीय ईसाई समुदाय को भारत में विदेशी समर्थन पर निर्भर हुए बिना एक संयुक्त स्वतंत्र ईसाई चर्च के तले एकजुट हो जाना चाहिए, जैसा कि 'नियोगी समिति' का सुझाव है और इस प्रकार भारत के नागरिकों के एक समर्पित, देशभक्त और मूल्यवान् वर्ग का रूप लेना चाहिए।"[270]

भारतीय जनसंघ ने 'गोवा सत्याग्रह' की शुरुआत जुलाई 1955 में जगन्नाथराव जोशी के नेतृत्व में की थी। गोवा पुलिस ने भारतीय जनसंघ के कार्यकर्ताओं को गिरफ्तार कर जेल में डाल दिया। 15 अगस्त, 1955 को एक शांतिपूर्ण प्रदर्शन पर फायरिंग के कारण तीस लोग मारे गए। वसंतराव ओक घायल हो गए। नेहरू ने पुर्तगालियों के खिलाफ कोई कारवाई नहीं की और पुर्तगालियों के न जाने पर गोवा को बल से कब्जे में लेने से इनकार कर दिया। बाद में 1962 में नेहरू को गोवा को मुक्त कराने के लिए सेना भेजने के लिए मजबूर होना पड़ा।

भारतीय जनसंघ ने हिंदू बिल का विरोध न केवल उसके अनेक नियमों के कारण किया, जो हिंदू समाज की रीतियों और परंपराओं के विरुद्ध थे, बल्कि इस कारण भी कि आधुनिकता के नाम पर यह परिवार और समाज के बँटवारे को बढ़ावा दे रहा था। इसके साथ ही नेहरू समान नागरिक संहिता (यू.सी.सी.) पर चुप थे, भले ही यह संविधान के राज्य के नीति-निर्देशक सिद्धांतों का हिस्सा था। वह अपनी धर्मनिरपेक्षता को कभी स्पष्ट नहीं कर सके, जहाँ यू.सी.सी. के अभाव में सबके साथ बराबरी का व्यवहार नहीं किया जाता था।

1957 के चुनाव और उपाध्याय के नेतृत्व में भारतीय जनसंघ

जब तक भारतीय जनसंघ के सामने 1957 के चुनाव आए, तब तक यह अपने संस्थापक डॉ. मुकर्जी को खो चुका था। समान सोचवाले दलों के साथ विलय के अनेक प्रयास किए गए और नेहरू ने भारतीय जनसंघ को तोड़ने की भी कोशिश की, लेकिन भारतीय जनसंघ अडिग रहा। इसका 1957 का चुनाव घोषणा-पत्र 1952 के मैनिफेस्टो और 1952 के बाद से भारतीय जनसंघ द्वारा पारित विभिन्न प्रस्तावों की तर्ज पर ही था। गोवा की मुक्ति की माँग की गई, सरकार को सीमा पर चीनी आक्रमण के खतरे से आगाह किया गया, पहली पंचवर्षीय योजना की विफलता पर चिंता जताई गई, आवश्यक वस्तुओं की बढ़ती महँगाई का मुद्दा उठाया गया; रोटी, कपड़ा, मकान, शिक्षा और चिकित्सा सुविधाओं जैसी बुनियादी जरूरतों को पूरा करने में सरकार की विफलता की

---

270. सी.डब्ल्यू.सी. रिजॉल्यूशन नं. 56.27, 'भारतीय जनसंघ : पार्टी डॉक्यूमेंट्स', खंड 4, पृ. 44

निंदा की गई और किसानों तथा श्रमिकों की बिगड़ी स्थिति के साथ ही उच्च पदों पर भ्रष्टाचार पर आवाज उठाई गई। घोषणा-पत्र ने भ्रष्टाचार को जड़ से मिटाने और दोषियों को कठोर दंड देने का वादा किया।

इस संबंध में पार्टी सर्वांगीण विकास, कुशल प्रशासन और कार्यप्रणाली में पारदर्शिता के लिए एक रचनात्मक कार्यक्रम पेश करना चाहती थी। इसने भारत को सशक्त और समृद्ध बनाने और राष्ट्रीय सुरक्षा और एकता को सुदृढ़ कर इसे एक आधुनिक प्रगतिशील और प्रबुद्ध देश बनाने का संकल्प लिया।

उन दिनों संसद् और विधानसभा के चुनाव साथ-साथ हुआ करते थे। 1951 में भारतीय जनसंघ ने 725 विधानसभा सीटों पर चुनाव लड़ा और 1957 के विधानसभा चुनवों में केवल 606 उम्मीदवार उतारे, जिसमें से केवल सैंतालीस को दूसरी बार टिकट दिया गया था। भारतीय जनसंघ ने 1951 की तुलना में 1957 में लोकसभा की 130 सीटों पर चुनाव लड़ा, जिसमें 1951 के केवल आठ उम्मीदवारों को फिर से मौका दिया गया। विधानसभा में पैंतीस सदस्यों में से चौदह को फिर से चुन लिया गया, जबकि इक्कीस अन्य की या तो मृत्यु हो चुकी थी या वे पार्टी छोड़ चुके थे।

राष्ट्रीय स्तर पर कोई गठबंधन नहीं था। महासभा और परिषद् के साथ सीमित चुनावी तालमेल था और असल में, कई सीटों पर वे एक-दूसरे के खिलाफ चुनाव लड़ रहे थे। राष्ट्रीय स्वयंसेवक संघ खुले तौर पर शामिल नहीं हुआ, लेकिन स्थानीय स्तर पर भारतीय जनसंघ को राष्ट्रीय स्वयंसेवक संघ कार्यकर्ताओं का अप्रत्यक्ष सहयोग मिला। भारतीय जनसंघ के लिए नतीजे ठीक-ठाक थे। इसका मत प्रतिशत दोगुना होकर 5.93 प्रतिशत हो गया और इसे चार लोकसभा सीटों पर जीत मिली। वाजपेयी बलरामपुर लोकसभा सीट से स्थानीय मुसलिम कांग्रेस उम्मीदवार को हराकर चुनाव जीत गए। हालाँकि लखनऊ और मथुरा में उनकी हार हुई। उपाध्याय ने नतीजों पर संतोष व्यक्त किया—

> "डॉ. श्यामा प्रसाद मुकर्जी की मृत्यु के बाद राजनीतिक हलकों में यह मान लिया गया था कि जनसंघ समाप्त हो जाएगा। बीते पाँच वर्षों से हमारी लड़ाई इस अनुमान के खिलाफ रही है। अब दूसरे आम चुनावों के नतीजों ने साबित कर दिया है कि जनसंघ न केवल जीवित है, बल्कि तरक्की भी कर रहा है। अगर हम अपने सिद्धांतों और नेतृत्व के प्रति ईमानदार नहीं होते तो यह कभी संभव नहीं हो पाता।"[271]

कुछ उपचुनाव 1957 के चुनावों के बाद हुए। लोकसभा और विधानसभा के

271. दीनदयाल उपाध्याय की ओर से प्रस्तुत सालाना रिपोर्ट, पार्टी का छठा वार्षिक सत्र, अंबाला, 4-6 अप्रैल, 1958।

लिए हुए अनेक उपचुनावों में भारतीय जनसंघ ने अच्छा प्रदर्शन किया। पहला उपचुनाव गुड़गाँव का था। भारतीय जनसंघ ने कोई उम्मीदवार नहीं उतारा, लेकिन प्रकाशवीर शास्त्री का समर्थन किया, जो 38,000 मतों से विजयी हुए और उन्हें 61 प्रतिशत वोट मिले। नई दिल्ली सीट तब खाली हो गई, 1957 में कांग्रेस उम्मीदवार के तौर पर यहाँ से चुनाव जीतनेवाली सुचेता कृपलानी ने उत्तर प्रदेश में चंद्रभान गुप्ता के मंत्रिमंडल में शामिल होने के लिए 1960 में इस्तीफा दे दिया। भारतीय जनसंघ ने बलराज मधोक को नई दिल्ली सीट से फिर से टिकट दिया, जो 1957 के चुनावों में हार गए थे। इस बार वह 10,000 मतों के अंतर जीत गए। उत्तर प्रदेश के नगर निगम चुनावों के नतीजे भी भारतीय जनसंघ के लिए शानदार थे। इन नतीजों के कारण आगरा, इलाहाबाद, बनारस, कानपुर और लखनऊ जैसे सभी पाँच शहरों में कांग्रेस बहुमत हासिल नहीं कर सकी। लखनऊ में कांग्रेस को तेरह सीट मिलीं और भारतीय जनसंघ ने तिरसठ में से छब्बीस पर जीत हासिल की। उत्तर प्रदेश जनसंघ के अध्यक्ष राज कुमार श्रीवास्तव, जो एक साल पहले 1959 में विधानसभा का चुनाव हार गए थे, वह लखनऊ के मेयर के तौर पर किसी नगर निकाय के पहले भारतीय जनसंघ अध्यक्ष बने।

भारतीय जनसंघ को जहाँ चुनावों में अब जीत का लुत्फ आने लगा था, वहीं उपाध्याय सिद्धांतों पर अडिग रहे। उनमें अनुशासन कूट-कूटकर भरा था और वह किसी की भी अनुशासनहीनता को बरदाश्त नहीं करते थे, चाहे वे कितना ही महत्त्वपूर्ण क्यों न हों। उदाहरण के लिए, दिल्ली के संघचालक लाला हरि चंद ने धमकी दी थी कि अगर उन्हें दिल्ली नगर निगम की स्थायी समिति के अध्यक्ष पद का उम्मीदवार नहीं बनाया गया तो वह इस्तीफा दे देंगे। जब उपाध्याय को यह बात पता चली तो उन्होंने निगम का नेतृत्व करनेवाले पार्टी के नेता केदारनाथ साहनी को पत्र लिखा कि उन्हें लाला हरि चंद से ऐसी उम्मीद नहीं थी और अगर वह पार्टी छोड़ने का मन बना चुके हैं तो वह किसी ओर को उम्मीदवार बना देंगे। उन्होंने यह भी कहा कि लाला हरि चंद लंबे समय से भारतीय जनसंघ के साथ जुड़े थे और उन्हें चेयरमैन पद के लिए पार्टी को धमकी नहीं देनी चाहिए थी। इस संवाद का पता चलते ही लाला हरि चंद ने माफी माँग ली।

1957 के चुनाव के बाद संसद् और उसके बाहर भारतीय जनसंघ बनाम नेहरू

1957 के चुनाव समाप्त हो चुके थे। संसद् में अपने चार सांसदों की बदौलत उसे आवाज मिल गई थी, जिसमें दो सांसद उत्तर प्रदेश से और दो महाराष्ट्र से थे। वाजपेयी को लोकसभा में भारतीय जनसंघ के चार सदस्यीय प्रतिनिधिमंडल का नेता चुना गया था। वाजपेयी उत्तर प्रदेश की बलरामपुर सीट जीतकर आए थे। संसद् में उनके अन्य

सहयोगी थे, हरदोई (उत्तर प्रदेश) के शिव दिन द्रोहर, धूलिया (महाराष्ट्र) के उत्तमराव पाटिल और तरनागिरी (महाराष्ट्र) के प्रेमजी भाई असार। बाहर से उन्हें उपाध्याय, एल.के. आडवाणी, जगदीश प्रसाद माथुर और केदारनाथ साहनी का सहयोग मिल रहा था। आडवाणी संसदीय कार्यालय के प्रभारी थे। वे सभी सांसदों के लिए शोध के काम में मदद करते थे। आडवाणी की तमाम विषयों पर पढ़ने की आदत और विभिन्न लोकतांत्रिक संस्थानों की कार्यप्रणाली के बारे में जानने की रुचि से काफी मदद मिली और वाजपेयी ने इसे स्वीकार किया। वाजपेयी एक मुखर वक्ता और प्रभावशाली सांसद थे; उनका **प्रद**र्शन इतना अच्छा था कि उनकी योग्यता पर नेहरू ने भी गौर किया। उन्होंने **चीनी** आक्रमण को लेकर संसद् में ऐसा दबाव बनाया कि नेहरू सरकार को **श्वेत**-पत्र जारी करने के लिए मजबूर कर दिया। आश्चर्यजनक रूप से उस समय संसद् में अनेक विषयों पर चर्चा हुई, जिन्हें भारतीय जनसंघ ने उठाया था और जो नेहरू की घोर विफलता और नाकामी की ओर इशारा करते थे, वे 2019 तक प्रासंगिक और अनसुलझे हैं। भारतीय जनसंघ ने बांग्लादेश से अवैध घुसपैठ, कम्युनिस्टों द्वारा अपनाए जानेवाले अलोकतांत्रिक हथकंडों, पाकिस्तान के प्रति नेहरू और कांग्रेस के प्रेम, चीन पर नेहरू की निष्प्रभावी नीति जैसे विषयों पर नेहरू सरकार की जमकर खिंचाई की और भारतीय जनसंघ ने भारत के साथ कश्मीर के पूर्ण एकीकरण की माँग की।

पूर्वी पाकिस्तान (अब बांग्लादेश) से असम में होने वाली घुसपैठ पर वाजपेयी का यह बयान मशहूर है—

> "क्या मैं कुछ कह सकता हूँ? एक औसत अनुमान के अनुसार, पिछले कुछ वर्षों में छह लाख से भी अधिक पश्चिमी पाकिस्तानी मुसलमान असम में घुसपैठ कर चुके हैं और माननीय प्रधानमंत्रीजी ने अपनी प्रेस कॉन्फ्रेंस में कहा है कि पिछले 12 वर्षों के दौरान, यदि पाँच लाख लोग असम में आ भी गए, तो वह कोई बड़े पैमाने की घुसपैठ नहीं है। क्या मैं 'बड़े पैमाने' की परिभाषा जान सकता हूँ? क्या हम यह मान लें कि यदि लाखों लोग सीमा पार से असम में घुस जाएँ और कछार, गोलपाड़ा और नौगाँव में बस जाएँ, जिन जिलों में पहले से ही बहुत बड़ी आबादी मुसलमानों की है और वह भी इस मकसद से कि इन जिलों को मुसलिम बहुसंख्यक इलाका बना दें, तब भी सरकार कोई गंभीर कदम नहीं उठाएगी? यहाँ तक कि असम के मुख्यमंत्री ने कहा था कि वह सीमा पर कँटीले बाड़ लगाने पर विचार कर रहे हैं। इससे स्थिति की गंभीरता का पता चलता है।"[272]

---

272. *'अटल बिहारी वाजपेयी, फोर डिकेड्स इन पार्लियामेंट'*, खंड 3, शिप्रा पब्लिकेशंस, नई दिल्ली, 1996, पृ. 220

पाकिस्तान ने त्रिपुरा और तुकरग्राम और त्रिपुरा के लखीमपुर के गाँवों पर कब्जा जमाकर घुसपैठ को तेज कर दिया, जिससे भारतीय नागरिकों के जान-माल को भारी नुकसान पहुँचा। भारत-पाकिस्तान के बीच सचिव स्तर की एक बातचीत विफल हो गई और अंत में नेहरू और फिरोज खान नून की बातचीत के बाद 10 सिंतबर, 1958 को एक समझौते पर दस्तखत हुए। संसद् और भारतीयों को इस समझौते की जानकारी तब मिली, जब नून ने पाकिस्तानी नेशनल असेंबली में इसकी चर्चा की।

बाद में यह खुलासा हुआ कि नेहरू ने पाकिस्तान से दो गाँवों से अवैध कब्जा छोड़ने को कहा ही नहीं और असल में 24 परगना में इच्छामाटी, जलपाईगुड़ी जिले में बेरूबारी यूनियन और कूच बिहार के इलाके पाकिस्तान को देने पर सहमत हो गए। इनके साथ-साथ पाकिस्तान को त्रिपुरा की सीमा पर रेलवे लाइन बिछाने के लिए जमीन और उसके साथ ही असम के पथरिया इलाके में संरक्षित वन का हिस्सा भी दे दिया गया। नेहरू-नून की बातचीत में सिलहट और चटगाँव के पहाड़ी इलाके में स्थित बारह पुलिस थानों को गलती से पूर्वी पाकिस्तान को हस्तांतरित किए जाने के विषय को उठाया ही नहीं गया, जहाँ 90 प्रतिशत आबादी हिंदुओं की थी। पश्चिम बंगाल के तत्कालीन मुख्यमंत्री ने उस समझौते को मानने से इनकार कर दिया और किसी निर्मल बोस ने कलकत्ता हाईकोर्ट में एक याचिका दायर कर दी। लोगों के बढ़ते दबाव के कारण भारत के राष्ट्रपति डॉ. राजेंद्र प्रसाद ने बेरूबारी के हस्तांतरण का मुद्दा, सुप्रीम कोर्ट में उसके विचार जानने के लिए भेज दिया। सुप्रीम कोर्ट ने कहा कि संविधान के अनुसार वह हस्तांतरण अवैध था। नेहरू अड़ गए और अपने कदम को वैध ठहराने के लिए संविधान में संशोधन ले आए। इस संशोधन के लिए उन्हें संसद् का समर्थन चाहिए था और उसके लिए उन्होंने इस्तीफा देने की धमकी दे दी। इस हथकंडे से उन्हें सभी कांग्रेसियों का समर्थन मिल गया, यहाँ तक कि बी.सी. रॉय का भी। भारतीय जनसंघ नेहरू के पाकिस्तान-प्रेम का विरोध संसद् के भीतर और बाहर लगातार करता रहा।

भारतीय जनसंघ ने भारत सरकार और जम्मू-कश्मीर की सरकार पर राज्य के भारत के साथ पूर्ण एकीकरण के लिए दबाव बनाता रहा। परमिट सिस्टम को हटाना और अनुच्छेद 370 को समाप्त करना कश्मीर के एकीकरण को संभव बनाने के लिए जरूरी था। बारह वर्षों के संघर्ष के बाद, 1959 में परमिट सिस्टम को समाप्त कर दिया गया और यह राज्य सुप्रीम कोर्ट और भारत के चुनाव आयोग के अंतर्गत आ गया।

नेहरू को भारतीय जनसंघ ने चीन के बारे में बार-बार आगाह किया। भारतीय जनसंघ ने 1 जनवरी, 1955 को जोधपुर के अखिल भारतीय अधिवेशन में पारित प्रस्ताव में कहा—

"पंचशील के आधार पर सह-अस्तित्व की नीति में अच्छाई है, लेकिन भारत के लिए इसमें नया कुछ भी नहीं है। और हम यह भूल नहीं सकते कि जो देश अपनी सीमा के भीतर विभिन्न प्रकार की विचार प्रणालियों को बरदाश्त नहीं कर सकता, वह एक देश के साथ कभी सच्चे अर्थों में सह-अस्तित्व का संबंध नहीं रखेगा, जो विचार और नीति की विविध प्रणालियों में विश्वास करता है।"[273]

नेहरू ने शिकायत करते हुए कहा कि विपक्ष, विशेष रूप से भारतीय जनसंघ केवल आलोचना करता है और कभी विकल्प नहीं सुझाता, जबकि यह सरासर गलत था। इसे उपाध्याय की ओर से नेहरू के आरोप के उस जवाब से सबसे अच्छी तरह स्पष्ट किया जा सकता है, जो *ऑर्गनाइजर* में 'डायरी' शीर्षक से 18 मई, 1959 में एक लेख में प्रकाशित किया गया था—

"पंडित नेहरू को शिकायत है कि विपक्ष सहकारी खेती का कोई विकल्प नहीं सुझाता है। मुश्किल यह है कि वह अपने हवा-हवाई सपनों में इतने खोए रहते हैं कि विकल्प देख ही नहीं पाते। यह बात केवल इस मामले पर लागू नहीं होती। अन्य नीतिगत मामलों में भी उन्हें केवल एक ही रास्ता दिखता है और वह उनका होता है। वहाँ किसान अपने स्वामित्व के अनुसार खेती करता है। इससे जापान और दूसरे देशों को अधिकतम लाभ मिला है। पोलैंड ने भी सहकारी खेती के असफल प्रयोग के बाद इसे ही अपना लिया। चाटुकारों के विचारों पर भरोसा करने के बजाय यदि वह शांति से तसवीर का दूसरा रुख भी देखेंगे, तो उन्हें सच का अहसास हो जाएगा। हाँ, भ्रम है और यह ऊपर से नीचे तक है। पहले कांग्रेस के नेता इस योजना की बारीकियों और परिणामों पर अच्छी तरह सोच लें और फिर लोगों को स्पष्ट और सरल शब्दों में समझा दें। इससे लोगों का भला होगा, बजाय इसके कि सब तरह-तरह के बयानों से हो-हल्ला मचाएँ जैसा इन दिनों हम लोग अकसर देखते हैं।"[274]

भारतीय जनसंघ ने कांग्रेस के करीबी वैचारिक सहयोगियों, कम्युनिस्टों को भी नहीं बख्शा। सबसे पहले भारतीय जनसंघ ने उनके अलोकतांत्रिक तौर-तरीकों को बेनकाब किया था। वाजपेयी ने संसद् में अपने बयान से कम्युनिस्टों को घेरा और कहा—

"...केरल में पिछले 27 महीने में कम्युनिस्ट प्रशासन ने यह स्पष्ट कर दिया है

---

273. ए.आई.एस. रिजॉल्यूशन नं. 55.8 (दिनांक 1 जनवरी, 1955), *'भारतीय जनसंघ : पार्टी डॉक्यूमेंट्स, 1973'*, खंड 3, पृ. 34-35

274. *'दीनदयाल उपाध्याय, पॉलिटिकल डायरी'*, सुरुचि प्रकाशन, नई दिल्ली, 1992, पृ. 47-51

कि लोकतंत्र और साम्यवाद साथ-साथ नहीं रह सकते हैं···मेरा आरोप है कि केरल में कम्युनिस्ट पार्टी तानाशाही कर रही है; केरल के कम्युनिस्ट शासन ने साबित कर दिया है कि कम्युनिस्ट पार्टी लोकतांत्रिक व्यवस्था में काम नहीं कर सकती है, यदि वह चाहे तब भी नहीं। सिर्फ केरल में ही नहीं, देश के किसी भी राज्य में अगर कम्युनिस्ट सरकार बनती है तो वह संविधान के विरुद्ध काम करेगी। श्री डाँगे ने इसे स्पष्ट कर दिया है। केरल में जो हुआ, उस पर उन्हें कोई पछतावा नहीं है···(उन्होंने कहा), अगर हम फिर से चुनकर आए, तो फिर से वही करेंगे।"[275]

1962 के चुनावों से पहले भारतीय जनसंघ या राष्ट्रीय स्वयंसेवक संघ पर पाबंदी का नेहरू का विफल प्रयास

नेहरू कई नीतिगत मामलों में अपनी योजनाओं या कदमों का बचाव नहीं कर पा रहे थे। भारतीय जनसंघ की लोकप्रियता के साथ उनकी विफलता ने उन्हें बेचैन कर दिया था। चूँकि 1962 का चुनाव करीब आ रहा था, वह राष्ट्रीय स्वयंसेवक संघ और भारतीय जनसंघ पर पाबंदी लगाने का मौका ढूँढ़ रहे थे।

जबलपुर और अलीगढ़ के दंगों ने उन्हें उन पर पाबंदी लगाने का एक बहाना दे दिया। इन स्थानों पर कोई पहली बार दंगे **नहीं हुए थे**। अलीगढ़ में 1820, 1890, 1925, 1927, 1947, 1950, 1954, 1956 और 1961 में दंगे हुए थे। जबलपुर में 1931, 1934 और 1947 में दंगे भड़के थे।

नेहरू, कम्युनिस्टों और मुसलिम धर्मगुरुओं तथा अन्य लोगों ने हिंदू सांप्रदायिकता की निंदा की और जबलपुर दंगे के लिए राष्ट्रीय स्वयंसेवक संघ तथा भारतीय जनसंघ को जिम्मेदार ठहराया। भारतीय जनसंघ और राष्ट्रीय स्वयंसेवक संघ पर बिना किसी प्रमाण के आरोप लगाने और उसे कोसने के लिए दिल्ली में मुसलमानों का एक जलसा हुआ। इसके बाद नेहरू की ओर से एक कमेटी बनाई गई, जिसकी अध्यक्षता कांग्रेस के अजित जैन कर रहे थे। इसने सांप्रदायिक दलों पर पाबंदी के लिए कानून बनाने का सुझाव दिया। उसके सुझावों के आधार पर संसद् में बहस शुरू हो गई, जिसमें समिति के पक्षपात का पर्दाफाश कर दिया गया। वाजपेयी ने सांप्रदायिकता की परिभाषा बताने की माँग की और पूछा कि समिति में केवल कांग्रेस के ही लोग क्यों शामिल किए गए? वाजपेयी ने कांग्रेस और नेहरू से यह भी पूछा कि असम की समस्याओं में कोई जाँच क्यों शुरू नहीं की गई? वाजपेयी और भारतीय जनसंघ की तरफ से बखिया उधेड़ देनेवाली दलीलों के

275. *'अटल बिहारी वाजपेयी, फोर डिकेड्स इन पार्लियामेंट'*, खंड 3, शिप्रा पब्लिकेशंस, नई दिल्ली, 1996, पृ. 354-358

बाद नेहरू ने भारतीय जनसंघ और राष्ट्रीय स्वयंसेवक संघ पर पाबंदी लगाने की अपनी योजना को समाप्त कर दिया। कांग्रेस में राजनीतिक अवसरवादिता पर उपाध्याय का एक बयान प्रसिद्ध है—

> "कांग्रेस जो कहती है और जो करती है, उसमें जमीन-आसमान का अंतर रहता है। यह राष्ट्रवाद की कसम खाती है, लेकिन सांप्रदायिकता को गले लगाती है। यह कहना गलत नहीं होगा कि सांप्रदायिकता को कांग्रेस का ही सहारा है। आप कांग्रेस सबसे घटिया दर्जे के सांप्रदायिक मुसलिम लीग को देख सकते हैं। केरल में कांग्रेस पार्टी को 'कैथोलिक कांग्रेस' के नाम से जाना जाता है। हमें आश्चर्य नहीं होना चाहिए, यदि यह पंजाब में सफेद टोपी के बजाय नीली पगड़ी पहन ले! चुनाव जीतने के लिए यह सबकुछ और कुछ भी कर सकती है।"[276]

1962 के चुनाव

1962 के चुनावों में भारतीय जनसंघ काफी अनुशासित पार्टी बनकर उभरी। भारतीय जनसंघ की केंद्रीय कार्यसमिति और अखिल भारतीय आम परिषद् की कई बैठकों में शामिल हो चुके क्रेग बैक्सटर ने कहा था—

> "ऊपर से लेकर नीचे तक सत्ता की सीमा और स्थानीय इकाइयों से ऊपर तक संवाद की हदों को स्पष्ट और सक्रिय कर दिया गया था। देखने पर जहाँ पार्टी लगभग अखंड दिखती थी, वहीं प्रतिनिधि सभा की बैठकें और सामान्य सत्र खुली बहस के मंच बन चुके थे। यह अनुमान लगाया जा सकता है कि कार्यसमिति की निजी बैठकों में मतभेद सामने आते थे, जिन्हें पार्टी के बड़े स्तर पर किसी प्रस्ताव को ले जाने से पहले सुलझाना पड़ता था। लेखक राजनीतिक बैठकों में शामिल होने के अपने अनुभव से कह सकता हूँ कि जनसंघ पी.एस.पी. की लगभग अराजक स्थिति और 'कोई भी संशोधन स्वीकार्य नहीं' प्रक्रिया के बीच कहीं काम करता है, जो कभी कांग्रेस की विशेषता थी। कोई भी केसरिया टोपीवाला युवा जनसंघी खड़ा होकर मैनिफेस्टो में या किसी प्रस्ताव में बदलाव का सुझाव दे सकता था और पार्टी का कोई बड़ा नेता उसे डाँटकर बिठाता नहीं था। इससे प्रस्तावों या मैनिफेस्टो को अंतिम रूप दिए जाने पर जमीनी कार्यकर्ताओं की व्यापक स्वीकृति मिलती थी। इस कारण जनसंघ में काम करने को लेकर और कार्यक्रम से जुड़े विवाद विरले ही

276. राष्ट्रीय स्वयंसेवक संघ की पत्रिका 'पाञ्चजन्य' में दीनदयाल उपाध्याय, 18 जून, 1956

होते थे। हालाँकि एक बार नीति तय हो जाती थी तो सदस्यों से उसका पालन सख्ती से करने की उम्मीद की जाती थी।"[277]

वरिष्ठ नेताओं चुनाव लड़ने के बजाय उनका प्रबंधन देखने का फैसला किया, ताकि पार्टी की चुनावी मशीनरी में निर्णय लेनेवालों की कमी न हो। वाजपेयी, बलराज मधोक और जगन्नाथ राव जोशी, अध्यक्ष रामाराव और देव प्रसाद घोष तथा प्रेमनाथ डोगरा जैसे पूर्व अध्यक्ष ही कुछ ऐसे नेता थे, जिन्होंने चुनाव लड़ा। अन्य, जैसे उपाध्याय, नानाजी देशमुख, जगदीश प्रसाद माथुर और सुंदर सिंह भंडारी पार्टी के केंद्रीय कार्यालय का कामकाज सँभालते थे। राज्य स्तर के पार्टी सचिव चुनाव नहीं लड़ते थे।

1957 के चुनाव में जीत दर्ज करनेवाले अधिकांश उम्मीदवार फिर से जीते, सिवाय जयपुर से हरीश चंद्र शर्मा के, जिनके स्थान पर उसी शहर की महारानी गायत्री को उम्मीदवार बनाया गया था। विधानसभा के सदस्य भी फिर से चुने गए, सिवाय मध्य प्रदेश के विमल कुमार चोरड़िया, जिन्हें केंद्रीय कार्यालय में पार्टी का काम सौंपा गया था।

ऐसे उम्मीदवार, जो 1952 और 1957 का चुनाव हार गए थे, लेकिन उनका प्रदर्शन चुनावों में अच्छा था, वे संसदीय क्षेत्र की सेवा करते रहे और पार्टी के अनुशासन का पालन किया और इस बार उन्हें जीत मिली। जो लोग ईमानदार, परिश्रमी और पार्टी के प्रति वफादार थे, उन्हें इनाम मिला। भारतीय जनसंघ का कोई भी बागी उम्मीदवार नहीं था और पार्टी का यह अनुशासन दूसरे दलों को हैरान कर देता था।

मैनिफेस्टो की मूल बातें वही थीं, जो 1957 में थीं। भारतीय जनसंघ शिक्षा प्रणाली को नया रूप देने पर प्रतिबद्ध था, जिसका रोजगार से करीबी संबंध हो। शिक्षा को व्यक्ति के व्यक्तित्व विकास और समाज तथा देश के प्रति उसके दायित्व से जोड़ा गया था। रक्षा, सत्ता के विकेंद्रीकरण और प्राशासनिक सुधारों पर अधिक व्यय पर बल दिया गया था। भारतीय जनसंघ ने अपने घोषणा-पत्र में एक बार फिर कृषि-ऋण, फसल बीमा, सिंचाई के आधुनिक तरीकों और कुटीर, लघु तथा मध्यम उपक्रमों (एम.एस.एम.ई.) पर जोर दिया।

भारतीय जनसंघ ने योजना आयोग द्वारा पाँच वर्षों की एकीकृत, केंद्रीकृत योजना का कड़ा विरोध किया। वास्तव में, जो आयोग अर्थव्यवस्था के केंद्रीकृत नियोजित विकास की देखरेख कर रहा था, वह तब तक बना रहा, जब तक कि मोदी भारत के प्रधानमंत्री नहीं बन गए और उसे समाप्त कर नीति आयोग नहीं बनाया, जो एक ऐसा

277. क्रेग बैक्सटर, *'द जनसंघ : ए बायोग्राफी ऑफ एन इंडियन पॉलिटिकल पार्टी'*, यूनिवर्सिटी ऑफ पेंसिल्वेनिया प्रेस, 1971, पृ. 208–209

निकाय है, जिसने गतिशील तरीके से अर्थव्यवस्था का मूल्यांकन किया और सामाजिक असंतुलन को ठीक करने के लिए हस्तक्षेप किया। भारतीय जनसंघ की सोच कुछ ऐसी ही थी!

भारतीय जनसंघ के लिए 1962 के चुनाव नतीजे उत्साहवर्धक थे। इसने अकेले ही चुनाव लड़ा और 198 लोकसभा तथा 1,140 विधानसभा सीटों पर अपने उम्मीदवार उतारे थे। पार्टी ने चौदह लोकसभा सीटों पर जीत दर्ज की थी, जो पिछली बार की चार सीटों में बहुत बड़ा इजाफा था। विधानसभा की बात करें तो इसने अपना आँकड़ा 51 से बढ़ाकर 116 सीटों तक पहुँचा दिया था। पार्टी को मिलनेवाले वोट का प्रतिशत लोकसभा में 5.93 से बढ़कर 6.44 प्रतिशत और विधानसभा में 4.03 प्रतिशत से बढ़कर 6.07 प्रतिशत हो गया था। पश्चिम बंगाल के सिवाय सभी राज्यों में पार्टी ने तरक्की की थी। उत्तर प्रदेश और मध्य प्रदेश में यह आधिकारिक तौर पर विपक्षी दल बन चुकी थी। भारतीय जनसंघ ने उत्तर प्रदेश की 430 में से 377 (85 प्रतिशत) सीटों पर चुनाव लड़ा था, जिनमें से उसे उनचास सीटों पर जीत मिली, जो पहले सत्रह हुआ करती थी, जबकि मध्य प्रदेश में इसने 288 में से 195 (68 प्रतिशत) सीटों पर उम्मीदवार उतारे थे। विधानसभा चुनावों में अब्दुल जब्बार खान भारतीय जनसंघ के टिकट पर राजस्थान के चित्तौड़गढ़ जिले के निंबाखेड़ा से जीतनेवाले पहले मुसलिम थे। उपाध्याय लोकसभा उपचुनाव में जौनपुर से हार गए, क्योंकि वह कांग्रेस की ओर से शुरू की गई जाति की राजनीति में शामिल नहीं हुए। यह सीट राजपूतों और ब्राह्मणों का कुरुक्षेत्र थी और वह जाति के खेल में शामिल नहीं होना चाहते थे और इस कारण चुनावों से पीछे हट गए। मीनू मसानी, जिन्हें मुक्त बाजार के विचारों का एक बड़ा पैरोकार माना जाता है, उनकी राजकोट उपचुनाव में भारतीय जनसंघ के समर्थन से जीत हुई। विपक्ष ने चार सीटें जीतने का समझौता किया और भारतीय जनसंघ ने केवल जौनपुर से चुनाव लड़ने का फैसला किया और इसके कार्यकर्ताओं ने अन्य सभी उम्मीदवारों का समर्थन किया।

भले ही भारतीय जनसंघ का प्रदर्शन 1962 के चुनावों में बेहतर रहा, लेकिन संसद् में इसके धाकड़ वक्ता वाजपेयी महज 2,000 मतों से चुनाव हार गए। दिलचस्प रूप से स्वतंत्र पार्टी को 20,000 और हिंदू महासभा को 5,000 वोट मिले। यह निष्कर्ष निकाला जा सकता है कि इन पार्टियों ने वाजपेयी के वोट काटे, जिसके कारण उनकी हार हुई। 1962 के चुनावों के बाद उमाशंकर त्रिवेदी के सिवाय भारतीय जनसंघ के किसी भी उम्मीदवार को संसद् का कोई अनुभव नहीं था। लोकसभा के उपचुनावों के बीच उपाध्याय जौनपुर से हार गए। अप्रैल 1962 में राज्यसभा के चुनावों में वाजपेयी को उत्तर प्रदेश से चुन लिया गया और उन्हें दोनों सदनों में भारतीय जनसंघ संसदीय समूह का नेता बनाया गया।

नेहरू व शास्त्री की मृत्यु और इंदिरा गांधी का उदय

1962 के चुनावों के बाद नेहरू ने चौथी बार प्रधानमंत्री पद की शपथ ली। कोई नहीं जानता था कि यह उनका आखिरी कार्यकाल होगा। उनके चौथे कार्यकाल के छह महीने के भीतर चीन के साथ एक बड़ी लड़ाई छिड़ गई। 1953 से ही सीमा पर अनेक सिलसिलेवार छोटे-छोटे हमलों के बाद चीन ने 8 सितंबर, 1962 को एक बड़ा हमला कर दिया, जब उसने थागला पुल पर हमला किया और उसे अपने कब्जे में ले लिया। इसके बाद कई बड़े हमले होते रहे, जब तक कि अमेरिका और यू.के. ने दखल नहीं दिया और फिर चीन ने इकतरफा युद्ध-विराम की घोषणा की। हालाँकि चीनियों ने उन इलाकों को नहीं छोड़ा, जिन पर उसने कब्जा जमा लिया था। भारतीय जनसंघ नेहरू सरकार को चीन से लगातार आगाह कर रहा था, लेकिन युद्ध के समय उसने दोषारोपण का काम नहीं किया। उपाध्याय ने सरकार के समर्थन का फैसला किया और कहा, "आज हमारी लड़ाई कांग्रेस से नहीं, बल्कि चीनियों से है।"[278] उन्होंने यह भी कहा कि उन्हें मालूम है कि सरकार इस समर्थन को स्वीकार नहीं करेगी। फिर भी एक बार फिर जनता का विश्वास हासिल करने के लिए उन्होंने नेहरू और उनकी सरकार को बेहिचक समर्थन दिया। संकट की घड़ी में भारतीय जनसंघ और राष्ट्रीय स्वयंसेवक संघ के योगदानों का आभार नेहरू ने 1963 के गणतंत्र दिवस की परेड में राष्ट्रीय स्वयंसेवक संघ को शामिल होने का न्योता देकर माना।

17 मई, 1964 को नेहरू की मृत्यु हो गई। उनकी मृत्यु के बाद नेहरू की पसंद इंदिरा, गुलजारी लाल नंदा और मोरारजी देसाई प्रधानमंत्री पद के दावेदार बन गए। ऐसा कहा जाता है कि पद से वरिष्ठ लोगों का पत्ता साफ करने के लिए 'कामराज योजना' तैयार की गई। हालाँकि कांग्रेस आलाकमान ने लाल बहादुर शास्त्री के पक्ष में वोट किया, क्योंकि आलाकमान की नजर में अन्य दावेदारों के मुकाबले उनसे तालमेल बिठाना आसान लग रहा था। शास्त्री ने प्रधानमंत्री पद की शपथ ली।

फरवरी 1965 में पाकिस्तान की सेना कच्छ के रन में दाखिल हो गई और भारतीय सीमा के 1 किमी. अंदर स्थित कंटरकोट पर कब्जा जमा लिया। 17 मार्च, 1965 तक यह और भी अंदर घुस आई और डिंगा सरदार चौकी तथा विगोकोट को कब्जे में ले लिया। इसके बाद ही भारत सरकार ने प्रतिक्रिया करने का फैसला किया और पाकिस्तानी सेना को पीछे धकेलने के लिए सेना भेजी। भारतीय सेना ने जब पाकिस्तानी सेना को उसकी पहले की स्थिति तक पीछे खदेड़ दिया, तब तत्कालीन ब्रिटिश प्रधानमंत्री हैरॉल्ड विल्सन ने युद्ध-विराम के लिए दखल दिया। शास्त्री ने युद्ध-विराम के प्रस्ताव को खारिज कर दिया, जबकि मामले को अंतरराष्ट्रीय मध्यस्थता के लिए भेजने पर सहमत

278. ऑर्गनाइजर, खंड 16, अंक 16, 26 नवंबर, 1962

हो गए। भारतीय जनसंघ ने इसका विरोध किया, क्योंकि इस समझौते से पाकिस्तान की अवैध काररवाई वैध हो जाती और कच्छ, जो भारत का हिस्सा था, आधिकारिक तौर पर विवादित क्षेत्र बन जाता। 16 अगस्त, 1965 को समझौते के खिलाफ अपना क्रोध प्रकट करने के लिए भारतीय जनसंघ के बैनर तले पाँच लाख लोगों ने संसद् तक मार्च किया। लोगों के दबाव के कारण शास्त्री ने 20 अगस्त, 1965 को होने वाली भारत-पाकिस्तान के विदेश मंत्रियों की बैठक रद्द कर दी और कच्छ के समझौते का पटाक्षेप कर दिया। 6 सितंबर, 1965 को उन्होंने गोलवलकर को सर्वदलीय बैठक में आने का न्योता दिया, जिसके बाद भारतीय जनसंघ और राष्ट्रीय स्वयंसेवक संघ ने प्रधानमंत्री का पूरे दिल से समर्थन करने का फैसला किया।

बाईस दिन के युद्ध में जो कुछ भारत को हासिल हुआ था, उसे ताशकंद में गँवा दिया गया और भारतीय सेना ने पाकिस्तान के इलाके वापस लौटा दिए, लेकिन पाकिस्तानियों ने भारत के जिन इलाकों पर कब्जा किया था, उसका एक इंच भी वापस नहीं किया। सेनाओं को 15 अगस्त, 1947 की नहीं, बल्कि जुलाई 1949 की स्थिति में वापस लौट जाने को कहा गया, जिससे कब्जे वाले इलाके पर पाकिस्तान के अधिकार को मान लिया गया। भारतीय जनसंघ ने ताशकंद के समझौते को खारिज कर दिया और 15 जनवरी, 1965 को पारित इसके प्रस्ताव में कहा गया कि भारत के लोगों से पूरी ईमानदारी के साथ जो वादा किया गया था, उसे निभाया नहीं गया। 1966 में 10-11 जनवरी की दरम्यानी रात को रहस्यमय परिस्थितियों के बीच ताशकंद में शास्त्री की मृत्यु हो गई। मोरारजी देसाई अगले प्रधानमंत्री की रेस में सबसे आगे थे, लेकिन कामराज और कांग्रेस में उनके गुट ने यह सोचकर इंदिरा गांधी को प्रधानमंत्री बनाने की साजिश रची कि वह उनके हाथों की एक '*गूँगी गुड़िया*' (कठपुतली) बनकर रहेंगी। इस प्रकार भारतीय राजनीति में इंदिरा गांधी-युग की शुरुआत हुई।

इंदिरा गांधी ने अपने कार्यकाल के पहले वर्ष नेहरू की बेटी होने का परिचय देते हुए भारतीय परंपराओं और मूल्यों के प्रति अपनी घृणा दिखा दी। 7 नवंबर, 1966 को संसद् के सामने लाखों सनातनी गौ-पूजकों ने प्रदर्शन किया। इंदिरा गौ-हत्या पर पाबंदी लगाने की माँग पर सहमत नहीं थीं। उन्होंने पुलिस को प्रदर्शनकारियों पर गोली चलाने का आदेश दिया। गोपाष्टमी के उस दिन इंदिरा गांधी और कांग्रेस की ओर से 'हिंदुओं के सबसे बड़े नरसंहार' के तहत कम-से-कम 5,000 लोग मारे गए थे।[279] सड़कों से शवों

---

279. उपानंद ब्रह्मचारी, 'रिमेंबरिंग द 50 ईयर्स ऑफ लार्जेस्ट हिंदू किलिंग बाई इंदिरा गांधी इन गोरक्षा अभियान इन दिल्ली', स्ट्रगल फॉर हिंदू एगजिस्टेंस, 7 नवंबर, 2016, https://hinduexistence.org/2016/11/07/remembering-the-50-years-of-largest-hindu-killing-by-indira-gandhi-in-goraksha-abhiyan-in-delhi/

को हटाया गया और उन्हें अज्ञात स्थानों पर या तो फेंक दिया गया या जला दिया गया।

साल 1962 से 1967 के बीच भारतीय जनसंघ ने अपना सबसे महत्त्वपूर्ण आंदोलन चलाया—गौ-हत्या पर पाबंदी के खिलाफ कानून की माँग, जो संविधान के नीति-निदेशक सिद्धांतों के अनुरूप था। इसलिए नवंबर 1966 में विजय कुमार मल्होत्रा, ओम प्रकाश त्यागी, वसंतराव ओक, बलराज मधोक, हंसराज गुप्ता और एल.के. आडवाणी जैसे भारतीय जनसंघ के नेताओं को इंदिरा गांधी सरकार ने गिरफ्तार कर लिया। सांसद स्वामी रामेश्वरानंद को भी गिरफ्तार कर लिया गया। उनमें से कई को 18 नवंबर को छोड़ दिया गया, लेकिन बड़ी संख्या में साधु जेल में बंद रहे।

हैरानी इस बात की है कि इसी कांग्रेस पार्टी का चुनाव चिह्न 'हल चलाते बैलों का जोड़ा' था, जिसका इस्तेमाल जनता के साथ जुड़ने के लिए किया गया था, जिनमें से अधिकांश किसान थे। 1969 में अंदरूनी खींचतान के बाद इंदिरा ने इससे बाहर निकलने और अपनी ही एक पार्टी बनाने का फैसला किया, जिसमें कांग्रेस पार्टी के अधिकांश सदस्य उनके साथ थे। नई पार्टी का नाम 'कांग्रेस (आर)' रखा गया और पुरानी कांग्रेस ने अपने नाम 'कांग्रेस (ओ)' रख लिया। चूँकि बैलोंवाला चिह्न कांग्रेस की पहचान बन गया था, इसलिए इंदिरा ने इसे नई पार्टी के चिह्न के रूप में इस्तेमाल करना चाहा, लेकिन कांग्रेस (ओ) की ओर से की गई अपील के कारण उन्हें सफलता नहीं मिली। चूँकि कांग्रेस (ओ) में शामिल दिग्गजों ने स्वतंत्रता संग्राम में हिस्सा लिया था, इस कारण उन्होंने यह कहकर खुद को सही ठहराया कि उस चिह्न के असली हकदार वही हैं, जिसे उस समय तक लोग अच्छी तरह पहचान (और कांग्रेस को चार-चार चुनावों में जीत भी दिला चुके थे) चुके थे। नया चिह्न तय करने में इंदिरा ने काफी समय लिया और फिर 'गाय और बछड़े' को चुना। यह वही इंदिरा थीं, जिसने पुलिस को उन लाखों संतों और श्रद्धालुओं पर गोली चलाने का आदेश दिया था, जो देश में गौ-हत्या पर पाबंदी लगाने की माँग कर रहे थे!

दीनदयाल उपाध्याय का एकात्म मानववाद

उपाध्याय मानते थे कि भारत की मुख्य चिंता पश्चिमी मॉडल के बजाय विकास का देसी मॉडल विकसित करने पर होनी चाहिए। वह पूँजीवादी व्यक्तिवाद के पश्चिमी विचार और मार्क्सवादी समाजवाद, दोनों के ही खिलाफ थे। उन्होंने पूँजीवाद और साम्यवाद के गुणों का मूल्यांकन और उनके अवगुणों की आलोचना के बाद मध्यम मार्ग की बात की। उन्होंने कहा कि यह व्यक्ति और समाज के बीच की लड़ाई नहीं है, जैसा पूँजीवाद ने बताया है और जिसने व्यक्ति को केंद्र में रखा है, जबकि समाजवाद ने समाज को केंद्र में रखा है। उपाध्याय के अनुसार, मनुष्य की संपूर्ण प्रसन्नता और भलाई के लिए

व्यक्ति और समाज को एकीकृत इकाई के रूप में काम करना होगा। उन्होंने इसे 'एकात्म मानववाद' का विचार कहा।

उपाध्याय के अनुसार—मनुष्य को एक व्यवस्थित क्रम में संगठित शरीर, मन, बुद्धि और आत्मा के चार गुण मिले हैं, जो धर्म, अर्थ, काम और मोक्ष के चार सार्वभौमिक उद्देश्यों की पूर्ति के अनुरूप हैं। इनमें से जहाँ किसी को भी उपेक्षित नहीं किया जा सकता है, वहीं धर्म मानवता और समाज का 'मौलिक' और मोक्ष 'अंतिम' उद्देश्य होता है। उन्होंने दावा किया कि पूँजीवादी और साम्यवादी विचारधाराओं के साथ समस्या यह है कि वे केवल शरीर और मन की जरूरतों पर विचार करते हैं और इस कारण वे इच्छा और धन के भौतिकवादी उद्देश्यों पर आधारित हैं।

उपाध्याय ने ऐसी सामाजिक प्रणाली को खारिज कर दिया, जिसमें व्यक्तिवाद 'सर्वोच्च' होता है। उन्होंने साम्यवाद को भी नकार दिया, जिसमें व्यक्तिवाद को 'बड़े हृदयहीन मशीन' के हिस्से के रूप में 'कुचल' दिया जाता है। उपाध्याय के अनुसार, व्यक्तियों के बीच एक सामाजिक अनुबंध से उत्पन्न होने के स्थान पर समाज का जन्म एक प्राकृतिक जीवन के रूप में हुआ था, जिसमें एक निश्चित 'राष्ट्रीय आत्मा' या 'स्वभाव' था तथा सामाजिक जीव के रूप में व्यक्ति के समान ही जरूरतें भी थीं।

1967 के चुनाव और उपाध्याय के नेतृत्व में भारतीय जनसंघ

इंदिरा गांधी के प्रधानमंत्री बनने के मात्र के एक वर्ष बाद ही 1967 का आम चुनाव आ गया। कांग्रेस अब बँट चुकी थी। इंदिरा समर्थक और इंदिरा विरोधी गुट साफ तौर पर सामने आ चुके थे। संगठन के रूप में भारतीय जनसंघ अपनी ताकत बढ़ा रही थी। देश को एक ऐसे वैकल्पिक दल की जरूरत थी, जिसके ठोस सिद्धांत, स्पष्ट नीतियाँ और एक निश्चित कार्यक्रम हो, जिसकी जड़ें यहाँ की मिट्टी में गहरी हों और वह देशव्यापी संगठन हो। और जिसके पास समर्पित, निस्स्वार्थ और अनुशासित कार्यकर्ताओं का एक कैडर हो, जिसकी आँखें लक्ष्य पर टिकी हों। उसके पास सभी समस्याओं पर एक आशावादी सोच हो। इस बार भारतीय जनसंघ ने खुद को कांग्रेस के विकल्प के तौर पर पेश किया। भारतीय जनसंघ तेजी से लोगों का सहयोग और विश्वास हासिल कर रहा था। इसकी नीतियाँ समय की चुनौतियों पर खरी उतर चुकी थीं। इसका दृष्टिकोण रचनात्मक था। एक विपक्षी दल के रूप में इसने लोगों के अधिकारों और हितों के प्रहरी का काम किया था। एक तरफ जहाँ यह सरकार की गलत नीतियों का निर्भीकता से विरोध कर रहा था, वहीं दूसरी तरफ देश की रक्षा और लोगों के कल्याण को बढ़ाने के लिए सरकार को खुलकर समर्थन से कभी पीछे नहीं हटा।

1967 में भारतीय जनसंघ का घोषणा-पत्र पार्टी की जानी-मानी घोषित नीतियों

और कार्यक्रमों के ही अनुरूप था। इसने अर्थव्यवस्था के उदारीकरण के प्रति पार्टी के संकल्प को दोहराया, वहीं लघु उद्योगों की रक्षा, प्रशासन और न्यायपालिका में सुधार, कर प्रणाली में सुधार, शिक्षा प्रणाली को देश से जोड़ने, जम्मू-कश्मीर का पूर्ण एकीकरण, पाकिस्तान और चीन के कब्जे से अपने इलाकों को मुक्त कराना, रक्षा की क्षमता में वृद्धि, व्यावहारिक विदेश नीति, क्षेत्रीय भाषाओं में यू.पी.एस.सी. की परीक्षा, भारत के रक्षा क्षेत्र के लिए अधिक बजट और उस पर ध्यान देने, कृषि के आधुनिकीकरण और गौ-हत्या पर पाबंदी लगानेवाला केंद्रीय कानून, जो पूरे भारत पर लागू हो, जैसी बातों को शामिल किया।

1967 में यह समान विचारों-वाले दलों के साथ चुनाव-पूर्व तालमेल के साथ मैदान में उतरा। विपक्ष के मतों को बँटने से रोकने के लिए भारतीय जनसंघ ने 'स्वतंत्र पार्टी' के साथ समझौता किया। इसने यह भी तय किया कि राजस्थान और गुजरात में अगर जीत मिली तो गठबंधन सरकार का नेता कौन होगा! राजस्थान में भारतीय जनसंघ तिरसठ सीटों पर चुनाव में उतरा, जबकि 'स्वतंत्र पार्टी' 197 सीटों पर, अन्य पर निर्दलीय उम्मीदवार थे। लोकसभा की तेईस सीटों में से चौदह पर स्वतंत्र पार्टी लड़ी और सात पर भारतीय जनसंघ। दो सीटें बीकानेर और भरतपुर के महाराजाओं के लिए छोड़ दी गईं। गुजरात में भारतीय जनसंघ की स्थिति कमजोर थी और उसने केवल सत्रह सीटों पर, जबकि स्वतंत्र पार्टी 168 सीटों पर उतरी। भारतीय जनसंघ ने वहाँ लोकसभा का चुनाव नहीं लड़ा और स्वतंत्र पार्टी चौबीस में से इक्कीस सीटों पर उतरी, जबकि तीन को अन्य लोगों के लिए छोड़ दिया। भारतीय जनसंघ और स्वतंत्र पार्टी के बीच हरियाणा, पंजाब और हिमाचल प्रदेश में भी चुनावी तालमेल था। उत्तर प्रदेश और बिहार में भारतीय जनसंघ अपने दम पर चुनाव में उतरा। अन्य राज्यों में स्वतंत्र पार्टी ने भारतीय जनसंघ की स्थिति का सम्मान किया और सीटों के मामले में, जहाँ तक संभव हुआ, उसकी माँगों को मान लिया। मध्य प्रदेश में भारतीय जनसंघ का ग्वालियर की राजमाता विजयाराजे सिंधिया से समझौता था, जो कांग्रेस छोड़ चुकी थीं। राजमाता ने अपने उम्मीदवारों के लिए भारतीय जनसंघ के चुनाव चिह्न का इस्तेमाल किया और कभी-कभी स्वतंत्र पार्टी के चिह्नों का भी।

अपने गठन के बाद से 1967 के चुनावी नतीजे भारतीय जनसंघ के लिए सबसे अच्छे रहे। संसद् में कांग्रेस को केवल 284 सीटें मिलीं, जबकि उत्तर प्रदेश, राजस्थान, पंजाब, पश्चिम बंगाल, बिहार, उड़ीसा, मद्रास और केरल विधानसभाओं में उसे बहुमत नहीं मिला। भारतीय जनसंघ के खाते में लोकसभा की पैंतीस सीटें और स्वतंत्र पार्टी के खाते में चौवालीस सीटें आईं। मतों में भारतीय जनसंघ की हिस्सेदारी 1962 की तुलना में लोकसभा में 17.57 से बढ़कर 22.58 प्रतिशत हो गई। विधानसभा में यह 21.67

हो गई, जो पहले 16.46 प्रतिशत थी। उत्तर प्रदेश, मध्य प्रदेश और हरियाणा की राज्य विधानसभाओं में भारतीय जनसंघ दूसरी सबसे बड़ी पार्टी थी। उड़ीसा, आंध्र प्रदेश और गुजरात में स्वतंत्र पार्टी दूसरी सबसे बड़ी पार्टी थी।

उत्तर प्रदेश में भारतीय जनसंघ ने 425 में से 401 सीटों पर चुनाव लड़ा और अठानबे सीटों पर जीत दर्ज की। लोकसभा के लिए इसने पिचासी में से सतहत्तर सीटों पर चुनाव लड़ा और बारह पर जीत दर्ज की। इस बार वाजपेयी बलरामपुर सीट से जीत गए। कांग्रेस की मद्रास (अब चेन्नई) में द्रविड़ मुनेत्र कड़गम (डी.एम.के.) के हाथों और दिल्ली में भारतीय जनसंघ के हाथों हार हुई। दिल्ली में इसने सात में से छह सीटें जीतीं और 46.72 प्रतिशत वोट हासिल किए। यही नहीं, मेट्रोपोलिटन काउंसिल और म्युनिसिपल कॉरपोरेशन में इस पूर्ण बहुमत मिला। पार्टी अध्यक्ष बलराज मधोक दक्षिण दिल्ली सीट से जीत गए। दिल्ली में कांग्रेस की बहुत बुरी हार हुई। दिल्ली मेट्रोपोलिटन काउंसिल ऐक्ट के अनुसार केंद्रीय गृह मंत्रालय में पाँच सदस्यों को नामित किए जाने का प्रावधान था। भारतीय जनसंघ ने आडवाणी को चेयरमैन नामित किया और उन्हें तेरह वोटों के अंतर से जीत मिली। विजय कुमार मल्होत्रा मुख्य कार्यकारी पार्षद के रूप में चुने गए।

पहली बार किसी से कांग्रेस को सही मायने में खतरा पैदा हो गया था। 1967 के आम चुनावों से एक ऐसी स्थिति पैदा हुई, जब आठ राज्यों में किसी भी एक दल को पूर्ण बहुमत नहीं मिला था। गठबंधन की राजनीति का युग शुरू हो चुका था। भारतीय जनसंघ अध्यक्ष मधोक कम्युनिस्टों और समाजवादियों के साथ किसी भी समझौते के खिलाफ थे। वह एक ऐसा मोरचा बनाना चाहते थे, जिसमें समान विचारोंवाले दल हों, जैसे कि स्वतंत्र पार्टी।

1953 से ही पार्टी के सचिव और 1957 से पार्टी संसदीय दल के मुखिया रहे वाजपेयी सभी दलों के साथ गठबंधन के पक्ष में थे, यदि इससे कांग्रेस को सत्ता से बाहर रखा जा सकता था। वह चाहते थे कि भारतीय जनसंघ समाज के गरीब और पिछले वर्गों को अपने साथ जोड़ने के लिए भरपूर प्रयास करे। मधोक ने इसे 'दक्षिण' की ओर प्रस्थान कहा था।

उपाध्याय भी कांग्रेस-विरोध की राजनीति के खिलाफ थे। उन्होंने इसे नकारात्मक राजनीति माना और उनके अनुसार यह एक स्वस्थ राजनीतिक दल विकसित करने के खिलाफ था। इसके साथ ही वह राजनीतिक अस्पृश्यता में विश्वास नहीं करते थे और उनका मानना था कि देश की समस्याओं को सबकी भागीदारी और समर्थन से ही हल किया जा सकता है। भले ही उन्हें कम्युनिस्टों पर विश्वास नहीं था, लेकिन नई सरकार के गठन के लिए उन्हें उनके साथ तालमेल में कोई नुकसान नहीं दिखता था।

पार्टी में आम सहमति इस पर थी कि भ्रष्ट कांग्रेस को सरकार बनाने से रोकने के लिए भारतीय जनसंघ को गठबंधन सरकारों में शामिल होना चाहिए। भारतीय जनसंघ ने देखा कि अगर कांग्रेस को उन राज्यों में सरकार बनाने दिया गया, जहाँ उसे बहुमत नहीं मिला था, तो यह जनादेश का अपमान होगा।

बिहार में 318 सदस्यों वाले सदन में भारतीय जनसंघ को छब्बीस सीटें मिली थीं, संयुक्त सोशलिस्ट पार्टी को अड़सठ, प्रजा सोशलिस्ट पार्टी (पी.एस.पी.) को आठ, सी.पी.आई. को चौबीस, सी.पी.एम. को चार, स्वतंत्र पार्टी को तीन, निर्दलीयों को इक्कीस और कांग्रेस को 128 सीटें मिली थीं। भारतीय जनसंघ ने सरकार में शामिल होने का फैसला किया, जिसमें दो कम्युनिस्ट दल भी थे। इसके बावजूद उनके पास बहुमत नहीं था। महामाया प्रसाद सिन्हा जब छब्बीस सदस्यों के साथ कांग्रेस को छोड़ जनक्रांति दल बनाने के लिए निकल गए, तब सरकार बनी और उन्हें मुख्यमंत्री बनाया गया। संयुक्त सोशलिस्ट पार्टी के कर्पूरी ठाकुर उप-मुख्यमंत्री थे और भारतीय जनसंघ को दो कैबिनेट तथा एक राज्य मंत्री का पद मिला। पंजाब में गुरनाम सिंह ने सरकार बनाई, जिसमें छब्बीस सीटों वाले दोनों अकाली समूह शामिल हुए, भारतीय जनसंघ के नौ, रिपब्लिकन के तीन, सी.पी.आई. के पाँच, सी.पी.एम. के तीन, संयुक्त सोशलिस्ट पार्टी का एक और कुछ निर्दलीय भी साथ आए।

राजस्थान में त्रिशंकु विधानसभा थी। राजस्थान में लोकतंत्र की धज्जियाँ उड़ाते हुए कांग्रेस ने राष्ट्रपति शासन लगा दिया, जबकि राज्यपाल ने विपक्षी गठबंधन (संयुक्त दल) को मौका तक नहीं दिया। 14 मार्च, 1967 को हुई अपनी केंद्रीय कार्यसमिति की बैठक में भारतीय जनसंघ ने इस अलोकतांत्रिक फैसले के खिलाफ एक सख्त प्रस्ताव पारित किया।[280]

1967 के चुनावों के बाद इंदिरा गांधी ने प्रधानमंत्री के रूप में शपथ ली, लेकिन कांग्रेस इस नई परिस्थिति को लेकर असहज हो गई, जहाँ उसके पर कतर दिए गए थे और पूरे भारत पर अब उसका नियंत्रण नहीं रह गया था। कांग्रेस चुनाव बाद की परिस्थिति को पचा नहीं पाई और जिन राज्यों में अन्य दलों की जीत हुई थी, वहाँ जिम्मेदार विपक्ष की भूमिका निभाने के बजाय इसने वहाँ की सरकारों को गिराने के लिए अलोकतांत्रिक, असंवैधानिक और भ्रष्ट साधनों का इस्तेमाल करना शुरू कर दिया। केंद्र की कांग्रेस सरकार इस उद्देश्य के लिए राज्यपालों का उपयोग (दुरुपयोग) अपने मोहरों के तौर पर करने में भी नहीं हिचकिचाई। हरियाणा में पाला बदलने को राष्ट्रपति शासन लगाने का कारण बनाया गया, जबकि संयुक्त मोर्चा के पास बहुमत था, जबकि

280. सी.डब्ल्यू.सी. रिजॉल्यूशन नं. 67.4 (14 मार्च, 1967), *'भारतीय जनसंघ : पार्टी पेपर्स'*, खंड IV, पृ. 194-196

पंजाब और बंगाल में अल्पमत वाली सरकारों को सत्ता में लाने के लिए पाला बदलने को बढ़ावा दिया गया।[281]

दो दशकों तक सत्ता में रहने के कारण कांग्रेस के पास अच्छा-खासा विदेशी नेटवर्क था। भारतीय चुनावों में विदेशी हस्तक्षेप की भूमिका का पता लगाया जा रहा था। कुछ भारतीय राष्ट्रीय नेताओं और राजनीतिक दलों के खिलाफ, विशेष रूप से भारतीय जनसंघ के खिलाफ सोवियत रूस के संचालन और नियंत्रण वाले 'रेडियो पीस एंड फ्रीडम' से छवि को बिगाड़नेवाला दुष्प्रचार चलाया गया, जिसका पता भी लग गया। इसी प्रकार अमेरिकी प्रेस में अमेरिकी खुफिया एजेंसी सेंट्रल इंटेलिजेंस एजेंसी (सी.आई.ए.) की गतिविधियों के बारे में छपी खबरों से स्पष्ट हो गया कि अमेरिका व्यवस्थित रूप से भारत में जासूसी और पाँचवें स्तंभ के रूप में कार्य कर रहा था। केंद्रीय गृह मंत्री यशवंत राव चव्हाण ने इसकी पुष्टि की थी कि इन दोनों ही देशों ने चौथे आम चुनावों को प्रभावित करने के लिए खूब पैसा बहाया था।[282]

कोई नहीं जानता था कि चुनावों में हार का बदला लेने के लिए इंदिरा गांधी की सरकार किस हद तक जा सकती थी। भारतीय जनसंघ ने 1967 के आम चुनावों और राज्य के चुनावों में अच्छा प्रदर्शन किया था। इसने भारत की सबसे अधिक आबादीवाले राज्य उत्तर प्रदेश में एक गठबंधन सरकार बनाई थी। लेकिन इसके बाद इस देश को एक बड़ा झटका लगनेवाला था। भारतीय जनसंघ के राष्ट्रीय अध्यक्ष उपाध्याय लखनऊ से पटना का सफर कर रहे थे, जब 10 फरवरी, 1968 को उनका शव मुगलसराय स्टेशन की पटरियों पर से बरामद किया गया। भारतीय जनसंघ ने इस हत्या की न्यायिक जाँच की माँग की, जिसका समर्थन सत्तर से अधिक सांसदों ने किया। इंदिरा सरकार के प्रभाव में सी.बी.आई. ने आनन-फानन में एक जाँच की और उससे कुछ भी ठोस तथ्य निकलकर नहीं आया। यहाँ तक कि आरोपियों को भी साक्ष्यों के अभाव में बरी कर दिया गया।

□

---

281. ए.आई.जी. प्रस्ताव सं. 67.22 (26 दिसंबर, 1967), *'भारतीय जनसंघ : पार्टी पेपर्स'*, खंड IV, पृ. 202-203

282. उपरोक्त, पृ. 203-204

12

भारतीय जनसंघ अध्यक्ष के रूप में अटल बिहारी वाजपेयी

दीनदयाल उपाध्याय की हत्या के बाद अटल बिहारी वाजपेयी को भारतीय जनसंघ का अध्यक्ष नियुक्त किया गया था। उनके सामने दो मुख्य चुनौतियाँ थीं—पार्टी को एकजुट रखना और विभिन्न राज्यों में संयुक्त विधायक दल (एस.वी.डी.) सरकारों के गठबंधन की समस्याओं से निपटना। दूसरी चुनौती यह सुनिश्चित करने की थी कि गठबंधन के सभी दल अपने आप को 'साझा न्यूनतम कार्यक्रम' (सी.एम.पी.) तक सीमित रखें और अपनी-अपनी पार्टी के कार्यक्रमों के कारण सरकार न गिरा दें।

पंजाब में भारतीय जनसंघ, अकाली दल और कम्युनिस्टों ने सी.एम.पी. का पालन किया और सरकार तब तक चली, जब तक कि कांग्रेस ने अकालियों के बीच टूट-फूट पैदा नहीं कर दी। उत्तर प्रदेश और बिहार में कई दलोंवाली सरकार के कुछ घटक दलों का व्यवहार जिम्मेदार साझीदारों जैसा नहीं रहा, जिससे कांग्रेस दोनों ही राज्यों में सरकारों को गिराने की साजिश रचने और उसे संभव बनाने में कामयाब रही। मध्य प्रदेश में कोई वैचारिक मतभेद नहीं था, लेकिन घटक दल अपनी-अपनी चलाने पर इस हद तक आ गए कि उनका मिलकर काम करना संभव नहीं रहा।

खिचड़ी सरकारों के तनाव और विफलता का कुल नतीजा यही निकला कि 1968 के अंत तक हरियाणा, पंजाब, पश्चिम बंगाल, उत्तर प्रदेश और बिहार में मध्यावधि चुनाव अवश्यंभावी हो गए। भारतीय जनसंघ ने चुनावों में अकेले ही उतरने का फैसला किया और 7 सितंबर, 1968 में इंदौर में भारतीय जनसंघ की 'ऑल इंडिया जनरल काउंसिल' (ए.आई.जी.सी.) ने एक प्रस्ताव पारित किया—

> "उत्तर प्रदेश के आगामी मध्यावधि चुनाव में जनसंघ सभी सीटों पर अपने उम्मीदवार उतारेगा और राज्य विधानसभा में स्पष्ट बहुमत प्राप्त करने का प्रयास करेगा। बिहार में, जहाँ हाल के दिनों तक हमारा कार्य काफी विस्तृत नहीं था, लेकिन अब जनसंघ के समर्थन में भावनाओं का जबरदस्त सैलाब दिख रहा है, वहाँ पार्टी अधिकांश सीटों पर अपने उम्मीदवार उतारेगी और राज्य में सबसे

बड़ी पार्टी के तौर पर उभरना चाहेगी। पंजाब में अकालियों और अन्य राष्ट्रवादी समूहों के साथ तालमेल करके, हम सभी सीटों पर लड़ना चाहेंगे। पश्चिम बंगाल में हमारा उद्देश्य विधानसभा में अपनी जबरदस्त मौजूदगी दर्ज कराना होगा और ताकत का तीसरा केंद्र बनना होगा, जो समय के साथ कांग्रेस और कम्युनिस्ट, दोनों का ही विकल्प बन सकता है। इन सभी चुनावों में जनसंघ कम्युनिस्टों के साथ किसी भी प्रकार का तालमेल नहीं करेगा, हालाँकि अन्य गैर-कांग्रेसी दलों और उम्मीदवारों के साथ स्थानीय तालमेल को इजाजत दी जा सकती है।"[283]

1969 में उपचुनाव हुए। कांग्रेस ने खुलकर 'सांप्रदायिक कार्ड' और विभाजनकारी राजनीति का दाँव खेला। उत्तर प्रदेश में इसने अपने आप को मुसलमानों के सबसे बड़े रक्षक के तौर पर पेश किया और बिहार में इसने अलग झारखंड राज्य के निर्माण की अलगाववादी माँगों का समर्थन कर पैठ बनाने का प्रयास किया। पश्चिम बंगाल में इसने गैर-बंगाली आबादी के बीच भय का माहौल बनाने का प्रयास किया। भारतीय जनसंघ का प्रदर्शन अच्छा नहीं रहा। उत्तर प्रदेश में भारतीय जनसंघ ने 425 में से 397 सीटों पर चुनाव लड़ा और उनचास (वोट शेयर का 17.93 प्रतिशत) सीटों पर उसे जीत मिली; बिहार में, भारतीय जनसंघ ने 303 सीटों पर चुनाव लड़ा और चौंतीस पर उसे जीत मिली; हरियाणा में इसने बयासी में से बयालीस सीटों पर चुनाव लड़ा और केवल सात पर जीत मिली, जबकि पंजाब में इसने कुल 104 में से सैंतीस सीटों पर चुनाव लड़ा और एक भी सीट पर जीत नहीं मिली।

बंबई में भारतीय जनसंघ के पाँचवें अखिल भारतीय अधिवेशन में इस औसत प्रदर्शन के कारणों का विश्लेषण किया गया और यह निष्कर्ष निकाला गया कि भारतीय जनसंघ के कार्यकर्ताओं में अति आत्मविश्वास था, खासतौर पर उन विधानसभा सीटों पर, जहाँ पार्टी पिछले चुनाव में जीती थी और पार्टी को इसकी भारी कीमत चुकानी पड़ी। यही नहीं, अपने विरोधियों की ताकत को कम आँकने की प्रवृत्ति भी इसके खिलाफ गई। उदाहरण के लिए मुसलिम मतदाताओं से बार-बार अपील की जा रही थी कि वे एकमुश्त इस प्रकार वोटिंग करें कि कांग्रेस के आगे भारतीय जनसंघ को सफलता न मिले, लेकिन भारतीय जनसंघ ने इस खतरे को लेकर कुछ भी नहीं किया। यही नहीं, पार्टी को संसाधनों के अभाव से भी जूझना पड़ रहा था। खासतौर पर गाड़ियों की कमी का प्रचार पर अच्छा-खासा असर पड़ा।[284]

283. ए.आई.जी.सी. रिजॉल्यूशन नं. 68.13 (7 सितंबर, 1968), *'भारतीय जनसंघ : पार्टी डॉक्यूमेंट्स'*, खंड IV, पृ.212

284. ए.आई.एस. रिजॉल्यूशन नं. 69.05 (26 अप्रैल, 1969), *'भारतीय जनसंघ : पार्टी डॉक्यूमेंट्स'*, खंड IV, पृ.219

कांग्रेस में बँटवारा और भारतीय शिक्षा व्यवस्था पर वामपंथियों का कब्जा

इंदिरा और सिंडिकेट के बीच सत्ता का संघर्ष तब भी समाप्त नहीं हुआ, जब 1967 की हार में अगले की हार हो गई। सिंडिकेट ने मोरारजी देसाई को वित्तमंत्री और उप-प्रधानमंत्री बनवा दिया। इंदिरा ने सत्ता के इस संघर्ष को नीति और कार्यक्रमों के विषय में बदल दिया और कांग्रेस वर्किंग कमेटी में दस-सूत्री कार्यक्रम पारित करवाया, जो भविष्य के सत्ता संघर्ष में उनके लिए तुरुप का पत्ता साबित होने वाला था। बैंकों और बीमा कंपनियों का राष्ट्रीयकरण, आयात और निर्यात के कारोबार में देश की भागीदारी, सार्वजनिक वितरण प्रणाली, कारोबारी घरानों पर सख्त नियंत्रण और 'प्रिवी पर्स' को समाप्त किया जाना उनके '*गरीबी हटाओ*' नारे का झुनझुना बन गए।

भले ही मोरारजी को उन्हें अपना उप-प्रधानमंत्री बनाने पर मजबूर होना पड़ा था, लेकिन 1967 के चुनावों में कांग्रेस को लगे झटके के बाद इंदिरा अपने ही दम-खमवाली नेता के रूप में उभरीं। के. कामराज, एस. निजलिंगप्पा, एस.के. पाटिल, अतुल्य घोष और एन. संजीव रेड्डी वाले 'सिंडिकेट' के साथ उनका सत्ता का संघर्ष दो साल से भी अधिक समय तक बिना किसी समाधान के चलता रहा। 1969 में जाकिर हुसैन की मृत्यु के बाद हुए राष्ट्रपति चुनाव में सिंडिकेट और इंदिरा के बीच की लड़ाई खुलकर सामने आ गई। सिंडिकेट ने नीलम संजीव रेड्डी को राष्ट्रपति पद का उम्मीदवार बनाने का फैसला किया। इस फैसले के ठीक पाँच दिन बाद 18 जुलाई, 1969 को उन्होंने कैबिनेट से मोरारजी देसाई को बरखास्त कर दिया और वित्त मंत्रालय अपने पास रख लिया। 21 जुलाई, 1969 को उन्होंने राष्ट्रपति की ओर से स्वीकृत अध्यादेश के जरिए चौदह बैंकों के राष्ट्रीयकरण की घोषणा कर दी। बाद में उन्होंने 'प्रिवी पर्स' को वापस लिये जाने का ऐलान किया। इस प्रकार उन्होंने जनता के बीच एक प्रगतिशील नेता की छवि बना ली। इंदिरा ने खुलकर रेड्डी का विरोध किया और तत्कालीन उपराष्ट्रपति वी.वी. गिरी का भारत के राष्ट्रपति पद के लिए समर्थन किया। गिरी की जीत सुनिश्चित करने के लिए उन्होंने इलेक्टोरल कॉलेज को अपनी अंतरात्मा की आवाज सुनकर वोट करने की अपील की और बेहद कम अंतर से वी.वी. गिरी को 20 अगस्त, 1969 को भारत का राष्ट्रपति चुन लिया गया।

कांग्रेस के भीतर जारी तनाव आखिरकार नवंबर 1969 के पहले हफ्ते में एक औपचारिक बँटवारे के तौर पर सामने आया। संसद् के 288 सदस्यों में से 220 सदस्यों ने इंदिरा का समर्थन किया, जबकि बाकी के अड़सठ सिंडिकेट के साथ थे। अखिल भारतीय कांग्रेस कमेटी के 705 सदस्यों में से 446 इंदिरा के साथ चले गए। सरकार ने बहुमत खो दिया और अल्पमत की सरकार सी.पी.आई., डी.एम.के. और निर्दलीयों के समर्थन से बच गई। संकट मोचकों ने इस लड़ाई को 'प्रगतिशील बनाम रूढ़िवादी'

खेमे की लड़ाई के तौर पर पेश किया और इंदिरा की छवि गरीब समर्थक, पूँजीवाद विरोधी और प्रगतिशील नेता की बनाने की कोशिश की। कम्युनिस्ट बौद्धिक लॉबी ने इस खुशनुमा छवि को बनाने में अहम भूमिका निभाई।

कांग्रेस सरकार को वामपंथियों का मिला यह समर्थन भारतीय शिक्षा जगत् पर उसके द्वारा कब्जा जमाने की शुरुआत थी। इसकी शुरुआत जवाहरलाल नेहरू यूनिवर्सिटी (जे.एन.यू.) से हुई, जो इंदिरा गांधी और उनके शिक्षा मंत्री सैयद नुरूल हसन के दिमाग की उपज थी। इसे उपनिवेशवादी ब्रिटेन के हैलेबरी कॉलेज की तर्ज पर शुरू किया गया, जहाँ से ऐसे लोग प्रशिक्षित और तैयार किए जाएँगे, जो इंदिरा के अनुसार एक 'समर्पित नौकरशाही' की रीढ़ बनेंगे, जिनकी वफादारी मुख्य रूप से उनके और वामपंथी आदर्शवाद के प्रति होगी।[285] याद रखिए कि जे.एन.यू. एक ऐसे समय पर बना, जब सी.पी.आई. पी.एम. इंदिरा की 'सरकार' का सिंडिकेट से उनके मतभेदों के बाद समर्थन कर रही थी। इस संस्थान पर चढ़नेवाला लाल रंग गहरा होता चला गया, जिसका श्रेय उसके पाठ्यक्रम और संकाय के सदस्यों को हसन को काफी सोच-समझकर अपने सी.पी.आई. समर्थक शिक्षकों के बीच से चुना गया था। आनेवाले कुछ वर्षों में संकाय के कई पदों पर वामपंथी या उदारवादी शिक्षक काबिज रहे।

डॉ. चंदन मित्रा लिखते[286] हैं कि शुरुआती वर्षों में जे.एन.यू. में ज्यादातर दिल्ली के सेंट स्टीफंस जैसे 'संभ्रांत' संस्थानों के लोग आए, जो खुलकर 'क्रांतिकारी' नारे लगाते थे, लेकिन हकीकत में भारत सरकार के उद्देश्यों को बड़ी तादाद में सिविल सेवा में शामिल होकर पूरे उत्साह के साथ पूरा करते थे। लेकिन राजनीति में आए भूचाल और आपातकाल की घोषणा तथा 1977 के चुनावों में इंदिरा की हैरान कर देनेवाली हार ने जे.एन.यू. को उसकी आत्मतुष्टि की स्थिति से झकझोरकर जगा दिया।

डॉ. मित्रा आगे बताते हैं कि मोरारजी सरकार को, जिसके शिक्षा मंत्री दक्षिणपंथी समर्थक त्रिगुण सेन थे, लंबे बालोंवाले झोला टाँगे प्रदर्शनकारी छात्रों में कोई दिलचस्पी नहीं थी, जो जे.एन.यू. से थोक के भाव निकल रहे थे। भारतीय जनसंघ नेता यह देखकर हैरान रह गए कि यूनिवर्सिटी की फैकल्टी का लगभग हर सदस्य कार्डधारी कम्युनिस्ट था। प्रोफेसर हसन का देश की यूनीवर्सि फैकल्टी भरती प्रणाली में, विशेष तौर पर देश के प्रतिष्ठित संस्थानों में दबदबा यह सुनिश्चित करने के लिए काफी था कि शिक्षक समुदाय के नए रंगरूट मुख्य रूप से ऐसे लोग हों, जो सिविल सेवा में चुने नहीं जा

---

285. चंदन मित्रा, 'गवर्मेंट शूट टेक दिस चांज टु शट डाउन जे.एन.यू.', एन.डी.टी.वी., 17 फरवरी, 2016, https://www.ndtv.com/opinion/government-should-take-this-chance-to-shut-down-jnu-1278181

286. उपरोक्त

सकें, लेकिन जनता पार्टी सरकार के खिलाफ वामपंथ की लड़ाई में बेहतरीन गोला-बारूद का काम कर सकें।

भारतीय जनसंघ जनता पार्टी में एकमात्र विचारधारावाला दल था और पूर्ववर्ती भारतीय जनसंघ सदस्यों ने जे.एन.यू. की वामपंथ विचारधारा के खिलाफ वैचारिक युद्ध का नेतृत्व किया। यह लड़ाई अकसर सड़कों पर भी आई, खासतौर पर मोरारजी सरकार के इस संकल्प के कारण, जिसने पाठ्यक्रम में संशोधन और मार्क्सवादी इतिहास लेखन के स्थान पर राष्ट्रवादी रुख को लाने की बात ठान ली थी। लेकिन 1980 में जब इंदिरा की सत्ता में वापस हुई, तब उन्होंने जे.एन.यू. के डी.एन.ए. की वामपंथी सोच को फिर से बहाल करने का प्रयास पूरी लगन से किया। एक बिखरे और नेतृत्वविहीन विपक्ष ने उनके द्वारा उस शिक्षा प्रणाली को तबाह करने के आगे घुटने टेक दिए, जिसे जनता पार्टी ने कांग्रेस-लेफ्ट ढाँचे के सामने विकल्प के तौर पर खड़ा करने का प्रयास किया था। थोड़े समय के लिए संजय गांधी ने कम्युनिस्टों के खिलाफ युद्ध छेड़ा, लेकिन उनकी असामयिक मौत से एक बार फिर उनके दिन लौट आए। उन्हें सब्सिडी फिर से दी जाने लगी और शिक्षा प्रणाली में संरक्षण और समर्थन की वापसी हुई। यह व्यवस्था अगले कुछ दशकों तक बिना रोक-टोक के चलती रही।

वाजपेयी के नेतृत्व में 1971 का चुनाव

उपाध्याय की मृत्यु के बाद बलराज मधोक भारतीय जनसंघ के लिए एक समस्या बन गए। लोगों के लिए उनके साथ काम करना मुश्किल हो गया। उनके अड़ियल स्वभाव को मृदु बनाने के लिए उपाध्याय चाहते थे कि वह अध्यक्ष बनें, ताकि पार्टी को चलाने की जिम्मेदारी उन्हें अनुशासन बनाए रखने का महत्त्व समझा देगी। हालाँकि इस उम्मीद के विपरीत, वह और भी हठी और बेलगाम हो गए। मधोक स्वतंत्र पार्टी और भारतीय क्रांति दल (बी.के.डी.) जैसे दलों का पार्टी में विलय चाहते थे, जबकि पार्टी में आम राय यह थी कि भारतीय जनसंघ को सी.एम.पी. के आधार पर सिर्फ एक गठबंधन में शामिल होना चाहिए। अंत में सितंबर 1969 में भारतीय जनसंघ संसदीय बोर्ड ने मधोक के बयानों की निंदा की।

1971 के लोकसभा चुनावों में भारतीय जनसंघ, स्वतंत्र पार्टी, कांग्रेस (ओ) और एस.एस.पी. ने एक गठबंधन बनाया, जिसे 'महागठबंधन' कहा गया और 300 से अधिक सीटों पर तालमेल किया गया। फरवरी 1971 में चुनाव हुए और मणिपुर तथा दादर एवं नगर हवेली के सिवाय, भारतीय जनसंघ ने पूरे भारत में 159 सीटों पर चुनाव लड़ा। भारतीय जनसंघ के लिए यह पहला चुनाव था, जो उसके दो दिग्गजों—श्यामा प्रसाद मुकर्जी और दीनदयाल उपाध्याय के बिना लड़ा गया था। कांग्रेस में बँटवारे से

इंदिरा को अपने इकलौते और निर्विवादित नेतृत्व के साथ आगे बढ़ने में मदद मिली, जिसका उन्हें जबरदस्त **फायदा** मिला। कांग्रेस ने 518 सदस्यों वाले सदन में 352 सीटों के साथ सत्ता में **वापसी** की। इस तरह कांग्रेस (आई) को दो-तिहाई बहुमत मिला था, जो संविधान के **संशोधन** के लिए आवश्यक संख्या थी। भारतीय जनसंघ केवल बाईस सीटें जीत सकी, जिनमें से ग्यारह सीटें मध्य प्रदेश, चार-चार उत्तर प्रदेश और राजस्थान, दो बिहार और एक हरियाणा में मिली। मतों की हिस्सेदारी 1967 के चुनावों की तुलना में 9.41 से खिसककर 7.35 प्रतिशत हो गई। एम.पी. में प्रदर्शन बेहतर हुआ, जहाँ 10 सीटों और 29.56 प्रतिशत से ग्यारह सीटों और 33.56 प्रतिशत वोट का सुधार हुआ। राजस्थान में आँकड़ा चार सीट और मत प्रतिशत 12.38 प्रतिशत हो गया, जो एक सीट अधिक और वोट में 3 प्रतिशत का इजाफा था। हालाँकि अन्य सभी राज्यों में प्रदर्शन बेहद खराब रहा। वोट की हिस्सेदारी उत्तर प्रदेश में 22.58 प्रतिशत से गिरकर 12.38 प्रतिशत हो गई, दिल्ली में यह सभी सीटें हार गई, जबकि इसे 29.57 प्रतिशत वोट मिले। दिल्ली में नुकसान चौंकानेवाला था, क्योंकि महीने भर पहले नगर निगम के चुनावों में भारतीय जनसंघ को न केवल बहुमत मिला था, बल्कि सीटों में भी बढ़ोतरी हुई थी। स्वतंत्र पार्टी को पिछली लोकसभा के मुकाबले केवल नौ सीटें मिलीं। प्रजा सोशलिस्ट पार्टी (पी.एस.पी.) और संयुक्त सोशलिस्ट पार्टी (एस.एस.पी.), दोनों समाजवादियों की हालत ऐसी हुई कि वे छत्तीस से पाँच सीट पर आ गए।

1971 के चुनावों को आज भी बेहिसाब शिकायतों और धाँधली तथा चुनावों के लिए सरकारी मशीनरी और संसाधनों के बेलगाम दुरुपयोग के लिए याद किया जाता है। रेडियो और टेलीविजन का भयंकर दुरुपयोग किया गया। इंदिरा ने खास वर्गों का थोक के भाव समर्थन हासिल करने के लिए सांप्रदायिक उन्माद को भड़काया। सत्ताधारी दल ने लाइसेंस के भयानक दुरुपयोग से पैसों की जो ताकत हासिल कर ली थी, उसने उसे पूरे देश में इंदिरा की भक्ति का माहौल बनानेवाले हाई वोल्टेज प्रचार अभियान को चलाने में मदद की, जिससे चुनावी बहस में सारे महत्त्वपूर्ण मुद्दे गौण हो गए।[287]

भारतीय जनसंघ को डर था कि इकतरफा जीत से इंदिरा लोकतांत्रिक प्रक्रियाओं और नियमों के प्रति और अधिक तिरस्कारपूर्ण रवैया अपना लेंगी। इस बात की आशंका थी कि न्यायपालिका को तुच्छ साबित किया जाएगा और उसका स्वतंत्र दर्जा कमजोर कर दिया जाएगा। भारतीय जनसंघ की सारी आशंका सच साबित हुए। महज दो वर्षों में सुप्रीम कोर्ट के तीन वरिष्ठतम जजों को निलंबित कर दिया गया, क्योंकि ऐसा माना गया कि वे स्वतंत्र तरीके से काम करते हैं और इस कारण सरकार

287. उपरोक्त

उनसे असहज थी। कांग्रेस नेता सिद्धार्थ शंकर रे के रिश्तेदार ए.एन. रे को भारत का मुख्य न्यायाधीश (सी.जे.आई.) नियुक्त किया गया। उनकी नियुक्ति सुप्रीम कोर्ट के तीन वरिष्ठ जजों—जे.एम. शेलाट, ए.एन. ग्रोवर और के.एस. हेगड़े की वरिष्ठता की अनदेखी करते हुए की गई। इसे न्यायपालिका पर सीधे हमले के तौर पर देखा गया। यह माना गया कि भारत के न्यायिक इतिहास में ऐसा पहले कभी नहीं हुआ था। इसे भारतीय लोकतंत्र के इतिहास का सबसे 'काला दिन' कहा गया है। आपातकाल के पीछे सिद्धार्थ शंकर रे का दिमाग था और न्यायपालिका में ए.एन. रे इंदिरा के रक्षक थे। इस कदम का बार एसोसिएशनों तथा न्यायिक संगठनों ने जबरदस्त विरोध किया। पूर्व सी.जे.आई. जस्टिस मोहम्मद हिदायतुल्लाह ने कहा, "यह 'दूरदर्शी जजों' को बनाने का प्रयास नहीं था, बल्कि 'जजों को दूर से ही' मुख्य न्यायाधीश बनने के लिए नजरें गड़ाए रहनेवाला, बनाने का प्रयास था।"[288] इस प्रकार के आरोप लगाए जा रहे थे कि जस्टिस रे ने प्रधानमंत्री इंदिरा के प्रति चापलूसी का रवैया अपना लिया था। वह इंदिरा को खुश करने में जुटे रहते थे। वह अकसर इंदिरा को फोन करते और उनके निजी सचिव से सलाह लिया करते थे। यह सबकुछ जहाँ लंबे समय तक चलता रहा, वहीं न्यायपालिका की शक्तियाँ आखिरकर मोरारजी देसाई की सरकार में फिर से बहाल हुईं।

बांग्लादेश मुद्दे से निपटने में इंदिरा से हुई चूक और भारतीय जनसंघ का हस्तक्षेप

दिसंबर 1970 में पाकिस्तान के सैन्य शासक जनरल याहिया खाँ ने पाकिस्तान की नेशनल असेंबली के लिए प्रतिनिधियों और नेता चुनने के लिए चुनावों का आदेश दिया। नेशनल असेंबली के चुनावों में पूर्वी पाकिस्तान (आज का बांग्लादेश) में आवामी लीग के नेता शेख मुजीबुर्रहमान को भारी जीत मिली। पाकिस्तान की नेशनल असेंबली में रहमान को पूर्ण बहुमत भी मिला, जिससे वह पूर्वी पाकिस्तान में अपनी सरकार बना सकते थे; लेकिन पश्चिमी पाकिस्तान की सरकार ने, जो पूर्वी पाकिस्तान को अपना एक उपनिवेश मानती थी, उन्हें इसका मौका नहीं दिया। पाकिस्तान की सेना ने 25 मार्च, 1971 में पूर्वी पाकिस्तान को कुचल देने का आदेश जारी किया। दो दिनों के भीतर 40 प्रतिशत शिक्षकों और छात्रों को मौत के घाट उतार दिया गया।

---

288. विक्की, '1973 : व्हेन इंदिरा गांधी एरोडेड द इंडिपेंडेंस ऑफ द जुडीशियरी एंड मोरारजी रिस्टोर्ड इट', Oneindia.com, 13 जनवरी, 2018, https://www.oneindia.com/india/1973-when-indira-gandhi-eroded-the-independence-of-the-judiciary-and-morarji-desai-2619309.html

हजारों नागरिकों की हत्या कर दी गई, गाँव लूटे और जलाए गए। बुद्धिजीवियों, नेताओं और सामाजिक कार्यकर्ताओं को पश्चिमी पाकिस्तान की सेना ने मार डाला। यहाँ तक कि पूर्वी पाकिस्तान की पुलिस और सैनिकों को भी नहीं बख्शा गया। पूर्वी पाकिस्तान के हिंदुओं को खासतौर पर निशाना बनाया गया, हत्या की गई, अंग-भंग कर दिया गया, बलात्कार हुए और उन्हें देश छोड़ने तथा भारत में शरणार्थी बन जाने पर मजबूर कर दिया गया। इंदिरा के नेतृत्व वाली भारत की सरकार इन सारी घटनाओं की मूक दर्शक बनी रही।

2 जुलाई, 1971 में उदयपुर में आयोजित अपने सत्रहवें अखिल भारतीय अधिवेशन में भारतीय जनसंघ ने निम्नलिखित प्रस्ताव पारित किया—

> **राक्षसी विसंगति, जिसका नाम है पाकिस्तान**—1 दिसंबर के बाद पूर्वी बंगाल में जो घटनाएँ हुईं, जब आवामी लीग के श्री मुजीबुर्रहमान पाकिस्तान नेशनल असेंबली और पूर्वी बंगाल असेंबली में सत्ता में लौटे, वे अपनी भयावहता और बर्बरता में वैसे तो अभूतपूर्व हैं, लेकिन मुसलिम लीग और कांग्रेस द्वारा 'दो देशों के सिद्धांत' के आधार पर 24 साल पहले पाकिस्तान के निर्माण की जो राक्षसी विसंगति हुई, उसी के तार्किक परिणाम हैं। वह दर्शन या विचारधारा, जिसने यह मान लिया कि ढाका अपने आप को लाहौर और इस्लामाबाद के अधिक करीब महसूस करेगा, जो कोलकाता के मुकाबले लगभग 1200 मील दूर है और पूर्वी बंगाल का नागरिक पश्चिमी पंजाब के नागरिक से अपने करीब रहनेवाले गैर-मुसलिम बंगाली पड़ोसी से अधिक लगाव महसूस करेगा, जितना ऊटपटाँग है, उतना ही अतार्किक, अवैज्ञानिक और अवास्तविक है।
>
> **पाक बर्बरता के तीन उद्देश्य**—भारत सरकार की अकर्मण्यता और अनिर्णय ने पाकिस्तान के सैन्य शासकों को पाकिस्तान में अपने अभूतपूर्व कार्यक्रम को शुरू करने का हौसला दे दिया, जिसके तीन निश्चित उद्देश्य थे। पहला उद्देश्य, जैसा कि श्री एंथोनी मस्कारेन्हास ने स्पष्ट बताया है, कि उन सभी को खत्म कर देना था, जो किसी भी तरीके से पाकिस्तान की मूल विचारधारा को चुनौती देने का साहस कर सकते थे। इससे उनके द्वारा बुद्धिजीवियों, छात्रों और प्रोफेसरों, आमतौर पर युवाओं की हत्या के विशेष प्रयास को समझा जा सकता है, जिन्होंने बांग्लादेश के आंदोलन की शुरुआत की थी। दूसरा उद्देश्य, पूर्वी बंगाल की आबादी को कम करना था, ताकि पाकिस्तान के भविष्य के किसी भी संविधान में पश्चिमी और पूर्वी बंगाल के बीच समानता को लागू किया जा सके। तीसरा उद्देश्य, पूर्वी बंगाल से

एक-एक हिंदू का सफाया कर देना था, जैसा कि उन्होंने पश्चिमी पंजाब में किया था, ताकि पूर्वी बंगाल को भी पूरी तरह से इसलामी इलाका बनाया जा सके और दूसरे धर्म का नामोनिशान न रह जाए। इस उद्‌देश्य से पूर्वी बंगाल के लगभग एक करोड़ हिंदुओं को साजिश के तहत मार डाला गया या खदेड़ दिया गया। सभी हिंदुओं को मार डालने और भगा देने की योजना इस्लामाबाद में सर्वोच्च स्तर पर बनाई गई थी, यह बात पाकिस्तान सरकार के मुखपत्र 'पाकिस्तान टाइम्स' के लेखों और ढाका से माइकल हॉर्नबी की रिपोर्ट से साफ हो जाती है, जो 'हिंदुओं का सुनियोजित शिकार' शीर्षक से 23 जून, 1971 में लंदन के *द टाइम्स* में प्रकाशित हुई थी।

पाकिस्तान का एक और उद्‌देश्य सिंध, बलूचिस्तान तथा पख्तूनिस्तान के राष्ट्रवादियों के दिलों में आतंक पैदा करना लगता है, ताकि वे बांग्लादेश के राष्ट्रवादियों के पदचिह्नों पर चलने का साहस न दिखाएँ।

पाकिस्तान की आक्रामकता—पाकिस्तान के सैन्य शासकों ने भारत के खिलाफ ऐसी आक्रामकता दिखाई कि 70 लाख शरणार्थियों को भारत पर थोप दिया और इतने बड़े पैमाने पर विशाल और अभूतपूर्व विस्थापन का ऐसा आर्थिक, राजनीतिक और भावनात्मक प्रभाव पड़ा कि यह समस्या आज भी जारी है। इसके साथ ही पाकिस्तान के सैन्य बल सीमा पर घुसपैठ, भारतीय वायु सीमा का उल्लंघन करने और आक्रमण करने के अन्य दुस्साहस करते रहते हैं। भारत सरकार ने स्वयं स्वीकार किया है कि पाकिस्तानी सैन्य बलों द्वारा हमारी सीमा में होने वाली इस प्रकार की अंधाधुंध घुसपैठ और हमलों में न जाने कितने भारतीय नागरिकों की जान गई और सेना के जवान शहीद हुए।

बांग्लादेश की तुरंत सहायता—इन परिस्थितियों में भारतीय जनसंघ का सुविचारित मत है कि भारत सरकार को निम्नलिखित आधार पर तुरंत बांग्लादेश की मदद करनी चाहिए—

1. स्वाधीन बांग्लादेश की लोकतांत्रिक रूप से चुनी गई सरकार को तत्काल मान्यता देनी चाहिए और उसे प्रभावी नैतिक और साधन संबंधी सहायता उपलब्ध करानी चाहिए, ताकि वहाँ के हालात जल्द-से-जल्द सामान्य हो जाएँ और शेख मुजीबुर्रहमान तथा गिरफ्तार किए गए अन्य लोगों की रिहाई के प्रयास करने चाहिए।
2. विस्थापित लोगों को दूरदराज के इलाकों में खदेड़े जाने को रोकना चाहिए। जहाँ तक संभव हो, शरणार्थियों के कैंप बांग्लादेश सीमा के करीब बनाए जाने चाहिए, ताकि बांग्लादेश से जैसे ही पाकिस्तानी सेना का कब्जा उखाड़

फेंका जाए, वैसे ही वे अपने-अपने घरों में लौट सकें। शरणार्थियों के बीच पाकिस्तानी जासूसों और शरारती तत्त्वों की पहचान के लिए स्क्रीनिंग की जानी चाहिए। उनके बीच मौजूद युवाओं को सैन्य प्रशिक्षण दिया जाना चाहिए।

3. अपनी सीमा पर पाकिस्तानी आक्रमण का जवाब देने के लिए प्रभावी सैन्य काररवाई की जानी चाहिए।
4. शेख अब्दुल्ला, मजलिस-ए-मुशावरात, तामीर-ए-मिल्लत और जमायत-ए-इसलाम, मुसलिम लीग और अन्य तत्त्व, जिन्होंने बांग्लादेश में नरसंहार के लिए सैन्य शासकों की निंदा से बार-बार इनकार किया है, उन पर प्रभावी पाबंदी लगाई जानी चाहिए। उन अखबारों पर काररवाई की जानी चाहिए, जिन्होंने इस मुद्दे पर राष्ट्रवादी भावनाओं को व्यक्त करने के बजाय पाकिस्तान का समर्थन किया है।
5. पाकिस्तान की काररवाई का मुँहतोड़ जवाब देने, बांग्लादेश के लोगों को न्याय दिलाने और भारत के सम्मान, एकता और सुरक्षा बनाए रखने के लिए सभी देशभक्त संगठनों और तत्त्वों का समर्थन हासिल करने का प्रयास करना चाहिए।
6. सभी पहलुओं को देखते हुए भारत की विदेश नीति का एक मौलिक पुनर्मूल्यांकन किया जाना चाहिए।

भारतीय जनसंघ अपनी सभी इकाइयों का आह्वान करता है कि वे इन माँगों के विषय में लोगों को शिक्षित करें और उनका समर्थन जुटाएँ, ताकि सरकार को देश के व्यापक हित में कदम उठाने पर मजबूर किया जाए। जनसंघ लोगों से भी अपील करता है कि वे विस्थापित लोगों की तकलीफों को दूर करने के लिए अपना पूरा नैतिक सहयोग दें और संसाधन संबंधी सहायता करें।[289]

पूर्वी पाकिस्तान में जो हो रहा था और उससे भारत पर पड़ रहे प्रभाव और आसन्न खतरे के विषय पर भारतीय जनसंघ ने एक व्यापक जन-शिक्षा अभियान की शुरुआत कर दी। कथित तौर पर 25 मई, 1971 को वाजपेयी ने संसद् में इस मुद्दे को उठाया—

"बांग्लादेश की समस्या के अनेक पहलू हैं और भले ही वे एक-दूसरे से संबंधित हैं, तब भी उन्हें अलग-अलग देखना ही सही होगा। एक पहलू यह है कि बांग्लादेश हमारा पड़ोसी है। कल तक यह हमारे देश का हिस्सा था। वहाँ के लोगों में भी हमारा ही खून बहता है और उनके जिस्म और जान भी हमारे ही

289. ए.आई.एस. रिजॉल्यूशन नं. 71.02 (2 जुलाई, 1971), *'भारतीय जनसंघ : पार्टी डॉक्यूमेंट्स'*, खंड III, 1973, पृ. 153-157

हैं। राजनीति ने हमें अलग-अलग कर दिया है। लेकिन इसके बाद भी हम समान इतिहास और संस्कृति के अटूट बंधन से आपस में जुड़े हैं। आज बांग्लादेश में नरसंहार हो रहा है। एक पूरी नस्ल का सफाया करने के प्रयास किए जा रहे हैं। संयुक्त राष्ट्र का चार्टर नरसंहार, एक जाति या प्रजाति के सफाए का विरोध करता है। फिर भी संयुक्त राष्ट्र ने अब तक बांग्लादेश में चल रहे नरसंहार पर कुछ भी नहीं कहा है, लेकिन एक पड़ोसी के नाते हमारा अपना कर्तव्य है।"

नरसंहार बंद होना चाहिए—बांग्लादेश में लाखों लोगों की हत्या कर दी गई है। बेहिसाब संख्या में महिलाओं का अपमान किया गया है। बुद्धिजीवियों को मार डाला गया है। बांग्लादेश में पाकिस्तानी सेना का व्यवहार वैसा ही है, जैसा साम्राज्यवादी सेनाएँ अपने उपनिवेशों में किया करती थीं। वास्तव में बांग्लादेश में जो हो रहा है, उसकी तुलना में मानवता के खिलाफ किए गए सारे अपराध छोटे पड़ गए हैं। इस नरसंहार को हर हाल में रोका जाना चाहिए। यदि संयुक्त राष्ट्र और दुनिया की बड़ी ताकतें दखल देने से इनकार करती हैं, क्योंकि वे अकसर सत्ता की राजनीति के शतरंज में अपने मोहरे चलती रहती हैं तो भारत को अपना कर्तव्य निभाना होगा।

बांग्लादेश में समस्या का दूसरा पहलू यह है कि वहाँ लोकतंत्र की हत्या की गई है। पाकिस्तान 1947 में अस्तित्व में आया और हमें आशा थी कि हमारे लिए दोस्ताना संबंध बनाना आसान हो जाएगा। लेकिन अब तक पाकिस्तान का न तो कोई संविधान है, न ही वहाँ स्वतंत्र चुनाव हुए हैं। सेना ने सत्ता पर कब्जा जमा लिया है। हमें खुशी हुई, जब यह तय किया गया कि वहाँ चुनाव होंगे। जो चुनाव हुए, उनमें आवामी लीग को बहुमत मिला। शेख मुजीबुर्रहमान, जो इस समय शायद जेल में हैं, पता नहीं वह सुरक्षित हैं भी या नहीं, उन्हें पूरे पाकिस्तान का प्रधानमंत्री होना चाहिए था। लेकिन उन्हें जेल में डाल दिया गया और उनकी जान अब खतरे में है। लोगों की ओर से चुने गए प्रतिनिधियों के हाथों में सत्ता सौंपने के बजाय सेना ने उनके लोकतांत्रिक अधिकारों को कुचल दिया।

पाकिस्तान की समस्या हमारी समस्या बन गई है—बांग्लादेश की स्थिति का एक तीसरा पहलू भी है, जिसका हमारे साथ गहरा संबंध है। जैसा कि हमारी प्रधानमंत्रीजी ने ठीक कहा था, जो पाकिस्तान की समस्या थी, वह अब हमारी समस्या बन गई है। 35 लाख से भी अधिक लोगों को खदेड़ दिया गया है। वे आश्रय के लिए हमारे देश में आ गए हैं। पुरुष, महिलाएँ और बच्चे बेघर हो गए हैं और उनसे अनाज का दाना तक छीन लिया गया है। वे भारत माता से अपने जीवन और सम्मान की रक्षा माँग रहे हैं। उनकी संख्या एक करोड़ तक

जा सकती है। पाकिस्तानी सेना वहाँ एक भी हिंदू को रहने नहीं देगी। मुसलमानों को बड़ी संख्या में निकाला जा रहा है। कल प्रधानमंत्री ने कहा था कि बौद्ध और ईसाई भी आ रहे हैं। एक करोड़ लोगों को फिर से बसाना और उनकी जिम्मेदारी लेना बहुत गंभीर समस्या है। मैं कहूँगा कि इन लोगों को सुनियोजित तरीके से बाहर निकाला जा रहा है। एक प्रकार से पाकिस्तान ने हमारे खिलाफ युद्ध का ऐलान कर दिया है। भारत में एक करोड़ लोगों को भेजकर वह हमारी अर्थव्यवस्था को तहस-नहस, पूर्वोत्तर क्षेत्र में खतरा पैदा करना और हमारे देश में सांप्रदायिक दंगे कराना चाहता है।

बांग्लादेश को मान्यता दें—प्रधानमंत्रीजी ने कहा कि जो लोग यहाँ आए हैं, उन्हें लौट जाना चाहिए। लेकिन वे वापस लौट जाएँगे? अगर बांग्लादेश के हालात नहीं बदलते, यदि जीवन सुरक्षित नहीं है, यदि महिलाओं का शीलभंग किया जाता है, यदि धर्म के आधार पर भेदभाव जारी रहता है, यदि सेना इस प्रकार के अमानवीय और बर्बर कृत्य करती रहती है, तो हम कितना भी चाह लें, कोई वापस जानेवाला नहीं है। यदि हम सच में चाहते हैं कि वे वापस लौट जाएँ, तो एक ही रास्ता बचा है, और वह है बांग्लादेश को स्वतंत्र देश के रूप में मान्यता देना और यदि वह चाहे तो उसे मदद भी मुहैया कराई जानी चाहिए।

आइए, हम दुनिया के अंतःकरण को जगाएँ—लेकिन उपसभापति महोदय, दुनिया के देश कहते हैं कि भारत बांग्लादेश में क्या कर रहा है? आइए, हम दुनिया की आत्मा को झकझोरें, चलिए बांग्लादेश के पक्ष में हम दुनिया भर में राय बनाएँ। इस प्रयास में सरकार को कुछ सफलता मिली है। लेकिन बांग्लादेश के भविष्य को इस प्रयास के सुखद परिणामों की उम्मीद के भरोसे नहीं छोड़ा जा सकता है। हमें साहसिक कदम उठाना होगा और अपना कर्तव्य निभाना होगा। अगर सरकार निष्क्रिय रहती है और लोगों की हताशा कोई और रूप ले लेगी तो कुछ तत्त्व इस हालात का फायदा उठा सकते हैं। अर्थव्यवस्था को सँभालना मुश्किल हो जाएगा और शांति खतरे में पड़ सकती है। इसलिए बांग्लादेश की समस्या मुँह बाए खड़ी है। इस सदन को इस समस्या का सामना साहस के साथ करना होगा।[290]

वाजपेयी ने कहा कि लोगों को भारत में धकेलने को आक्रमण माना जाए। उन्होंने प्रधानमंत्री की इस आशावादिता पर प्रश्न उठाया, जिनका कहना था कि जिन लोगों ने

290. *'अटल बिहारी वाजपेयी, 1996, फोर डिकेड्स इन पार्लियामेंट'*, (एन.एम. घटाटे संपादित), नई दिल्ली, पृ. 305-307

भारत में शरण ली है, वे छह महीने में वापस चले जाएँगे। यही नहीं, 60 लाख लोग, जो पूर्वी बंगाल में पाकिस्तानी सरकार के नरसंहार से डरकर भाग खड़े हुए हैं, वे अर्थव्यवस्था को तबाह कर देंगे और राजनीतिक स्थिरता खतरे में पड़ जाएगी। सांप्रदायिक समस्याएँ भी पैदा होंगी, क्योंकि बँटवारे में जहाँ केवल हिंदू आए थे, वहीं अब तो मुसलमान और ईसाई भी भारत में आ गए हैं। उन्होंने कहा कि त्रिपुरा में जितने विस्थापित घुस आए हैं, उतनी तो त्रिपुरा की आबादी भी नहीं हैं। असम तथा मेघालय में भी तनाव बढ़ रहा है।

पाकिस्तान से युद्ध, भारतीय जनसंघ की चेतावनी और विनाशकारी 'शिमला समझौता'

हालात जब लगभग काबू से बाहर चले गए, जब पूर्वी-पश्चिमी पाकिस्तान की लड़ाई में भारत का दखल अवश्यंभावी हो गया, जब भारतीय जनसंघ की ओर से बढ़ाया गया दबाव राजनीतिक रूप से खतरनाक लगने लगा, तब जाकर इंदिरा गांधी की सरकार ने भारतीय सेना को पूर्वी पाकिस्तान भेजा। भारतीय जनसंघ ने युद्ध के दौरान पूरे दिल से सरकार और इंदिरा का समर्थन किया। जैसे ही पाकिस्तानी सेना ने आत्म-समर्पण किया, वैसे ही भारतीय जनसंघ ने सरकार को याद दिलाया कि चूँकि भारत अब बेहतर स्थिति में है, इसलिए उसे पाकिस्तान पर सभी लंबित मामले सुलझाने का दबाव डाना चाहिए और इक्का-दुक्का समझौते की इजाजत नहीं देनी चाहिए।

भारतीय जनसंघ चाहता था कि पाकिस्तान के कब्जे वाला कश्मीर (पी.ओ.के.) लौटाया जाए, युद्ध की क्षतिपूर्ति की जाए, सिंध के थारपारक जिले के सिंधी हिंदुओं और पाकिस्तान पर भारत के बकाया का भुगतान हो, जिनमें उन संपत्तियों की कीमत शामिल थी, जिन्हें लोग छोड़कर आए थे। इन सबका समाधान भारतीय सेना के वापस लौटने तक हो जाना चाहिए। इसने कश्मीर में युद्ध-विराम की रेखा को भारत-पाकिस्तान के बीच स्थायी अंतरराष्ट्रीय सीमा मान लिये जाने को भारतीय संप्रभुता और क्षेत्रीय अखंडता से विश्वासघात माना, जिसका मतलब था—भारत की 30,000 वर्ग मील की जमीन को छोड़ दिया जाए! इसके साथ ही भारतीय जनसंघ ने पाकिस्तानी सेना को युद्ध अपराधी मानकर मुकदमा चलाने के इस विचार का भी समर्थन किया, जैसी माँग शेख मुजीब ने की थी, क्योंकि रेप, बच्चों की हत्या और नरसंहार जैसे जघन्य अपराधों को सजा दिलाए बिना छोड़ा नहीं जा सकता था।

लेकिन जो कुछ हुआ, वह भारत के खिलाफ विश्वासघात से कम नहीं था। 2 जुलाई, 1972 को जिस 'शिमला समझौते' पर दस्तखत हुए, उससे देश को गहरा झटका लगा। जुल्फिकार अली भुट्टो अपने 93,000 सैनिकों और उस पूरे 9,000 वर्ग किमी. के इलाके को छुड़ा ले गए, जो भारतीय सेना के कब्जे में था और बदले में

कुछ भी नहीं दिया। पाकिस्तान को 1948 की स्थिति में वापस भेज दिया गया। वह 'शिमला समझौता', जिस पर इंदिरा ने दस्तखत किए, पूरी तरह से देश को बेचनेवाला और 'ताशकंद' तथा 'नेहरू-लियाकत' समझौते से भी बदतर था।

इंदिरा ने लोगों की इच्छा को अनसुना कर दिया। भारत ने पाकिस्तान पर जो कुछ हासिल किया था, उस सारी बढ़त और लाभ को उन्होंने बरबाद कर दिया। फिर भी, इंदिरा और उनके मीडिया मैनेजर और समर्पित बुद्धिजीवी 'शिमला समझौते' को शानदार उपलब्धि के तौर पर पेश करते हैं। उन्हें न केवल एक विजेता, बल्कि शांति के मसीहा के तौर पर भी पेश किया गया। उस समझौते को एक ऐसा जरिया बताया गया, जिससे भारत-पाकिस्तान संबंधों के एक नए युग की शुरुआत होगी।

□

13

भारतीय जनसंघ अध्यक्ष के रूप में लालकृष्ण आडवाणी, जे.पी. का आंदोलन और इंदिरा गांधी की ओर से लगाया गया खौफनाक आपातकाल

दीनदयाल उपाध्याय की मृत्यु के बाद से अटल बिहारी वाजपेयी भारतीय जनसंघ के अध्यक्ष थे और अब वे संसद् में पार्टी के नेता के रूप में अपनी भूमिका पर ध्यान देना चाहते थे, इसलिए उन्होंने अनुरोध किया कि उन्हें पार्टी अध्यक्ष की जिम्मेदारियों से मुक्त किया जाए। आरंभ में एल.के. आडवाणी ने इनकार कर दिया और वरिष्ठ उपाध्यक्ष भाई महावीर का नाम सुझाया। लेकिन उन्होंने भी जब इनकार कर दिया तो आडवाणी के पास कोई विकल्प नहीं था। 11 जनवरी, 1973 को उन्हें अध्यक्ष चुन लिया गया और उस साल फरवरी में कानपुर में आयोजित अखिल भारतीय सत्र में उन्होंने औपचारिक रूप से कार्यभार ग्रहण कर लिया।

संक्षेप में बताएँ तो 1942 में आडवाणी राष्ट्रीय स्वयंसेवक संघ में एक स्वयंसेवक के रूप में शामिल हुए। 1944 में वह कराची स्थित मॉडल हाई स्कूल में शिक्षक बने। 12 सितंबर, 1947 को दिल्ली आने के लिए उन्होंने कराची छोड़ दी। उस समय से लेकर 1951 तक उन्होंने अलवर, भरतपुर, कोटा, बूँदी और झालावाड़ में राष्ट्रीय स्वयंसेवक संघ के प्रचारक का काम किया। 1952 में उन्हें भारतीय जनसंघ की राजस्थान राज्य इकाई का संयुक्त सचिव नियुक्त किया गया। आगे चलकर 1957 में वह संसद् में भारतीय जनसंघ के कार्य की व्यवस्था देखने और वाजपेयी की सहायता करने के लिए दिल्ली चले आए। 1958 से 1963 के बीच उन्होंने दिल्ली राज्य जनसंघ में सचिव का पद सँभाला। साथ-ही-साथ 1960 से 1967 तक उन्होंने *ऑर्गनाइजर* पत्रिका के सहायक संपादक के रूप में भी काम किया। 1967 में वह दिल्ली मेट्रोपोलिटन काउंसिल के अध्यक्ष बन गए। अप्रैल

1970 में वह पहली बार राज्यसभा सदस्य के रूप में संसद् में दाखिल हुए। 1973 में उन्हें भारतीय जनसंघ का अध्यक्ष चुन लिया गया।[291]

इंदिरा गांधी का भ्रष्टाचार, संरक्षण और तानाशाही तथा जे.पी. आंदोलन का उदय

1971 में लोकसभा और विधानसभाओं के चुनाव में जीत के बाद इंदिरा ने 'जी हुजूरी' और 'दरबारगिरी' की संस्कृति को बढ़ावा देना शुरू कर दिया। न केवल विपक्ष के, बल्कि उनकी अपनी पार्टी के नेताओं को उनकी स्थिति मजबूत करने और वंशवादी शासन को आगे बढ़ाने के लिए ब्लैकमेल किया गया। दुर्भाग्य से 2019 में भी इस प्रवृत्ति ने कांग्रेस का पीछा नहीं छोड़ा है। सिर्फ नेहरू-गांधी परिवार से आनेवाले कांग्रेस के आकाओं के नाम बदले हैं।

उस दौरान बेरोजगारी की दरों और कीमतों में तथा अनिवार्य वस्तुओं की किल्लत में इजाफा हुआ। उद्योग दम तोड़ने लगे और आए दिन होने वाली हड़ताल, प्रदर्शन तथा विरोध हिंसक होते चले गए। लोग समानता और समाजवाद की खोखली बातों के बजाय गुणात्मक परिवर्तन चाहते थे। गुजरात और बिहार में नए-नए आंदोलन सामने आए। ऐसे छात्र, जिन्हें अपना भविष्य अंधकारमय दिख रहा था, वे इन आंदोलनों का आधार थे। इन्हीं परिस्थितियों में जयप्रकाश नारायण, जो जे.पी. के नाम से लोकप्रिय थे, ने अपने राजनीतिक संन्यास को छोड़ा और उस आंदोलन का नेतृत्व सँभाला, जिसे लोगों ने भाई-भतीजावाद, भ्रष्टाचार और व्यवस्था में सड़न को समाप्त करने के लिए शुरू किया था।

16 मार्च, 1974 को पटना यूनिवर्सिटी, मगध यूनिवर्सिटी और भागलपुर यूनिवर्सिटी से जुड़े सड़सठ कॉलेजों के साथ आने पर बनी 'बिहार छात्र संघर्ष समिति' ने शिक्षा अधिकारियों के खिलाफ शिकायतों को दूर करने तथा आसमान छूती कीमतों और बढ़ती बेरोजगारी तथा भ्रष्टाचार के खिलाफ विरोध करने का फैसला किया। समिति की कार्यकारिणी में विभिन्न समूहों और राजनीतिक दलों के लोग शामिल थे। इसमें ए.बी. वी.पी., समाजवादी युवजन सभा, तरुण शांति सेना तथा भारतीय जनसंघ, एस.एस.पी., सोशलिस्ट पार्टी और सर्वोदय आंदोलन का प्रतिनिधित्व करनेवाले संगठनों के सदस्य शामिल थे। समिति ने बिहार के सभी जिलों में प्रदर्शन आयोजित किए। पुलिस ने निहत्थे छात्रों पर हमला किया और गोली चलाई। सात लोग मारे गए, कई घायल हुए और बड़े पैमाने पर गिरफ्तारियाँ की गईं। फिर भी आंदोलन जारी रहा। 18 मार्च, 1974 को पटना यूनिवर्सिटी के छात्रों ने माँगों का ग्यारह-सूत्री चार्टर बनाया और उसे मुख्यमंत्री को सौंपने के लिए विधानसभा की ओर बढ़ गए। गुजरात में जारी घटनाओं को देखते हुए जहाँ

291. https://www.bjp.org/en/leaders/lkadvani

'नव निर्माण आंदोलन' जोर पकड़ चुका था और विधानसभा को भंग कर दिया गया था, बिहार सरकार ने प्रदर्शनकारियों पर पूरी कठोरता से काररवाई की। आंदोलन का समर्थन कर रहे दो अखबारों *सर्चलाइट* और *प्रदीप* को निशाना बनाया गया। दोनों अखबारों के पटना स्थित दफ्तरों को जला दिया गया और पुलिस हाथ पर हाथ धरे बैठी रही।

18 मार्च, 1974 को छात्रों और आम लोगों पर पुलिस की क्रूरता के बाद छात्र नेताओं ने मार्गदर्शन के लिए जे.पी. से संपर्क किया। वह दो शर्तों पर छात्रों के इस संघर्ष का मार्गदर्शन करने पर सहमत हुए—इसे पूरी तरह 'अहिंसक' और 'निष्पक्ष' होना पड़ेगा। छात्र नेता इन शर्तों पर सहमत हो गए। इस आंदोलन के आधार को व्यापक बनाने के लिए जे.पी. ने दो समितियाँ बनाईं—जनसंघर्ष समिति और छात्र संघर्ष समिति, और दोनों ही उनके नेतृत्व में काम करेंगी। 20 मार्च, 1974 को जे.पी. ने 'बिहार की आत्मा लहूलुहान' शीर्षक से एक प्रेस वक्तव्य जारी किया—

> "हर लिहाज से श्री अब्दुल गफूर एक सम्मानित व्यक्ति हैं, जिन्हें अपने पद का हद से अधिक लोभ नहीं है। उस स्थिति में उन्हें मेरी मित्रवत् सलाह है कि उन्हें अपने और राज्य के हित में इस्तीफा दे देना चाहिए, चाहे उनका हाई कमान कुछ भी कहे···किसी भी लोकतांत्रिक देश में, पटना ने पिछले सोमवार जितनी भयंकर प्राशासनिक विफलता को देखा, उसके बाद सरकार को इस्तीफा दे देना चाहिए था···श्री गफूर को अपनी अंतरात्मा की आवाज सुननी चाहिए और उसके अनुसार कार्य करना चाहिए।"[292]

कुछ भी नहीं बदला और 12 अप्रैल, 1974 को आधिकारिक दस्तावेजों के अनुसार गया में हुई फायरिंग ने एक बार फिर आठ लोगों की जान ले ली। बिहार के हालात पर वाजपेयी ने संसद् में बयान दिया। अप्रैल 1974 में लोकसभा में हुई बहस के दौरान उन्होंने बिहार में 'क्रोध' की ओर ध्यान खींचा—

> "लोगों में क्रोध है। वे बगावत करनेवाले हैं। आम आदमी का सब्र जवाब दे रहा है। सामानों की भारी किल्लत है। दाम आसमान छू रहे हैं। असमानता की खाई चौड़ी हो रही है और प्रशासन आकंठ भ्रष्टाचार में डूबा है। बिहार के राज्यपाल ने 21 सितंबर, 1973 को जो कहा, उसे मैं बताना चाहूँगा। द *हिंदू* के एक संवाददाता ने जब उनका इंटरव्यू किया और उनसे 37 लाख रुपए नकद के रोजगार कार्यक्रम के बारे में पूछा, तो श्री भंडारे ने क्या कहा?"
>
> 'बिहार में कोई कैश कार्यक्रम नहीं चल रहा है। राज्य में केवल क्रश

292. 'भारतीय जनसंघ, पार्टी डॉक्यूमेंट', खंड 6, 1952–1980, पृ. 338

प्रोग्राम चल रहा है।' यह आंदोलन से पहले की बात है। बेरोजगारी से तंग आ चुके छात्र भड़क गए। मेरे पास पूर्व सांसद, श्री मुद्रिका प्रसाद सिंह का एक बयान है। वह कांग्रेसी और एक जिम्मेदार व्यक्ति हैं। एक प्रेस रिपोर्ट के अनुसार—"उन्होंने आज यहाँ संवाददाताओं को बताया कि लोगों का ऐसा मानना है कि 12 अप्रैल को गया में पुलिस की अंधाधुंध फायरिंग में लगभग 40 से 50 लोग मारे गए थे। उन्होंने कहा कि 48 घंटे तक पूरे गया के लोग नजरबंद कर दिए गए थे। पेट्रोलिंग कर रहे सुरक्षा बलों ने ऐलान किया कि जो भी अपने घर से बाहर निकलेगा, उसे गोली से उड़ा दिया जाएगा।" यहाँ गृह मंत्री का बयान गलत साबित होता है। आगे श्री सिंह कहते हैं कि आधिकारिक आँकड़ों के अनुसार सिर्फ 8 लोग पुलिस फायरिंग में मारे गए थे।[293]

राज्य की कांग्रेस सरकार ने छात्रों पर हिंसा की और यही हश्र हर उस मीडिया संस्थान का हुआ, जिसने इसे उजागर करने का प्रयास किया। 'सर्चलाइट' और 'प्रदीप' जैसे दो अखबार, जो सरकार और कम्युनिस्टों की आलोचना कर रहे थे और उनके संपादक के बयान कांग्रेस-कम्युनिस्ट की जोड़ी को कठघरे में खड़ा करते हैं। सर्चलाइट के संपादक एस.के. राऊ ने दिल्ली में एक प्रेस कॉन्फ्रेंस में बताया कि एक मुखर अखबार के खिलाफ गहरी साजिश के तहत उसके दफ्तर को फूँका गया था। उन्होंने यह भी कहा कि राज्य सरकार की संलिप्तता इस तथ्य से स्पष्ट है कि पुलिस ने भीड़ के खिलाफ कोई काररवाई नहीं की और आगजनी के बाद फायर सर्विस उपलब्ध थी।

धीरे-धीरे यह छात्रों के आंदोलन से जन-आंदोलन में बदल गया और शहरों से ग्रामीण इलाकों तक फैल गया। दफ्तरों पर धरना और प्रदर्शन ने सरकार को पंगु बना दिया। 'विधानसभा भंग करो सप्ताह' के अवसर पर अठारह भारतीय जनसंघ और छह एस.एस.पी. विधायकों ने अपनी सीट से इस्तीफा दे दिया। कई अन्य विधायकों ने भी ऐसा ही करने का वादा किया। 'विधानसभा भंग करो सप्ताह' के दौरान एक करोड़ हस्ताक्षर इकट्ठा किए जाने और 5 जून को सौंपने की तैयारी थी। कांग्रेस को उबारने के लिए सी.पी.आई. आगे आई। विधानसभा भंग करने की माँग का विरोध करने और कालाबाजारी के खिलाफ सरकार से अभियान चलाने, अनिवार्य वस्तुओं का व्यापार अपने हाथ में लेने, कृषि मजदूरों का पारिश्रमिक बढ़ाने तथा भ्रष्टाचार को मिटाने की माँग को लेकर उन्होंने 3 जून को मजदूरों, किसानों, छात्रों और युवाओं तथा महिलाओं का एक समानांतर मार्च आयोजित किया। यह जे.पी. के आंदोलन को कमजोर करने का एक प्रयास था।

---

293. उपरोक्त, पृ. 338-339

लेकिन जे.पी. अपनी योजनाओं के साथ आगे बढ़े और 5 जून, 1974 को 5 लाख लोगों के मार्च का नेतृत्व करते हुए राज्यपाल को हस्ताक्षर सौंपने निकल पड़े। जे.पी. के नेतृत्व में गांधी मैदान से राजभवन तक के मार्च ने अब्दुल गफूर सरकार तथा बिहार विधानसभा पर लोगों के अविश्वास को स्पष्ट कर दिया। छात्र संघर्ष समिति और जनसंघर्ष समिति ने 3, 4 और 5 अक्तूबर, 1974 को तीन दिन के 'बिहार बंद' का आह्वान किया। जे.पी. ने ऐलान किया कि गांधी जयंती 'शपथ दिवस' के रूप में मनाई जाएगी, जब लोग सामाजिक व्यवस्था के आखिरी पायदान पर खड़े वर्गों की भागादारी के लिए काम करने की प्रतिज्ञा करेंगे। बंद की पूर्व संध्या पर जे.पी. ने प्रधानमंत्री से अपील की कि वह विधानसभा को भंग किए जाने को प्रतिष्ठा का प्रश्न न बनाएँ और बिहार के 90 प्रतिशत लोगों की आवाज सुनें। सरकार के इशारे पर इस बार पुलिस बलों ने और भी अधिक हिंसा तथा बिना किसी उचित कारण के बदले की भावना से अनेक जगहों पर गोली का सहारा लिया।

4 नवंबर, 1974 को बिहार में एक और बड़े प्रदर्शन की योजना बनाई गई। बिहार सरकार ने इसे रोकने के लिए लंबी-चौड़ी योजना तैयार की। सभी सरकारी इमारतों, मंत्रियों और विधायकों के घरों तथा महत्त्वपूर्ण स्थानों के बाहर बैरिकेड और रोडब्लॉक लगाए गए। पुलिस नाकों पर सी.आर.पी.एफ. और सीमा सुरक्षा बल (बी.एस.एफ.) को तैनात किया गया। पटना में दाखिल होने वाले सभी रास्तों को बंद कर दिया गया। पूर्वी रेलवे की अट्ठावन ट्रेनों को रद्द कर दिया गया और राजधानी में आनेवाली स्टीमर तथा बस सेवा पर भी रोक लगा दी गई। प्रदर्शन से पहले ही 3,000 से अधिक लोगों को राज्य भर से गिरफ्तार कर लिया गया। पटना और उसके आसपास के इलाकों में हवाई गश्त की शुरुआत की गई।

सुबह 10 बजे जे.पी. अपने घर से निकले और गांधी मैदान के रास्ते में 20,000 लोगों की भीड़ उनके साथ हो गई। यह भीड़ शांतिपूर्ण थी और जे.पी. के निर्देशों का पालन कर रही थी। पुलिस ने उनकी जीप को निकल जाने दिया और उसके बाद शांतिपूर्ण मार्च कर रहे लोगों पर आँसू गैस के गोले चलाए तथा लाठीचार्ज किया। यात्रा जब अपने चरम पर पहुँची तो लगभग 40,000 लोग इसमें शामिल हो चुके थे। मैदान के दूसरी तरफ इससे भी अधिक लोग जे.पी. का इंतजार कर रहे थे।

भीड़ शांतिपूर्ण थी, लेकिन पुलिस नहीं रुकी, वह जे.पी. पर हमला करने के लिए आगे बढ़ गई। उनकी सुरक्षा में तैनात चार सुरक्षाकर्मियों को भी पीटा गया। लोग उनकी रक्षा के लिए आगे आए, इसके बावजूद पुलिसकर्मियों ने उन पर हमला किया। उन पर किए गए एक वार को नानाजी देशमुख ने रोका, जिसकी चोट उनके हाथ पर लगी। हवलदार सुरेश सिंह ने जे.पी. की रक्षा के लिए अपना रिवॉल्वर निकाला, जिसका कोई

लाभ नहीं हुआ। वे जब वित्तमंत्री दारोगा राय के घर तक पहुँचे, तब तक जे.पी. के सिवाय सभी को गिरफ्तार कर लिया गया था और जे.पी. ने कहा कि उन्हें भी गिरफ्तार कर लिया जाए। रात 10:30 बजे अपना धरना खत्म करते हुए जे.पी. ने कहा था, "मैंने इतनी बेशर्म क्रूरता अंग्रेजों के शासन में भी नहीं देखी थी…"[294] उन्होंने इंदिरा गांधी को लेकर कहा, "इंदिरा गांधी को सच्चाई देखनी चाहिए और लोगों की माँग मान लेनी चाहिए। यदि प्रधानमंत्री सच्चाई को नहीं देखती हैं, तो मैं पूरी जिम्मेदारी के साथ कहूँगा कि उन्हें अपना पद छोड़ देना चाहिए, वह इस महान् देश की प्रधानमंत्री होने के काबिल नहीं हैं।"[295]

जे.पी. चाहते थे कि यह आंदोलन बिना किसी भेदभाव के चले। हालाँकि यह आंदोलन चूँकि सभी के लिए खुला था, इस कारण उन्होंने विचारधारा और अलग-अलग दलों से आनेवाले छात्रों पर आपत्ति नहीं की। इस आंदोलन में दलों की भागीदारी दल के नहीं, नेताओं, कार्यकर्ताओं और सहानुभूति रखनेवालों के तौर पर व्यक्तिगत रूप में हुई। जो दल इस आंदोलन का हिस्सा थे, उनमें भारतीय जनसंघ, भारतीय लोकदल, सोशलिस्ट पार्टी और कांग्रेस (ओ) शामिल थे। कांग्रेस (ओ) का नेतृत्व प्रभावशाली था, लेकिन संचालन समिति में उसकी संख्या कम थी। भारतीय जनसंघ और ए.बी.वी.पी. का एक अनुशासित और शक्तिशाली कैडर था और जे.पी. उन पर निर्भर थे, क्योंकि कई यूनिवर्सिटी कैंपस में भारतीय जनसंघ सबसे बड़ी ताकत था।

इस जन-आंदोलन का मुकाबला करने के लिए कांग्रेस और सी.पी.आई. ने सरकारी मशीनरी का दुरुपयोग करके और लाखों रुपए खर्च कर 16 नवंबर, 1974 को एक मार्च निकाला। सी.पी.आई. ने जे.पी. की 'अमेरिकी एजेंट' बताकर निंदा की और उन्हें फासीवादी करार दिया। हालाँकि यह मार्च फिसड्डी साबित हुआ। जे.पी. ने 18 नवंबर, 1974 को गांधी मैदान में एक और रैली का आयोजन किया। इसने पुराने सभी रिकॉर्ड तोड़ दिए और इसमें 16 नवंबर को हुई कांग्रेस और सी.पी.आई. की रैली से अधिक लोग शामिल हुए। यह साफ हो गया था कि जन-भावना किसके साथ है!

25 नवंबर, 1974 को दिल्ली में सभी विपक्षी दलों की एक बैठक हुई, जिसमें भारतीय जनसंघ, बी.एल.डी., कांग्रेस (ओ), सोशलिस्ट पार्टी और अकाली दल शामिल हुए। पहली बैठक की अध्यक्षता चरण सिंह ने की। विपक्षी दलों ने जे.पी. से विपक्षी दलों को एकजुट करने और उनका नेतृत्व करने की अपील की। इंदिरा ने पहले ही जे.पी. को चुनौती दे दी थी कि जिन मुद्दों को उन्होंने उठाया है, उन पर चुनावों में निपट लें,

294. उपरोक्त, पृ. 350

295. बिपन चंद्रा, *'इन द नेम ऑफ डेमोक्रेसी : जेपी मूवमेंट एंड द इमरजेंसी'*, पेंग्विन रैंडम हाउस इंडिया, 2017

इसलिए उन्होंने विपक्षी दलों के प्रस्ताव को स्वीकार कर दिया। 6 मार्च, 1975 को जे.पी. के नेतृत्व में दिल्ली में एक विशाल राष्ट्रीय स्तर के प्रदर्शन का आयोजन किया गया। जे.पी. ने कहा कि प्रस्तावित प्रदर्शन किसी एक बैनर तले हो, जिसमें पार्टियाँ अपने-अपने झंडे या बैनर लेकर न आएँ।

भारतीय जनसंघ ने विपक्ष की एकता के लिए एक ही चुनाव-चिह्न, एक सीट पर विपक्ष का एक ही उम्मीदवार और समान कार्यक्रम को लेकर प्रस्ताव पारित किया। अहमदाबाद में 22 से 25 जनवरी, 1975 की अपनी कार्य समिति की बैठक में भारतीय जनसंघ ने निम्नलिखित प्रस्ताव पारित किया—

> "पिछले साल नवंबर में अपनी जम्मू की बैठक में, जनसंघ केंद्रीय कार्यकारिणी ने सभी विपक्षी दलों से जे.पी. आंदोलन में शामिल की अपील की थी, ताकि चुनावों को सरकार के खिलाफ चल रहे जन-आंदोलन का एक विस्तार माना जाए। हमारी कार्यकारिणी ने एक ठोस चुनावी रणनीति बनाई है, जिसमें लोगों के एक उम्मीदवार, एक ही न्यूनतम साझा कार्यक्रम और एक ही चुनाव-चिह्न की परिकल्पना की गई है।"[296]

बिहार और गुजरात में फिर से चुनाव कराने, लोगों के सामाजिक-आर्थिक अधिकारों, लोकतांत्रिक और नागरिक अधिकारों को सुरक्षित करने, मुक्त और निष्पक्ष चुनाव, राजनीतिक सत्ता के विकेंद्रीकरण, शैक्षिणिक सुधारों तथा राजनीतिक भ्रष्टाचार को समाप्त करने जैसी माँगों के चार्टर को सौंपने के लिए 6 मार्च, 1975 को संसद् की ओर मार्च निकाला गया। स्पीकर को माँगों का चार्टर सौंपने के बाद जे.पी. ने बोट क्लब पर एक विशाल जनसभा को संबोधित किया। जे.पी. ने कहा कि उन्हें उम्मीद है कि पी.एम. साफ संदेश को पढ़ेंगी और चेतावनी दी—"समय रहते अपने तौर-तरीके सुधार लीजिए, नहीं तो पहले से ही अधीर जनता आपको उखाड़ फेंकेगी।"[297]

जे.पी. जानते थे कि भारतीय जनसंघ संगठन के स्तर पर आंदोलन का समर्थन करनेवाली सबसे बड़ी ताकत है। 7 मार्च, 1975 को जे.पी. भारतीय जनसंघ के एक अधिवेशन में शामिल हुए, जिसमें पूरे भारत से 40,000 प्रतिनिधियों ने हिस्सा लिया। उन्होंने कहा कि इस बैठक में वह बिहार में आंदोलन का समर्थन और सहयोग करने के लिए भारतीय जनसंघ को धन्यवाद देने आए हैं और उन्होंने याद किया कि किस प्रकार नानाजी देशमुख ने पुलिस की बर्बरता से उन्हें बचाया था। भारतीय जनसंघ के सभी आलोचकों का मुँह बंद करने के लिए, जे.पी. ने अपने संबोधन में कहा था, "यदि

296. 'भारतीय जनसंघ, पार्टी डॉक्यूमेंट', खंड, 6, 1952-1980, पृ. 358
297. 'भारतीय जनसंघ, पार्टी डॉक्यूमेंट', खंड, 6, 1952-1980, पृ. 364

जनसंघ फासीवादी है, तो मैं भी फासीवादी हूँ। वास्तव में फासीवाद का सूरज कहीं और निकल रहा है।"[298]

जनता मोर्चा आगामी 1976 के चुनावों में इंदिरा को चुनौती देने के लिए ठोस रूप लेता जा रहा था और गुजरात में जनता मोर्चा ने 1975 में पहली चुनावी जीत का स्वाद चखा, जिसने मोर्चे में शामिल दलों को इस बात का और भी विश्वास दिला दिया कि कांग्रेस के वंशवादी शासन के खिलाफ विपक्ष को एकजुट होना पड़ेगा। बिहार में जे.पी. आंदोलन की तरह ही कांग्रेस (ओ) के मोरारजी देसाई गुजरात में आर्थिक संकट और सार्वजनिक जीवन में भ्रष्टाचार के खिलाफ 'नवनिर्माण आंदोलन' का नेतृत्व कर रहे थे। ऐसा कहा जाता है कि आजादी के बाद के भारत का यह एकमात्र सफल आंदोलन था, जिसके कारण एक चुनी हुई राज्य सरकार को भंग करना पड़ा था। मोरारजी के उपवास के कारण ही इंदिरा को गुजरात विधानसभा चुनावों की तारीखों का ऐलान करना पड़ा था। 13 अप्रैल, 1975 को जून 1975 में विधानसभा चुनावों की घोषणा के साथ ही मोरारजी ने अपना अनशन समाप्त कर दिया। उनके नेतृत्व में भारतीय जनसंघ, कांग्रेस (ओ), बी.एल.डी. तथा सोशलिस्ट फ्रंट के संयुक्त मोर्चे के रूप में जनता मोर्चे का गठन किया गया। इस मोर्चा का एक साझा घोषणा-पत्र और उम्मीदवारों के चयन के लिए मोरारजी के नेतृत्व वाली तीन सदस्यों की एक समिति थी। जे.पी. ने इस मोर्चा के अन्य नेताओं के साथ मिलकर गुजरात में चुनाव प्रचार किया। मोरारजी ने सभी जिलों का दौरा किया और लगभग सौ जनसभाओं को संबोधित किया। इंदिरा के लिए यह प्रतिष्ठा का प्रश्न था। उन्होंने ग्यारह दिनों तक दौरा किया और 110 सभाओं को संबोधित किया।

9 जून, 1975 को मतदान हुआ और गिनती 12 जून को शुरू हुई। जनता मोर्चा सबसे बड़े समूह के तौर पर उभरा, जो बहुमत से थोड़ा ही पीछे रह गया था। 182 सदस्यों वाली विधानसभा में उन्हें छियासी सीट मिली थीं, कांग्रेस को पचहत्तर, किसान मजदूर लोक पक्ष (के.एम.एल.पी.) को बाहर सीट और निर्दलीयों को आठ सीट मिली थीं। के.एम.एल.पी. के समर्थन से जनता मोर्चा ने सरकार बनाई। बाबूभाई जे. पटेल गुजरात के मुख्यमंत्री बने।

इलाहाबाद हाईकोर्ट ने इंदिरा गांधी के चुनाव को अमान्य ठहराया और उन्हें छह वर्ष तक चुनाव लड़ने के अयोग्य करार दिया

इंदिरा गांधी अभी गुजरात में अपनी पार्टी की हार से उबरी भी नहीं थीं कि एक

---

298. सुधींद्र कुलकर्णी, 'राष्ट्रीय स्वयंसेवक संघ मैन : डिफिकल्ट टु टाइपकास्ट नानाजी', द टाइम्स ऑफ इंडिया, 1 मार्च, 2010, https://timesofindia.indiatimes.com/india/RSS-man-Difficult-to-typecast-Nanaji/articleshow/5629625.cms

और बुरी खबर आ गई। 12 जून, 1975 को, जब गुजरात के नतीजे आ रहे थे, तब इलाहाबाद हाईकोर्ट ने राजनारायण की ओर से दायर चुनाव याचिका को स्वीकार कर लिया। यह याचिका 1971 में रायबरेली से इंदिरा गांधी के लोकसभा के लिए चुने जाने से संबंधित थी। वैसे तो इंदिरा के खिलाफ सत्ता और साधनों के दुरुपयोग के कई आरोप थे, लेकिन हाईकोर्ट ने उन्हें जनप्रतिनिधित्व कानून (आर.पी.ए.) की धारा 123 (7) के तहत दो मामलों में भ्रष्ट आचरण का दोषी पाया—सरकारी अधिकारियों से रायबरेली में 1 और 25 फरवरी को लाउडस्पीकरों को बिजली सप्लाई का बंदोबस्त करने और यशपाल कपूर की मदद लेना, जो 7 से 25 जनवरी 1971 तक पी.एम. सचिवालय में ऑफिसर ऑन स्पेशल ड्यूटी (ओ.एस.डी.) थे। हाईकोर्ट के फैसले के खिलाफ हर दिन कांग्रेस की ओर से प्रदर्शन आयोजित किए जा रहे थे। पी.एम. आवास के बाहर ऐसी तथाकथित 'सहज रैलियाँ' और 'लोगों की रैलियाँ' रोजाना की घटना बन गईं। 13 जून को डीटीसी की 1,400 में से 380 को छोड़कर सारी बसों का इस्तेमाल इंदिरा गांधी के समर्थन में भीड़ जुटाने के लिए किया गया। 20 जून, 1975 को कांग्रेस ने बोट क्लब पर एक रैली की। भारत के सभी हिस्सों से स्पेशल ट्रेनें दिल्ली पहुँचीं। लोगों को दिल्ली लाने के लिए हजारों बसों, ट्रकों और ट्रैक्टरों को लगाया गया। 23 जून को इंदिरा ने सुप्रीम कोर्ट में वैकेशन जज जस्टिस कृष्ण अय्यर की अदालत में याचिका दायर कर पूर्ण स्टे का आदेश जारी करने की अपील की, ताकि वह संसद् में अपनी सीट और प्रधानमंत्री का पद तब तक बचा सकें, जब तक कि कोर्ट इस मामले पर अंतिम फैसला न सुना दे। जस्टिस अय्यर ने सशर्त स्टे दिया, जिससे वह पी.एम. का पद बनाए रखकर उस हैसियत से संसद् को संबोधित कर सकती थीं। हालाँकि उनके वोट करने और सदस्य के रूप में वेतन लेने पर रोक लगा दी गई। इस आदेश से उन्हें भारी शर्मिंदगी उठानी पड़ी।

कोर्ट के आदेशों को अपने ऊपर बेअसर करने और अपना प्रधानमंत्री पद बचाने के लिए इंडिया गांधी ने आपातकाल की घोषणा कर दी

1971 से ही पाकिस्तान के साथ युद्ध के बाहरी खतरे को देखते हुए बाहरी आपातकाल लागू था। हालाँकि इसे वापस लेने के बजाय 25 जून, 1975 को इस आधार पर दूसरी इमरजेंसी लागू कर दी गई कि भारत की सुरक्षा आंतरिक उठा-पटक से खतरे में पड़ गई थी। 25 जून की रात सी.पी.आई. को छोड़कर विपक्ष के सभी शीर्ष नेताओं और प्रमुख कार्यकर्ताओं को गिरफ्तार कर लिया गया था। प्रेस पर पूर्ण सेंसरशिप घोषित कर दी गई और उसे क्रूरता से लागू भी किया गया। कोई भी अखबार गिरफ्तार किए गए लोगों की संख्या, नाम या उनके ठिकाने के बारे में कोई सूचना प्रकाशित नहीं कर सकता था, न ही आपातकाल या सरकार के कदमों की किसी भी प्रकार से आलोचना कर सकता था।

बिना चेतावनी के दिल्ली में अखबारों के दफ्तरों की बिजली सप्लाई काट दी गई, ताकि उन्हें आपातकाल घोषित किए जाने या गिरफ्तारियों के विषय में कोई भी खबर प्रकाशित करने से रोका जा सके।

इंदिरा ने पूरे मीडिया को यह सुनिश्चित करने के लिए कुचल दिया कि आपातकाल पर कोई भी सच्ची खबर लोगों तक न पहुँच सके। 27 जून, 1975 को सुबह 8 बजे देश के नाम सरकार की ओर से अपने संबोधन में लोकतंत्र का नाम लेते हुए उन्होंने कहा कि लोकतंत्र की कार्यप्रणाली को काम नहीं करने दिया गया। विधिवत् चुनी गई सरकारों को काम करने से रोका गया और कुछ मामलों में विधानसभाओं को भंग करने के लिए मजबूर कर दिया गया। उन्होंने देश में कानून-व्यवस्था की बिगड़ती स्थिति को दिखाने के लिए अपने कैबिनेट के सहयोगी एल.एन. मिश्रा की हत्या और सी.जे.आई. पर किए गए हमले का उदाहरण दिया। उन्होंने कहा कि कुछ लोग सैन्य बलों को विद्रोह करने और पुलिस को बगावत करने के लिए उकसा रहे थे। इसलिए प्रधानमंत्री पद की सुरक्षा करने और देश में स्थिरता को बनाए रखने के लिए उन्हें देश के भीतर निर्णायक कदम उठाना पड़ा।

27 जून को एक और प्रसारण में उन्होंने एक बार फिर कहा कि विपक्षी दलों ने देशव्यापी घेराव, आंदोलन, प्रदर्शन और औद्योगिक मजदूरों, पुलिस और सुरक्षा बलों को उकसाने का एक कार्यक्रम बनाया है, ताकि केंद्र सरकार को पंगु बना दिया जाए। उनमें से एक चाहता था कि सैन्य बल आदेशों की अवमानना करें और इसकी शुरुआत 29 जून, 1975 से होनी थी। यदि योजना के मुताबिक ऐसा हो गया होता तो सार्वजनिक व्यवस्था को भारी खतरा पैदा हो सकता था और अर्थव्यवस्था की अपूरणीय क्षति होती। उन्होंने इस कार्य-योजना को राष्ट्रविरोधी और लोकतंत्र के विरुद्ध बताया। उन्होंने यह भी कहा कि हिंसक कारवाई और बेतुके सत्याग्रह से बरसों से इतनी मेहनत और उम्मीद से खड़ा किया गया ढाँचा धराशायी हो जाएगा; उन्होंने कहा कि उन्हें विश्वास है कि आपातकाल जल्द ही हटा लिया जाएगा।

संसद् से आपातकाल की औपचारिक स्वीकृति हासिल करते हुए 21 जुलाई, 1975 को दोनों सदनों में 'व्हाई इमरजेंसी ?' (आपातकाल क्यों ?) शीर्षक से एक परचा पेश किया गया, जहाँ विपक्ष के अधिकांश सदस्यों को पहले ही जेल में डाला जा चुका था। आंतरिक आपातकाल की घोषणा और 'आंतरिक सुरक्षा अधिनियम' (MISA) के अंतर्गत विपक्ष के नेताओं की गिरफ्तारी को उचित ठहराने के कारण यह कहते हुए दिए गए कि विपक्ष देश में हिंसा और अराजकता को बढ़ावा दे रहा था। हालाँकि सच्चाई यह थी कि 'मीसा' जैसे कठोर कानून का इस्तेमाल राजनीतिक विरोधियों को बंद करने के लिए किया जा रहा था, भले ही 13 अप्रैल, 1975 को मोरारजी देसाई को (जब

वह गुजरात में मानसून से पहले गुजरात में चुनाव कराने की माँग को लेकर आमरण अनशन पर थे) लिखे पत्र में कहा था, "मीसा का इस्तेमाल राजनीतिक गतिविधियों के खिलाफ नहीं किया जाएगा।" लेकिन जमीन पर जो हुआ, वह इसके पूरी तरह उलट था। सी.पी.आई. (सरकार में कांग्रेस की सहयोगी) के नेताओं के सिवाय सभी विपक्षी दलों के नेताओं को मीसा के तहत गलत तरीके से गिरफ्तार कर लिया गया था।

इंदिरा विपक्ष के नेताओं को जेल में डालने और मीडिया पर लगाम लगाकर ही चुप नहीं बैठी। 8 दिसंबर, 1975 को उन्होंने तीन अध्यादेश लागू किए—पहले ने प्रेस काउंसिल ऑफ इंडिया को समाप्त कर दिया, दूसरे ने प्रेस से संसदीय कारवाई की खबरें देने में मानहानि से मिली सुरक्षा को समाप्त कर दिया और तीसरे ने प्रेस की आजादी को समाप्त कर आपत्तिजनक सामग्री के प्रकाशन का दोषी पाए जाने पर किसी के भी विरुद्ध सरकार को कारवाई की शक्ति दे दी। संविधान से मिले मौलिक अधिकारों को, विशेष रूप से कानून के समक्ष समानता (अनुच्छेद 14), जीवन की सुरक्षा और व्यक्तिगत स्वतंत्रता (अनुच्छेद 21), कुछ मामलों में गिरफ्तारी और हिरासत में लिये जाने से सुरक्षा (अनुच्छेद 22) और अभिव्यक्ति, इकट्ठा होने, संगठित होने, व्यापार, आने-जाने आदि के अधिकारों को निलंबित कर दिया गया।

21 जुलाई, 1975 को चंडीगढ़ में अपनी हिरासत से ही लिखे गए एक पत्र में जे.पी. ने इंदिरा के आरोपों को खारिज कर दिया। उन्होंने कहा कि प्रेस की आजादी और लोगों के असंतोष को कुचलने के बाद पी.एम. आलोचना या विरोध के डर के बिना भ्रामक जानकारियाँ और झूठ फैलाने में जुटी हैं। उन्होंने स्पष्ट रूप से कहा कि सरकार को पंगु बनाने की कोई योजना नहीं थी। उन्होंने इतना ही कहा था कि बिहार में एक जन-आंदोलन चल रहा था, जिसमें ग्रामीण स्तर से ब्लॉक स्तर तक जनता की सरकार बनाई गई थी और यह रचनात्मक कार्यक्रम था, जो सार्वजनिक वितरण प्रणाली (पी. डी.एस.) को नियंत्रित करने, भ्रष्टाचार रोकने, बातचीत की सदियों पुरानी परंपरा और मध्यस्थता से विवादों का निपटारा करने, हरिजनों के साथ उचित व्यवहार, 'तिलक' और 'दहेज' जैसी सामाजिक कुरीतियों पर लगाम लगाने में सहायक हो सकता था। उन्होंने इस बात को रेखांकित किया कि उसमें कुछ भी नुकसान पहुँचाने वाली बात नहीं थी। जनता की सरकार जहाँ ठोस रूप से संगठित थी, केवल वहीं करों का भुगतान न करने जैसे कार्यक्रम चलाए गए थे। यह आंदोलन जब चरम पर था, तब शहरी इलाकों में धरना और प्रदर्शन से सरकारी अधिकारियों के कामकाज को रोका गया था। इसकी तुलना अंग्रेजों की सरकार को पंगु बनाने से नहीं की जा सकती है, क्योंकि बिहार में लोकतंत्र था और सरकार तथा विधायिका यदि भ्रष्टाचार और कुशासन में शामिल है तो लोगों को पूरा अधिकार है कि उनसे इस्तीफा देने के लिए कहें। उन्होंने इस सच्चाई पर जोर

दिया कि छात्र इस प्रकार के विरोध पर तब उतरे, जब सरकार ने उनके साथ कई बैठकों और चर्चा के बाद काररवाई नहीं की। बिहार सरकार को बातचीत की मेज पर समस्याएँ सुलझाने का अवसर दिया गया था, लेकिन वे ऐसा करने में विफल रहे। उन्होंने कहा कि लोकतंत्र में किसी नागरिक के पास नागरिक असहयोग का अक्षुण्ण अधिकार है, यदि वे देखते हैं कि निदान पाने या सुधार के अन्य सभी माध्यम उपलब्ध नहीं हैं। व्यवस्थित सत्याग्रह–नागरिक असहयोग पी.एम. के समर्थकों की शरारत का मुकाबला करने के लिए बनाए गए थे, जिन्होंने कोर्ट के फैसले को सी.आई.ए. से जोड़ दिया था। जे.पी. का कहना था कि प्रेस को इस कारण कुचल दिया गया, क्योंकि वह कह रहा था कि पी.एम. को चुनाव संबंधी याचिका पर कोर्ट ने फैसला सुनाया था। पी.एम. के व्यक्तिगत मनमुटाव ने प्रेस की आजादी खत्म कर लोकतांत्रिक जीवन को समाप्त कर दिया। उन्होंने पूछा, क्या कोई किसी लोकतांत्रिक देश के प्रधानमंत्री की कल्पना कर सकता है, जिसे अपनी संसद् में वोट का अधिकार न हो, क्योंकि उसे चुनाव में भ्रष्ट आचरण का दोषी पाया गया है ? जे.पी. कहना चाहते थे कि इंदिरा ने अपने कर्मों से पी.एम. के संस्थान की गरिमा को धूमिल किया है।

विभिन्न संशोधनों से इंदिरा ने ऐसी व्यवस्था कर ली कि खुद उन पर और संसद् पर न्यायपालिका के आदेशों का कोई असर न हो और वह कोई भी बिल पास कर लें। इसके बाद चुनाव के नियमों में बदलाव किया गया, जो इमरजेंसी लागू करने का असली कारण था। इंदिरा ने खुद को इलाहाबाद कोर्ट के आदेश से बचाने के लिए चुनाव के नियमों में बदलाव किए। इलाहाबाद हाईकोर्ट ने इंदिरा के चुनाव को अमान्य घोषित कर उन्हें छह साल के लिए अयोग्य ठहरा दिया था। चुनाव कानून में संशोधन के आधार पर सुप्रीम कोर्ट के चीफ जस्टिस ए.एन. रे की अदालत से उनके पक्ष में फैसला सुनाया गया, जिन्हें सुप्रीम कोर्ट के तीन वरिष्ठ जजों की अनदेखी करते हुए इंदिरा ने सी.जे.आई. बनाया था, जिसकी चर्चा पहले भी की जा चुकी है।

इस विषय पर आडवाणी ने अपनी पुस्तक प्रीजन्स *स्क्रैप–बुक* में लिखा है—

> "इंदिरा गांधी के चुनावी भ्रष्टाचार पर इलाहाबाद हाईकोर्ट के फैसले को बेअसर करने का बेशर्म प्रयास किया गया। यह वैसे ही था, जैसे खेल खत्म हो जाने के बाद पुराने नियमों की जगह नए नियम लागू कर दिए जाएँ, ताकि हारनेवाले को विजेता घोषित किया जा सके। इस बिल से अचानक सरकार ने खुद अपने ही दावों को झुठला दिया है, जिनमें वह चीख–चीखकर कहा करती थी कि इमरजेंसी का इलाहाबाद केस या व्यक्तिगत रूप से इंदिरा गांधी से कोई लेना–देना नहीं है। कोई हैरानी नहीं कि चीफ सेंसर ने तत्काल रेडियो और प्रेस पर

शिकंजा कस दिया और लोगों को यह जानने से रोक दिया कि क्या हो रहा था?

"कुछ वर्षों बाद शाह आयोग ने अपनी एक अंतरिम रिपोर्ट में आपातकाल लागू किए जाने के मुख्य कारण बताए। यह इस निष्कर्ष पर पहुँचा कि चुनाव संबंधी केस और सुप्रीम कोर्ट के सशर्त स्टे ने पी.एम. के तौर पर इंदिरा के लिए खतरा पैदा कर दिया था, इसलिए पी.एम. के तौर पर उनकी निजी हैसियत को सुरक्षित रखने के लिए आंतरिक आपातकाल लागू किया गया था। गुजरात की घटनाओं, बिहार के आंदोलन और सेना से जे.पी. का आह्वान कि वह इंदिरा से इस्तीफा ले, जैसे अन्य सारे कारणों ने परिस्थितियाँ गंभीर बनाई होंगी, लेकिन वे आपातकाल लागू करने का प्रत्यक्ष कारण नहीं थे।"

अंत में इंदिरा ने टेके घुटने

भले ही इंदिरा ने सुप्रीम कोर्ट पर पर्याप्त नियंत्रण हासिल कर लिया था, लेकिन अलग-अलग राज्यों के हाईकोर्ट में ऐसी स्थिति नहीं थी। धीरे-धीरे भारत के तमाम हाईकोर्ट अलग-अलग मामलों में आपातकाल के खिलाफ आदेश देने लगे। इलाहाबाद हाईकोर्ट, दिल्ली हाईकोर्ट ने कुलदीप नैयर केस में, बंबई हाईकोर्ट ने प्रेस पर सेंसरशिप केस में, एक अन्य अदालत ने मोरारजी देसाई केस में और कर्नाटक हाईकोर्ट ने वाजपेयी तथा आडवाणी को हिरासत में लिये जाने के मुकदमे में इंदिरा सरकार के खिलाफ फैसले सुनाए।

भूमिगत भारतीय जनसंघ और राष्ट्रीय स्वयंसेवक संघ कार्यकर्ता विरोध आंदोलन को आगे बढ़ा रहे थे। मीसा और डिफेंस ऑफ इंडिया (डी.आई.आर.) नियमों के तहत 25,000 से अधिक राष्ट्रीय स्वयंसेवक संघ कार्यकर्ताओं को हिरासत में लिया गया था। सत्याग्रह में शामिल 1,00,000 से अधिक लोगों को गिरफ्तार किया गया। लगभग सत्तर लोगों की मौत जेल में या भूमिगत रहकर काम करने के दौरान हुई। इस प्रकार 80 प्रतिशत गिरफ्तारियाँ और सत्याग्रहियों का संबंध राष्ट्रीय स्वयंसेवक संघ और भारतीय जनसंघ से था। नौ महीने की इमरजेंसी के दौरान भूमिगत गतिविधियाँ समाचार-पत्रों और परचों तथा आंदोलन और देश भर से आ रही खबरों की जानकारी के माध्यम से जारी रहीं। महत्त्वपूर्ण समाचार-पत्रों में ऑर्गनाइजर के संपादक वी.पी. भाटिया की 'सत्य समाचार', वाराणसी से प्रकाशित 'जनवाणी', बंबई से प्रकाशित 'वज्रयुग' और गुवाहाटी की 'सत्य बोर्ता' शामिल थीं। जॉर्ज फर्नांडिस भी अपने गुप्त ठिकाने से अपनी पत्रिका चला रहे थे।

इमरजेंसी के अब तक पाँच महीने हो चुके थे। इंदिरा की चौतरफा आलोचना हो रही थी। दबाव कम करने के लिए उन्होंने विपक्ष के कुछ बड़े नेताओं को रिहा करने

का मन बनाना शुरू किया। उन्होंने जे.पी. को रिहा किए जाने शुरुआत की, जिन्हें पाँच महीने तक एक छोटे से कमरे में सबसे दूर रखा गया था। उनका स्वास्थ्य बिगड़ता जा रहा था, जब 7 नवंबर को उनके भाई राजेश्वर प्रसाद ने उनसे मुलाकात की। उनकी हालत देखकर वह परेशान हो उठे और 9 नवंबर को उन्होंने इंदिरा को बिना अपने भाई को बताए चिट्ठी लिखी और 12 नवंबर को जे.पी. को 'परोल' पर छोड़ दिया गया। उनसे तीस दिन बाद सरेंडर करने को कहा गया, लेकिन उनकी तबीयत बिगड़ चुकी थी, इसलिए हिरासत का आदेश वापस ले लिया गया। उनकी दोनों किडनियाँ खराब हो चुकी थीं और इलाज के लिए उन्हें विदेश जाना पड़ा। जीवन भर उन्हें डायलिसिस की मशीन से बँधकर जीना पड़ा, जिससे उनकी गतिविधियाँ सीमित हो गईं। इस प्रकार मेरा अनुमान है कि इंदिरा का मकसद पूरा हो गया। बी.एल.डी. के अध्यक्ष चरण सिंह को 7 मार्च, 1976 को रिहा कर दिया गया और कुछ समय बाद कांग्रेस (ओ) अध्यक्ष अशोक मेहता को छोड़ दिया गया। वाजपेयी को परोल पर छोड़ दिया गया, जाहिर तौर पर स्वास्थ्य कारणों की वजह से। सोशलिस्ट पार्टी के एन.जी. गोरे पहले ही छोड़ दिए गए थे और अक्तूबर की शुरुआत में पीलू मोदी को रिहा कर दिया गया।

भले ही जे.पी. और कुछ शीर्ष नेताओं को रिहा कर दिया गया था, फिर भी जे.पी. को लगा कि सरकार की थोड़ी सी भी मंशा या इच्छा हालात को सामान्य करने की नहीं है। उन्होंने कहा कि बातचीत के लिए उपयुक्त आधार तभी बनेगा, जब सरकार इमरजेंसी हटा ले, प्रेस की आजादी पर लागू तमाम पाबंदियाँ वापस ले, इकट्ठा होने के अधिकार समेत नागरिक स्वतंत्रता बहाल करे, राजनीतिक गतिविधियों को मीसा के दायरे से बाहर करे, बंदी प्रत्यक्षीकरण के अधिकार को बहाल करे और 42वें संशोधन से न्यायिक समीक्षा पर लगाई गई पाबंदी को समाप्त करे, जल्द से जल्द सभी राजनीतिक बंदियों को बिना शर्त रिहा करे और निष्पक्ष आम चुनाव की एक पक्की तारीख का ऐलान करे। यदि इन सारी माँगों को पूरा किया जाता है तो उनका कहना था कि वह 1975 में जन और छात्र संघर्ष समितियों द्वारा शुरू किए गए आंदोलन को रोकने के लिए तैयार हैं।

1977 के आरंभ में इंदिरा में कुछ हद तक नरमी आ गई। 18 जनवरी, 1977 को उन्होंने लोकसभा भंग करने की घोषणा कर दी। आपातकाल वैसे अब तक लागू था, लेकिन देश के नाम अपने संबोधन ने उन्होंने आपातकाल लागू करने को सही ठहराया और इस दौरान हुए लाभों को गिनाया। उनकी मुख्य दलील यह थी कि उन्होंने देश को लाचारी और हिंसा से बचा लिया है; अनुशासन तथा उम्मीद की भावना की वापसी हुई है। इस प्रकार उन्होंने यह दिखाने का प्रयास किया कि वह आबादी के उन वर्गों की सहायता के लिए कई नीतियाँ लागू कर सकीं, जिन्हें विकास की योजनाओं का लाभ नहीं मिल सका था। लोगों की सेवा के लिए बनाई गई नीतियों की राह में आनेवाली रुकावटों

को दूर करने के लिए संविधान में संशोधन किया गया। इंदिरा के अनुसार, इमरजेंसी के जरिए दहेज जैसी सामाजिक कुरीति से निपटा गया और स्वस्थ तथा सही देखभाल प्राप्त करनेवाले बच्चों के लिए परिवार नियोजन को लागू किया गया। उनके अनुसार, महँगाई की रोकथाम के उपायों के कारण इमरजेंसी ने देश की आर्थिक स्थिति को बेहतर बना दिया था और किसानों, औद्योगिक श्रमिकों, वैज्ञानिकों और तकनीशियनों में समर्पण के नए जोश के कारण उत्पादन बढ़ गया था।

अब देश एक बार फिर आम चुनावों के लिए तैयार था। अब इंदिरा के लिए लोगों के सामने इमरजेंसी का बचाव करने की, जबकि विपक्ष के सामने विपक्षी दलों की एकता सुनिश्चित करने की सबसे बड़ी चुनौती थी।

□

14

विपक्षी एकता और भारतीय जनसंघ व अन्य का जनता पार्टी में विलय

श्यामा प्रसाद मुकर्जी के समय से ही विपक्षी एकता के कई प्रयास किए गए थे। कुछ सफल हुए, कुछ नहीं। 15 अगस्त, 1953 में इलाहाबाद में भारतीय जनसंघ की अखिल भारतीय सामान्य परिषद् ने भारतीय जनसंघ, हिंदू महासभा, राम राज्य परिषद् और अन्य राष्ट्रवादी दलों के विलय का स्वागत करने के लिए एक प्रस्ताव पास किया। यह विलय सफल नहीं हो सकता था, क्योंकि भारतीय जनसंघ इस शर्त को मानने के लिए तैयार नहीं था कि राजनीतिक गतिविधि किसी विशेष धर्म से जुड़ी होनी चाहिए या इसे जाति के आधार पर होना चाहिए। इस विफलता के बावजूद भारतीय जनसंघ की केंद्रीय कार्यसमिति ने 20 अप्रैल, 1957 में विभिन्न विधान सभाओं में अपने सदस्यों को अन्य समूहों और दलों के साथ मिलकर साझा मुद्दों पर काम करने और इसके साथ ही सरकार के खिलाफ राष्ट्रीय लोकतांत्रिक विपक्ष को मजबूत करने का निर्देश दिया। विपक्षी एकता के इस आह्वान को 13 जून, 1963 में भारतीय जनसंघ की कार्य समिति की बैठक में फिर से दोहराया गया। 2 नवंबर, 1966 को नागपुर में अपनी सामान्य परिषद् की बैठक में भारतीय जनसंघ ने राष्ट्रीय लोकतांत्रिक विकल्प के गठन की पहल की। आगे चलकर राजगोपालाचारी ने भारतीय जनसंघ के साथ स्वतंत्र पार्टी के विलय का प्रस्ताव रखा, लेकिन यह दोनों दलों के आर्थिक और विदेश नीति के उद्देश्यों में मौलिक मतभेदों के कारण संभव नहीं हो सका। हालाँकि गुजरात, राजस्थान और उड़ीसा के चुनावों में स्वतंत्र पार्टी के साथ समन्वय हुआ। 1963 में भारतीय जनसंघ ने पी.एस.पी. को विपक्षी सहयोग का हिस्सा न बनाने के फैसले पर खेद जताया।

साल 1975-75 में बी.के.डी. के अध्यक्ष चरण सिंह कम्युनिस्टों के सिवाय सभी गैर-कांग्रेसी विपक्षी दलों का विलय कर एक पार्टी के गठन करने की वकालत कर रहे थे। ऐसा लग रहा था मानो उनका दूसरा ही एजेंडा था—नई पार्टी के नेतृत्व पर कब्जा जमाना! उनकी मंशा को भाँपने के बाद कांग्रेस (ओ) और भारतीय जनसंघ उस समय

ऐसे किसी कदम के लिए तैयार नहीं थे। भारतीय जनसंघ का विलय बी.के.डी. के साथ करने के लिए, चरण सिंह ने तत्कालीन राष्ट्रीय स्वयंसेवक संघ सरसंघचालक बाला साहब देवरस से भी मुलाकात की, जिन्होंने उन्हें बताया कि भारतीय जनसंघ नेता 'अपने विवेक से अपने फैसले करते हैं।'[299] हालाँकि 29 अगस्त, 1974 में चरण सिंह ने बी.के.डी., उत्कल कांग्रेस, एस.एस.पी., स्वतंत्र पार्टी, राष्ट्रीय लोकतांत्रिक दल, पंजाब खेतबाड़ी जमींदारी यूनियन और हरिजन संघर्ष समिति का विलय कर बी.एल.डी. का गठन किया, जिसके अध्यक्ष वह स्वयं थे।

जे.पी. आंदोलन के कारण विपक्षी दलों की घनिष्ठता अब एक-दूसरे से काफी बढ़ चुकी थे। इमरजेंसी ने उनके बीच तालमेल बढ़ा दिया था। मार्च 1975 में नई दिल्ली में भारतीय जनसंघ के पूर्ण अधिवेशन में आडवाणी ने अपने अध्यक्षीय भाषण में विलय के मुद्दे की चर्चा की और पहली बार न्यूनतम साझा कार्यक्रम, समान जनता उम्मीदवारों और एक ही चुनाव चिह्न के बारे में बात की—

> "आज भारतीय राजनीतिक परिदृश्य तेजी से बदल रहा है। जे.पी. आंदोलन ने विपक्षी दलों को साथ लाने में एक बड़ी शक्तिशाली उत्प्रेरक की भूमिका निभाई है। इसका कारण यह है कि इस आंदोलन के प्रमुख मुद्दों का विचारधारा से कोई लेना-देना नहीं है।
>
> लेकिन आंदोलन में शामिल सभी राजनीतिक दल इस बात को समझते हैं कि जब तक इस आंदोलन से एक स्थिर संस्थागत व्यवस्था सामने नहीं आएगी, जिसे लोग देश के शासन के लिए वैकल्पिक साधन के रूप में देख सकें, तब तक इस आंदोलन के लक्ष्यों को हासिल नहीं किया जा सकेगा।
>
> एक विचार यह रखा जाता है कि इस अभियान में शामिल सभी दलों को अपनी अलग-अलग पहचान को छोड़कर अपने आपको एक पार्टी के रूप में अभी यहीं विलय कर देना चाहिए और फिर सारा ध्यान कांग्रेस पार्टी को उखाड़ फेंकने पर लगा देना चाहिए।
>
> यह विचार इस बात को संज्ञान में नहीं लेता कि कांग्रेस-विरोधवाद अपने आप में इतना कमजोर बंधन है कि किसी पार्टी को साथ जोड़कर नहीं रख सकता है। हमें लगता है कि कार्यक्रम संबंधी एकता होनी ही चाहिए। लेकिन किसी पार्टी में किसी सोद्देश्य परिवर्तन का साधन बनने के लिए कार्यक्रम संबंधी एकता से भी अधिक महत्त्वपूर्ण गुण के रूप में जमीनी स्तर से लेकर शीर्ष तक सभी स्तरों पर भाईचारे की भावना और परस्पर भरोसा होना चाहिए।

---

299. 'भारतीय जनसंघ, पार्टी डॉक्यूमेंट', खंड 6, 1952-1980, पृ. 421

यह भरोसा और विश्वास केवल साथ मिलकर काम करने और समान मुद्दों के लिए साथ मिलकर संघर्ष करने से ही हासिल किया जा सकता है। बिहार के आंदोलन और उससे बाहर इसके विस्तार ने हम सभी को इस हासिल करने का एक शानदार अवसर दिया है। इस कारण हमें इस आंदोलन को व्यापक और तेज करना चाहिए।

इस प्रकार, इस आंदोलन में साथ काम करने, संसद् में साझा समूह बनाने और न्यूनतम साझा कार्यक्रम पर आधारित ठोस चुनावी रणनीति, समान जनता उम्मीदवार और एक ही चुनाव चिह्न ऐसे कदम हैं, जिनसे हम मानते हैं कि कांग्रेस के खिलाफ एक संस्था के रूप में विकल्प खड़ा किया जा सकता है।"[300]

ऊपर जिस रणनीति की चर्चा की गई है, उसे गुजरात विधानसभा चुनावों में आजमाया गया। जनता मोर्चा का गठन किया गया, एक न्यूनतम साझा कार्यक्रम तैयार किया गया और चुनाव प्रचार साथ मिलकर किया गया। जनता मोर्चा ने चुनाव जीता और कांग्रेस की ताकत पहले की 140 सीटों से आधी हो गई। वास्तव में भारतीय जनसंघ के अध्यक्ष के रूप में आडवाणी ने जेल से अपने पार्टी के सदस्यों को एक संयुक्त दल का गठन करने के कदम उठाने का नोट भेजा था, जिसमें कहा था कि इस पार्टी का गठन किसी शिखर वार्त्ता से नहीं, बल्कि कैडर के स्तर पर एकता स्थापित किए जाने से होना चाहिए।

मार्च 1976 तक अधिकांश विपक्षी नेता जेल से बार आ चुके थे और 21-22 मार्च, 1976 को एक बैठक आयोजित की गई थी। इसका आयोजन जे.पी. ने किया था, जो इलाज के बाद विदेश से लौटे थे। इस बैठक में आचार्य कृपलानी (निर्दलीय), चरण सिंह (बी.एल.डी.), एनजी गोरे (सोशलिस्ट पार्टी), एच.एम. पटेल (बी.एल.डी.), शांति भूषण (कांग्रेस ओ), ओम प्रकाश त्यागी (भारतीय जनसंघ), त्रिबिद चौधरी (रिवॉल्यूशनरी सोशलिस्ट पार्टी या आर.एस.पी.), नरंजन देसाई (सर्वोदय), एस.एम. जोशी (स्वतंत्र पार्टी), उमा शंकर जोशी (सर्वोदय), कृष्ण कांत (बागी कांग्रेसी), पी.जी. मावलंकर (निर्दलीय), निजलिंगप्पा (कांग्रेस ओ), बाबूभाई पटेल (कांग्रेस ओ), उत्तम राव पाटिल (भारतीय जनसंघ) और युधनाथ थट्टा (सर्वोदय) शामिल थे। एक संयुक्त विपक्षी दल की नीति और कार्यक्रम तैयार करने के लिए एक स्टीयरिंग कमेटी बनाई गई। इस प्रक्रिया को दो महीने में पूरा किया जाना था। एच.एम. पटेल, शांति भूषण, ओ.पी. त्यागी और एन.जी. गोरे इसके सदस्य थे, जिसके संयोजक गोरे थे।

स्टीयरिंग कमेटी ने दृष्टि-पत्र तैयार किया और 22 तथा 23 मई को उस पर चर्चा

---

300. उपरोक्त, पृ. 422-423

हुई। जे.पी. ने 25 मई को एक नई राष्ट्रीय पार्टी की घोषणा की, जिसमें कांग्रेस (ओ), भारतीय जनसंघ, बी.एल.डी. और सोशलिस्ट पार्टी के सदस्य शामिल थे। जे.पी. ने ऐलान किया कि डी.एम.के. से उसे नए मंच पर लाने के लिए बातचीत की जा रही है और नई पार्टी की औपचारिक शुरुआत जून 1976 के एक सम्मेलन में की जाएगी। औपचारिक शुरुआत के बाद चार मौजूदा दलों का विलय हो जाएगा और नई पार्टी में ऐसे सदस्य होंगे, जो इन पुराने दलों का हिस्सा नहीं थे। इसका नाम, संविधान और पदाधिकारियों के नामों की घोषणा बाद में की जाएगी। इस घोषणा के बाद विभिन्न दलों ने अपने-अपने तरीके से प्रतिक्रिया दी।

16 जून, 1976 को कांग्रेस (ओ) ने यह कहते हुए प्रस्ताव पारित किया कि लोकतांत्रिक स्वतंत्रता के लिए अहिंसक आंदोलन चलाया जाना चाहिए और लोकतांत्रिक स्वतंत्रता को ठोस बनाए जाने की जरूरत पर बल दिया गया, ताकि सत्ताधारी दल का एक व्यावहारिक विकल्प दिया जा सके। 29 जून को अशोक मेहता ने गोरे को पत्र लिखा कि चुनाव के जल्द होने की संभावना नहीं है, इसलिए विपक्षी एकता के मुद्दे पर हड़बड़ी की जरूरत नहीं है। मूल रूप से कांग्रेस (ओ) ने जे.पी. के एक दल के कदम का पूरे मन से समर्थन नहीं किया।

मेहता की चिट्ठी ने आडवाणी की परेशानी बढ़ा दी, क्योंकि वह पार्टी के ऐलान का समर्थन कर रहे थे। कोई औपचारिक ऐलान नहीं किया गया, क्योंकि राष्ट्रीय कार्यकारिणी के अध्यक्ष समेत तीस सदस्य जेल में थे।

चरण सिंह चार दलों का विलय चाहते थे और इस नई पार्टी का नेतृत्व सँभालना चाहते थे। उन्हें संदेह था कि जे.पी. चार दलों के विलय के लिए नहीं, बल्कि अपने नेतृत्व में एक पाँचवें दल के गठन का प्रयास कर रहे थे। गोरे सोशलिस्ट पार्टी का रुख नहीं बता पाए, क्योंकि कार्यसमिति के सदस्य जेल में थे। उन्होंने कहा कि चारों दलों को साथ मिलकर काम करना चाहिए और एकता की भावना को आगे बढ़ाने के लिए नेताओं को साझा दौरों का आयोजन करना चाहिए।

जहाँ विलय से जुड़े प्रश्नों पर चर्चा हो रही थी, वहीं जे.पी. ने इस पर चर्चा शुरू कर दी कि नई पार्टी का अध्यक्ष किसे बनाया जाना चाहिए? वह व्यक्ति उनमें से होना चाहिए, जो जेल से बाहर हो। चरण सिंह अध्यक्ष बनने की इच्छा लिये हुए थे। 20 मार्च, 1976 को, लोक संघर्ष समिति के नेता और राष्ट्रीय स्वयंसेवक संघ प्रचारक डी.बी. ठेंगड़ी ने जे.पी. को पत्र लिखकर उनसे एस.एम. जोशी को अध्यक्ष बनाने की अपील की। चरण सिंह को जब इसकी जानकारी मिली तो उनके मन में राष्ट्रीय स्वयंसेवक संघ के प्रति कड़वाहट आ गई और उन्होंने राष्ट्रीय स्वयंसेवक संघ और नए दल की दोहरी सदस्यता पर सवाल उठा दिया। ओ.पी. त्यागी चरण सिंह से असहमत थे और उन्होंने

कहा कि यह नई पार्टी को तय करना है कि वह किस प्रकार की शर्तें चाहता है ? वाजपेयी ने पार्टी कार्यकर्ताओं को भरोसा दिलानेवाला नोट भेजा और कहा कि 'मैं उन्हें दृढ़ता के साथ कह दिया है कि जो राष्ट्रीय स्वयंसेवक संघ के सदस्यों को शामिल होने से रोकेगा, मैं उस पार्टी का सदस्य नहीं बनूँगा।'[301] 25 जुलाई, 1976 की बी.एल.डी. की राष्ट्रीय कार्यकारिणी ने कहा कि अन्य तीन दलों (भारतीय जनसंघ, कांग्रेस (ओ) और सोशलिस्ट पार्टी) की ओर से अपना विलय करने की अनिच्छा या हिचक ने एकता कायम करने के जे.पी. के प्रयासों को विफल कर दिया था और उसने 'विलय का सच' शीर्षक से एक लेख प्रकाशित किया और जे.पी. की विफलता के लिए अन्य तीन दलों पर झूठा आरोप लगाया।

इस बीच 26 सितंबर, 1976 को, यू.एल. पाटिल और ओ.पी. त्यागी को क्रमशः भारतीय जनसंघ का कार्यकारी अध्यक्ष और महासचिव नियुक्त किया गया। वहीं त्यागी ने 21 अगस्त, 1976 को चरण सिंह को राष्ट्रीय स्वयंसेवक संघ पर उठाए गए सवाल पर आड़े हाथों लिया। उन्होंने कहा कि राष्ट्रीय स्वयंसेवक संघ के प्रति चरण सिंह का बदला हुआ रवैया आश्चर्यजनक है और किसी राजनीतिक दल के लिए अपने सदस्यों को सामाजिक या सांस्कृतिक संगठनों से जुड़ने पर पाबंदी लगाना सही नहीं है।

इंदिरा ने 18 जनवरी, 1977 को लोकसभा को भंग कर दिया। जे.पी. ने चुनावी की घोषणा का स्वागत किया। राजनीतिक दलों के प्रतिनिधियों से दो दिनों तक सघन चर्चा और जे.पी. की ओर से दबाव के बाद जनता पार्टी को लॉन्च करने पर 20 जनवरी, 1977 को सहमति बन गई। 23 जनवरी, 1977 को एक प्रेस कॉन्फ्रेंस में मोरारजी ने घोषित किया कि विपक्षी दल एक पार्टी के रूप में चुनाव लड़ेंगे। इसे 'जनता पार्टी' कहा जाएगा और इसका एक ही चुनाव चिह्न होगा। चूँकि चुनाव आयोग से औपचारिकता पूरी करने का समय नहीं था, इसलिए इस पर सहमति बनी कि बी.एल.डी. के 'हलधर' चुनाव चिह्न को अपनाया जाएगा।

कांग्रेस पार्टी के भीतर एक और भारी-भरकम टूट हुई। 1 फरवरी, 1977 को जगजीवन राम इमरजेंसी हटाने की अपील करने पी.एम. से मिले और 2 फरवरी को उन्होंने कैबिनेट और कांग्रेस दोनों से इस्तीफा देकर एक नई पार्टी 'कांग्रेस फॉर डेमोक्रेसी' (सी.एफ.डी.) के गठन का ऐलान किया। उसी दिन जनता पार्टी की केंद्रीय कार्यकारिणी की बैठक हुई और उनके इस्तीफे का स्वागत किया गया। जगजीवन राम चुनाव से पहले सी.एफ.डी. का विलय करने के लिए तैयार नहीं थे और उन्होंने कहा कि जनता पार्टी में सी.एफ.डी. के विलय पर फैसला चुनावों के बाद किया जाएगा। हालाँकि वह जनता पार्टी के चुनाव चिह्न का इस्तेमाल करने पर सहमत हो गए।

301. उपरोक्त, पृ. 430

जनता पार्टी का चुनाव घोषणा-पत्र 10 जून, 1977 को नई दिल्ली में चरण सिंह द्वारा जारी किया गया। इसने चुनाव के संदर्भ और उसमें शामिल मुद्दों पर चर्चा की और उस कार्यक्रम के बारे में बताया, जिसे लागू करने की दिशा में पार्टी आगे बढ़ेगी। उस कार्यक्रम में राजनीतिक, आर्थिक, सामाजिक और विदेश नीति के मुद्दों पर चर्चा की गई थी।

1977 के ऐतिहासिक चुनाव और नतीजे

इंदिरा इस आरोप के साथ चुनाव प्रचार पर निकल पड़ीं कि विपक्ष देश को अस्थिर कर रहा है और केवल कांग्रेस ही स्थिरता दे सकती है। उन्होंने विपक्षी एकता को अवसरवादिता और बहुत बड़ा गोलमाल कहकर खारिज कर दिया। कांग्रेस का प्रचार करनेवालों में इंदिरा अकेली थीं और उन्होंने जनता पार्टी में शामिल भारतीय जनसंघ पर जोरदार हमला किया और लोगों को चेताया कि जब भी विपक्षी दल साथ आते हैं, तब भारतीय जनसंघ हमेशा उन पर हावी हो जाती है। उन्होंने यह भी कहा कि 1971 की तरह ही यह गठबंधन किसी भी समय बिखर जाएगा।

जनता पार्टी के लिए चुनाव प्रचार के तेवर जे.पी. ने तय कर दिए, जिन्होंने कहा कि 1977 का चुनाव लोकतंत्र बनाम तानाशाही है—जब चुनाव का मुख्य मुद्दा यह था कि क्या लोकतंत्र की वापसी होगी या इंदिरा की तानाशाही जारी रहेगी। मोरारजी ने इस बात पर जोर दिया कि देश को भय की उस भावना से बाहर निकालना है, जिसने कई वर्षों से उसे जकड़ रखा है। वाजपेयी ने जनता पार्टी को अवसरवादी और गोलमाल करनेवाली कहने पर कांग्रेस की धज्जियाँ उड़ा दीं। उन्होंने कहा, 'चुनाव के बाद हम एक नई पार्टी बनाने की शपथ ले चुके हैं। हम अपना घर जलाने के बाद एक साथ इकट्ठा हुए हैं।'[302] जालंधर में अपनी जनसभा में उन्होंने लोगों से कहा कि जनता पार्टी का जन्म जेल में हुआ था और जेल में ही विपक्ष के नेताओं को एक हो जाने का विवेक मिला तथा इसके लिए पी.एम. के प्रति वे आभारी हैं। 1 मार्च, 1977 को तिरुचि में प्रेस से बात करते हुए आडवाणी ने कहा कि 'जनता पार्टी अपने नेताओं को जे.पी. के मार्गदर्शन में चुनेगी। कांग्रेस के पास जहाँ एक ही प्रचारक है, वहीं जनता पार्टी के पास कई लोकप्रिय नेता हैं, जो बड़ी संख्या में लोगों को आकर्षित कर लेते हैं।'[303]

नतीजों ने सभी को चकित कर दिया। लोगों ने इमरजेंसी के खिलाफ वोट दिया। समाप्त हो रही लोकसभा (पाँचवीं) में कांग्रेस के पास 355 सीटें थीं, कांग्रेस (ओ) के पास ग्यारह, भारतीय जनसंघ सोलह, बी.एल.डी. नौ और सोशलिस्ट पार्टी तीन। हालाँकि

302. उपरोक्त, पृ. 441
303. उपरोक्त, पृ. 442

1977 के चुनाव में जनता पार्टी को 271 सीट, सी.एफ.डी.को अट्ठाईस और कांग्रेस को केवल 154 सीटें मिलीं। जनता पार्टी–सी.एफ.डी. को 42.17 प्रतिशत वोट मिले और कांग्रेस कुछ मतों का मात्र 34.54 प्रतिशत ही हासिल कर सकी। 271 जनता पार्टी सांसदों में भारतीय जनसंघ के पास सबसे अधिक तिरानबे सीट थीं, बी.एल.डी. की इकहत्तर (चरण सिंह ग्रुप तीस, राज नारायण समर्थकों की छब्बीस और बीजू पटनायक चौदह, कांग्रेस (ओ) की इक्यावन, सोशलिस्ट पार्टी अठाईस, चंद्रशेखर गुट के पास छह और क्षेत्रीय दलों और असंबद्धों के पास पच्चीस सांसद थे। बिहार और उत्तर प्रदेश में कांग्रेस का सफाया हो गया और जनता पार्टी–सी.एफ.डी. को क्रमश: 52/54 और 85/85 सीटें मिलीं। गुजरात में छब्बीस सीटों में से कांग्रेस को दस और जनता पार्टी–सी.एफ.डी. ने छब्बीस में से सोलह पर कब्जा जमा लिया।

मार्च 1977 को जनता पार्टी को चार दलों भारतीय जनसंघ, बी.एल.डी., कांग्रेस (ओ) और सोशलिस्ट पार्टी के बीच चुनाव के समझौते के तहत लॉन्च किया गया था। सी.एफ.डी. ने इसमें अपना विलय नहीं किया, लेकिन चुनाव एक ही चुनाव चिह्न पर लड़ा। सी.एफ.डी. के जिन उम्मदीवारों के पास जनता पार्टी का चुनाव चिह्न था, वे सभी जीत गए, जबकि जिनके पास यह चुनाव चिह्न नहीं था, वे चुनाव हार गए। 1 मई, 1977 को सभी चार दलों और सी.एफ.डी. का विलय हुआ और एक राष्ट्रीय पार्टी बनी। जे.बी. कृपलानी और जे.पी. ने चंद्रशेखर को अध्यक्ष नामित किया था और इस कारण मई 1977 में आयोजित जनता पार्टी के राष्ट्रीय सम्मेलन में उन्हें आम सहमति से अध्यक्ष पद के लिए चुन लिया गया। जे.पी. ने जनता पार्टी के सभी चुने गए सांसदों से कहा कि वे इस शपथ को लें—''हम शपथ लेते हैं कि पार्टी के उद्देश्यों को पूरा करने तथा घोषणा-पत्र में उल्लिखित पार्टी के राजनीतिक, आर्थिक और सामाजिक चार्टर को व्यावहारिक रूप में हासिल करने के लिए हम एकजुट रहेंगे।''[304]

जनता पार्टी के सामने प्रश्न : कौन होगा प्रधानमंत्री ?

इस शपथ को लेने के बाद जनता पार्टी संसदीय दल की बैठक संसद् के केंद्रीय कक्ष में हुई। इस पर सहमति बनी कि आचार्य जेबी कृपलानी और जे.पी. सांसदों से चर्चा के बाद तय करेंगे कि जनता पार्टी का नेतृत्व कौन करेगा ? इस पर आम सहमति बनी कि मोरारजी देसाई सरकार का नेतृत्व करेंगे।

चर्चा के दौरान रेस में तीन नाम थे—मोरारजी देसाई, चरण सिंह और जगजीवन राम। भारतीय जनसंघ के सबसे अधिक सांसद थे, लेकिन उसने पी.एम. के पद पर दावा

304. http://www.ataljee.org/digLib/bitstream/1/56/1/6.12%20Ideals%20Or%20Opportunism.PDF

नहीं किया, जबकि जगजीवन राम प्रधानमंत्री बनना चाहते थे। भारतीय जनसंघ और सोशलिस्ट पार्टी के सहयोगी चाहते थे कि एक हरिजन को पी.एम. बनाया जाए, जिसने प्राशासनिक कौशल को सिद्ध कर दिया है और जिसमें पी.एम. बनने की राजनीतिक सूझ-बूझ हो। हालाँकि चरण सिंह, जिनका नाम इस कारण खारिज कर दिया गया था कि उनमें पी.एम. पद के लिए व्यापक आवश्यक राष्ट्रीय दूरदर्शिता नहीं है, उन्हें जब भनक लगी कि जगजीवन राम को चुना जाएगा, तो आनन-फानन में उन्होंने मोरारजी के पक्ष में जे.पी. को चिट्ठी भेज दी, जिससे चर्चा ही समाप्त हो गई। दिलचस्प रूप से जगजीवन राम की बेटी मीरा कुमार आगे चलकर 2009 से 2014 तक पंद्रहवीं लोकसभा की स्पीकर बनीं। चरण सिंह को अवसर गँवा देने का मलाल था, जबकि भारतीय जनसंघ ने मोरारजी देसाई के पी.एम. घोषित किए जाने के बाद उनका पूरे दिल से समर्थन किया। दूसरी तरफ चरण सिंह पहले दिन से आखिरी दिन तक इस बात को हजम नहीं कर सके और मन में कड़वाहट लिये रहे कि वह पी.एम. नहीं बन पाए!

यह तय हुआ था कि कैबिनेट छोटी होगी, जिसमें प्रत्येक सहयोगी दल के दो-दो सदस्य होंगे। हालाँकि यह घोषित किया गया कि कैबिनेट में प्रधानमंत्री को मिलाकर बीस सदस्य होंगे। सत्रह सदस्य जनता पार्टी के थे, दो सी.एफ.डी. से और एक अकाली पार्टी से। इन सत्रह में से छह कांग्रेस (ओ) के थे, तीन-तीन भारतीय जनसंघ और सोशलिस्ट पार्टी से, चार बी.एल.डी. से और एक शांति भूषण, जो इंदिरा गांधी के खिलाफ चुनाव याचिका दायर करनेवाले राज नारायण के वकील थे। चरण सिंह नंबर दो पर थे और उन्हें गृह मंत्री बनाया गया था। जस्टिस हेगड़े लोकसभा के स्पीकर बने।

चरण सिंह के अलावा कुछ अन्य नेताओं के भी दिल जल रहे थे। बमुश्किल कोई सलाह-मशविरा हुआ था और कांग्रेस (ओ) को कुछ ज्यादा ही तरजीह मिली थी।

जगजीवन राम सदस्यों की संख्या और इस प्रकार किए गए कैबिनेट के गठन से खुश नहीं थे। उन्होंने और हेमवती नंदन बहुगुणा ने शपथ ग्रहण समारोह का बहिष्कार कर दिया। उनसे सहानुभूति जताने के लिए राज नारायण और जॉर्ज फर्नांडिस भी मौजूद नहीं थे। चंद्रशेखर, एन.जी. गोरे, शांति भूषण, एल.के. आडवाणी और एच.एम. पटेल ने दखल दिया, क्योंकि जे.पी. अस्पताल में भरती होने की वजह से मौजूद नहीं थे। जे.पी. ने अस्पताल से ही जगजीवन राम से कैबिनेट में शामिल होने और संकट को समाप्त करने की अपील की। इन हस्तक्षेपों और लोगों के दबाव के कारण 28 मार्च, 1977 को जगजीवन राम, एच.एन. बहुगुणा, जॉर्ज फर्नांडिस, राज नारायण और बृजलाल वर्मा (नानाजी देशमुख के स्थान पर) ने शपथ ली। आजाद भारत की पहली गैर-कांग्रेसी सरकार की कैबिनेट कुछ इस तरह थी—

प्रधान मंत्री : मोरारजी देसाई

गृह मंत्री : चरण सिंह
रक्षा मंत्री : जगजीवन राम
विदेश मंत्री : अटल बिहारी वाजपेयी
सूचना और प्रसारण मंत्री : एल.के. आडवाणी
कृषि और सिंचाई मंत्री : प्रकाश सिंह बादल
रसायन और उर्वरक मंत्री : एच.एन. बहुगुणा
कानून, न्याय और कंपनी मामलों के मंत्री : शांति भूषण
उद्योग मंत्री : जॉर्ज फर्नांडीस
रेल मंत्री : मधु दंडवते
स्वास्थ्य और परिवार नियोजन मंत्री : राज नारायण
इस्पात और खान मंत्री : बीजू पटनायक
संचार मंत्री : बृजलाल वर्मा
निर्माण, आवास, आपूर्ति और पुनर्वास मंत्री : सिकंदर बख्त
शिक्षा, समाज कल्याण और संस्कृति मंत्री : प्रताप चंद्रा
वाणिज्य, नागरिक आपूर्ति और सहकारिता मंत्री : मोहन धारिया
पर्यटन और नागरिक उड्डयन मंत्री : पुरुषोत्तम कौशिक
वित्त, राजस्व और बैंकिंग मंत्री : एच.एम. पटेल
ऊर्जा मंत्री : पी. रामचंद्रन
संसदीय कार्य और श्रम मंत्री : रवींद्र वर्मा

एक महत्त्वपूर्ण व्यक्ति, जिनकी चर्चा यहाँ होनी चाहिए, वे हैं नाराजी देशमुख। 1977 के चुनावों में उन्होंने अच्छे-खासे अंतर से उत्तर प्रदेश की बलरामपुर लोकसभा सीट से जीत दर्ज की थी। उन्हें कैबिनेट में शामिल होने का प्रस्ताव दिया गया था, लेकिन इस बीच जे.पी. ने 'संपूर्ण क्रांति' का आह्वान कर दिया। देशमुख ने इस आंदोलन का समर्थन किया। जब जनता पार्टी का गठन किया गया था, तब देशमुख इसके प्रमुख सूत्रधारों में शामिल थे। 1980 में जब वह साठ के हुए, तब उन्होंने न केवल चुनाव न लड़ने, बल्कि राजनीति को भी छोड़ने का फैसला कर लिया। आगे चलकर उन्होंने खुद को सामाजिक और रचनात्मक कार्य के प्रति समर्पित कर दिया, आश्रमों में रहे और कभी अपने आप को प्रमुखता नहीं दी। 1999 में एन.डी.ए. की सरकार ने देश के प्रति उनकी सेवा को सम्मान देते हुए उन्हें राज्यसभा के लिए मनोनीत किया।

जनता पार्टी के साथ जगजीवन राम की सी.एफ.डी. का औपचारिक विलय 1 मई, 1977 को हुआ। सरकार के गठन के दौरान विवादों और झटकों के बावजूद लोगों ने

इस नई आजादी का जश्न मनाया। 'दूसरी आजादी के रचनाकार', जे.पी. सबसे अधिक खुश थे। उन्होंने कहा, 'मेरे जीवन का कार्य अब पूरा हो चुका है।' चुनाव में हार के बाद और पद छोड़ने से पहले इंदिरा ने आंतरिक आपातकाल को समाप्त कर दिया। उन्होंने राष्ट्रीय स्वयंसेवक संघ तथा अन्य संगठनों पर लगी पाबंदी को भी हटा दिया। हालाँकि 1971 में लागू किया गया बाहरी आपातकाल जारी रहा।

मोरारजी सरकार ने 'आपत्तिजनक सामग्री प्रकाशन रोकथाम अधिनियम' को समाप्त कर दिया और संसदीय काररवाई प्रकाशन (संरक्षण) अधिनियम को, जो 'फिरोज गांधी ऐक्ट' के नाम से लोकप्रिय था, उसे बहाल कर दिया; राजनीतिक बंदियों को रिहा कर दिया, मीसा को समाप्त कर दिया, अलोकतांत्रिक 42वें संविधान संशोधन को निरस्त कर दिया, समाचार एजेंसियों को सरकार के नियंत्रण से मुक्त कर दिया और समाचार के एकाधिकार को समाप्त कर दिया। आपातकाल के दौरान 42वें संशोधन ने न्यायपालिका की शक्ति और स्वतंत्रता पर गंभीर कुठाराघात किया था। मोरारजी सरकार 16 दिसंबर, 1977 को 44वें संशोधन के रूप में एक नया विधेयक लेकर आई, जिसने आपातकाल से पूर्व की संवैधानिक स्थिति, सुप्रीम कोर्ट और तमाम हाईकोर्ट के अधिकार क्षेत्र तथा शक्तियों को बहाल करने का प्रयास किया, जिनमें 42वें संशोधन ने कटौती कर दी थी। भले ही राज्यसभा में कांग्रेस के पास बहुमत था, लेकिन इंदिरा जानती थीं कि आपातकाल के दौरान संविधान में किए गए बदलावों पर जनता की राय कैसी थी! अत: राज्यसभा में कोई विरोध नहीं हुआ और 1978 में यह पारित हो गया।

1977 के आम चुनावों के बाद राज्यों में विधानसभा के चुनाव

लोकसभा चुनावों के बाद 22 मार्च, 1977 को जे.पी. ने कांग्रेस के शासन वाले सभी राज्यों की विधानसभाओं को भंग करने की माँग की, क्योंकि वे जनता का विश्वास खो चुकी थीं। पूर्व राष्ट्रपति वी.वी. गिरी ने इस आह्वान का समर्थन किया। कांग्रेस के शासन वाले बिहार, हरियाणा, हिमाचल प्रदेश, मध्य प्रदेश, उड़ीसा, पंजाब, राजस्थान, उत्तर प्रदेश और पश्चिम बंगाल 42वें संशोधन के आधार पर अपनी सरकारों का कार्यकाल आगे बढ़ाते जा रहे थे, जिसने लोकसभा और विधानसभाओं को छह साल का कार्यकाल दिया था, जबकि पहले यह पाँच साल हुआ करता था।

अप्रैल 1977 में केंद्रीय गृह मंत्री चरण सिंह ने सभी नौ मुख्यमंत्रियों को पत्र लिखकर सलाह दी कि वे विधानसभा भंग कर फिर से जनादेश लें। और ऐसा होने तक, वे कार्यवाहक सरकार चलाते रहें। उन्होंने इस सुझाव को मानने से इनकार कर दिया और केंद्र सरकार के खिलाफ आदेश प्राप्त करने के लिए सुप्रीम कोर्ट का दरवाजा खटखटाया। सुप्रीम कोर्ट की सात सदस्योंवाली संविधान पीठ ने याचिका को खारिज

कर दिया। इन परिस्थितियों में केंद्रीय कैबिनेट ने अनुच्छेद 356 के तहत राष्ट्रपति शासन लगाने का फैसला किया। कार्यकारी राष्ट्रपति पहले तो इसके लिए तैयार नहीं थे, लेकिन 30 अप्रैल, 1977 को इसे लागू किए जाने का आदेश जारी कर दिया। चूँकि राज्यसभा में कांग्रेस के पास बहुमत था, इसलिए दोनों सदनों से स्वीकृति की कोई संभावना नहीं थी और अनुच्छेद 356 के तहत की गई घोषणा का प्रभाव दो महीने के भीतर समाप्त हो जाएगा। इसलिए चुनाव की सारी प्रक्रिया को दो महीने में पूरा करना होगा।

हाल ही में बनी जनता पार्टी एक बार फिर चुनाव की तैयारियों में जुट गई। उत्तर प्रदेश में टिकट के बँटवारे से चरण सिंह नाराज हो गए। उन्होंने चुनाव आयोग को पत्र लिखकर कहा कि वह जनता पार्टी का चुनाव चिह्न जब्त कर ले, जो मूल रूप से बी.एल.डी. का चुनाव चिह्न था। उनका उद्‌देश्य पार्टी को ब्लैकमेल करना था, ताकि अपने समर्थकों को अधिक सीटें दिला सकें। हालाँकि पार्टी जब नहीं झुकी तो उन्होंने चुनाव आयोग को भेजा अपना पत्र वापस ले लिया। इसके बावजूद पार्टी को भारी शर्मिंदगी उठानी पड़ी और चरण सिंह का हल्कापन भी सामने आ गया। जनता पार्टी का प्रदर्शन राज्य के चुनावों में भी अच्छा रहा।

जनता पार्टी के संसदीय बोर्ड ने राज्य विधानसभाओं को मुख्यमंत्री चुनने की आजादी दी। इस निर्णय में प्रत्येक सहयोगी दल की सामूहिक शक्ति ने एक महत्त्वपूर्ण भूमिका निभाई। भारतीय जनसंघ के पास दिल्ली और मध्य प्रदेश में पूर्ण बहुमत था, जबकि राजस्थान और हिमाचल प्रदेश में भारतीय जनसंघ सबसे बड़ा समूह था। उड़ीसा और उत्तर प्रदेश में बी.एल.डी. के पास पूर्ण बहुमत था और हरियाणा में यह सबसे बड़ा समूह था। इसलिए उन्हीं समूहों से मुख्यमंत्री चुन लिये गए। भारतीय जनसंघ ने विपक्ष की एकता के लिए अपना दावा छोड़ दिया। उदाहरण के लिए, बिहार में भारतीय जनसंघ सबसे बड़ा समूह था, फिर भी उसने बी.एल.डी. समूह के कर्पूरी ठाकुर का समर्थन करने का फैसला किया।

बुरी तरह बिखरी जनता सरकार

कुछ नेताओं और समूहों की महत्त्वाकांक्षाओं में टकराव की चर्चा सरकार के प्रदर्शन से अधिक हुई। इसने सरकार और पार्टी की छवि को नुकसान पहुँचाया। इससे जनता पार्टी को राजनीति बदलने और जे.पी. ने 'संपूर्ण क्रांति' का जो सपना देखा था, उसकी नींव रखने के लिए जनता की ओर दिए गए ऐतिहासिक मौके से भटका दिया।

जनता पार्टी में शामिल भारतीय जनसंघ केवल इस नए संगठन के प्रति समर्पित था, न कि किसी व्यक्ति के प्रति, यही कारण है कि सबसे अधिक सीट होने के बावजूद इसने कभी पी.एम. के पद पर दावा नहीं किया। चरण सिंह जैसे लोगों की भागीदारी शर्तों

पर हुआ करती थी। राजनीतिक दलों की खींचतान का स्तर गिरता चला गया। जब कांति देसाई (पी.एम. मोरारजी के बेटे) पर भ्रष्टाचार के आरोप लगे, तब पी.एम. से बात करने के बजाय तत्कालीन गृह मंत्री चरण सिंह ने सरकार के मुद्दों को लेकर मोरारजी को चिट्ठी लिखी और फिर उन्हें प्रेस को लीक कर दिया। 11 मार्च, 1978 से 29 मार्च, 1978 के बीच दोनों में छह पत्रों का आदान-प्रदान हुआ था। इस घटना ने सरकार की छवि को भारी नुकसान पहुँचाया।

कांग्रेस (आई), जो राज्यसभा में बहुमत में थी, उसने सरकार की दो सबसे बड़ी हस्तियों के बीच की इस खींचतान के मुद्दे पर सदन की काररवाई को ठप्प कर दिया। वे चाहते थे कि पी.एम. और गृह मंत्री के बीच भेजे और प्राप्त किए गए पत्रों को राज्यसभा में रखा जाए। मोरारजी ने इसे दो मंत्रियों के बीच गोपनीय पत्राचार बताकर ऐसा करने से इनकार कर दिया। राज्यसभा में पार्टी के नेता आडवाणी ने कांग्रेस (आई) के साथ सलाह-मशिवरा किया और इस नतीजे पर पहुँचे कि विपक्ष इस मुद्दे को बनाए रखना चाहता है। इस मुद्दे पर आडवाणी ने तकनीकी नहीं, बल्कि राजनीतिक जवाब देने का फैसला किया। वह चाहते थे कि पी.एम. चिट्ठियों को सी.जे.आई. को भेज दें, ताकि मामला खत्म किया जा सके और लोगों के मन का संदेह भी दूर हो जाए। मोरारजी ने इससे भी इनकार कर दिया और आडवाणी ने 15 दिसंबर, 1978 को कैबिनेट से इस्तीफा दे दिया।

आडवाणी के इस्तीफे के साथ ही कैबिनेट ने दखल दिया और प्रधानमंत्री को मजबूर कर दिया कि वह मामले को सी.जे.आई. को भेजें। सी.जे.आई. ने प्राथमिक जाँच की जिम्मेदारी सुप्रीम कोर्ट के पूर्व जज वैद्यलिंगम को सौंप दी। उन्होंने कुछ आरोपों को निराधार पाया, जबकि कुछ के लिए नियमित जाँच की जरूरत थी।

28 जून को चरण सिंह ने एक बयान जारी कर सरकार को मुश्किल में डाल दिया, जिसमें इसकी विफलता की ओर इशारा किया गया था। गृह मंत्री के रूप में वह अपने सहयोगियों के साथ अभद्र भाषा में बात करते थे और किसी काररवाई से पहले कभी किसी से कोई चर्चा नहीं करते थे। अक्तूबर 1977 में उसी साल के चुनाव से जुड़े कुछ मुद्दों को लेकर इंदिरा को गिरफ्तार करने के उनके आदेश के आगे सरकार मूर्खता करती दिखी और मजाक का पात्र बन गई। वास्तव में उसने इंदिरा के राजनीतिक कॅरियर में नई जान डाल दी। इस बीच राज नारायण ने चंद्रशेखर पर निशाना साधा और उनके पार्टी अध्यक्ष बने रहने की वैधता पर सवाल उठा दिया। नारायण ने निषेधाज्ञा के बावजूद जनसभाएँ कीं।

कैबिनेट ने दो कैबिनेट मंत्रियों चरण सिंह और राज नारायण के अभद्र आचरण को गंभीरता से लिया और प्रधानमंत्री को उचित कदम उठाने का अधिकार दे दिया। वाजपेयी,

आडवाणी, जॉर्ज फर्नांडिस और बीजू पटनायक जैसे वरिष्ठ सहयोगियों की ओर से सफाई माँगने की सलाह के बावजूद मोरारजी ने उनसे इस्तीफा देने को कह दिया। 30 जून, 1978 को चरण सिंह ने इस्तीफा दे दिया। चरण सिंह के साथ बी.एल.डी. के चार मंत्रियों और राज नारायण ने भी त्याग-पत्र दे दिया। बाद में पार्टी अध्यक्ष चंद्रशेखर और आडवाणी ने चरण सिंह को फिर से शामिल कराया। 24 जनवरी, 1979 को उन्हें उप-प्रधानमंत्री और वित्त मंत्रालय का प्रभार सौंपा गया। वहीं जगजीवन राम को भी डिप्टी पी.एम. बनाया गया। बी.एल.डी. के जिन चार मंत्रियों ने पहले इस्तीफा दिया था, उन्हें भी फिर से शामिल कर लिया गया और पुराने विभाग दे दिए गए। हालाँकि राज नारायण को शामिल नहीं किया गया। जब से उन्हें निकाला गया था, तब से चरण सिंह के मन में भारतीय जनसंघ को लेकर कड़वाहट थी और उन्होंने एक बार फिर दोहरी सदस्यता का मामला उठा दिया। हालाँकि वह समझौता चाहते थे, बशर्ते उनसे यह वादा किया जाए कि जब भी पी.एम. का पद खाली होगा, वह पद उन्हें दिया जाएगा।

हालाँकि सरकार गिराना अकेले चरण सिंह के वश की बात नहीं थी। उन्हें इंदिरा, वाई.बी. चव्हाण, सी.पी.आई. और भारत के तत्कालीन राष्ट्रपति नीलम संजीव रेड्डी का समर्थन मिला। मानसून सत्र की शुरुआत 9 जुलाई, 1979 को हुई। कांग्रेस (आई) के सी.एम. स्टीफन के पद छोड़ने के बाद कांग्रेस (एस) के वाई.बी. चव्हाण विपक्ष के नेता बने। ऐसा इस कारण हुआ, क्योंकि बजट और मानसून सत्र के बीच कांग्रेस (आई) की सदस्य संख्या घट गई। नेता प्रतिपक्ष बनने के बाद चव्हाण ने 11 जुलाई, 1979 को अविश्वास प्रस्ताव पेश किया।

चरण सिंह ने कर्पूरी ठाकुर और चौधरी देवी लाल जैसे कद्दावर नेताओं तथा उनके समर्थकों को नारायण से हाथ मिलाकर सरकार को कमजोर करने के लिए उकसाया, जबकि उस समय वह उप-प्रधानमंत्री थे। 11 जुलाई तक कई सांसद राज नारायण के साथ जुड़ गए और केंद्रीय संसदीय बोर्ड ने मोरारजी से इस्तीफा देने को कहा, क्योंकि जनता पार्टी अल्पमत में आ गई थी। चरण सिंह उस बैठक में शामिल नहीं हुए थे। मोरारजी ने कहा कि वह इस्तीफा नहीं देंगे और जब मतदान होगा तो सरकार की जीत होगी।

15 जुलाई को जॉर्ज फर्नांडिस, पुरुषोत्तम कौशिक (दोनों ही कैबिनेट मंत्री), मृणाल गोरे, मधु लिमये, शरद यादव और कुछ अन्य समाजवादियों ने भी इस्तीफा दे दिया। सोशलिस्ट समूह बँट गया और उनमें से कुछ जनता (एस) में शामिल हो गए, जबकि अन्य ने संसद् में 'सोशलिस्ट ग्रुप' बना दिया। 15 जुलाई, 1979 को मोरारजी ने इस्तीफा दे दिया, जिससे जनता पार्टी सरकार गिर गई। लोकसभा में वह संसदीय पार्टी के नेता बने रहे। राष्ट्रपति संजीव रेड्डी ने बातचीत के बाद 18 जुलाई, 1979 को वाई.बी. चव्हाण

(नेता प्रतिपक्ष) को सरकार बनाने का न्योता दिया। हालाँकि वह सरकार नहीं बना सके और 23 जुलाई को जनता (एस) और कांग्रेस गठबंधन को समर्थन दे दिया। 24 जुलाई को सी.एम. स्टीफन ने राष्ट्रपति को सूचित किया कि जनता पार्टी के अध्यक्ष के अनुरोध पर कांग्रेस (आई) नई सरकार बनाने के लिए चरण सिंह का समर्थन करने के लिए तैयार है। सोशलिस्ट ग्रुप के नेता जॉर्ज फर्नांडिस ने भी चरण सिंह का समर्थन किया।

इस समय मोरारजी देसाई और चरण सिंह दोनों ही सरकार बनाने का दावा कर चुके थे। राष्ट्रपति चाहते थे कि वे अपने दावों के प्रमाण दें। दोनों ने समर्थन की चिट्ठी सौंपी। उन नामों को हटाने के बाद, जो दोनों की ही सूची में थे, यह पाया गया कि चरण सिंह के पास बहुमत से चौबीस सदस्य अधिक हैं। बिना जाँचे नामों को शामिल किया जाना मोरारजी देसाई के लिए शर्मिंदगी की बड़ी वजह बन गया और उन्होंने घोषित किया कि वह सक्रिय राजनीति से एक प्रकार के पश्चाताप के रूप में संन्यास ले रहे हैं। जगजीवन राम को सर्वसम्मति से संसदीय दल का नेता चुन लिया गया।

राष्ट्रपति ने चरण सिंह को सरकार बनाने का न्योता दिया और बहुमत साबित करने के लिए एक महीने का वक्त दिया। 28 जुलाई को उन्हें शपथ दिलाई गई, साथ में वाई. बी. चव्हाण डिप्टी पी.एम. बने। इससे पहले कि विश्वास प्रस्ताव की महत्त्वपूर्ण तारीख तय की जाती, इंदिरा ने चरण सिंह सरकार से समर्थन वापस ले लिया। 20 अगस्त को मतदान से महज एक घंटे पहले उन्होंने कैबिनेट की आपात बैठक बुलाई और फैसला किया कि उनकी सरकार इस्तीफा दे देगी।

इसके तुरंत बाद जगजीवन राम दावा पेश करने राष्ट्रपति भवन पहुँचे। 20 अगस्त की सुबह उनके पास जनता पार्टी के 203 सांसदों के अलावा कुछ और सांसदों का समर्थन था। शाम होते-होते ऐसा लगा जैसे कांग्रेसियों का एक बड़ा गुट नेतृत्व के खिलाफ बगावत पर उतर आया। सामान्य राजनीतिक आकलन कह रहा था कि जगजीवन राम 1982 तक एक स्थिर सरकार चला सकते हैं। जगजीवन राम की तरफ पलड़ा झुकता देख राष्ट्रपति ने अड़तालीस घंटे के भीतर सदन को भंग कर दिया, जबकि इससे पहले चरण सिंह के शपथ लेने से पहले उन्होंने तेरह दिन तक इंतजार किया था और बहुमत साबित करने के लिए उन्हें एक महीने का समय दिया था। अगले चुनाव तक चरण सिंह कार्यवाहक प्रधानमंत्री बने रहे।

1980 के चुनावों से पहले चरण सिंह की पार्टी जनता (एस) और मधु लिमये के सोशलिस्ट ग्रुप ने मिलकर नई पार्टी 'लोक दल' का गठन किया। जनता पार्टी ने भारतीय जनसंघ, जिसका अब तक हिस्सा बना हुआ था, जगजीवन राम को 1980 के चुनावों के लिए प्रधानमंत्री पद का उम्मीदवार घोषित किया।

1980 के चुनाव और प्रधानमंत्री के रूप में इंदिरा गांधी की वापसी

1980 की शुरुआत में चुनाव हुए और इंदिरा के नेतृत्व में कांग्रेस (आई) सरकार में वापस लौटी। सातवीं लोकसभा में कुछ बड़े दलों की संख्या इस प्रकार थी—कांग्रेस (आई) 253 सीट, कांग्रेस (ओ) तेरह सीट, जनता पार्टी इकतीस सीट, जनता (एस) (लोकदल) छत्तीस सीट और सी.पी.आई. ग्यारह सीट।

मध्यावधि चुनाव के बाद वाजपेयी ने कहा था कि देश के मतदाताओं को प्रधानमंत्री के रूप में जगजीवन राम को पेश किया जाना पसंद नहीं आया। जगजीवन राम ने इस बयान का विरोध किया। चुनावों के दौरान जगजीवन राम ने कहा कि दोहरी सदस्यता का मुद्दा फर्जी मामला था, इसके बावजूद नतीजों के बाद उन्होंने इसे उठाया।

चंद्रशेखर गुट और समाजवादियों को यह डर सता रहा था कि कहीं भारतीय जनसंघ जनता पार्टी पर कब्जा न जमा ले, इसलिए उसने दोहरी सदस्यता के मामले को जिंदा कर दिया। जनता पार्टी की राष्ट्रीय कार्यकारिणी ने 4 अप्रैल, 1980 को राष्ट्रीय स्वयंसेवक संघ से संबंध पर पाबंदी लगाने वाला प्रस्ताव पारित कर दिया। ऐसा किए जाने के बाद भारतीय जनसंघ ने उस समूह को छोड़ा और 6 अप्रैल, 1980 को एक नई पार्टी का गठन किया और 'भारतीय जनता पार्टी' या भाजपा का नाम अपनाया। इस तरह जनता पार्टी बिखर गई।

□

भाग-5

भारतीय जनता पार्टी (1980-2019)

किसी को भी हैरानी होगी कि इस पुस्तक के मुख्य विषय भाजपा तक आने में मैंने पुस्तक का आधा से भी अधिक हिस्सा क्यों ले लिया। वैसे तो भाजपा 1980 में ही अस्तित्व में आ गई थी, लेकिन इसे पूरी तरह समझने के लिए जरूरी है कि इसके वैचारिक मार्गदर्शक राष्ट्रीय स्वयंसेवक संघ को भाजपा के पिछले अवतार भारतीय जनसंघ को और इसके साथ ही अनेक सांस्कृतिक, सामाजिक और आर्थिक चर्चाओं को समझना भी जरूरी है, जिनका संदर्भ कहीं-कहीं वर्तमान भाजपा से जुड़ा है। पिछले चार भागों में इन सभी पर चर्चा के बाद अब मैं आप सभी पाठकों के सामने भाजपा को रख रहा हूँ।

15

भाजपा का गठन और शुरुआती वर्ष (1980-1986)

जनता पार्टी का प्रयोग

भाजपा का उदय भारतीय जनसंघ से जनता पार्टी के माध्यम से हुआ, जिसके कारण इसमें दोनों के ही तत्त्व आए। तत्कालीन भारतीय जनसंघ की स्थापना 1951 में हुई थी और उसके बाद से उसने 1952 से 1971 के बीच लोकसभा के पाँच चुनाव लड़े। आगे चलकर 1971 में इसने 'जनता पार्टी समूह' के रूप में आम चुनाव लड़े,[305] भले ही दोनों का कभी औपचारिक विलय नहीं हुआ। जहाँ तक लोकसभा चुनावों में इसके प्रदर्शन की बात है तो भारतीय जनसंघ का ग्राफ ऊपर की ओर बढ़ रहा था, जिसे 1952 में जहाँ 3.1 प्रतिशत वोट के साथ 3 सीटें मिली थीं और 1971 में 7.4 प्रतिशत वोट के साथ बाईस सीटें खाते में आई थीं। आगे चलकर इंदिरा गांधी और देश में उनकी ओर से इमरजेंसी लागू किए जाने पर जनता पार्टी के संघर्ष में उसका एक महत्त्वपूर्ण अंग बन गया। इसने 1977 का अगला आम चुनाव जनता पार्टी के साथ लड़ा और विजयी हुआ। जनता पार्टी को 405 में से 299 सीट मिलीं और कुल रजिस्टर्ड वोट का 42.17 प्रतिशत मत प्राप्त हुए। भारतीय जनसंघ जनता पार्टी के सबसे बड़े अंग के रूप में उभरा, जिसे तिरानबे सीट मिलीं। हालाँकि, जैसा कि हमने पिछले अध्याय में देखा था, जनता पार्टी ज्यादा दिनों तक नहीं टिक सकी। जनता पार्टी ने छठी लोकसभा को भंगकर दिया। राष्ट्रीय स्वयंसेवक संघ के साथ भारतीय जनसंघ के नेताओं के संबद्ध होने को लेकर आपसी कलह मची थी। जैसी आशंका थी, 1980 के चुनावों में जनता पार्टी तबाह हो गई, क्योंकि कांग्रेस की ओर से उसके खिलाफ चलाया गया नकारात्मक प्रचार सफल हो गया। जनता पार्टी ने 432 सीटों पर चुनाव लड़ा था, जिसमें से उसे मात्र इकतीस सीटों पर जीत मिली और रजिस्टर्ड

---

305. जनता पार्टी ने 1977 का लोकसभा चुनाव लोकदल के चुनाव चिह्न पर लड़ा। बाद में 1980 के लोकसभा चुनाव में इसने अपना 'चक्र हलधर' चिह्न अपनाया, जिसमें एक व्यक्ति चक्र के भीतर हल लेकर चल रहा है।

मतों में उसकी हिस्सेदारी घटकर 19 प्रतिशत पर आ गई। इन सीटों में भारतीय जनसंघ का योगदान लगभग आधा, यानी पंद्रह सीटों का था।

आडवाणी और वाजपेयी जैसी शख्सियतों के रहते भारतीय जनसंघ के लिए अपने रास्ते पर एक नए अवतार में निकल पड़ने का समय आ गया था।

भाजपा का गठन

1980 के लोकसभा चुनावों के साथ जनता पार्टी बिखर गई, जबकि इंदिरा ने बड़े आराम से सत्ता में वापसी की। दूसरी तरफ जनता पार्टी के नेता चुनावों में हार का ठीकरा भारतीय जनसंघ के नेताओं पर फोड़ने में व्यस्त थे। इस झगड़े की वजह भारतीय जनसंघ नेताओं की राष्ट्रीय स्वयंसेवक संघ के साथ दोहरी सदस्यता थी। आडवाणी ने कहा कि 'हार का पूरा दोष उन लोगों पर मढ़ने की कोशिश की गई, जो जनसंघ से जुड़े थे और जो इस बात पर अडिग थे कि वे संघ से अपने संबंध नहीं तोड़ेंगे।'[306] उन्होंने यह भी कहा कि उन्होंने और वाजपेयी ने 'इस पर कड़ी आपत्ति जताई।'

बाद में सत्ता से बेदखल किए गए पी.एम. मोरारजी देसाई ने भारतीय जनसंघ को जनता पार्टी में बनाए रखने के लिए एक समझौते का प्रयास किया। लेकिन 4 अप्रैल, 1980 को जनता पार्टी की राष्ट्रीय कार्यकारिणी ने 'समझौते' को खारिज कर दिया और सभी पूर्व भारतीय जनसंघ नेताओं को पार्टी से बाहर निकाल दिया। वाजपेयी, आडवाणी और उनके समर्थकों को इस खबर से झटका लगा और राहत भी मिली। झटका इस वजह से, क्योंकि उन्होंने 1977 में जयप्रकाश नारायण के आह्वान पर इस उम्मीद के साथ जनता पार्टी में भारतीय जनसंघ का विलय किया था कि देश को एक ठोस राजनीतिक विकल्प दिया जा सकेगा। और राहत इस वजह से, क्योंकि 'अच्छा ही हुआ कि अंत में छुटकारा मिल गया', जबकि 'जनता पार्टी के साथ जुड़ने का उन्हें गर्व था'।

5 से 6 अप्रैल, 1980 में दो दिनों के अधिवेशन के दौरान तत्कालीन भारतीय जनसंघ सदस्यों की दिल्ली में बैठक हुई, जहाँ उन्होंने संकल्प लिया कि वे एक नए राजनीतिक संगठन भाजपा का गठन करेंगे, जिसके संस्थापक अध्यक्ष होंगे वाजपेयी। वाजपेयी ने ही इस संगठन का नाम और बुनियादी उसूल सुझाए थे, जिनका मानना था कि 'जनसंघ' के अधिक कट्टर रुख की ओर लौटना ठीक नहीं होगा।

भाजपा, भारतीय जनसंघ और जनता पार्टी के सदस्यों से मिलकर बना था, फिर भी वे काफी अलग थे। प्रतीकात्मक रूप से, इसका एक नया झंडा था, जिसका दो-

---

306. लालकृष्ण आडवाणी, *'मेरा देश मेरा जीवन'*, प्रभात प्रकाशन, 2008, पृष्ठ 245

तिहाई केसरिया और एक-तिहाई हरा था और दीपक का स्थान कमल ने ले लिया था। एक दिलचस्प संयोग यह था कि जो कमल का फूल निर्दलीय उम्मीदवारों के लिए एक चुनाव चिह्न हुआ करता था, वही पार्टी का चिह्न बन गया। आडवाणी के नेतृत्व वाले प्रतिनिधिमंडल ने इसे तुरंत स्वीकार कर लिया और मुख्य चुनाव आयुक्त ने इसे आवंटित कर दिया। वैचारिक स्तर पर पार्टी ने दीनदयाल उपाध्याय के एकात्म मानववाद को अपनाया, लेकिन गांधीवादी समाजवाद का पालन करने का प्रण भी किया, क्योंकि यह पार्टी की विचारधारा के 'पूरी तरह अनुकूल' था। दूसरा बड़ा अंतर यह था कि भाजपा जनाधार वाली पार्टी के साथ ही भारतीय जनसंघ की तरह कैडर आधारित पार्टी भी बन गई। इसका कारण यह था कि आपातकाल के दौरान और उसके बाद पार्टी ने बड़ी संख्या में गैर-राष्ट्रीय स्वयंसेवक संघ सदस्यों को भी आकर्षित किया।

भाजपा का पहला पूर्ण अधिवेशन बंबई के समता नगर में 1980 में 28 से 30 दिसंबर के बीच आयोजित किया गया, जिसमें लगभग 50,000 सदस्य शामिल हुए। इस सत्र में राष्ट्रीय परिषद् ने वाजपेयीजी को औपचारिक तौर पर पार्टी अध्यक्ष के रूप में चुना। आडवाणी और दो अन्य नेताओं सूरज भान और सिकंदर बख्त पार्टी के महासचिव चुने गए। अपने सफर में यह मील का पत्थर साबित हुआ, जब पार्टी ने अपना दम-खम दिखाया और वाजपेयी ने अपने आप को भारतीय राजनीतिक क्षेत्र के निर्विवादित नेता के रूप में स्थापित किया। उनका विचार था कि पार्टी को पीछे नहीं, बल्कि आगे की ओर देखना चाहिए। अपनी नई पार्टी का निर्माण करते हुए हम भविष्य की ओर देखते हैं, पीछे नहीं। हम अपनी मूल विचारधारा और सिद्धांतों के आधार पर आगे बढ़ेंगे। वाजपेयी ने अपने पहले अध्यक्षीय भाषण में कहा था।[307] हिंदी में दिया गया उनका भाषण उनकी वक्तृत्व कला की उत्कृष्टता तथा भविष्य को लेकर उनकी आशा और आत्मविश्वास का विशिष्ट उदाहरण था। उनकी आवाज गूँजी—'अँधेरा छँटेगा, सूरज निकलेगा और कमल खिलेगा।' नेताओं और पत्रकारों ने समान रूप से उनके भाषण की प्रशंसा की।

पार्टी ने अपनी विचारधारा में भी थोड़ा फेरबदल किया। इसका कारण उस समय की परिस्थितियाँ थीं। जनता पार्टी से रास्ता अलग हो जाने के बाद कई नए सदस्य और प्रशंसक पार्टी की ओर आकर्षित हुए, विशेष रूप से इमरजेंसी के खिलाफ जंग लड़ने के कारण, जिनमें पूर्व की जनता सरकार के मंत्री शांति भूषण शामिल थे। इस प्रकार पार्टी ने अपने मार्गदर्शक सिद्धांत, उपाध्याय के एकात्म मानववाद के साथ गांधीवादी समाजवाद का एक संतुलित मिला-जुला रूप बनाया। पार्टी का मानना था कि गांधीवादी समाजवाद मार्क्सवाद और साम्यवाद का एक व्यावहारिक विकल्प है। इस विचारधारा

---

307. लालकृष्ण आडवाणी, *'मेरा देश मेरा जीवन'*, प्रभात प्रकाशन, 2008, पृष्ठ 247

को राजमाता विजयाराजे सिंधिया के सिवाय सभी ने स्वीकार कर लिया। हालाँकि बाद में उन्होंने भी पार्टी के रुख को स्वीकार कर लिया।

नवगठित भाजपा को 1980 के दशक के आरंभ में चुनावी राजनीति में अपनी मौजूदगी दर्ज कराने में थोड़ा समय लगा। कांग्रेस जनता पार्टी सरकार को विफल साबित कर चुकी थी और 1980 के चुनाव में अपना भाग्य जगा लिया था। सत्ता में वापसी के बाद इंदिरा ने उन राज्य विधानसभाओं को भंग करना शुरू किया, जहाँ केंद्र में जनता पार्टी के शासन के दौरान नई सरकारें चुनकर आई थीं। नवगठित भाजपा इन चुनावों में अपने चुनाव चिह्न, कमल निशान के साथ चुना में उतरी। चौदह राज्यों में चुनाव कराए गए थे, जिनमें से भाजपा नौ में मुकाबले में उतरी। ऐसे पाँच राज्य और एक केंद्रशासित प्रदेश, जहाँ लगभग एक ही समय पर विधानसभा चुनाव कराए गए थे, लेकिन भाजपा चुनाव में नहीं उतरी, वे थे अरुणाचल प्रदेश, गोवा, केरल, मणिपुर और पांडिचेरी। दिलचस्प रूप से भाजपा के गठन के एक हफ्ते बाद ही विधानसभा चुनावों के लिए अधिसूचना जारी की गई थी। पार्टी एकदम नई थी और उसके संसाधन सीमित थे। फिर भी इसने अधिकांश राज्यों, विशेष रूप से मध्य प्रदेश और राजस्थान में अच्छा प्रदर्शन किया। इसने जितनी सीटें जीतीं और वोट प्रतिशत हासिल किया, उनसे यह देश की विपक्षी पार्टियों में पहले नंबर पर उभरी। भले ही भाजपा की शुरुआत उम्मीदों से भरी थी, ऐसे भी लोग थे, जिन्हें लगता था कि नतीजे 1980 लोकसभा चुनावों की ही तर्ज पर थे, जहाँ निराश मतदाताओं ने जनता पार्टी के सहयोगी दलों के सिर फुटौबल के खिलाफ वोट दिया था। यहाँ तक कि भाजपा भी मानती थी कि यह इंदिरा और कांग्रेस (आई) के समर्थन में सकारात्मक वोट नहीं था, बल्कि नकारात्मक मतदान था।

राज्य विधानसभा चुनावों का अगला दौर 1982 में हुआ, जब पाँच अन्य राज्यों हरियाणा, हिमाचल प्रदेश, केरल, पश्चिम बंगाल और नागालैंड में चुनाव हुए। इन राज्यों में भाजपा का प्रदर्शन हिमाचल प्रदेश में खासतौर पर उल्लेखनीय था, जहाँ इसे 35.2 प्रतिशत वोट और उनतीस सीट मिली और यह कांग्रेस से थोड़ा ही पीछे रही, जिसे अड़सठ सदस्योंवाली विधानसभा में इकतीस सीट और 42.5 प्रतिशत वोट मिले।

इन सबके बीच सात राज्यों और केंद्र शासित प्रदेशों का दूसरा समूह 1983 में चुनावों में उतरा और इनमें आंध्र प्रदेश, दिल्ली, जम्मू-कश्मीर, कर्नाटक, त्रिपुरा, असम और मेघालय शामिल थे। भाजपा ने असम और मेघालय में चुनाव नहीं लड़ा। एक बार फिर पार्टी का प्रदर्शन मिला-जुला रहा। लेकिन अच्छी बात यह थी कि इसकी ताकत बढ़ती दिखाई पड़ रही थी। भाजपा के लिए अच्छे नतीजे आंध्र प्रदेश (तीन सीट), दिल्ली (उन्नीस सीट) और कर्नाटक (अठारह सीट) से आए। इससे भी महत्त्वपूर्ण यह

था कि 1980 में कांग्रेस (आई) और अविभाजित जनता पार्टी को मिले वोट के बीच 13 फीसदी का अंतर था। 1983 के विधानसभा चुनावों में, कांग्रेस (आई) और भाजपा के बीच का अंतर घटकर महज 3 प्रतिशत रह गया। यह भी इसके बावजूद हुआ कि जनता पार्टी के प्रचार के निशाने पर कांग्रेस से ज्यादा भाजपा थी।[308]

राज्य विधानसभा चुनावों में भाजपा का प्रदर्शन (1980–1983)

राज्य/यूटी	वर्ष	मतदान का %	सीटों की संख्या	लड़ी गई सीटें	सीटें जीती
1. बिहार	1980	57.28	324	246	21
2. गुजरात	1980	48.37	182	127	09
3. मध्य प्रदेश	1980	49.03	320	310	60
4. महाराष्ट्र	1980	53.3	288	145	14
5. उड़ीसा	1980	47.08	147	28	00
6. पंजाब	1980	64.33	117	41	01
7. राजस्थान	1980	51.06	200	123	32
8. तमिलनाडु	1980	65.42	234	10	00
9. उत्तर प्रदेश	1980	44.92	425	400	11
10. हरियाणा	1982	69.87	90	24	06
11. हिमाचल प्रदेश	1982	71.06	68	67	29
12. केरल	1982	73.51	140	69	00
13. नागालैंड	1982	74.44	60	00	00
14. पश्चिम बंगाल	1982	76.96	294	52	00
15. आंध्र प्रदेश	1983	67.7	294	80	03
16. दिल्ली	1983	55.46	56	50	19

308. विजय कुमार मल्होत्रा और जे.सी. जेटली, 'इवॉल्यूशन ऑफ बीजेपी : पार्टी डॉक्यूमेंट, खंड-10', नई दिल्ली, 2006, पृ. 138,

http://library.bjp.org/jspui/bitstream/123456789/275/1/Evolution%20of%20BJP%20-%20Content.pdf

17. जम्मू-कश्मीर	1983	73.24	76	27	00
18. कर्नाटक	1983	65.67	224	110	18
19. त्रिपुरा	1983	83.03	60	04	00

स्रोत: 'इवॉल्यूशन ऑफ भाजपा : पार्टी डॉक्यूमेंट, खंड-10' से लिया गया, नई दिल्ली, 2006

भाजपा की शुरुआत शानदार नहीं थी। लेकिन जो नतीजे आए, उनसे पार्टी को अनुभव मिला और वह आगे का रास्ता तय कर सकी। आगे होने वाले विधानसभा चुनावों में राज्यों में इसके सीटों की संख्या बढ़ती गई। हालाँकि भाजपा को सही मायने में पहली जीत 1990 के विधानसभा चुनावों में मिली, जब यह तीन राज्यों—मध्य प्रदेश, हिमाचल प्रदेश और राजस्थान में अपनी सरकार बना सकी।

1984 के लोकसभा चुनाव और भाजपा का प्रदर्शन

1980 के दशक की शुरुआत में देश को दो बड़ी घटनाओं ने हिलाकर रख दिया। पहली थी, इदिरा गांधी के छोटे बेटे संजय गांधी की दु:खद मौत, जो 23 जून, 1980 को एक विमान हादसे में हुई थी। इसके तुरंत बाद कांग्रेस ने पार्टी के भीतर वंशवादी उत्तराधिकार की दिशा में काम करना शुरू किया, जब इंदिरा गांधी के बड़े बेटे राजीव गांधी, जो पेशेवर पायलट थे, उन्हें पार्टी में शामिल किया गया। दो वर्षों के भीतर उन्हें पार्टी का महासचिव बना दिया गया, जिससे साफ हो गया कि माँ के बाद बेटे को कमान मिलेगी। दूसरी दुर्भाग्यपूर्ण घटना प्रधानमंत्री इंदिरा गांधी की उनके दो सिख अंगरक्षकों द्वारा 31 अक्तूबर को की गई दु:खद हत्या थी, जो उनकी ओर से अमृतसर के स्वर्ण मंदिर में खालिस्तानी आतंकवादियों के खिलाफ 'ऑपरेशन ब्लू स्टार' का आदेश दिए जाने की प्रतिक्रिया थी। हालाँकि उनकी हत्या के जितना ही दु:खद बड़े पैमाने पर किया गया सिखों का नरसंहार था, जो उनकी हत्या के बाद दिल्ली और देश के अन्य हिस्सों में हुआ, जिसे कथित तौर पर सत्ताधारी दल के शीर्ष नेता और उनके समर्थक निर्देशित और नियंत्रित कर रहे थे।

इन सबके बीच, जिस दिन इंदिरा की हत्या हुई, उसी दिन राजीव को पी.एम. पद पर बिठा दिया गया। इंदिरा के लिए लोगों की ओर से उमड़े सहानुभूति के सैलाब का लाभ उठाने के लिए कांग्रेस ने लोकसभा को भंग कर दिया और देश को समय से पहले ही चुनावों में झोंक दिया। इसमें शक नहीं कि पूरा देश अपने प्रधानमंत्री की हत्या के शोक में डूबा था, लेकिन यह दुर्भाग्यपूर्ण था कि कांग्रेस पार्टी और राजीव समेत इसके शीर्ष नेता चुनाव प्रचार में भी अपने सिख-विरोधी एजेंडा को आगे बढ़ा रहे थे। अपनी

आत्मकथा में आडवाणी 1984 के चुनाव के दौरान बोट क्लब की रैली में राजीव की ओर से दिए गए भाषण को याद करते हैं, जिसमें उन्होंने कहा था—'जब एक भारी-भरकम पेड़ गिरता है, तो धरती हिलती ही है।'[309]

भाजपा को उस आम चुनाव में एक पार्टी के तौर पर कांग्रेस की 'सहानुभूति लहर' का नुकसान उठाना पड़ा, जब 542 में से उसे मात्र दो सीटों पर जीत मिली— एक गुजरात में और दूसरी आंध्र प्रदेश में। कांग्रेस को उसके नकारात्मक प्रचार के कारण 401 सीटें मिलीं। 1952 में पहले चुनाव से लेकर जनता पार्टी में अपने विलय तक भारतीय जनसंघ का प्रदर्शन इससे काफी बेहतर रहा था। 1952 में लोकसभा चुनावों में जब भारतीय जनसंघ ने शुरुआत की थी, तब इसे तीन सीटों पर जीत मिली थी, जो 1967 में बढ़कर पैंतीस हो गई थी। 1971 के आम चुनाव में इसका वोट प्रतिशत बढ़कर 7.4 (जबकि 1967 में 6.4 था) हो गया, लेकिन इसकी सीट कम होकर बाईस हो गईं। और फिर 1977 में भारतीय जनसंघ को जनता पार्टी के साथ लड़ने पर कुल मिलाकर तिरानबे सीट मिली थीं।

15 मार्च, 1985 को कलकत्ता में आयोजित राष्ट्रीय कार्यकारिणी की बैठक में वाजपेयी ने चुनावों में करारी हार की 'पूरी नैतिक जिम्मेदारी' लेते हुए अध्यक्ष के पद से इस्तीफा देने की इच्छा जता दी। पार्टी के नेताओं और सदस्यों ने उन्हें मना लिया और इस्तीफा देने से रोक दिया। पार्टी का मानना था कि कांग्रेस की जीत 'सहानुभूति वोट' के कारण हुई है और यह कांग्रेस को मिले समर्थन या उनकी नई पार्टी के लिए समर्थन के अभाव का सही सूचक नहीं है।

इसके बावजूद वाजपेयी ने यह कहते हुए एक नए नेता पर जोर दिया कि पार्टी में किसी भी पद पर स्थायी प्रतिनिधि नहीं होना चाहिए। इस प्रकार दो साल के कार्यकाल और पार्टी अध्यक्ष पद पर लगातार दो कार्यकाल के नियम को पार्टी संविधान में शामिल किया गया। आगे चलकर मई 1986 में नई दिल्ली में पार्टी के पूर्ण अधिवेशन में इसकी राष्ट्रीय परिषद् ने आडवाणी को पार्टी अध्यक्ष के रूप में चुन लिया। पार्टी की अध्यक्षता सँभालने के बाद आडवाणी ने वाजपेयी के किसी भी पद पर निश्चित और सीमित कार्यकाल के मत की खुलकर प्रशंसा की और कहा कि इसका दूसरे दलों पर भी अच्छा प्रेरक प्रभाव पड़ेगा, जिनमें कांग्रेस भी शामिल है।

भाजपा ने आत्ममंथन के उद्‌देश्य से बारह सदस्यीय कार्यदल का गठन किया, जिस पर 1984 के आम चुनाव में हुई हार के कारणों पर गौर करने की जिम्मेदारी थी। इसे पिछले पाँच वर्षों में पार्टी की कार्यशैली, उपलब्धियों और कमियों की समीक्षा करने और 'वैचारिक, संगठनात्मक, रचनात्मक और चुनावी सभी मोरचों पर भविष्य के लिए

---

309. लालकृष्ण आडवाणी, *'मेरा देश मेरा जीवन'*, प्रभात प्रकाशन, 2008

पाँच वर्षों की कार्य-योजना' तैयार करने की जिम्मेदारी सौंपी गई।[310] इस कार्यदल की अध्यक्षता पार्टी के तत्कालीन उपाध्यक्ष कर रहे थे और सच्ची प्रतिक्रिया प्राप्त करने के लिए दो शीर्ष नेताओं, वाजपेयी और आडवाणी को बाहर रखा गया था। इसने पिछले चुनावों में पार्टी और इसके सभी अवतारों भारतीय जनसंघ (1952-1971), जनता पार्टी के अंग के रूप में (1977-1980) और भाजपा (1984) के प्रदर्शन का अध्ययन किया। सर्वे के नतीजों ने दिखाया कि पार्टी में लोगों के भरोसे में कोई बड़ी कमी नहीं आई।

1984 में पहले लोकसभा चुनावों में भारतीय जनसंघ बनाम भाजपा का प्रदर्शन

	वर्ष	जीते/लड़े	प्राप्त मत %
भारतीय जनसंघ	1952	03/94	3.1
भारतीय जनसंघ	1957	04/130	4.9
भारतीय जनसंघ	1962	14/196	6.44
भारतीय जनसंघ	1967	35/251	9.4
भारतीय जनसंघ	1971	22/157	7.4
भारतीय जनसंघ (जनता पार्टी के अंग के रूप में) *	1977	93/लागू नहीं (जनता पार्टी : 299/405)	14 (जनता पार्टी 42.1)
भारतीय जनसंघ (जनता पार्टी के अंग के रूप में) **	1980	15/लागू नहीं (जनता पार्टी : 31/432)	8.6
भाजपा ***	1984	02/224	7.4

स्रोत : 'इवॉल्यूशन ऑफ भाजपा, पार्टी डॉक्यूमेंट, खंड-10', नई दिल्ली, 2006

* 1977 के आम चुनाव में, जनता पार्टी, भारतीय जनसंघ जिसका एक महत्त्वपूर्ण अंग था, उसे 42.1 प्रतिशत वोट औ 298 सीटें मिली। भारतीय जनसंघ ने जनता पार्टी की तालिका में तिरानबे सीटों का योगदान दिया और उसके अपने वोट की हिस्सेदारी 14 प्रतिशत थी।

** 1980 के आम चुनाव में जनता पार्टी को 18.93 प्रतिशत वोट मिले और इकतीस सीटें मिलीं। इसमें भाजपा के सीट की हिस्सेदारी सोलह थी, जबकि वोट की हिस्सेदारी 8.6 प्रतिशत थी।

*** भाजपा के रूप में अपना पहला लोकसभा चुनाव लड़ते हुए।

---

310. गीता पुरी, *'हिंदुत्व पॉलिटिक्स इन इंडिया : जेनेसिस, पॉलिटिकल स्ट्रैटेजीज एंड ग्रोथ ऑफ भारतीय जनता पार्टी'*, यूबीएस पब्लिशर्स डिस्ट्रीब्यूटर्स, 2005, पृ. 29

इस प्रकार दल ने यह पाया कि 1980 और 1984 के आम चुनावों में, भाजपा (और उससे पहले भारतीय जनसंघ) के वोट शेयर में मात्र 1 प्रतिशत की गिरावट दर्ज की गई थी। साथ ही, चूँकि यह गिरावट इंदिरा गांधी की मौत के बाद कांग्रेस के लिए पैदा हुई विशाल सहानुभूति लहर के बीच हुई, इसलिए पार्टी को चिंता करने और अपने भविष्य को लेकर हताश होने की जरूरत नहीं है। दल ने उस समय के दो बेहद संगत सवालों के जवाब भी दिए—

(क) क्या पार्टी की हार जनता पार्टी के साथ भारतीय जनसंघ के विलय और उससे बाहर निकलने के कारण हुई थी?

(ख) क्या भारतीय जनसंघ को फिर से वापस लाना चाहिए?

दल के निष्कर्षों के अनुसार दोनों प्रश्नों का उत्तर पूरी तरह से 'नहीं' था। कार्य दल ने नई पार्टी के लिए सबसे अनुकूल विचारधारा को लेकर भी एक सुझाव दिया। इसने कहा कि गांधीवादी समाजवाद भाजपा और देश के अन्य दलों के बीच अंतर को अस्पष्ट कर रहा है। हालाँकि यह स्पष्ट किया जाता है कि यह गांधीवादी समाजवाद को पूरी तरह से खारिज करने के लिए नहीं कह रहा था, यह केवल इतना कह रहा था कि एकात्म मानववाद को पार्टी का मूल मार्गदर्शक सिद्धांत बनाया जाना चाहिए। इसने पार्टी की पाँच मूल प्रतिबद्धताओं का भी सुझाव दिया, जिन्हें इसकी राष्ट्रीय परिषद् ने 11 अक्तूबर, 1985 को निम्नलिखित प्रस्ताव के रूप में अपनाया—

राष्ट्रीय परिषद् इस प्रकार संकल्प लेता है—

(क) कि पंडित दीनदयाल उपाध्याय द्वारा प्रतिपादित, एकात्म मानववाद पार्टी का मूल दर्शन होगा।

(ख) कि पार्टी अपनी मौलिक प्रतिबद्धताओं को इस प्रकार फिर से स्पष्ट करती है—

(i) राष्ट्रवाद और राष्ट्रीय एकता;

(ii) लोकतंत्र;

(iii) गांधीवादी समाजवाद;

(iv) सकारात्मक धर्मनिरपेक्षता, मतलब, सर्वधर्म समभाव और

(v) मूल्य आधारित राजनीति।

(ग) कि पार्टी अपने उद्देश्यों को फिर से स्पष्ट करती है, जो इस प्रकार है—

भाजपा का लक्ष्य एक लोकतांत्रिक राज्य की स्थापना करना है, जो अपने सभी नागरिकों को, चाहे वे किसी भी जाति, धर्म या लिंग के हों, राजनीतिक, सामाजिक और आर्थिक न्याय, अवसरों की समानता और आस्था और अभिव्यक्ति की स्वतंत्रता की गारंटी देती है।

भाजपा भारत को एक शक्तिशाली और समृद्ध राष्ट्र बनाने के लिए वचनबद्ध है, जो अपने दृष्टिकोण में आधुनिक, प्रगतिशील और प्रबुद्ध हो और जो भारत की सदियों पुरानी संस्कृति और मूल्यों से गर्व के साथ प्रेरित हो और इस प्रकार दुनिया की महान् शक्ति के रूप में उभर सके, जो विश्व में शांति तथा न्यायपूर्ण अंतरराष्ट्रीय व्यवस्था की स्थापना में देशों के समूह के बीच प्रभावी भूमिका निभाए।[311]

गांधीवादी समाजवाद का अर्थ एक ऐसी सामाजिक-आर्थिक व्यवस्था की ओर बढ़ना था, जो समानता पर आधारित और शोषण-मुक्त समाज का निर्माण करे। एक और महत्त्वपूर्ण विषय जिसे सुझाया गया, वह था—पार्टी का स्वभाव, यानी उसे कैडर आधारित बनना है, जैसा कि भारतीय जनसंघ थी या जनाधार वाली पार्टी जैसे कि जनता पार्टी थी। दल ने अपनी रिपोर्ट में सुझाव दिया—

'हम एक कैडर आधारित पार्टी बनाने में सफल हो गए हैं; परंतु कैडर-आधारित संगठन के बल पर हम अपने लक्ष्य तक नहीं पहुँच पाएँगे। इससे हमारा आधार हमारे कैडर तक ही सीमित रह जाएगा। इस कैडर की सहायता से ही हम अपने आधार का विस्तार कर पाएँगे। अत: हमें एक कैडर युक्त जनाधार वाली पार्टी बनानी होगी। हालाँकि 'कैडर-आधार' व 'जन-आधार' परस्पर विरोधाभासी शब्द प्रतीत होते हैं, लेकिन दोनों का सुंदर व सुखद मिलन हो सकता है।'[312]

आडवाणी के अनुसार, दल के सुझाव ऐसे थे, जैसी सोच की प्रक्रिया उनकी अपनी है, जहाँ वह भाजपा को 'सशक्त विचारधारा की पहचान रखनेवाली आक्रामक पार्टी' के रूप में देखते थे, '…एक ओर भाजपा की आधार-भूमि को विस्तृत करते रहने और दूसरी ओर, साथ-ही-साथ पार्टी के कैडर आधार को बनाए रखकर उसके संगठन को और सुदृढ़-अनुशासित बनाने में कोई विरोधाभास नहीं है।'[313]

शायद भाजपा के भीतर सोच की इसी स्पष्टता के कारण आनेवाले वर्षों में उसका उदय आश्चर्यजनक रूप से हुआ, जहाँ इसने लोकसभा में अपनी ताकत 1984 की दो सीटों से 1999 में 182, 2014 में 282 और 2019 में 303 तक जबरदस्त तरीके से बढ़ा ली। हालाँकि भाजपा के उदय में कांग्रेस की अक्षम, निष्प्रभावी और वंशवादी राजनीति ने भी बहुत बड़ी भूमिका निभाई। 1984 से 1989 के बीच राजीव गांधी सरकार की ओर से एक के बाद एक की गई बड़ी-बड़ी गलतियों ने मतदाताओं का विश्वास हासिल करने में भाजपा की मदद की।

---

311. विजय कुमार मल्होत्रा और जे.सी. जेटली, 'इवॉल्यूशन ऑफ बीजेपी : पार्टी डॉक्यूमेंट, खंड-10', नई दिल्ली, 2006, पृ. 20, http://library.bjp.org/jspui/bitstream/123456789/275/1/Evolution%20of%20BJP%20-%20Content.pdf
312. लालकृष्ण आडवाणी, *'मेरा देश मेरा जीवन'*, प्रभात प्रकाशन, 2008, पृष्ठ 256-57
313. लालकृष्ण आडवाणी, *'मेरा देश मेरा जीवन'*, प्रभात प्रकाशन, 2008, पृष्ठ 256

इंदिरा की दुर्भाग्यपूर्ण हत्या के कारण पैदा हुई सहानुभूति लहर पर सवार होकर उनके बड़े बेटे राजीव ने 1984 के लोकसभा चुनाव में अभूतपूर्व जनादेश प्राप्त किया। कांग्रेस को (541 में से) 414 सीट मिलीं। यू.एस. लाइब्रेरी ऑफ कांग्रेस से मिले एक लेख के अनुसार, 'वह राजनीति में ऊर्जा, उत्साह और दूरदर्शिता लेकर आए, जिन गुणों की विभाजित देश का नेतृत्व करने की नितांत आवश्यकता थी। यही नहीं, उनका रूप-रंग, उनका व्यक्तिगत आकर्षण और 'मिस्टर क्लीन' वाली छवि ऐसी खूबियाँ थीं, जिनके कारण भारत और विदेश में, खासतौर पर अमेरिका में उन्होंने कई दोस्त बना लिये।'[314] हालाँकि मीडिया द्वारा बनाई गई उनकी 'मिस्टर क्लीन' की छवि जल्दी ही हथियारों के सौदे में दलाल के आरोपों से दागदार हो गई, जिसे आगे चलकर 'बोफोर्स घोटाले' के नाम से जाना गया। उन्होंने अपने अनेक समकालीनों का सम्मान भी खो दिया, जब उन्होंने महज चुनावी फायदे के लिए अल्पसंख्यक समुदाय को खुश करने के लिए सुप्रीम कोर्ट के एक फैसले को पलट दिया, जिसमें एक मुसलिम महिला को गुजारा दिए जाने का आदेश दिया गया था।

ऐसा कहा जाता है कि राजीव गांधी सरकार में वित्त मंत्री, वी.पी. सिंह ने टैक्स चोरी करनेवालों और काला धन छिपानेवालों पर छापेमारी का आदेश कुछ ज्यादा ही बढ़-चढ़कर दिया। इनमें से कई ऐसे कारोबोरी थे, जो प्रधानमंत्री के करीब थे या उनकी जान-पहचानवाले थे। जल्दी ही, सिंह को रक्षा मंत्रालय में भेज दिया गया। राजनीतिक टिप्पणीकार, इंदर मल्होत्रा याद करते हुए कहते हैं, '…रक्षा मंत्रालय में अपनी डेस्क पर सिंह को राजीव के बड़बोलेपन (कि उन्होंने रक्षा सौदों से दलालों को खत्म कर दिया था) के खिलाफ सबूत मिल गया था। यह पश्चिमी जर्मनी में भारत के राजदूत का एक अति गोपनीय टेलीग्राम था, जिसमें बताया गया था कि एचडीडब्ल्यू से दो पनडुब्बियों की खरीदारी के लिए एक एजेंट को कमीशन दिया गया है।'[315] हालाँकि इससे भी एक बड़ा तूफान राजीव गांधी पर हमले का इंतजार कर रहा था, जिसने उनके 'मिस्टर क्लीन' की छवि के पीछे की सच्चाई को सामने ला दिया।

अप्रैल 1987 में स्वीडन के रेडियो ने बताया कि स्वीडन की हथियार कंपनी बोफोर्स एबी ने 285 मिलियन डॉलर का सौदा हासिल करने के लिए शीर्ष भारतीय नेताओं और रक्षा अधिकारियों को दलाली दी है। 'यू.एस. लाइब्रेरी ऑफ कांग्रेस' का लेख कहता है, 'इस खुलासे की ओर देश का ध्यान तत्काल चला गया, क्योंकि इस

314. 'राजीव गांधी', यू.एस. लाइब्रेरी ऑफ कांग्रेस, http://countrystudies.us/india/25.htm
315. इंदर मल्होत्रा, 'हाऊ 'मिस्टर क्लीन' लॉस्ट हिज शाइन', द इंडियन एक्सप्रेस, 22 दिसंबर, 2014, https://indianexpress.com/article/opinion/columns/how-mr-clean-lost-his-shine/

प्रकार के आरोप लगे थे कि राजीव गांधी और उनके दोस्त उस सौदे से किसी-न-किसी प्रकार से जुड़े थे। रक्षा मंत्री के रूप में जब वी.पी. सिंह ने कथित दलाली की जाँच की तो उन्हें इस्तीफा देने पर मजबूर कर दिया गया।'[316] इस प्रकार बोफोर्स घोटाला राजीव के राजनीतिक कॅरियर का बहुत बड़ा मोड़ साबित हुआ और अगले लोकसभा चुनावों में उन्हें पूर्ण बहुमत नहीं मिल सका, जबकि सिंह का राष्ट्रीय मोर्चा सत्ता में आ गया। मल्होत्रा कहते हैं, 'इसने 'मिस्टर क्लीन' के रूप में उनकी छवि के सबसे चमकीले पहलू और उनकी ईमानदारी को तार-तार कर दिया। बेशक, 16 अप्रैल, 1987 तक, देशवासियों की नजर में कुछ भी गलत नहीं कर सकते थे और उस तारीख के बाद वह कुछ भी सही नहीं कर सकते थे।'[317]

अप्रैल 1978 में शाह बानो नाम की पैंसठ साल की एक महिला ने इंदौर की स्थानीय अदालत का, अपने पति मोहम्मद अहमद खान के खिलाफ, जो एक वकील थे, दरवाजा खटखटाया, जिसने उन्हें और उनके पाँच बच्चों को घर से बाहर निकाल दिया और गुजारा देने से इनकार कर दिया। कुछ महीने बाद उसने महिला को तलाक दे दिया और दावा किया कि भारत में 'मुसलिम पर्सनल लॉ' के अनुसार पति को केवल इद्दत के दौरान, यानी तलाक की अर्जी के बाद साथ रहने की अनिवार्य अवधि के दौरान का ही गुजारा देना पड़ता है। अगस्त 1979 में शाह बानो को निचली अदालत में जीत मिली, लेकिन उसने हाई कोर्ट में संशोधित गुजारा के लिए याचिका दायर की। हाईकोर्ट ने 1980 में शाह बानो के पक्ष में फैसला सुनाया। हालाँकि खान ने दावा किया कि बानो को गुजारा भत्ता देने के लिए अब वह जिम्मेदार नहीं है और उन्होंने सुप्रीम कोर्ट में अपील की, जिसने मामले को एक बड़ी बेंच को भेज दिया। 23 अप्रैल, 1985 को सर्वोच्च न्यायालय ने बानो के हक में फैसला सुनाया और हाईकोर्ट के आदेश पर मुहर लगा दिया, जिसने उन्हें संशोधित गुजारा भत्ता देने का फैसला सुनाया था। इस फैसले को भारत में मुसलिम महिलाओं के अधिकार की लड़ाई लड़नेवाले अनेक समूहों और बुद्धिजीवियों ने 'ऐतिहासिक' बताया।

शुरुआत में राजीव गांधी ने भी इस फैसले का बचाव करने के लिए संसद् में आरिफ मोहम्मद खान को आगे किया। हालाँकि कुछ अन्य समूह और नेता ऐसे थे, जो चाहते थे कि सरकार इस फैसले को पलट दे, क्योंकि उन्हें लगता था कि यह शरिया के

316. 'राजीव गांधी', यू.एस. लाइब्रेरी ऑफ कांग्रेस, http://countrystudies.us/india/25.htm

317. इंदर मल्होत्रा, 'हाऊ 'मिस्टर क्लीन' लॉस्ट हिज शाइन', द इंडियन एक्सप्रेस, 22 दिसंबर, 2014, https://indianexpress.com/article/opinion/columns/how-mr-clean-lost-his-shine/

खिलाफ है। उन्हें डर था कि अगले दौर के चुनावों में इसका नुकसान उठाना पड़ेगा। राजीव ने इस बार भी अपनी सरकार के एक मंत्री जियाउर रहमान अंसारी को मैदान में उतारा और इस बार सुप्रीम कोर्ट के फैसले का विरोध करने का फैसला किया। लोकसभा में पूर्ण बहुमत का इस्तेमाल करते हुए राजीव गांधी सरकार ने आगे चलकर सुप्रीम कोर्ट के फैसले को पलटने के लिए 'मुसलिम महिला (तलाक पर अधिकारों की सुरक्षा) अधिनियम, 1986' को पेश किया। यह स्पष्ट था कि राजीव अपने वाले चुनावों के कारण मुसलिम समूहों के दबाव में आ गए थे। 'द प्रिंट' के रशीद किदवई के अनुसार, 'हिंदू दक्षिणपंथियों और उदारवादियों, दोनों ने ही शाह बानो केस में पलटने के लिए राजीव गांधी को दोषी ठहराया और आरोप लगाया कि वह मुसलिम तुष्टीकरण कर रहे हैं और उन्होंने कट्टरपंथी मुसलिम धर्मगुरुओं के आगे घुटने टेक दिए हैं, जिसका प्रतिनिधित्व अंसारी और 'ऑल इंडिया मुसलिम पर्सनल लॉ बोर्ड' (ए.आई.एम.पी.एल.बी.) कर रहे थे।'[318] हद से अधिक मुसलिम तुष्टीकरण के इस कृत्य को संतुलित करने के लिए राजीव किसी हिंदू मुद्दे की तलाश में जुट गए, जिसमें वह उनका साथ दे सकें। गोरखनाथ मठ के महंत अवेद्यनाथ और वी.एच.पी. नेताओं के मिले-जुले प्रयासों से रामजन्मभूमि आंदोलन की टीम कोर्ट से एक आदेश ले आई, जिसके अनुसार फरवरी 1986 में श्रीरामजन्मभूमि के ताले खोल दिए जाएँगे। राजीव गांधी को लगा कि यही सही मौका है और वह इस प्रक्रिया में शामिल हो गए। उनकी सरकार ने कोर्ट के आदेश का विरोध नहीं किया और पूरी कवायद को इस प्रकार प्रचारित किया कि उनकी ही सरकार ने ताला खोलने का आदेश दिया है![319]

सामाजिक कार्यकर्ता और सी.पी.एम. सदस्य सुभाषिनी अली ने 'इंडिया टुडे' में लिखा कि कांग्रेस नेता ने मुसलिम और हिंदू समुदायों के तुष्टीकरण का प्रयास किया, लेकिन बुरी तरह विफल रहे, क्योंकि उनके प्रयासों से जनता दल को तत्काल, जबकि भाजपा को आगे चलकर फायदा मिला—

> "...राजीव गांधी ने दो राजनीतिक निर्णय लिये, जिनके प्रभावशाली और तबाही लानेवाले नतीजे सामने आनेवाले थे—उन्होंने आनन-फानन में संसद् एक अधिनियम पारित करवाया, जिसने मुसलिम महिलाओं से अपने पूर्व पति से गुजारा भत्ता माँगने का अधिकार छीन लिया और उत्तर प्रदेश सरकार को

---

318. राशिद किदवई, 'हू रियली इन्फ्लुएंस्ड राजीव गांधी टु एक्ट अगेंस्ट शाह बानो जजमेंट?' द प्रिंट, 24 जुलाई, 2018, https://theprint.in/opinion/who-really-influenced-rajiv-gandhi-to-act-against-shah-bano-judgment/87263/

319. शांतनु गुप्ता, *'द मॉन्क हू बिकेम चीफ मिनिस्टर'*, ब्लूम्सबरी इंडिया, 2017, पृ. 117

अस्थायी राम मंदिर के गेट पर लगे तालों को खोलने का संकेत दे दिया, जिसे बाबरी मसजिद के भीतर बनाया गया था। फिर, कोर्ट की ओर से परिसर में ताला लगा दिया गया, जबकि उस केस पर सुनवाई चल ही रही थी।"[320]

अली का कहना सही था कि बोफोर्स घोटाला और शाहबानो पर फैसले को पलटने जैसी उनकी राजनीति भूलों के कारण विपक्षी नेता वी.पी. सिंह को तत्काल मदद मिली, जबकि भाजपा को आगे जाकर फायदा मिला। सिंह ने छोटे-छोटे दलों का विलय कर जनता दल की स्थापना की और तेलगू देशम पार्टी (टी.डी.पी.), डी.एम. और असम गण परिषद् (ए.जी.पी.) जैसे बड़े क्षेत्रीय दलों को एक साथ लेकर आए और राष्ट्रीय मोर्चा का गठन किया। इस बीच भाजपा ने उत्तर प्रदेश के अयोध्या में राम मंदिर आंदोलन का समर्थन किया, जिसका इस्तेमाल पहले कांग्रेस ने अस्थायी राम मंदिर के दरवाजे खुलवाकर तुष्टीकरण के एक साधन के तौर पर किया था। 1989 में अगले लोकसभा चुनावों के बाद कांग्रेस के सांसदों की संख्या 414 से घटकर 197 पर आ गई। सिंह के जनता दल ने 143 सीटों पर जीत दर्ज की, जबकि भाजपा 1984 में जहाँ दो सीट वाली पार्टी थी, अब पचासी पर पहुँच चुकी थी। राष्ट्रीय मोर्चा की सरकार में सिंह प्रधानमंत्री बने, जिसे भाजपा ने बाहर से समर्थन दिया। कुछ ही लोग जानते थे कि भाजपा बड़ी तेजी से 1989 में 'समर्थन' देने की अपनी भूमिका से 1996 में अपनी पहली सरकार बनाने तक तरक्की कर लेगी। भाजपा के उदय के सूत्रधारों में से एक आडवाणी, वाजपेयी के साथ मिलकर इसकी ही योजना बना रहे थे।

□

---

320. सुभाषिनी अली, 'शाह बानो जजमेंट वाज ए लैंडमार्क इन आवर सोशल एंड पॉलिटिकल हिस्टरी', इंडिया टुडे, 26 दिसंबर, 2005, https://www.indiatoday.in/magazine/cover-story/story/20051226-shah-bano-judgement-was-a-landmark-in-our-social-and-political-history-786361-2005-12-26

16

एल.के. आडवाणी का उदय और भाजपा (1986-1996)

मई 1986 में भाजपा के सह-संस्थापक और वरिष्ठतम नेताओं में से एक एल.के. आडवाणी ने पार्टी अध्यक्ष का पद सँभाला। उस समय तक पार्टी, जो एकदम नई थी, उसे अपेक्षित सफलता नहीं मिली थी। वास्तव में लोकसभा में यह सिमटकर दो सीटों पर आ गई थी, जो भारतीय जनसंघ की तीन सीटों के आँकड़े से भी कम था, जिसने 1952 में पहली लोकसभा का चुनाव लड़ा था। यही नहीं, पार्टी अब तक अपनी विचारधारा के रुख और संगठनात्मक विषयों को तय करने में जुटी थी। पार्टी के कार्यदल ने केवल एक अच्छी बात का पता लगाया कि इसके मतदाताओं का अधिक वर्ग प्रभावित नहीं हुआ था, जो 1980 में भारतीय जनसंघ (जनता पार्टी के एक अंग के रूप में) के 8.6 प्रतिशत वोट हिस्सेदारी से 1984 के चुनावों में भाजपा के 7.66 प्रतिशत पर आ गया था, जबकि कांग्रेस के पक्ष में जबरदस्त सहानुभूति लहर चली थी।

भाजपा अध्यक्ष के रूप में आडवाणी ने पार्टी के संगठन और इसकी विचारधारा को सुदृढ़ बनाने पर काम किया। मई 1986 में दिल्ली में भाजपा की राष्ट्रीय परिषद् में दिए अपने अध्यक्षीय भाषण में उन्होंने न केवल पार्टी के कांग्रेस का विकल्प होने पर जोर दिया, बल्कि यह भी कहा कि यह एक वैकल्पिक राजनीतिक संस्कार भी दे सकती है।

'पिछले लगभग दो दशकों से भारतीय राजनीति आशा व निराशा के बीच थपेड़े खाती रही है। जन-अपेक्षाओं में इस प्रकार के उतार-चढ़ाव से राजनेताओं और राजनीतिक दलों के प्रति कटुता का वातावरण पैदा हो रहा है। भाजपा इस कटुता को मिटाकर अपने कार्य-व्यवहार, सेवा व त्याग से यह सिद्ध कर दिखाए कि गांधी और जयप्रकाश, मुकर्जी और उपाध्याय से प्रेरित यह पार्टी सचमुच सब पार्टियों से अलग है। फिलहाल, भले ही इसके पास सत्ताधारी दल का विकल्प प्रस्तुत करने की सक्षम व्यवस्था नहीं है, लेकिन एक वैकल्पिक राजनीतिक संस्कृति तो यह निश्चित रूप से दे सकती है।'[321]

321. लालकृष्ण आडवाणी, *'मेरा देश मेरा जीवन'*, प्रभात प्रकाशन, 2008, पृष्ठ 258

उनके नेतृत्व में पार्टी ने युवाओं को एक मौका देने पर अपना ध्यान लगाया। उस समय जो नेता सामने आए, उनमें केदारनाथ साहनी, कृष्णलाल शर्मा, डॉ. मुरली मनोहर जोशी, सुषमा स्वराज, एम. वेंकैया नायडू, अरुण जेटली, नरेंद्र मोदी, राजनाथ सिंह, के.एन. गोविंदाचार्य और जसवंत सिंह जैसे कुछ नेता शामिल हैं। उनका ध्यान मुख्य रूप से भाजपा को एक जनाधार वाली पार्टी बनाने पर था और उन्होंने उस दिशा में कदम बढ़ाना शुरू किया, जिसने सभी को आश्चर्य में डाल दिया।

8 नवंबर, 1927 को कराची में जनमे आडवाणी आप्रवासी के रूप में 1947 में भारत आए थे, जब उनकी उम्र बीस वर्ष थी। कराची में पहले से ही राष्ट्रीय स्वयंसेवक संघ के सदस्य बन चुके आडवाणी भारत आकर फिर से इस संगठन में शामिल हुए और समाज सेवा तथा समुदाय निर्माण के लिए देश भर में यात्रा की। आगे चलकर पर भारतीय जनसंघ में शामिल हुए और 1970-71 में इसकी दिल्ली शाखा का नेतृत्व किया और फिर इसके अखिल भारतीय अध्यक्ष (1973-77) बने। इस बीच वह दो बार राज्यसभा के लिए चुने गए, पहली बार 1970 और फिर 1976 में। 1977 से 1979 के बीच आडवाणी केंद्रीय सूचना और प्रसारण मंत्री रहे और राज्यसभा में सदन के नेता की भूमिका भी निभाई। इन सबके बीच, वे जनता पार्टी के महासचिव भी रहे, जिसमें भारतीय जनसंघ एक महत्त्वपूर्ण सहयोगी था। 1980 के लोकसभा चुनावों में जनता पार्टी की हार के बाद, आडवाणी राज्यसभा में नेता प्रतिपक्ष रहे, फिर भारतीय जनसंघ को जनता पार्टी छोड़ने पर मजबूर कर दिया गया और भाजपा का जन्म हुआ। उस समय आडवाणी ने नवगठित भाजपा का 1980 से 1986 तक महासचिव के रूप में नेतृत्व किया, जबकि वाजपेयी इसके अध्यक्ष थे। फिर उन्होंने इसके अध्यक्ष का पद सँभाला। इन सबके बीच उन्हें 1982 में तीसरी बार राज्यसभा के लिए चुन लिया गया।[322]

भाजपा का रामजन्मभूमि को समर्थन

1980 से 86 के बीच वाजपेयी के नेतृत्व में भाजपा ने हिंदुत्व के प्रति उदार रुख अपनाया। हालाँकि इसके अपेक्षित परिणाम नहीं मिले, क्योंकि भाजपा 1984 में लोकसभा में महज दो सीट जीत सकी। आडवाणी को इस बात का अहसास हो गया और वह भारतीय जनसंघ के कट्टर हिंदुत्व की ओर लौट गए। भाजपा अध्यक्ष के रूप में आडवाणी ने अयोध्या में बाबरी मसजिद के विवादित स्थल पर राम मंदिर निर्माण के लिए आंदोलन चला रही वी.एच.पी. को भाजपा का समर्थन दे दिया। इस प्रकार

322. 'डिटेल्ड प्रोफाइल : श्री लालकृष्ण आडवाणी', Indiagov.in, https://archive.india.gov.in/govt/loksabhampbiodata.php?mpcode=9

रामजन्मभूमि आंदोलन या अयोध्या आंदोलन भाजपा के इतिहास की सबसे महत्त्वपूर्ण घटनाओं में से एक बन गया। 1990 के अंत में अपनी 'राम रथ यात्रा' से इसमें मुख्य भूमिका निभानेवाले आडवाणी ने इसे अपने राजनीतिक जीवन की 'सबसे निर्णायक परिवर्तनकारी घटना' बताया। 'हमारे समाज और राजनीति पर, निश्चित रूप से हमारी राष्ट्रीय पहचान की भावना पर इसका जबरदस्त प्रभाव रहा है।'[323]

वी.एच.पी. की स्थापना एम.एम. गोलवलकर, शिवराम शंकर आप्टे और स्वामी चिन्मयानंद द्वारा 1964 में 'हिंदू समाज को संगठित-एकजुट करने और हिंदू धर्म की सेवा-रक्षा' करने के उद्देश्य से की गई थी।[324] संघ परिवार के सदस्य के रूप में[325] वी.एच.पी. हिंदू मंदिरों के निर्माण और जीर्णोद्धार, गौ-हत्या, हिंदुओं के धर्म-परिवर्तन को रोकने और अयोध्या-रामजन्मभूमि विवाद में सबसे आगे रही। वास्तव में यह रामजन्मभूमि आंदोलन का नेतृत्व मार्च 1984 से ही कर रही थी। यह वी.एच.पी. ही थी, जो अलग-अलग हिंदू धार्मिक संगठनों के नेताओं को रामजन्मभूमि मुक्ति यज्ञ समिति के हित के लिए एक साथ लेकर आई। अक्तूबर 1984 में इसने सीतामढ़ी (बिहार) से अयोध्या तक जागरूकता-यात्रा की शुरुआत की, जिसके बाद 1985 में इस आंदोलन ने जोर पकड़ लिया। इन सबके बीच भाजपा 1984 के चुनावों में अपनी अप्रत्याशित हार से उबर रही थी। सितंबर 1989 में वी.एच.पी. ने 10 नवंबर, 1989 को प्रस्तावित राम मंदिर के शिलान्यास की घोषणा कर दी। इसने इसके लिए देश भर से राम शिलाओं को मँगवाना शुरू कर दिया।

गोरखनाथ मंदिर के तत्कालीन मुख्य पुजारी महंत अवेद्यनाथ, जो हिंदू महासभा से भी जुड़े थे और आगे चलकर भाजपा के लोकसभा सांसद भी बने, रामजन्मभूमि आंदोलन के प्रमुख नेता थे।

वह उत्तर प्रदेश के वर्तमान मुख्यमंत्री योगी आदित्यनाथ के मार्गदर्शक और गुरु थे। पूरे 1980 के दशक के दौरान, वी.एच.पी. रामजन्मभूमि आंदोलन की अगुवाई कर रही थी, जबकि राष्ट्रीय स्तर पर रामजन्मभूमि मुक्ति यज्ञ समिति और कार सेवा समिति का गठन किया जा रहा था। इसके प्रयासों को जबरदस्त प्रतिक्रिया मिली, क्योंकि इस आंदोलन के प्रति कांग्रेस का रवैया ढुलमुल था। इस समय कांग्रेस केंद्र के साथ-साथ उत्तर प्रदेश की सत्ता पर भी काबिज थी। 8 नवंबर, 1989 को उसने शिलान्यास के

---

323. लालकृष्ण आडवाणी, *'मेरा देश मेरा जीवन'*, प्रभात प्रकाशन, 2008, पृष्ठ 271

324. 'स्वागतम्', विश्व हिंदू परिषद्, http://vhp.org/swagatam/

325. संघ परिवार हिंदू राष्ट्रवादी समूहों का मुख्य संगठन है, जिसका नेतृत्व राष्ट्रीय स्वयंसेवक संघ करता है

कार्यक्रम को यह कहते हुए इजाजत दे दी कि वह जमीन जिस पर शिलान्यास होना है, वह गैर-विवादित है। हालाँकि एक दिन बाद 9 नवंबर को राजीव गांधी के नेतृत्व वाली केंद्र सरकार ने पलटी मारी और प्रस्तावित समारोह को रोकने का आदेश दे दिया। राजीव गांधी और कांग्रेस का यह व्यवहार उसी सरकार द्वारा शाह बानो केस में की गई भारी राजनीतिक भूल की ही तर्ज पर था। हालाँकि दोनों ही मामलों में कांग्रेस के दिमाग में अल्पसंख्यकों के तुष्टीकरण का ही मुद्दा था, न कि मुख्य मुद्दे को सुलझाने का उसका कोई इरादा था।

कांग्रेस जहाँ धर्म को राजनीति की मुख्यधारा में लाने की राजनीति कर रही थी, वहीं भाजपा, विशेष रूप से आडवाणी को लगा कि अयोध्या का मुद्दा गैर-राजनीतिक या मात्र राम मंदिर निर्माण तक ही सीमित नहीं रह गया था। उन्होंने कहा था—

> "अब यह (अयोध्या मामला) वास्तविक पंथनिरपेक्षवाद और छद्म-सेक्युलरिज्म के बीच की लड़ाई का संकेत बन गया। इसके साथ ही इसने भारतीय राष्ट्रीयता तथा राष्ट्रीय अस्मिता के स्रोत से जुड़ी दो परस्पर विरोधी अवधारणाओं के बीच एक ध्रुवीकृत बहस का संदर्भ भी तैयार किया। ये दो परस्पर विरोधी अवधारणाएँ हैं—सांस्कृतिक राष्ट्रवाद की एकता की अवधारणा और हिंदू-विरोधी राष्ट्रवाद की विभाजक अवधारणा। इसी संदर्भ में भाजपा ने राम जन्मभूमि आंदोलन को समर्थन देने का निर्णय लिया।"[326]

इस प्रकार भाजपा अयोध्या में राम मंदिर के लिए 'राष्ट्रीय आकांक्षाओं' को पूरा करने के लिए इस आंदोलन में सक्रिय रूप से शामिल हो गई।

1989 का लोकसभा चुनाव

1984 के लोकसभा चुनाव में घोर पराजय के बाद भाजपा जनता के बीच अपनी व्यापक स्वीकार्यता का प्रयास कर रही थी। जनता पार्टी और आगे चलकर जनता दल अब भी राष्ट्रीय स्तर पर प्रमुख भूमिका निभा रहा था। अयोध्या आंदोलन में शामिल होने का भाजपा का फैसला एक जबरदस्त 'ट्रंप कार्ड' साबित हुआ, क्योंकि कांग्रेस राष्ट्रीय स्तर पर हिंदुओं का पक्ष लेने और वी.एच.पी. की ओर से शुरू किए गए जन-आंदोलन का समर्थन करने की स्पष्ट मंशा जाहिर नहीं कर रही थी। असल में प्रधानमंत्री राजीव गांधी के नेतृत्व में कांग्रेस लगातार अपना रुख बदल रही थी। आडवाणी के नेतृत्व में भाजपा ने अयोध्या आंदोलन का समर्थन करने का स्पष्ट रुख अपनाया। जून 1989 को हिमाचल प्रदेश के पालमपुर में आयोजित अपनी राष्ट्रीय

326. लालकृष्ण आडवाणी, *'मेरा देश मेरा जीवन'*, प्रभात प्रकाशन, 2008, पृष्ठ 293

परिषद् में पार्टी ने इस संबंध में एक प्रस्ताव पारित किया—

> “भाजपा का मानना है कि इस (अयोध्या) विवाद की प्रकृति ऐसी है कि इसका फैसला अदालत में हो ही नहीं सकता है…भाजपा राजीव गांधी सरकार से अपील करती है कि वह अयोध्या के संबंध में वैसा ही सकारात्मक रुख अपनाए, जैसा नेहरू सरकार ने सोमनाथ के संबंध में अपनाया था। जनभावनाओं का सम्मान किया जाना चाहिए और रामजन्मस्थान को हिंदुओं को सौंप दिया जाना चाहिए— चाहे बातचीत से इस मुद्दे को सुलझाया जाए या कानून बनाकर। मुकदमेबाजी से इसे हल नहीं किया जा सकता है।”[327]

इस प्रकार भाजपा ने यह स्पष्ट कर दिया कि यह चाहती थी कि मुसलिम बिरादरी की भावनाओं को ठेस पहुँचाए बिना राम मंदिर का निर्माण किया जाए। नौवीं लोकसभा के लिए 1989 में हुए अगले आम चुनावों में इसका प्रभाव दिखा, जिसमें इसने 529 में से 226 सीटों पर चुनाव लड़ा था। 1984 में दो सीट से इस चुनाव में भाजपा अपना आँकड़ा पचासी सीट तक ले गई और 11.36 प्रतिशत वोट हासिल किए, जबकि पिछले लोकसभा चुनाव में उसे 7.74 प्रतिशत वोट मिले थे। जनादेश कांग्रेस के विरुद्ध लग रहा था, जिसे 1984 में 401 सीटों के मुकाबले महज 197 (39.53 प्रतिशत वोट) सीट मिलीं। भले ही यह सबसे बड़ी पार्टी बनकर उभरी, लेकिन इसकी सीटों में कमी शर्मिंदगी से कम नहीं थी। स्पष्ट रूप से यह राजीव गांधी सरकार के खिलाफ जनादेश था। जनता दल को 143 सीट (17.79 प्रतिशत) मिलीं, जबकि सी.पी.एम. और सी.पी.आई. को क्रमशः तैंतीस और बारह सीट पर जीत मिली।

भाजपा ने जिन राज्यों में उल्लेखनीय प्रदर्शन किया

क्रम सं.	राज्य/यूटी	मत %	लोकसभा में सीटों की संख्या	भाजपा जितनी सीटों पर लड़ी	भाजपा को जितनी सीट मिलीं	प्राप्त मत %
1	मध्य प्रदेश	55.21	40	33	27	39.66
2	गुजरात	54.58	26	12	12	30.47
3	राजस्थान	56.53	25	17	13	29.64

327. नलिन मेहता, ‘कॉल्स फॉर अयोध्या टेंपल लॉ मीन्स इट्स राम भरोसे अगेन इन 2019’, द टाइम्स ऑफ इंडिया, 4 नवंबर, 2018, https://timesofindia.indiatimes.com/blogs/academic-interest/calls-for-ayodhya-temple-law-mean-its-ram-bharose-again-in-2019/

4	महाराष्ट्र	59.86	48	33	10	23.72
5	बिहार	60.24	54	24	08	11.72
6	उत्तर प्रदेश	51.27	85	31	08	07.58
7	दिल्ली	54.3	07	05	04	26.19
		कुल	529	225	85	11.6

स्रोत : 'इवॉल्यूशन ऑफ भाजपा : पार्टी डॉक्यूमेंट, खंड-10' से लिया गया, नई दिल्ली, 2006

अयोध्या आंदोलन को अपना समर्थन देने के अलावा भाजपा के वोट शेयर और सीट में वृद्धि के दो अन्य कारण बताए गए : इसकी सकारात्मक धर्मनिरपेक्षता, जिसमें सबके लिए न्याय था, लेकिन तुष्टीकरण किसी का नहीं और यह सच कि भाजपा एक अलग पार्टी के तौर पर उभरी, जो अनुशासित और जनता की सेवा के अपने लक्ष्य के प्रति समर्पित थी, जबकि कांग्रेस और जनता दल अकसर टूट-फूट, अंदरूनी कलह और अनुशासनहीनता के शिकार हुआ करते थे।

1989 के लोकसभा चुनावों में अपने बेहतर प्रदर्शन के बाद भाजपा ने अगले साल होनेवाले विधानसभा के चुनावों की बड़ी चुनौती का सामना किया। कम-से-कम दस राज्य विधानसभाओं के लिए चुनाव हुए। 1989 में, आठ राज्यों में चुनाव हुए—आंध्र प्रदेश, कर्नाटक, उत्तर प्रदेश, मिजोरम, नागालैंड, सिक्किम, तमिलनाडु और गोवा। इनमें से भाजपा ने उत्तर प्रदेश में अपनी स्थिति में सुधार किया, जहाँ 425 सीटोंवाली विधानसभा में उसने कम सीटों पर चुनाव लड़ा था (272 सीटों पर चुनाव लड़ने पर सत्तावन सीटों पर जीत मिली, जबकि 1985 में सोलह सीट मिली थीं), वहीं कर्नाटक (1985 की दो सीट के मुकाबले चार सीट पर जीत) में भी उसका प्रदर्शन बेहतर हुआ।

रामजन्मभूमि आंदोलन को भाजपा का लगातार समर्थन—1990 की राम रथ यात्रा

भाजपा को वी.एच.पी. के अयोध्या आंदोलन का समर्थन करने के फैसले का 1989 आम चुनावों में काफी फायदा मिला। आडवाणी के नेतृत्व में भाजपा अब पूरी ताकत झोंकना चाहती थी। इसलिए पार्टी ने देश भर में आडवाणी की राम रथ यात्रा की योजना बनाई। इसकी शुरुआत 25 सितंबर, 1990 को दीनदयाल उपाध्याय की जयंती के अवसर पर हुई। इसमें पूरे भारत में 10,000 किमी की दूरी तय की जानी थी, जिसका समापन 30 अक्तूबर को अयोध्या में होनेवाला था, जहाँ इसमें कार सेवकों को शामिल होना था। भाजपा के लिए इस यात्रा का उद्देश्य मात्र रामजन्मभूमि आंदोलन का समर्थन

करने से कहीं अधिक था। 'यह आंदोलन छद्म-सेक्युलरिज्म के हमले से असली पंथनिरपेक्षवाद को बचाने और उसके वास्तविक अर्थ को प्राप्त करने के लिए भी था। यह आंदोलन भारत की राष्ट्रीय अस्मिता के पारिभाषिक स्रोत यानी हमारी सांस्कृतिक धरोहर पर पुनः दावा करने के लिए था।' आडवाणी ने कहा। उन्होंने आगे चलकर इसे 'मेरे राजनीतिक जीवन का एक उल्लासपूर्ण कालखंड' बताया था।[328]

के. भूषण और जी. कत्याल की पुस्तक 'लाल कृष्ण आडवाणी : डिप्टी प्राइम मिनिस्टर' के अनुसार—

> इस यात्रा का उद्देश्य तीन बुनियादी सवालों को उठाना था, जो अब तक देश के सामूहिक अवचेतन मन में घूम रहे थे, लेकिन किसी ने भी उन्हें पूछने का साहस नहीं किया था। उन्हें छद्म-धर्मनिरपेक्ष लोगों के पलटवार का डर था, जो 1947 से ही भारत पर शासन कर रहे थे। ये प्रश्न थे—
>
> - धर्मनिरपेक्षता क्या है ? सांप्रदायिकता क्या है ?
> - क्या अल्पसंख्यक सांप्रदायिकता को लगातार प्रश्रय देते रहने से देश की एकता को हासिल किया जा सकेगा ?
> - क्या (उस समय कांग्रेस की) सरकार अल्पसंख्यकवाद की संस्कृति को खारिज नहीं कर सकती है ?[329]

शुरुआत सोमनाथ मंदिर से हुई, क्योंकि वह अयोध्या मंदिर आंदोलन जैसा ही था। सोमनाथ मंदिर, जिसे अनेक मुसलिम आक्रमणकारियों ने कई बार तोड़ा और फिर भारत सरकार ने आम राय के बाद उसका पुनर्निर्माण कराया। नेहरू के विरोध के बावजूद गृह मंत्री सरदार पटेल ने इस कदम का समर्थन किया था और पुनर्निर्माण कार्य की देखरेख की थी। यह काम पटेल की मृत्यु के बाद पूरा कर लिया गया था और मंदिर का उद्घाटन भारत के पहले राष्ट्रपति डॉ. राजेंद्र प्रसाद ने किया था।[330] इसलिए सोमनाथ मंदिर आडवाणी की ओर से शुरू की गई राम रथ यात्रा की प्रेरणा के साथ ही उसका आरंभिक स्थल भी बना।

इस यात्रा को 23 अक्तूबर को बिहार में रोक दिया गया, जब जनता पार्टी के नेता और मुख्यमंत्री लालू प्रसाद यादव ने आडवाणी को गिरफ्तार करने का आदेश दिया।

328. लालकृष्ण आडवाणी, *'मेरा देश मेरा जीवन'*, प्रभात प्रकाशन, 2008, पृष्ठ 298
329. के. भूषण और जी. कत्याल, *'लालकृष्ण आडवाणी : डिप्टी प्राइम मिनिस्टर'*, ए.पी.एच. पब्लिशिंग, 2002, पृ. 11
330. स्वदेश सिंह, 'सरदार वल्लभभाई पटेल : द आर्किटेक्ट ऑफ मॉडर्न इंडिया', एडिटोरियल, खंड-30, 27 अक्तूबर-2 नवंबर, 2018, http://employmentnews.gov.in/newemp/MoreContentNew.aspx?n=Editorial&k=20189

यह काररवाई उस समय लालू के अल्पसंख्यक तुष्टीकरण के अनुकूल थी। आडवाणी को मसानजोड़ (अब झारखंड में) स्थित सरकारी गेस्ट हाउस में हिरासत में रखा गया था। हालाँकि कार सेवकों ने यात्रा को जारी रखा। यह यात्रा जब उत्तर प्रदेश में पहुँची, तब जनता पार्टी के एक और नेता और राज्य के मुख्यमंत्री मुलायम सिंह यादव, जो अपने अल्पसंख्यक मतदाताओं को अपनी 'धर्मनिरपेक्षता' का सबूत देना चाहते थे, उन्होंने कार सेवकों को गिरफ्तार करने का आदेश दिया। ऐसा माना जाता है कि उत्तर प्रदेश में लगभग 150,000 कार्यकर्ताओं को गिरफ्तार किया गया था। इसके बावजूद कई हजार कार सेवक अयोध्या पहुँच गए। मुलायम ने निहत्थे कार सेवकों पर पुलिस फायरिंग का क्रूरतापूर्ण आदेश दिया। इसके कारण चौबीस से भी ज्यादा कार सेवकों की मौत हुई। इस यात्रा का विरोध करने में जनता दल की भूमिका को देखते हुए भाजपा ने केंद्र की वी.पी. सिंह सरकार से अपना बाहरी समर्थन वापस ले लिया, जिससे सरकार गिर गई। चंद्रशेखर चंद दिनों की सरकार के प्रधानमंत्री बने, जिसका समर्थन कांग्रेस कर रही थी।

भाजपा ने अपनी पहली राज्य सरकारों का गठन किया और नई ऊँचाइयों को छुआ

1990 का साल भाजपा के लिए उपलब्धियों का साल बन गया, जब उसे चुनाव लड़ते हुए एक दशक बीत चुके थे। उस वर्ष बिहार, गुजरात, मध्य प्रदेश, हिमाचल प्रदेश, महाराष्ट्र, मणिपुर, उड़ीसा, पांडिचेरी, अरुणाचल प्रदेश और राजस्थान समेत दस राज्यों और केंद्र शासित प्रदेशों में विधानसभा के चुनाव हुए थे। अरुणाचल प्रदेश के सिवाय भाजपा ने सभी राज्यों/केंद्र शासित प्रदेशों में चुनाव लड़ा और बिहार, गुजरात और महाराष्ट्र में अपने विधायकों की संख्या को बढ़ाया। हालाँकि मणिपुर और पांडिचेरी में इसे एक भी सीट नहीं मिली।

चौंकानेवाले नतीजे तो मध्य प्रदेश, हिमाचल प्रदेश और राजस्थान से आए, जहाँ भाजपा ने सरकार बनाई। मध्य प्रदेश और हिमाचल प्रदेश में भाजपा को पूर्ण बहुमत मिला, जहाँ उसने क्रमशः 220 और छियालीस सीटें जीतीं। मध्य प्रदेश में इसे 39.1 और हिमाचल प्रदेश में 41.8 प्रतिशत वोट मिले। हिमाचल में शांता कुमार के नेतृत्व में सरकार बनी, जबकि सुंदरलाल पटवा भाजपा से मध्य प्रदेश के पहले मुख्यमंत्री बने। राजस्थान में भाजपा को जहाँ पचासी सीट और 38.4 प्रतिशत मत मिले, वहीं कांग्रेस को महज पचास सीट और 33.6 प्रतिशत वोट प्राप्त हुए। यहाँ जनता दल को पचपन सीट और 21.6 प्रतिशत वोट मिले। भाजपा ने अन्य दलों के समर्थन से भैरों सिंह शेखावत के नेतृत्व में सरकार बनाई। महाराष्ट्र में पार्टी ने अपने विधायकों की संख्या 1980 में चौदह

से 1990 में बयालीस तक बढ़ा ली, लेकिन यह कांग्रेस (141 सीट) से अब भी बहुत पीछे थी, जिसके बाद शिवसेना (बावन सीट) थी। लेकिन राज्य में भाजपा के उदय का आधार तैयार हो गया था।

1990 के विधानसभा चुनाव भाजपा के साथ-साथ देश के सफर में मील का पत्थर साबित हुए। इसने संकेत दिया कि एक और समझदार पार्टी के लिए स्थान है और राजनीति केवल दो दलों की व्यवस्था (कांग्रेस और जनता दल) तक सीमित नहीं है। भाजपा की जहाँ तीन राज्यों में सरकार थी, वहीं इसने कम्युनिस्टों के साथ जनता दल की सरकार को केंद्र में समर्थन दे रखा था। पाँच राज्यों में जनता दल की सरकार थी, जिनमें राजस्थान भी शामिल था, जहाँ वह भाजपा के साथ गठबंधन में शामिल था। 1991 में, भाजपा ने उत्तर प्रदेश में 424 में से 221 सीटें जीतकर शानदार प्रदर्शन किया और कल्याण सिंह ने राज्य में भाजपा के पहले मुख्यमंत्री के रूप में शपथ ली।

नीचे की तालिका 1990 से 1996 तक भाजपा के प्रदर्शन को दिखाती है, जिस दौरान पार्टी ने कई राज्यों में अपनी सरकार बनाई थी।

राज्य विधानसभा के चुनावों (1990-1996) में भाजपा का प्रदर्शन

वर्ष		राज्य/यूटी	मत %	सीटों की संख्या	भाजपा जितनी सीटों पर लड़ी	भाजपा जितनी सीटों पर जीती
1990	1	मध्य प्रदेश	54.19	33	269	220
	2	राजस्थान	57.09	200	128	85
	3	गुजरात	52.2	182	143	67
	4	हिमाचल प्रदेश	67.75	68	51	46
	5	महाराष्ट्र	62.26	288	104	42
	6	बिहार	62.04	324	239	39
	7	उड़ीसा	56.63	147	63	2
1991	1	उत्तर प्रदेश	76.8	424	415	221
	2	असम	74.67	126	48	10
	3	हरियाणा	65.86	90	89	2
1992	1	पंजाब	23.82	117	66	6
1993	1	उत्तर प्रदेश *	57.13	424	422	177

	2	मध्य प्रदेश *	60.66	320	320	117
	3	राजस्थान*	60.59	200	196	95
	4	दिल्ली	61.75	70	70	49
	5	हिमाचल प्रदेश *	71.5	68	68	8
1994	1	कर्नाटक	68.59	224	223	40
	2	गोवा	71.2	40	12	4
	3	आंध्र प्रदेश	71.02	294	280	3
1995	1	गुजरात	64.39	182	181	121
		महाराष्ट्र	71.69	288	116	65
		बिहार	61.79	324	315	41 (जनता दल : 167)
		उड़ीसा	73.64	147	144	9
		मणिपुर	91.41	60	20	1
1996	1	उत्तर प्रदेश	55.73	424	414	174 (एस.पी. 110; बी.एस. पी. 67)
	2	हरियाणा	70.54	90	25	11
	3	जम्मू व कश्मीर	53.92	87	52	8
	4	असम	78.92	126	117	8
	5	तमिलनाडु	66.95	234	143	1

स्रोत : 'इवॉल्यूशन ऑफ भाजपा : पार्टी डॉक्यूमेंट, खंड-10' से लिया गया, नई दिल्ली, 2006

* मध्य प्रदेश, उत्तर प्रदेश, हिमाचल प्रदेश और राजस्थान में जहाँ पहले भाजपा की सरकार थी, वहाँ विधानसभा के चुनाव फिर से कराए गए, क्योंकि बाबरी विध्वंस के उपरांत और केंद्र की कांग्रेस सरकार ने राज्य सरकारों को बरखास्त कर दिया था और राष्ट्रपति शासन लगा दिया था।

इसी अवधि के दौरान उड़ीसा में बीजू पटनायक, जम्मू-कश्मीर में शेख अब्दुल्ला और आंध्र प्रदेश में सुपरस्टार से नेता बने एन.टी. रामाराव ने राष्ट्रीय राजनीति में एक बड़ी भूमिका निभाते नजर आए। ऐसे नेता कांग्रेस के खिलाफ एक संयुक्त मोर्चा बनाने के लिए विपक्षी दलों को एकजुट करने का प्रयास कर रहे थे। वाजपेयी और आडवाणी की भी सभी राष्ट्रवादी और लोकतांत्रिक दलों को एक बैनर तले साथ लाने में दिलचस्पी थी।

हालाँकि आडवाणी ने पार्टी की अपनी संगठनात्मक और राजनीतिक शक्ति पर अधिक ध्यान देने की जरूरत पर बल दिया। उनके विचार को स्वीकार कर लिया गया।

1992 में भाजपा को विशेष रूप से मुश्किल वक्त का सामना करना पड़ा। 6 दिसंबर, 1992 को, बवी.एज.पी. और भाजपा ने अयोध्या में रामजन्मभूमि पर एक रैली का आयोजन किया जहाँ 150,000 कार सेवक शामिल हुए। यह रैली हिंसक हो गई और सुरक्षा बलों पर हावी होकर भीड़ ने विवादित ढाँचे,यानी मसजिद को ध्वस्त कर दिया। इसके बाद देश के विभिन्न हिस्सों में हिंदुओं और मुसलमानों के बीच सांप्रदायिक दंगे भड़क गए। उस समय भाजपा के कल्याण सिंह उत्तर प्रदेश के मुख्यमंत्री थे और कांग्रेस के पी.वी. नरसिम्हा राव देश के प्रधानमंत्री थे। नैतिक जिम्मेदारी लेते हुए कल्याण सिंह ने मुख्यमंत्री पद से इस्तीफा दे दिया। इस परिस्थिति का राजनीतिक लाभ लेते हुए प्रधानमंत्री राव ने उत्तर प्रदेश विधानसभा को भंग कर दिया और राजस्थान, मध्य प्रदेश और हिमाचल प्रदेश में लोकतांत्रिक रूप से चुनी गई भाजपा की सरकारों को बरखास्त कर, तीनों राज्यों में राष्ट्रपति शासन लागू कर दिया। बाद में भाजपा के दो नेताओं, आडवाणी और मुरली मनोहर जोशी को गिरफ्तार भी किया गया।

इसके बाद अलग-अलग राज्यों में हुए चुनावों में भाजपा का प्रदर्शन मिला-जुला रहा।

1993 में भाजपा ने दिल्ली में स्पष्ट बहुमत हासिल किया और मदन लाल खुराना के नेतृत्व में सरकार बनाई। राजस्थान में पार्टी ने अपने विधायकों की संख्या 1990 में पचासी से बढ़ाकर 1993 में पंचानबे कर ली और अपने दम पर राज्य में सरकार बनाई। भैरों सिंह शेखावत राज्य के मुख्यमंत्री बने। उत्तर प्रदेश में पार्टी बहुमत हासिल नहीं कर सकी, लेकिन सबसे बड़े दल की अपनी हैसियत को बनाए रख सकी। दो चिर प्रतिद्वंद्वियों, समाजवादी पार्टी के मुलायम सिंह 109 सीटों के साथ और सड़सठ सीटों के साथ बहुजन समाज पार्टी के कांशीराम सरकार बनाने के लिए एक साथ आए। भाजपा ने विधानसभा चुनावों के अगले दौर में अपना आँकड़ा और बढ़ाया।

1994 में भाजपा ने कर्नाटक में शानदार प्रदर्शन किया, जहाँ इसने (1989 में चार सीट) राज्य की विधानसभा में अपनी संख्या को चालीस सीट तक पहुँचा दिया। इसी प्रकार गोवा में पार्टी को (1989 में एक भी सीट नहीं) चार सीटें मिलीं। कांग्रेस, जो बिहार में 1990 में हार गई थी, उसकी हालत 1994 में उनतीस सीट पर आ गई। भाजपा राज्य में उनतालीस से इकतालीस सीट पर पहुँच गई।

1995 में, भाजपा ने गुजरात और महाराष्ट्र में सरकार बनाई। गुजरात में, भाजपा ने दो-तिहाई बहुमत के साथ 121 सीट (1990 में सड़सठ) जीतकर उम्दा प्रदर्शन किया। भाजपा ने सरकार बनाई और केशुभाई मुख्यमंत्री बने। पड़ोस के महाराष्ट्र में भाजपा ने

बयालीस से छलाँग लगाई और चौंसठ पर पहुँच गई और शिवसेना (तिहत्तर सीट) के साथ गठबंधन में सरकार बनाई, जिसके मुख्यमंत्री थे मुरली मनोहर ज़ोशी। उड़ीसा और बिहार में पार्टी ने अपनी स्थिति को बेहतर बनाते हुए उड़ीसा में अपना आँकड़ा दो से नौ सीट और बिहार में उनतालीस से इकतालीस सीट तक पहुँचा दिया। पूर्वोत्तर के राज्यों में जहाँ 1995 में चुनाव हुए, भाजपा ने मणिपुर में एक सीट से अपना खाता खोला, लेकिन अरुणाचल प्रदेश में संगठन कमजोर होने के कारण इसे एक भी सीट नहीं मिली। भारत का राजनीतिक नक्शा दिसंबर 1994 और मार्च 1995 में हुए विधानसभा चुनावों के बीच फिर से खींचा गया। विजय कुमार मल्होत्रा और जे.सी. जेटली के अनुसार, 'मिनी आम चुनाव में सबसे बड़ा नुकसान कांग्रेस पार्टी को हुआ, जिसे छह बड़े राज्यों में से आंध्र प्रदेश, कर्नाटक, महाराष्ट्र और गुजरात के चार राज्यों में सत्ता से बाहर कर दिया गया।'[331]

साल 1996 में आठ राज्यों में चुनाव हुए। इनमें से भाजपा उत्तर प्रदेश में सबसे अधिक ताकतवर थी, जहाँ यह एक बार फिर 174 (1993 में इसे 176 सीट मिली थी) सीटों के साथ सबसे बड़ी पार्टी बनकर उभरी। इस बार इसने राज्य में सड़सठ सीट हासिल करनेवाली बी.एस.पी. के साथ मिलकर सरकार बना ली। कम-से-कम चार राज्यों में भाजपा ने अपना प्रदर्शन बेहतर किया। हरियाणा में इसे ग्यारह सीट (1991 की नौ सीट से बढ़कर) मिली, जम्मू-कश्मीर में इसे नौ सीट (दो सीट से बढ़कर) मिली, असम में जहाँ पहले एक भी सीट नहीं थी, वहाँ चार सीट मिली और तमिलनाडु में इसने एक सीट जीतकर खाता खोला। तीन अन्य राज्यों और केंद्र शासित प्रदेशों में इसका प्रदर्शन वोट प्रतिशत के लिहाज से बेहतर हुआ, लेकिन इसे एक भी सीट नहीं मिली। यह केरल, पश्चिम बंगाल और पांडिचेरी की बात है।

राज्य विधानसभा के चुनावों (1985-1996) के बीच चुनिंदा राज्यों में भाजपा का तुलनात्मक प्रदर्शन

राज्य/यूटी	कुल सीटों की संख्या	वर्ष	भाजपा जितनी सीटों पर लड़ी	भाजपा जितनी सीटों पर जीतीं	मत %	अन्य बड़ी पार्टियों ने जितनी सीट जीतीं
1 मध्य प्रदेश	320	1985	312	58	32.4	250-कांग्रेस
		1990	269	220	39.1	56-कांग्रेस

331. विजय कुमार मल्होत्रा और जे.सी. जेटली, 'इवॉल्यूशन ऑफ बीजेपी : पार्टी डॉक्यूमेंट, खंड-10', नई दिल्ली, 2006, पृ. 156, http://library.bjp.org/jspui/bitstream/123456789/275/1/Evolution%20of%20BJP%20-%20Content.pdf

		1993*	320	117	38.7	174-कांग्रेस
2 हिमाचल प्रदेश	68	1985	57*	07	30.6	58-कांग्रेस
		1990	51	46	41.8	9-कांग्रेस
		1993*	68	08	35.8	52-कांग्रेस
3 राजस्थान	200	1985	118	39	21.2	113-कांग्रेस
		1990	128	85	33.6	50-कांग्रेस 55-जनता दल
		1993★★	196	95	38.4	76-कांग्रेस 60-जनता दल
4 महाराष्ट्र	288	1985	67	16	7.3	162-कांग्रेस
		1990	104	42	10.7	141-कांग्रेस 52-शिवसेना
		1995	116	65	12.6	73-शिवसेना (भाजपा की सहयोगी)
		1995	116	65	12.6	73-शिवसेना (भाजपा की सहयोगी) 80-कांग्रेस
5 उत्तर प्रदेश	425	1985	347	16	9.9	269-कांग्रेस
		1989	400	57	11.6	208-जनता दल
		1991	415	221	31.5	92-जनता दल 460-कांग्रेस
		1996	414	174	32.52	110-एसपी 67-बी.एस.पी.
6 बिहार	324	1985	234	16	7.5	196-कांग्रेस 46-जनता दल
		1990	239	39	11.6	123-जनता दल 70-कांग्रेस
		1995	315	41		167-जनता दल
7 गुजरात	182	1985	124	11	15.0	149-कांग्रेस
		1990	143	67	26.7	70-जनता दल 33-कांग्रेस

		1995	182	121	42.51	45–कांग्रेस
8 हरियाणा	90	1987	20**	16	10.1	5–कांग्रेस 60–लोक दल
		1991	89	02	9.4	51–कांग्रेस 16–जनता पार्टी
		1996	25	11	8.88	09–कांग्रेस 33–हरियाणा विकास पार्टी
9 असम		126	1985	37	1.1	25–कांग्रेस 92–निर्दलीय
		1991	48	10	6.7	66–कांग्रेस (I) 19–असम गण परिषद्
		1996	117	04	10.41 3	4–कांग्रेस 59–असम गण परिषद्
10 दिल्ली	48	1952	–	05***	–	39–कांग्रेस
	56**	1983	50	19	37.0	34–कांग्रेस
	70***	1993	70	49	42.8	14–कांग्रेस

स्रोत : 'इवॉल्यूशन ऑफ भाजपा : पार्टी डॉक्यूमेंट, खंड–10' से लिया गया, नई दिल्ली, 2006

*भाजपा का जनता पार्टी के साथ सीटों का समझौता था

**लोकदल के साथ गठबंधन

*मध्य प्रदेश, उत्तर प्रदेश, हिमाचल प्रदेश और राजस्थान में, जहाँ पहले भाजपा की सरकार थी, वहाँ 1993 में फिर से विधानसभा चुनाव कराए गए, क्योंकि 1993 में कांग्रेस की केंद्र सरकार ने बाबरी मसजिद विध्वंस के बाद उन सरकारों को बरखास्त कर राष्ट्रपति शासन लागू कर दिया था।

★★मेट्रोपोलिटन काउंसिल चुनाव।

***भारतीय जनसंघ के अनुसार,

***1956 और 1993 के बीच विधानसभा को समाप्त कर दिया गया था।

भाजपा में क्षेत्रीय नेताओं का उदय

1990 से 1996 के बीच भाजपा जहाँ कई राज्यों में सरकार बनाई, वहीं भाजपा में कई क्षेत्रीय नेता लोकप्रिय हुए। इसके केंद्रीय नेतृत्व ने इन स्थानीय नेताओं को उनका उचित हक दिया। यह विशेषता आज भी बी.जे.पी. को मजबूत बनाती है, जब गुजरात से एक नरेंद्र मोदी उस पार्टी का पी.एम. पद का उम्मीदवार बना दिया जाता है, जो योग्यता और लोकप्रियता पर आधारित है। इसके विपरीत, कांग्रेस में शरद पवार और ममता बनर्जी

से लेकर बीजू पटनायक और वाई.एस.आर. रेड्डी तक, हर ताकतवर क्षेत्रीय नेता को उसका कद बढ़ने पर दबाया गया और एक अलग क्षेत्रीय दल बनाने पर मजबूर किया गया।

मध्य प्रदेश में पार्टी भाजपा की नवगठित सरकार का श्रेय सुंदर लाल पटवा को जाता है, जो पार्टी के गठन के बाद से ही महत्त्वपूर्ण भूमिका निभा रहे थे। आगे चलकर उन्होंने 1990 में भाजपा को राज्य में जीत दिलाई। वह दो बार राज्यों के मुख्यमंत्री बने। पटवा इंदौर राज्य प्रजा मंडल और राष्ट्रीय स्वयंसेवक संघ से जुड़े थे और फिर 1951 में भारतीय जनसंघ में शामिल हुए। 1948 में उन्हें राष्ट्रीय स्वयंसेवक संघ की एक रैली में भाग लेने के लिए जेल में डाल दिया गया था। इमरजेंसी के दौरान वह हिरासत में लिया गए विपक्षी नेताओं में शामिल थे। वह जनवरी 1980 से फरवरी 1980 तक राज्य के ये पहले मुख्यमंत्री बने, जब भारतीय जनसंघ जनता पार्टी का अंग थी। मुख्यमंत्री के रूप में उनका दूसरा कार्यकाल मार्च 1990 में शुरू हुआ, जब उनके नेतृत्व में राज्य विधानसभा के चुनावों में भाजपा को जबरदस्त जीत मिली। पार्टी ने 320 सीटवाली मध्य प्रदेश विधानसभा में 269 सीटों पर चुनाव लड़ा और 220 सीट जीतकर पूर्ण बहुमत हासिल किया। वह दिसंबर 1992 तक इस पद पर बने रहे, जब राज्य सरकार को केंद्र की कांग्रेस सरकार ने बाबरी मसजिद विध्वंस के बाद किसी ठोस कारण के बिना बरखास्त कर दिया। पार्टी के प्रति उनके योगदान को याद करते हुए, आडवाणी ने एक बार कहा था—'उनके जैसे लोगों (पटवा और वाजपेयी) के कारण भाजपा एक प्रमुख पार्टी बन पाई है।'[332] 'टाइम्स ऑफ इंडिया' की रिपोर्ट कहती है—

> "पूर्ववर्ती जनसंघ, जो आगे चलकर भाजपा बना, उसके प्रति पटवा का योगदान उल्लेखनीय है। भाजपा को एक विपक्षी दल से सत्ताधारी दल की भूमिका के लिए तैयार करने में उन्हें महत्त्वपूर्ण भूमिका निभाई। एक ठोस, गैर समझौतावादी संघ की विचारधारा में अपनी जड़ों के साथ, उनके व्यक्तिगत संघर्ष ने मध्य प्रदेश में भाजपा के लिए अधिक व्यावहारिक, राजनीतिक पक्ष के रास्ते खोल दिए।"[333]

---

332. 'पटवा क्रिमेटेड, आडवाणी रिकॉल्स टाइम स्पेंट विद हिम', हिंदुस्तान टाइम्स, 30 दिसंबर, 2016, https://www.hindustantimes.com/bhopal/patwa-cremated-advani-recalls-time-spent-with-him/story-WgVwDZM0EGTegHrrQE8lYJ.html
333. 'सुंदरलाल पटवा, 'डॉक्टर दादी' अमंग पद्म अवार्डीज फ्रॉम मध्य प्रदेश', द टाइम्स ऑफ इंडिया, 27 जनवरी, 2017, https://timesofindia.indiatimes.com/city/bhopal/patwa-doctor-dadi-among-padma-awardees-from-mp/articleshow/56787136.cms

राष्ट्रीय राजनीति की बात करें तो पटवा ने लोकसभा का पहला उपचुनाव छिंदवाड़ा से 1997 में जीता था, जहाँ उन्होंने कांग्रेस के कमलनाथ को हराया था। 1999 में वह होशंगाबाद सीट से फिर से चुने गए और 1999 से 2001 तक वाजपेयी सरकार में मंत्री रहे। पटवा को एक अच्छा प्रशासक माना जाता था, जो अपने मंत्रियों को अपना काम करने की पूरी छूट दिया करते थे। उन्हें 2017 में भारत का दूसरा सर्वोच्च नागरिक सम्मान 'पद्म विभूषण' दिया गया था।

यदि मध्य प्रदेश में पटवा थे, तो दिल्ली मदन लाल खुराना, जो वहाँ भाजपा की पहली सरकार का नेतृत्व कर रहे थे, जहाँ उसने 1993 के विधानसभा चुनावों में सत्तर सीटों में से उनचास सीटें जीती थीं। खुराना का परिवार बँटवारे के बाद पाकिस्तान से आकर दिल्ली में बस गया था। दिल्ली यूनिवर्सिटी से बैचलर डिग्री करने के बाद खुराना इलाहाबाद यूनिवर्सिटी चले गए, जहाँ वह छात्र राजनीति में शामिल हो गए. आगे चलकर वह ए.बी.वी.पी., राष्ट्रीय स्वयंसेवक संघ और भारतीय जनसंघ के साथ जुड़ गए। जैसा कि 'लायन इन विंटर' लेख में रेडिफ कहते हैं, 'युवक के रूप में खुराना एक ईवनिंग कॉलेज में भाजपा के एक और दिग्गज नेता विजय कुमार मल्होत्रा के साथ शिक्षक बन गए और आगे चलकर राजनीति में आने का फैसला किया। खुराना, मल्होत्रा, केदारनाथ साहनी और कँवर लाल गुप्ता ने जनसंघ की दिल्ली इकाई का गठन किया, जो भाजपा से पहले का संगठन था। खुराना 1965 से 1967 तक जनसंघ के महासचिव थे।'[334] मल्होत्रा, साहनी और अन्य के साथ मिलकर उन्होंने दिल्ली में भाजपा को शक्तिशाली बनाने के लिए कड़ी मेहनत की, जिसका परिणाम अंत में उसकी पहली सरकार के तौर पर सामने आया। 1993 से 1996 तक वह दिल्ली के मुख्यमंत्री बने रहे।

पटवा के समान ही शांता कुमार दो बार हिमाचल प्रदेश के मुख्यमंत्री रहे— पहली बार जनता पार्टी के समय में, 22 जून, 1977 से 14 फरवरी, 1980 तक और फिर जब 1990 के विधानसभा चुनावों में उनके नेतृत्व में पार्टी ने पूर्ण बहुमत प्राप्त किया। भाजपा ने अड़सठ सीट वाली विधानसभा की इक्यावन सीटों पर चुनाव लड़ा था, जिनमें से उसे छियालीस सीटों पर जीत मिली। कुमार के नेतृत्व में 5 मार्च, 1990 से 15 दिसंबर, 1992 तक भाजपा की सरकार चली, जिसके बाद केंद्र की कांग्रेस सरकार ने बाबरी मसजिद विध्वंस के बाद बरखास्त कर दिया। भाजपा के दिग्गज नेता कुमार हिमाचल प्रदेश (1980–85) में विपक्ष के नेता, चार बार लोकसभा (1989–91, 1998–99, 1999–2004 और 2014) सदस्य रह चुके हैं। वह वाजपेयी की एन.डी.एस. सरकार में उपभोक्ता मामलों और सार्वजनिक वितरण विभाग तथा ग्रामीण विकास विभाग में केंद्रीय

334. 'द लायन इन विंटर', Rediff.com, 24 नवंबर, 2003, http://in.rediff.com/election/2003/nov/24os.htm

मंत्री (1999–2003) भी थे। 2008 में उन्हें राज्यसभा के लिए चुना गया था, लेकिन काँगड़ा सीट जीतने के बाद 2014 में वह लोकसभा चले आए।

1991 के विधानसभा चुनावों में कल्याण सिंह ने उत्तर प्रदेश में पार्टी को चौंकानेवाली जीत दिलाई। भाजपा ने 415 सीटों वाली विधानसभा में 415 सीटों पर चुना लड़ा और उसे 221 सीटों पर जीत मिली। कांग्रेस और जनता दल को बड़ा झटका लगा, जिन्हें क्रमशः छियालीस और बानबे सीट ही मिलीं। भाजपा को अयोध्या आंदोलन का समर्थन करने और फिर आडवाणी की राम रथ यात्रा का फायदा मिला।

'स्वराज्य' में अतुल चंद्र के अनुसार—

> पहली बार 'राम लला हम आएँगे, मंदिर वहीं बनाएँगे' जैसे नारों के साथ हिंदू लहर पर सवार होकर भाजपा सत्ता में आई। 24 जून, 1991 में लोध नेता कल्याण सिंह को मुख्यमंत्री नियुक्त किए जाने के बाद उस समय तक उत्तर प्रदेश की राजनीति जिस केसरिया रंग में रँग चुकी थी, वह उस पर और आगे की घटनाओं पर हावी हो गई। मुख्यमंत्री बनते ही कल्याण सिंह की ख्याति एक सख्त और योग्य प्रशासक की बन गई...[335]

कल्याण सिंह सरकार ने साहसिक ढंग से धार्मिक भजन के लिए बाबरी मसजिद परिसर के पास की जमीन का अधिग्रहण किया और इसे 'चबूतरा' नाम दिया, जबकि वी.एच.पी. ने इसे राम मंदिर का आधार बताया। उनके कार्यकाल के दौरान बाबरी मसजिद के विवादित ढाँचे को 6 दिसंबर, 1992 को तोड़ा गया। इस दुर्भाग्यपूर्ण घटना की नैतिक जिम्मेदारी लेते हुए कल्याण सिंह ने उसी दिन शाम को मुख्यमंत्री पद से इस्तीफा दे दिया। कल्याण सिंह 21 सितंबर, 1997 से 12 नवंबर, 1999 तक दूसरी बार मुख्यमंत्री बने।

भाजपा के शक्तिशाली केंद्रीय नेतृत्व के अलावा इन स्थानीय कद्दावर नेताओं ने राज्यों में पार्टी को ऐसी मजबूती दी, जिसकी उसे जरूरत थी।

मंडल आयोग और जाति-आधारित राजनीति में तेजी

जनवरी 1979 में जनता पार्टी सरकार ने भारत के सामाजिक या शैक्षणिक रूप से पिछले वर्गों की पहचान के लिए एक आयोग का गठिन किया था। यह आयोग, जिसे

---

335. अतुल चंद्रा, '1991–2017 : द एपिक सागा ऑफ इलेक्शंस इन उत्तर प्रदेश', 'स्वराज्य', 3 फरवरी, 2017, https://swarajyamag.com/politics/1991-2017-the-epic-saga-of-elections-in-uttar-pradesh

सामाजिक और शैक्षणिक रूप से पिछले वर्गों का आयोग (एस.ई.बी.सी.) कहा गया था, उसके अध्यक्ष बी.पी. मंडल थे, जो एक सांसद थे और उनके नाम पर ही यह 'मंडल कमीशन' के नाम से लोकप्रिय हुआ। आयोग ने दिसंबर 1980 में अपनी रिपोर्ट सौंप दी, लेकिन इंदिरा गांधी और उनके बेटे राजीव गांधी के नेतृत्व में आगे आनेवाली कांग्रेस सरकारों ने इसे लागू नहीं किया। इस बीच वी.पी. सिंह 1989 में बोफोर्स घोटाले के कारण राजीव गांधी को सत्ता में वापसी करने से रोकने में कामयाब रहे, लेकिन वह स्वयं भी बहुमत से पीछे रह गए थे। उन्होंने राष्ट्रीय मोर्चा गठबंधन बनाया, जिसे भाजपा बाहर से समर्थन दे रही थी और सिंह एक अल्पसंख्यक सरकार में प्रधानमंत्री बन गए।

1990 तक संघ परिवार और भाजपा के ठोस समर्थन से अयोध्या आंदोलन जनता के बीच जबरदस्त लोकप्रिय हो चुका था। सिंह की हालत कमजोर थी और उन्हें समझ नहीं आ रहा था कि उसका हल कैसे निकालें? इसका तोड़ निकालने के लिए एक राजनीतिक चाल उनके दिमाग में आई। 'द क्विंट' में दिव्यानी रतनपाल के लेख के अनुसार, 'राजनीतिक परिदृश्य को दोनों सिरों के दबाव के बीच और देश के सर्वोच्च पद पर कब्जा जमाने के लिए तैयार बैठे देवी लाल जैसे आक्रामक डिप्टी पी.एम. के सामने, वी.पी. सिंह ने मंडल आयोग की रिपोर्ट को झाड़-पोंछकर निकाला और अपने स्वतंत्रता दिवस के भाषण में उसे लागू करने का ऐलान कर दिया।'[336] सिंह ने यह घोषणा अयोध्या में भाजपा के राम मंदिर आंदोलन का मुकाबला करने के लिए की थी। राजनीतिक हलकों में इसे 'मंडल बनाम कमंडल' कहा गया, जो तथाकथित अगड़ी जातियों और पिछड़ी जातियों के बीच हिंसक सामाजिक संघर्ष के रूप में सामने आया। इस निर्णय को 14 अगस्त, 1991 को सुप्रीम कोर्ट में चुनौती दी गई। नौ सदस्योंवाली संविधान पीठ ने 16 नवंबर, 1992 को मंडल आयोग के सुझावों को मान्य करार दिया और अंत में 8 सितंबर, 1993 में केंद्र ने आरक्षण की अधिसूचना जारी कर दी, जैसा कि 'द पॉयनियर' ने अपनी खबर में प्रकाशित किया था।[337]

मंडल आयोग के सुझावों को लागू किए जाने से अनेक तथाकथित समाजवादी नेताओं का उदय हुआ, जिन्होंने आनेवाले वर्षों में जाति और वोट बैंक पर आधारित राजनीति की। उनमें से कई जनता दल के माध्यम से सत्ता में आए थे, लेकिन खास जातिगत (और समुदायों) समूहों पर आधारित अपने राजनीतिक दल बना लिये। उनमें

336. दिव्यानी रतनपाल, 'हाऊ वी.पी. सिंह स्टिर्ड ए हॉरनेस्ट नेस्ट विद मंडल कमीशन', द क्विंट, 7 अगस्त, 2017, https://www.thequint.com/news/politics/how-vp-singh-stirred-a-hornets-nest-with-the-mandal-commission

337. फैजान अहमद, 'मंडलाइजेशन ऑफ द कंट्री, फ्रॉम बी.पी. मंडल टु वी.पी. सिंह', द पायनियर, 26 अगस्त, 2018, https://www.dailypioneer.com/2018/sunday-edition/mandalisation-of-country-from-bp-mandal-to-vp-singh.html

से प्रमुख हैं—मुलायम सिंह यादव (उत्तर प्रदेश) और लालू प्रसाद यादव (बिहार)। हालाँकि अपने नेताओं की महत्त्वाकांक्षा के कारण मंडल के आंदोलन से जनता दल राष्ट्रीय स्तर पर अपने आप को स्थापित नहीं कर सका। दूसरी तरफ, एक संगठित और मिशन से प्रेरित भाजपा को राष्ट्रीय स्तर पर शक्तिशाली ताकत के रूप में पहचान मिली। वाजपेयी और आडवाणी के शक्तिशाली नेतृत्व में पार्टी कांग्रेस के लिए तेजी से वास्तविक प्रतिद्वंद्वी बनकर उभर रही थी। यह विपक्ष की भूमिका में आ गई, जिस भूमिका में उससे पहले कुछ हद तक जनता पार्टी और फिर जनता दल था। हालाँकि भाजपा संसद् में कांग्रेस के साथ भूमिकाओं की अदला-बदली के लिए तैयार हो चुकी थी। भाजपा के सफर का एक दिलचस्प दौर बस, शुरू ही होने वाला था।

□

17

भाजपा के स्वर्णिम वर्ष : केंद्र में सरकार (1996-2004)

अपनी स्थापना के बाद से ही भाजपा का उदय निरंतर होता चला गया। 1990 से 1996 के बीच इसने कई राज्यों में अपनी सरकार बनाई और इन सबके बीच लोकसभा में अपनी संख्या भी बढ़ाती चली गई। वाजपेयी और आडवाणी की जोड़ी ने पार्टी को इसकी स्थापना के बाद से ही कांग्रेस का राष्ट्रीय विकल्प बनाने तक अथक परिश्रम किया। भारतीय राजनीति में विरले ही आपको ऐसी कोई दूसरी जोड़ी मिलेगी, जो वाजपेयी और आडवाणी के इस सखा भाव के सामने ठहरती हो! केवल नरेंद्र मोदी–अमित शाह की जोड़ी इसके करीब कही जा सकती है। आडवाणी वाजपेयी से मात्र तीन वर्ष जूनियर थे। दोनों की मुलाकात 1952 में उस समय हुई, जब वाजपेयी भारतीय जनसंघ के साथ और आडवाणी राष्ट्रीय स्वयंसेवक संघ के साथ थे। वर्ष 1957 में आडवाणी दिल्ली चले आए और वाजपेयी के साथ मिलकर काम करने लगे, जो उस समय तक सांसद बन चुके थे। उनका राजनीतिक संबंध और उनकी मित्रता सात दशकों तक जारी रही। 'हिंदुस्तान टाइम्स' के एक लेख के अनुसार—

> "दोनों राष्ट्रीय स्वयंसेवक संघ और हिंदू समाज को एकजुट करने के उसके वैश्विक दृष्टिकोण के प्रति निष्ठावान थे। दोनों की साहित्य, पत्रकारिता और सिनेमा में दिलचस्पी थी। वे भारतीय जनसंघ में उस समय शामिल हुए, जब राष्ट्रीय स्वयंसेवक संघ ने अपने कुछ उत्कृष्ट कार्यकर्ताओं को 1951 में गठित राजनीतिक दल में भेजा और उन्होंने पार्टी के संगठन को जमीनी स्तर से खड़ा किया।"[338]

---

338. 'कॉमरेड्स ऑफ द राइट : हाऊ वाजपेयी, आडवाणी रीशेप इंडियाज पॉलिटिक्स', हिंदुस्तान टाइम्स, 16 अगस्त, 2018, https://www.hindustantimes.com/india-news/among-those-who-visited-vajpayee-lk-advani-a-friend-of-7-decades/story-qPZfiP6fYcLV76lf420H4M.html

भारतीय जनसंघ और फिर भाजपा के वरिष्ठ नेताओं के रूप में उन्होंने कई बड़े फैसले साथ मिलकर किए। चाहे भारतीय जनसंघ का जनता पार्टी के साथ विलय हो, जो आगे चलकर इंदिरा गांधी को सत्ता से बेदखल करने में सफल हुआ या उसके बाद जनता पार्टी के गठबंधन से अलग होकर भाजपा के रूप में एक नई पार्टी का गठन करना था। भाजपा के शीर्ष नेतृत्व के रूप में दोनों ने आगे चलकर उन तीन सरकारों में अहम भूमिका निभाई, जिनका गठन अन्य दलों के साथ गठबंधन में किया गया था। कट्टर हिंदुत्व के साथ जहाँ आडवाणी ने जनता के बीच पार्टी का आधार बढ़ाने में निर्णायक भूमिका निभाई, वहीं वाजपेयी ने अपने सॉफ्ट हिंदुत्व के साथ इसे वह स्वीकार्यता दिलाई, जिसने इसे पहले 161 (1996 में) और फिर 182 (1999) के आँकड़े तक पहुँचाया। लेकिन दोनों के बीच कुछ मतभेद भी थे। वाजपेयी कट्टर हिंदुत्व की विचारधारा पर आगे नहीं बढ़ाना चाहते थे, जबकि आडवाणी ने ऐसा ही किया, विशेष रूप से 1990 के दशक में। इन कुछ मतभेदों के बावजूद उनकी दोस्ती 16 अगस्त, 2018 को वाजपेयी की दुःखद मृत्यु तक बनी रही। यह ऐसी साझेदारी थी, जो समकालीन भारतीय राजनीति के इतिहास में अतुलनीय रहेगी। आडवाणी ने कई बार यह स्वीकार किया है कि वह वाजपेयी को स्वयं से 'वरिष्ठ' अपना 'नेता' और राजनीतिक गुरु मानते थे। शायद यही कारण है कि 1995 में भाजपा के अध्यक्ष के रूप में उन्होंने वाजपेयी का नाम प्रधानमंत्री पद के उम्मीदवार के रूप में घोषित किया था।

आडवाणी ने वाजपेयी को भाजपा का पी.एम. उम्मीदवार घोषित किया

1996 के लोकसभा चुनावों से कई महीने पहले तत्कालीन भाजपा अध्यक्ष आडवाणी ने पार्टी के भीतर और बाहर सबको हैरान कर दिया। 1995 के नवंबर के मध्य में मुंबई में पार्टी के महाअधिवेशन में, उन्होंने यह ऐलान कर सबको चौंका दिया कि वाजपेयी पार्टी के प्रधानमंत्री पद के उम्मीदवार होंगे। संभवतः उन्होंने तमाम राजनीतिक दलों और जनता के बीच वाजपेयी की बढ़ती लोकप्रियता और स्वीकार्यता को भाँप लिया था। 'अनेक वर्षों तक हमारे पार्टी कार्यकर्ता ही नहीं, बल्कि आम जन भी यह नारा लगाते रहे हैं—'अगली बारी, अटल बिहारी।' मुझे विश्वास है कि भाजपा अटलजी के नेतृत्व में अगली सरकार बनाएगी।'[339]

अपनी आत्मकथा में आडवाणी ने स्पष्ट किया था कि उन्होंने यह घोषणा अपने 'व्यक्तिगत निश्चय' और 'करोड़ों भारतीयों की भावनाओं' के आधार पर की थी। सी.एन.एन.-आई.बी.एन. को दिए एक इंटरव्यू में उन्होंने कहा था कि यह उनकी

339. लालकृष्ण आडवाणी, *'मेरा देश मेरा जीवन'*, प्रभात प्रकाशन, 2008, पृष्ठ 381

'स्वाभाविक जगह थी' था। उनसे जब पूछा गया '…आपके दिमाग में यह बात कब आई कि प्रधानमंत्री पद का उम्मीदार घोषित करते समय आपने अटल बिहारी वाजपेयी के लिए उस जगह को छोड़ दिया। इसके पीछे की राजनीतिक सोच क्या थी?' तो उनका जवाब था, 'अकसर ऐसा सोचा जाता है कि मैंने जगह छोड़ दी, लेकिन यह स्वाभाविक रूप से उनकी जगह थी। मैंने हमेशा उन्हें अपना नेता माना। असल में अब जाकर में इन साक्षात्कारों के बाद खुलकर कहने लगा हूँ कि मेरे लिए वह एक रोल मॉडल थे। ऐसे थे, जैसे किसी देश के नेता को होना चाहिए।'[340]

वाजपेयी की जीवन लिखनेवाले किंशुक नाग के अनुसार—'आडवाणी ने किसी को भी नहीं बताया था, राष्ट्रीय स्वयंसेवक संघ को भी नहीं। वह लिखते हैं, 'इससे पहले कि सभागार तालियों की गड़गड़ाहट और नारों से गूँजता, एक पल के लिए सब स्तब्ध रह गए थे। फिर 'अगली बारी, अटल बिहारी' के नारों से आसमान गूँजने लगा।'[341] नाग आगे लिखते हैं कि '1990 के दशक के मध्य में केवल अटल जैसे उदारवादी नेता ही जनता के बीच स्वीकार्य थे।' इसलिए चुनाव प्रचार के दौरान भाजपा ने इसे वाजपेयी बनाम नरसिम्हा राव के बीच की लड़ाई के रूप में प्रस्तुत किया। इसका कारण यह था कि नरसिम्हा राव की छवि 'प्रशासन में भ्रष्टाचार, ईमानदारी और निष्ठा के अभाव से' दागदार हो चुकी थी।'[342]

1996 का लोकसभा चुनाव : वाजपेयी के नेतृत्व में भाजपा की पहली केंद्र सरकार

मुंबई अधिवेशन में आडवाणी की यह भविष्यवाणी कि 'भाजपा अटलजी के प्रधानमंत्रित्व में अगली सरकार बनाएगी' सच साबित हुई, क्योंकि उनके नेतृत्व में पार्टी सबसे बड़े दल के तौर पर उभरी। पार्टी ने 543 में से 471 सीटों पर चुनाव लड़ा और 161 सीटों पर उसे जीत मिली और उसने 20.92 प्रतिशत वोट हासिल किया। कांग्रेस ने 140 सीटें हासिल कीं, उसके बाद जनता दल (छियालीस सीट), सी.पी.एम. (बत्तीस) और सी.पी.आई. (नौ सीट) का नंबर था।

---

340. मार्या शकील, 'एल.के. आडवाणी कॉल्स वाजपेयी हिज रोल मॉडल, गाइड', न्यूज18, 22 दिसंबर, 2014, https://www.news18.com/news/politics/advani-chunk-short-2-732452.html
341. किंशुक नाग, *'जननायक अटलजी'*, प्रभात प्रकाशन, 2008
342. विजय कुमार मल्होत्रा और जे.सी. जेटली, 'इवॉल्यूशन ऑफ भाजपा : पार्टी डॉक्यूमेंट, खंड-10', नई दिल्ली, 2006, पृ.114, http://library.bjp.org/jspui/bitstream/123456789/275/1/Evolution%20of%20BJP%20-%20Content.pdf

1996 के लोकसभा चुनाव इस लिहाज से ऐतिहासिक थे, क्योंकि इसने कांग्रेस को राष्ट्रीय राजनीति की मुख्य भूमिका से बेदखल कर दिया, जिसे वह आजादी के बाद उनचास वर्षों तक अपने लंबे शासन (और केंद्र में सरकार गठन पर प्रभाव) के साथ निभाती आ रही थी। आम चुनावों में उस समय तक के भाजपा के इस सर्वश्रेष्ठ प्रदर्शन से पार्टी एक गठबंधन का निर्णायक नेतृत्व करने और देश में शासन करने की स्थिति में आ गई। विजय कुमार मल्होत्रा और जे.सी. जेटली के अनुसार, 'न केवल भाजपा अपने सभी विरोधियों को परास्त कर लोकसभा में इकलौती सबसे बड़ी पार्टी के तौर पर उभरी बल्कि इसने सबसे अधिक महिला, एस.सी.-एस.टी. सांसद भी दिए।'[343] उस समय 161 सांसदों में से भाजपा की चौदह महिला और बयालीस अनुसूचित जाति और जनजाति के सांसद चुने गए थे।

ऐसा कहा जाता है कि 1996 के चुनाव नतीजे वाजपेयी के लिए एक जनादेश थे, जिन्होंने सार्वजनिक जीवन में शुचिता को व्यक्तित्व का हिस्सा बनाया, वहीं दूसरी तरफ नरसिम्हा राव का नेतृत्व राजनीति में कुटिलता का प्रतीक था।[344] दिलचस्प रूप से 1989, 1991 और 1996 में मतों में भाजपा की हिस्सेदारी बढ़ती चली गई थी, जब पार्टी ने क्रमशः 11.36 प्रतिशत, 20.11 प्रतिशत और 20.29 प्रतिशत वोट हासिल किए थे। दूसरी तरफ कांग्रेस का वोट शेयर गिर रहा था और उसे 1989 में 39.53, 1991 में 37.57 और 1996 में 28.2 प्रतिशत वोट मिले थे। इसने दिखाया कि भाजपा तेजी से मतदाताओं की पसंद बनती जा रही है, भले ही सभी राज्यों में उसे प्रतिनिधित्व मिलना बाकी था।

राज्य, जहाँ-जहाँ भाजपा को कुल 161 सीटें मिली थीं

क्रम. सं.	राज्य/यूटी	लोकसभा में सीटों की संख्या	भाजपा जितनी सीटों पर लड़ी	भाजपा ने जितनी सीटें जीतीं
1	उत्तर प्रदेश	85	83	52
2	मध्य प्रदेश	40	39	27
3	बिहार	54	32	18
4	महाराष्ट्र	48	25	18
5	गुजरात	26	26	16
6	राजस्थान	25	25	12

343. उपरोक्त

344. विजय कुमार मल्होत्रा और जे.सी. जेटली, 'इवॉल्यूशन ऑफ भाजपा : पार्टी डॉक्यूमेंट, खंड-10', नई दिल्ली, 2006, पृ.115 से उद्धृत http://library.bjp.org/jspui/bitstream/123456789/275/1/Evolution%20of%20BJP%20-%20Content.pdf

7	कर्नाटक	28	28	06
8	दिल्ली	07	07	07
9	हरियाणा	10	06	04
10	असम	14	14	01
11	जम्मू-कश्मीर	06	05	01
12	चंडीगढ़	01	01	01

स्रोत : 'इवॉल्यूशन ऑफ भाजपा : पार्टी डॉक्यूमेंट, खंड-10' से लिया गया, नई दिल्ली, 2006

भारत के तत्कालीन राष्ट्रपति, शंकर दयाल शर्मा ने सबसे बड़ी पार्टी का नेता होने के नाते वाजपेयी को अल्पसंख्यक (क्योंकि चुनाव में किसी को भी बहुमत नहीं मिला था) सरकार का गठन करने का न्योता दिया। इससे भाजपा को पहली सरकार के गठन का मौका मिला और 16 मई, 1996 को वाजपेयी ने भाजपा के पहले प्रधानमंत्री के रूप में शपथ ली।

हालाँकि वाजपेयी को यह अहसास हुआ कि कुछ विपक्षी दलों ने भाजपा की छवि 'राजनीतिक अछूत' के रूप में बनाने का प्रयास किया था और इस प्रकार क्षेत्रीय दल उनकी अल्पसंख्यक सरकार का समर्थन करने के लिए आगे नहीं आ रहे थे। तेरह दिन बाद वाजपेयी ने विश्वास मत पर बहस के बाद इस्तीफा दे दिया, लेकिन उससे पहले कांग्रेस, वामपंथ और क्षेत्रीय दलों की अवसरवादिता को बेनकाब कर दिया। शशि शेखर के अनुसार, उन्होंने कहा, 'स्पष्ट और प्रत्यक्ष रूप से कहिए कि आप किसी भी कीमत पर मुझे सत्ता में आने नहीं देंगे···यह राजनीतिक नकारात्मकता है, यह प्रतिक्रियावादी राजनीति है, यह किसी भी कीमत पर हमें अछूत बनाकर रोकने की राजनीति है—यह स्वस्थ राजनीति नहीं है।'[345] राजनीति पर दिए गए भावुक भाषण में वाजपेयी अपने चिरपरिचित अंदाज में गरज रहे थे, '···हम आपको आश्वस्त करते हैं कि जहाँ आपको सत्ता चाहिए, वहीं हम इस देश के लिए काम करना चाहते हैं और इस प्रयास में हम कभी बैठेंगे नहीं और विश्राम नहीं करेंगे।'[346]

345. शशि शेखर, 'व्हाई अटल बिहारी वाजपेईज 1996 स्पीच इच रिलिवेंट बिफोर 2014 इलेक्शंस', डी.एन.ए., 25 दिसंबर, 2013, https://www.dnaindia.com/analysis/standpoint-why-atal-bihari-vajpayee-s-1996-speech-is-relevant-before-the-2014-elections-1940421
346. अथर्व पंडित, 'अटल बिहारी वाजपेईज 13 डे रूल : द शॉर्टेस्ट पी.एम. स्टिंग इन इंडियाज हिस्टरी', Moneycontrol.com, 17 अगस्त, 2018, https://www.moneycontrol.com/news/india/atal-bihari-vajpayees-13-day-rule-the-shortest-pm-stint-in-indias-history-2849261.html

वाजपेयी ने यहाँ तक कह दिया कि भाजपा को, जो सबसे बड़ी पार्टी थी, बाहर रखकर कांग्रेस के साथ बनाया गया कोई भी गठबंधन ज्यादा दिन नहीं टिकेगा। 'यदि आप हमें बाहर रखकर सरकार बनाना चाहते हैं, तो मुझे उसके स्थायित्व की कोई संभावना नहीं दिखती''' उसका जन्म होना कठिन है और जन्म के बाद उसका बच पाना मुश्किल है। आपको हर चीज के लिए कांग्रेस के आगे-पीछे भागना होगा।'[347]

वह आगे आने वाली अस्थिरता को लेकर चिंतित थे और ऐसा माना जाता है कि वह कांग्रेस का समर्थन करने की हद तक चले गए थे, जिसकी एक शर्त थी—'वाजपेयी ने केंद्र में कांग्रेस की सरकार को बाहर से समर्थन देने का प्रस्ताव रखा, ताकि देश में राजनीतिक स्थिरता रहे। वाजपेयी की केवल एक ही शर्त थी कि मनमोहन सिंह को प्रधानमंत्री बनाया जाना चाहिए।'[348] हालाँकि यह संभव नहीं हुआ, क्योंकि कांग्रेस को इसमें दिलचस्पी नहीं थी। डॉ. मनमोहन सिंह आठ साल बाद 2004 में जरूर प्रधानमंत्री बने।

कांग्रेस पहले ही भाजपा विरोधी मोर्चा बनाने में व्यस्त थी और हताशा में वी.पी. सिंह और ज्योति बसु को देश के प्रधानमंत्री पद का ऑफर दे दिया था। उनका मुख्य उद्‌देश्य भाजपा को रोकना था, जो लोकसभा में सबसे बड़े दल के रूप में उभरी थी—'कांग्रेस संयुक्त मोर्चा के दरवाजे पर दस्तक देने दौड़ पड़ी थी। पहले कोलकाता के अलीमुद्‌दीन स्ट्रीट पर जहाँ सी.पी.एम. के ज्योति बसु को प्रधानमंत्री की कुरसी का ऑफर दिया, जिसे उन्होंने और उनकी पार्टी ने ठुकरा दिया; फिर जनता दल के दरवाजे पर, जिसके नेता देवगौड़ा आखिरकार प्रधानमंत्री बने।'[349] कर्नाटक के तत्कालीन मुख्यमंत्री एच.डी. देवगौड़ा ने 1 जून, 1996 को पदभार ग्रहण किया और कांग्रेस के बाहरी समर्थन से सरकार का नेतृत्व सँभाला। यह तेरह दलों का गठबंधन था, जिसे 'यूनाइटेड फ्रंट' नाम दिया गया। यह महज ग्यारह महीने ही चल सकी, जब 19 अप्रैल,

---

347. केनेथ जे. कूपर, 'इंडियन गवमेंट फॉल्स आफ्टर 13 डेज इन पावर', द वॉशिंगटन पोस्ट, 29 मई, 1996, https://www.washingtonpost.com/archive/politics/1996/05/29/indian-government-falls-after-13-days-in-power/10f84c0d-5122-4866-ba75-4fc2bf505438/?noredirect=on&utm_term=.380dd7ddb058

348. प्रभाष के. दत्ता, 'जब अटल बिहारी वाजपेयी ने कांग्रेस सरकार को समर्थन देने की पेशकश की', इंडिया टुडे, 16 अगस्त, 2018, https://www.indiatoday.in/india/story/atal-bihari-vajpayee-congress-government-1316208-2018-08-16

349. अथर्व पंडित, 'अटल बिहारी वाजपेईज 13 डे रूल : द शॉर्टेस्ट पी.एम. स्टिंग इन इंडियाज हिस्टरी', Moneycontrol.com, 17 अगस्त, 2018, https://www.moneycontrol.com/news/india/atal-bihari-vajpayees-13-day-rule-the-shortest-pm-stint-in-indias-history-2849261.html

1997 को कांग्रेस ने समर्थन वापस ले लिया।

कांग्रेस के तत्कालीन अध्यक्ष सीताराम केसरी ने इसका जो कारण दिया, वह एकदम बेतुका था। उन्होंने कहा कि देवगौड़ा कांग्रेस (पढ़ें उन्हें) को पर्याप्त सम्मान नहीं दे रहे। केसरी से बातचीत करने के बजाय प्रधानमंत्री दूसरे कांग्रेस नेताओं के साथ राजनीतिक खेल खेल रहे थे।[350] लेकिन भाजपा को सत्ता से बाहर रखने का उसका हताशा से भरा प्रयास जारी रहा, जब उसने इंदिरा गांधी के पूर्व सहयोगी इंदर कुमार (आई के) गुजराल को केंद्र में उसी गठबंधन का नेतृत्व करने के लिए चुना। 21 अप्रैल, 1997 को उनकी सरकार ने कामकाज सँभाला। कांग्रेस ने नवंबर 1997 में आई के गुजराल की सरकार से समर्थन वापस ले लिया और फरवरी-मार्च 1998 में नए सिरे से चुनाव कराने की घोषणा कर दी गई। एक बार फिर कांग्रेस ने गुजराल सरकार से समर्थन वापस लेने का जो कारण बताया, वह यह था कि कैबिनेट सरकार ने कैबिनेट से डी.एम.के. के मंत्री को न हटाकर उसकी नाफरमानी की है। हालाँकि कांग्रेस जब 2004 में सत्ता में आई तो उसी डी.एम.के. के साथ गठबंधन की सरकार बनाई।

1998 में सांसदों को फिर से चुनने के लिए चुनावों का ऐलान किया गया। भाजपा अपने 'लोकनायक'[351] वाजपेयी के नेतृत्व में ताजा जानदेश लेने के लिए तैयार थी।

1998 का लोकसभा चुनाव : वाजपेयी के नेतृत्व में तेरह महीने चली भाजपा की दूसरी सरकार

1996 में प्रधानमंत्री के रूप में वाजपेयी के इस्तीफे के बाद देश ने जून 1996 से मार्च 1998 तक देवगौड़ा और आई.के. गुजराल के नेतृत्व में संयुक्त मोर्चा की दो अस्थिर सरकारों को देखा। इन सबके बीच आडवाणी की सक्रियता नहीं दिख रही थी, क्योंकि उन्होंने ठान लिया था कि जब तक वह उस जैन हवाला केस में बेदाग साबित नहीं किए जाते, जिसमें उन्हें गलत तरीके से फँसाया गया था, तब तक लोकसभा चुनाव नहीं लड़ेंगे। हालाँकि भाजपा अध्यक्ष के रूप में वह सक्रिय थे और उन्होंने मई-जून 1997 में राम रथ यात्रा की तर्ज पर 'स्वर्ण जयंत्री यात्रा' निकाली। इस बार भारतीय स्वतंत्रता की स्वर्ण जयंती मनाने का उद्‌देश्य था। लेकिन इसने भाजपा को मध्यावधि चुनावों के लिए भी तैयार किया, जो कांग्रेस की ओर से खड़ी की गई अस्थिर संयुक्त

350. जॉर्ज इपे, 'वहाई सीताराम केसरी डेस्पाइजेज एच.डी. देवगौड़ा', Rediff.com,http://www.rediff.com/news/apr/04cong1.htm

351. द इंडियन एक्सप्रेस के 'स्टीलिंग द शो' शीर्षक से प्रकाशित एक संपादकीय ने 1996 के विश्वास मत के दौरान अटल बिहारी वाजपेयी के भाषण की तारीफ यह कहते हुए की थी, 'वह अपने कद को लोकनायक की भूमिका के लिए बढ़ा रहे हैं।'

मोर्चा सरकारों के कारण सिर पर मँडरा रहे थे।

आडवाणी ने अपनी पार्टी को समय से पहले होनेवाले चुनावों के लिए तैयार किया, जो फरवरी-मार्च 1998 में कराए गए। भाजपा ने एक बार फिर वाजपेयी को अपने प्रधानमंत्री पद के उम्मीदवार के रूप में पेश किया। उसने एक 'योग्य' पी.एम. के नेतृत्व में 'स्थिर' सरकार देने का वादा किया। 1996 में लोकसभा में दिए गए वाजपेयी के भाषण के बाद, जिसका प्रसारण पूरे देश में दूरदर्शन पर किया गया था, सभी समुदायों के बीच उनकी पहुँच और लोकप्रियता कई गुना बढ़ गई थी। इसका असर 1998 के आम चुनावों में दिखा, जब भाजपा एक बार फिर सबसे बड़ी पार्टी बनकर उभरी और उसके सांसदों की संख्या भी बढ़ गई। इसने 182 सीट (1996 में 161 के मुकाबले) जीतीं और 1996 में 20.3 प्रतिशत के मुकाबले कहीं अधिक 25.59 प्रतिशत वोट हासिल किए।

कांग्रेस मतदाताओं के बीच अपनी नकारात्मक राजनीतिक के कारण बेनकाब हो चुकी थी, उसका जनसमर्थन भी बढ़ नहीं सका। उसे 1996 के 140 सीटों के मुकाबले सिर्फ 141 सीट ही मिलीं। इसके बावजूद कि सोनिया गांधी ने इन चुनावों में जमकर प्रचार किया था—'1997 में सोनिया गांधी पार्टी की स्थिति को बेहतर बनाने के लिए कोलकाता के पूर्ण अधिवेशन में प्राथमिक सदस्य के रूप में कांग्रेस में शामिल हो गईं। इसके कुछ समय बाद ही 1998 में वह पार्टी की राष्ट्रीय अध्यक्ष बनीं।'[352] उन्हें इस पद के योग्य उनके 'गांधी' उपनाम ने बनाया। संयुक्त मोर्चा को तगड़ा झटका लगा, जब उसके सभी दलों की सीटें कुल मिलाकर 183 से घटकर महज छियासी रह गईं। सी.पी.एम. और सी.पी.आई. ने क्रमशः बत्तीस और नौ सीट हासिल कीं। दिलचस्प रूप से कांग्रेस (462) की तुलना में भाजपा (384) काफी कम सीटों पर चुनाव में उतरी थी, लेकिन उसने वह अधिक संख्या में सीट जीतने में सफल रही।

इसके साथ ही इस बार भाजपा का प्रदर्शन मध्य प्रदेश, उत्तर प्रदेश, कर्नाटक, बिहार, गुजरात, हिमाचल प्रदेश और पंजाब में खासतौर पर अच्छा था। इससे भी अहम यह कि इसने उड़ीसा, तमिलनाडु, आंध्र प्रदेश, पश्चिम बंगाल और अम जैसे राज्यों में अपनी मौजूदगी दर्ज कराई। उत्तर प्रदेश में पार्टी का प्रदर्शन शानदार रहा, जहाँ इसने पचासी (उस समय उत्तराखंड उत्तर प्रदेश से अलग नहीं हुआ था) जहाँ पचासी में से इसे सत्तावन सीटों पर जीत मिली।

---

352. 'सोनिया गांधीज बायोग्राफी', Elections.in, http://www.elections.in/political-leaders/sonia-gandhi.html

1996 में लोकसभा सीटों पर भाजपा की जीत

क्रम सं.	राज्य/यूटी	लोकसभा में सीटों की संख्या	भाजपा जितनी सीटों पर लड़ी	भाजपा ने जितनी सीट जीतीं
1	उत्तर प्रदेश	85	82	57
2	मध्य प्रदेश	40	40	30
3	बिहार	54	32	20
4	गुजरात	26	26	19
5	कर्नाटक	28	18	13
6	उड़ीसा	21	09	07
7	दिल्ली	07	07	06
8	राजस्थान	25	25	05
9	आंध्र प्रदेश	42	38	04
10	महाराष्ट्र	48	25	04
11	हिमाचल प्रदेश	04	04	03
12	पंजाब	13	03	03
13	तमिलनाडु	39	05	03
14	जम्मू-कश्मीर	06	06	02
15	असम	14	14	01
16	हरियाणा	10	06	01
17	पश्चिम बंगाल	42	14	01
18	चंडीगढ़	01	01	01
19	दादर एवं नगर हवेली	01	01	01
20	दमन व दीव	01	01	01
कुल				**182**

स्रोतः 'इवॉल्यूशन ऑफ भाजपा : पार्टी डॉक्यूमेंट, खंड-10' से लिया गया, नई दिल्ली, 2006

इस बार के चुनाव की सबसे उल्लेखनीय बात यह थी कि भाजपा अब राजनीतिक रूप से अस्पृश्य पार्टी नहीं रह गई थी। यह अन्य दलों के लिए अधिक स्वीकार्य बन गई थी, जो इसके साथ आने के लिए तैयार था, जिसके कारण 'राष्ट्रीय लोकतांत्रिक मोर्चा' (एन.डी.ए.) का गठन हुआ था। साथ मिलकर उनकी 255 सीट थी, जबकि अपने बारह सदस्यों के साथ टीडीपी गठबंधन को बाहर से समर्थन दे रही थी। उस समय इसके सहयोगियों में शामिल थे—

दल (मुख्य सहयोगी)	लोकसभा में सीट 1998
भाजपा	182
ऑल इंडिया अन्ना द्रविड़ मुनेत्र कड़गम (ए.आई.ए.डी.एम.के.)	18
समता पार्टी	12
बीजू जनता दल (बी.जे.डी.)	9
शिरोमणि अकाली दल (एस.ए.डी.)	8
ऑल इंडिया तृणमूल कांग्रेस	7
शिवसेना	6
पट्टाली मक्कल काची	4
लोक जनशक्ति पार्टी	3
मरूमलराची द्रविड़ मुनेत्र कड़गम (एम.डी.एम.के.)	3
हरियाणा विकास पार्टी	1
तमिझगा राजीव कांग्रेस	1
जनता पार्टी	1
तेलगू देशम पार्टी	12 (बाहर से समर्थन)

स्रोत : 'इवॉल्यूशन ऑफ भाजपा : पार्टी डॉक्यूमेंट, खंड–10' से लिया गया, नई दिल्ली, 2006

कुल मिलाकर एन.डी.ए. के चौबीस सदस्य थे, जिनमें टी.डी.पी., ऑल इंडिया तृणमूल कांग्रेस, इंडियन नेशनल लोक दल, जम्मू–कश्मीर नेशनल कॉन्फ्रेंस, सिक्किम

डेमोक्रेटिक फ्रंट, राष्ट्रीय लोक दल, अखिल भारतीय लोकतांत्रिक कांग्रेस, द्रविड़ मुनेत्र कड़गम, मणिपुर स्टेट कांग्रेस पार्टी (मणि), जनता दल (यूनाइटेड), अन्ना एमजीआर और इंडियन फेडरल डेमोक्रेटिक पार्टी।[353]

इस गठबंधन के सभी सहयोगी सरकार चलाने के लिए एक सी.एम.पी. पर सहमत हुए। वाजपेयी को 19 मार्च, 1998 को दूसरी बार प्रधानमंत्री के रूप में शपथ दिलाई गई। आडवाणी ने गृह मंत्री के रूप में शपथ ली। इस बीच अप्रैल 1998 में आडवाणी ने पार्टी की कमान कुशाभाऊ ठाकरे को सौंप दी। वे खाँटी राष्ट्रीय स्वयंसेवक संघ के व्यक्ति थे और 1956 से ही भारतीय जनसंघ में थे, फिर भाजपा में आए थे। उनकी अध्यक्षता में ही भाजपा ने 1999 का लोकसभा चुनाव लड़ा था।

वाजपेयी सरकार ने जब काम करना शुरू किया तो इसके प्रमुख निर्णयों में से एक भारत को एक परमाणु शक्ति संपन्न देश के रूप में सुदृढ़ करना था। सत्ता में आने के दो महीने के भीतर इसने 11 से 13 मई, 1998 के दौरान गुप्त रूप से पोखरण (राजस्थान) में पाँच परमाणु परीक्षण किए। यह मात्र दूसरी बार था, जब भारत ने अपनी परमाणु शक्ति का परीक्षण किया था। इससे पहले 1974 में परीक्षण किए गए थे। वाजपेयी की जीवनी में किंशुक नाग ने लिखा है कि 'अटल यह संदेश देना चाहते थे कि उनकी सरकार एक ताकतवर सरकार है।'[354] 'इंडिया टुडे' के एक इंटरव्यू का हवाला देते हुए वे कहते हैं कि वाजपेयी को लगता था कि इन परीक्षणों से 'एक शक्तिशाली आत्मविश्वास से भरपूर भारत के उदय की शुरुआत हुई है।'[355] इन परीक्षण कों 'ऑपरेशन शक्ति' गुप्त नाम दिया गया था। वाजपेयी के नेतृत्व में भारत सरकार ने परीक्षण के तुरंत बाद यह घोषित करने के लिए प्रेस वार्त्ता बुलाई कि भारत पूर्ण रूप से एक परमाणु शक्ति संपन्न देश बन गया है। अमेरिका, चीन, कनाडा, जापान, ब्रिटेन और यूरोपीय संघ ने इन परीक्षणों की आलोचना की, जबकि पंद्रह दिनों बाद 28 मई, 1998 को पाकिस्तान ने अपने परमाणु परीक्षणों से इसका जवाब दिया। आशा के अनुरूप कांग्रेस और कम्युनिस्ट दलों ने भारत की ओर से अपने आप को परमाणु संपन्न देश घोषित करने की सराहना नहीं की, इसकी बजाय उसने एन.डी.ए. सरकार की ऐतिहासिक उपलब्धि की आलोचना की, जिसने सभी भारतीय को गर्व का अहसास कराया था। दूसरी तरफ, अंतरराष्ट्रीय दबाव से वाजपेयी नहीं घबराए, क्योंकि उन्हें अपने फैसले पर पूरा विश्वास था। अब उन्होंने पाकिस्तान से संबंध ठीक करने पर ध्यान दिया, जो एक समस्या बन चुका था।

---

353. 'वर्किंग एंड अचीवमेंट्स ऑफ नेशनल डेमोक्रेटिक एलायंस', http://shodhganga.inflibnet.ac.in/bitstream/10603/32406/12/12_chapter%205.pdf

354. किंशुक नाग, *'जननायक अटलजी'*, प्रभात प्रकाशन, 2008

355. उपरोक्त, पृ. 126

जैसा कि आडवाणी ने अपनी आत्मकथा में लिखा है, उनके और वाजपेयी के साथ भारतीय जनसंघ (और आगे चलकर भाजपा) के नेता 1964 से ही यह माँग कर रहे थे कि भारत को परमाणु हथियारों से संपन्न देश बन जाना चाहिए,[356] जो भारत-चीन युद्ध के दो साल बाद की बात है, जब चीन ने खुद को परमाणु संपन्न देश घोषित कर दिया था।

भारत को परमाणु शक्ति बनाने के बाद वाजपेयी का अगला लक्ष्य पाकिस्तान (जो कुछ दिनों बाद स्वयं परमाणु शक्ति बन गया था) के साथ शांति स्थापित करना था। यह विषय उनके दिल के काफी करीब था। उन्होंने पाकिस्तानी समकक्ष नवाज शरीफ के साथ समग्र कूटनीतिक शांति वार्त्ता के प्रयासों को तेज कर दिया। इसका परिणाम 'दिल्ली-लाहौर बस सेवा' के रूप में सामने आया, जिसका उद्देश्य दोनों देशों के लोगों में संपर्क को बढ़ाना था।

20 जनवरी, 1999 को इसका उद्घाटन किया गया, जब वाजपेयी ने अमृतसर से लाहौर का सफर किया। वाघा बॉर्डर पर पाकिस्तान के प्रधानमंत्री ने उनका स्वागत किया। अगले दिन दोनों प्रधानमंत्रियों ने 'लाहौर घोषणा' पर हस्ताक्षर किए, जिसमें दोनों देश कश्मीर समेत सभी द्विपक्षीय विवादों का निपटारा शांतिपूर्ण तरीके से करने और एक-दूसरे से मित्रतापूर्ण वाणिज्यिक और सांस्कृतिक आदान-प्रदान को बढ़ाने पर सहमत हुए। नाग ने अपनी पुस्तक में एक दिलचस्प घटना का जिक्र किया है कि वाजपेयी पाकिस्तान में अपने अंदाज और अपने भाषण से इतना लोकप्रिय हो गए थे कि शरीफ ने मजाक में कहा था—'वाजपेयी साहब, अब तो पाकिस्तान में भी चुनाव जीत सकते हैं।'[357]

वाजपेयी की लाहौर-यात्रा से भारत-पाकिस्तान शांति की मुहिम को करगिल क्षेत्र में पाकिस्तानी घुसपैठ से गहरा धक्का लगा। करिगल को पाकिस्तान ने खासतौर पर चुना था, क्योंकि जहाँ तक कश्मीर और लद्दाख का संबंध है तो यह भारत के लिए रणनीतिक दृष्टि से महत्त्वपूर्ण था। हालाँकि यह घुसपैठ करगिल तक सीमित नहीं थी, बल्कि बटालिक और अखनूर सेक्टर में भी ऐसी हरकत की खबर आई। उस समय परवेज मुशर्रफ पाकिस्तान की सेना के अध्यक्ष थे। भारत ने घुसपैठियों को खदेड़ने के लिए 26 मई, 1999 को 'ऑपरेशन विजय' लॉन्च किया। भारतीय वायु सेना की मदद से भारतीय सेना को पाकिस्तानी आतंकियों के साथ दुनिया के सबसे कठिन युद्ध क्षेत्र में लड़ाई लड़नी पड़ी। करगिल दुनिया का सबसे ऊँचा युद्ध क्षेत्र है, जहाँ का तापमान माइनस 15 डिग्री सेंटीग्रेड तक चला जाता है। पाकिस्तान के जहाँ कई सैनिक मारे

---

356. लालकृष्ण आडवाणी, *'मेरा देश मेरा जीवन'*, प्रभात प्रकाशन, 2008, पृष्ठ 439

357. किंशुक नाग, *'जननायक अटलजी'*, प्रभात प्रकाशन, 2008

गए, वहीं तीन महीने लंबे युद्ध में भारत के भी कई सैनिक शहीद हो गए। यह युद्ध 26 जुलाई, 1999 को समाप्त हुआ, जब भारत ने करगिल पोस्ट को सफलतापूर्वक फिर से हासिल कर लिया और अन्य क्षेत्रों से घुसपैठियों को खदेड़ दिया। हालाँकि इस घटना ने शांति को लेकर पाकिस्तान सरकार की नीयत पर वाजपेयी का भरोसा बुरी तरह हिल गया।

1999 का लोकसभा चुनाव : भाजपा के नेतृत्व वाले एन.डी.ए. को मिला बहुमत

भले ही भारत को पाकिस्तानी घुसपैठियों पर निर्णायक जीत मिली थी, लेकिन देश के भीतर एक और चुनौती खड़ी थी—एक और मध्यावधि चुनाव! यह तीन वर्षों की अवधि में होने वाला देश का तीसरा आम चुनाव था। कांग्रेस ने वाजपेयी सरकार को अस्थिर करने का प्रयास जारी रखा। इसका परिणाम यह हुआ कि ए.आई.ए.डी.एम.के. ने एन.डी.ए. से अपना समर्थन वापस ले लिया, जिससे वाजपेयी सरकार को विश्वास मत हासिल करने पर मजबूर होना पड़ा, जिसमें उसकी महज एक वोट से हार हुई, जो आज भी भारतीय राजनीति के इतिहास में अनोखा है। भाजपा सत्ताधारी गठबंधन को 269 वोट मिले, जबकि विपक्ष को 270 वोट। वह एक वोट कांग्रेस के गिरिधर गमांग का था, जो हाल में ही उड़ीसा के मुख्यमंत्री बने थे, लेकिन लोकसभा की सदस्यता से इस्तीफा नहीं दिया था। सदन में इस विषय पर गरमागरम बहस हुई कि उन्हें वोट देने की अनुमति मिलनी चाहिए या नहीं? फिर तत्कालीन स्पीकर, जी.एम.सी. बालयोगी ने इसे गमांग की अंतरात्मा पर छोड़ दिया कि उन्हें वोट करना चाहिए या नहीं। गमांग ने बेशक इसकी बजाय अपने पार्टी हाईकमान की सुनी और सरकार के खिलाफ वोट किया। 'मैंने वोट किया, क्योंकि मेरी पार्टी चाहती थी कि मैं ऐसा करूँ,' इसके साथ ही गमांग ने कहा, 'मेरी अंतरात्मा मेरी पार्टी की अंतरात्मा है।'[358] यह नैतिकता के सभी मानकों के विरुद्ध था। यह सब इसके बावजूद हुआ कि कांग्रेस और विपक्षी दल मिलकर कोई वैकल्पिक सरकार नहीं बना सके। उन्होंने देश को एक बार फिर चुनावों में झोंक दिया।

इस बार भाजपा एन.डी.ए. का एक हिस्सा बनकर चुनावों में उतरी, जो चुनाव से पूर्व अपने सहयोगियों के साथ बनाया गया गठबंधन था। 1998 के लोकसभा चुनावों के बाद एन.डी.ए. चुनाव बाद बने गठबंधन के तौर पर उभरा। भाजपा के नेतृत्व में यह

---

358. रूबेन बनर्जी, 'सीएम गिरिधर गमांग्स वोट इन पार्लियामेंट प्लीजेस कांग्रेस, बट ड्रॉज आयर इन उड़ीसा', इंडिया टुडे, 3 मई, 1999, https://www.indiatoday.in/magazine/states/story/19990503-cm-giridhar-gamangs-vote-in-parliament-pleases-congress-but-draws-ire-in-orissa-825106-1999-05-03

साझा घोषणा-पत्र के साथ चुनाव में उतरा, जिसने सुरक्षा, स्थायित्व और विकास के नाम पर वोट माँगा। इसे चुनावों में पूर्ण बहुमत मिला, जब लोकसभा की 545 में से इसने 306 सीटें हासिल कीं। भाजपा 339 सीटों पर लड़ी थी, जिनमें से 182 सीट पर उसे जीत मिली। 1998 में पार्टी को इतनी ही सीटें मिली थीं, जबकि उस बार इसने इससे अधिक 388 सीटों पर चुनाव लड़ा था। इस बीच कांग्रेस, जिसे लोगों ने खारिज कर दिया था, उसका आँकड़ा जहाँ 1998 में 140 था, वह घटकर 114 सीट पर आ गया। यह साफ हो गया था कि लोग एन.डी.ए. की पिछली सरकार के कामकाज से खुश थे और इस कारण उसे सत्ता में फिर से वापस लेकर आए।

राज्य, जहाँ से 1999 में भाजपा को 182 सीटें मिलीं

क्रम सं.	राज्य/यूटी	लोकसभा में सीट की संख्या	भाजपा जितनी सीटों पर लड़ी	भाजपा ने जितनी सीटें जीतीं
1.	उत्तर प्रदेश	85	77	29
2.	मध्य प्रदेश	40	40	29
3.	बिहार	54	29	23
4.	गुजरात	26	26	20
5.	राजस्थान	25	24	16
6.	महाराष्ट्र	48	26	13
7.	उड़ीसा	21	9	9
8.	आंध्र प्रदेश	42	8	7
9.	कर्नाटक	28	19	7
10.	दिल्ली	7	7	7
11.	हरियाणा	10	5	5
12.	तमिलनाडु	39	6	4
13.	हिमाचल प्रदेश	04	3	3
14.	असम	14	12	2
15.	गोवा	2	2	2
16.	जम्मू-कश्मीर	6	6	2

17.	पश्चिम बंगाल	42	13	2
18.	पंजाब	13	3	1
19	अंडमान निकोबार	1	1	1
कुल				182

स्रोत : 'इवॉल्यूशन ऑफ भाजपा : पार्टी डॉक्यूमेंट, खंड–10' से लिया गया, नई दिल्ली, 2006

1999 में एन.डी.ए. के प्रमुख सहयोगियों का प्रदर्शन

पार्टी	लोकसभा में सीट 1999
भारतीय जनता पार्टी (भाजपा)	182
तेलगू देशम पार्टी (टी.डी.पी.)	29
जनता दल (यूनाइटेड)	21
शिवसेना (एस.एस.)	15
द्रविड़ मुनेत्र कड़गम (डी.एम.के.)	12
बीजू जनता दल (बी.जे.डी.)	10
ऑल इंडिया तृणमूल कांग्रेस (ए.आई.टी.सी.)	8
इंडियन नेशनल लोक दल (आई.एन.एल.डी.)	5
पट्टाली मक्कल काची (पी.एम.के.)	5
जम्मू–कश्मीर नेशनल कॉन्फ्रेंस (एन.सी.)	4
मारुलमराची द्रविड़ मुनेत्र कड़गम (एम.डी.एम.के.)	4
अखिल भारतीय लोकतांत्रिक कांग्रेस	2
शिरोमणि अकाली दल (एस.ए.डी.)	2
हिमाचल विकास कांग्रेस (एच.वी.सी.)	1
मणिपुर स्टेट कांग्रेस पार्टी	1
मिजो नेशनल फ्रंट	1

सिक्किम डेमोक्रेटिक फ्रंट	1
एम.जी.आर. अन्ना डी.एम.के.	1
निर्दलीय	2
एन.डी.ए.	306

स्रोत: 'इवॉल्यूशन ऑफ भाजपा : पार्टी डॉक्यूमेंट, खंड-10' से लिया गया, नई दिल्ली, 2006

प्रधानमंत्री के रूप में वाजपेयी का तीसरा कार्यकाल

वाजपेयी जुझारू थे। आडवाणी के साथ मिलकर तीसरी बार वे पार्टी को सत्ता में लेकर आए—पहली बार तेरह दिन, फिर तेरह महीने और फिर पूरे कार्यकाल के लिए। यह कार्यकाल रणनीतिक, अंतरराष्ट्रीय कूटनीति, विवेकपूर्ण आर्थिक नीति और भारत के चहुँमुखी विकास के लिए जाना गया।

वाजपेयी की वैश्विक कूटनीति

शांति प्रयासों के बदले कारगिल युद्ध के रूप में पाकिस्तान की ओर से पीठ में छुरा घोंपे जाने के बावजूद वाजपेयी कश्मीर समस्या को सुलझाने में जुटे रहे। दिल ही दिल में वह अब भी पाकिस्तान को भारत के साथ शांतिपूर्ण संबंध बनाने का एक और मौका देना चाहते थे। प्रधानमंत्री के रूप में उन्होंने अपने नव वर्ष के संदेशों के जरिए अपनी भावना को व्यक्त किया, जिन्हें 2001 में 'द हिंदू' में प्रकाशित किया गया था—

> "भारत कश्मीर समस्या के एक स्थायी समाधान के लिए इच्छुक और तैयार है। इस उद्‌देश्य के लिए हम किसी भी स्तर पर पाकिस्तान के साथ बातचीत के लिए तैयार हैं...हालाँकि दु:ख के साथ मैं कह रहा हूँ कि पाकिस्तान की सरकार अपनी जमीन पर पल रहे आतंकी संगठनों पर लगाम लगाने के लिए पर्याप्त कदम नहीं उठा रही है, जो कश्मीर और भारत के अन्य हिस्सों में अंधाधुंध हत्याओं को अंजाम दे रहे हैं...कश्मीर समस्या के स्थायी समाधान की अपनी तलाश में हम महज अतीत के ही पुराने रास्तों पर नहीं चलेंगे...इस तलाश में शांति, न्याय और देश के महत्त्वपूर्ण हितों के प्रति हमारे संकल्प की एकमात्र रोशनी हमें रास्ता दिखाएगी।"[359]

---

359. अटल बिहारी वाजपेयी, 'माई म्यूजिंग्स फ्रॉम कुमाराकोम—I : टाइम टु रिजॉल्व प्रॉब्लम्स ऑफ द पास्ट', द हिंदू, 2 जनवरी, 2001, https://www.thehindu.com/thehindu/2001/01/02/stories/02020001.htm

आडवाणी ने वाजपेयी को सलाह दी कि वह एक बार फिर भारत-पाक शांति प्रक्रिया का प्रयास करें और इस बार पाकिस्तान के तत्कालीन प्रधानमंत्री को न्योता दें। मुशर्रफ ने सैन्य तख्तापलट में शरीफ को बेदखल कर खुद सत्ता सँभाल ली थी। भारत के निमंत्रण पर मुशर्रफ आगरा पहुँचे, जहाँ सम्मेलन की तैयारियाँ जोर-शोर से की गई थीं। पूरी दुनिया देख रही थी। मीडिया दिन-रात खबरें चला रहा था। भारत ने मेहमाननवाजी में कोई कसर बाकी नहीं रखी। लेकिन मुशर्रफ के दिमाग में कुछ और ही खिचड़ी पक रही थी—कथित तौर पर उन्होंने कश्मीर के अलगाववादी नेताओं के साथ एक बैठक की और फिर भारतीय पत्रकारों के साथ अनाधिकारिक मुलाकात की माँग की, जो कार्यक्रम का हिस्सा नहीं थी। जैसी योजना थी, वैसा कुछ भी नहीं हुआ—मुशर्रफ ने कश्मीर को मुख्य मुद्दा बनाने पर जोर दिया और घोषणा के ड्राफ्ट में 'सीमा-पार से आतंकवाद' शब्द पर आपत्ति जताई, जिस पर दस्तखत नहीं हो सके। जब 'आगरा सम्मेलन' चल रहा था, उस दौरान भी पाकिस्तान भारत-पाक सीमा पर आतंकी गतिविधियों से बाज नहीं आया।

ऐतिहासिक 'आगरा सम्मेलन' भारत और पाकिस्तान के बीच शांति समझौते के बेहद करीब आ गया और इस कारण एक सबसे बड़े कूटनीतिक अवसर के तौर पर सामने आया, जिससे दोनों देश चूक गए। 13 दिसंबर, 2001 को भारत ने अपनी संसद् पर जानलेवा आतंकी हमले का सामना किया, जिसमें नौ लोग मारे गए। इसके बावजूद भारत ने पाकिस्तान के साथ बातचीत का दरवाजा फिर से खोला और शांति प्रक्रिया के प्रति अपने विश्वास को बनाए रखा। आडवाणी, जो उस समय भारत के गृह मंत्री और उप-प्रधानमंत्री थे, अपनी आत्मकथा में कहते हैं—

> "इन प्रयासों का एक सुखद परिणाम जनवरी 2004 में इस्लामाबाद में सार्क सम्मेलन के अवसर पर वाजपेयी-मुशर्रफ की वार्त्ता के बाद जारी किए गए ऐतिहासिक साझा बयान के रूप में मिला। इस साझा बयान के जरिए पाकिस्तान ने पहली बार यह वचन दिया कि वह अपने इलाके का या अपने नियंत्रण वाले इलाके का इस्तेमाल भारत के खिलाफ आतंकी काररवाई के लिए नहीं होने देगा।"[360]

उन्होंने इस साझा बयान की तारीफ 'भारत के कूटनीतिक इतिहास की एक महानतम उपलब्धि' के रूप में की।

वाजपेयी के नेतृत्व में भारत-अमेरिका के संबंध भी काफी बेहतर हुए, जिनकी दोस्ती अमेरिकी राष्ट्रपतियों—पहले जॉर्ज बुश और फिर बिल क्लिंटन के साथ बहुत

360. https://www.dawn.com/news/403801

अच्छी जमी। अमेरिकी राजदूत केनेथ जस्टर ने यह कहते हुए इसकी पुष्टि कर दी कि 'वाजपेयी और बुश से पहले भारत-अमेरिका के संबंध कोसों दूर की बात हुआ करते थे, जिसे दोनों एक नए स्तर तक ले गए।'[361] इसके बाद वाजपेयी तत्कालीन अमेरिकी राष्ट्रपति बिल क्लिंटन के साथ दोनों देशों के द्विपक्षीय संबंधों को एक नई ऊँचाई पर ले गए। बिल क्लिंटन मार्च 2000 में भारत आए, जो किसी अमेरिकी राष्ट्रपति का बाईस वर्षों बाद हुआ पहला दौरा था। इससे पहले 1978 में जिम्मी कार्टर भारत आए थे। इस दौरे में दोनों देशों के राष्ट्राध्यक्षों ने द्विपक्षीय और आर्थिक मुद्दों पर बात की। क्लिंटन ने वाजपेयी को 'एक महान् सत्यनिष्ठावाला नेता' कहा और जब 16 अगस्त, 2018 को वाजपेयी का निधन हुआ तो उनके योगदानों को याद किया। वाजपेयी के लिए भेजे अपने शोक संदेश में उन्होंने कहा, ''अपनी दूरदर्शिता और विश्वास के साथ रणनीतिक बातचीत में हिस्सा लेकर वह और उनके प्रमुख मंत्रियों ने अमेरिका-भारत के संबंधों के नए युग को संभव बनाया। अपने दो देशों के बीच दोस्ती के बंधन को मजबूत करने और बेहतर तथा अधिक शांतिपूर्ण विश्व के निर्माण के लिए राष्ट्रपति के रूप में उनके साथ काम करने का मुझे सदैव गर्व रहेगा।''[362]

वाजपेयी प्रशासन ने भारत की 'लुक ईस्ट पॉलिसी' को आगे बढ़ाते हुए एशिया में भारत की स्थिति को मजबूत किया।[363] एशियाई क्षेत्रीय सहयोग के लिए उनकी सरकार के प्रयास, भारत की 'चरण दो' की रणनीति के रूप में लोकप्रिय हुए, जिनके कारण 'उल्लेखनीय परिवर्तन' आए।[364] तत्कालीन विदेश मंत्री यशवंत सिन्हा ने सितंबर 2003 में हार्वर्ड में यूनिवर्सिटी में दिए अपने भाषण में कहा था कि एशिया का महत्त्व अतीत में भारतीय विदेश नीति के लिए मात्र मौखिक रूप से ही था, लेकिन अब यह भारत की

---

361. पी.टी.आई., 'इंडो-यू.एस. टाईज प्रोग्रेस्ड टु ए न्यू लेवल ड्यूरिंग वाजपेयी-बुश रिजीम : यू.एस. एंबेसडर', द हिंदू बिजनेस लाइन, 16 अगस्त, 2018, https://www.thehindubusinessline.com/news/national/indo-us-ties-progressed-to-a-new-level-during-vajpayee-bush-regime-us-ambassador/article24707149.ece
362. 'स्टेटमेंट फ्रॉम प्रेसिडेंट क्लिंटन ऑन पासिंग ऑफ अटल बिहारी वाजपेयी', न्यूयॉर्क, https://www.clintonfoundation.org/press-releases/statement-president-clinton-passing-atal-bihari-vajpayee
363. भारत की 'लुक ईस्ट पॉलिसी' का आरंभ पी.वी. नरसिम्हा राव की सरकार के समय इस उद्देश्य से किया गया था कि भारत दक्षिण-पूर्वी एशिया के देशों के साथ आर्थिक और रणनीतिक संबंधों को विकसित कर और उन्हें मजबूती देकर एक क्षेत्रीय शक्ति के रूप में अपनी स्थिति सुदृढ़ कर सके। उसी नीति को पी.एम. नरेंद्र मोदी ने 'एक्ट ईस्ट पॉलिसी' के रूप में आगे बढ़ाया
364. सी. राजामोहन, 'लुक ईस्ट पॉलिसी : फेज टू', द हिंदू, 9 अक्तूबर, 2003, https://www.thehindu.com/2003/10/09/stories/2003100901571000.htm

कूटनीति के लिए बहुत बड़ी वाणिज्यिक सच्चाई बन गया है। उन्होंने कहा, '''पहले, दक्षिण-पूर्व और पूर्वी एशिया समेत अधिकांश एशिया के साथ भारत की बातचीत एशियाई भाईचारा की आदर्शवादी अवधारणा पर चल रही थी, जो उपनिवेशवाद के साझा अनुभवों और सांस्कृतिक संबंधों पर आधारित थी। हालाँकि इस क्षेत्र में अब तालमेल का निर्धारण, जितना व्यापार, निवेश और उत्पादन से हो रहा है, उतना ही इतिहास और संस्कृति से भी हो रहा है। यही हमारी एक दशक पुरानी 'लुक ईस्ट पॉलिसी' को प्रेरित करता है। इस क्षेत्र के साथ पहले से ही हमारा व्यापार 45 प्रतिशत है।[365]

देश में अटल का सुदृढ़ शासन

अंतरराष्ट्रीय स्तर पर भारत की बेहतर हुई साख के अलावा घरेलू मोरचे पर भी वाजपेयी के प्रयासों के दूरगामी परिणाम मिले। भारत ने 2004 में उनके कार्यकाल के समापन तक 8 प्रतिशत से भी अधिक की जी.डी.पी. को प्राप्त कर लिया। प्रधानमंत्री के रूप में उनके प्रयासों ने भारत को विकास के रास्ते पर तेजी से आगे बढ़ा दिया था। विभिन्न राजनीतिक दलों के नेताओं ने विकास पर केंद्रित उनके तरीके और शासन कला की प्रशंसा की। वाजपेयी सरकार ने बुनियादी ढाँचे के विकास, शिक्षा और निजीकरण (उदारीकरण) पर बहुत अधिक जोर दिया था। भारत में आर्थिक सुधारों का दूसरा दौर लेकर आने का श्रेय उन्हें ही दिया जाता है, जिनसे पहले पी.वी. नरसिम्हा राव ने भारतीय अर्थव्यवस्था का उदारीकरण किया था। 2018 में वाजपेयी के निधन के मौके पर यू.पी. के मुख्यमंत्री योगी आदित्यनाथ ने कहा था कि राष्ट्र हित सदैव उनके मन में सबसे ऊपर रहता था और 'राजनीति में मूल्यों और आदर्शों को प्राथमिकता देते हुए' उन्होंने सुशासन की नींव रखी थी।[366] इस कारण वर्तमान भाजपा सरकार ने वाजपेयी के जन्मदिन (25 दिसंबर) को राष्ट्रीय 'सुशासन दिवस' के रूप में मनाने का निर्णय लिया है। कुछ सबसे उल्लेखनीय प्रयासों में दूरसंचार क्रांति, सर्व शिक्षा अभियान, स्वर्णिम चतुर्भुज, ग्रामीण सड़क, दिल्ली मेट्रो, वित्तीय अनुशासन और सार्वजनिक उपक्रमों से विनिवेश शामिल थे।

वाजपेयी सरकार ने दूरसंचार क्षेत्र के कायापलट का ऐतिहासिक निर्णय लिया, जो उस समय तक खराब टेली-डेंसिटी के कारण पिछड़ रहा था। 1999 की नई दूरसंचार नीति से उनकी सरकार ने नए हिस्सेदारों के लिए बाजार को खोला और इसे

365. सुल्तान शाहीन, 'इंडियाज "लुक ईस्ट" पॉलिसी पेज ऑफ', ग्लोबल पॉलिसी फोरम, 11 अक्तूबर, 2003, https://www.globalpolicy.org/component/content/article/162/27908.html

366. आई.ए.एन.एस., 'अटल बिहारी वाजपेयी लेड फाउंडेशन ऑफ गुड गवर्नेंस : योगी आदित्यनाथ', एन.डी.टी.वी., 17 अगस्त, 2018, https://www.ndtv.com/india-news/atal-bihari-vajpayee-laid-foundation-of-good-governance-yogi-adityanath-1901721

प्रतिस्पर्धात्मक बना गिया। इस नीति ने लाइसेंस-फीस के मॉडल को राजस्व-साझा करनेवाले मॉडल में बदल दिया, जिससे इस क्षेत्र को प्रोत्साहन मिला और इसके सब्सक्राइबर के आधार को बढ़ाने और कॉल की दरें कम करने में मदद मिली। वर्ष 2000 में सरकार ने दूरसंचार विभाग को दो हिस्सों में विभाजित कर दिया—(क) नीति बनानेवाला संभाग दूरसंचार विभाग बन गया और (ख) सेवा प्रदाता विभाग भारत संचार निगम लिमिटेड (बी.एस.एस.एन.एल.) बन गया। 15 सितंबर, 2000 को निगमित किया गया, बी.एस.एस.एन.एल. अक्तूबर 2016 तक 94.36 मिलियन सेलुलर और 21.86 मिलियन ब्रॉड बैंड ग्राहकों तक और टर्नओवर रुपए 32,919 करोड़ (2015-16) तक पहुँच गया।[367] 2015 में एक बयान में केंद्रीय दूरसंचार एवं सूचना प्रौद्योगिकी मंत्री रविशंकर प्रसाद ने कहा था, 'वाजपेयी की अगुवाई वाली एन.डी.ए. सरकार बी.एस.एस.एन.एल. को रुपए 10,000 करोड़ के मुनाफे के साथ छोड़ गई थी।' वर्ष 2000 में वाजपेयी सरकार ने 'दूरसंचार विवाद समाधान एवं अपील अधिकरण' (टी.डी. सैट) की भी स्थापना की, जिसने भारतीय दूरसंचार विनियामक प्राधिकरण (ट्राई) को न्याय करने और विवाद निपटाने संबंधी कार्यों से मुक्त किया और यह नियामक संरचना पर ध्यान दे सका।

स्कूली शिक्षा को बढ़ावा देने और स्कूल छोड़ने की ऊँची दर पर नियंत्रण करने के लिए वाजपेयी सरकार ने 2001 में सर्व शिक्षा अभियान (एस.एस.ए.) की शुरुआत की। केंद्रीय प्रायोजित योजना के रूप में एस.एस.ए. का उद्देश्य देश में शैक्षणिक व्यवस्था को बेहतर बनाना और छह से चौदह वर्ष के बच्चों के लिए शिक्षा को मौलिक अधिकार बनाना था। इस योजना ने काफी सफलता प्राप्त की। 'इंडिया टुडे' के एक लेख के अनुसार, 'परिणाम यह हुआ कि स्कूल छोड़ने की दर महज पाँच वर्षों में 60 प्रतिशत तक कम हो गई।'[368] सामाजिक विकास के क्षेत्र में एस.एस.ए. के अलावा एन.डी.ए. सरकार की ओर से कई अन्य प्रयास किए गए, जैसे अंत्योदय योजना, जो गरीबों के लिए दुनिया की सबसे बड़ी भोजन सुरक्षा की योजना थी। वाल्मीकि आवास योजना, जिसके बाद गृह निर्माण में अभूतपूर्व तरक्की हुई और पेयजल तथा जल संरक्षण के लिए 'स्वजलधारा तथा हरियाली योजना'।

वाजपेयी ने विकास को बढ़ावा देने के लिए सदैव बुनियादी संरचना को बेहतर बनाने पर जोर दिया। इसलिए उन्होंने हाईवे और सड़कों के निर्माण की सबसे महत्त्वाकांक्षी

367. http://www.bsnl.co.in/opencms/bsnl/BSNL/about_us/company/about_bsnl.html

368. प्रभाष के. दत्ता, '5 डिसिजंस बाई अटल बिहारी वाजपेयी दैड चेंज्ड इंडिया', इंडिया टुडे, 17 अगस्त, 2018, https://www.indiatoday.in/india/story/5-decisions-by-atal-bihari-vajpayee-that-changed-india-1316783-2018-08-17

योजना—'स्वर्णिम चतुर्भुज योजना' की शुरुआत की। यह राष्ट्रीय राजमार्गों के नेटवर्क से चतुर्भुज का निर्माण करते हुए भारत के चार मेट्रों शहरों को आपस में जोड़ रहा था—उत्तर में दिल्ली, पूरब में कोलकाता, पश्चिम में मुंबई और दक्षिण में चेन्नई। महानगरों के अलावा 'स्वर्णिम चतुर्भुज' भारत के अनेक प्रमुख औद्योगिक, कृषि और सांस्कृतिक केंद्रों को भी जोड़ता है।

किंशुक नाग कहते हैं, "अटल समझ चुके थे कि पूरे देश को जोड़नेवाला सड़कों का एक जाल आर्थिक गतिविधि को तेज करेगा और अनेक प्रकार से विकास को संभव बनाएगा। सबसे पहले यह पूरी तरह से श्रमिक सघन निर्माण उद्योग को बढ़ावा देगा, जब सड़कों का निर्माण किया जा रहा होगा और फिर उनके बन जाने के बाद किसान बाजारों तक पहुँच जाएँगे। यदि सड़कों से जोड़ दिया जाए तो छोटे-छोटे शहरों को भी देश की मुख्य धारा में लाया जा सकेगा।"[369]

'द इंडियन एक्सप्रेस' ने कहा कि पूर्व प्रधानमंत्री वाजपेयी के ड्रीम प्रोजेक्ट 'स्वर्णिम चतुर्भुज' को 'आजादी के बाद के भारत में सड़क मार्ग क्षेत्र में आधारभूत संरचना के सबसे बड़े प्रयास' के रूप में गिना जाता है, जिससे 5,846 किमी. हाईवे का निर्माण हुआ।[370]

ग्रामीण संपर्क को बढ़ाने के प्रयास में वाजपेयी ने वर्ष 2000 में 'प्रधानमंत्री ग्राम सड़क योजना' (पी.एम.जी.एस.वाई.) के नाम से एक और विशाल संरचनात्मक परियोजना की शुरुआत की। इसका उद्देश्य पक्की ग्रामीण सड़कों का निर्माण करना था, जिनसे मैदानों में न्यूनतम 500 की आबादीवाली सभी ग्रामीण बस्तियों और पहाड़ी राज्यों, जनजातीय जिलों तथा रेगिस्तानी इलाकों में न्यूनतम 250 की आबादी को जोड़ा जा सके। इस योजना का पूरा खर्च केंद्र ने उठाया। यह योजना न केवल सत्ता बदलने पर भी प्रभावित नहीं हुई, बल्कि अपनी शुरुआत के बाद सफलतापूर्वक जारी रही। तत्कालीन केंद्रीय ग्रामीण विकास मंत्री नरेंद्र सिंह तोमर ने कहा था, 'आबादी वाले देश के 80 प्रतिशत से भी अधिक इलाकों को (दिसंबर 2017 तक) जोड़ दिया गया है और राज्यों के वरिष्ठ अधिकारियों को मार्च 2019 तक पूर्ण ग्रामीण संपर्क प्राप्त करने के निर्देश दिए गए हैं।'[371]

मेट्रो दिल्ली की लाइफलाइन है। दिल्ली मेट्रो रेल की स्थापना केंद्र और दिल्ली

---

369. किंशुक नाग, *'जननायक अटलजी'*, प्रभात प्रकाशन, 2008

370. अविशेकजी दस्तीदार और शालिनी नायर, 'गोल्डन क्वाड्रिलैटरल : वाजपेईज बिगेस्ट इंफ्रा एफर्ट इन रोडवेज', द इंडियन एक्सप्रेस, 17 अगस्त, 2018, https://indianexpress.com/article/india/atal-bihari-vajpayee-golden-quadrilateral-5310899/

371. पी.टी.आई., 'ओवर 80% हैबिटेशंस कनेक्टेट विद रोड्स अंडर पी.एम.जी.एस.वाई.', द इकोनॉमिक टाइम्स, 16 दिसंबर, 2017, https://economictimes.indiatimes.com/news/economy/infrastructure/over-80-habitations-connected-with-roads-under-pmgsy/articleshow/62093821.cms

सरकार की ओर से मई 1995 में एक स्वायत्त निकाय के रूप में की गई थी। आगे चलकर मेट्रो रेल परियोजना को 1996 में स्वीकृत किया गया, लेकिन चीजें तब तक अटकी रहीं, जब तक कि वाजपेयी प्रधानमंत्री नहीं बन गए और इसे अपना अटल समर्थन नहीं दिया। '(दिल्ली) मेट्रो परियोजना लंबे समय से (ठंडे बस्ते में) पड़ी थी। अटलजी ने एक वाक्य कहा, "कृपया इसे तुरंत लागू कीजिए," दिल्ली की पूर्व मुख्यमंत्री शीला दीक्षित ने याद करते हुए कहा था।[372] 24 दिसंबर, 2002 को वाजपेयी ने शाहदरा से तीस हजारी के बीच पहले दिल्ली मेट्रो रेल खंड का उद्घाटन किया, जहाँ उन्होंने अपना टिकट खुद खरीदने की जिद की। यहाँ से दिल्ली मेट्रो ने कैसे तरक्की की, यह सब जानते हैं। आज जो भी दिल्ली में रह रहा है या यहाँ से गुजरता है, वह इस विश्वस्तरीय मेट्रो नेटवर्क के बिना इस शहर की कल्पना नहीं कर सकता है।

शुरुआत से ही वाजपेयी सार्वजनिक क्षेत्र के उपक्रमों (पी.एस.यू.) के निजीकरण के पक्ष में थे। उन्होंने इसकी शुरुआत प्रधानमंत्री के रूप में अपने पहले ही कार्यकाल से कर दी। यह 1998-99 में बजट अनुमान के अनुसार रुपए 5,000 करोड़ के मुकाबले रुपए 9,000 करोड़ के विनिवेश की जबरदस्त छलाँग से स्पष्ट हो जाता है।[373] उस अवधि को जिसे अकसर भारत में निजीकरण का 'स्वर्णिम दौर' कहा जाता है, सरकार ने भारत एलुमिनियम कंपनी लि., सीएमसी (कंप्यूटर मैनेजमेंट कॉरपोरेशन) लि., हिंदुस्तान जिंक लि., एच.टी.एल. (हिंदुस्तान टेलीप्रिंटर्स लिमिटेड) लि., इंडियन पेट्रोकेमिकल्स कॉरपोरेशन लि., मॉडर्न फूड इंडस्ट्रीज लि., पारादीप फॉसफेट्स लि., विदेश संचार निगम (वी.एस.एन.एल.) लि., मारुति उद्योग लि., होटल कॉरपोरेशन ऑफ इंडिया लि. और इंडियन टूरिज्म डेवलपमेंट कॉरपोरेशन लि. (आई.टी.डी.सी.) के दो होटलों को निजी कंपनियों को बेचने में सफलता प्राप्त की, जबकि आई.बी.पी. एंड कंपनी लि. को इंडियन ऑयल कॉरपोरेशन लिमिटेड ने अधिगृहीत कर लिया।[374]

वाजपेयी की सरकार में एक विनिवेश विभाग था, जिसे बाद में एक पूर्ण मंत्रालय

---

372. परवेज सुल्तान, 'द पी.एम. हू पुट दिल्ली मेट्रो प्रोजेक्ट ऑन द फास्ट ट्रैक, लॉन्च्ड इट', हिंदुस्तान टाइम्स, 18 अगस्त, 2018, https://www.hindustantimes.com/delhi-news/the-pm-who-put-delhi-metro-project-on-the-fast-track-launched-it/story-Qxy6TnWx3bSqRwYHiiIsnI.html

373. दीपक मंडल, 'डिसइन्वेस्टमेंट रिसीव्ड द बिगेस्ट बूस्ट अंडर वाजपेयी', बिजनेस टुडे, 17 अगस्त, 2018, https://www.businesstoday.in/current/economy-politics/disinvestment-received-the-biggest-boost-under-vajpayee/story/281388.html

374. पी. मनोज, 'गोल्डन पीरियल ऑफ प्राइवेटाइजेशन', द हिंदू बिजनेस लाइन, 16 अगस्त, 2018, https://www.thehindubusinessline.com/news/national/golden-period-of-privatisation/article24709285.ece

का रूप दे दिया गया और इन दोनों का नेतृत्व पत्रकार से नेता बने अरुण शौरी कर रहे थे। लेकिन यह पार्टी के भीतर और बाहर के विरोध के बिना नहीं हुआ। 'बिजनेस टुडे' के एक लेख के अनुसार, 'मारुति में विनिवेश का विरोध भारी उद्योग मंत्रालय की ओर से किया गया। पेट्रोलियम मंत्रालय ने कैबिनेट के अन्य सहयोगियों के साथ मिलकर तेल विपणन कंपनियों बी.पी.सी.एल. और एच.पी.सी.एल. का कड़ा विरोध किया था। इन विरोधों के बावजूद वाजपेयी सरकार के समय सरकार को विभिन्न केंद्रीय निकायों के विनिवेश से 1998 से 2004 के बीच रुपए 37,000 करोड़ मिले।'[375]

रोजकोषीय विवेक और बजट प्रबंधन (एफ.आर.बी.एम.) विधेयक के साथ वाजपेयी सरकार ने आर्थिक सुधारों में तेजी लाने का एक और बड़ा कदम उठाया, जिसमें राजकोषीय घाटा जी.डी.पी. के 3 प्रतिशत के नीचे रखने का प्रस्ताव था। एफ.आर. बी.एम. अधिनियम का उद्देश्य पारदर्शी राजकोषीय प्रबंधन प्रणालियों की शुरुआत करना और आगे चलकर राजकोषीय स्थिरता लाना था।

1991 के आर्थिक सुधारों के बाद दूसरा बड़ा प्रोत्साहन बॉलीवुड या हिंदी फिल्म उद्योग को मिला, जिससे भारत में मल्टीप्लेक्स की शुरुआत हुई। 1998 में वाजपेयी की एन.डी.ए. सरकार ने सिनेमा को उद्योग का दर्जा दिया। फिल्म उद्योग में क्रांति लानेवाले इस कदम को 'आमूलचूल परिवर्तन' बताकर फिल्मकारों ने इसका स्वागत किया। इससे उन्हें काला धन छोड़ने में मदद मिली और फिल्म निर्माण में कॉरपोरेट और साफ-सुधरे पैसे की एंट्री हुई। दिग्गज फिल्म निर्माता मुकेश भट्ट ने 'मिंट' से बातचीत में कहा, 'नई सदी में बैंकों जैसे वित्तीय संस्थान आए, जैसे आई.डी.बी.आई. (इंडस्ट्रियल डेवलपमेंट बैंक ऑफ इंडिया), जिसने 15-16 प्रतिशत प्रति वर्ष की दर से ऋण देना शुरू किया। इसके बाद पाँच वर्ष पहले कॉरपोरेट आए, जो साझेदारी के आधार पर निवेश लेकर आए, जिसमें इक्विटी पार्टनर कोई ब्याज नहीं लगाते थे, लेकिन राजस्व का 50 प्रतिशत ले लिया करते थे।'[376]

एन.डी.ए. की आर्थिक नीति रोजगार सघन विकास पर केंद्रित थी। यह संपूर्ण ग्रामीण रोजगार योजना जैसे सरकारी प्रयासों से परिलक्षित हुए, जिसमें रुपए 10,000 करोड़ का वार्षिक परिव्यय था, जिसका आधा राज्यों को मुफ्त अनाज के रूप में दिया

---

375. दीपक मंडल, 'डिसइनवेस्टमेंट रिसीव्ड द बिगेस्ट बूस्ट अंडर वाजपेयी', बिजनेस टुडे, 17 अगस्त, 2018, https://www.businesstoday.in/current/economy-politics/disinvestment-received-the-biggest-boost-under-vajpayee/story/281388.html

376. लता झा, 'द लिबरलाइजेशन ऑफ बॉलीवुड', लाइवमिंट, 20 जुलाई, 2016, https://www.livemint.com/Consumer/BVVx6EV79uZcrkZBgAky3H/The-liberalization-of-Bollywood.html

जाना था। यह दुनिया की काम के लिए भोजन की सबसे बड़ी योजना थी। 'स्वर्ण जयंती स्वरोजगार योजना' और लघु ऋण देनेवाले अन्य प्रयासों ने देश में एक 'मौन स्वयं सहायता समूह क्रांति' को जन्म दिया। एन.डी.ए. सरकार ने कृषि, ग्रामीण उद्योगों और लघु उपक्रमों को लाभ देने के लिए बड़े कदम उठाए थे, जो किसान क्रेडिट कार्ड योजना, न्यूनतम समर्थन मूल्य में निरंतर वृद्धि, खादी तथा ग्रोमोद्योग कमीशन (के. वी.आई.सी.) की गतिविधियों में निरंतर विस्तार तथा एस.एस.आई. क्षेत्र को विशेष ऋण पैकेज से स्पष्ट है। एन.डी.ए. सरकार ने पाँच वर्षों के कार्यकाल में अनिवार्य वस्तुओं की कीमतों पर नियंत्रण रखा। इस अवधि के दौरान भारत का समग्र आर्थिक विकास भी धीरे-धीरे जोर पकड़ने लगा। अनेक प्रतिकूल घरेलू परिस्थितियों के बावजूद भारत की व्यापक आर्थिक बुनियाद ठोस बनी हुई है। महँगाई पूर्णतया नियंत्रण में थी। बेहद स्पर्धात्मक अंतरराष्ट्रीय बाजार में निर्यात धीरे-धीरे बढ़ रहा था। विदेशी मुद्रा भंडार रिकॉर्ड स्तर पर पहुँच गया। मैन्युफैक्चरिंग सेक्टर के ढाँचे में बदलाव आया और यह वैश्विक रूप से प्रतिस्पर्धी बना।

वाजपेयी युग में 'विवादों' का सच

वाजपेयी युग के सबसे बड़े विवादों में से एक तथाकथित अटल-आडवाणी विवाद था। आडवाणी ने अपनी आत्मकथा में 'अटल बिहारी वाजपेयी : ए स्टेट्समैन विद ए पोएटिक सोल' शीर्षक वाले एक अध्याय में उस दरार पर बात की है, जो उनके कुछ विरोधियों ने दोनों के बीच पैदा करने की कोशिश की। ऐसे किसी भी विवाद को 'अस्तित्वहीन' बताते हुए आडवाणी ने कहा कि जब उन्होंने वाजपेयी को पी.एम. उम्मीदवार घोषित किया, तब भी कुछ लोगों ने इसे उनके द्वारा किया गया 'बड़ा बलिदान' बताया, जबकि ऐसा कुछ भी नहीं था। दोनों अलग-अलग व्यक्तित्व थे, जिनके विभिन्न मुद्दों पर अपने-अपने विचार थे। गुजरात दंगों से लेकर पाकिस्तान के साथ शांति के लिए लाहौर बस यात्रा तक वाजपेयी और आडवाणी के विचार अलग-अलग हो सकते हैं,[377] लेकिन कुछ ऐसी बातें थीं, जिनके कारण उनकी दोस्ती को गहराई मिली थी। 'हम दोनों दृढ़तापूर्वक जनसंघ और भाजपा की विचारधारा, आदर्श तथा लोकाचारों से बँधे हुए थे, जिससे सभी सदस्य पहले स्थान पर राष्ट्र, उसके पश्चात् पार्टी तथा अंत में स्वयं

377. राकेश मोहन चतुर्वेदी, 'अटल बिहारी वाजपेयी-एल.के. आडवाणी डुओ बिल्ट भाजपा फ्रॉम स्क्रैच', द इकोनॉमिक टाइम्स, 17 अगस्त, 2018, https://economictimes.indiatimes.com/news/politics-and-nation/atal-bihari-vajpayee-lk-advani-duo-built-bjp-from-scratch/articleshow/65433352.cms

को प्राथमिकता देते हैं।' आडवाणी ने स्पष्ट किया।[378] वाजपेयी ने भी अनेक अवसरों पर दोनों नेताओं के बीच दरार की अटकलों को खारिज कर दिया था। दोनों ने इस बात से भी इनकार किया था कि एन.डी.ए. सरकार में 'सत्ता के दो केंद्र' हैं, विशेष रूप से जब जून 2002 में आडवाणी को उप-प्रधानमंत्री बनाया गया था।

तथाकथित 'अटल-गोविंदाचार्य विवाद' भी उस समय मीडिया के लिए चटपटी खबर थी। के.एन. गोविंदाचार्य राष्ट्रीय स्वयंसेवक संघ समर्थित छात्र संगठन ए.बी.वी.पी. के छात्र नेता थे। आडवाणी ने उन्हें एक बार छात्रों के आंदोलन में देखा तो उनके जोश से प्रभावित हुए। आगे चलकर आडवाणी ने उन्हें भाजपा में पार्टी महासचिव के रूप में शामिल कर लिया। राम मंदिर आंदोलन समेत कई सफल अभियानों के पीछे गोविंदाचार्य का ही दिमाग था और कई लोगों का मानना है कि उन्होंने ही आडवाणी की रथ यात्रा की अवधारणा बनाई थी।[379] हालाँकि 1999 के लोकसभा चुनावों से पहले मीडिया ने गोविंदाचार्य का एक बयान प्रकाशित किया, जिसमें उन्हें यह कहते दिखाया गया कि वाजपेयी भाजपा का महज एक 'मुखौटा' हैं। उनके हवाले से लिखा गया कि 'असली नेता पार्टी अध्यक्ष एल.के. आडवाणी हैं'।[380] इस टिप्पणी से वाजपेयी को ठेस पहुँची थी। हालाँकि बाद में गोविंदाचार्य ने इस बात से इनकार किया कि उन्होंने ऐसा कोई भी बयान दिया था। गोविंदाचार्य के अनुसार, 'उनसे जब पूछा गया कि 1996 में भाजपा का नेतृत्व कौन करेगा, तो उन्होंने कहा था कि वाजपेयी भाजपा का सबसे लोकप्रिय और सबसे स्वीकार्य 'चेहरा' हैं और उन्हें आगे रखने पर पार्टी को चुनावों में बहुमत मिलेगा। मीडिया के एक वर्ग ने 'चेहरा' शब्द को बदलकर 'मुखौटा' कर दिया, जिससे उनके शब्दों का मतलब ही बदल गया।'[381]

एक और विवाद, जिसे मीडिया को वाजपेयी से जोड़ने में खूब मजा आया, जो राष्ट्रीय स्वयंसेवक संघ के साथ उनका असहज रिश्ता था। राष्ट्रीय स्वयंसेवक संघ और भाजपा के अंतर्संबंधों को अब सभी जानते हैं। भाजपा नेताओं या सरकारों की सफलता

---

378. लालकृष्ण आडवाणी, *'मेरा देश मेरा जीवन'*, प्रभात प्रकाशन, 2008, पृष्ठ 680

379. राजीव श्रीवास्तव, 'मोदीज डेवलपमेंट प्लैंक प्रो. रिच : गोविंदाचार्य', द टाइम्स ऑफ इंडिया, 5 अगस्त, 2013, http://timesofindia.indiatimehttps://timesofindia.indiatimes.com/india/Modis-development-plank-pro-rich-Govindacharya/articleshow/21623577.cms

380. 'गोविंदाचार्य कॉल्स भाजपा 'मास्क', लैंड्स भाजपा इन क्राइसिस', Rediff.com, http://m.rediff.com/news/oct/16bjp.htm

381. के.एन. गोविंदाचार्य, 'आई कॉल्ड वाजपेयी 'फेस ऑफ भाजपा', मीडिया मेड इट 'मुखौटा' : गोविंदाचार्य', आउटलुक, 16 अगस्त, 2018, https://www.outlookindia.com/website/story/i-called-vajpayee-face-of-bjp-media-made-it-mukhota-govindacharya/315135

में राष्ट्रीय स्वयंसेवक संघ का अकसर बड़ा योगदान रहा है। ऐसा माना जाता है कि जब राष्ट्रीय स्वयंसेवक संघ का पूरा तंत्र किसी राज्य विधानसभा या लोकसभा के चुनाव में अपनी ताकत भाजपा के पीछे लगा देता है, तो उसका अच्छा प्रदर्शन करना निश्चित हो जाता है। अटल और आडवाणी दोनों ही राष्ट्रीय स्वयंसेवक संघ के पक्के सदस्य थे, जिन्हें संगठन ने भारतीय जनसंघ में भेजा था। राजनीति में, विभिन्न वर्गों का खयाल रखना पड़ता है। आडवाणी ने जहाँ ऐसी भूमिका अपनाई, जो राष्ट्रीय स्वयंसेवक संघ के सांस्कृतिक राष्ट्रवाद और हिंदू राष्ट्र की विचारधारा से गहराई से जुड़ी थी, वहीं वाजपेयी ने जननेता की, एक वैश्विक हस्ती की भूमिका को अपनाया। जहाँ तक मेरी समझ है, यह वाजपेयी-आडवाणी की जोड़ी की सबसे अच्छी रणनीति थी। मीडिया और लेखकों ने इसे प्रधानमंत्री के रूप में वाजपेयी के शासन के समय संघ के साथ उनके असहज रिश्तों के कारण के रूप में देखा। वाजपेयी ने राष्ट्रीय स्वयंसेवक संघ के जिन दो प्रमुखों के साथ अपने प्रधानमंत्रित्वकाल में काम किया, वे के.एस. सुदर्शन और राजेंद्र सिंह (रज्जू भैया) थे। रज्जू भैया एक प्रकार से वाजपेयी के समकालीन थे और सुदर्शन उनसे काफी जूनियर थे। मीडिया ने इसको लेकर इस तरह की कहानी बनाई कि रज्जू भैया के साथ वाजपेयी के कामकाजी रिश्ते बेहतरीन थे, लेकिन वह सुदर्शन के सुझावों को सुनने और मानने को तैयार नहीं थे। वास्तव में, सच्चाई यह है कि चूँकि वाजपेयी गठबंधन की सरकार चला रहे थे, न कि भाजपा की सरकार, इसलिए वह राष्ट्रीय स्वयंसेवक संघ के कई सुझावों पर काम नहीं कर पा रहे थे, जिसे मीडिया ने इस प्रकार दिखाया कि वाजपेयी और सुदर्शन के रिश्ते अच्छे नहीं हैं।

साल 2001 में भाजपा को न्यूज पोर्टल 'तहलका डॉट कॉम' के स्टिंग ऑपरेशन, ऑपरेशन 'वेस्ट एंड' से एक बड़ा झटका लगा। स्टिंग में कथित तौर पर तत्कालीन पार्टी अध्यक्ष बंगारू लक्ष्मण को पत्रकारों से एक लाख रुपए की रिश्वत लेते दिखाया गया, जो उनके पास अमेरिका स्थित हथियार कंपनी 'वेस्ट एंड इंटरनेशनल' के प्रतिनिधि बनकर आए थे। तहलका ने खबर दिखाई कि इस रिश्वत के बदले, 'हथियारों के सौदागर' चाहते थे कि भाजपा अध्यक्ष उनकी सिफारिश रक्षा मंत्रालय को करें, ताकि वह भारतीय सेना को हैंडहेल्ड थर्मल इमेजर की सप्लाई कर सकें। ऐसा लगा, जैसे वे भाजपा अध्यक्ष से एक-दो बार मिल चुके थे। यह स्टिंग 13 मार्च, 2001 को प्रसारित किया गया, जिससे विपक्ष को भाजपा पर हमले का मौका मिल गया। लक्ष्मण ने इसके तुरंत बाद अपने पद से इस्तीफा दे दिया। 'तहलका' ने जया जेटली का भी स्टिंग किया था, जो उस समय जॉर्ज फर्नांडिस की समता पार्टी की सदस्य थीं, जो एन.डी.ए. सरकार (1999-2004) की महत्त्वपूर्ण सहयोगी थी। उन पर भी उसी प्रकार से एक रक्षा

सौदा कराने के बदले रिश्वत लेने का आरोप लगा। जया जेटली ने अपनी आत्मकथा 'लाइफ अमंग स्कॉर्पियन्स' (बिच्छुओं के बीच जीना) में कहा था कि उस 'अधूरे' और 'तथ्यात्मक रूप से गलत' स्टिंग का फायदा आखिरकार कांग्रेस को मिला।[382] वह लिखती हैं—

"आखिर में 'ऑपरेशन वेस्ट एंड' एक ऐसा प्रयास साबित हुआ, जिसे आनन-फानन में यह दखाने के लिए किया गया था कि कैसे भारतीय नेता और रक्षा विभाग के अधिकारियों को सच्चे कारोबारी सौदे का ढोंग कर पैसे का लालच देकर भ्रष्ट बनाया जा सकता है! स्पष्ट रूप से उन्होंने सही मायने में धूर्तों को बेनकाब कराने के बजाय नैतिक और ईमानदार लोगों को तबाह कर दिया। मेरा अनुमान है कि 'तहलका रक्षा भ्रष्टाचार' की खबर का फायदा स्पष्ट रूप से कांग्रेस को मिला, जो लोगों के दिमाग से अपने बोफोर्स भ्रष्टाचार की यादों को मिटा देने की आशा कर रही थी।"[383]

वह आगे कहती हैं कि 'तहलका' के पत्रकार 'मुट्ठी भर भाड़े के सैनिक' थे, जिनके पीछे 'शक्तिशाली सरपरस्त लोग' हो सकते थे।[384] 'तहलका' से कांग्रेस के रिश्ते छिपे नहीं हैं। एक बार भाजपा नेता अरुण जेटली ने उस पत्र का हवाला दिया था, जिसे कांग्रेस अध्यक्ष सोनिया गांधी ने वित्तमंत्री पी. चिदंबरम को लिख था और कहा था कि वह सुनिश्चित करें कि 'तहलका' में पैसा लगानेवाले 'फर्स्ट ग्लोबल' के साथ 'अन्याय या अनुचित व्यवहार' न हो।[385]

बंगारू लक्ष्मण के इस्तीफे के बाद जैन कृष्णमूर्ति भाजपा के नए अध्यक्ष बने। हालाँकि साल भर बाद जब उन्हें वाजपेयी सरकार में मंत्री बनाया गया तो उन्होंने इस्तीफा दे दिया, जिसके बाद एम. वेंकैया नायडू भाजपा अध्यक्ष बने थे।

2002 के गुजरात दंगे और वाजपेयी की राजधर्म की सलाह का सच

वर्ष 2002 में दो दु:खद घटनाएँ कांग्रेस समेत भाजपा के प्रमुख राजनीतिक प्रतिद्वंद्वियों के लिए केंद्र की एन.डी.ए. सरकार के अच्छे कामों पर कालिख लगाने का एक अच्छा मौका बन गईं। पहली घटना गोधरा में ट्रेन जलाए जाने की थी, जिसमें उनसठ कारसेवकों की हत्या कर दी गई थी और दूसरी घटना उसके बाद गुजरात के कई हिस्सों में होने वाले दंगे के रूप में सामने आई। संसद् में प्रस्तुत आधिकारिक आँकड़ों

382. जया जेटली, *'लाइफ अमंग द स्कॉर्पियंस : मेमॉयर्स ऑफ ए वुमन इन इंडियन पॉलिटिक्स'*, रूपा पब्लिकेशंस, 2017, पृ.222

383. उपरोक्त

384. उपरोक्त, पृ. 212 और पृ. 238

385. उपरोक्त, पृ. 237-8

के अनुसार, 'गोधरा के बाद की घटनाओं में 790 मुसलमान और 254 हिंदू मारे गए थे, जबकि 223 से अधिक लोग लापता बताए गए तथा 2,500 लोग घायल हो गए थे।'[386]

गुजरात में भाजपा की नरेंद्र मोदी सरकार और केंद्र में एन.डी.ए. की सरकार की भारी आलोचना की गई। विपक्ष इस हद तक चला गया कि उसने मोदी सरकार पर हाथ-पर-हाथ धरकर बैठने और एक खास समुदाय के खिलाफ हिंसा होने देने का आरोप लगाया। राज्य और केंद्र सरकार ने इन आरोपों को पुरजोर तरीके से खारिज कर दिया।

'इंडिया टुडे' के एक लेख में प्रकाशित 'घटनाक्रम' ने[387] घटनाओं और उन पर राज्य सरकार की काररवाई का ब्योरा दिया—

27 फरवरी, 2002

सुबह 8.03 बजे : गोधरा की घटना में 57 कार सेवकों की मौत।

सुबह 8.30 बजे : मोदी को अग्निकांड की जानकारी दी गई।

शाम 4.30 बजे : गुजरात विधानसभा स्थगित कर दी गई और मोदी ने गोधरा का दौरा किया, जहाँ उन्होंने बैठक की और पुलिस को आदेश दिया कि दंगाइयों को देखते ही गोली मार दी जाए।

रात 10.30 बजे : मुख्यमंत्री ने गांधीनगर में वरिष्ठ सरकारी अधिकारियों के साथ बैठक की, संवेदनशील इलाकों में कर्फ्यू और एहतियाती गिरफ्तारियों के आदेश दिए।

28 फरवरी, 2002

सुबह 8.00 बजे : सी.एम. आवास पर वी.एच.पी. के 'बंद' के दौरान हालत पर नजर रखने के लिए विशेष कंट्रोल-रूम बनाया गया।

दोपहर 12.00 बजे : मोदी ने सेना बुलाने के लिए केंद्र से औपचारिक संपर्क किया। कैबिनेट सचिव टी.आर. प्रसाद ने रक्षा सचिव वाई. नारायण से कहा कि सेना को भेजा जाए।

दोपहर 12.30 बजे : उप-सेना प्रमुख लेफ्टिनेंट जनरल एन.सी. विज ने नारायण से कहा कि केवल दो कॉलम उपलब्ध हैं, क्योंकि बाकी फौज सीमा पर तैनात है।

दोपहर 12.35 बजे : प्रसाद ने नारायण को निर्देश दिया कि वह थल सेना अध्यक्ष

386. 'गुजरात रायल डेथ टोल रिवील्ड', BBC.co.uk, 11 मई, 2005, http://news.bbc.co.uk/2/hi/south_asia/4536199.stm

387. उदय महूरकर, 'गुजरात रायट्स : पार्लियामेंट स्लैम्स नरेंद्र मोदी फॉर कार्नेज, बट हिंदुत्व मे गेन पॉलिटिकली फ्रॉम एंटी-मुसलिम वायलेंस', इंडिया टुडे, 21 सितंबर, 2012, https://www.indiatoday.in/magazine/cover-story/story/20020318-gujarat-riots-is-narendra-modi-the-villain-who-allowed-mobs-to-seek-revenge-for-godhra-795729-1999-11-30

जनरल पद्मनाभन से कहें कि सैनिकों को तैयार रखें, क्योंकि अहमदाबाद में हालात तेजी से बिगड़ रहे थे।

दोपहर 12.45 बजे : नारायण ने विज से कहा कि सेना की टुकड़ियों को तुरंत गुजरात रवाना करें।

शाम 4.00 बजे : आडवाणी से बातचीत के बाद मोदी ने सेना की तैनाती का आग्रह किया।

शाम 6.45 बजे : प्रधानमंत्री की अध्यक्षता में सुरक्षा पर कैबिनेट समिति की बैठक; सेना को तुरंत अहमदाबाद और गुजरात के अन्य हिस्सों में भेजने को मंजूरी। वाजपेयी ने सेना की तैनाती की देखरेख के लिए फर्नांडिस को भेजा।

शाम 7.00 बजे : गुजरात सरकार की ओर से सेना की तैनाती का औपचारिक अनुरोध दिल्ली को मिला।

रात 11.30 बजे : सैनिकों को एयरलिफ्ट किए जाने की शुरुआत।

1 मार्च, 2002

सुबह 2.30 बजे : एक ब्रिगेड अहमदाबाद पहुँची। 54वीं डिविजन के जनरल ऑफिसर कमांडिंग ने कार्यकारी मुख्य सचिव से संपर्क किया।

सुबह 9.00 बजे : सेना के प्रतिनिधियों और राज्य सरकार के बीच चर्चा, फिर अहमदाबाद में सेना का फ्लैग मार्च।

राज्य सरकार ने कांग्रेस शासित पड़ोसी राज्यों मध्य प्रदेश, राजस्थान और महाराष्ट्र से भी मदद माँगी थी। 'द पायनियर' के ओपिनियन एडिटर राजेश सिंह ने तो गुजरात दंगों में कांग्रेस के शामिल होने की ओर इशारा किया, जब उन्होंने बताया कि किस प्रकार इन पड़ोसी राज्यों की सरकारों ने मोदी की मदद करने से इनकार कर दिया था—

बात बस, इतनी नहीं कि 2002 की हिंसा में कांग्रेस सीधे तौर पर शामिल थी, जिसने मोदी के खिलाफ उस पार्टी को और उसके उन्मादी बयानों के उबाल को बेनकाब कर दिया। ('नरेंद्र मोदी : ए पॉलिटिकल बायोग्राफी' के लेखक, एंडी) मरीनो लिखते हैं (और मधु पूर्णिमा किश्वर ने भी अपनी पुस्तक, 'मोदी, मुसलिम एंड मीडिया : वॉयसेज फ्रॉम नरेंद्र मोदी'ज गुजरात' में लिखा है) कि 'तीन कांग्रेस-शासित राज्यों ने हिंसा को रोकने में मोदी की ओर से किए गए मदद के आग्रह को ठुकरा दिया था। लेकिन हम एक ऐसे दल की ओर से मदद से इनकार करने के एक लगभग आपराधिक कृत्य की कभी चर्चा नहीं करते, जो गुजरात के मुख्यमंत्री को सूली पर चढ़ाता रहा है। इसका टेलीविजन स्टूडियो की बहस में और प्रिंट मीडिया में जिक्र नहीं होता।'

मरीनो लिखते हैं, 'मोदी ने गुजरात के तीन पड़ोसी राज्यों के मुख्यमंत्रियों राजस्थान के अशोक गहलोत, महाराष्ट्र के स्वर्गीय विलासराव देशमुख और मध्य प्रदेश के दिग्विजय सिंह से कानून लागू करने में मदद के लिए सहायता और अर्धसैनिक बल माँगा था। उन्होंने हर राज्य से 10 कंपनियाँ भेजने का एक विनम्र अनुरोध किया था।' आग्रह करने वाले ये पत्र तीनों मुख्यमंत्रियों को 1 मार्च को, यानी हिंसा भड़कने के अगले ही दिन भेजे गए थे।' उनका जवाब क्या आया? मरीनो लिखते हैं, 'महाराष्ट्र ने अंत में बेहद सीमित संख्या में सुरक्षा बल भेजे, जबकि बाकियों ने सीधे मना कर दिया।' वास्तव में, दिग्विजय सिंह की तरफ से दो हफ्ते बाद भी इस एस.ओ.एस. संदेश का कोई जवाब नहीं आया और आया भी तो इस कारण से एक झिड़की के रूप में कि सुरक्षा बलों को 'राज्य के भीतर मध्य प्रदेश विशेष सशस्त्र बलों की भारी जरूरत' के कारण भेजा नहीं जा सकता है।[388]

तत्कालीन गृह मंत्री आडवाणी ने भी संसद् में राज्य सरकार की ओर से काररवाई न करने के आरोपों को खारिज कर दिया : 'मैं मानता हूँ कि प्रशासन में, पुलिस की कार्यप्रणाली आदि में कहीं कोई चूक अवश्य हुई होगी, लेकिन यह आरोप लगाना कि गोधरा के बाद की घटनाएँ सरकार ने स्वयं कराई थीं और यह एक सुनियोजित हिंसा, राज्य संचालित अराजकता और सरकार समर्थित नरसंहार था··· तो मैं कहूँगा कि हम भारत के शत्रुओं को उस पर हमला करने का हथियार दे रहे हैं।'[389] मोदी के इस्तीफे का शोर जब बढ़ गया, तब आडवाणी ने उन्हें अपना चट्टानी समर्थन दिया और कई बार ऐसा पार्टी में अन्य लोगों के विरोध के बावजूद किया। 'हमें राज्य के हालात का सही हल निकालने का प्रयास करना चाहिए और मुख्यमंत्री नरेंद्र मोदी को हटाना इसका हल नहीं है', आडवाणी ने कहा था।[390]

दंगों के बाद मीडिया ने 2002 के गुजरात दंगों के बाद मोदी को लेकर वाजपेयी के बयान को काट-छाँटकर हद से ज्यादा बार दिखाया। एक संवाददाता के इस प्रश्न का कि दंगों के बाद की स्थिति पर वह मोदी को क्या संदेश देना चाहेंगे, वाजपेयी ने कहा था मोदी को 'राजधर्म का पालन' करना चाहिए। उन्होंने बताया कि राजधर्म एक सारगर्भित शब्द है और सत्ता में बैठे किसी व्यक्ति के लिए इसका अर्थ है कि वह समाज के ऊँचे

---

388. राजेश सिंह, 'द रीयल विलेन्स ऑफ गुजरात 2002', द पायनियर, 30 मार्च, 2014, https://www.dailypioneer.com/2014/columnists/the-real-villains-of-gujarat-2002.html

389. एल.के. आडवाणी, 'गुजरात : प्रोपेगेंडा वर्सेज रियलिटी', द कश्मीर टेलीग्राफ, 20 सितंबर, 2011, http://www.kashmirtelegraph.com/2011/09/

390. उपरोक्त

और नीचे वर्गों या किसी भी धर्म के लोगों के साथ भेदभाव न करे।[391] मोदी ने पलटकर कहा था, 'हम भी वही कर रहे हैं, साहब।' वाजपेयी ने तुरंत कहा था, 'मुझे विश्वास है, नरेंद्र भाई वही कर रहे हैं।'[392] फिर भी मीडिया ने उस वीडियो को इस प्रकार चलाया कि वाजपेयी और मोदी के बीच एक दरार को दिखाया जा सके—

> "प्रधानमंत्री के बयान के पहले हिस्से को बार-बार दिखाया गया, जहाँ उन्हें यह कहते हुए दिखाया गया कि मुख्यमंत्री को राजधर्म का पालन करना चाहिए, जबकि अगले हिस्से में जब वह कहते हैं कि 'उन्हें विश्वास है कि मोदी वही कर रहे हैं', उसे हटा दिया गया। कई वर्षों तक काटे-छाँटे गए वीडियो का इस्तेमाल यह दिखाने के लिए किया गया कि वाजपेयी और मोदी के बीच के रिश्ते तनावपूर्ण थे और वाजपेयी गुजरात के मुख्यमंत्री की राजनीति के तौर-तरीकों से सहमत नहीं थे।"[393]

बाद में मोदी को सुप्रीम कोर्ट की ओर से नियुक्त 'विशेष जाँच दल' (एस.आई.टी.) ने 2012 में क्लीन चिट दे दी। इसने कहा कि गुजरात के तत्कालीन मुख्यमंत्री ने गोधरा के बाद हुए 2002 के दंगों पर नियंत्रण के सारे कदम उठाए। अपनी क्लोजर रिपोर्ट में एस.आई.टी. ने कहा था—

> "मोदी ने कानून और व्यवस्था की समीक्षा के लिए बैठकें की थीं और सारे कदम उठाए थे, जो हालात पर काबू पाने के लिए जरूरी थे··· सांप्रदायिक हिंसा को रोकने के लिए सेना को समय पर बुलाया गया··· मोदी हालात पर नियंत्रण पाने, दंगा पीड़ियों के लिए राहत शिविरों की स्थापना करने और शांति तथा हालात को सामान्य बनाने के लिए जरूरी कदमों को उठाने में व्यस्त थे··· विस्तृत जाँच और इसमें शामिल व्यक्ति के संतोषजनक स्पष्टीकरण को देखते हुए, नरेंद्र मोदी के खिलाफ कोई आपराधिक मामला नहीं बनता है।"[394]

---

391. उल्लेख एन.पी., 'हाऊ ए.बी. वाजपेयी वाज फॉयल्ड इन हिज बिड टु हैव नरेंद्र मोदी रिमूव्ड एज गुजरात चीफ मिनिस्टर', Scroll.in, 13 जनवरी, 2017, https://scroll.in/article/826433/how-ab-vajpayee-was-foiled-in-his-bid-to-have-narendra-modi-removed-as-gujarat-chief-minister
392. उपरोक्त
393. 'वाज वाजपेईज राज धर्म रिमार्क टु मोदी वाल क्लेवरली एडिटेड टु सूज कांग्रेस नैरेटिव?', Mynation.com, 16 अगस्त, 2018, https://www.mynation.com/news/vajpayee-rajdharm-opposition-modi-pause-pdk3vv
394. 'हाऊ एस.आई.टी. रिपोर्ट एक्जोनरेट्स मोदी : द हाईलाइट्स', न्यूज18, 11 मई, 2012, https://www.news18.com/news/india/how-sit-report-exonerates-modi-the-highlights-473243.html

आगे चलकर 2013 में एक स्थानीय अदालत ने एस.आई.टी. रिपोर्ट पर मुहर लगा दी और मोदी पर मुकदमा चलाने की अपील करने वाली उस याचिका को खारिज कर दिया, जिसमें आरोप लगाए गए थे कि उन्होंने अपने राज्य में भड़की सांप्रदायिक हिंसा के दौरान मुसलमानों को जान-बूझकर नहीं बचाया।[395] एस.आई.टी. की रिपोर्ट और उसके बाद आए कोर्ट के आदेश और मोदी को एक विशेष समुदाय के खिलाफ पक्षपात करने को लेकर लगाए गए सभी आरोपों से बरी किए जाने के बावजूद मोदी के खिलाफ मीडिया का कीचड़ उछालने का अभियान कभी बंद नहीं हुआ और आज भी जारी है। उस समय से ही भारत में अनेक पत्रकारों ने साजिश की तमाम थ्योरी पेश की और मोदी को गोधरा के बाद के दंगों से जोड़ दिया। ऐसी ही एक पत्रकार राणा अयूब हैं, जिन्होंने काल्पनिक, सुनी-सुनाई कहानियों के आधार पर मोदी की छवि खराब करने के लिए एक पुस्तक लिखी है। हाल ही में सुप्रीम कोर्ट ने गुजरात पर अयूब की पुस्तक को यह कहते हुए बकवास बता दिया कि यह अटकलों, अनुमानों और कयासों पर आधारित है।[396]

प्रधानमंत्री के रूप में वाजपेयी के तीसरे कार्यकाल की ओर वापस लौटें तो 2002 में कैबिनेट में फेरबदल करते हुए उन्होंने भाजपा के तत्कालीन अध्यक्ष जैना कृष्णमूर्ति को कानून मंत्री के रूप में मंत्रिपरिषद् में शामिल किया। उसके बाद एम. वेंकैया नायडू ने पार्टी की कमान सँभाली। राष्ट्रीय स्वयंसेवक संघ के समर्पित सदस्य, नायडू आंध्र प्रदेश से आनेवाले भाजपा के एक प्रमुख नेता रहे हैं। आगे चलकर, 1996 में वह पार्टी के प्रवक्ता (जो अकसर हिंदी बोलते थे) बने और 2000 तक उसी भूमिका में रहे। बीच में 1998 में वह राज्यसभा के लिए चुने (वह 2004, 2010 और 2016 में भी राज्यसभा के लिए चुने गए) गए। बाद में वाजपेयी ने उन्हें अपनी सरकार में ग्रामीण विकास विभाग में केंद्रीय मंत्री बनाया, जहाँ उन्होंने वाजपेयी की बनाई अनेक विकास योजनाओं को आगे बढ़ाया।

नायडू की ओर से पार्टी की अध्यक्षता सँभालने के बाद पार्टी ने अगले दो वर्षों के दौरान कई विधानसभा चुनावों का सामना किया। जहाँ कुछ झटके लगे, वहीं पार्टी ने विधानसभा चुनावों में कुछ बेहतरी प्रदर्शन भी किए। इन सबके बीच पार्टी 2004 में होनेवाले लोकसभा चुनावों की तैयारी भी कर रही थी। पार्टी को विश्वास था कि

395. निहारिका मंधाना, 'कोर्ट क्लियर्स नरेंद्र मोदी इन रायट्स केस', द वॉल स्ट्रीट जर्नल, 26 दिसंबर, 2013, https://blogs.wsj.com/indiarealtime/2013/12/26/court-clears-narendra-modi-in-riots-case/

396. 'सुप्रीम कोर्ट ट्रैशेज राना अयूब्स गुजरात बुक, सेज इट इज बेस्ट अपॉन सरमाइजेज, कंजेक्चर्स एंड सपोजिशंस', Opindia.com, 5 जुलाई, 2019, https://www.opindia.com/2019/07/supreme-court-rana-ayyub-gujarat-files-haren-pandya-murder/

देश का मिजाज उसके साथ है और लोगों को वाजपेयी के नेतृत्व पर भरोसा है तथा एन.डी.ए. आसानी से दोबारा जनादेश हासिल कर लेगा। भारत सभी पैमानों पर विकास कर रहा था—अर्थव्यवस्था अच्छी थी, अनेक सरकारी योजनाएँ आकार ले रही थीं और अंतरराष्ट्रीय स्तर पर भी भारत की कूटनीति में सुधार हुआ था। मन में इस विश्वास के साथ पार्टी ने आम चुनावों को अक्तूबर 2003 में ही, यानी तय समय से पाँच महीने पहले कराने का फैसला किया। शुरुआत में वाजपेयी समय से पहले चुनाव कराने को तैयार नहीं थे, लेकिन बाद में पार्टी के सहयोगियों ने उन्हें राजी कर लिया। बदले में, उन्होंने एन.डी.ए. के सहयोगियों को फरवरी 2004 में समय से पहले चुनाव में जाने पर राजी किया। हालाँकि चुनाव आयोग ने कहा कि उसे और अधिक समय चाहिए और इस कारण अगले आम चुनाव अप्रैल-मई 2004 में कराए गए।

□

18

भाजपा के हाथ से निकला दशक (2004-2013)

प्रधानमंत्री के रूप में 1998 से 2004 के बीच एन.डी.ए. सरकार के मुखिया के रूप में वाजपेयी के दो कार्यकाल भारत को कई प्रकार से शक्तिशाली बनाने में सहायक हुए। एन.डी.ए. सरकार ने राजनीतिक स्थिरता का इस्तेमाल राष्ट्र-निर्माण के चार मुख्य स्तंभों—राष्ट्रीय सुरक्षा, आर्थिक विकास, सामाजिक विकास और लोकतंत्र को सुदृढ़ करने के लिए किया।

2004 में भाजपा की अप्रत्याशित हार

इसमें किसी को कोई शंका नहीं थी कि भाजपा के नेतृत्ववाली एन.डी.ए. सरकार ने भारत में परिवर्तन लाने के लिए कड़ा परिश्रम किया था और देश के शहरी क्षेत्रों के साथ ही ग्रामीण इलाकों में भी विकास की गति को तेज किया था। वाजपेयी सरकार की ओर से शुरू की गई कई योजनाओं को उनके बाद यू.पी.ए. सरकार में प्रधानमंत्री बने मनमोहन सिंह ने आगे बढ़ाया। यह एक प्रकार से विकास के उनके प्रयासों पर मुहर लगाने जैसा था। घरेलू और अंतरराष्ट्रीय स्तरों पर वाजपेयी सरकार के शानदार प्रदर्शन के बावजूद जब एन.डी.ए. सरकार समय से पहले हुए 2004 के आम चुनावों में जनादेश लेने पहुँची तो मतदाताओं का उत्साह उसके प्रति अच्छा नहीं था। सरकार और भाजपा का आत्मविश्वास गलत साबित हुआ। चौंकाने वाले नतीजों में न केवल एन.डी.ए. गठबंधन की सीटों में कमी आई, बल्कि भाजपा की सीटें भी 1999 के मुकाबले घट गईं। एन.डी.ए. को महज 187 सीटें मिलीं, जबकि भाजपा 138 सीट ही हासिल कर सकी। भाजपा का आँकड़ा 1996 से भी कम था, जब इसे 161 सीट मिली थीं। 1998 और 1999 के लोकसभा चुनावों में भाजपा ने 182 सीटों पर जीत हासिल की थी। दूसरी तरफ भाजपा को 221 सीट मिलीं, जिसमें कांग्रेस के खाते में 145 सीट आईं, जो भाजपा से महज सात सीट अधिक थीं।

विभिन्न राज्यों में 1999 और 2004 में भाजपा के प्रदर्शन की तुलना

क्रम सं.	राज्य/यूटी	लोकसभा की सीटें	1999 में भाजपा की सीटें	2004 में भाजपा की सीटें
1.	उत्तर प्रदेश	85	29	10
2.	मध्य प्रदेश	40	29	25
3.	बिहार	54	23	5
4.	गुजरात	26	20	14
5.	राजस्थान	25	16	21
6.	महाराष्ट्र	48	13	13
7.	उड़ीसा	21	9	7
8.	आंध्र प्रदेश	42	7	0
9.	कर्नाटक	28	7	18
10.	दिल्ली	7	7	0
11.	हरियाणा	10	5	1
12.	तमिलनाडु	39	4	0
13.	हिमाचल प्रदेश	04	3	1
14.	असम	14	2	2
15.	गोवा	2	2	1
16.	जम्मू-कश्मीर	6	2	0
17.	पश्चिम बंगाल	42	2	0
18.	पंजाब	13	1	3
19.	अंडमान निकोबार द्वीप समूह	1	1	0

20.	अरुणाचल प्रदेश	42	0	2
21.	केरल	20	0	0
22.	मणिपुर	2	0	0
23.	मेघालय	2	0	0
24.	मिजोरम	1	0	0
25.	नागालैंड	1	0	0
26.	सिक्किम	1	0	0
27.	त्रिपुरा	2	0	0
28.	छत्तीसगढ़	11	नया राज्य	10
29.	झारखंड	14	नया राज्य	1
30.	उत्तरांचल	5	नया राज्य	3
31.	चंडीगढ़	1	0	0
32.	दादर नगर हवेली	1	0	0
33.	दमन दीव	1	0	0
34.	लक्षद्वीप	1	0	0
35.	पांडिचेरी	1	0	0
कुल		**543**	**182**	**138**

स्रोत : 'इवॉल्यूशन ऑफ भाजपा : पार्टी डॉक्यूमेंट, खंड-10' से लिया गया, नई दिल्ली, 2006

1999 और 2004 में एन.डी.ए. के प्रमुख सहयोगियों का प्रदर्शन

पार्टी	1999 में लोकसभा की सीटें	2004 में लोकसभा की सीटें
भारतीय जनता पार्टी (भाजपा)	182	138
तेलगू देशम पार्टी (टी.डी.पी.)	29	5
जनता दल (यूनाइटेड)	21	8

शिव सेना (एस.एस.)	15	12
द्रविड़ मुनेत्र कड़गम (डी.एम.के.)	12	16 (यू.पी.ए. में चली गई)
बीजू जनता दल (बी.जे.डी.)	10	11
ऑल इंडिया तृणमूल कांग्रेस (ए.आई.टी.सी.)	8	2
इंडियन नेशनल लोक दल (आई.एन.एल.डी.)	5	0
पट्टाली मक्कल काची (पी.एम.के.)	5	6 (यू.पी.एम. में चली गई)
जम्मू-कश्मीर नेशनल कॉन्फ्रेंस (एन.सी.)	4	किसी भी गठबंधन में नहीं
मरुलमलराची द्रविड़ मुनेत्र कड़गम (एम.डी.एम.के.)	4	4 (यू.पी.ए. में चली गई)
अखिल भारतीय लोकतांत्रिक कांग्रेस	2	–
शिरोमणि अकाली दल (एस.ए.डी.)	2	8
हिमाचल विकास कांग्रेस (एच.वी.सी.)	1	–
मणिपुर स्टेट कांग्रेस पार्टी	1	–
मिजो नेशनल फ्रंट	1	1
सिक्किम डेमोक्रेटिक फ्रंट	1	किसी भी गठबंधन में नहीं
एमजीआर अन्ना डीएम कड़गम	1	–
नागालैंड पीपुल्स फ्रंट	--	1
निर्दलीय	2	1
कुल	**306**	**187**

स्रोत : 'इवॉल्यूशन ऑफ भाजपा : पार्टी डॉक्यूमेंट, खंड-10' से लिया गया, नई दिल्ली, 2006

दूसरी तरफ, कांग्रेस और उसके सहयोगियों ने यू.पी.ए. के बैनर तले 2004 के लोकसभा चुनाव में 221 सीटें हासिल कीं।

यू.पी.ए. की 221 सीटों का ब्रेकअप

पार्टी	2004 लोकसभा में सीटें
भारतीय राष्ट्रीय कांग्रेस (आई.एन.सी.)	145
राष्ट्रीय जनता दल (आर.जे.डी.)	22
द्रविड़ मुनेत्र कड़गम (डी.एम.के.)	16
राष्ट्रवादी कांग्रेस पार्टी (एन.सी.पी.)	9
पट्टाली मक्कल काची (पी.एम.के.)	6
तेलंगाना राष्ट्र समिति (टी.आर.एस.)	2
झारखंड मुक्ति मोर्चा (जे.एम.एम.)	5
लोक जनशक्ति पार्टी (एल.जे.पी.)	4
मरुलमलराची द्रविड़ मुनेत्र कड़गम (एम.डी.एम.के.)	4
इंडियन यूनियन मुसलिम लीग	1
रिपब्लिकन पार्टी ऑफ इंडिया (आठवले)	1
जम्मू कश्मीर पीपुल्स डेमोक्रेटिक पार्टी	1
निर्दलीय	5
कुल	**221**

स्रोत : Wikipedia.org

यू.पी.ए. की 221 सीटों के अलावा कांग्रेस आठ दलों का बाहरी समर्थन जुटाने में भी कामयाब रही। इन दलों में सीपीए के तैंतालीस, एस.पी. के छत्तीस, बी.एस.पी. के उन्नीस, सी.पी.आई. के दस और ऑल इंडिया फॉरवर्ड ब्लॉक (ए.आई.एफ.बी.), रिवॉल्यूशनरी सोशलिस्ट पार्टी, राष्ट्रीय लोक दल और जनता दल (सेकुलर) के तीन-तीन सदस्य शामिल थे। इससे यू.पी.ए. के 221 सांसदों में 120 सांसद और जुड़ गए, जिससे लोकसभा में उसका आँकड़ा 341 तक पहुँच गया और डॉ. मनमोहन सिंह के नेतृत्व में यू.पी.ए. गठबंधन की सरकार बनी।

तुलनात्मक रूप से भले ही भाजपा को कांग्रेस से महज सात सीटें कम मिली

थीं, लेकिन 2004 का लोकसभा चुनाव एन.डी.ए. के लिए किसी झटके से कम नहीं था। 1984 में 2 सीट से 1999 में 182 सीट तक आगे बढ़ने वाली भाजपा का मार्च थम गया। यही नहीं, यह लोकसभा में अब सबसे बड़ी पार्टी नहीं रही, जिसकी हैसियत 1996 से बनी हुई थी। भाजपा ने पूरी विनम्रता से जनादेश को स्वीकार किया और देश के हित में रचनात्मक विपक्ष की भूमिका निभाने का वादा किया। हालाँकि इसमें शक नहीं कि यह जनादेश 'सबसे खंडित और अनिर्णायक फैसला' था और कांग्रेस ने जोड़-तोड़कर जैसा गठबंधन बनाया था, वह 'अवसरवादिता' का बहुत बड़ा उदाहरण था।[397]

इस बीच एन.डी.ए. की हार के कई कारण गिनाए गए। भाजपा के अपने दस्तावेज 'इवॉल्यूशन ऑफ भाजपा' (भाजपा का विकास) में निम्नलिखित मुख्य कारण गिनाए गए हैं—

1. सुशासन का समान रूप से लाभ नहीं मिला और एन.डी.ए. का ध्यान जहाँ 'बड़े उद्देश्यों' पर था, वहीं कुछ छोटी-छोटी बातों को उसने नजरअंदाज कर दिया होगा।
2. संभवत: तेज बदलावों की जो मानवीय कीमत चुकानी पड़ी, उस पर पर्याप्त ध्यान नहीं दिया, जिसके कारण उन समुदायों को तकनीक तथा बाजार की तरक्की के द्वारा समुचित लाभ उपलब्ध नहीं करा सकी होगी।
3. परिवर्तन के शिखर पर सवार होकर सरकार ने उन लोगों को नाराज कर दिया होगा, जो इसमें शामिल नहीं हो सके। और ऐसे लोगों का 'इंडिया इज शाइनिंग' से कोई लेना-देना नहीं था।
4. केंद्र में भाजपा के आ जाने से कई प्रकार की उम्मीदें बढ़ गईं और अयोध्या में राम मंदिर निर्माण जैसे अत्यधिक भावनात्मक मुद्दों को उठाया गया। भाजपा इनमें से कुछ उम्मीदों को पूरा नहीं कर सकी।
5. भाजपा अपने कार्यकर्ताओं को जमीनी स्तर पर पर्याप्त संख्या में और समान रूप से तैनात नहीं कर सकी।

लंबे समय तक वाजपेयी और आगे चलकर आडवाणी के सहयोगी रहे सुधींद्र कुलकर्णी ने दो और कारणों को जोड़ा। उन्होंने कहा, '2004 में भाजपा की हार के दो प्रमुख कारण थे : गुजरात में 2002 में हुए सांप्रदायिक दंगे (जिनके कारण

397. विजय कुमार मल्होत्रा और जे.सी. जेटली, 'इवॉल्यूशन ऑफ भाजपा : पार्टी डॉक्यूमेंट, खंड-10', नई दिल्ली, 2006, पृ.132, http://library.bjp.org/jspui/bitstream/123456789/275/1/Evolution%20of%20BJP%20-%20Content.pdf

मुसलमान सत्ताधारी दल के खिलाफ एकजुट हो गए) और वाजपेयी से संघ परिवार के कट्टरपंथियों का मोहभंग।' साथ ही यह भी कहा, 'मुझे इसमें शक नहीं कि अगर वाजपेयी को 2004 में फिर से जनादेश मिल जाता तो कश्मीर को लेकर पाकिस्तान के साथ भारत का विवाद हल हो जाता।'[398] इसके साथ ही नतीजों के कुछ ही समय बाद पार्टी अध्यक्ष की जिम्मेदारी सँभालनेवाले आडवाणी ने हार का अपना विश्लेषण किया और कहा कि इसकी 'कोई एक वजह' नहीं थी और एन.डी.ए. के सकारात्मक प्रचार पर विपक्ष का 'नकारात्मक प्रचार कामयाब' हो गया। हालाँकि उन्होंने 'गठबंधन के प्रबंधन में पार्टी की कमियों' और प्रचार के लिए गढ़े गए 'इंडिया शाइनिंग' के शब्द को दोषी ठहराया, जिसने विपक्ष को एन.डी.ए. पर हमला करने का मौका दे दिया। 'इंडिया शाइनिंग' अभियान के सूत्रधार ग्रे वर्ल्डवाइड के प्रताप सूथन ने कथित तौर पर कहा कि इसे अधिक विदेशी निवेश आकर्षित करने के लिए एक सरकारी अभियान के लिए गढ़ा गया था, जिसका इस्तेमाल उस समय किया भी गया था। भाजपा के नेताओं ने इसे एक राजनीतिक अभियान का रूप दे दिया, जिसके लिए इसे तैयार नहीं किया गया था। इस प्रकार यह एक अच्छा अभियान था, जिसे गलत या अनुपयुक्त प्रयोजन के लिए इस्लेमाल किया गया।[399]

2002 के बाद विधानसभा चुनावों में भाजपा का मिला-जुला प्रदर्शन

राज्य विधानसभा चुनावों में 2002 से 2004 के बीच जब एन.डी.ए. अपने चरम पर था, तब भाजपा को मिले-जुले परिणाम मिले। 2005 में यह बिहार और झारखंड में सत्ता हासिल कर सकी, भले ही थोड़ा संघर्ष करना पड़ा। 2004 के बाद चुनावों में पार्टी के प्रदर्शन में गिरावट आने लगी।

साल 2002 में इसने गोवा में सरकार बनाई और 2002 के दंगे में काररवाई न करने के आरोपों के बीच गुजरात में वापसी की। हालाँकि जम्मू-कश्मीर (एक सीट), उत्तरांचल (पुनर्गठन के बाद हुए पहले विधानसभा चुनावों में केवल उन्नीस सीटें मिलीं, जबकि कांग्रेस ने छत्तीस सीटें अपने नाम कीं), उत्तर प्रदेश (1996 में 174 के मुकाबले अठासी सीट), पंजाब (1997 की तुलना में भाजपा को अठारह के मुकाबले तीन और सहयोगी अकाली दल को पचहत्तर के मुकाबले इकतालीस सीट मिलीं) और

---

398. सुधींद्र कुलकर्णी, 'व्हाट मेड भारत रत्न वाजपेयी एन एक्स्ट्राऑर्डिनरी लीडर', एनडीटीवी, 27 मार्च, 2015, https://www.ndtv.com/opinion/what-made-bharat-ratna-vajpayee-an-extraordinary-leader-750011

399. 'लोक सभा इलेक्शंस 2019 : द कैंपेन टु कनेक्ट', https://www.youtube.com/watch?v=C3nQO-xtz00

मणिपुर (भाजपा को केवल चार सीट मिलीं) में पार्टी का प्रदर्शन अच्छा नहीं रहा।

साल 2003 में नवगठित छत्तीसगढ़ राज्य में भाजपा की पहली सरकार बनी, वहीं मध्य प्रदेश में इसने कांग्रेस के दस साल के शासन को उखाड़ फेंका और राजस्थान में पूर्ण बहुमत प्राप्त किया। लेकिन अन्य राज्यों में इसका प्रदर्शन अच्छा नहीं रहा। हिमाचल प्रदेश में इसे सोलह (1998 में इकतीस सीटें मिली थीं), नागालैंड में सात और मेघालय में केवल एक सीट, जबकि त्रिपुरा और मिजोरम में कोई सीट नहीं मिली।

2004 में कर्नाटक (1999 में चवालीस के मुकाबले उनासी सीट) और अरुणाचल प्रदेश (नौ सीट, जबकि 1999 में एक भी नहीं थी) में भाजपा की ताकत बढ़ी। महाराष्ट्र में यह किसी तरह अपनी स्थिति को मात्र दो सीटों की कमी (1999 में छप्पन के मुकाबले) तक सीमित कर सकी, जबकि एन.सी.पी.-कांग्रेस गठजोड़ ने आश्चर्यजनक नतीजों में अपनी स्थिति बेहतर कर ली। भाजपा की सहयोगी शिवसेना को सात सीटों (1999 में उनहत्तर के मुकाबले बासठ सीट मिली) का नुकसान हुआ। उड़ीसा में इसका बी.जे.डी. से गठबंधन था और इस गठबंधन को पूर्ण बहुमत मिला। हालाँकि सिक्किम में पार्टी को एक भी सीट नहीं मिली, जहाँ इसने 1999 में चुनाव ही नहीं लड़ा था। कर्नाटक में भाजपा, जेडी (एस) जैसे विपक्षी दलों ने कांग्रेस के खिलाफ चुनाव लड़ा था। चुनावों के बाद भाजपा उनासी सीटों के साथ सबसे बड़ी बनकर उभरी। भाजपा को सत्ता से बाहर रखने के लिए कांग्रेस (पैंसठ सीट) और जेडी (एस) (अट्ठावन सीट) ने सरकार बनाने के लिए हाथ मिला लिया। 2018 में इतिहास ने खुद को फिर दोहराया, जब दो विरोधी, कांग्रेस (अस्सी सीट) और जेडी (एस) (सैंतीस सीट) एक बार फिर भाजपा को सत्ता से बाहर रखने के लिए साथ आ गए, जबकि भाजपा 104 सीट के साथ सबसे बड़ी पार्टी थी।

एन.डी.ए. अब केंद्र की सत्ता में नहीं था, फिर भी 2005 में इसने बिहार और झारखंड में बेहतर प्रदर्शन किया और सरकार बनाने में सफल रहा, जबकि कांग्रेस हरियाणा जीतने में कामयाब हुई। लेकिन बिहार और झारखंड में जीत इतनी आसान नहीं थी, क्योंकि कांग्रेस ने सत्ता हासिल करने के लिए वैसी ही गंदी चाल चली, जैसी 2004 में कर्नाटक में चली थी।

2002-2004 के राज्य विधान सभा चुनावों में भाजपा का प्रदर्शन

क्रम सं.	राज्य/यूटी	वर्ष	वोटिंग %	कुल सीट	भाजपा जितनी सीटों पर लड़ी	भाजपा जितनी सीटों पर जीती	
1.	गोवा	2002	68.76	40	39	17	सत्ता में आई
2.	गुजरात	2002	61.54	182	182	127	सत्ता में आई
3.	जम्मू-कश्मीर	2002	43.70	87	58	1	–
4.	मणिपुर	2002	90.21	60	46	4	–
5.	पंजाब	2002	65.14	117	23 (SAD: 92)	3 (SAD: 41)	सत्ता गँवाई
6.	उत्तर प्रदेश	2002	53.80	402	320	88	सबसे बड़ी पार्टी नहीं रही
7.	उत्तरांचल	2002	54.34	70	69	19	सत्ता गँवाई
8.	छत्तीसगढ़	2003	71.30	90	90	50	सत्ता में आई
9.	दिल्ली	2003	53.39	70	70	20	–
10.	हिमाचल प्रदेश	2003	74.51	68	68	16	सत्ता गँवाई
11.	मध्य प्रदेश	2003	67.40	230	230	173	सत्ता में आई
12.	मेघालय	2003	70.35	60	28	2	–
13.	मिजोरम	2003	78.67	40	8	0	–
14.	नागालैंड	2003	87.85	60	38	7	–
15.	राजस्थान	2003	67.18	200	197	120	सत्ता में आई
16.	त्रिपुरा	2003	77.58	60	21	0	–
17.	आंध्र प्रदेश	2004	69.96	294	27	2	–
18.	अरुणाचल प्रदेश	2004	70.21	60	39	9	–
19.	कर्नाटक	2004	65.17	224	198	79	सबसे बड़ी पार्टी

20.	महाराष्ट्र	2004	63.41	288	111 (SHS: 163)	54 (SHS: 62)	कांग्रेस-एन.सी.पी. की सत्ता बरकरार
21.	उड़ीसा	2004	66.05	147	63 (बी.जे.डी.: 84)	32 (बी.जे.डी.: 61)	भाजपा-बी.जे.डी. की सत्ता बरकरार
22.	सिक्किम	2004	79.23	32	4	0	–
23.	बिहार*	नवंबर 2005	46.87	243	102 (जे.डी.यू.: 139)	55 (जे.डी.यू.: 88)	जे.डी.यू.-भाजपा-भाजपा (एन.डी.ए.) सत्ता में आई
24.	हरियाणा	2005	71.96	90	90	2	–
25.	झारखंड	2005	57.03	81	63 (जे.डी.यू.: 18)	30 (जे.डी.यू.: 6)	जे.डी.यू.-भाजपा (एन.डी.ए.) सत्ता में आई

स्रोत : 'इवॉल्यूशन ऑफ भाजपा : पार्टी डॉक्यूमेंट, खंड-10' से लिया गया, नई दिल्ली, 2006

* बिहार में विधानसभा के चुनाव एक बार फिर नवंबर 2005 में, जब फरवरी के बाद के चुनाव में चुनी गई विधानसभा को भंग कर दिया गया था। फरवरी के चुनावों के बाद कोई भी पार्टी सरकार नहीं बना सकी थी, जिसमें आर.जे.डी. को सबसे अधिक (पचहत्तर) सीटें मिलीं, जिसके बाद जे.डी.यू. (पचपन), भाजपा (पैंतीस), लोक जनशक्ति पार्टी (उनतीस) और कांग्रेस जैसे दल थे।

हार के बाद पार्टी नेतृत्व में बदलाव किया गया। सबसे पहले पार्टी अध्यक्ष वेंकैया नायडू की विदाई हुई, जिन्होंने अक्तूबर 2004 में इस्तीफा दे दिया। इस पद को आडवाणी ने सँभाला।

जून 2005 में आडवाणी ने अपने परिवार के साथ पाकिस्तान का दौरा किया और इसके संस्थापक मोहम्मद अली जिन्ना को एक 'सेकुलर' और 'महान् व्यक्ति' बताया। जिन्ना की कब्र पर एक रजिस्टर में आडवाणी ने लिखा—

"अपने शुरुआत वर्षों में भारतीय स्वतंत्रता संग्राम की एक प्रमुख नायिका, सरोजिनी नायडू ने जिन्ना को 'हिंदू-मुसलिम एकता का दूत' बताया था। 11 अगस्त, 1947 को

पाकिस्तान की संविधान सभा को किया गया जिन्ना का संबोधन सच में एक धर्मनिरपेक्ष देश का प्रशंसनीय और जबरदस्त समर्थन करता है, जहाँ हर नागरिक को अपने-अपने धर्म का पालन करने की आजादी होगी और उस देश में धर्म के आधार पर एक नागरिक से दूसरे नागरिक के बीच भेदभाव नहीं किया जाएगा। इस महान् व्यक्ति को मेरी विन्रम श्रद्धांजलि।"[400]

जैसा कि समझा जा सकता था, देश में इस पर जबरदस्त विवाद छिड़ गया और राष्ट्रीय स्वयंसेवक संघ तथा वी.एच.पी. जैसे इसके सहयोगी नाराज हुए। राष्ट्रीय स्वयंसेवक संघ ने उनसे पाकिस्तान पर दिए बयान की 'समीक्षा' करने की माँग की। आडवाणी ने तुरंत अपना इस्तीफा देने की पेश कर दी। 'द हिंदू' में पत्रकार नीना व्यास ने लिखा—

> "चूँकि वह अड़ गए थे कि उनका इस्तीफा स्वीकार किया जाए, इसलिए पूरा जोर नेतृत्व परिवर्तन पर था, जिस समस्या से पार्टी जूझ रही थी और राष्ट्रीय स्वयंसेवक संघ (राष्ट्रीय स्वयंसेवक संघ) के प्रमुख के एस. सुदर्शन ने कुछ महीने पहले यह कहकर इसे जाहिर कर दिया था कि उम्रदराज होते भाजपा नेतृत्व को अगली पीढ़ी के लिए रास्ता छोड़ देना चाहिए। भाजपा के सामने तत्काल यह चुनौती थी कि वह संघ परिवार के साथ आम सहमति बनाए कि पार्टी का नेतृत्व अब किसे सँभालना चाहिए!"[401]

1 जनवरी, 2006 को उत्तर प्रदेश के पूर्व मुख्यमंत्री राजनाथ सिंह ने आडवाणी का स्थान लिया और 26 नवंबर, 2006 को अपना कार्यकाल पूरा किया। 26 नवंबर, 2006 (और वह इस पद पर 19 दिसंबर, 2009 तक बने रहे) से उन्हें दूसरे कार्यकाल के लिए दोबारा चुना गया। उनकी नियुक्ति पर राजनीतिक टिप्पणीकारों का मत अलग-अलग था। ऐसा कहा जाता है कि उनकी नियुक्ति राष्ट्रीय स्वयंसेवक संघ के आशीर्वाद से हुई थी, जिनकी पहली पसंद आडवाणी उनकी योजना के मुताबिक काम नहीं कर सके। 'कुछ खास उपलब्धि न हासिल करने के बावजूद उनमें (राजनाथ सिंह में) किसी को भी कोई बड़ी कमी नहीं दिखी, जो मृदुभाषी, संयमित तौर-तरीकोंवाले और अनुभवी थीं'' वैसे तो सिंह को राष्ट्रीय स्वयंसेवक संघ के करीब माना जाता था, लेकिन उनकी बेदाग और

---

400. राधिका रामासेशन, 'आडवाणी सैल्यूट्स 'सेकुलर' जिन्ना', द टेलीग्राफ, 4 जून, 2005, https://www.telegraphindia.com/india/advani-salutes-secular-jinnah/cid/873488
401. नीना व्यास, 'आडवाणी क्विट्स एज भाजपा प्रेसिडेंट', द हिंदू, 8 जून, 2005, https://www.thehindu.com/2005/06/08/stories/2005060809080100.htm

गैर-विवादित छवि के कारण आडवाणी भी उनके नाम का विरोध नहीं कर सके', 'इंडिया टुडे' की एक रिपोर्ट ने[402] 2006 में भाजपा अध्यक्ष के रूप में उनकी पहली नियुक्ति को याद करते हुए कहा था। दासगुप्ता ने सेमिनार में अपने लेख में कहा था, 'राजनाथ की नियुक्ति को धीमी गति से संगठनात्मक परिवर्तन की शुरुआत माना गया, जब समय के साथ-साथ भाजपा एक 'विचारधारा' वाली पार्टी की भूमिका में आ जाएगी।'[403]

मई 2006 में पाँच राज्यों—असम, तमिलनाडु, पश्चिम बंगाल, केरल और पुंडुचेरी में होनेवाले विधानसभा चुनाव सिंह के नेतृत्व की पहली चुनौती बनकर सामने आए। इनमें से कोई भी भाजपा का गढ़ नहीं था, फिर भी चुनावों में पार्टी मौजूदगी तक दर्ज नहीं करा पाई। उनकी बड़ी जीत की शुरुआत 2007 में हुई, जब भाजपा ने उत्तराखंड में कांग्रेस को बेदखल किया और गुजरात में अपनी सत्ता को बनाए रखा तथा पंजाब में अकाली-भाजपा गठबंधन को जीत मिली।

2007 में गुजरात विधानसभा चुनाव में मिली जीत कई मायने में महत्त्वपूर्ण थी। यही राज्य था, जिसमें गोधरा कांड के बाद दंगे हुए, जिनमें 1,000 से अधिक लोग मारे गए थे। विपक्ष की ओर से सरकार पर कोताही बरतने के आरोप के बावजूद 2002 के विधानसभा चुनावों में मोदी सरकार की वापसी हुई। इसके बावजूद राज्य में विपक्ष भाजपा पर आरोप लगाता रहा। तत्कालीन कांग्रेस अध्यक्ष सोनिया गांधी ने 1 दिसंबर, 2007 को नवसारी में अपने चुनावी भाषण में मोदी और भाजपा को इशारों-इशारों में 'मौत के सौदागर' कहा था। कांग्रेस ने गुजरात में भाजपा के खिलाफ पूरी तरह से नकारात्मक अभियान चलाया। इसके बावजूद राज्य में भाजपा की जीत हुई। हालाँकि इस जीत से 2002 के दंगों का दाग राष्ट्रीय स्तर पर भाजपा से नहीं हटा और पार्टी के शीर्ष नेता भी मानते थे कि 2004 के लोकसभा चुनावों में एन.डी.ए. सरकार की हार में इसने भी एक भूमिका निभाई। इस प्रकार 2007 में भाजपा की जीत जनता की भावनाओं का पता लगाने का एक महत्त्वपूर्ण तरीका साबित हुआ। आडवाणी ने इस जीत को 'ऐतिहासिक' बताया, जिसने भाजपा को आत्मविश्वास के साथ अगले लोकसभा चुनाव में जाने का हौसला दिया। आडवाणी, जो उस समय तक 2009 के लोकसभा चुनावों के लिए पार्टी के प्रधानमंत्री पद के उम्मीदवार बन चुके थे, उन्होंने कहा था, 'गुजरात में भाजपा की शानदार जीत निश्चित रूप से एक निर्णायक मोड़

---

402. भावना विज ऑरोरा, 'द फेसऑफ बिटवीन आडवाणी एंड राष्ट्रीय स्वयंसेवक संघ डिनाइज गडकरी ए सेकेंड टर्म। विल राजनाथ मेक द मोस्ट ऑफ हिज सेकेंड चांस?' इंडिया टुडे, 1 फरवरी, 2013, https://www.indiatoday.in/magazine/nation/story/20130204-bjp-new-chief-rajnath-singh-face-off-between-rss-over-nitin-gadkari-rajnath-singh-761896-2013-02-01

403. स्वप्न दासगुप्ता, 'ए 'डाइंग' पार्टी?', सेमिनार, जनवरी 2010, http://www.india-seminar.com/2010/605/605_swapan_dasgupta.htm

थी, क्योंकि यह अगले संसदीय चुनावों में भाजपा की वापसी के संकेत देती है।'[404]

2007 की जीत के बाद 2008 में कर्नाटक विधानसभा चुनावों में एक अभूतपूर्व जीत मिली। भाजपा ने 224 में से 110 सीट जीतीं और छह निर्दलीयों के समर्थन से राज्य में अपनी सरकार बनाई। पहली बार कर्नाटक में या किसी भी दक्षिण भारतीय राज्य में भाजपा ने अपने दम पर सरकार बनाई थी। सिंह की जीत का सिलसिला 2008 में जारी रहा, जब पार्टी मध्य प्रदेश (230 में से 143 सीट) और छत्तीसगढ़ (नब्बे में से पचास सीट) में सत्ता में लौटी। हालाँकि 2009 का लोकसभा चुनाव पार्टी के सामने आ चुका था।

2009 के लोकसभा चुनाव में भाजपा की हार

2004 के लोकसभा चुनावों में चौंकानेवाली हार के बाद भाजपा उत्तराखंड, गुजरात, पंजाब, कर्नाटक, मध्य प्रदेश और छत्तीसगढ़ जैसे राज्यों में विधानसभा चुनावों में जीत दर्ज कर धीरे-धीरे विश्वास हासिल कर रही थी। पूर्व उप-प्रधानमंत्री आडवाणी को भाजपा के प्रधानमंत्री पद का उम्मीदवार घोषित किया जा चुका था। गुजरात (जैसा कि ऊपर बताया गया) और कर्नाटक (दक्षिण भारत में भाजपा की पहली सरकार) ने पार्टी के इस विश्वास को और बढ़ाया कि 2009 के लोकसभा चुनावों में यह वापसी कर सकती है। पार्टी की कमान राजनाथ सिंह के हाथों में थी। हालाँकि जब नतीजों की घोषणा हुई, तब भाजपा एक बार फिर हैरान रह गई। एक बार फिर भाजपा अति उत्साही पार्टी के तौर पर सामने आई। भाजपा का जहाँ और पतन हुआ, वहीं कांग्रेस के आँकड़े में सुधार हुआ। कांग्रेस को 206 सीट (2004 के मुकाबले इकसठ सीट अधिक) मिलीं, जबकि भाजपा 116 सीटों (2004 के मुकाबले बाईस सीट कम) के साथ बहुत पीछे रह गई। इस प्रकार यू.पी.ए. को 262 सीट मिलीं, जबकि एन.डी.ए. सिर्फ 159 सीट ही जुटा सका।

2009 के लोकसभा चुनावों में यू.पी.ए. और एन.डी.ए. के दलों की सीट वार

संयुक्त प्रगतिशील मोर्चा (यू.पी.ए.)	**262**
भारतीय राष्ट्रीय कांग्रेस	206
ऑल इंडिया तृणमूल कांग्रेस	19
द्रविड़ मुनेत्र कड़गम	18

404. 'ए हिस्टोरिक डे फॉर इंडियन डेमोक्रेसी : आडवाणी', Rediff.com, 23 दिसंबर, 2007, https://www.rediff.com/news/2007/dec/23gujpoll14.htm

राष्ट्रवादी कांग्रेस पार्टी	9
नेशनल कॉन्फ्रेंस	3
झारखंड मुक्ति मोर्चा	2
इंडियन यूनियन मुसलिम लीग	2
विद्युथलाई चिरुथैगल काची	1
केरल कांग्रेस (मणि)	1
ऑल इंडिया मजलिस-ए-इत्तेहादुल मुसलमीन	1

राष्ट्रीय लोकतांत्रिक मोर्चा (एन.डी.ए.)	**159**
भारतीय जनता पार्टी	116
जनता दल (यूनाइटेड)	20
शिवसेना	11
राष्ट्रीय लोक दल	5
शिरोमणि अकाली दल	4
तेलंगाना राष्ट्रीय समिति	2
असम गण परिषद्	1

स्रोत : भारत का चुनाव आयोग

ऐसे अन्य दल भी थे, जिनका किसी के साथ गठबंधन नहीं था : एस.पी.—तेईस, बी.एस.पी.—इक्कीस, सी.पी.एम.—सोलह, बी.जे.डी.—चौदह, ए.आई.ए.डी.एम.के. (नौ), टी.डी.पी.—छह, आर.जे.डी.—चार, सी.पी.आई.—चार, जेडी (एस)—तीन, आर.एस.डी.—दो, ए.आई.एफ.बी.—दो और कुछ अन्य दल भी थे।

हार का विश्लेषण करते हुए स्वप्न दासगुप्ता ने एक सेमिनार में अपने लेख में लिखा—

"2009 में भाजपा के प्रचार के साथ समस्या यह थी कि उन मुद्दों पर पार्टी के रुख को लेकर भ्रम था, जो हिंदुत्व से अधिक महत्त्वपूर्ण थे। 2009 में भाजपा अपने मूल वोटरों तक सही संकेत नहीं पहुँचा सकी··· उदाहरण के लिए भारत-

अमेरिका परमाणु समझौते पर पार्टी का विरोध इसके पारंपरिक वोटरों को पसंद नहीं आया¨ महज अगले पाँच वर्षों में मध्यम वर्ग के बीच पार्टी ने अपने समर्थन को खो दिया और बड़ी संख्या में शहरी सीटों पर, खास तौर पर दिल्ली और मुंबई में इसकी हार से स्पष्ट हो गया। उन लोगों को मनमोहन सिंह के नेतृत्व वाली कांग्रेस बेहतर विकल्प नजर आई, जिन्होंने पहले भाजपा के लिए वोट किया था।"[405]

2005 में आडवाणी ने पाकिस्तान के दौरे पर बाबरी मस्जिद ध्वस्त किए जाने को जिस प्रकार अपने जीवन का 'सबसे दुःखद हिस्सा' बताया और जिन्ना को 'सेकुलर' और 'महान्' व्यक्ति कहा, उससे मतदाताओं के दिमाग में एक कन्फ्यूजन पैदा हो गया। उन्होंने व्यापक स्तर पर अपनी स्वीकार्यता के लिए 1992 की अपनी कट्टर हिंदुत्ववाली छवि से पलटी मारी, लेकिन यह प्रयास बुरी तरह विफल हुआ, जो चुनाव के नतीजों से साफ हो गया, जब उन्होंने भाजपा का असफल नेतृत्व किया।

2009 के लोकसभा चुनावों में हार के बाद भाजपा को पुराना अनुभव फिर से याद आ गया। 2004 के पिछले आम चुनावों की तरह ही आत्मविश्वास से भरी पार्टी को परिणामों से फिर से झटका लगा। पार्टी अध्यक्ष राजनाथ सिंह ने अपने पद से इस्तीफा दे दिया। पार्टी और राष्ट्रीय स्वयंसेवक संघ ने पार्टी का नेतृत्व करने के लिए चेहरे की तलाश शुरू कर दी, जो नितिन गडकरी पर आकर रुकी, जो उस समय महाराष्ट्र में भाजपा के अध्यक्ष थे। राष्ट्रीय स्वयंसेवक संघ के अनुशासित सिपाही गडकरी महाराष्ट्र से भाजपा के पहले और उस पद पर बैठनेवाले सबसे युवा व्यक्ति थे। लोकसभा में दिवंगत सुषमा स्वराज विपक्ष के नेता की भूमिका में आ गई थीं, जिसे पहले आडवाणी सँभाल रहे थे।

इन सबके बीच 2009 में भाजपा को जल्दी ही सात राज्यों में विधानसभा चुनावों का सामना करना पड़ा और नतीजे ऐसे आए कि उनके बारे में क्या लिखा जाए! झारखंड में इसे अठारह सीट मिलीं, उड़ीसा में छह, हरियाणा में चार, अरुणाचल प्रदेश में तीन और आंध्र प्रदेश में दो सीट मिलीं।[406] महाराष्ट्र में भाजपा को छियालीस सीट मिलीं, जबकि शिवसेना ने पैंतालीस सीटों पर जीत दर्ज की, लेकिन कांग्रेस–एन.सी.पी. गठबंधन ने अपने क्रमशः बयासी और बासठ सीटों से उसे परास्त कर दिया।[407] सिक्किम में इसने

405. स्वप्न दासगुप्ता, 'ए 'डाइंग' पार्टी?', सेमिनार, जनवरी 2010, http://www.india-seminar.com/2010/605/605_swapan_dasgupta.htm
406. '2009 इलेक्शंस इन इंडिया', https://en.wikipedia.org/wiki/2009_elections_in_India
407. '2009 महाराष्ट्र लेजिसलेटिव एसेंबली इलेक्शन' https://en.wikipedia.org/wiki/Maharashtra_Legislative_Assembly_election,_2009

चुनाव नहीं लड़ा। भाजपा ने 2010 में बिहार विधानसभा चुनाव में बेहतर प्रदर्शन किया, जहाँ यह जे.डी.यू. के साथ मुकाबले में उतरी थी। भाजपा ने अपना आँकड़ा पचपन से बढ़ाकर इक्यानबे तक पहुँचा दिया, जबकि इसके गठबंधन के साथी (नीतीश कुमार के नेतृत्व में) ने 115 सीट हासिल कीं। जे.डी.यू.-भाजपा की जोड़ी ने राज्य में विपक्ष को, जिसमें आर.जे.डी., एल.जे.पी. और कांग्रेस शामिल थे, हाशिए पर धकेल दिया और दूसरी बार सरकार बना ली।

साल 2011 में केरल, तमिलनाडु, असम, पुडुचेरी और पश्चिम बंगाल में चुनाव हुए। भाजपा ने असम में पाँच सीट जीतीं। 2012 में गोवा, मणिपुर, पंजाब, उत्तराखंड, उत्तर प्रदेश, गुजरात और हिमाचल प्रदेश में विधानसभा के चुनाव हुए। भाजपा ने गोवा, गुजरात और पंजाब (अकाली दल के साथ) में सरकार बनाई, लेकिन उत्तरांचल और हिमाचल प्रदेश में उसकी हार हुई।

2013 में त्रिपुरा, मेघालय, नागालैंड, कर्नाटक, दिल्ली, राजस्थान, मध्य प्रदेश, छत्तीसगढ़ और मिजोरम में राज्यों के चुनाव हुए। भाजपा ने जहाँ राजस्थान में कांग्रेस को बाहर कर दिया, वहीं मध्य प्रदेश और छत्तीसगढ़ में इसने फिर से सरकार बनाई। दिल्ली में यह सबसे बड़ी पार्टी बनी, लेकिन सरकार बनाने से इनकार कर दिया, क्योंकि उसे बहुमत नहीं मिला था। आम आदमी पार्टी (आप) नाम की एक नई पार्टी अन्ना के भ्रष्टाचार-विरोधी आंदोलन के कारण अस्तित्व में आई और उसने भाजपा तथा कांग्रेस को सत्ता से बाहर रखा। कर्नाटक में जबरदस्त गुटबाजी के कारण भाजपा के हाथ से सत्ता फिसल गई, क्योंकि बी.एस. येदुरप्पा ने भाजपा को छोड़ दिया और एक अलग पार्टी बना ली।

आगे चलकर 2013 में नितिन गडकरी को दूसरा कार्यकाल देने के लिए नियमों में बदलाव किया गया, लेकिन गडकरी ने दूसरी बार पार्टी अध्यक्ष बनने से इनकार कर दिया, क्योंकि पार्टी में कई लोगों ने उनके 'पूर्ति ग्रुप' में आयकर की जाँच के कारण उनके दोबारा चुनाव पर आपत्ति की थी, जिसकी स्थापना उन्होंने साल 2000 में की थी। गडकरी ने कहा कि कांग्रेस के नेतृत्व वाली सरकार उनकी छवि खराब करने के लिए ऐसी छापेमारी करवा रही है। भाजपा ने एक बार फिर राजनाथ सिंह को पार्टी अध्यक्ष नियुक्त किया।

2014 के चुनावों के लिए बनता माहौल

एक के बाद एक 2004 और 2009 में हुई हार के बाद आडवाणी के नेतृत्व और उनकी पी.एम. पद की उम्मीदवारी पर लगातार सवाल उठ रहे थे। सिंह और गडकरी की अध्यक्षता में भाजपा ने पिछले कुछ समय में हुए राज्य चुनावों में काफी अच्छा प्रदर्शन किया, लेकिन पार्टी को किसी ऐसे नेता की जरूरत थी, जो 2014 के चुनावों के

लिए उसमें जान फूँक दे। यू.पी.ए.-II भ्रष्टाचार के कई मामलों और घोटालों, पॉलिसी पैरालिसिस, आर्थिक अवनति और भारी महँगाई से बदनाम हो चुकी थी। देश जहाँ 2014 के आम चुनावों में जाने की तैयारी कर रहा था, वहीं तीन बेहद महत्त्वपूर्ण घटनाएँ हुईं, जिन्होंने आनेवाले वर्षों में देश की राजनीति को नई दिशा दे दी—2011 में बाबा रामदेव और अन्ना हजारे का भ्रष्टाचार-विरोधी आंदोलन, 2012 का निर्भया रेप कांड और 2012 में रिकॉर्ड तीसरी बार गुजरात के मुख्यमंत्री के रूप में नरेंद्र मोदी का चुना जाना।

बाबा रामदेव और अन्ना हजारे का भ्रष्टाचार-विरोधी आंदोलन, 2011

2010 तक यू.पी.ए.-II सरकार में कथित भ्रष्टाचार के कई बड़े मामले सामने आए थे। उदाहरण के लिए, आदर्श हाउसिंस सोसाइटी घोटाला,[408] हाउसिंग लोन घोटाला,[409] राडिया टेप विवाद,[410] और 2जी स्पेक्ट्रम केस।

---

408. आदर्श हाउसिंस सोसाइटी एक पॉश, इकतीस माले की इमारत है, जिसका निर्माण मुंबई के बेहद महँगे इलाके कोलाबा में युद्ध की विधवाओं और भारत के रक्षा मंत्रालय के कार्मिकों के कल्याण के लिए किया गया है। एक लंबी अवधि के दौरान राजनीतिज्ञों, नौकरशाहों और सेना के अधिकारियों ने कथित रूप से साजिश रचकर जमीन के स्वामित्व, जोनिंग, फ्लोर स्पेस इंडेक्स और सदस्यता से जुड़े अनेक नियमों को तोड़ा-मरोड़ा और इस सहकारी सोसाइटी में अपने लिए बाजार से कम कीमत पर फ्लैट अलॉट करा लिये। इस घोटाले का पर्दाफाश नवंबर 2010 में हुआ, जिसके बाद महाराष्ट्र के तत्कालीन मुख्यमंत्री अशोक चव्हाण को इस्तीफा देना पड़ा था। स्रोत : विकिपीडिया

   'आदर्श सोसाइटी : आर्मी सेटिंग अप कोर्ट ऑफ इन्क्वायरी', द हिंदू, 22 अक्तूबर, 2016, https://www.thehindu.com/news/national/Adarsh-Society-Army-setting-up-court-of-inquiry/article15672304.ece

409. केंद्रीय जाँच ब्यूरो (सी.बी.आई.) ने 2010 के फर्जी हाउसिंग लोन घोटाले का पर्दाफाश किया था। सीबीआई ने एल.आई.सी. हाउसिंग फाइनेंस के सी.ई.ओ. रामचंद्रन नायर समेत सार्वजनिक क्षेत्र के बैंकों और वित्तीय संस्थानों के आठ आला अधिकारियों को इस घोटाले के सिलसिले में गिरफ्तार किया था। स्रोत : विकिपीडिया,

   'सी.बी.आई. बस्ट्स ह्यूज फेक हाउसिंग लोन स्कैम', डेक्कन हेराल्ड, 24 नवंबर, 2010, https://www.deccanherald.com/content/115453/cbi-busts-huge-fake-housing.html

410. राडिया टेप विवाद नीरा राडिया, जो भारत में एक राजनीतिक लॉबीस्ट (पैरवीकार) थीं, उनके और भारत के तत्कालीन दूरसंचार मंत्री ए. राजा तथा वरिष्ठ पत्रकारों, नेताओं और कॉरपोरेट घरानों के बीच टेलीफोन पर हुई बातचीत के लीक होने से जुड़ा है, जिन्हें भारतीय आयकर विभाग ने 2008 से 2009 के बीच रिकॉर्ड किया था। इन टेपों से हुए खुलासे के बाद इनमें से कई लोगों पर अनैतिक व्यवहार करने के आरोप लगे। स्रोत : विकिपीडिया,

   'द राजा-राडिया टेप्स', आउटलुक, 18 नवंबर, 2010, https://www.outlookindia.com/website/story/the-raja-radia-tapes/268064

[411] इससे पूरे देश में राजनीतिक भ्रष्टाचार के खिलाफ गुस्से का माहौल बन गया। साल 2011 में एक ऐसा भ्रष्टाचार विरोधी आंदोलन शुरू हुआ, जिसके तहत पूरे भारत में सिलसिलेवार प्रदर्शन शुरू हो गए, जिनमें राजनीतिक भ्रष्टाचार के खिलाफ सख्त कानून बनाने और उसे लागू करने की माँग की गई। इस आंदोलन ने तब जोर पकड़ा और इसकी लोकप्रियता आसमान छूने लगी, जब अप्रैल 2011 में भ्रष्टाचार-विरोधी कार्यकर्ता अन्ना हजारे इसमें शामिल हुए और नई दिल्ली के जंतर-मंतर पर भूख हड़ताल शुरू कर दी। जल्दी ही देश भर के कई जाने-माने और अनजाने कार्यकर्ता इसमें शामिल हो गए। उनकी मुख्य माँग थी कि राजनीतिक भ्रष्टाचार पर लगाम लगाने के लिए जन लोकपाल बिल लाया जाए। आगे चलकर जून में योग गुरु बाबा रामदेव इस आंदोलन में शामिल हुए, जिन्होंने विदेश में स्विस और दूसरे विदेशी बैंकों में जमा काला धन वापस लाने पर जोर दिया। 'टाइम' पत्रिका ने इस आंदोलन को 'टॉप 10 न्यूज स्टोरी ऑफ 2011' की एक खबर के तौर पर प्रकाशित किया।'[412]

यू.पी.ए.-II सरकार को इस आंदोलन के कारण भारी शर्मिंदगी उठानी पड़ी, जो कई हाई-प्रोफाइल भ्रष्टाचार के आरोप झेल रही थी। यही नहीं, आंदोलन को पूरे देश से मिल रहा समर्थन भी कांग्रेस के नेतृत्व वाली सरकार के लिए सिरदर्द बनता जा रहा था। 'वॉशिंगटन पोस्ट' ने लिखा, 'हजारे, जो महात्मा गांधी के एक शिष्य हैं, वह अंधाधुंध भ्रष्टाचार के खिलाफ चल रहे देशव्यापी आंदोलन का चेहरा बन गए हैं, जिसने

411. 2जी स्पेक्ट्रम केस कथित रूप से राजनीतिज्ञों और सरकारी अधिकारियों द्वारा किया गया एक घोटाला था, जो भारत में यू.पी.ए. (कांग्रेस) गठबंधन सरकार के दौरान हुआ था। उस समय की केंद्र सरकार पर मोबाइल कंपनियों से फ्रीक्वेंसी अलॉट किए जाने के बदले कम पैसे वसूलने का आरोप था, जिसका उपयोग उन्होंने सेल फोन के लिए 2जी स्पेक्ट्रम के ग्राहक बनाने के लिए किया। उस सरकार ने दुनिया में अपनी तरह के पहले ई-नीलामी का तंत्र तैयार करने के लिए एन.एम. राथ्शचाइल्ड एंड संस को चुना, जो $ 2.27 बिलियन की ऐतिहासिक डील थी। भारत के नियंत्रक और महालेखा परीक्षक (सी.ए.जी.) ने अनुमान लगाया कि 2010 के 3जी और बी.डब्ल्यू.ए. स्पेक्ट्रम-ऑक्शन कीमतों के आधार पर इकट्ठा किए गए पैसे और जितना इकट्ठा किया जाना तय किया गया था, उसके बीच लगभग रुपए 1.76 लाख करोड़ का अंतर था। 2 अप्रैल को सीबीआई की ओर से दायर एक चार्जशीट में यह नुकसान रुपए 3,098,455 करोड़ का बताया गया। स्रोत : विकिपीडिया,
पी.टी.आई., '2जी वरडिक्ट: ए राजा 'वर्चुअली गिफ्टेड अवे इंपॉर्टेंट नेशनल एसेट', सेज सुप्रीम कोर्ट', द टाइम्स ऑफ इंडिया, 2 फरवरी, 2012, https://timesofindia.indiatimes.com/india/2G-verdict-A-Raja-virtually-gifted-away-important-national-asset-says-Supreme-Court/articleshow/11728003.cms?referral=PM

412. 'द टॉप 10 एवरीथिंग ऑफ 2011 : 10 अन्ना हजारेज हंगर फास्ट्स रॉक इंडिया, टाइम, 7 दिसंबर, 2011, http://content.time.com/time/specials/packages/article/0,28804,2101344_2101368_2101650,00.html

अनेक हाई-प्रोफाइल घोटालों के बाद रफ्तार पकड़ ली है। सरकार के लिए वह एक बड़ा संकट बन गए हैं, जिसका नेतृत्व कांग्रेस पार्टी कर रही है।'[413] बुरी तरह घिर चुकी केंद्र सरकार ने प्रदर्शनकारियों की माँगों पर विचार करने की बजाय दबाव के हथकंडे अपनाए। सबसे पहले नई दिल्ली के रामलीला मैदान में आंदोलन का समर्थन कर रहे बाबा रामदेव के समर्थकों पर जून 2011 में लाठीचार्ज किया गया। 'द हिंदू' ने कांग्रेस के नेतृत्व वाली सरकार की काररवाई की आलोचना करते हुए एक तीखा लेख लिखा—

"नैतिक अधिकार खो चुकी एक भ्रष्ट सरकार लोगों के वाजिब गुस्से से सही तरीके से निपटने में सक्षम नहीं है। इससे पहले कि लोकपाल बिल में कड़े भ्रष्टाचार-विरोधी प्रावधानों को जोड़ने के लिए अन्ना हजारे अपना अनशन शुरू करते, उन्हें अवैध रूप से हिरासत में लिये जाने का आदेश देकर और राष्ट्रीय राजधानी में बड़ी संख्या में शांतिपूर्ण प्रदर्शनकारियों की गिरफ्तीरी से संयुक्त प्रगतिशील मोर्चा सरकार ने अपना बदनुमा, दमनकारी चेहरा दिखा दिया है। किसी भी लोकतंत्र में जनता की चुनी हुई सरकार अपने नागरिकों से उनके मतभेद और शांतिपूर्ण विरोध के मौलिक अधिकार को छीन नहीं सकती है। अनुचित, न्याय विरुद्ध और संदिग्ध काल्पनिक शर्तों को थोपना, जिन्हें सब जानते हैं कि प्रदर्शनकारी स्वीकार नहीं करेंगे, लोकतांत्रिक अधिकार को छीनने के बराबर है।"[414]

यह लेख, जिसमें भले ही किसी पत्रकार के विचार थे, सटीक रूप से उस गुस्से को दिखाता है, जो आम लोगों में उस जन आंदोलन के प्रति कांग्रेस के रवैए के खिलाफ था, जो सरकारी कामकाज में व्याप्त भ्रष्टाचार के विरोध में चलाया जा रहा था। इस आंदोलन ने पूरे देश में कांग्रेस-विरोधी माहौल बनाया, जबकि महज दो वर्षों बाद आम चुनाव होने वाले थे।

2012 का निर्भया कांड

16 दिसंबर, 2012 को भारत की राजधानी में हुई एक घटना ने पूरे देश को झकझोर दिया। तेईस वर्षीय फिजियोथेरैपी की इंटर्न निर्भया पर दक्षिण दिल्ली में छह लोगों द्वारा एक चलती निजी बस में यौन हमला, गैंगरेप और बर्बरता से टॉर्चर करने की वारदात

---

413. टी.आई., 'जन लोकपाल बिल : अन्ना हजारे ड्राइव्स यू.पी.ए. गवर्मेंट इनटू पॉलिटिकल कॉर्नर, सेज यू.एस. मीडिया', द इकोनॉमिक टाइम्स, 18 अगस्त, 2011, https://economictimes.indiatimes.com/news/politics-and-nation/jan-lokpal-bill-anna-hazare-drives-upa-government-into-a-political-corner-says-us-media/articleshow/9647117.cms

414. 'करप्ट, रिप्रेसिव एंड स्टुपिड', द हिंदू, 17 अगस्त, 2011, https://www.thehindu.com/opinion/editorial/corrupt-repressive-and-stupid/article2362951.ece

हुई, जिस बस में वह अपने पुरुष मित्र के साथ सफर कर रही थी। दरिंदों ने निर्भया के दोस्त को भी बुरी तरह पीटा था। बाद में उन छह लोगों को, जिनमें बस का ड्राइवर, उसका भाई, एक जिम असिस्टेंट, एक फल विक्रेता और एक नाबालिग शामिल था, पुलिस ने देश के अलग-अलग हिस्सों से गिरफ्तार कर लिया। ग्यारह दिनों तक दिल्ली में सघन चिकित्सा केंद्र में रहने के बाद भी निर्भया की हालत गंभीर बनी हुई थी। बाद में उसे सिंगापुर के एक अस्पताल ले जाया गया, लेकिन दो दिन बाद उसने गहरे जख्मों के कारण दम तोड़ दिया। उसका दोस्त हमले में बच गया और उसकी मदद से पुलिस ने हमलावरों के खिलाफ आरोप सिद्ध कर उन्हें सजा दिलवाई।

इस घटना के खिलाफ देश-विदेश में लोगों का गुस्सा उबलने लगा। देश के कई शहरों में अनेक विरोध प्रदर्शन हुए, वहीं दिल्ली में हजारों युवाओं ने महिलाओं को सुरक्षा देने में नाकामी पर केंद्र सरकार के खिलाफ प्रदर्शन किया। 21 दिसंबर, 2012 को इन प्रदर्शनों की शुरुआत हुई और इस दौरान हजारों प्रदर्शनकारियों की, जिनमें ज्यादातर युवक और युवतियाँ थीं, सुरक्षा बलों से जमकर झड़प हुई। 29 दिसंबर, 2012 को सिंगापुर से निर्भया की मौत की खबर जैसे ही पहुँची, पूरे देश में प्रदर्शन तेज हो गए। कोलकाता, चेन्नई, बेंगलुरु, हैदराबाद, कोच्चि, तिरुवनंतपुरम, मुंबई, भुवनेश्वर और विशाखापत्तनम जैसे शहरों में ऐसे कई प्रदर्शनों की खबर आई। फास्ट ट्रैक कोर्ट ने इस केस को 'रेयरेस्ट ऑफ द रेयर' कहा और चार अपराधियों को मौत की सजा सुनाई। उनमें से एक दोषी की, जिसे रिंग लीडर माना जाता था, उसकी संदिग्ध खुदकुशी से जेल में मौत हो गई, जबकि सत्रह साल के नाबालिग के खिलाफ जुवेनाइल जस्टिस बोर्ड ने मुकदमा चलाया और तीन साल की सजा काटने के बाद उसे रिहा कर दिया गया। उनमें से तीन ने सुप्रीम कोर्ट में अपील की थी, जिसने जुलाई 2018 में चारों हमलावरों की फाँसी की सजा को बरकरार रखा।

प्रदर्शनकारियों की माँग थी कि केंद्र ताक-झाँक, पीछा करने और एसिड हमले समेत महिलाओं के खिलाफ किए जानेवाले यौन अपराधों पर कड़ा कानून बनाए। आगे चलकर महिलाओं के खिलाफ होनेवाले यौन अपराधों के कानून को बलात्कारियों के लिए और सख्त बनाया गया, जिसमें दोबारा अपराध करनेवालों के लिए मौत की सजा का प्रावधान किया गया।

एक बार फिर गुजरात के मुख्यमंत्री के रूप में नरेंद्र मोदी का चुनाव

2012 के गुजरात चुनाव काफी महत्त्वपूर्ण बन गए और उन्हें मोदी की लोकप्रियता के 'जनमत संग्रह' के रूप में देखा जा रहा था, क्योंकि ऐसा कहा जा रहा था कि वही

'भावी प्रधानमंत्री' हैं।[415] गुजरात में नरेंद्र मोदी के नेतृत्व में भाजपा की फिर से जीत हुई, जो पार्टी को 1995 के बाद मिली लगातार पाँचवीं जीत थी, जिसमें 115 सीटों के साथ उसे स्पष्ट बहुमत मिला। कांग्रेस को साठ सीट मिलीं। मोदी की यह तीसरी जीत थी। उनके नेतृत्व में गुजरात भारत के आर्थिक पावर हाउस[416]—और एक मॉडल का रूप ले चुका था, जिसे दूसरे राज्य भी अपना सकते थे। इन नतीजों से न केवल उनके विकास-केंद्रित शासन की प्रशंसा हुई, बल्कि भाजपा के भीतर भी निर्विवादित नेता के रूप में उनकी स्थिति सुदृढ़ हुई, जिसने खुद को साबित किया था।

अब ऐसा लगता है कि भारत में सोशल मीडिया की तरक्की और राष्ट्रीय स्तर पर गुजरात के मुख्यमंत्री नरेंद्र मोदी का उदय लगभग साथ-साथ चलने वाली घटना थी। साल 2012 तक भारत में सोशल मीडिया ने अपनी दमदार मौजूदगी दर्ज कराई, जिसका इस्तेमाल मोदी ने 2014 के लोकसभा चुनावों से पहले अपने फायदे के लिए किया। हिंदुस्तान टाइम्स[417] में 2012 में प्रकाशित 'द राइज एंड राइज ऑफ सोशल मीडिया' लेख के अनुसार, लगभग 55 मिलियन भारतीय किसी-न-किसी सोशल नेटवर्क से जुड़े थे और जो लोग सोशल मीडिया पर थे, उनमें से लगभग 60 प्रतिशत मोबाइल फोन पर उनका इस्तेमाल करते थे। उस समय तक भारत में 900 मिलियन से भी अधिक मोबाइल फोन ग्राहक थे, जिन्हें गूगल ने सस्ते हैंडसेट मुहैया कराए थे। दूसरी तरफ, फेसबुक पर भारतीय बड़ी तेजी से ऑनलाइन जुड़ रहे थे।

2013 में गुजरात में मिली जीत ने मोदी को 2014 लोकसभा चुनावों के लिए भाजपा के प्रधानमंत्री पद के उम्मीदवार का दमदार दावेदार बना दिया। राजनीतिक टिप्पणीकारों ने मोदी को राष्ट्रीय स्तर पर रखकर विश्लेषण शुरू कर दिया। भारत के राष्ट्रपति रामनाथ कोविंद के पूर्व सचिव और राजनीतिक टिप्पणीकार अशोक मलिक ने कहा, 'उन्होंने सत्ता में रहने के अपने रिकॉर्ड, अपने शासन, आर्थिक विकास के मॉडल और सामान्य भाषा में कहें तो आकांक्षा की राजनीति के आधार पर वोट माँगा।'[418]

उन्होंने यह भी कहा, 'गुजरात में मोदी भाजपा से अधिक लोकप्रिय थे', हालाँकि

---

415. 'इंडिया इलेक्शंस : भाजपा : नरेंद्र मोदी सिक्योर्स गुजरात विन', BBC.com, 20 दिसंबर, 2012, https://www.bbc.com/news/world-asia-india-20778816

416. उपरोक्त

417. विवेक सिन्हा, 'द राइज एंड राइज ऑफ सोशल मीडिया', हिंदुस्तान टाइम्स, 29 जून, 2012, https://www.hindustantimes.com/india/the-rise-and-rise-of-social-media/story-sRBnprrOx8ar4DZoETzCOK.html

418. अशोक मलिक, 'एसेंबली इलेक्शंस 2012 : मोदी हैज वोन सोलली ऑन द बेसिस ऑफ एसपिरेशनल पॉलिटिक्स, नॉट द पॉलिटिक्स ऑफ आइडेंटिटी', द इकोनॉमिक टाइम्स, 21 दिसंबर, 2012, https://economictimes.indiatimes.com/articleshow/17702576.cms

यह उल्लेखनीय है कि मोदी का कद और पार्टी के मुकाबले नैतिक सत्ता पूरी तरह से उनकी अपनी ही बनाई हुई है। एक सामान्य घर के पहली पीढ़ी के सफल व्यक्ति के बारे में कहा जा रहा है कि उसमें प्रधानमंत्री बनने की क्षमता है तो यह भारतीय लोकतंत्र की सुखद स्थिति को दिखाता है।'[419]

भारत की राजनीतिक अर्थव्यवस्था के विषय के लेखक और विश्लेषक मिलन वैष्णव का मानना है कि विपक्ष में (2004 से ही) रहते हुए भाजपा आंतरिक वैचारिक संघर्षों, छोटी-छोटी प्रतिद्वंद्विता और झगड़ालू क्षेत्रीय नेताओं से जूझ रही थी। वैष्णव ने लिखा कि 2013 में नरेंद्र मोदी के उदय ने पार्टी को एक नई गाथा लिखने का अवसर दिया। सबसे पहले मोदी का उदय पार्टी में एक पीढ़ी के बदलाव को दरशाता है। (उनके) 'न्यूनतम सरकार, अधिकतम शासन' का मॉडल मध्यम वर्ग समेत अन्य सभी समर्थकों को खूब भाता है, जो उनके राज्य के विकास के प्रभावशाली रिकॉर्ड को लेकर उनकी जमकर प्रशंसा करते हैं। और पार्टी के नेताओं-कार्यकर्ताओं को एक दशक के कांग्रेस के कुशासन के बाद एक अवसर मिलता दिख रहा है।[420]

अपने 2012 के लेख में मलिक ने लिखा, '(मोदी) भारत के लोगों की उस इच्छा का प्रतिनिधित्व करते हैं, जिन्हें एक सत्ता-संपन्न नेता चाहिए, जो दबंग न हो।'

इसने उस लोकसभा चुनाव के लिए एक माहौल तैयार कर दिया, जो भारत और भाजपा के इतिहास में मील का पत्थर साबित हुआ।

□

---

419. उपरोक्त

420. 'इज मोदी द आंसर फॉर इंडियाज अपोजिशन?' मिलन वैष्णव, सी.एन.एन., 14 जून, 2013 http://carnegieendowment.org/2013/06/14/is-modi-answer-for-india-s-opposition/gab6

19

नरेंद्र मोदी और अमित शाह के युग का आरंभ

नरेंद्र मोदी भाजपा के प्रधानमंत्री पद के उम्मीदवार घोषित

भाजपा के भीतर कई महीनों की अटकलों और हलके वाद-विवाद के पार्टी के बाद दिग्गज नेता उस एक नाम पर सहमत हुए, जिसे पी.एम. उम्मीदवार के रूप में पेश किया जाना था। जिसे चुना गया था, वह किसी वंशवादी राजनीतिक परिवार से नहीं था, इस कैंप या उस कैंप का नहीं था—वह गुजरात के तीन बार के मुख्यमंत्री नरेंद्र मोदी थे। इस एक निर्णय ने उसके बाद से इस देश की राजनीतिक तसवीर को बदल दिया है।

मोदी को औपचारिक रूप से भाजपा का प्रधानमंत्री पद का उम्मीदवार 12 सितंबर, 2013 को गोवा में पार्टी के सम्मेलन में घोषित किया गया था। यह उसी वर्ष जून में मोदी को भाजपा चुनाव समिति के प्रमुख के रूप में घोषित किए जाने के तीन महीने बाद की बात है। इस अवसर पर पार्टी के तत्कालीन अध्यक्ष राजनाथ सिंह ने कहा था, 'देश और पार्टी कार्यकर्ताओं के मन को देखते हुए हमने यह फैसला किया है।'[421]

मीडिया में इस तरह की अफवाहें तेज थीं कि पार्टी के नेता उनके नाम को लेकर बँट गए हैं, लेकिन जैसा कि तत्कालीन भाजपा अध्यक्ष राजनाथ सिंह[422] ने स्पष्ट किया था, संसदीय बोर्ड ने यह फैसला सर्वसम्मति से लिया था। पार्टी के कार्यकर्ताओं को अब केवल एक ही व्यक्ति पर अपना ध्यान केंद्रित करना था, जो अब तक व्यावहारिक दृष्टि से उधेड़-बुन में रहा करते थे। भाजपा की यह परंपरा रही है कि वह अपना नेतृत्व देश के वर्तमान मिजाज और नेता की लोकप्रियता के आधार पर तय करती है। मोदी ने गुजरात के मुख्यमत्री के रूप में जितने वर्षों तक परिश्रम किया, उससे उनका राजनीतिक अनुभव

---

421. 'मोदी क्राउन्ड एज.पी.एम. कैंडिडेट, एन.डी.ए. सपोर्ट क्लेम्ड', Goanews.com, 13 सितंबर, 2013, https://m.goanews.com/news_details.php?id=4254

422. बी. मुरलीधर रेड्डी, 'इट्स ऑफिशियल : मोदी इज बीजेपीज चॉइस', द हिंदू, 13 सितंबर, 2013, https://www.thehindu.com/news/national/its-official-modi-is-bjps-choice/article5124375.ece

काफी बढ़ गया था, जिसके कारण वह शीर्ष पद के लिए सबसे उपयुक्त उम्मीदवार थे। भाजपा नेता इस निर्णय से खुश थे और इस बात को लेकर मुखर हो गए कि पार्टी अब किस दिशा में जाएगी और इसका चुनाव प्रचार किस प्रकार से आगे बढ़ेगा!

पिछले चार दशक से भाजपा ने जिस प्रकार लोकप्रिय स्थानीय नेताओं को तैयार किया है, उसका लाभ उसे मिला है। पार्टी में मोदी की तरक्की भी आश्चर्य में डालने वाली है, क्योंकि 2014 के चुनावों के लिए उन्हें आडवाणी, मुरली मनोहर जोशी और उस समय संसद् के दोनों सदनों के नेताओं सुषमा स्वराज और अरुण जेटली जैसे भाजपा के दिग्गज नेताओं के ऊपर तरजीह देकर प्रधानमंत्री पद का उम्मीदवार बनाया गया था। भाजपा को उसके आंतरिक ढाँचे का श्रेय दिया जाना चाहिए, क्योंकि जब भी चुनौती सामने आती है, पार्टी अपने ताकतवर क्षेत्रीय नेताओं को उसका सामना करने का अवसर देती है। दूसरी तरफ, कांग्रेस की व्यवस्था एकदम अलग ही है। इंदिरा गांधी ने जब से 'मजबूत केंद्र और समर्पित नौकरशाही' का फॉर्मूला अपनाया था, तब से कांग्रेस में न तो किसी में वह दम-खम दिखा, न ही यह हौसला कि उसे पलट सके। कई दशकों तक कांग्रेस ने अपने ताकतवर क्षेत्रीय नेताओं को अपमानित और उपेक्षित किया, जिसके कारण कई बार पार्टी दो-फाड़ हुई और नेता पार्टी छोड़कर चले गए। शरद पवार, ममता बनर्जी, बीजू पटनायक, जगन रेड्डी और ऐसे कई नाम हैं, जो पार्टी से अलग हुए और अपना क्षेत्रीय संगठन खड़ा किया, क्योंकि उन्हें उनका हक नहीं दिया गया।

कांग्रेस इसे 'अभिषेक' कहती है, जिस शब्द का अर्थ उसके काम करने के तरीके से एकदम मिलता-जुलता है, जहाँ एक परिवार सबकुछ चलाता है; जबकि भाजपा के लिए यह शब्द प्रतिकूल है, क्योंकि वह लोकतांत्रिक रूप से अपने नेताओं को उनकी प्रतिभा और लोकप्रियता के आधार पर चुनती है। ममता बनर्जी जैसे क्षेत्रीय नेताओं ने इसकी तुरंत अवमानना की, इसे कोई महत्त्व देने से इनकार कर दिया और अपने एक दशक से भी पहले दिए बयान को बार-बार दोहराया कि अगला प्रधानमंत्री कोई क्षेत्रीय नेता ही होगा!

लेकिन उस 'सेकुलर ब्रिगेड' के भीतर, जिसने अपने आप को बाद में 'महागठबंधन' नाम दिया, उसकी चिंता को महसूस किया जा रहा था और आम चुनावों से ठीक पहले वह अपने चरमोत्कर्ष पर पहुँच गई। देवगौड़ा से लेकर केजरीवाल तक, ममता बनर्जी से थरूर तक, लगभग हर वह नेता, जो अब मौजूदा विपक्षा का हिस्सा है, इस बात को तुरंत खारिज करने पर तुल गया कि 'मोदी लहर' मात्र कल्पना है।

मणिशंकर अय्यर ने तो यहाँ तक कह दिया कि मोदी में भारत का प्रधानमंत्री बनने की प्रतिभा ही नहीं है, वह ज्यादा-से-ज्यादा इतना कर सकते हैं कि कांग्रेस के वार्षिक

अधिवेशन के बाहर चाय बेच सकते हैं।[423] लेकिन कांग्रेस ने 'चायवाला' कहकर मोदी का मजाक उड़ाकर और उन्हें नीचा दिखाकर बहुत बड़ी गलती कर दी। अपनी पुस्तक 'द मोदी इफेक्ट' में लांस प्राइस ने कहा कि 'यह बयान उस पार्टी पर भारी पड़ गया, जिसे पहले से ही उच्चवर्गीय और इस रूप में देखा जाता है कि एक परिवार ही उसे चलाता है और उसे क्या मालूम कि गरीब होने का मतलब क्या होता है? दूसरी तरफ मोदी का साधारण परिवार से आना उस कहानी का एक अहम हिस्सा था, जिसमें यह बताया जा रहा था कि उन्होंने कड़ी मेहनत से अपना जीवन बदला था और भारत अगर उन्हें चुनता है तो वह भी कितना कुछ हासिल कर सकता है!'[424]

गुजरात के मुख्यमंत्री के रूप में मोदी के ट्रैक रिकॉर्ड ने निश्चित रूप से लोगों को उनकी नेतृत्व क्षमता और सकारात्मक बदलाव करने की योग्यता पर विश्वास दिलाया। मोदी का विरोध करने के लिए केवल 2002 के गुजरात दंगों की दलील दी जा सकती थी। अदालतों ने 2002 के गुजरात दंगों में मोदी को दोषमुक्त कर दिया था, उसके बाद लगातार बारह वर्षों तक गुजरात किसी भी प्रकार के सांप्रदायिक दंगों से मुक्त रहा है। प्राइस लिखते हैं—

> "इसकी बजाय यह राज्य अपने आर्थिक विकास के लिए जाना गया, और 'गुजरात मॉडल' का इस्तेमाल बोलचाल में होने लगा, जो राज्य में बिजली, पानी की आपूर्ति में कमाल के सुधारों, बेहतर सड़कों और बुनियादी संरचना की परियोजनाओं में भारी निवेश का पर्याय बन गया। इनके कारण राज्य में राष्ट्रीय और अंतरराष्ट्रीय कंपनियों की ओर से भारी निवेश किया गया और इन सभी का हर दो साल पर होने वाले जबरदस्त रूप से आकर्षक 'वाइब्रेंट गुजरात' में जोर-शोर से प्रचार किया गया, जहाँ पूरी दुनिया से बड़े-बड़े कारोबारी गुजरात में निवेश के लिए कतार में खड़े रहते थे। वह ताल ठोंककर यह कह रहे थे कि 2004 से 2012 के बीच गुजरात की अर्थव्यवस्था 10.1 प्रतिशत की दर से विकसित हुई थी, जबकि राष्ट्रीय औसत 7.6 प्रतिशत था। भले ही राज्य की आबादी देश की आबादी का लगभग 5 प्रतिशत है, और भूभाग का 6 प्रतिशत है, फिर भी यह देश के औद्योगिक उत्पादन में लगभग 16 प्रतिशत का योगदान करता है।"[425]

---

423. https://www.thehindu.com/news/national/mani-shankars-dig-at-modi/article5586247.ece

424. लांस प्राइस 'द मोदी इफेक्ट : इनसाइड नरेंद्र मोदीज कैंपेन टु ट्रांसफॉर्म इंडिया', हॉडर एंट स्टाउटॉन, 2015

425. उपरोक्त, पृ.45

अहंकार और अजेय रहने के झूठे अनुमानों के वश में आए विपक्ष ने इस संभावना को पूरी तरह से खारिज कर दिया कि चुनावों के बाद भाजपा और मोदी विजयी होंगे। शायद यह अपने कैडर का हौसला बढ़ाए रखने का प्रयास था, लेकिन अंदर-ही-अंदर उनमें से कुछ को यह मालूम था कि वे लोकसभा का ऐसा स्कोरकार्ड देखनेवाले हैं, जैसा भारतीय राजनीति ने पिछले दो दशक से भी अधिक समय में नहीं देखा था। देवगौड़ा और यू.आर. अनंतमूर्ति जैसे नेताओं को अपने ही शब्द वापस लेने पड़े, जिन्होंने यह ऐलान किया था कि अगर मोदी सत्ता में आए तो वे अपने राज्य और देश को छोड़ देंगे।

2019 में जब हम देखते हैं तो यह दिखाई पड़ता है कि पंचायत से लेकर लोकसभा तक भाजपा और समान विचारधारावाले दलों को मिली राजनीतिक जीत से भारत का एक बड़ा हिस्सा केसरिया हो चुका है और तब हमें यह अहसास होता है कि मोदी को प्रधानमंत्री पद का उम्मीदवार घोषित किया जाना भारतीय राजनीति के इतिहास का निर्णायक पल था, जिसमें देश की राजनीतिक दिशा को जमीनी स्तर से बदलने की क्षमता है, बशर्ते यह जारी रहे।

भाजपा की बात करें तो 2009 में यह जहाँ भारतीय राजनीति की एक सामान्य शक्ति थी और अब भारतीय राजनीति का नेतृत्व कर रही है, तो उसके पास अब मोदी के साथ एक और महत्त्वपूर्ण खिलाड़ी है अमित शाह। शाह हमेशा से ही मौजूद थे, मोदी की परछाईं की तरह। यह मोदी का करिश्मा और शाह की सूझ-बूझ भरी रणनीति और योजना का मिला-जुला कमाल था, जिसने भाजपा के भाग्य को 2014 से 2017 के बीच महज तीन वर्षों में ऐतिहासिक रूप से बदल दिया। मोदी के विपरीत, शाह का जन्म समृद्ध परिवार में हुआ था। उनके परदादा नगर सेठ थे। लेकिन उनके परिवार ने यह सुनिश्चित किया कि उन्हें ठाठ-बाट की आदत न पड़ जाए। वह अकसर पैदल ही स्कूल जाते थे और उनका परिवार अहमदाबाद में एक कमरे के मकान में रहता था। इन अनुभवों ने उन्हें सादगी की शिक्षा थी, जो उनके राष्ट्रीय नेता के बाद देखने को मिली। मोदी को गुजरात का मुख्यमंत्री बनाए जाने के बाद उन्होंने 2002 में अहमदाबाद की सरखेज विधानसभा सीट से चुनाव लड़ा। बहुत बड़े अंतर से उनकी जीत हुई। साल 2007 में उन्होंने जीत का अंतर और बढ़ाया और भारतीय राजनीति में वह अपनी स्थिति को सुदृढ़ करते चले गए। गुजरात के मुख्यमंत्री के रूप में मोदी के बारह वर्षों के कार्यकाल के दौरान शाह सरकार और पार्टी में दूसरे सबसे शक्तिशाली और जिम्मेदार व्यक्ति थे। एक बार तो उनके पास बारह विभाग थे, जिनमें गृह, कानून और न्याय तथा जेल शामिल थे।

महान् नेताओं का उदय उनके विरोधियों की ओर से खड़े किए गए विवादों के बिना कभी नहीं हुआ है। अमित शाह भी इसके अपवाद नहीं हैं। उनके खिलाफ भी

दुर्भावना से ग्रसित कुछ मामले दर्ज किए गए थे। इन सारे मामलों में ठोस कुछ भी नहीं था और सभी राजनीति से प्रेरित लग रहे थे। 2010 में केंद्र की यू.पी.ए. सरकार के अधीन काम करनेवाली सी.बी.आई. ने उनके खिलाफ बेबुनियाद आरोप लगाया कि उन्होंने सोहराबुद्दीन नाम के एक अपराधी और उगाही करने वाले का सफाया करने के लिए फर्जी पुलिस एनकाउंटर करवाया। शाह ने इन आरोपों को राजनीति से प्रेरित बताकर खारिज कर दिया और उनका यह बयान पुष्ट हो गया, जब तत्कालीन पुलिस कमिश्नर, गीता जौहरी ने, जिन्होंने सबसे पहले इसकी जाँच की, यह दावा किया कि केंद्र के नियंत्रण वाली सी.बी.आई. उन पर इस केस में शाह को गलत ढंग से फँसाने के लिए दबाव बना रही है।

शाह को इशरत जहाँ की हत्या में भी झूठे तौर पर फँसाया गया। सी.बी.आई. ने शुरुआत में आरोप लगाया कि गुजरात प्रशासन ने फर्जी मुठभेड़ में इशरत जहाँ को मार गिराया था। यू.पी.ए. के तहत काम करनेवाली जाँच एजेंसियों ने यह कहानी गढ़ने का प्रयास किया कि वह महज एक कॉलेज छात्रा थी और उसे झूठ-मूठ आतंकी कहा गया। यहाँ तक कि यह दावा भी झूठा निकला, क्योंकि इस बात को पुष्ट करने के पर्याप्त सबूत थे कि इशरत जहाँ एक आतंकवादी थी। डेविड हेडली, जो 26/11 के मुंबई हमलों के मामले में संलिप्तता के कारण अमेरिकी जेल में है, ने यह कबूल किया था कि इशरत जहाँ लश्कर-ए-तैयबा की एक आतंकी थी।[426]

चलिए, 2014 के ऐतिहासिक चुनावों की तमाम बातों की ओर लौटते हैं।

कैसे भाजपा को 2014 के चुनावों में मिली जबरदस्त जीत!

जहाँ 81 मिलियन योग्य मतदाता सैकड़ों नेताओं और प्रमुख पार्टियों का भाग्य तय करने की प्रक्रिया में जुटे थे, वहीं पूरे देश में कई चीजें हो रही थीं, जिनका असर नतीजों के दिन दिखने वाला था। विभिन्न राजनीतिक दल अपने-अपने पक्ष में वोटरों को लाने के लिए एड़ी-चोटी का जोर लगा रहे थे। हालाँकि नतीजों ने दिखाया कि भाजपा न केवल सबसे बड़ी पार्टी बनकर उभरी, बल्कि अपने ही दम पर बहुमत के लिए जरूरी सीटें हासिल कर लीं। पहली नजर में जहाँ यह सामान्य सी बात लगती है, वहीं पूरे विश्लेषण से यह तथ्य सामने आता है कि इसे हकीकत में बदलने के पीछे कई महीने की विस्तृत योजना बनाई गई थी।

बेशक, मोदी लहर सबसे बड़ा गेमचेंजर साबित हुई, जो इस चुनाव के दौरान देखने

426. 'इशरत जहाँ वाज एल.ई.टी. ऑपरेटिव, सेज डेविड हेडली', द इंडियन एक्सप्रेस, 24 नवंबर, 2017, https://indianexpress.com/article/india/india-news-india/david-headley-2611-mumbai-terror-case/

को मिली। यह तथ्य कि मोदी की एक भी चुनाव में हार नहीं हुई और राजनीति में उनका वर्चस्व बढ़ता गया है, उनके प्रति आकर्षण को बढ़ाता चला गया। तमाम राजनीतिक पंडितों ने उनकी जीत के तरह-तरह के कारण गिनाए। प्रशांत झा ने अपनी पुस्तक 'हाऊ द भाजपा विन्स' में लिखा, 'यदि वह 2002 के बाद हिंदू हृदय सम्राट् थे, तो मोदी ने सावधानीपूर्वक इसे 'विकास पुरुष' में बदला, उस 'विकास पुरुष' के रूप में, जिसने 2007 के बाद 'गुजरात मॉडल' दिया। इन दो तसवीरों ने मिलकर 2014 में उनकी जीत पक्की कर दी।'[427]

2014 की इस पूरी चुनावी गुत्थी में उत्तर प्रदेश की भूमिका अहम थी। मोदी की अपील जहाँ वोटरों को एक खास दिशा में ले जा रही थी, वहीं शाह यह सुनिश्चित कर रहे थे कि बूथ स्तर पर यह भाजपा के लिए वोट में बदल जाए। उन्होंने पार्टी के कार्यकर्ताओं में जोश भरना और इसकी सदस्यता को विस्तार देना शुरू कर दिया। नई सदस्यता के इस विस्तार में यह सुनिश्चित किया गया कि निगरानी की व्यवस्था सही मायने में बूथ स्तर तक इसका संचालन कर सके। उन्होंने राष्ट्रीय स्वयंसेवक संघ के कई दिग्गजों और रणनीतिकारों, जैसे सुनील बंसल की मदद ली, जो उत्तर प्रदेश में अपने ए.बी.वी.पी. के दिनों में काफी समय बिता चुके थे। प्रशांत झा की पुस्तक में बंसल ने बताया कि 'अमित भाई किसी चुनाव में पहला काम करते हैं कि वह गहरा शोध करते हैं। उन्हें उत्तर प्रदेश का प्रभार 2013 में जाकर मिला था। लेकिन छह महीने के भीतर उन्होंने राज्य के कोने-कोने की यात्रा कर डाली। वह हर क्षेत्र के मुद्दों को जान गए। वह जान गए कि कौन सा नेता कहाँ फिट होगा! वह हर सीट के गुणा-गणित, जातीय समीकरण को समझ गए।' अमित शाह ने अपनी कोर टीम में साठ लोग रखे थे, जिन्हें उन्नीस के समूहों में बाँटा गया था। वे मीडिया, सोशल मीडिया पर नजर रखते थे, 'वॉर रूम' चला रहे थे और कुछ नेताओं की सीट के अनुरोधों को लेते थे और प्रचार का संयोजन किया करते थे।

उत्तर प्रदेश में भाजपा को लेकर आम राय यह थी कि इस पर ठाकुरों, ब्राह्मणों और अमीर व्यापारियों का वर्चस्व है। इसके बाद शाह की सोशल इंजीनियरिंग शुरू हुई, जिसमें इस बात का ध्यान रखा गया कि भाजपा के मतदाताओं का आधार बढ़ाया जाए। पहला कदम यह उठाया गया कि केशव प्रसाद मौर्य को राज्य भाजपा का मुखिया बनाया गया। मौर्य पिछड़ा वर्ग से आते हैं, लेकिन संघ के साथ पले-बढ़े थे। उन्होंने राष्ट्रीय स्वयंसेवक संघ की सांस्कृतिक विचारधारा को पिछड़े वर्गों तक ले जाने में महत्त्वपूर्ण भूमिका निभाई। उन्होंने सैनी-कश्यप-कुशवाहा-मौर्य के व्यापक समूह के साथ खुद को

427. प्रशांत झा, *'हाऊ द भाजपा विन्स : इनसाइड इंडियाज ग्रेटेस्ट इलेक्शन मशीन'*, जगरनॉट, 2017

जोड़ा। झा लिखते हैं, 'राजनीतिक रूप से विशिष्ट वर्गों के खिलाफ राजनीतिक गठबंधन बनाने की रणनीति इस पर आधारित थी कि सामाजिक रूप से प्रभावी उन वर्गों को साथ लाया जाए, जो कम आबादी (उच्च जातियाँ) के चलते राजनीतिक दृष्टि से कमजोर हों और उन्हें जो सामाजिक तथा राजनीतिक रूप से अलग-थलग हों, लेकिन उनकी संख्या अच्छी-खासी (पिछड़े और दलित) हो।'[428]

भाजपा ने यह एहसास किया कि कई महत्त्वपूर्ण सीटों पर उसकी हार 5 से 10 प्रतिशत वोट के कारण हो रही थी। ये ऐसे वोटर थे, जिनका भाजपा में अब तक राजनीतिक नेतृत्व नहीं था। शाह ने इस कमी को पूरा करने के लिए दो काम किए। एक, इन समुदायों के कुछ नेताओं को दूसरे दलों से अपने दल में शामिल किया, जो अपने साथ अच्छी-खासी तादाद में वोट लेकर आए। दूसरा, इन समुदायों के जो नेता अपने दल में थे, उन्हें जिम्मेदारी सौंपी गई कि वे अपनी राजनीतिक पूँजी को भाजपा की दिशा में मोड़ दें। दोनों ही रणनीतियाँ कारगर सिद्ध हुईं।

2014 के प्रचार में बाबा रामदेव और श्री श्री रविशंकर जैसे संतों की भूमिका

2014 के चुनावों की एक प्रमुख विशेषता यह थी कि इसने हिंदू गौरव में एक बार फिर नया जोश भर दिया। दशकों तक कांग्रेस के शासन के कारण हिंदुओं का एक बड़ा वर्ग घुटन महसूस करने लगा था। साल 2010 से 2014 के बीच का समय ऐसा था, जब कोई व्यक्ति अभिमानी मुसलमान, अभिमानी दलित, अभिमानी ईसाई, यहाँ तक कि अभिमानी ब्राह्मण हो सकता था, लेकिन खुद को एक अभिमानी हिंदू कहने पर तरह-तरह की आलोचना हुआ करती थी। एक के बाद एक कई दशक तक, स्वयंभू लिबरलों का यह समूह हिंदुओं के जीवन को नसीहत देता रहा, जबकि वे मुसलमानों और ईसाइयों को नसीहत नहीं दे सकते थे, क्योंकि इससे अल्पसंख्यकों के अधिकारों का हनन हो जाता। हिंदुओं का एक बड़ा वर्ग रोष में था। उनकी संस्कृति का अपमान किया जा रहा था। यह कहा जा रहा था कि जो भी हिंदू संस्कृति में यकीन करता है, वह पुरातनपंथी और 'पिछड़ा' है। यहाँ तक भी कहा गया कि रक्षा बंधन पुरुष प्रधान है, गणेश चतुर्थी से नदियाँ प्रदूषित होती हैं और दीवाली से कुत्ते डर जाते हैं। मुट्ठी भर लोगों का एक समूह, जो तथाकथित 'बुद्धिजीवी' हैं, जिन पर दशकों तक कांग्रेसी शासन का हाथ रहा, वे हिंदू जीवन के हर मामले में दखल दे रहे थे और बता रहे थे कि उन्हें कैसे जीना चाहिए!

फिर बाबा रामदेव का आगमन हुआ। वह योग को अलग-अलग स्तर तक ले गए। दुनिया ने न केवल योग के फायदों को पहचाना, बल्कि एक साधु के आगे नतमस्तक भी

428. उपरोक्त

हुई, जो भगवा धारण करता है और उसे इसका गर्व भी है। आगे चलकर बाबा रामदेव एक उद्यमी बन गए, उनकी कंपनी महँगी मल्टीनेशनल एफ.एम.सी.जी. कंपनियों के लिए खतरा बन गई। उन्होंने जब मोदी के नेतृत्व को अपना समर्थन दिया, तो ऐसे कई हिंदू, जिनका पहले चाहे किसी भी कारण से पार्टी से मोहभंग हुआ हो, चाहे कैसा भी जातीय समीकरण रहा हो, वे मोदी की भाजपा को एक ऐसा राजनीतिक दल मानने लगे, जिस पर भरोसा किया जा सकता था। जाति के बंधनों से ऊपर उठकर कई हिंदू अब भाजपा के समर्थन में एकजुट हो गए, जिसे वे एक ऐसी ताकत के रूप में देख रहे थे, जो उन्हें अपने विचार व्यक्त करने का एक मौका देगी। वास्तव में यह बाबा रामदेव थे, जिन्होंने हरिद्वार में सभी प्रमुख संतों के बीच भारत के अगले नेता के रूप में मोदी के नाम का प्रस्ताव रखा था। काला धन और भ्रष्टाचार के खिलाफ बाबा रामदेव के अभियान को करोड़ों नागरिकों का समर्थन मिला। श्री श्री रविशंकर ने भी अपनी क्षमता के अनुसार देश के सामने खड़ी समस्याओं पर बहस की शुरुआत की। लाखों-करोड़ों अनुयायियोंवाले विभिन्न संतों ने भी मोदी के नेतृत्व में अपना भरोसा जताया। इन चर्चाओं के केंद्र में भारतीय युवा रहते थे, जिन्होंने भाजपा के पक्ष में बड़ी संख्या में पहली बार के मतदाताओं को एकजुट किया।

हिंदू आतंक का झूठ—कांग्रेस के दिमाग की उपज

भाजपा पर हमला करने की जल्दबाजी में कांग्रेस ने, जो यू.पी.ए.-II सरकार का हिस्सा थी और सत्ता में थी, 'भगवा आतंकवाद' शब्द को गढ़कर आंतक और हिंदुत्व को जोड़ने का एक कुत्सित प्रयास किया, जिस शब्द को अब तक किसी ने सुना तक नहीं था। 2007 में मक्का और 'समझौता एक्सप्रेस' पर हुए आतंकवादी हमलों के बाद कांग्रेस ने वैश्विक आतंकवाद पर चर्चा में हिंदू या भगवा आतंकवाद की धारणा को स्थापित करने का एक घिनौना प्रयास किया। कांग्रेस के कई नेता 'हिंदू आतंक' के दुष्प्रचार में जुट गए। 25 अगस्त, 2010 को राज्यों के डी.जी.पी. को संबोधित करते हुए तत्कालीन गृह मंत्री पी. चिंदबरम ने लोगों को झूठ-मूठ में एक ऐसी चीज से आगाह किया, जिसका अस्तित्व ही नहीं था। '···हाल ही में एक नई चीज 'भगवा आतंकवाद' का खुलासा हुआ है, जिसका हाथ अतीत में हुए कई बम धमाकों में सामने आया है।' चिदंबरम ने कहा था।[429]

गृह मंत्रालय के एक पूर्व अधिकारी आर.वी.एस. मणि, जो 2006 से 2010 तक

---

429. पी.टी.आई., 'हिंदू टेरर' पॉलिटिक्स हैड इट्स जेनेसिस ए डेकेड अगो', डेक्कन हेराल्ड, 2 अप्रैल, 2019, https://www.deccanherald.com/national/national-politics/hindu-terror-politics-had-its-genesis-a-decade-ago-726582.html

मंत्रालय के आंतरिक सुरक्षा (आई.एस.) विभाग में तैनात थे, उन्होंने कांग्रेस के इस दुर्भावनापूर्ण एजेंडा के विषय में अपनी पुस्तक 'हिंदू टेरर : इनसाइडर अकाउंट ऑफ मिनिस्ट्री ऑफ होम अफेयर्स'[430] में लिखा है। वह कहते हैं कि कांग्रेस नेताओं ने राष्ट्रीय जाँच एजेंसी (एन.आई.ए.) को 'हिंदू आतंकवाद' की अवधारणा को लाने के निर्देश दिए थे : 'एन.आई.ए. को जो भी केस दिए जाते थे, उनमें वे पहले मिलनेवाले प्रमाणों को नजरअंदाज कर देते थे और उनकी जगह ऐसे प्रमाण शामिल करते थे, जिनसे हिंदू आतंक की कहानी को आगे बढ़ाया जाए।'[431] 'द संडे गार्जियन' के पत्रकार अभिनंदन मिश्रा ने भी मणि की पुस्तक की अपनी समीक्षा में दावा किया है कि एन.आई.ए. के वरिष्ठ अधिकारी, जिनके साथ वह यू.पी.ए. के दिनों में बातचीत किया करते थे, उन्होंने 'ऑफ द रिकॉर्ड माना कि उनके पास किसी भी संगठित हिंदू आतंक का कोई प्रमाण नहीं था।'[432]

अल्पसंख्यक मामलों के मंत्री ए.आर. अंतुले ने कांग्रेस की इस थ्योरी को और पुख्ता करने के प्रयास में इसे 26/11 के आतंकी हमले में महाराष्ट्र ए.टी.एस. के चीफ हेमंत करकरे की हत्या को, हेमंत करकरे द्वारा 'हिंदू आतंकियों' की जाँच से जोड़ दिया। भारत में अमेरिका के राजदूत डेविल मलफोर्ड ने 23 दिसंबर, 2008 पर एक गोपनीय मेमो में इस 'अपुष्ट' दावे को 'अशोभनीय' कहा, जिसे आगे चलकर 2010 में 'विकिलीक्स' ने जारी किया। 'कांग्रेस पार्टी ने पहले अपने आप को (अंतुले की) टिप्पणियों से अलग किया, फिर दो दिन बाद विरोधाभासी बयान जारी किया, जिसने परोक्षा रूप से इस साजिश का समर्थन किया। इस दौरान अंतुले के पूरी तरह से अपुष्ट दावों को भारतीय मुसलिम समुदाय के बीच अच्छा-खासा समर्थन मिल गया', मलफोर्ड ने आगे लिखा और यह भी जोड़ा, 'पूरा वाकया यह दिखाता है कि कांग्रेस पार्टी को अगर लग जाए कि यह उसके हित में है तो वह सहर्ष पुरानी जाति/धर्म पर आधारित राजनीति के गर्त में गिर जाएगी।'[433] इस थ्योरी की तब हवा निकल गई, जब स्वामी असीमानंद समेत कम-से-कम चार लोगों को, जिन पर भगवा आतंकवाद का आरोप था, उन्हें

---

430. आर.वी.एस. मनि, *'हिंदू टेरर : इनसाइड अकाउंट ऑफ मिनिस्ट्री ऑफ होम अफेयर्स 2006-2010'*, वितस्ता पब्लिशिंग, 2018

431. अभिनंदन मिश्रा, 'बुक बाई एम.एच.ए. ऑफिसर रिवील्स हाऊ यू.पी.ए. मैन्युफैक्चर्ड हिंदू टेरर नैरेटिव', द संडे गार्जियन, 2 जून, 2018, https://www.sundayguardianlive.com/culture/book-mha-officer-reveals-upa-manufactured-hindu-terror-narrative

432. उपरोक्त

433. पी.टी.आई., 'कांग्रेस प्लेड रिलीजियस पॉलिटिक्स आफ्टर मुंबई अटैक्स : विकिलीक्स', द इकॉनॉमिक टाइम्स, 11 दिसंबर, 2010, https://economictimes.indiatimes.com/news/politics-and-nation/congress-played-religious-politics-after-mumbai-attacks-wikileaks/articleshow/7082550.cms?from=mdr

2007 के 'समझौता एक्सप्रेस' बम धमाके के मामले में 2019 में एन.आई.ए. की विशेष अदालत ने बरी कर दिया। कांग्रेस नेता सुशील कुमार शिंदे और दिग्विजय सिंह ने हिंदू आतंक की थ्योरी को आगे बढ़ाने में कोई कसर बाकी नहीं रखी। इस हद तक कि दिग्विजय सिंह 'उर्दू सहारा' अखबार के एडिटर इन चीफ अजीज बर्नी की लिखी पुस्तक '26/11 : राष्ट्रीय स्वयंसेवक संघ की साजिश ?' के विमोचन में पूरे जोशो-खरोश के साथ शामिल हुए।

2014 के ऐतिहासिक चुनाव नतीजे

16 मई, 2014 की सुबह करोड़ों आँखें टीवी सेट पर जमी थीं। सिर्फ भारत में ही नहीं, बल्कि विदेश में बसे भारतीय भी बेसब्री से नतीजों का इंतजार कर रहे थे। पिछले दो दशक के दौरान भारत में कभी किसी चुनावी प्रक्रिया को लेकर इतनी ऊर्जा, इतनी दिलचस्पी और इतनी ताकत नहीं दिखी थी। आने वाले नतीजे उस गरमी और तनातनी को सामने रखने वाले थे, जो इस चुनाव के दौरान पैदा हुई थी। मोदी के जो विरोधी अब तक कह रहे थे कि 'मोदी कभी प्रधानमंत्री नहीं बनेंगे', उन्होंने एग्जिट पोल के नतीजों के बाद अपना रुख बदलते हुए कहना शुरू किया कि 'उन्हें बहुमत नहीं मिलेगा, उन्हें प्रधानमंत्री बनने के लिए गठबंधन के साथियों की मदद लेनी पड़ेगी।' बहुमत के लिए जादुई आँकड़ा 272 का था। भाजपा को 282 सीटें मिलीं, जो साधारण बहुमत के लिए जरूरी संख्या से दस अधिक थी। एन.डी.ए. के अन्य सहयोगियों को साथ मिलाकर यह संख्या 330 से अधिक हो चुकी थी। जैसे ही शुरुआती रुझानों में मोदी की स्पष्ट जीत नजर आने लगी, वैसे ही बधाइयों की शुरुआत हो गई।

सुबह 10.26 बजे, राजनाथ सिंह ने अपने 9.7 लाख ट्विटर के फॉलोअर्स को लिखा, '@narendramodi को लोकसभा चुनावों में भाजपा के शानदार प्रदर्शन के लिए फोन पर बधाई दी। रुझान बता रहे हैं कि ये बहुत बड़ी जीत है।'[434] दोपहर 12.07 बजे उस व्यक्ति ने, जो इस चुनाव का हीरो था, उसने अपने 8.8 मिलियन फॉलोअर्स को ट्वीट किया 'भारत की जीत हुई है। अच्छे दिन आनेवाले हैं।'

दोपहर तक कांग्रेस को समझ आ गया था कि उसकी न केवल चुनावों में हार हुई है, बल्कि इतिहास में सबसे बुरी हार हुई है। उसे लोकसभा की 543 सीट में से महज चवालीस सीट मिली थीं। उत्तर प्रदेश में उसे मात्र दो सीट मिल सकी थीं, जो सोनिया और राहुल गांधी की सीट थीं। स्मृति ईरानी ने उनके परिवार की सीट अमेठी में कड़ी टक्कर दी।

मोदी ने अपनी जीत पर बढ़-चढ़कर बयान देने के बजाय विनम्रता दिखाई और

434. लांस प्राइस, 'द मोदी इफेक्ट : इनसाइड नरेंद्र मोदीज कैंपेन टु ट्रांसफॉर्म इंडिया', हॉडर एंड स्टॉटन, 2015, पृ. 237

अपनी नब्बे वर्षीय माँ के पैर छूने और उनका आशीर्वाद लेने निकल पड़े। भारत का सबसे शक्तिशाली व्यक्ति जब अपनी माँ को प्रणाम कर आशीर्वाद ले रहा था, तब उसका लाइव प्रसारण किया जा रहा था। दुनिया एक ऐसे व्यक्ति को देख रही थी, जो जानता था कि किस प्रकार भारतीय परंपरा और संस्कृति को जीवंत रखना है, और इसका सिर्फ उपदेश नहीं देना है, बल्कि पालन भी करना है।

दशकों तक स्वयंभू सेकुलर दलों की ओर से अपने आप में ही एक मतदाता वर्ग माने जानेवाले, भारत के अल्पसंख्यक मोदी और भाजपा के उदय से चिंतित थे। कांग्रेस और उसकी जैसी पार्टियों ने उनसे कहा कि भाजपा हिंदुओं की पार्टी है, मोदी के भारत में अल्पसंख्यकों के हितों का खयाल नहीं रखा जाएगा। हालाँकि अपनी जीत के बाद उनसे पहली बातचीत में मोदी ने उनके डर को दूर करने का प्रयास किया। उन्होंने अल्पसंख्यकों को यह इत्मीनान दिलाया कि सरकार सभी भारतीयों के लिए है, चाहे किसी ने उन्हें वोट दिया हो या नहीं। उन्होंने कहा—

"यदि हमने सरकार चलाने के लिए स्पष्ट बहुमत हासिल कर लिया है, तब भी यह हमारी जिम्मेदारी है कि भारत को आगे ले जाने के लिए सबको साथ लेकर चलें। अपने भविष्य को तय करने के लिए स्वच्छंद रहना ही हमारा सपना है। भारत के सवा सौ करोड़ लोगों को आज अपने देश के लिए मरने के विषय में नहीं, बल्कि इसके लिए जीने के विषय में सोचना चाहिए। यदि सवा सौ करोड़ लोग इस प्रकार जीने का फैसला कर लें तो मेरा देश सवा सौ करोड़ कदम आगे बढ़ जाएगा...आप मुझ पर विश्वास रखिए और मैं आप पर विश्वास रखूँगा। इस देश के लोगों ने अपना फैसला सुना दिया है। यह जनादेश कहता है कि हमें सवा सौ करोड़ लोगों के सपने को सच करके दिखाना है। इसके लिए मुझे कड़ी मेहनत करनी है..."[435]

यह मोदी और भाजपा के लिए एक बड़ा अवसर था। फोन और 140 अक्षरों वाले ट्विटर पर दुनिया भर के नेताओं के बधाई संदेश आ रहे थे। सबसे पहले यू.के. का बधाई संदेश आया, फिर कनाडा, रूस, जापान, दक्षिण अफ्रीका, फ्रांस और जर्मनी का। दिन चढ़ने के साथ यह लिस्ट लंबी होने लगी और फिर अमेरिका के राष्ट्रपति बराक ओबामा ने फोन किया। मोदी यह नहीं भूले थे कि पश्चिमी देशों की सरकारों में उन्हें कूटनीतिक बिरादिरी में फिर से लानेवालों में अमेरिका सबसे आखिरी और सबसे अधिक ईर्ष्या करनेवाला देश था। ऐसे में मोदी ने न्यूजीलैंड और फीजी को धन्यवाद देने के बाद ओबामा को उत्तर दिया।[436]

यह भाजपा को मिली धमाकेदार जीत थी। भारत में अलग-अलग नेताओं की तरफ

---

435. उपरोक्त, पृ. 238

436. उपरोक्त, पृ. 241

से तरह–तरह की प्रतिक्रिया आई। सोनिया गांधी ने स्वीकार किया कि नतीजे स्पष्ट रूप से उनकी पार्टी के खिलाफ आए हैं और कहा कि वह 'जनादेश का सम्मान' करती हैं। इतनी बड़ी हार के बाद प्रेस कॉन्फ्रेंस में राहुल गांधी की मुसकराहट समझ से परे थी और लगा, चवालीस सीटों का धूल चटा देने वाला आँकड़ा जैसे कांग्रेस की शर्मिंदगी के लिए काफी नहीं था। 'भारत जीत गया' प्रधानमंत्री की ओर से कहे गए पहले तीन शब्द थे। पार्टी अध्यक्ष राजनाथ सिंह ने इस जीत का श्रेय सीधे तौर पर मोदी के ऊर्जावान् नेतृत्व को दिया। आडवाणी यू.पी.ए. सरकार के दौरान भ्रष्टाचार को लेकर मुखर थे। उन्होंने कहा कि कांग्रेस को अपने वंशवादी शासन को लेकर अपने अंदर झाँकना चाहिए। अर्थशास्त्री और वर्ल्ड इकोनॉमिक फोरम के संस्थापक क्लाउस श्वाब ने अपनी पुस्तक 'मार्चिंग विद ए बिलियन' की प्रस्तावना में लिखा, 'मैंने इस देश के भविष्य को लेकर कभी इतना आशावादी महसूस नहीं किया था, जितना अब कर रहा हूँ। पी.एम. मोदी के नेतृत्व में हमारे वैश्विक भविष्य को तय करने में भारत का एक बड़ा प्रभाव होगा।'[437]

अंतरराष्ट्रीय मोरचे पर पी.एम. मोदी

संदीप घोष ने 'डेली ओ' के एक लेख में लिखा, 'अगर नरेंद्र मोदी लुटियंस की दिल्ली और रायसीना हिल में एक बाहरी के तौर पर आए, तो अंतरराष्ट्रीय भू–राजनैतिक पटल पर वह लगभग एक अस्पृश्य की भाँति पहुँचे। हमें यह नहीं भूलना चाहिए कि मानवाधिकारों के 'वामपंथी उदार चैंपियनों' के लगातार अभियान के कारण न केवल अमेरिका ने उन्हें वीजा देने के लिहाज से ब्लैक लिस्ट कर दिया था, बल्कि वैश्विक समुदाय ने भी उन्हें एक अस्वीकार्य व्यक्ति के समान घोषित कर दिया था।'[438] मोदी ने लुटियंस की दिल्ली और अंतरराष्ट्रीय संबंधों का सीना तानकर सामना किया। मोदी का पाकिस्तान के प्रधानमंत्री नवाज शरीफ को शपथ–ग्रहण के लिए न्योता देने कई लोगों को हैरान कर दिया। यहाँ तक कि शरीफ भी आश्चर्यचकित रह गए। वह भी 'ना' नहीं कर सके, नहीं तो उन पर भारत–पाक संबंधों को सामान्य बनाने के प्रयासों को विफल करने का आरोप लग जाता। आखिरकार, उन्होंने 'हाँ' कहा और समारोह में शामिल हुए, जबकि पाकिस्तानी सेना को खून का कड़वा घूँट पीना पड़ा।

भारत के एक प्रमुख रणनीतिक विश्लेषक सी. राजा मोहन ने अपनी पुस्तक

---

437. उदय महूरकर, *'मार्चिंग विद ए बिलियन : एनलाइजिंग नरेंद्र मोदीज गवमेंट एट मिडटर्न'*, अमेय इंस्पायरिंग बुक्स, 2017, पृ. 6

438 सदीप घोष, 'मोदीज फॉरेन पॉलिसी : लुक बियोंड 'ट्रैवल बिल्स', द पी.एम. डिड सम एक्सेलेंट वर्क', डेलीओ, 8 जनवरी, 2019, https://www.dailyo.in/politics/narendra-modi-foreign-policy-travel-bills-nda-xi-jinping-doklam/story/1/28761.html

'मोदीज वर्ल्ड : एक्सपैंडिंग इंडियाज स्फेयर ऑफ इनफ्लुएंस'[439] में लिखा कि मोदी की विदेश नीति भारत में 'तीसरे गणतंत्र' की शुरुआत हुई, पहला नेहरू का युग था और दूसरा 1990 के दशक में मनमोहन के आर्थिक सुधारों का युग। पिछले पाँच वर्षों में भारत ने वैश्विक मामलों में अपने कद को लेकर एक महत्त्वपूर्ण बदलाव को देखा है—गणतंत्र दिवस परेड में ओबामा आए, मैडिसन स्क्वायर गार्डन में अमेरिकी कांग्रेस के तीस सांसद इकट्ठा हुए, शिंजो आबे को गले लगाया, शी जिनपिंग के साथ हुई मुलाकातें, यमन से भारतीयों को आसानी से बाहर निकाला जाना, नेपाल में राहत अभियान और केंद्रीय तथा पूर्व एशिया के एकीकृत दौरे, डोकलाम कूटनीति और पाकिस्तान पर दो निर्णायक सर्जिकल स्ट्राइक। एक बड़ी भूमिका अदा करने और दूसरे देशों के साथ बातचीत करने की इच्छा ने भारत को अपने कूटनीतिक संबंधों में एक नए सामान्य स्तर को तय करने के काबिल बनाया है।

'ऑब्जर्वर रिसर्च फाउंडेशन' (ओ.आर.एफ.) में रणनीतिक अध्ययन कार्यक्रम के प्रमुख प्रोफेसर हर्ष वी. पंत लिखते हैं—

"उनकी रूपरेखा तय करने में संरचनात्मक पहलू अधिक मायने रखते हैं। लेकिन हम यदि गौर से देखें तो हम पाएँगे कि भारत की विदेश नीति में कुछ बहुत बड़े बदलाव आए हैं। पहले जहाँ भारतीय कूटनीति दुनिया की राजनीति में बड़े बदलावों पर गुपचुप तरीके से प्रतिक्रिया देती थी, वहीं मोदी सरकार भारतीय विदेश नीति की दिशा को बदलने में बेबाक हैं। भारत-अमेरिकी संबंधों को सुदृढ़ करने की जरूरत को लेकर पहले जो झिझक थी, उसके दिन लद गए। इजरायल के साथ भारत के संबंध ठंडे बस्ते से बाहर निकल आए हैं। बदलाव के तौर पर अब बीजिंग नई दिल्ली को चुनौती नहीं देता, बल्कि भारत चीन के सामने सीना तानकर खड़ा रहता है और उसे चुनौती देता है।

"गुटनिरपेक्षता को बड़े सभ्य तरीके से दफना दिया गया है और प्रमुख शक्तियों के साथ कूटनीति को सख्ती से सामनेवाले की प्रतिक्रिया के आधार पर चलाया जा रहा है। गुटनिरपेक्षता के नाम पर, नई दिल्ली लंबे समय तक चीन की संवेदनशीलता का खयाल रखती रही, चाहे वह काल्पनिक हो या वास्तविक। अब भारत चीन के चारों ओर दबाव के बिंदु बना रहा है और भारत को प्रशांत क्षेत्र में स्थिरता के लिए अमेरिका, जापान तथा ऑस्ट्रेलिया जैसी शक्तियों का इस्तेमाल करने से भी उसे कोई हिचक नहीं है। भारतीय बौद्धिक व्यवस्था के

---

439. सी. राजा मोहन, *'मोदीज वर्ल्ड : एक्सपैंडिंग इंडियाज स्फेयर ऑफ इनफ्लुएंस'*, हार्पर कोलिन्स इंडिया, 2015

कुछ वर्ग जहाँ आज भी अमेरिका विरोधी दृष्टिकोण रखते हैं, वहीं मोदी ने निर्णायक जनादेश का इस्तेमाल अमेरिका के साथ नई साझेदारी को बनाने में किया है, ताकि उसकी पूँजी और तकनीक से अपने घरेलू विकास के एजेंडा को आगे ले जा सकें। वह चीन की बढ़ती क्षेत्रीय ताकत और दबंगई के सामने भारत को चुनौती देने वाली स्थिति में लाने को लेकर उलझन में नहीं हैं।"[440]

पिछली विदेश नीति में परिवर्तन का परिणाम यह हुआ कि भारत अब अपने सहयोगियों से करीबी संबंध बना रहा है, जबकि अन्य कई देश भारत को अपनी विकास यात्रा में एक प्रमुख रणनीतिक साझेदार के रूप में देखने लगे हैं। 'स्वाभाविक साझेदारी' की धारणा की ओर एक बदलाव हुआ है, जो साझा सिद्धांतों और मूल्यों, सांस्कृतिक इतिहास और समान चुनौतियों पर आधारित है। इसका परिणाम यह हुआ है कि भारत दुनिया भर में अनेक देशों के साथ एक नए प्रकार का गठबंधन कर रहा है।[441]

2008 के वित्तीय संकट के बाद दुनिया ने चीन को फिर से उभरते देखा। इसकी 'वन बेल्ट, वन रोड' (ओ.बी.ओ.आर.) नीति ने एशिया में व्यापार के तौर-तरीकों को बदल दिया। इसने करोड़ों अमेरिकी डॉलर पूँजी लगाई और अस्सी देशों तथा संगठनों को एक समझौता करने और सहयोग करने पर मजबूर कर दिया। सबसे पहला शिकार पाकिस्तान बना, जो अपने रोजाना के खर्चे के लिए चीन के पैसों का मोहताज था। भारत आठ देशों के 'शंघाई सहयोग संगठन' (एस.सी.ओ.) का एकमात्र देश था, जिसने उस ओ.बी.ओ.आर. नीति का समर्थन करने से इनकार कर दिया, जिसे 'बेल्ट एंड रोड इनिशिएटिव' (बी.आर.आई.) के नाम से भी जाना जाता है। यहाँ तक कि रूस जैसे शक्तिशाली देश भी इस ऑफर के झाँसे में आ गए, लेकिन मोदी सरकार ने कहा कि ऐसे किसी भी समझौते को सदस्य देशों की क्षेत्रीय अखंडता और उनकी संप्रभुता का सम्मान करना पड़ेगा। यह उस संदर्भ में कहा गया था कि 50 बिलियन अमेरिकी डॉलर वाली 'चीन-पाकिस्तान आर्थिक कॉरिडोर' (सी.पी.ई.सी.) परियोजना पी.ओ.के. से होकर गुजरती है।

'निश्चित रूप से आज भारत वैश्विक राजनीति में एक अलग ही हैसियत रखता है, मोदी के बहुचर्चित विदेश दौरों को इसका श्रेय जाता है' : भारत के मशहूर उद्योगपति

---

440. हर्ष वी. पंत, 'थ्री ईयर्स ऑफ नरेंद्र मोदीज फॉरेन पॉलिसी', ऑब्जर्वर रिसर्च फाउंडेशन, 31 मई, 2017, https://www.orfonline.org/research/three-years-narendra-modi-foreign-policy/

441. करन भसीन, 'रिसर्जेंट इंडिया : मूविंग टुवाड्र्स ए मोर प्रोएक्टिव फॉरेन पॉलिसी', स्वराज्य, 12 मार्च, 2019, https://swarajyamag.com/ideas/resurgent-india-moving-towards-a-more-proactive-foreign-policy

राहुल बजाज का यह बयान सबकुछ कह देता है। 'द इकोनॉमिक्स टाइम्स' के एक लेख के अनुसार—

> 'क्या आप जानते हैं, यह साल अलग और खास क्यों है?', विश्व आर्थिक फोरम की सालाना बैठक में भारत के सबसे बुजुर्ग प्रतिनिधि राहुल बजाज ने पूछा। 'परंपरागत रूप से यह पूर्ण अधिवेशन हमेशा शाम को शुरू होता है। लेकिन प्रधानमंत्री मोदी के व्यस्त कार्यक्रम को देखते हुए उन्होंने इसे मंगलवार सुबह 11 बजे करने का फैसला किया है', दावोस में 39 साल से आ रहे इस दिग्गज ने होटल की लॉबी के बाहर खड़े होकर स्पष्ट किया, जब राष्ट्राध्यक्ष, बड़े-बड़े सी.ई.ओ., ज्ञानी नेता, उदारवादी, पॉप गायक, यहाँ तक कि बर्फ ने भी, जो दो दशकों में सबसे अधिक पड़ रही थी, उसने दावोस-क्लोस्टर्स में आने का फैसला किया। 'यह दिखाता है डब्ल्यू.ई.एफ. के लिए भारत और मोदी का कितना महत्त्व है!'[442]

स्थानीय नक्शे पर अब तक एक अनजानी सी जगह डोकलाम 2017-18 में अचानक सुर्खियों में आ गई। डोकलाम भारत, भूटान और चीन तीनों के मिलने के बिंदु पर स्थित है और 1960 के दशक के शुरुआती वर्षों से ही भूटान और चीन के बीच विवाद का क्षेत्र रहा है। चीन इस क्षेत्र में अवैध रूप से एक सड़क का निर्माण कर रहा था, जिसका विरोध भूटान ने किया। सैटेलाइट की तस्वीरों ने चीन की ओर से किए गए कार्यों की पुष्टि कर दी, जिसमें कई अर्धसैनिक पोस्ट बनाए गए थे, कुछ नए हेलीपैड और नई खाई खोदी गई थी, जो उस स्थान के काफी करीब थी, जहाँ भारतीय और चीनी सेनाओं का आमना-सामना हुआ था। भूटान की मदद में आई भारतीय सेना ने इन निर्माणों का विरोध किया और इस क्षेत्र में चीन को आगे बढ़ने से रोक दिया। कई महीने तक चली तनातनी और जुबानी जंग के बाद भारत ने अपनी जगह से हिलने से इनकार कर दिया, जिससे चीन को पुरानी स्थिति में वापस जाना पड़ा। हाल के वर्षों में यह दो एशियाई महाशक्तियों के बीच एक बड़ा टकराव था। चीन को अपनी पुरानी स्थिति में लौटना पड़ा और यह मोदी सरकार में अपनाई गई नई विदेश नीति का परिणाम था, जो मुखर है और जानती है कि अंतरराष्ट्रीय समर्थन किस प्रकार जुटाया जाता है! अधिकांश बड़े देशों, जैसे कि अमेरिका, यू.के. और ऑस्ट्रेलिया ने इस मुद्दे के एक कूटनीतिक

442. अरिजीत बर्मन और दीपांजन रॉय चौधरी, 'पी.एम. नरेंद्र मोदी एक्सपैंड्स ऑन हिज फॉरेन पॉलिसी विजन ऑफ इंडिया एज ए स्ट्रैटेजिक ग्लोबल प्लेयर', द इकोनॉमिक टाइम्स, 25 जनवरी, 2018, https://economictimes.indiatimes.com/news/politics-and-nation/pm-narendra-modi-expands-on-his-foreign-policy-vision-of-india-as-a-strategic-global-player/articleshow/62643491.cms

हल का समर्थन किया, जबकि जापान पूरी तरह से भारत के साथ था। मौसम बिगड़ने के साथ ही चीनी अपनी पुरानी स्थिति में लौट गए और भारतीय सैनिकों का भी उस इलाके में बने रहना जरूरी नहीं रह गया था।

मोदी का एक और मास्टर स्ट्रोक चाबहार पोर्ट का विकास था। साल 2018 में ईरान और भारत ने दक्षिण-पूर्वी ईरान में इस बंदरगाह को तैयार करने के लिए 85 मिलियन अमेरिकी डॉलर के एक समझौते पर दस्तखत किए। लीज के इस समझौते से भारत को शाहिद बेहिश्ती बंदरगाह (चाबहार बंदरगाह का चरण I) का परिचालन संबंधी नियंत्रण मिल गया और इस समझौते पर नई दिल्ली में ईरान के राष्ट्रपति हसन रूहानी और पी.एम. मोदी की मौजूदगी में हस्ताक्षर किए गए। अब भारत इस क्षेत्र में ईरान, अफगानिस्तान और अन्य देशों के साथ व्यापार करने के लिए पाकिस्तान के भरोसे नहीं है।[443] यह बंदरगाह चालू भी हो चुका है। अफगानिस्तान के राष्ट्रपति अशरफ गनी ने फरवरी 2019 में पश्चिमी नीमरोज प्रांत से पहले अफगानी कार्गो को झंडी दिखाकर रवाना किया, जो ईरान में चाबहार के जरिए निर्यात किया जाना था। तेईस ट्रकों की इस खेप में 570 टन माल ले जाया जा रहा था।[444]

योग, जो भारतीय सभ्यता की ओर से मानवता को दिया गया सबसे बड़ा उपहार है, उसे इतना महत्त्व कभी नहीं मिला था, जितना हर वर्ष 'अंतरराष्ट्रीय योग दिवस' मनाए जाने के बाद से दिया जा रहा है। 27 सितंबर, 2014 को संयुक्त राष्ट्र महासभा (यू. एन.जी.ए.) में अपने संबोधन में पी.एम. मोदी ने इसका प्रस्ताव रखा। कुल 177 देशों ने इस प्रस्ताव को अपना समर्थन दिया। आज तक किसी भी प्रस्ताव को इतने देशों का समर्थन नहीं मिला था। यू.एन.जी.एस. में पी.एम. मोदी ने कहा, 'योग भारतीय प्राचीन परंपरा का एक अनमोल उपहार है। यह मन और शरीर, विचार और कर्म को एक कर देता है, संयम और संतुष्टि देता है, मनुष्य और प्रकृति के बीच सौहार्द स्थापित करता है। यह स्वास्थ्य और तंदुरुस्ती के प्रति एक समग्र दृष्टिकोण है। यह व्यायाम नहीं है, बल्कि अपने आप से, संसार और प्रकृति के साथ एकाकार होने की अनुभूति है। यह अपनी जीवन-शैली में बदलाव लाकर और जागरूकता पैदा कर हमें स्वस्थ बनाता है।' कुछ वर्ष पहले जब योग को राजस्थान और मध्य प्रदेश की भाजपा की सरकारों ने लागू

443. 'व्हाई चाबहार पोर्ट इज ए विन-विन फॉर इंडिया', हिंदुस्तान टाइम्स, 26 दिसंबर, 2018, https://www.hindustantimes.com/editorials/why-chabahar-port-is-a-win-win-for-india/story-2ZfJqHs4Q05cZPIPsKnR9I.html

444. 'अफगान प्रेसिडेंट गनी फ्लैग्स ऑफ फर्स्ट कार्गो टु इंडिया वाया चाबहार पोर्ट इन ईरान', Devdiscourse.com, 25 February, 2019, https://www.devdiscourse.com/article/international/394494-afghan-president-ghani-flags-off-first-cargo-to-india-via-chabahar-port-in-iran

किया, तब इसे 'सांप्रदायिक' माना गया था, लेकिन अब उसे अंतरराष्ट्रीय समर्थन मिल गया था। इस प्रकार के प्रयासों से भारत अपनी उत्कृष्ट सांस्कृतिक शक्ति को अंतरराष्ट्रीय स्तर पर प्रभावी रूप से प्रदर्शित कर सका।

मोदी के नेतृत्व में भारत अमेरिका समेत प्रमुख शक्तियों के साथ समान शर्तों पर बात करने में भी सफल हुआ है। ट्रंप प्रशासन से जहाँ अमेरिका के नाटो सहयोगियों समेत अधिकांश देशों को परेशानी हो रही है, वहीं भारत के संबंध उससे सौहार्दपूर्ण हैं। अमेरिका अब भारत को एक रणनीतिक साथी और ऐसे देश के रूप में देखता है, जिसका नेतृत्व एक शक्तिशाली नेता कर रहा है, जो कड़े फैसले लेने से पीछे नहीं हटता।[445]

अंतरराष्ट्रीय स्तर पर अपने अथक प्रयासों के जरिए मोदी ने दुनिया के नेताओं के साथ अपने करीबी संबंध बनाए, जिससे चीन, मालदीव और श्रीलंका के साथ भारत के संबंध बेहतर हुए। इससे भारत एशिया के बड़े देशों के साथ स्थिर आर्थिक और भू-राजनैतिक संबध बना सका और अमेरिका तथा रूस के साथ अपने रणनीतिक रिश्तों को सुदृढ़ कर सका। महज पड़ोसियों के साथ ही नहीं, आज मोदी का अमेरिका के पूर्व राष्ट्रपति ओबामा, वर्तमान अमेरिकी राष्ट्रपति ट्रंप, जापानी प्रधानमंत्री शिंजो आबे, चीन के राष्ट्रपति शी जिनपिंग और इजरायली प्रधानमंत्री बेंजामिन नेतन्याहू के साथ व्यक्तिगत तालमेल काफी अच्छा है। इससे दुनिया ने भारत और इसके मुद्दों पर गौर किया है। विश्व मंच पर भारत की इस नई शक्तिशाली स्थिति के कारण ही सब देश इसके साथ उस वक्त खड़े थे, जब इसने 14 फरवरी, 2019 को अपने सुरक्षा बलों पर पुलवामा आतंकी हमले के बाद पाकिस्तान पर सर्जिकल स्ट्राइक की थी। डोकलाम पर भारत के पहले के रुख के तुरंत बाद यह सर्जिकल स्ट्राइक हुई, जहाँ इसने चीनियों के आगे डरकर झुकने से इनकार कर दिया था। विश्व मंच पर भारत की बेहतर स्थिति हाल में भी दिखी थी, जब पाकिस्तान को तुरंत ही भारत के विंग कमांडर अभिनंदन वर्धमान को भारत को सौंपना पड़ा था, जो पाकिस्तान पर भारत के हवाई सर्जिकल स्ट्राइक के दौरान उनके हिस्से में उतर गए थे।

वैश्विक कूटनीति में इस बड़े बदलाव के पीछे एक प्रमुख पहलू हाल में भारत की ओर से विदेश में बसे भारतीयों से संपर्क को अधिक प्रभावी ढंग से और नियमित रूप से बढ़ाना है। स्वयं पी.एम. मोदी ने विदेश में भारतीयों के साथ कई सभाएँ कीं और अपने दौरों से 'ब्रांड इंडिया' को लोकप्रिय बनाया। मार्केटिंग की यह रणनीति अधिकांश विश्लेषकों की उम्मीदों को भी पार कर गई, क्योंकि वर्ष 2014 से ही भारत में रिकॉर्ड

---

445. जयदीप मजूमदार, 'इंडियाज फॉरेन पॉलिसी केम ऑफ एजन इन 2017', स्वराज्य, 26 दिसंबर, 2017, https://swarajyamag.com/world/indias-foreign-policy-came-of-age-in-2017

प्रत्यक्ष विदेशी निवेश (एफ.डी.आई.) हुआ है।[446] मोदी ने विदेश में बड़े-बड़े कारोबारियों से मुलाकात की, विशेष रूप से टेसला, उबर, फेसबुक और ट्विटर के प्रमुखों से, जिनके विचार अनोखे थे। ऐसे दौरों से ब्रांड इंडिया की छवि के निर्माण में काफी मदद मिलती है। विश्व स्तरीय विचारोंवाले भारतीय उद्यमियों ने अपने साझीदारों और निवेशकों से बातचीत में भारत की छवि में आए इस बदलाव को महसूस किया है। पी.एम. मोदी के कार्यकाल में भारतीय पासपोर्ट की ताकत लगातार बढ़ रही है। मात्रात्मक रूप से भारतीय पासपोर्ट की ताकत पिछले चार वर्षों में ग्यारह पायदान ऊपर चढ़ी है।[447]

घरेलू मोरचे पर पी.एम. मोदी

पी.एम. मोदी और एन.डी.ए. को विरासत में कुछ भी अच्छा नहीं मिला—सहचर पूँजीवाद, सुस्त अर्थव्यवस्था, राजकोषीय और चालू खाते का दोहरा घाटा, बैलेंस-शीट की दोहरी समस्या, ऊँची मुद्रास्फीति, आंतरिक सुरक्षा और सरकारी योजनाओं का खराब निष्पादन। वर्ष 2014 से 2019 तक मोदी सरकार ने न केवल इनमें से कई चुनौतियों को प्रभावी ढंग से हल किया, बल्कि बड़े सुधारों की भी शुरुआत की, जिनसे मध्यम और दूरगामी लाभ मिले। इतना पिछड़ जाने के बावजूद आशाओं को पूरा करने के कारण आलोचकों ने भी पी.एम. मोदी की तारीफ की है।

आंतरिक सुरक्षा मोदी सरकार के सामने एक प्रमुख चुनौती बनी रही। 2008 के 26/11 मुंबई आतंकी हमले के बाद यू.पी.ए. सरकार ने इस प्रहार के साजिशकर्ताओं के खिलाफ कोई कड़ी काररवाई नहीं की। इसने केवल कूटनीतिक माध्यमों को अपनाया और भारत की अदालतों में पकड़े गए इकलौते आतंकी अजमल कसाब के खिलाफ मुकदमा चलाया। कांग्रेस नेता डॉ. मनमोहन सिंह के नेतृत्व वाली यू.पी.ए. सरकार ने पाकिस्तान और आतंकवाद के खिलाफ 'नरम' रुख अपनाया। 2005 से 2013 के दौरान देश के अलग-अलग हिस्सों में कम-से-कम दस अन्य आतंकवादी हमले हुए। अकेले 2008 में ही जयपुर (अस्सी की मौत),[448] अहमदाबाद (छप्पन की मौत),[449] दिल्ली

446. करन भसीन, 'रिसर्जेंट इंडिया : मूविंग टुवाड्र्स ए मोर प्रोएक्टिव फॉरैन पॉलिसी', स्वराज्य, 12 मार्च, 2019, https://swarajyamag.com/ideas/resurgent-india-moving-towards-a-more-proactive-foreign-policy

447. नवतन कुमार, 'इंडियाज पासपोर्ट पावर इमप्रूव बाई 11 रैंक्स इन लास्ट फोर ईयर्स', द संडे गार्डियन, 16 मार्च, 2019, https://www.sundayguardianlive.com/news/indias-passport-power-improved-11-ranks-last-four-years

448. https://www.novinite.com/view_news.php?id= 93088

449. https://indianexpress.com/article/india/india-news-india/2008-ahmedabad-blasts-accused-nabbed-from-karnataka-2864613/

(तीस की मौत),[450] मुंबई (170 की मौत)[451] और असम (अस्सी की मौत)[452] में पाँच बड़े आतंकी हमले हुए। इसी अवधि के दौरान अन्य निशाने और उनमें हुई मौत के मामलों में दिल्ली (2005 : बासठ की मौत[453]), मुंबई (2006 : 174 की मौत,[454] 2011 : इक्कीस की मौत), पटना (नरेंद्र मोदी की रैली, 2013 : छह की मौत)[455] शामिल हैं। हालाँकि आतंकवाद के खिलाफ पी.एम. मोदी के कड़े रुख को देखते हुए देश में सौभाग्य से कश्मीर और पंजाब के सीमावर्ती इलाकों के सिवाय कोई बड़ी आतंकवादी घटना नहीं हुई है। आतंक के खिलाफ पी.एम. मोदी का कड़ा रवैया सितंबर 2002 के अक्षरधाम मंदिर हमले[456] के दौरान भी देखने को मिला था।

मोदी सरकार ने सुरक्षा बलों को स्पष्ट निर्देश दिए हैं कि चाहे कुछ भी हो जाए, आतंकवादी गतिविधियों को रोकना है और इनसानों की जान को बचाना है। इसने खुफिया एजेंसियों और सुरक्षा बलों को यह अधिकार और शक्ति दी है कि वे आतंकी गतिविधियों को होने से पहले रोकने और संदिग्ध तत्त्वों पर काररवाई करने के लिए जरूरी आतंकवाद विरोधी कदम उठाएँ। मोदी सरकार ने 'सिक्यूरिटी फर्स्ट' मिशन के तहत कई नए कदम[457] उठाए थे। इंडियन मुजाहिदीन की कमर तोड़ दी गई है। इंडियन मुजाहिदीन के पाँच आतंकियों को एन.आई.ए. की विशेष अदालत ने फाँसी की सजा सुनाई, जिन पर फरवरी 2013 में हैदराबाद के दिलखुशनगर में धमाके करने का आरोप था, जिनमें आठ लोग मारे गए थे और 131 घायल हो गए थे। सामने आए आई.एस. आई.एस. के खतरे को केंद्रीय और राज्य एजेंसियों ने साथ मिलकर काबू किया और

450. https://web.archive.org/web/20080915175046/http://timesofindia.indiatimes.com/Serial_blasts_rock_Delhi_18_dead/articleshow/3479914.cms
451. https://www.britannica.com/event/Mumbai-terrorist-attacks-of-2008
452. https://timesofindia.indiatimes.com/india/One-arrested-for-Assam-serial-blasts/articleshow/3658239.cms?referral=PM
453. https://web.archive.org/web/20051105143402/http://www.news24.com/News24/World/News/0%2C%2C2-10-1462_1826434%2C00.html
454. https://web.archive.org/web/20060711235332/http://www.cnn.com/2006/WORLD/asiapcf/07/11/mumbai.blasts/index.html
455. http://timesofindia.indiatimes.com/india/6-killed-in-8-explosions-as-IM-targets-Modis-Patna-rally/articleshow/24785956.cms
456. मुख्यमंत्री के दफ्तर में जैसे ही हमले की खबर मिली, कुछ ही मिनट के भीतर गांधी नगर के जिला पुलिस प्रमुख आर.बी. ब्रह्मभट्ट को मौके पर भेज दिया गया। इसके अतिरिक्त राज्य कमांडो फोर्स को भी अक्षरधाम मंदिर परिसर पहुँचने के निर्देश दिए गए। गुजरात के मुख्यमंत्री नरेंद्र मोदी ने दिल्ली में उप प्रधानमंत्री एल.के. आडवाणी को फोन किया और नेशनल सिक्यूरिटी गाड्र्स (एन.एस.जी.) की माँग की, जो कुछ ही घंटे में पहुँच गए। पुलिस और एन.एस.जी. ने सुबह होने से पहले ही दोनों हमलावरों को मार गिराया।
457. https://mha.gov.in/sites/default/files/Keyinitiatives_07062017.pdf

देश भर से आई.एस.आई.एस. के नब्बे से भी अधिक समर्थकों को गिरफ्तार किया गया। आतंकी संगठन यूनाइटेड नेशनल लिबरेशन फ्रंट (यू.एन.एल.एफ.) के सरगनाओं को एनआईए के एक केस में युद्ध और आपराधिक साजिश के लिए सात से दस वर्षों की कठोर कारावास की सजा सुनाई गई। आई.एस.आई.एस. और अंसार-उल-उम्मा (ए.यू.यू.) को गैर-कानूनी गतिविधियाँ निरोधक अधिनियम (यू.ए.पी.ए.) की पहली अनुसूची में शामिल कर आतंकी संगठन घोषित किया गया। विभिन्न धार्मिक समूहों और समुदायों के बीच सौहार्द बनाए रखने के लिए, 'इस्लामिक रिसर्च फाउंडेशन' (आई.आर.एफ.) को गैर-कानूनी गतिविधियाँ निरोधक अधिनियम की धारा 3 के तहत अवैध संगठन घोषित कर दिया गया। नकली भारतीय मुद्रा नोट्स (एफ.आई.सी.एन.) की पहचान और जब्ती के लिए एक नया वेब-सक्षम सॉफ्टवेयर लॉन्च किया गया है। भोपाल, गुवाहाटी और पुणे में अत्याधुनिक सुविधाओं से लैस तीन अतिरिक्त केंद्रीय फोरेंसिक विज्ञान प्रयोगशाला, (सी.एफ.एस.एल.) चालू कर दी गई हैं। 2014 से ही प्राप्त 5,000 फॉरेंसिक मामलों में से 94 प्रतिशत की जाँच और उनका निपटारा हो चुका है। एनआईए को मजबूत बनाने के लिए कोलकाता, रायपुर और जम्मू में एन.आई.ए. की तीन नई शाखाओं को चालू किया जा चुका है।

इनके नतीजे सबसे सामने आए हैं। नक्सलियों द्वारा की जाने वाली हत्या की घटनाएँ मोदी सरकार के सत्ता में आने और वामपंथी उग्रवाद के खिलाफ उठाए गए कड़े कदमों के बाद कम हुई हैं। सरकार ने इस समस्या से निपटने के लिए एक नया ऑपरेशन संबंधी सिद्धांत, 'SAMADHAN' शुरू किया है। SAMADHAN का प्रत्येक अक्षर सरकार के एक विशेष गुण को बताता है : S = स्मार्ट पुलिसिंग एंड लीडरशिप (तेज तर्रार पुलिस काररवाई और नेतृत्व), A = एग्रेसिव स्ट्रैटेजी (आक्रामक कार्य योजना), M = मोटिवेशन एंड ट्रेनिंग (प्रेरणा और प्रशिक्षण), A = एक्शनेबल इंटेलिजेंस (काररवाई योग्य खुफिया जानकारी), D = डैशबोर्ड फॉर डेवलपमेंट एंड की परफॉरमेंस इंडिकेटर (विकास एवं प्रमुख प्रदर्शन के संकेतों के लिए डैशबोर्ड), H = हारनेसिंग टेक्नोलॉजी फॉर डेवलपमेंट एंड सिक्यूरिटी (विकास और सुरक्षा के लिए तकनीक का उपयोग), A = एक्शन प्लान फॉर इच थियेटर (प्रत्येक क्षेत्र के लिए कार्ययोजना), N = नो एक्सेस टु फाइनेंसिंग (वित्तीय सहायता रोकना)। वामपंथी आतंकवाद से लड़ने के लिए सरकार ने जनवरी 2015 में राष्ट्रीय नीति और कार्ययोजना की शुरुआत की, जिसमें स्थानीय समुदायों की सुरक्षा, विकास, अधिकारों को सुनिश्चित करना और उनके हक शामिल हैं। इसका उद्देश्य अत्याधुनिक प्रौद्योगिकियाँ और प्रमुख प्रदर्शन संकेतक (के.पी.आई.) तैयार कर वामपंथी उग्रवाद के खिलाफ सुरक्षा बलों के परिचालन संबंधी प्रदर्शन को बेहतर बनाना है। मई 2014 से अप्रैल 2017 के दौरान इसका परिणाम हिंसा

की कमी के रूप में सामने आया।[458] वामपंथी उग्रवाद की घटनाएँ 25 प्रतिशत कम हुईं, मौत में 42 प्रतिशत की कमी आई, वामपंथी उग्रवादी कैडर का सफाया 65 प्रतिशत बढ़ गया और ऐसे उग्रवादियों के सरेंडर में 185 प्रतिशत वृद्धि हुई। इसी अवधि के दौरान सुरक्षा संबंधी खर्च योजना (एस.आर.ई.) के अंतर्गत राज्यों को दी जाने वाली सहायता बढ़ाई गई और मई 2011 से अप्रैल 2014 के बीच रुपए 675.73 करोड़ से रुपए 575.2 करोड़ का भुगतान किया गया। इस अवधि में वामपंथी उग्रवाद से प्रभावित राज्यों में सुदृढ़ बनाए गए पुलिस थानों की संख्या 66 से बढ़कर 307 हो गई, जिनका निर्माण यू.पी.ए. सरकार के चार वर्षों में नहीं हुआ था, जबकि एन.डी.ए. के तहत तीन वर्षों में ही हो गया। एन.डी.ए. सरकार की ओर से उठाए गए अन्य कदमों के साथ ही इन प्रयासों का नतीजा भारत के 'लाल गलियारे' में नक्सल गतिविधियों में कमी के रूप में सामने आया है। अप्रैल 2018 में माओवाद प्रभावित जिलों में काफी कमी आई—नक्सल प्रभाव वाले भौगोलिक क्षेत्र से चवालीस जिलों को हटा दिया गया।[459]

सैन्य बलों के आधुनिकीकरण से लेकर भारत की रक्षा के लिए शक्तिशाली हथियारों की खरीदारी में मोदी सरकार ने यह सुनिश्चित करने में कोई कसर बाकी नहीं रखी कि भारत की सुरक्षा पूरी तरह चाक-चौबंद हो और किसी भी बाहरी हमले का मुकाबला करने के लिए तैयार रहे। हमारे सुरक्षा बलों को सुदृढ़ करने के लिए मोदी सरकार ने राफेल जेट, अपाचे लड़ाकू हेलिकॉप्टरों और चिनूक ट्रांसपोर्ट हेलिकॉप्टरों की अहम खरीदारी की है। अन्य महत्त्वपूर्ण सौदों में रूस निर्मित अल्माज-अन्तेई एस-400 ट्रायम्फ वायु रक्षा प्रणाली शामिल है, जो हवा में उड़ते शत्रु के हथियारों का पता 400 किमी. दूरी पर रहते ही लगा लेगा और एक बार में छत्तीस लक्ष्यों को निशाना बना सकता है : 'अक्तूबर 2020 में भारत को अपना पहला रेजिमेंटल सेट मिल जाएगा।'[460] इसी प्रकार भारत ने इजरायल के साथ सेना के लिए मध्यम दूरी की सतह से हवा में मार करने वाली मिसाइल (एम.आर.-सैम) को संयुक्त रूप से विकसित करने के लिए रुपए 17,000 करोड़ की डील पर दस्तखत किए हैं। इनसे भारत को अपनी रक्षा प्रणाली की किलेबंदी करने और अपने पड़ोसियों की किसी भी अनचाही चुनौती के लिए तैयार रहने में मदद मिली है।

---

458. https://mha.gov.in/sites/default/files/Keyinitiatives_07062017.pdf

459. भारती जैन, 'सेंटर रिमूव्स 44 डिस्ट्रिक्ट्स फ्रॉम लिस्ट ऑफ माओइस्ट हिट एरियाज', द टाइम्स ऑफ इंडिया, 16 अप्रैल, 2018, https://timesofindia.indiatimes.com/india/centre-removes-44-districts-from-list-of-maoist-hit-areas/articleshow/63787192.cms

460. फ्रांज-स्टीफन गाडी, 'इंडिया : फर्स्ट एस-400 एयर डिफेंस सिस्टम डिलिवरी बाई ऑक्टोबर 2020', द डिप्लोमैट, 3 जनवरी, 2019, https://thediplomat.com/2019/01/india-first-s-400-air-defense-system-delivery-by-october-2020/

भारत की आजादी के सात दशक बाद भी, जहाँ तक बिजली, रसोई गैस और शौचालयों जैसी बुनियादी सुविधाओं की बात है तो देश के ग्रामीण इलाके उपेक्षित हैं। मोदी सरकार ने ग्रामीण इलाकों तक पहुँचने के लिए एक कार्यक्रम शुरू किया है, जिसे 'ग्राम स्वराज अभियान' (जी.एस.ए.) कहा जाता है, जिसमें सरकार ने जनकल्याण की अपनी सात प्रमुख योजनाओं—प्रधानमंत्री जन धन योजना, प्रधानमंत्री जीवन ज्योति बीमा योजना, प्रधानमंत्री सुरक्षा बीमा योजना, प्रधानमंत्री सहज बिजली हर घर योजना, सभी के लिए सस्ती एल.ई.डी. की उन्नत ज्योति, मिशन इंद्रधनुष और प्रधानमंत्री उज्जवला योजना को 100 प्रतिशत लागू करने का लक्ष्य रखा है। दुनिया में वित्तीय-समावेश के सबसे बड़े प्रयासों में से एक प्रधानमंत्री जन धन योजना (पी.एम.जे.डी.वाई.) की शुरुआत 28 अगस्त, 2014 में गरीबों के वित्तीय समावेश के राष्ट्रीय अभियान के रूप में की गई थी। इसका लक्ष्य समग्र वित्तीय समावेश को संभव बनाना और देश के सभी घरों, विशेष रूप से गरीबों को बैंकिंग सुविधाएँ उपलब्ध कराना है। यह योजना बुनियादी बचत बैंक खाता, जरूरत आधारित ऋण, प्रेषण सुविधा, बीमा और पेंशन जैसी वित्तीय सेवाओं तक पहुँच को सुनिश्चित करती है। इस योजना के अंतर्गत बुनियादी बैंक खातों के साथ 'रुपे' डेबिट कार्ड दिया जाता है, जिनमें रुपए एक लाख का दुर्घटना बीमा और आधार से जुड़े खातों के लिए रुपए 5,000 के ओवरड्राफ्ट की सुविधा है :

> "शुरुआत में बैंक खातों से वंचित 7.5 करोड़ घरों को 26 जनवरी, 2015 तक सुविधा पहुँचाने के मूल लक्ष्य के मुकाबले बैंक 31 जनवरी, 2015 तक 21.06 घरों का सर्वे करने के बाद 12.54 करोड़ खाते पहले ही खोल चुके हैं, जिनमें ₹10,000 करोड़ से अधिक जमा हैं। आज लगभग 100 प्रतिशत लोगों तक यह सुविधा पहुँचा दी गई है। जितने खाते खोले गए हैं, उनमें से 60 प्रतिशत ग्रामीण इलाकों में और 40 प्रतिशत शहरी क्षेत्रों में हैं। इनमें लगभग 51 प्रतिशत महिला खाताधारक हैं।"[461]

गिनीज बुक ऑफ वर्ल्ड रिकॉर्ड ने भारत सरकार की वित्तीय सेवा विभाग द्वारा चलाए गए वित्तीय समावेश अभियान के तहत एक हफ्ते में 18,096,130 बैंक खाते खोलने की पी.एम.जे.डी.वाई. को दर्ज किया है। मार्च 2019 तक पी.एम.जे.डी.वाई. लाभार्थियों की संख्या 35.16 करोड़ थी, जबकि इन खातों में कुल रुपए 95,382 करोड़ रुपए जमा थे।

गरीबों को सामाजिक सुरक्षा देना एक महत्त्वपूर्ण मुद्दा है, लेकिन दुर्भाग्य से

---

461. https://www.pmindia.gov.in/en/major_initiatives/pradhan-mantri-jan-dhan-yojana/

पिछली यू.पी.ए. सरकार के लिए यह चिंता का विषय नहीं थी, जो दस वर्षों तक सत्ता में थी। लेकिन सरकार में आने के एक साल के भीतर ही, एन.डी.ए. सरकार ने मई 2015 में 'प्रधानमंत्री जीवन ज्योति बीमा योजना' (पी.एम.जे.जे.बी.वाई.) के तहत लोगों को कम कीमत पर बीमा उपलब्ध कराया। इसमें व्यापक सामाजिक सुरक्षा योजना में महज रुपए 330 रुपए की वार्षिक प्रीमियम पर रुपए 2 लाख का कवर मिलता है : '14 मई, 2018 तक लगभग 5.35 करोड़ लोगो ने पी.एम.जे.जे.बी.वाई. के तहत अपना नाम दर्ज कराया है।'[462] यह एक और योजना है, जिसका बड़ी संख्या में लोगों को दूरगामी लाभ मिलेगा। अत्यधिक सफल पी.एम.जे.जे.बी.वाई. के साथ शुरू की गई यह योजना गरीबों को कम कीमत पर दुर्घटना बीमा उपलब्ध कराती है। इस योजना के अंतर्गत जरूरतमंदों को महज 12 रुपए सालाना पर रुपए 2 लाख का कवर मिलता है, जबकि दुर्घटना में आंशिक रूप से दिव्यांगता पर रुपए एक लाख मिलते हैं : '14 मार्च, 2018 तक, लगभग 13.53 करोड़ लोगों ने पी.एम.एस.बी.वाई. योजना के तहत नाम दर्ज कराया था, जिनमें से करीब 1.5 लाख लोग हर हफ्ते शामिल हो रहे थे।'[463]

देश के बच्चों की सेहत का सबसे अधिक खयाल रखा जाना चाहिए। 25 दिसंबर, 2014 को माताओं और नवजातों के टीकाकरण की मोदी सरकार की महत्त्वाकांक्षी योजना, 'मिशन इंद्रधनुष' को 'स्वास्थ्य सेवा प्रदान करने वाली दुनिया की बारह सर्वश्रेष्ठ योजनाओं में से एक' माना गया है। इस योजना का लक्ष्य 2020 तक उन सभी बच्चों को दायरे में लाना है, जिनका बारह जानलेवा बीमारियों के खिलाफ टीकाकरण नहीं हुआ है या आंशिक रूप से हुआ है। इसका लक्ष्य प्रतिवर्ष 5 प्रतिशत और उससे अधिक बच्चों को टीकाकरण के अंतर्गत लाना है, जिससे प्रतिवर्ष 26 मिलियन बच्चों का टीकाकरण किया जाएगा। 'मिशन इंद्रधनुष' को दुनिया की बारह सर्वश्रेष्ठ सेवा में से एक के रूप में चुना गया है और ब्रिटिश मेडिकल जर्नल के विशेषांक में 'इमप्रूविंग वैक्सिनेशन कवरेज इन इंडिया : लेशंस फ्रॉम इंटेसिफाइड मिशन इंद्रधनुष, ए क्रॉस सेक्टोरल सिस्टम्स स्ट्रेंगदनिंग स्ट्रेटजी' (भारत में टीकाकरण कवरेज में सुधार : पार-क्षेत्रीय प्रणाली सुदृढ़ीकरण की

---

462. सुनील धवन, 'ऑल अबाउट प्रधानमंत्री जीवन ज्योति बीमा योजना', द इकोनॉमिक टाइम्स, 17 मई, 2018, https://www.economictimes.indiatimes.com/articleshow/58907299.cms?from=mdr&utm_source=contentofinterest&utm_medium=text&utm_campaign=cppst

463. सुनील धवन, 'प्रधानमंत्री सुरक्षा बीमा योजना : एक्सीडेंटल डेथ, डिसएबिलिटी कवर @Rs 12 p.a', द इकोनॉमिक टाइम्स, 23 अक्तूबर, 2018, https://www.economictimes.indiatimes.com/articleshow/54458290.cms?utm_source=contentofinterest&utm_medium=text&utm_campaign=cppst

कार्यनीति, तीव्र मिशन इंद्रधनुष से सबक) शीर्षक से लेख भी प्रकाशित किया गया है।'[464]

मई 2014 में जब एन.डी.ए. सरकार ने कार्यभार सँभाला, तब देश के कई ग्रामीण इलाकों में बिजली नहीं थी। कांग्रेस, जो आजादी के बाद सबसे अधिक समय तक सत्ता में रही थी, वह लोगों को ऐसी बुनियादी सुविधाएँ देने में नाकाम रही। 'द हिंदू' के एक लेख के अनुसार, 'एशिया की तीसरी सबसे बड़ी अर्थव्यवस्था (भारत) बिजली की किल्लत, ब्लैकआउट से जूझ रहे उद्योगों के कारण बरसों तक पिछड़ी रही और अस्पतालों को बैकअप के लिए डीजल से चलने वाले जेनरेटरों पर निर्भर रहना पड़ा। विश्व बैंक ने अपनी एक रिपोर्ट (2017 में) में कहा कि दुनिया भर में 1.06 मिलियन लोग बिजली से वंचित हैं, जिनमें भारत और नाइजीरिया बिजली की किल्लत झेलनेवाले देशों की सूची में सबसे ऊपर थे।'[465] इसने निजी तौर पर पी.एम. मोदी को काफी निराश किया, जिन्होंने भारत के सभी गाँवों के विद्युतीकरण को एक मिशन बना दिया। 'प्रधानमंत्री सहज बिजली हर घर योजना' के माध्यम से मोदी सरकार ने सभी गाँवों को बिजली उपलब्ध कराने का काम तेज किया, जिनमें दुर्गम ग्रामीण क्षेत्र भी शामिल थे। इसके अथक प्रयासों का परिणाम 28 अप्रैल, 2018 को मिला, जब भारत के सभी 597,464 सेंसस वाले गाँवों का विद्युतीकरण पूरा हुआ।[466] यह आम लोगों, विशेष रूप से देश के सुदूरवर्ती इलाके में जीवन को बेहतर बनाने की दिशा में एक बड़ी उपलब्धि थी।

उजाला (या सभी के लिए सस्ती एल.ई.डी. द्वारा उन्नज ज्योति) योजना का लक्ष्य भारत की ऊर्जा की आवश्यकता को कम करना है। यह पर्यावरण की सुरक्षा में सहायक है और एल.ई.डी. बल्ब, ट्यूबलाइट और सीलिंग फैन को अपनाकर हमारे कार्बन फुटप्रिंट को कम करती है, जो तुलनात्मक रूप से बिजली की कम खपत करते हैं : 'उजाला योजना का लक्ष्य घरेलू स्तर पर बिजली का कुशलता से उपयोग करना है। यह उपभोक्ता में कम बिजली खपत करने वाले उपकरणों के इस्तेमाल की जागरूकता पैदा करती है और कुल माँग को बढ़ाकर शुरुआती अधिक कीमत को कम करती है। इस प्रकार घरेलू उपभोक्ता अधिक-से-अधिक एल.ई.डी. लाइट्स का प्रयोग करते हैं।' 2015 में की गई शुरुआत के बाद से ही उजाला योजना ने अभूतपूर्व सफलता प्राप्त की

---

464. मिशन इंद्रधनुष, Insightsonindia.com, 5 जनवरी, 2019, https://www.insightsonindia.com/2019/01/05/mission-indradhanush/
465. रायटर्स, 'ऑल विलेजेस इलेक्ट्रिफाइड अहेड ऑफ डेडलाइन, पी.एम. मोदी ट्वीट्स', द हिंदू, 29 अप्रैल, 2018, https://www.thehindu.com/news/national/all-villages-electrified-ahead-of-deadline-pm-modi-tweets/article23719457.ece
466. सरकार किसी गाँव को विद्युतीकृत मानती है, यदि वहाँ बुनियादी बिजली की सुविधा है और इसके 10 प्रतिशत घरों और सार्वजनिक स्थलों, स्कूलों, स्थानीय प्रशासन के दफ्तरों और स्वास्थ्य केंद्रों में बिजली है।

है। 35 करोड़ एल.ई.डी., 70 लाख एल.ई.डी. ट्यूबलाइट और लगभग 22 लाख कम बिजली खपत करनेवाले पंखे बाँटे गए हैं, जिनसे लगभग 49,000 मिलियन किलोवाट बिजली और रुपए 18,000 करोड़ की बचत हुई है।[467]

मोदी सरकार की एक सबसे विवेकपूर्ण योजना है 'उज्ज्वला योजना'। इसका उद्‍देश्य ग्रामीण महिलाओं के जीवन में सुधार लाना था, जिन्हें भोजन पकाने के लिए लकड़ी का प्रयोग करना पड़ता था, जिसके सेहत संबंधी गंभीर नतीजे भुगतने पड़ते थे। प्रधानमंत्री उज्ज्वला योजना (पी.एम.यू.वाई.) के अंतर्गत सरकार ने 6 करोड़ से भी अधिक मुफ्त एल.पी.जी. कनेक्शन दिए, जिनमें से लगभग 50 प्रतिशत एस.सी./एस.टी. घरों में गए। इस योजना ने सुनिश्चित किया कि ग्रामीण महिलाओं को एल.पी.जी. गैस मिले, जो सुरक्षित और सेहत के अनुकूल था। सरकारी आँकड़ों के अनुसार, देश में एल.पी.जी. का प्रयोग पी.एम.यू.वाई. की शुरुआत से पहले जहाँ लगभग 62 प्रतिशत था, वह बढ़कर 80 प्रतिशत हो गया। और इस विशाल योजना के लिए धन जुटाने के उद्‍देश्य से लाल किले की प्राचीर से पी.एम. मोदी ने सक्षम नागरिकों से एल.पी.जी. की सब्सिडी छोड़ने की अपील की। यह सभी के लिए आश्चर्य का विषय था कि 1.25 करोड़ से अधिक लोगों ने स्वेच्छा से सब्सिडी छोड़ दी।

व्यापक भ्रष्टाचार के कारण यू.पी.ए. सरकार ने जिस स्थिति में अर्थव्यवस्था को छोड़ा था, उसकी लगातार गिरती जा रही दशा में सुधार लाने के लिए मोदी सरकार ने अनेक प्रभावी प्रयास किए। इनमें से अधिकांश साहसिक कदम थे, जिनके लिए केंद्र में निर्णायक नेतृत्व जरूरी था। भारत की अर्थव्यवस्था को सुदृढ़ करने के लिए मोदी सरकार ने कई ऐतिहासिक कद उठाए, जो 'मोदीनॉमिक्स' के नाम से लोकप्रिय हुए। देश में मैन्युफैक्चरिंग को बढ़ाने और कई क्षेत्रों में रोजगार निर्माण के लिए 'मेक इन इंडिया' मोदी सरकार की एक प्रमुख पहल है। इस योजना का एक प्रमुख उत्प्रेरक 'कारोबार में आसानी' है, जिसके तहत केंद्र ने लाइसेंस समाप्त करने और उद्योग को नियंत्रण से मुक्त करने के प्रयास किए हैं : 'श्रम कानून में संशोधन से लेकर रिटर्न फाइल करने तक और नियामक माहौल के युक्तिकरण से लेकर औद्योगिक लाइसेंस की मान्यता बढ़ाने तक, अनेक बदलाव किए गए हैं।'[468] बुनियादी संरचना के विकास को बढ़ावा और सोच में बदलाव समेत अन्य महत्त्वपूर्ण कदम उठाए गए हैं, जिनमें सरकार को 'रेगुलेटर' नहीं, बल्कि 'फैसिलिटेटर' के रूप में देखा जा रहा है और स्टार्ट-अप आर्थिक तरक्की के 'पार्टनर' के रूप में देखे जा रहे हैं। एक अन्य पहलू नए क्षेत्रों में मैन्युफैक्चरिंग, बुनियादी संरचना और सेवा की गतिविधियों का, रक्षा उत्पादन, निर्माण और रेलवे इंफ्रास्ट्रक्चर में

467. http://www.ujala.gov.in/ (All figures as of 14 April 2019)

468. उपरोक्त

एफ.डी.आई. को खोलने का है : 'आज भारत की विश्वसनीयता पहले से कहीं अधिक है। 'मेक इन इंडिया' निवेश के द्वार खोल रही है। अनेक उपक्रम इसके मंत्र को अपना रहे हैं। दुनिया का सबसे बड़ा लोकतंत्र दुनिया की सबसे शक्तिशाली अर्थव्यवस्था बनने की दिशा में बढ़ रहा है।'[469]

हम सभी ने विभिन्न प्रकार के ऋण की सहायता से आर्थिक प्रगति की है। यह वित्तीय सुविधा गरीबों को उपलब्ध नहीं है। मोदी सरकार ने अपने कार्यकाल की शुरुआत में ही इसे महसूस किया और 'मुद्रा योजना' को तैयार किया। 'प्रधानमंत्री मुद्रा योजना' (पी.एम.एम.वाई.) आम लोगों को उनके गैर-कॉरपोरेट, गैर-कृषि लघु/सूक्ष्म उपक्रमों के लिए रुपए 50,000 से रुपए 10 लाख तक के ऋण उपलब्ध कराती है। इस योजना का उद्देश्य लघु उद्यमों का सहयोग कर युवा नवोदित उद्यमियों को तैयार करना है, जो ऋण के अभाव में शुरुआत नहीं कर पाते हैं। 'मुद्रा योजना' समर्थित उद्यमों ने पूरे देश में विकास को आगे बढ़ाने में मदद की है, क्योंकि उनसे मैन्युफैक्चरिंग, सर्विस, रिटेल और सहयोगी कृषि सेवा जैसे क्षेत्रों में आय और रोजगार का सृजन हुआ है : 'एस.के.ओ.सी.एच. थिंक टैंक की एक रिपोर्ट बताती है कि ऋण के रूप में 8 करोड़ लोगों को 3.42 लाख करोड़ रुपयों का भुगतान किया गया है, जिनसे 5.5 करोड़ नौकरियों का सृजन हुआ है।'[470]

अप्रैल 2018 में वित्त मंत्रालय द्वारा लोकसभा में दिए गए आँकड़े के अनुसार '2015 से मुद्रा योजना के अंतर्गत पूरे देश में कुल मिलाकर लगभग 12 करोड़ लोगों को ऋण उपलब्ध कराए गए हैं··· इन लोगों में शिल्पकारों, निर्माताओं, दुकानदारों के साथ ही फल-सब्जी विक्रेता भी शामिल हैं। 12 करोड़ लाभार्थियों में 6 करोड़ 59 लाख से भी अधिक लाभार्थी पिछड़ी जातियों के हैं, जबकि 2 करोड़ 18 लाख अनुसूचित जाति के और 58 लाख लाभार्थी अनसूचित जनजातियों के हैं। पिछले तीन वर्षों में अन्य पिछड़े वर्गों (ओ.बी.सी.) के 3 करोड़ 82 लाख से भी अधिक लोगों को 'मुद्रा योजना' के तहत ऋण उपलब्ध कराया गया है।'[471]

प्रत्येक राजनीतिज्ञ और आर्थिक टिप्पणीकार ने भारतीय अर्थव्यवस्था में काला धन

469. उपरोक्त

470. पी.टी.आई., 'नरेंद्र मोदीज मुद्रा योजना जेनरेट्स 5.5 करोड़ जॉब्स, सेज रिपोर्ट', द इकोनॉमिक टाइम्स, 9 सितंबर, 2017, https://economictimes.indiatimes.com/news/economy/policy/narendra-modis-mudra-yojana-generates-5-5-crore-jobs-says-report/articleshow/60435774.cms

471. दिब्येंदु मोंडल, 'मुद्रा प्लान हेल्प्ड ओवर 12 करोड़ पीपल इन 3 ईयर्स', द संडे गार्डियन, 14 अप्रैल, 2018, https://www.sundayguardianlive.com/news/mudra-plan-helped-12-crore-people-3-years

की समस्या पर बात की है। लेकिन किसी ने भी इससे निपटने का दम नहीं दिखाया है। ऐसे समय में जब भारतीय अर्थव्यवस्था समानांतर चल रही अर्थव्यवस्था, काला धन और फर्जी करेंसी से त्रस्त थी, मोदी ने नवंबर 2016 को रुपए 500 और रुपए 1000 के नोटों का विमुद्रीकरण कर दिया और उनके स्थान पर रुपए 500 और रुपए 2000 के नए नोट लाने की घोषणा कर दी। इस ऐतिहासिक कदम से औपचारिक अर्थव्यवस्था को बड़ी ताकत मिली और कर अनुपालन बढ़ गया। सरकार की ओर से उठाए गए इस कदम के आंतरिक आकलन के अनुसार, 'विमुद्रीकरण से पहले के आधारभूत आँकड़े की तुलना में बैंकिंग प्रणाली में बचत की कुल रकम बढ़कर रुपए 4.5 लाख करोड़ हो गई है…'[472] यही नहीं, विमुद्रीकरण के कारण कर अनुपालन के आँकड़े दोगुना हो गए, रुपए 130,000 करोड़ की रिकवरी, रुपए 50,000 करोड़ की संपत्तियों की जब्ती, लगभग 338,000 शेल कंपनियों का भंडाफोड़ हुआ और फर्जी करेंसी से आतंकी फंडिंग की कमर टूट गई। 'द इकोनॉमिक्स टाइम्स' के एक लेख के अनुसार, 'साल-दर-साल आयकर के संग्रह में वृद्धि 6.6 प्रतिशत और 9 प्रतिशत थी और विमुद्रीकरण के बाद 15 प्रतिशत और 18 प्रतिशत।'[473] विमुद्रीकरण के कारण पूरे देश में डिजिटल पेमेंट में भारी वृद्धि हुई है।

विमुद्रीकरण और वस्तु तथा सेवा कर (जी.एस.टी.) मोदी सरकार की ओर से आर्थिक सुधार के दो सबसे साहसिक और दूरगामी कदम रहे हैं। जी.एस.टी. मोदी सरकार की दूसरी सबसे बड़ी पहल रही है, जिसके कारण पूरे देश में सामान और लोगों के अनुकूल कर संरचना संभव हुई। इससे व्यापार औपचारिक हुआ और कर-संग्रह में भी सुधार आया। जी.एस.टी. को लागू करना कर सुधारों का एक बड़ी प्रयास था और इसके लिए जबरदस्त प्रशासनिक क्षमता तथा कारोबारियों और उपभोक्ताओं की जरूरतों के प्रति संवेदनशीलता की जरूरत थी। उदाहरण के लिए, चुंगी हटाए जाने से राज्य की सीमाओं पर वस्तुओं की आवाजाही आसान हो गई है और इस कारण ट्रांसपोर्ट उद्योग अपनी उत्पादकता को बढ़ा पाया है। 'आजादी के बाद सबसे बड़ी कर क्रांति' कही जाने वाली जी.एस.टी. ने कर घटाने में मदद की और बड़े पैमाने पर लोगों के इस्तेमाल में

472. राहुल कँवल, 'पीएम नरेंद्र मोदीज डिमॉनेटाइजेशन मूव गेव इकोनॉमी रुपीज 5 लैख करोड़ एडवांटेज', इंडिया टुडे, 25 मई, 2017, https://www.indiatoday.in/mail-today/story/narendra-modi-demonetisation-income-tax-revenue-digital-economy-979063-2017-05-25

473. पी.टी.आई., 'डिमोनेटाइजेशन लेड टु मोर टैक्स कलेक्शन, हायर ग्रोथ : अरुण जेटली', द इकोनॉमिक टाइम्स, 30 अगस्त, 2018, https://economictimes.indiatimes.com/news/economy/finance/demonetisation-led-to-more-tax-collection-higher-growth-arun-jaitley/articleshow/65610002.cms

आने वाली वस्तुएँ सस्ती हुई हैं, जिनका लाभ मध्यम वर्ग को मिला है।

सूझ&बूझ भरे आर्थिक निर्णयों से मोदी सरकार ने बेहतर राजकोषीय अनुशासन बनाए रखा है, जिससे 2016-17 में जहाँ राजकोषीय घाटा 3.5 प्रतिशत था[474] और मुद्रास्फीति 6 प्रतिशत से कम थी, वहीं कुछ तिमाहियों में ये 2 प्रतिशत तक कम हो गई।[475] मोदी सरकार के अन्य बड़े प्रयासों में शामिल रहे हैं—आयकर सुधार 2016 का रियल एस्टेट विनियामक प्राधिकरण (RERA) अधिनियम तथा दिवाला और दिवालियापन संहिता (एन.पी.ए. की भारत की पुरानी समस्या से निपटने के लिए)। इनसे अर्थव्यवस्था को सुदृढ़ बनाने और कारोबारों को सुव्यवस्थित करने में और भी मदद मिली है।

इन सुधारों के कारण अंतरराष्ट्रीय स्तर पर कई बार प्रशंसा की गई। नवंबर 2017 में अमेरिकी क्रेडिट रेटिंग एजेंसी 'मूडीज' ने भारत की रेटिंग को एक स्तर बेहतर कर दिया और देश के प्रति अपने दृष्टिकोण में बदलाव लाते हुए इसे 'स्थिर' से 'सकारात्मक' बताया। इसके साथ ही जमीनी स्तर पर स्पष्ट दिखने वाले सुधारों ने 'मोदीनॉमिक्स' और मोदी सरकार के प्रमुख सुधारों पर मुहर लगा दी, जिन्होंने भारतीय अर्थव्यवस्था का कायपलट कर दिया था। अमेरिका, चीन, जापान, जर्मनी, यू.के. और फ्रांस के बाद भारत दुनिया की सातवीं सबसे बड़ी अर्थव्यवस्था है। केंद्र सरकार और अन्य विश्वसनीय एजेंसियों ने कहा है कि भारत 2030 तक दुनिया की तीन सर्वश्रेष्ठ अर्थव्यवस्थाओं में से एक बन जाएगा। आई.एम.एफ. के पूर्व मुख्य अर्थशास्त्री मॉरिस ऑब्सफेल्ड ने यह कहते हुए जी.एस.टी. की तारीफ की है कि भारत की तरक्की 'काफी दमदार' है। 'प्रधानमंत्री नरेंद्र मोदी की सरकार में भारत ने सही मायने में कुछ मौलिक सुधार किए हैं। इनमें वस्तु और सेवा कर (जी.एस.टी.), दिवाला और दिवालिया संहिता शामिल हैं। वित्तीय समावेश पर उन्होंने बहुत कुछ किया है, जो सच में जरूरी है', ऑब्सफेड्ल ने कहा।[476]

इन सबके कारण भारत में कारोबार करने में आसानी भी पिछले चार वर्षों में काफी बढ़ गई है। विश्व बैंक की ओर से जिन 190 देशों का आकलन किया गया, उनमें भारत जहाँ 2017 में 100वें पायदान पर था, वहीं तेईस स्थानों की छलाँग लगाकर

474. पूजा मेहता, 'इंडियाज ग्रॉस फिसिकल डेफिसिट टु एक्सीड टारगेट', द हिंदू, 3 अप्रैल, 2016, https://www.thehindu.com/business/Economy/indias-gross-fiscal-deficit-to-exceed-target/article8429683.ece

475. भारत में मुद्रास्फीति की दर, https://tradingeconomics.com/india/inflation-cpi

476. पी.टी.आई., 'आई.एम.एफ. चीफ इकोनॉमिस्ट मॉरिस ओब्स्टफेल्ड प्रेजेज जी.एस.टी. रिफॉर्म, सेज इंडियाज ग्रोथ 'वेरी सॉलिड', बिजनेस टुडे, 10 दिसंबर, 2018, https://www.businesstoday.in/top-story/imf-chief-economist-maurice-obstfeld-praises-gst-reform-says-indias-growth-very-solid/story/298945.html

अब यह 77वें पायदान पर आ गया है। इस बात को ध्यान में रखते हुए भारत की यह छलाँग महत्त्वपूर्ण है, क्योंकि पिछले साल भारत ने तीस स्थानों का सुधार किया है, जो भारत के आकार के किसी भी बड़े और विविध देश के लिए अनोखी उपलब्धि है। सरकार की ओर से निरंतर किए जा रहे प्रयासों के कारण भारत ने बीते दो वर्षों में अपने पायदान में तिरपन स्थानों का और बीते चार साल में पैंसठ स्थानों का सुधार किया है।[477]

2018 में भारत संयुक्त राष्ट्र के 'ई-गवमेंट इंडेक्स' के टॉप 100 देशों में प्रवेश पाने में कामयाब रहा। भारत के स्थान में पिछले चार वर्षों में बाईस स्थानों का और पिछले दो वर्षों में ग्यारह स्थानों का सुधार हुआ है। वर्तमान में भारत 96वें स्थान पर है। 'ई-सहभागिता सब-इंडेक्स' में भारत शीर्ष पंद्रह में शामिल है, जिसका 0.9551 का उच्च स्कोर है, जिसका श्रेय MyGov के प्लेटफॉर्म को जाता है, जहाँ नागरिकों की शासन में समग्र ऑनलाइन भागीदारी है।[478]

किसानों पर मोदी सरकार का ध्यान सबसे अधिक है। सात दशकों के कांग्रेस शासन में किसानों की स्थिति में सुधार नहीं आ सका। यही नहीं, उनकी योजनाएँ किसान विरोधी थीं, जिनसे किसानों को कर्ज लेने पर मजबूर होना पड़ता था और जब वे भारी रकम को चुका नहीं पाते थे, तो उनमें से कई खुदकुशी कर लिया करते थे। इस संवेदनशील मुद्दे पर पूरी सहानुभूति से गौर करते हुए मोदी ने किसानों के कल्याण को प्राथमिकता देते हुए अनेक कदम उठाए। उन्होंने किसानों की कर्ज माफी जैसे झुनझुना थमाने वाले समाधान के बजाय 'उन्हें सशक्त बनाने की कार्ययोजना' पर काम किया। जहाँ तक संभव हो, किसानी को जोखिम-मुक्त बनाने के लिए 'प्रधानमंत्री फसल बीमा योजना' शुरू की गई, ताकि फसल चौपट होने की स्थिति में किसानों की सुरक्षा की जा सके। फिर बीज से बाजार तक की बहुआयामी समेकित योजना थी, जिसने प्रत्येक चरण पर कृषि उत्पादन को बढ़ाया। वर्ष 2017 में कृषि ऋण के लक्ष्य को अगले वित्त वर्ष के लिए 11 प्रतिशत बढ़ाकर रुपए 10 लाख करोड़ किया गया और दो विशेष कोष बनाए—एक, जिनमें से रुपए 5,000 करोड़ के सूक्ष्म सिंचाई और डेयरी प्रसंस्करण के लिए बने कोष की घोषणा की गई। मोदी सरकार ने किसानों की आय बढ़ाने और उनके जीवन को बेहतर बनाने के लिए कुछ अन्य कदम भी उठाए हैं, जैसे सॉयल हेल्थ कार्ड, नीम कोटेड यूरिया, नीली क्रांति, दुग्ध उत्पान में वृद्धि, उर्वरकों की आसानी से उपलब्धता, सस्ते ऋण और कोल्ड स्टोरेज जैसी बुनियादी संरचनाओं में भारी निवेश।

477. http://pib.nic.in/newsite/PrintRelease.aspx?relid=184513

478. https://publicadministration.un.org/egovkb/Portals/egovkb/Documents/un/2018-Survey/E-Government%20Survey%202018_FINAL%20for%20web.pdf

सरकार ने दिसंबर 2019 तक निन्यानबे सिंचाई परियोजनाओं को पूरा करने का, जिन पर काम जारी है, और 2022 तक किसानों की आय दोगुना करने का लक्ष्य रखा है—जो किसानों के लिए दूरगामी समाधान है। भाजपा की वेबसाइट के अनुसार, 'कृषि क्षेत्र में पंचवर्षीय बजट आवंटन 1.21 लाख करोड़ से बढ़कर 2.11 लाख करोड़ हो गया। न्यूनतम समर्थन मूल्य में तेजी से वृद्धि की गई और खरीफ की फसलों के उत्पादों की कीमत डेढ़ गुना बढ़ा दी गई।'[479] एक और ऐतिहासिक कदम 'प्रधानमंत्री किसान सम्मान निधि योजना' (पी.एम.-किसान) है, जिसकी घोषणा फरवरी 2019 में की गई थी। इस योजना का लाभ 12 करोड़ सीमांत किसानों को मिलेगा, जो प्रति वर्ष रुपए 6,000 की आय प्राप्त करेंगे और सरकार किसानों के कल्याण के लिए वार्षिक रूप से अतिरिक्त रुपए 75,000 करोड़ खर्च करेगी। इस योजना की घोषणा के एक महीने के भीतर सरकार ने लगभग 2.6 करोड़ किसानों को पहली किस्त के रूप में रुपए 5,000 रुपए ट्रांसफर कर दिए। आधुनिक भारतीय कृषि के जनक एम.एस. स्वामीनाथन ने मोदी सरकार की ओर से भारत के किसानों की दशा में सुधार लाने के लिए उठाए गए सभी व्यावहारिक और दूरगामी कदमों की प्रशंसा की है।[480]

मोदी सरकार ने काफी पहले ही इसका एहसास कर लिया था कि स्वस्थ आबादी से ही स्वस्थ देश का निर्माण होता है। 23 सितंबर, 2018 को इसने दुनिया की सबसे बड़ी स्वास्थ्य बीमा योजना 'आयुष्मान भारत' की शुरुआत की, जो लगभग 50 करोड़ लोगों को समग्र स्वास्थ्य सुरक्षा देता है। सरकारी और निजी क्षेत्र, दोनों की बेहतरीन बातों का समावेश करने वाली यह योजना प्रति परिवार प्रतिवर्ष रुपए 5 लाख तक स्वास्थ्य बीमा की कवरेज देती है। इसकी शुरुआत के कुछ ही महीने के भीतर इस योजना का लाभ 10 लाख गरीब मरीजों को मिला है और यह भारत में सार्वजनिक **स्वास्थ्य** मिशन के लिए एक गेम चेंजर साबित हुई है।

नरेंद्र मोदी की वेबसाइट के अनुसार, '500 मिलियन से भी अधिक भारतीय जो कैंसर और हृदय रोग जैसे गैर-संचारी रोगों का महँगा इलाज पहले नहीं करा पाते थे, उनकी चिकित्सा अब मुफ्त में हो सकेगी।'[481] 'आयुष्मान भारत' के अलावा देश में 5,000 से भी अधिक जन-औषधि केंद्रों से सस्ती जेनेरिक दवाएँ उपलब्ध कराने और

479. http://www.bjp.org/images/pdf_2016/achievements_and_initiatives_of_government_24.05.2016.pdf

480. एम.एस. स्वामीनाथन, 'द एग्रीकल्चर मिशन : हाऊ द मोदी गवर्मेंट इज शेपिंग द फ्यूचर ऑफ फार्मिंग एंड फॉरमर्स', द टाइम्स ऑफ इंडिया, 6 अगस्त, 2018, https://timesofindia.indiatimes.com/blogs/toi-edit-page/the-agriculture-mission-how-the-modi-government-is-shaping-the-future-of-farming-and-farmers/

481. https://www.narendramodi.in/healthy-india-541377

हार्ट की चिकित्सा के लिए स्टेंट की कीमत कम करने तथा घुटनों की रिप्लेसमेंट को सस्ता किए जाने की लोगों ने काफी सराहना की है।

भले भारत आर्थिक तरक्की कर रहा है, लेकिन हमारे शहर साफ-सुथरे नहीं है। कई एनजीओ और सामाजिक समूहों ने बरसों से स्वच्छता का मुद्दा उठाया है, जिस पर उस समय सत्ता में बैठी सरकार नजरअंदाज कर दिया करती थी। राजनीतिक और नीति पर टिप्पणी करनेवालों ने हमेशा कहा है कि सरकार के लिए स्वच्छता कभी एजेंडा नहीं हो सकती है। लेकिन जब मोदी आए और उन्होंने गौर किया कि भारत में इक्कीसवीं सदी में भी अनेकानेक लोग खुले में शौच के लिए मजबूर हैं, क्योंकि आजादी के सात दशक बाद भी उनके घरों में शौचालय नहीं है। इसका ही परिणाम था कि दैनिक जीवन में स्वच्छता को अपनाने और खुले में शौच को बंद कर शौचालयों का इस्तेमाल करने के लिए 'समग्र स्वच्छ भारत मिशन' (एस.बी.एम.) की शुरुआत हुई। इससे लोगों ने अपने आस-पास स्वच्छता पर ध्यान देना शुरू किया और अद्‌भुत रफ्तार से शौचालयों का निर्माण होने लगा। यू.के. के 'इंडिपेंडेंट' ने कहा कि भारत 'मानव इतिहास में शौचालय निर्माण की सबसे बड़ी रेस में शामिल है'। 'डेलीओ' के लेख के अनुसार, 'अक्तूबर 2014 के बाद से 92 मिलियन से अधिक शौचालयों का निर्माण किया गया है, जिनका लाभ 500 मिलियन घरों को मिलेगा, जो अपनी तरह का दुनिया का सबसे बड़ा अभियान है।'[482]

नीति और प्रशासन के अनेक विश्लेषकों ने योजना आयोग द्वारा केंद्र में बैठकर पंचवर्षीय योजना तैयार करने की विफलता पर टिप्पणी की। लेकिन यथास्थिति को बनाए रखने वाली सरकारों ने कभी इस आयोग से छेड़छाड़ नहीं की। बदलते समय के साथ चलते हुए मोदी सरकार ने योजना आयोग को समाप्त कर दिया और इसके स्थान पर सरकार के थिंक टैंक के रूप में NITI आयोग (नेशनल इंस्टीट्यूट फॉर ट्रांसफॉर्मिंग इंडिया) की स्थापना की। यह 'नागरिकों के हित में देश की जरूरतों का अनुमान लगाने और उन्हें न्यायपूर्ण तरीके से लागू करने में' सरकार की सहायता करता है।[483] इसने सरकार को उसकी महत्त्वाकांक्षी और उसके दूरगामी सुधारों में सहायता की है।

रोजगार-सृजन की एन.डी.ए. सरकार की अग्रणी योजना, 'प्रधानमंत्री रोजगार प्रोत्साहन योजना' (पी.एम.आर.पी.वाई.) का ध्यान युवाओं के लिए रोजगार सृजन पर

---

482. मिन्हाज मर्चेंट, 'नरेंद्र मोदीज फाइव ईयर्स इन पावर : 10 मोस्ट इमपॉरटेंट अचीवमेंट्स', डेलीओ, 9 फरवरी, 2019, https://www.dailyo.in/politics/narendra-modi-achievements-report-card-ayushman-bharat-sanitation/story/1/29364.html
483. https://www.pmindia.gov.in/en/major_initiatives/niti-aayog-transforming-indias-development-agenda/

रहा है। एक रिपोर्ट के अनुसार, लगभग 8.5 मिलियन युवाओं को सरकार की इस योजना के तहत रोजगार मिला है, जबकि मार्च 2019 तक इसने 10 मिलियन नौकरियों का लक्ष्य रखा है।[484] कांग्रेस के आरोपों के उलट केंद्रीय मंत्री जयंत सिन्हा ने, जिन्होंने हार्वर्ड से डिस्टिंकशन के साथ एम.बी.ए. किया है, कहा था कि मोदी सरकार के तहत नौकरियों की संख्या में वृद्धि अच्छी है और बड़ी संख्या में लोगों को मिली नौकरियों का जिक्र नहीं होता, क्योंकि हमारे यहाँ सर्वे की प्रणाली इतनी सुदृढ़ नहीं है। 'नैसकॉम' की एक रिपोर्ट के अनुसार, जनवरी 2018 में 1.4 करोड़ नई नौकरियाँ ऑटोमोटिव, आई.टी.–बी.पी.एम., रिटेल और कपड़ा क्षेत्रों में पैदा हुई थीं। द नौकरी जॉब–स्पीक इंडेक्स साल–दर–साल 10 से 16 प्रतिशत तक की दमदार प्रगति दर्ज कर, नौकरियों में अच्छी–खासी वृद्धि पर मुहर लगा रहा था, जबकि प्रति वर्ष जनरंख्या में मात्र 2 प्रतिशत की वृद्धि हो रही थी।[485] इसी प्रकार 'भारतीय उद्योग परिसंघ' (सी.आई.आई.) ने रोजगार सृजन पर सरकार के रुख को और पुख्ता किया। सी.आई.आई. ने कहा कि मोदी सरकार की ओर से हाल ही में किए सुधारों से मौजूदा और नए क्षेत्रों में आजीविका के नए–नए अवसर पैदा हो रहे हैं। मार्च 2019 में जारी सी.आई.आई. के सर्वे ने कहा कि बीत चार वर्षों से अधिक समय में एम.एस.एम.ई. सेक्टर ने 13.5 से 14.9 मिलियन की भारी संख्या में रोजगार पैदा किए हैं। सी.आई.आई. के अध्यक्ष राकेश भारती मित्तल ने कहा, 'यह सर्वे प्रतिवर्ष 3.3 प्रतिशत (चक्रवृद्धि विकास की दर) विकास की पुष्टि करता है। जब 'श्रम ब्यूरो' से लिये गए आँकड़े को व्यापक स्तर पर देखा जाता है, तो यह आँकड़ा प्रति वर्ष 13.5 से 14.9 मिलियन अतिरिक्त रोजगार पैदा किए जाने का हो जाता है' और फिर उन्होंने यह भी कहा—'उद्योग के एम.एस.एम.ई. क्षेत्र में रोजगार में वृद्धि अच्छी है।'[486] यही नहीं, सरकारी आँकड़े दिखाते हैं कि कर्मचारी भविष्य निधि संगठन (EPFO) और राष्ट्रीय पेंशन योजना (NPS) में पंजीकृत लाभार्थियों की संख्या बढ़ी है, जिससे यह भी साबित हो

---

484. योगीमा सेठ शर्मा, '8.5 मिलियन जॉब्स क्रिएटेड अंडर गवर्मेंट्स फ्लैगशिप इम्प्लॉयमेंट जेनरेशन स्कीम', द इकोनॉमिक टाइम्स, 7 नवंबर, 2018, https://economictimes.indiatimes.com/jobs/8-5-million-jobs-created-under-pm-scheme/articleshow/66530142.cms

485. जयंत सिन्हा, 'देयर इज नो जॉब ड्रॉट : वी विल हैव मोर डाटा सून, मीनव्हाइल हेयर इज व्हाट एविडेंस टेल्स', द टाइम्स ऑफ इंडिया, 10 अप्रैल, 2018, https://blogs.timesofindia.indiatimes.com/toi-edit-page/theres-no-jobs-drought-we-will-have-more-data-soon-meanwhile-heres-what-the-evidence-tells-us/

486. 'एम.एस.एम.ई. फर्म्स क्रिएटेड अप टु 14.9 मिलियन न्यू जॉब्स पर एनम इन फोर ईयर्स : सी.आई.आई. सर्वे', बिजनेस टुडे, 8 मार्च, 2019, https://www.businesstoday.in/current/economy-politics/msme-firms-created-up-to-14-million-new-jobs-in-four-years-cii-survey/story/325941.html

जाता है कि संख्या में यह वृद्धि मोदी सरकार के अंतर्गत नई नौकरियों के सृजन से हुई है।

पी.एम. मोदी के पहले कार्यकाल के दौरान कांग्रेस संसद् की काररवाई रोकने के लिए जितना नीचे उतर सकती थी, उतर गई। उदाहरण के लिए, 2017 में लोकसभा का शीत सत्र हंगामे की भेंट चढ़ गया और कामकाज 16 प्रतिशत के स्तर तक नीचे आ गया।[487] इस बीच राहुल गांधी को कांग्रेस अध्यक्ष नियुक्त किया गया, जिन्होंने आखिर में अपनी माँ से पार्टी की जिम्मेदारी सँभाली। माहौल को सांप्रदायिक बनाने और वोट आधार का ध्रुवीकरण करने के प्रयास में कांग्रेस ने झूठ फैलाना शुरू कर दिया कि भाजपा सरकार एस.सी./एस.टी. ऐक्ट को हटा रही है। ऐसे बयानों में लेशमात्र भी सच्चाई नहीं थी। बड़े हलके अंदाज में राहुल गांधी ने संसद् में पी.एम. को गले लगा लिया कि उनका बचाव करने में उनकी पार्टी के प्रवक्ताओं को शर्मसार होना पड़ा। पी.एम. को गले लगाने के बाद उन्होंने आँख मारी और इस बात को लेकर आश्वस्त थे कि उनका यह काम उन्हें हीरो बना देगा! इसके विपरीत, पूरे देश ने उनका मजाक उड़ाया और उनकी हरकत को बचकाना बता दिया।

बिखर गई लुटियंस की सत्ता

मोदी सरकार से देश के कई शक्तिशाली लोग इस बात से नाराज हैं, क्योंकि अचानक उनके हाथ से सत्ता खिसक गई। ये ऐसे ताकतवर लोग हैं, जो बरसों से भारत के लोगों पर अपने विचार लादते रहे हैं कि क्या सही है और क्या गलत। भले ही वे सरकार का हिस्सा न रहे हों और जनता के द्वारा चुने न गए हों, फिर भी हमारे जीवन में उनका काफी दखल रहा है, लेकिन 2014 तक ही।

इन सबके बीच एक बात समान थी कि वे कॉन्वेंट-शिक्षित, अंग्रेजी बोलनेवाले लोग थे, उन्हें लगता था कि वही सबकुछ जानते हैं। पूरे देश को वे अपमान की दृष्टि से देखते थे। जो भी देसी भाषा बोलता, उसे वे ज्यादा पढ़ा-लिखा नहीं समझते थे। वे केवल यूरोपीय कला की प्रशंसा करते थे और बड़ी-बड़ी हॉलीवुड की फिल्मों की बातें किया करते थे। कैफे और उनके मेन्यू का अंदाजा उनके जायके से कहीं ज्यादा उन फ्रेंच चीजों से लगाया जाता था, जिनका उच्चारण करना भी कठिन होता था। यह समूह सामंतवादी और कुलीन है और पिछली सरकार की चाटुकारिता किया करता था तथा उसके आगे बिछ जाया करता था।

---

487. 'ए लुक एट पार्लियामेंट्स फॉलिंग प्रोडक्टिविटी एंड व्हाट कैन बी डन टु मेक इट वर्क', द इकोनॉमिक टाइम्स, 24 मार्च, 2018, https://economictimes.indiatimes.com/news/politics-and-nation/a-look-at-parliaments-falling-productivity-and-what-can-be-done-to-make-it-work/articleshow/63446061.cms

वे कोई मामूली लोग नहीं थे। चंद किलोमीटर की लुटियंस की दिल्ली से वे देश को चलाते थे। यह आपस में एक-दूसरे की प्रशंसा, एक-दूसरे को सर्टिफिकेट बाँटनेवाला समूह था। यह एक खास गुट था। कलाकारों, कॉमेडियनों, खिलाड़ियों, मीडियाकर्मियों, कारोबारियों, संस्कृति और साहित्य के ठेकेदारों का गुट। वे सभी 'कुलीन' लोग थे, क्योंकि एक, पिछली सरकार उन्हें पुरस्कार दिया करती थी और दो, उनके साथी उन्हें प्रमाणित किया करते थे।

सरकार नियंत्रित यूनिवर्सिटी में प्रवेश पाने के लिए आपको उनके राजनीतिक विचारों को साझा करना पड़ता था। पी-एच.डी. करने के लिए आपकी विचारधारा भी वही होनी चाहिए थी। ड्रामा और फिल्मों के स्कूल आपको तभी दाखिला देते थे, जब आप उनकी विचारधारा पर चलें। आपकी कला तभी प्रशंसा के काबिल होगी, जब वह उनकी रुचि से मेल खाती हो। आपकी पत्रकारिता तभी साहसी मानी जाएगी, जब आप विपक्ष को बेनकाब करें और सरकार की सेवा करें। आपका संगीत तभी उन्हें भाएगा, जब आप वही सुनाएँ, जो वे सुनना चाहते हैं।

सत्ता के साधन उनके हाथों में थे। वीर संघवी और नीरा राडिया जैसे लोगों का स्पेक्ट्रम आवंटन में कोई काम नहीं था। उन सारे बदनाम राडिया टेप को किसने नहीं सुना है? फिर भी उन्होंने दखल दिया, क्योंकि यू.पी.ए. सरकार में उनका रसूख था। करदाताओं के पैसे पर मीडियाकर्मियों को बेहतरीन जगहों पर प्रेस कॉन्फ्रेंस कवर करने के लिए ले जाया करता था। मीडिया संस्थानों को सरकार के निर्णयों के बारे में उस विभाग के मंत्री से भी पहले पता चल जाया करता था। हालाँकि 2014 में यह सब अचानक बंद हो गया।

इस गुट की हताशा तब सामने आई, जब अचानक सरकार की ओर से उन्हें तवज्जो दिया जाना बंद कर दिया गया, जबकि 2014 तक वे मीडिया-सरकार की साठगाँठ में व्यस्त रहा करते थे। सोशल मीडिया पर इस प्रकार के सोशल योद्धाओं ने नियमित रूप से तिल का ताड़ बनाना शुरू कर दिया और किसी भी आयोजन के बहाने मोदी सरकार पर निशाना साधने से नहीं चूकते थे। ऐसे किसी भी व्यक्ति के समर्थन में पूरा गुट खड़ा हो जाता था। उन्हें लगता था कि महज बार-बार बोलकर वे किसी भी झूठ को सच में बदलने की ताकत रखते थे। ऐसा ही असहिष्णुता और मॉब लिंचिंग को लेकर देखा गया।

मोदी सरकार के सत्ता में आने के महज एक साल बाद कुछ शक्तिशाली लोगों ने यह बोलना शुरू कर दिया कि भारत कितना असहिष्णु बन गया है! दादरी में एक मुसलिम व्यक्ति को गोमांस रखने के कारण हिंदुओं द्वारा पीट-पीटकर मार डाला गया, जो गाय की पूजा करते हैं और गोमांस रखना अवैध है। यह घटना एक अपराध थी, जो नफरत के कारण हुई और निंदनीय थी। यह ऐसी घटना थी, जिसमें लोगों को कानून

अपने हाथों में लेने के बजाय स्थानीय पुलिस को जाँच करने देना चाहिए था।

फिर भी 130 करोड़ के देश में इस घटना को बहुत बड़ा बना दिया गया। लुटियंस दिल्ली के इन शक्तिशाली लोगों के लिए यह असहिष्णुता का एक अच्छा उदाहरण था। पीड़ित मुसलमान था, आरोपी हिंदू थे, अपराध की वजह गायों की रक्षा के हिंदू धर्म में छिपी थी, तो उनके लिए ड्रामा शुरू करने का इससे अच्छा मौका नहीं हो सकता था। कानून-व्यवस्था राज्य का विषय होती है, और उस समय उत्तर प्रदेश में अखिलेश यादव की सरकार थी। लेकिन इस गुट को सच्चाई से कोई लेना-देना नहीं था।

एक के बाद एक कई जानी-मानी हस्तियों ने, जिनमें से कई पुरस्कृत पत्रकार, लेखक और फिल्म जगत् से जुड़े थे, कथित तौर पर 'देश में बढ़ी असहिष्णुता' के विरोध में पुरस्कार वापस करना शुरू कर दिया। अपनी सुविधा से उन्होंने कई तथ्यों को नजरअंदाज कर दिया था।

भारत में 'हेट क्राइम' कोई नई बात नहीं है। भारत में 2013 में, जब यू.पी.ए. की सरकार थी, तब लिंचिंग पर गूगल सर्च करने पर दुनिया भर के नतीजे सामने आ जाते हैं। तीन 'काले, निर्वस्त्र लोगों' को असम में महिलाओं से छेड़छाड़ करने पर पीट-पीटकर मार डाला गया।[488] हिमाचल प्रदेश में, जहाँ उस समय कांग्रेस का शासन था, एक दलित महिला को पीटा गया और उसकी हत्या कर दी गई।[489] गलतफहमी के चलते एक वरिष्ठ पुलिस अधिकारी की लिंचिंग की गई।[490] लेकिन 2014 से पहले की इन लिंचिंग पर मीडिया का ध्यान नहीं गया, क्योंकि मोदी सत्ता में नहीं थे और इस कारण न कोई कहानी गढ़ी जा सकती थी, न टी.आर.पी. मिल सकती थी।

यह 'अवार्ड वापसी ड्रामा' सुनियोजित था। बिहार के चुनावों को देखते हुए इन कलाकारों ने, जिनमें से अधिकांश को पिछली कांग्रेस सरकारों से अवार्ड और फायदा मिला था, वे उसे खुशी-खुशी वापस कर रहे थे। यह चार महीने तक चला अभियान था, जिसकी शुरुआत उदय प्रकाश ने अंधविश्वास विरोधी कार्यकर्ता एम.एम. कलबुर्गी की हत्या के विरोध में की और फिर नयनतारा सहगल (जो नेहरू-गांधी परिवार से आती हैं) जैसे लोगों ने इसे आगे बढ़ाया। कुल मिलाकर लगभग पचास हस्तियों ने पुरस्कार

---

488. प्रबीन कलीता, 'नेकेड मेन' स्पार्क पैनिक इन असम, 3 लिंच्ड', द टाइम्स ऑफ इंडिया, 20 जून, 2013, https://timesofindia.indiatimes.com/india/Naked-men-spark-panic-in-Assam-3-lynched/articleshow/20673164.cms
489. http://www.ofmi.org/lynched-gang-raped-dalit-girl-championed-by-south-asian-americans/
490. अतीक खान, 'सी.बी.आई. क्लेम्स टु हैव क्रैक्ड डीएसपी जियाउल हक्स मर्डर', द हिंदू, 13 जून, 2016, https://www.thehindu.com/news/national/cbi-claims-to-have-cracked-dsp-ziaulhaques-murder/article4614249.ece

लौटाए, जिनमें से चालीस साहित्य अकादेमी पुरस्कार थे। अरुंधति राय, जो हुर्रियत के करीब हैं,[491] वह भी इस ब्रिगेड में शामिल थीं। विश्वनाथ तिवारी, जो उस समय साहित्य अकादेमी के अध्यक्ष थे, उन्होंने अपनी चुप्पी तोड़ी और इस गहरी साजिश का खुलासा कर दिया। अपने लेख 'अवार्ड वापसी की सच्चाई और इसके पीछे का पाखंड',[492] में तिवारी ने दावा किया कि इस समूह में तीन तरह के लोग हैं—मोदी से नफरत करने वाले, सरकार को बदनाम करनेवाले और लोकप्रियता हासिल करनेवाले। तिवारी ने कहा कि यह अभियान सुनियोजित था। कुछ लेखक उनके सरकार में आने से पहले ही मोदी-विरोधी प्रदर्शन कर रहे थे। यह हंगामेदार ड्रामा जल्दी ही शांत पड़ गया और लोगों ने इसे भुला दिया। भाजपा बिहार चुनाव नहीं जीत सकी, लेकिन इसका असली कारण जे.डी.यू. और आर.जे.डी. का गठबंधन था। अवार्ड वापसी ने बस, इसमें थोड़ा तड़का लगाया।

मोदी-शाह के नेतृत्व में विधानसभा चुनावों में भाजपा की जीत जारी रही

जुलाई 2014 में भाजपा की केंद्रीय संसदीय बोर्ड ने पार्टी अध्यक्ष के रूप में अमित शाह की नियुक्ति पर सर्वसम्मति से मुहर लगा दी। पार्टी अध्यक्ष बनने के बाद शाह ने आक्रामक सदस्यता अभियान चलाया और मार्च 2015 तक भाजपा ने 100 मिलियन सदस्यों को जोड़ने का दावा किया।

2014 से 2016 के दौरान उनके नेतृत्व में भाजपा ने महाराष्ट्र, हरियाणा, जम्मू-कश्मीर, झारखंड और असम के विधानसभा चुनावों में सफलता प्राप्त की, हालाँकि, दिल्ली और बिहार में उसकी हार हुई। असम में भाजपा ने तरुण गोगोई की सरकार को गद्दी से उतार दिया, जो 2001 से ही सत्ता में थी और युवा सर्बानंद सोनोवाल को मुख्यमंत्री बनाया गया। जिन राज्यों में जीत मिली, वहाँ मुख्यमंत्री की अपनी पसंद से भाजपा ने यह साबित करना शुरू कर दिया कि वह नेतृत्व की योग्यता को महत्त्व देती है और इस प्रकार के निर्णय जाति को ध्यान में रखकर नहीं लिये जाते हैं। महाराष्ट्र ऐसा राज्य था, जहाँ मराठा समुदाय की ताकत ज्यादा है और कई मुख्यमंत्री इसी समुदाय से आए। देवेंद्र फडणवीस (गैर मराठा) के मुख्यमंत्री बनने से भाजपा ने स्पष्ट संकेत दे दिया कि वह योग्य नेताओं को आगे बढ़ाना चाहती है। राजनीतिक पंडितों के जातीय

---

491. 'केस रजिस्टर्ड अगेंस्ट अरुंधति, गिलानी', द हिंदू, 26 अक्तूबर, 2016, https://www.thehindu.com/news/national/Case-registered-against-Arundhati-Geelani/article15720947.ece

492. मकरंद आर परांजपे, 'अवार्ड वापसी : व्हाट रियली हैपंड इज स्टिल ए मिस्ट्री!', डी.एन.ए., 11 अगस्त, 2018, https://www.dnaindia.com/analysis/column-award-wapsi-what-really-happened-is-still-a-mystery-2648215

जोड़-घटाव के विपरीत, एम.एल. खट्टर को, जो गैर-जाट हैं, उन्हें हरियाणा का, रघुवर दास, जो गैर-आदिवासी हैं, उन्हें झारखंड का मुख्यमंत्री बनाया गया।

फिर 2017 में नोटबंदी के बाद उत्तर प्रदेश के चुनाव आए। विश्लेषकों के अनुसार नोटबंदी भाजपा के लिए राजनीतिक खुदकुशी थी। लेकिन सब गलत साबित हुए। शाह ने उत्तर प्रदेश में 2017 के विधानसभा चुनाव प्रचार का नेतृत्व किया, जिसमें राज्य में भाजपा को धमाकेदार कामयाबी मिली। पार्टी ने 403 में से 325 सीटों पर जीत दर्ज की और लोकप्रिय नेता योगी आदित्यनाथ को राज्य का मुख्यमंत्री बनाया। भाजपा ने उत्तराखंड जीता और मणिपुर में भी उस साल के चुनावों में अपनी स्थिति मजबूत की।

2017 के गुजरात विधानसभा चुनावों को मोदी और शाह के लिए प्रतिष्ठा का विषय बनाया गया। कांग्रेस ने घिनौना जाति का कार्ड खेला और हार्दिक पटेल, अल्पेश ठाकोर तथा जिग्नेश मेवानी के साथ मिलकर जातीय समीकरण तैयार किया। राहुल गांधी ने अपने आप को हिंदू साबित करने के लिए मंदिरों के चक्कर लगाए। गुजरात विधानसभा में बढ़ी हुई सीटों के साथ कांग्रेस को थोड़ी कामयाबी मिली और कांग्रेस की मीडिया मशीनरी ने इसे राहुल गांधी की 'नैतिक जीत' बताया। लेकिन भाजपा ने रिकॉर्ड छठी बार गुजरात विधानसभा का चुनाव जीत लिया। गैर-पटेल विजय रूपाणी अपने प्रशासनिक कौशल के आधार पर मुख्यमंत्री बने रहे। उसी वर्ष भाजपा ने हिमाचल प्रदेश विधानसभा में कांग्रेस से सत्ता छीन ली, लेकिन पंजाब में भाजपा अकाली गठबंधन की कांग्रेस के हाथों हार हुई।

मार्च 2018 में भाजपा पहली बार वामपंथी शासित पूर्वोत्तर के राज्य त्रिपुरा में दो-तिहाई बहुमत के साथ जीती और सी.पी.एम. के नेतृत्व वाले वाम मोरचे की सरकार के पच्चीस वर्षों के लगातार शासन को समाप्त किया। भाजपा ने युवा बिप्लब कुमार देब को मुख्यमंत्री बनाया। उन्होंने नागालैंड और मेघालय में भी स्थिति मजबूत की और दोनों राज्यों में सहयोगियों के साथ मिलकर सरकार बनाई।

उसी वर्ष भाजपा ने कर्नाटक विधानसभा चुनाव में अच्छा प्रदर्शन किया और विधानसभा में सबसे बड़ी पार्टी बनकर उभरी, लेकिन नौ सीट कम पड़ गईं। हाईवोल्टेज ड्रामा के बाद कांग्रेस और जे.डी.एस. ने चुनाव बाद भाजपा को सत्ता से दूर रखने के लिए अवसरवादी गठबंधन कर लिया। 224 के सदन में महज सैंतीस सीटवाले जे.डी.एस. के एच.डी. कुमारस्वामी ने जनादेश का अपमान करते हुए कर्नाटक के मुख्यमंत्री पद की शपथ ली। उनके शपथ ग्रहण के मंच पर कांग्रेस, बी.एस.पी., एस.पी., आर.जे.डी., टी.एम.सी., आर.एल.डी., टी.डी.पी., एन.सी.पी., डी.एम.के., आप और सी.पी.एम. के नेताओं ने हाथ मिलाया और 2019 के आम चुनावों के लिए भाजपा के खिलाफ महागठबंधन का संकेत दिया। ऐसी पार्टियाँ, जो कल्पनाओं में सफलता प्राप्त करने

वाले इस महागठबंधन का हिस्सा थीं, उनके सिद्धांतों, विचारधारा और आर्थिक नीतियों में स्पष्टता नहीं थी। राजनीतिज्ञों ने उन्हें ठीक ही अवसरवादी करार दिया। उनकी साझा काररवाई में न आत्मविश्वास था, न ही उनके लिए देशहित सबसे ऊपर था। महज इस कारण से, क्योंकि पिछले चुनाव में इन दलों ने मिलकर भारी संख्या में मत प्राप्त किए थे, इसका यह मतलब नहीं होता कि उनका साथ आना उपयोगी था। वास्तव में राज्य के चुनावों के महज तीन महीने बाद, कांग्रेस और जे.डी.एस. ने नगरपालिका चुनावों में अकेले ही उतरने का फैसला किया।[493] आगे हम पढ़ेंगे कि किस प्रकार यह महागठबंधन दूरदर्शिता और नेतृत्व के अभाव में बन ही नहीं पाया! आखिर में 2019 के आम चुनावों के ठीक बाद जे.डी.एस.-कांग्रेस की गठबंधन सरकार गिर गई।

2019 के आम चुनावों से पहले विधानसभा चुनावों का पिछला दौर 2018 में छत्तीसगढ़, राजस्थान, मध्य प्रदेश, तेलंगाना और मिजोरम राज्यों में हुआ। कांग्रेस और भाजपा के लिए मिले-जुले नतीजे आए। कांग्रेस छत्तीसगढ़ में आसानी से जीत गई, लेकिन राजस्थान और मध्य प्रदेश में किसी तरह छोटे दलों और निर्दलीयों के समर्थन से आधी सीट का जुगाड़ कर सकी। तेलंगाना में टी.आर.एस. को जबरदस्त बहुमत मिला और मिजोरम में एन.डी.ए. की सरकार बनी। लेकिन हिंदी क्षेत्र में मिली तीन जीत के साथ कांग्रेस कम-से-कम मुकाबले में तो आई, नहीं तो 2019 के आम चुनावों में मोदी और भाजपा ने सबका सफाया कर दिया था।

□

493. डी.पी. सतीश, 'जे.डी.एस.-कांग्रेस कंबाइन टु फाइट कर्नाटक सिविक पोल्स सेपरेटली, भाजपा प्रेडिक्ट्स फॉल पोस्ट इलेक्शंस', न्यूज 18, 3 सितंबर, 2018, https://www.news18.com/news/politics/ruling-jds-cong-combine-to-fight-karnataka-civic-polls-separately-bjp-predicts-govts-fall-post-elections-1835659.html

20

2019 के आम चुनावों में मोदी की जबरदस्त वापसी

तीन राज्यों में हार के बावजूद भाजपा ताकतवर नजर आ रही थी। वास्तव में आज की भाजपा एक प्रकार से 1950 के दशक की कांग्रेस है। यह अब महज हिंदी भाषी क्षेत्र की पार्टी नहीं है। आज तक भारत के इतिहास में कभी ऐसा नहीं हुआ कि प्रधानमंत्री, राष्ट्रपति और उपराष्ट्रपति, सब-के-सब राष्ट्रीय स्वयंसेवक संघ और भाजपा की पृष्ठभूमिवाले हों। भले ही भाजपा की उत्तर प्रदेश के उपचुनावों में तीन सीटों पर हार हुई थी, जो एक झटका थी, लेकिन यह देखना भी महत्त्वपूर्ण है कि किसी उपचुनाव में कभी आम चुनावों जैसी गहमागहमी और सघनता नहीं होती है। देश में जहाँ आने वाले चुनावों को लेकर उत्सुकता थी, वहीं सबकी नजरें मोदी पर टिकी थीं। उनकी लोकप्रियता अच्छी-खासी थी, 'प्यू रिसर्च सेंटर' के एक सर्वे ने कहा कि दस में नौ भारतीय मोदी के साथ हैं,[494] और 70 प्रतिशत से अधिक भारतीयों ने कहा कि वे 2019 में फिर से मोदी के लिए वोट करेंगे।[495]

मोदी ने लोकसभा चुनाव की दिशा तय की

2019 के चुनावी साल की शुरुआत में ही, जिस वर्ष वह फिर से चुने जाने की अपील कर रहे थे, पी.एम. मोदी ने आम चुनावों की दिशा तय करने का फैसला किया। न्यूज एजेंसी ए.एन.आई. को दिए अपने एक इंटरव्यू में उन्होंने उन मुद्दों को सामने रखा, जिन्हें अगली सरकार चुनने के लिए वोट करते समय देश को ध्यान में रखना

---

494. एलिजाबेथ रोश, '9 आउट ऑफ 10 इंडिन्स अप्रूव ऑफ नरेंद्र मोदी, सेज प्यू सर्वे', लाइव मिंट, 17 नवंबर, 2017, https://www.livemint.com/Politics/FmXo0Kb3d0NZ30YMaOMskI/9-out-of-10-Indians-approve-of-Narendra-Modi-says-Pew-surve.html
495. https://timesofindia.indiatimes.com/india/mega-times-group-poll-71-9-of-indians-say-they-will-vote-for-narendra-modi-as-pm-again-in-2019/articleshow/64324490.cms

चाहिए। नब्बे मिनट के इस एक्सक्लूसिव इंटरव्यू में, मोदी ने न केवल अपने से पूछे गए हर सवाल और विपक्ष के आरोपों का जवाब दिया, बल्कि यह भी ऐलान किया कि लोकसभा चुनावों में वह 'मोदी बनाम अन्य सभी' की तैयारी भी कर रहे थे।

उन्होंने उन सारे मुद्दों पर चर्चा की, जिनके विषय में विपक्ष कह रहा था कि वह बात नहीं कर रहे हैं। इनमें अयोध्या में राम मंदिर, किसानों की कर्ज माफी, सर्जिकल स्ट्राइक, नोटबंदी, जी.एस.टी., देश में रोजगार की स्थिति, राफेल का मुद्दा, सबरीमाला विवाद और लोकसभा चुनाव से जुड़े अन्य महत्त्वपूर्ण मुद्दे शामिल थे। पी.एम. मोदी की वेबसाइट के अनुसार, 'पी.एम. मोदी ने सभी सवालों के जवाब दिया और शायद ही किसी मुद्दे से किनारा किया।'[496] इस इंटरव्यू को लेकर 'फर्स्टपोस्ट' में छपी रिपोर्ट ने इसे 'प्रभावी' कहा, क्योंकि इसमें देश के वर्तमान मुद्दों को शामिल कर तमाम विषयों को शामिल किया। इसने कहा—

"उन्होंने अपने आप को जनता का प्रतिनिधि बनाने की मंशा का साफ संकेत देकर इरादा जता दिया कि वह फर्स्ट फैमिली के नेतृत्व वाले शक्तिशाली और ताकतवर लोगों से मुकाबले के लिए तैयार हैं···इसने मीडिया में चर्चा की दिशा भी तय कर दी, जिससे भाजपा को प्रचार के शुरुआती दिनों में लोगों का सारा ध्यान अपनी ओर रखने का मौका मिल गया। प्रधानमंत्री निश्चित रूप से इस चर्चा को अपने नियंत्रण में रखना चाहेंगे, बजाय इसके कि मात्र प्रतिक्रिया देते रहें।"[497]

इसे 'मोदी बनाम अन्य सभी' का मुकाबला बनाते हुए मोदी ने एन.एन.आई. से कहा कि विपक्ष के नेताओं के लिए मुख्य मुद्द वह स्वयं हैं। हर दिन कोई-न-कोई मोदी को गाली देने के लिए खड़ा हो जाता है। आपको भारत को लेकर उनके विजन के बारे में कुछ भी सुनने को नहीं मिलेगा। साल 2019 में भारत के लोग एजेंडा तय करेंगे। वे जानते हैं, उनकी आकांक्षाएँ किसके साथ हैं और किसके साथ नहीं हैं! भारत के लोग यह देख रहे हैं कि कैसे जो नेता लूटना चाहते हैं, वे एक-दूसरे के पास आ रहे हैं और गठबंधन कर रहे हैं 2019 भारत की जनता बनाम विपक्षी गठबंधन के बीच का मुकाबला होने जा रहा है।[498]

भाजपा विरोधी ताकतों द्वारा बनाए गए महागठबंधन पर मोदी ने कहा कि इस

496. https://www.narendramodi.in/key-points-from-pm-modi-s-interview-to-ani-542850

497. आशीष चंदोरकर, 'नरेंद्र मोदीज इंटरव्यू टु ए.एन.आई. शोज ही इज पोजिशनिंग हिमसेल्फ एज द इनसरजेंट वंस अगेन इन 2019', फर्स्टपोस्ट, 2 जनवरी 2019, https://www.firstpost.com/politics/narendra-modis-interview-to-ani-shows-hes-positioning-himself-as-the-insurgent-once-again-in-2019-5824481.html

498. https://www.indiatoday.in/mail-today/story/pm-first-2019-interview-modi-bucks-rss-pressure-on-ayodhya-issue-1421718-2019-01-02

गठबंधन की पहली परीक्षा तेलंगाना में हुई और नतीजा सबने देख लिया। उनके बड़े नेता तो साथ आ गए, लेकिन लोग ऐसी अवसरवादिता से कभी जुड़ नहीं सकते। उन्होंने कहा कि हमारे देश में राजनीतिज्ञों को क्षेत्रीय आकांक्षाओं का खयाल रखना पड़ता है और उन्होंने इन्हें पूरा करने का संकल्प लिया है।

जब ए.एन.आई. की स्मिता प्रकाश ने उनसे विपक्ष की ओर से लोकतांत्रिक संस्थानों को कमजोर करने के आरोप पर प्रश्न पूछा तो मोदी ने कहा कि दस वर्ष पहले पी.एम.ओ. को कमजोर कर दिया था और नेशनल एडवाइजरी काउंसिल (एन.ए.सी.) नाम की एक असंवैधानिक संस्थान का गठन किया गया था, जिसकी अध्यक्ष तत्कालीन कांग्रेस अध्यक्ष सोनिया गांधी थीं। संस्थानों का अपमान यह था। उन्होंने पूछा कि ऐसा किस व्यवस्था में होता है कि किसी पार्टी के नेता (राहुल गांधी पढ़ें) को कैबिनेट की ओर से लिये गए निर्णय को फाड़कर फेंक देने का अधिकार मिल जाता है? उन्होंने यह भी कहा कि एक पूर्व प्रधानमंत्री ने योजना आयोग के सदस्यों को 'जोकरों का झुंड' कहा था। 'आप जानती हैं, उस समय योजना आयोग का उपाध्यक्ष कौन था?' उन्होंने (यह बताते हुए कि जब डॉ. मनमोहन सिंह उपाध्यक्ष थे, तब श्री राहुल गांधी ने क्या कहा था) पूछा।

कांग्रेस के इकलौते मुद्दे राफेल पर मोदी ने कहा, 'मैंने इस (राफेल) पर संसद् और तमाम सभाओं में कहा है। भारत के सुप्रीम कोर्ट ने अपना मत स्पष्ट कर दिया है और फ्रांस के राष्ट्रपति ने भी जो कहना था, कह दिया है। उनके लिए मेरा अपराध यह है कि मैं भारत को रक्षा में आत्मनिर्भर बनाने के लिए 'मेक इन इंडिया' पर काम कर रहा हूँ। मेरा अपराध यह है कि सैन्य बलों को जो चाहिए, उस पर मैं ध्यान दे रहा हूँ। मुझे उनकी गालियों की परवाह नहीं है, मैं अपना काम करता रहूँगा और सैन्य बलों को ताकतवर बनाता रहूँगा। मैं ईमानदारी से काम कर रहा हूँ।'

सर्जिकल स्ट्राइक पर पी.एम. मोदी ने कहा, 'कुछ राजनीतिक दल हैं, जिन्होंने वही भाषा बोलना शुरू कर दिया, जैसी भाषा पाकिस्तान बोल रहा है। ऐसे दल हमारी सेनाओं का मनोबल गिरा रहे हैं। उन्होंने ऐसे विषय का भी राजनीतिकरण कर दिया। प्रधानमंत्री के रूप में मैं हमेशा ही सैन्य बलों की प्रशंसा करता हूँ। एक युद्ध से पाकिस्तान सुधरनेवाला नहीं है। उसे सुधरने में अभी थोड़ा वक्त और लगेगा। भारत के सभी प्रधानमंत्री, चाहे वे किसी भी दल के रहे हों, ले कभी पाकिस्तान के साथ बातचीत का विरोध नहीं किया; लेकिन बम-धमाकों के बीच क्या हम कुछ सुन सकते हैं? आज आतंक का समर्थन करनेवाला पाकिस्तान अलग-थलग पड़ गया है।'

पिछली यू.पी.ए. सरकार में भ्रष्टाचार पर मोदी ने कहा, 'जो लोग जनता को लूटकर भाग गए हैं, उन्हें वापस आना होगा। जनता की एक-एक पाई, जो वे ले गए हैं, उन्हें जनता को वापस करना होगा। यह एक सच्चाई है कि देश की तथाकथित 'फर्स्ट

फैमिली' जमानत पर है। उनके वफादार इस तथ्य को छिपाने का कितना ही प्रयास कर लें, लेकिन वे सफल नहीं होंगे।

'भारत के एक पूर्व वित्त मंत्री को अदालतों का चक्कर लगाना पड़ रहा है और जनता सब देख रही है। हम किसी व्यक्ति के खिलाफ नहीं हैं। सरकारी विभाग पेशेवर ढंग से काम कर रहे हैं।'

जी.एस.टी. पर मोदी ने कहा, 'पहले तरह-तरह से टैक्स की चोरी की जाती थी। टैक्स की दरें भी बहुत अधिक थीं। जी.एस.टी. ने सबकुछ आसान बना दिया है। इसने कई वस्तुओं पर टैक्स को कम किया है। हमारा रुख लगातार फीडबैक लेना और इस दिशा में काम करना है कि जी.एस.पी. उसी प्रकार से चले। जी.एस.टी. काउंसिल में तमाम तरह के सदस्य हैं। राज्य सरकारें भी शक्तिशाली हैं, जिनमें से कई राज्यों में भाजपा सत्ता में नहीं है। जो कुछ भी हो रहा, सब आम सहमति से हो रहा है। हम लोगों की सभी समस्याओं को सुनने और उन्हें जी.एस.टी. काउंसिल के समक्ष रखने के लिए प्रतिबद्ध हैं। हमारे लिए लोगों की प्रतिक्रिया सबसे अधिक महत्त्व रखती है। जी.एस.टी. को सरल और उपभोक्ता के अनुकूल बनाना होगा। इस दिशा में लगातार काम हो रहा है।

इस प्रश्न पर कि मध्यम वर्ग को मोदी सरकार से क्या मिला, पी.एम. ने कहा, 'आई.आई.टी. और आई.आई.एम. जैसे अधिक-से-अधिक शैक्षणिक संस्थानों की स्थापना की जा रही है। अच्छी और सस्ती स्वास्थ्य सेवा की एक योजना है। विमानों का किराया कम हो गया है और उसके कारण अधिक-से-अधिक लोग विमानों में सफर कर रहे हैं। इसका लाभ किसे मिल रहा है? मध्यम वर्ग को।'

जब किसानों की कर्ज माफी पर पूछा गया, तो पी.एम. का कहना था, 'हम किसानों की कर्ज माफी की बात कर रहे हैं और बार-बार इसे चुनावों से जोड़ दिया जाता है। हमें संरचनात्मक मुद्दों पर भी विचार करना चाहिए—हम किसानों को सशक्त कैसे बनाएँ, कैसे अधिक पानी, अधिक ऋण, बेहतर बाजार उपलब्ध कराएँ? एक किसान कर्ज के बोझ तले कैसे दब जाता है? मैं एक ऐसी स्थिति चाहता हूँ, जहाँ किसान कर्ज में आए ही नहीं। किसानों का एक छोटा सा वर्ग है, जो बैंकों से कर्ज लेता है। उनमें से अधिकांश साहूकारों से कर्ज लेते हैं। सरकार जब ऐसी घोषणाएँ करती है, तब किसानों को कर्ज माफी का असली लाभ नहीं मिलता। जिन किसानों की मौत हो रही है, वे ऐसी योजनाओं के दायरे से बाहर हैं। यह हमारी सरकार थी, जिसने किसानों को बेहतर एम.एस.पी. देने का ऐतिहासिक निर्णय लिया। हमने ऐसा क्यों किया, इसलिए कि किसानों को कर्ज पर निर्भर न रहना पड़े और वे अधिक समृद्ध बनें। मेरे लिए किसानों का कल्याण उन पर राजनीति करने में नहीं है। मैं अपने किसानों की स्थिति को बेहतर बनाने के लिए जो कुछ भी संभव है, वह सब करना चाहता हूँ।'

जब तीन तलाक के विवादित विषय पर प्रश्न पूछा गया, तो पी.ए.एम. ने कहा कि ट्रिपल तलाक पर अध्यादेश सुप्रीम कोर्ट के फैसले के आलोक में आया। इससे पहले इसे नहीं लाया गया। बरसों तक ट्रिपल तलाक को समाप्त करने के लिए संकल्प के साथ प्रयास क्यों नहीं हुए ? ट्रिपल तलाक धार्मिक मुद्दा नहीं है। इसका संबंध लैंगिक न्याय से है। कई इस्लामी देशों ने इस पर पाबंदी लगा दी है।

राम मंदिर के विषय पर पी.एम. मोदी ने स्पष्ट रूप से कहा, 'मैं कांग्रेस पार्टी से कहना चाहूँगा कि वे अपने वकीलों का इस्तेमाल राम मंदिर पर न्यायिक प्रक्रिया को लटकाने के लिए न करे। न्यायिक प्रक्रिया को स्वाभाविक गति से चलने दे। इसे राजनीति के तराजू पर न तौले। न्यायिक प्रक्रिया पूरी हो जाने दीजिए। जब न्यायिक प्रक्रिया पूरी हो जाएगी, तब सरकार के रूप में हमारी जो भी जिम्मेदारी होगी, हम उसके लिए सारे प्रयास करने के लिए तैयार हैं।'

मॉब लिंचिंग पर उनका कहना था, 'हम किसी भी प्रकार की हिंसा को बरदाश्त नहीं कर सकते हैं। ऐसी एक भी घटना निंदनीय है।' गोवंश के कल्याण के विषय पर पी.एम. मोदी ने कहा, 'हमें यह याद रखना चाहिए कि बापू, आचार्य विनोबा भावे ने क्या कहा था! हमें भारत के संविधान, राज्य के नीति निदेशक सिद्धांतों को भी याद रखना चाहिए। हमें इन महान् लोगों की बातों का और जो हमारा संविधान कहता है, उसका पालन करना चाहिए।' सबरीमाला केस पर पी.एम. मोदी ने कहा कि, प्रत्येक मंदिर की अपनी मान्यताएँ हैं। ऐसे मंदिर हैं, जहाँ पुरुषों को जाने की अनुमति नहीं है। सबरीमाला केस में जज ने जो कहा, उसे हमें ध्यान से पढ़ना चाहिए। गंगा की सफाई अभियान पर पी.एम. मोदी ने गर्व के साथ कहा कि गंगा किनारे के गाँव ओ.डी.एफ. हो चुके हैं। यह एक बड़ी उपलब्धि है।

लुटियंस गैंग पर पी.एम. मोदी ने टिप्पणी की, 'मैं समाज के गैर–कुलीन वर्ग से आता हूँ और मुझे उसका गर्व है। मैंने लुटियंस दिल्ली के लोगों का दिल नहीं जीता है। और मैं इस वर्ग का हिस्सा बनना भी नहीं चाहता हूँ, क्योंकि मेरी पृष्ठभूमि अलग है। मेरा संबंध भारत के लोगों से जुड़े सभी मुद्दों से है।'[499]

मोदी ने ए.एन.आई. की स्मिता प्रकाश के सवालों के जो उत्तर दिए, वे भाजपा के प्रत्येक कार्यकर्ता तक पहुँचे और उन्हें 2019 के चुनावों से पहले भाजपा के दृष्टिकोण का बचाव करने की दमदार दलील मिल गई। विपक्ष जब नेतृत्व, विजन, मुद्दों, प्रचार की रणनीति और गठबंधन की बातों से जूझ रहा था, तब तक मोदी 2019 के चुनावों की दशा और दिशा तय कर चुके थे। इसके बाद विपक्ष उनकी ओर से तय दिशा पर महज प्रतिक्रिया दे रहा था।

499. https://twitter.com/pmoindia/status/1080102620314853376?lang=en

महागठबंधन, जो कभी बन नहीं पाया

2019 के चुनावों से पहले कांग्रेस ने क्षेत्रीय दलों को एक महागठबंधन का हिस्सा बनाने का अथक किंतु विफल प्रयास किया, जिसे पी.एम. मोदी से मुकाबले के लिए तैयार किया जा रहा था। हालाँकि सभी 'भाजपा विरोधी दलों' को एक प्लेटफॉर्म पर साथ लाने का प्रयास बुरी तरह विफल हो गया। 2018 के विधानसभा चुनावों में यह साहसिक प्रयोग तेलंगाना में उलटा पड़ गया, जहाँ कांग्रेस का टी.डी.पी. के साथ गठबंधन महाकूटामी टूट गया।

भारत की चुनावी पहेली में उत्तर प्रदेश काफी अहमियत रखता है, क्योंकि यहाँ से लोकसभा की बंपर अस्सी सीटें हैं। कांग्रेस के सूत्रों और उनसे जुड़े मीडिया संगठनों ने यह खबर फैलाकर पी.एम. मोदी के खिलाफ एक माहौल तैयार करने का प्रयास किया कि उत्तर प्रदेश में एक महागठबंधन बनने जा रहा है। यह उल्लेखनीय राजनीतिक घटना थी कि दो चिरप्रतिद्वंद्वी, एस.पी. और बी.एस.पी., साथ आ रहे थे, वह भी महज उत्तर प्रदेश में भाजपा को रोकने और 2014 के चुनावों में जो हुआ, उसे दोहराए जाने से विफल करने के लिए, जिसमें पूरे राज्य को मोदी लहर ने अपने वश में कर लिया था। दोनों क्षेत्रीय दलों के नेता 1995 से ही एक-दूसरे के कट्टर दुश्मन रहे हैं, जब एसपी ने राज्य में सत्ता में बने रहने के लिए कथित तौर पर एक स्टेट गेस्ट हाउस में मायावती पर हमला करने का प्रयास किया था। यह घटना 'गेस्ट हाउस कांड' के नाम से कुख्यात हुई थी।[500] हालाँकि लोकसभा चुनावों से पहले एस.पी. और बी.एस.पी. ने अपनी दो दशक से भी पुरानी दुश्मनी को 'भुला' दिया और सिर्फ राज्य में भाजपा को सत्ता में आने से रोकने के लिए हाथ मिला लिया। यही नहीं, अखिलेश यादव और मायावती मार्च 2018 में फूलपुर और गोरखपुर तथा मई 2018 में कैराना में उपचुनावों में अपने 'प्रयोगों' से अभिभूत हो गए, जिसमें उन्होंने अवसरवादी गठबंधन कर जीत हासिल की थी। कांग्रेस ने उत्तर प्रदेश के इस महागठबंधन में शामिल होने को लेकर अब तक कुछ भी तय नहीं किया था। यहाँ यह याद करना जरूरी है कि इससे पहले 2017 के उत्तर प्रदेश विधानसभा चुनावों से पहले कांग्रेस और एस.पी. ने गठबंधन किया था, जिसमें राहुल गांधी और अखिलेश यादव ने खुद को 'उत्तर प्रदेश के लड़के' बताया था। लेकिन उनका यह दाँव बुरी तरफ फेल हो गया था और जमीन पर उसका कोई भी असर नहीं हुआ। उत्तर प्रदेश के उन चुनावों में भाजपा की आँधी चली और उसने विधानसभा की 403 सीटों में से 312 सीटों पर जीत हासिल कर पूर्ण बहुमत हासिल कर लिया। वास्तव

---

500. रवीश तिवारी, 'द स्टोरी ऑफ द गेस्ट हाउस', द इंडियन एक्सप्रेस, 16 जनवरी, 2019, https://indianexpress.com/article/explained/mayawati-akhilesh-yadav-sp-bsp-alliance-guest-house-attack-5540258/

में, राज्य में यह पार्टी का सर्वश्रेष्ठ प्रदर्शन था, जहाँ एस.पी. और बी.एस.पी. का शासन था। एन.डी.ए. के अंग के रूप में भाजपा ने चुनाव लड़ा और विधानसभा की 403 सीटों में से अपने दम पर 312 सीटें जीत लीं और राज्य में 1991 में अपने 221 सीट जीतने के आँकड़े को और बेहतर कर लिया। अपने सहयोगियों को मिलाकर एन.डी.ए. को 325 सीट मिलीं। उत्तर प्रदेश में एस.पी. और कांग्रेस के गठबंधन के बावजूद भाजपा के इतने शानदार प्रदर्शन के बाद तेलंगाना विधानसभा चुनाव के झटके ने कांग्रेस की स्थिति 'दूध का जला छाछ भी फूँक-फूँककर पीता है' वाली बना दी।

इसके बाद भी कांग्रेस ने आधिकारिक रूप से इस खबर का खंडन कभी नहीं किया कि वह एस.पी.-बी.एस.पी. गठबंधन में शामिल होने जा रही है और इस तरह के गठबंधन की खबरें उड़ती रहीं। कांग्रेस के इंतजार करने के इस खेल से निराश होकर अखिलेश और मायावती ने 12 जनवरी, 2019 को पूरे जोशो-खरोश के साथ गठबंधन का ऐलान कर दिया। अजित सिंह की आर.एल.डी. भी इस गठबंधन का हिस्सा थी, जिसे कुछ लोग 'महागठबंधन' कह रहे थे, जबकि इसमें महज तीन दल शामिल थे। मायावती और अखिलेश ने कांग्रेस और इसके अध्यक्ष राहुल गांधी की भाजपा के खिलाफ एकजुट मोरचा बनाने के प्रयासों पर चुप्पी साधे रहने के लिए आलोचना की। असल में दोनों ही नेताओं ने 2019 के लोकसभा चुनावों की अपनी अधिकांश रैलियों में कांग्रेस को निशाने पर लिया। दरअसल, उत्तर प्रदेश के देवबंद में अपनी पहली साझा रैली में अखिलेश और मायावती दोनों ने ही कांग्रेस को 'बोफोर्स से दागदार' बताया। मायावती ने कहा, 'इतने वर्षों तक शासन करने के बावजूद कांग्रेस विफल रही।'[501] कानपुर की एक रैली में अखिलेश ने अपने पुराने साथी पर करारा प्रहार किया। 'हमारा कांग्रेस के साथ गठबंधन था, लेकिन मैंने देखा कि उनमें बहुत ज्यादा अहंकार है', उन्होंने कहा।[502] संभवतः पी.एम. मोदी ने इस महागठबंधन के लिए सटीक शब्द का प्रयोग किया और मतदाताओं के सामने इस अवसरवादी गठबंधन का सही चेहरा उजागर करने के लिए इसे 'महामिलावटी' कहा। इस गठबंधन के तहत, एस.पी. और बी.एस.पी. ने तय किया था कि कुल अस्सी संसदीय सीटों में से वे क्रमशः अड़तीस और सैंतीस सीटों पर लड़ेंगे।

---

501. 'इन फर्स्ट ज्वॉएंट रैली, मायावती, अखिलेश अटैक कांग्रेस, भाजपा, सेज नॉट मच डिफरेंस इन देयर पॉलिसीज', द इंडियन एक्सप्रेस, 7 अप्रैल, 2019, https://indianexpress.com/elections/mayawati-akhilesh-yadav-ajit-singh-sp-bsp-rld-rally-lok-sabha-elections-congress-bjp-narendra-modi-5663449/

502. पी.टी.आई., 'अखिलेश अटैक्स कांग्रेस फॉर इट्स 'बिग ईगो', मॉक्स बीजेपीज 'चायवाला', बिजनेस स्टैंडर्ड, 24 अप्रैल, 2019, https://www.business-standard.com/article/pti-stories/akhilesh-attacks-cong-for-its-big-ego-mocks-bjp-s-chaiwala-119042400953_1.html

बाकी बची पाँच सीट में से तीन आर.एल.डी. को दी जाएँगी, जबकि अमेठी और रायबरेली की दो सीट पूर्व कांग्रेस अध्यक्ष सोनिया गांधी और तत्कालीन अध्यक्ष राहुल गांधी के लिए छोड़ दी जाएँगी।

लेकिन एस.पी.-बी.एस.पी. के गठबंधन को कांग्रेस का मौन समर्थन मिला। 'हमने उम्मीदवारों को ध्यान से चुना है, ताकि या तो कांग्रेस जीते या वे भाजपा का वोट काटें। कांग्रेस उत्तर प्रदेश गठबंधन के लिए वोटकटवा नहीं है',[503] यह बात प्रियंका गांधी वाड्रा ने कबूल की, जिनकी लोकसभा चुनाव से ठीक पहले पैराशूट से सियासी लैंडिंग कराई गई थी। उनकी एंट्री पर भी काफी चर्चा हुई और मीडिया ने खूब तवज्जो दी, लेकिन एस.पी.-बी.एस.पी. गठबंधन की तरह ही, वह भी मतदाताओं को उत्तर प्रदेश के विकास का कोई रोडमैप नहीं दे सकीं।

उत्तर प्रदेश के अलावा अन्य जगहों पर चुनाव से पहले गठबंधन बनाने के प्रयास विफल रहे। लेकिन एन.डी.ए. के उलट, जहाँ सभी सहयोगी दलों का एक ही मिशन था, देश की सेवा करना, वहीं यू.पी.ए. और अन्य विपक्षी दल अपने नेताओं की व्यक्तिगत महत्त्वाकांक्षा के कारण साथ नहीं आ सके। 'आप' नेता अरविंद केजरीवाल दिल्ली, हरियाणा और पंजाब में गठबंधन के लिए हताशा में खूब गिड़गिड़ाए, लेकिन राष्ट्रीय राजधानी से बाहर कोई समझौता करने से कांग्रेस के इनकार के बाद कोई नतीजा हासिल नहीं हुआ। इसी प्रकार टी.एम.सी. की ममता बनर्जी और कांग्रेस पश्चिम बंगाल में गठबंधन नहीं कर सके, जबकि दोनों के साथ आने पर बातचीत भी हुई। टी.एम.सी. से पहले कांग्रेस राज्य में वामपंथियों से गठबंधन करने का प्रयास कर रही थी। तेलंगाना पहले ही ऐसे गठबंधन को खारिज कर चुका था। केरल में कांग्रेस और वामपंथ एक-दूसरे से लड़ रहे थे। टी.डी.पी., जिसने 2019 के चुनावों से ठीक पहले एन.डी.ए. को छोड़ दिया था, उसे राज्य में कांग्रेस से किसी भी गठबंधन में बुद्धिमानी नहीं दिखी। मात्र बिहार, कर्नाटक और महाराष्ट्र में कांग्रेस स्थानीय दलों के साथ गठबंधन कर सकी।

आखिरकार 'विपक्षी एकता' या 'शक्ति प्रदर्शन' की तसवीरें खिंचवाने के चंद अवसरों के सिवाय, जैसा 2018 में कर्नाटक में एच.डी. कुमारस्वामी के शपथ ग्रहण के दौरान देखने को मिला था और जिसे जनवरी 2019 में पश्चिम बंगाल की मुख्यमंत्री ममता बनर्जी ने कोलकाता में आयोजित किया था, ऐसे अवसरवादी गठबंधन को किसी ने भी गंभीरता से नहीं लिया।

---

503. आर्चीस मोहन, 'कांग्रेस स्ट्रैटेजी इज टु हेल्प एस.पी.-बी.एस.पी. गठबंधन इन उत्तर प्रदेश : प्रियंका इन अमेठी', बिजनेस स्टैंडर्ड, 2 मई, 2019, https://www.business-standard.com/article/elections/congress-strategy-is-to-help-sp-bsp-gathbandhan-in-up-priyanka-in-amethi-119050200045_1.html

सर्जिकल स्ट्राइक 2.0 : मोदी के शक्तिशाली नेतृत्व की पुष्टि

14 फरवरी, 2019 को, एक पाकिस्तान प्रायोजित आतंकवादी हमले में जम्मू-कश्मीर के पुलवामा जिले में भारतीय सुरक्षा बल के कम-से-कम चालीस जवान शहीद हो गए। बारह दिन बाद भारतीय वायु सेना ने पाकिस्तान के खैबर पख्तूनख्वाह प्रांत में स्थित बालाकोट के जैश-ए-मोहम्मद के आतंकी कैंपों पर बड़ा हवाई हमला किया। 'बिजनेस टुडे' के एक लेख के अनुसार—'मंगलवार की सुबह 3.40 बजे जब 12 मिराज लड़ाकू विमानों ने उनके इलाके पर धावा बोला और करीब 1,000 किलो के बम गिराए, जिनसे 350 तक की संख्या में आतंकवादी मारे गए, तब पाकिस्तान के सुरक्षा बल और जैश-ए-मोहम्मद के आतंकी हक्के-बक्के रह गए।'[504] इससे पहले 29 सितंबर, 2016 को भारतीय सेना ने 18 सितंबर को उड़ी में सेना के कैंप पर हुए आतंकी हमले का बदला लेने के लिए, जिसमें उन्नीस भारतीय सेना के जवान शहीद हुए थे, नियंत्रण रेखा के पार जाकर एक बड़ी सर्जिकल स्ट्राइक की थी। सर्जिकल स्ट्राइक 2.0, जो 'असैन्य' ऑपरेशन था, उसे पी.एम. मोदी की निगरानी में किया था और पूरे देश ने इसकी प्रशंसा की थी। ट्विटर पर इस हमले की तारीफ करने में संदेशों की बाढ़ आ गई और #IndiaStrikesBack, #JoshIsHigh, #ModiPunishesPak, और #56InchRocks जैसे हैशटैग कई घंटे तक ट्रेंड करते रहे। 'ऑब्जर्वर रिसर्च फाउंडेशन' के एक्सपर्ट राकेश सूद के अनुसार, 'बालाकोट एयर स्ट्राइक के बाद नए मुकाम बने। 1971 के बाद पहली बार भारतीय वायु सेना आक्रामक ऑपरेशन के लिए पाकिस्तानी हवाई क्षेत्र में दाखिल हुई। दूसरा, जो टारगेट चुना गया था, वह पीओके (जो पाकिस्तान के अधिकार में विवादित क्षेत्र है) में नहीं, बल्कि पाकिस्तान के खैबर पख्तूनख्वा प्रांत में था।'[505]

जब पूरा देश भारतीय सैन्य बलों को बधाई दे रहा था और उनके शौर्य की प्रशंसा कर रहा था, तब कांग्रेस के नेतृत्व में विपक्षी दल स्ट्राइक के 'सबूत' माँग रहे थे! आनन-फानन में एक के बाद एक दिग्विजय सिंह, कपिल सिब्बल और नवजोत सिंह सिद्धू जैसे कांग्रेस नेताओं ने पाकिस्तान में एयर स्ट्राइक का सबूत माँगा। पंजाब के

---

504. 'सर्जिकल स्ट्राइक 2.0 : 'इट्स योर टर्न टु गेट रेडी फॉर आवर सरप्राइज,' सेज पाकिस्तान आर्मी टु इंडिया आफ्टर आईएएफ डिस्ट्रॉयजॉ जैश टेरर कैंप्स इन बालाकोट', https://www.businesstoday.in/current/economy-politics/air-force-strikes-in-pok-live-fighter-jets-drop-1000-kg-bombs-across-loc-destroy-jaish-terror-camps/story/322343.html
505. राकेश सूद, 'डज बालाकोट डिफाइन ए न्यू नॉर्मल?', ऑब्जर्वर रिसर्च फाउंडेशन, 22 मार्च, 2019, https://www.orfonline.org/expert-speak/does-balakot-define-a-new-normal-49198/

मुख्यमंत्री कैप्टन अमरिंदर सिंह ने यहाँ तक कह दिया कि कांग्रेस सबूत माँग रही है तो इसमें 'कुछ भी गलत नहीं' है।[506] हालाँकि सुरक्षा बलों की क्षमता पर इस प्रकार का संदेह जताना निश्चित रूप से भारतीय सैन्य बलों का मनोबल गिराने वाली बात थी। 'कांग्रेस और उसके सहयोगी ऐसे-ऐसे काम कर रहे हैं, जिनसे दुश्मनों को मुसकराने का पर्याप्त मौका मिल रहा है। ऐसे समय में जब हमें आतंकी फैक्टरियों के खिलाफ एक देश के रूप में बोलना चाहिए, तब दिल्ली में 21 दल एन.डी.ए. के खिलाफ बोलने के लिए साथ आ गए', मोदी ने कहा।[507] फिर तत्कालीन वित्त मंत्री स्वर्गीय अरुण जेटली को विपक्ष को याद दिलाना पड़ा कि जब अमेरिका ने ओसामा बिन लादेन पर हमला किया था, तब वहाँ किसी ने भी अपनी सेना की काररवाई पर न तो कोई सवाल उठाया था, न ही कोई सबूत माँगा था।[508]

राम मंदिर—भाजपा का संकल्प, कांग्रेस ढुलमुल

2019 के लोकसभा चुनावों से महज कुछ महीने पहले कुछ लोगों ने, जिनमें अयोध्या के कुछ सम्मानित संत भी थे, शायद विपक्ष के कहने पर राम मंदिर मुद्दे पर अपनी आवाज उठाई। वह भी तब, जबकि यह विषय पहले ही न्यायालय के विचाराधीन था। दिसंबर 2017 में गुजरात विधानसभा चुनावों के दौरान कांग्रेस के वरिष्ठ नेता और सुप्रीम कोर्ट के वकील कपिल सिब्बल ने कोर्ट से आग्रह किया कि राम जन्मभूमि केस पर सुनवाई को 2019 के लोकसभा चुनावों के बाद के लिए टाल दिया जाए, जबकि पूरा देश दशकों पुराने विवाद का जल्द-से-जल्द निपटारा चाहता था। सिब्बल ने कोर्ट से कहा था, 'यह सुनवाई जुलाई 2019 तक टाल देनी चाहिए… आखिर इतनी हड़बड़ी क्यों है ?'[509]

---

506. 'कांग्रेस हैज राइज टु डिमांड प्रूफ ऑन बालाकोट : कैप्टन अमरिंदर', द पॉयनियर, 4 मई, 2019, https://www.dailypioneer.com/2019/state-editions/congress-has-right-to-demand-proof-on-balakot-capt-amarinder.html

507. 'बालाकोट एयरस्ट्राइक : एनिमीज स्माइलिंग एट अपॉजिशन्स डिमांड फॉर प्रूफ, सेज नरेंद्र मोदी', मिडडे, 4 मार्च, 2019, https://www.mid-day.com/articles/balakot-airstrikes-enemies-smiling-at-oppositions-demand-for-proof-says-narendra-modi/20504183

508. पी.टी.आई., 'अपॉजिशन स्कोर्ड सेल्फ गोल बाई क्वेश्चनिंग सक्सेस ऑफ बालाकोट एयर स्ट्राइक : एफ.एम.', बिजनेस लाइन, 16 मार्च, 2019, https://www.thehindubusinessline.com/news/national/opposition-scored-self-goal-by-questioning-success-of-balakot-air-strike-fm/article26555464.ece

509. हरीश वी. नायर, 'राम मंदिर इश्यू हियरिंग : व्हेन कपिल सिब्बल आस्क्ड सुप्रीम कोर्ट नॉट टु फॉल इनटू बीजेपीज 'ट्रैप', इंडिया टुडे, 6 दिसंबर, 2017, https://www.indiatoday.in/mail-today/story/ram-janmabhoomi-babri-masjid-title-dispute-supreme-court-kapil-sibal-1101212-2017-12-06

जैसा पहले हुआ था, इस बार भी भाजपा अयोध्या में भव्य राम मंदिर निर्माण को लेकर पूरी तरह संकल्प कर चुकी थी।

जनवरी 2019 में केंद्र ने सुप्रीम कोर्ट में एक रिट याचिका दायर की और आग्रह किया कि वह उत्तर प्रदेश में विवादित स्थान के आस-पास की अतिरिक्त खाली जमीन को छोड़ दे, जिसका अधिग्रहण सरकार ने किया था। इस याचिका के जरिए भाजपा के नेतृत्व वाली एन.डी.ए. सरकार ने 0.333 एकड़ विवादित जमीन के आस-पास की 67 एकड़ 'गैर-विवादित' जमीन को राम जन्मभूमि न्यास संगठन और अन्य को देने का प्रयास किया, जो सरकार की ओर से उसे लिये जाने के पहले उनके मालिक थे और उसका उपयोग कर रहे थे। इससे अयोध्या में गैर-विवादित जमीन पर भव्य राम मंदिर का निर्माण शुरू किया जा सकता था। केंद्र ने कोर्ट से अयोध्या मामले पर तेजी से सुनवाई की अपील की। भाजपा के इस कदम का समर्थन उत्तर प्रदेश के 'शिया सेंट्रल वक्फ बोर्ड' (यू.पी.एस.सी.डब्ल्यू.बी.) ने भी किया। यू.पी.एस.सी.डब्ल्यू.बी. के अध्यक्ष रिजवी ने कहा, 'यह रिट यायिका काफी अच्छी पहल है। हम सब जानते हैं कि भव्य राम मंदिर का निर्माण अयोध्या में किया जाना है। यदि सुप्रीम कोर्ट इस जमीन को छोड़ देता है, जो विवादित नहीं है, तो मंदिर पर निर्माण कार्य तुरंत शुरू हो सकता है।'[510]

हालाँकि अल्पसंख्यकों के तुष्टीकरण की राजनीति में माहिर कांग्रेस एक बार फिर इस मुद्दे से भाग गई और अयोध्या में राम मंदिर पर काम शुरू करने के सरकार के इस बड़े प्रयास का समर्थन नहीं किया। इसकी बजाय उन्होंने सुप्रीम कोर्ट के एक आदेश के आधार पर 'यथास्थिति' बनाए रखने का प्रयास किया, जो पंद्रह साल से भी अधिक पुराना था। जब भाजपा ने राम मंदिर की समस्या से बाहर निकलने का एक सही रास्ता निकाला तो कांग्रेस 2003 में सुप्रीम कोर्ट की ओर से दिए गए आदेश पर वापस लौट गई, महज इस कारण, ताकि दशकों पुराने केस में कोई कामयाबी न मिल सके।

किसानों से जुड़ा पी.एम.-किसान

भारत की आबादी का एक बड़ा हिस्सा खेती से जुड़ा है। किसी भी चुनाव में किसानों के मुद्दे काफी महत्त्वपूर्ण होते हैं। कांग्रेस ने छत्तीसगढ़, मध्य प्रदेश और राजस्थान विधानसभा चुनावों में किसानों की तबाही का चुनावी लाभ के लिए इस्तेमाल किया। इसकी बजाय मोदी सरकार ने किसानों को दूरगामी लाभ देने का फैसला किया,

510. 'क्लेरिक्स क्वेश्चन टाइमिंग ऑफ सेंटर्स अयोध्या पिटीशन इन सुप्रीम कोर्ट, शिया बोर्ड हेल्स इट', हिंदुस्तान टाइम्स, 29 जनवरी, 2019, https://www.hindustantimes.com/india-news/clerics-question-timing-of-centre-s-ayodhya-petition-in-supreme-court-shia-board-hails-it/story-xKSAzfZpoXD1X7zCzBRBzI.html

जिससे उनका जीवन लंबे समय तक के लिए बेहतर हो जाए। 1 फरवरी, 2019 को भाजपा के नेतृत्व वाली एन.डी.ए. सरकार ने सभी छोटे और सीमांत जोतवाले किसानों की आमदनी बढ़ाने के लिए 'पी.एम.-किसान' की शुरुआत की। इस योजना को किसानों की आय बढ़ाने और फसल की अच्छी सेहत और उपयुक्त पैदावार को सुनिश्चित करने के लिए जरूरी सामानों को खरीदने में मदद मुहैया कराना था। इससे देश के 12.5 करोड़ छोटे और सीमांत किसानों को लाभ मिलना निश्चित है। इस योजना के अंतर्गत 2 हेक्टयर तक जमीन के मालिक किसानों को रुपए 6000 सालाना की वित्तीय मदद दी जा रही है। वास्तव में 1 अप्रैल तक 2.25 करोड़ किसानों को रुपए 2,000 प्राप्त हुए।[511] बड़े पैमाने पर यह कैश ट्रांसफर 'जैम त्रिमूर्ति' (जनधन-आधार-मोबाइल) के कारण संभव हुआ, जिसे मोदी सरकार ने पिछले पाँच वर्षों में सक्षम बनाया है।

भाजपा ने इस योजना का विस्तार कर देश के सभी किसानों को इसमें शामिल करने का वादा किया है। यही नहीं, भाजपा ने अपने घोषणा-पत्र में देश के सभी छोटे और सीमांत किसानों के लिए पेंशन का वादा किया है, ताकि साठ साल की उम्र तक पहुँचने के बाद उन्हें सामाजिक सुरक्षा मिले। यह गौर करने वाली बात है कि 'पी. एम. किसान' केंद्र सरकार की ओर से किसानों और देश के कृषि क्षेत्र की बेहतरी के लिए उठाए गए अन्य कई कदमों में शामिल है। 'पी.एम. किसान' की तारीफ किसानों और अर्थशास्त्रियों ने समान रूप से की है, लेकिन कई गैर-भाजपा शासित प्रदेशों, जैसे पश्चिम बंगाल, मध्य प्रदेश और राजस्थान ने 'पी.एम. किसान' को जरूरी डाटा तक नहीं भेजा, क्योंकि उन्हें डर था कि इससे पी.एम. मोदी की साख और मजबूत हो जाएगी।[512]

चुनाव की तारीखों की घोषणा

चूँकि सोलहवीं लोकसभा का कार्यकाल समापन की दिशा में बढ़ रहा था, भारत के चुनाव आयोग ने 10 मार्च, 2019 को लोकसभा चुनावों के कार्यक्रम की घोषणा कर दी, ताकि सत्रहवीं लोकसभा को चुना जा सके। ई.सी.आई. ने सात चरणों का कार्यक्रम बनाया—11 अप्रैल (पहला चरण), 18 अप्रैल (दूसरा चरण), 23 अप्रैल (तीसरा चरण), 29 अप्रैल (चौथा चरण), 6 मई (पाँचवाँ चरण), 12 मई (छठा चरण) और 19 मई (सातवाँ चरण)। हालाँकि कुछ ऐसे राज्य थे, जहाँ आम चुनाव एक ही चरण

511. 'पी.एम. किसान स्कीम : 2.25 करोड़ फारमर्स रिसीव रुपीज 2,000 सिंस एप्रिल 1', बिजनेस टुडे, 8 मई, 2019, https://www.businesstoday.in/top-story/pm-kisan-scheme-225-crore-farmers-received-rs-2000-since-april-1/story/344616.html
512. https://m.economictimes.com/news/politics-and-nation/many-congress-ruled-states-havent-rolled-out-pm-kisan/articleshow/68418312.cms

में कराए जाने थे। इनमें तेलंगाना में 11 अप्रैल (पहला चरण), तमिलनाडु 18 अप्रैल (दूसरा चरण) और गुजरात तथा केरल 23 अप्रैल (तीसरा चरण), हरियाणा और दिल्ली में 12 मई (छठा चरण) तथा हिमाचल प्रदेश और पंजाब में 19 मई (आखिरी चरण) में चुनाव कराए जाने थे। उत्तर प्रदेश, पश्चिम बंगाल और बिहार जैसे राज्यों में चुनावों का विस्तार सभी सात चरणों में किया गया।

लोकसभा चुनावों के अतिरिक्त चार राज्यों—आंध्र प्रदेश, ओडिशा, अरुणाचल प्रदेश और सिक्किम में उन राज्यों की नई विधानसभाओं के लिए भी चुनाव कराए गए।

चुनावी कार्यक्रम की घोषणा के साथ ही 2019 चुनावों की जंग शुरू हो गई।

मिशन शक्ति और एक असहाय विपक्ष

2019 की शुरुआत में भारत ने इतिहास रच दिया, जब उसने किसी शत्रु के सैटेलाइट को मार गिराया और ऐसा करनेवाला दुनिया का चौथा देश बन गया। 27 मार्च, 2019 को भारत ने सफलतापूर्वक मिशन 'शक्ति' लॉञ्च किया, जिसके अंतर्गत एक एंटी-सैटेलाइट (ए-सैट) टेस्ट मिसाइल लॉञ्च किया गया, जिसने लो अर्थ ऑरबिट (एल.ई.ओ.) में 2,000 किमी. तक की ऊँचाई पर पूर्व-निर्धारित खराब सैटेलाइट को तबाह करने के लिए निशाना लगाया। इसका मतलब था कि भारत अब अंतरिक्ष में अपनी संपत्तियों की रक्षा किसी अनचाहे सैटेलाइट को तबाह कर सुनिश्चित कर सकता था, जो देश को नुकसान पहुँचाने के लिए जासूसी करता हुआ इसके दायरे में घुस जाए। दुनिया के केवल तीन अन्य देशों—अमेरिका, रूस और चीन में यह क्षमता है। इस अभियान की सफलता ने देश की बढ़ी हुई राष्ट्रीय सुरक्षा में एक और बेजोड़ क्षमता को शामिल कर लिया। यह परीक्षण 'रक्षा अनुसंधान और विकास संगठन' (डी.आर.डी.ओ.) और 'भारतीय अंतरिक्ष अनुसंधान संगठन' (इसरो) ने मिलकर किया, जिसे मोदी सरकार की ओर से भारतीय अंतरिक्ष कार्यक्रम को विस्तार देने के अंग के रूप में किया गया, जिसमें मंगलयान और गगनयान अभियान तथा अन्य परियोजनाएँ भी शामिल हैं।

अब क्या किसी को भी देश की ओर से इस स्वदेशी रक्षा क्षमता प्राप्त करने से समस्या हो सकती है? बिलकुल नहीं, सिवाय उनके, जो देश हित से ऊपर अपने हित को रखते हैं। कांग्रेस और विपक्षी दलों ने सरकार की आलोचना का विचित्र कारण ढूँढ़ा। विपक्ष का आरोप था कि पी.एम. मोदी ने अपने मिशन 'शक्ति' की घोषणा के लिए 'आधिकारिक मास मीडिया' का उपयोग कर पहले से लागू आदर्श आचार संहिता (एम.सी.सी.) का उल्लंघन किया है। जब उन्हें देश की उपलब्धि पर गर्व महसूस करना चाहिए था और इसका समर्थन करना चाहिए था, तब भी कांग्रेस अध्यक्ष राहुल गांधी ने पी.एम. का मजाक उड़ाया। उन्होंने ट्वीट किया—'शाबाश इसरो, आपके काम

पर अत्यधिक गर्व हुआ। मैं पी.एम. को 'वर्ल्ड थिएटर डे' की बहुत-बहुत शुभकामना देता हूँ।'[513]

समाजवादी पार्टी अध्यक्ष अखिलेश यादव ने ट्वीट किया—'आज @ narendramodi को टीवी पर मुफ्त का एक घंटा और आसमान की ओर इशारा कर जमीनी मुद्दों से देश का ध्यान भटकाने का मौका मिल गया…'[514] राहुल गांधी की तर्ज पर टी.एम.सी. प्रमुख ममता बनर्जी ने ट्वीट किया—'आज की घोषणा मोदीजी के द्वारा एक और अंतहीन ड्रामा और प्रचार पाने की कोशिश थी, जो चुनाव के समय राजनीतिक लाभ उठाने की हताशा में हैं। यह आदर्श आचार संहिता (एम.सी.सी.) का घोर उल्लंघन है।'[515] सी.पी.एम. महासचिव सीताराम येचुरी ने चुनाव आयोग में पी.एम. मोदी के खिलाफ आदर्श आचार संहिता की शिकायत दर्ज कराई है। ई.सी.आई. ने इन आरोपों की जाँच के लिए पाँच सदस्यों की एक कमेटी गठित की। आरोप गलत निकले। संहिता का भाग VII, जिसमें 'सत्ताधारी दल' की बात है, वह कहता है कि 'चुनाव के दौरान उपलब्धियों के संबंध में राजनीतिक खबर और प्रचार को पक्षपातपूर्ण ढंग से दिखाने के लिए आधिकारिक मास मीडिया का सत्ताधारी दल के द्वारा अपनी संभावनाओं को बढ़ाने के लिए दुरुपयोग करने से बचना चाहिए।'[516] समिति ने पाया कि 'मास मीडिया का दुरुपयोग' नहीं किया गया, क्योंकि दूरदर्शन और ऑल इंडिया रेडियो ने एक न्यूज एजेंसी से फीड ली और साठ से अधिक चैनलों ने भी वही किया। 'कमेटी इस नतीजे पर पहुँची है कि आधिकारिक मास मीडिया के दुरुपयोग के संबंध में एमसीसी के प्रावधान, जो आदर्श आचार संहिता के भाग VII पैरा (IV) में दिए गए हैं… वे इस केस पर लागू नहीं होते हैं', ई.सी.आई. ने स्पष्ट किया।[517]

बात यहीं खत्म नहीं हुई, कांग्रेस नेता इस उपलब्धि का श्रेय लेने निकल पड़े और इसे डॉ. मनमोहन सिंह की सरकार की पहल बताया। कांग्रेस नेता अहमद पटेल ने एक ट्वीट में कहा कि 'यू.पी.ए. सरकार ने 'एसैट' कार्यक्रम की शुरुआत की थी, जो फलीभूत हुई है', जबकि कांग्रेस प्रवक्ता रणदीप सिंह सुरजेवाला ने दावा किया कि

---

513. https://twitter.com/RahulGandhi/status/1110818665585360896
514. https://twitter.com/yadavakhilesh/status/1110803935260860416
515. https://twitter.com/MamataOfficial/status/1110817691143569408
516. 'स्पेस फॉर कैंपेन : ऑन पी.एम. मोदीज अड्रेस ऑन एसैट टेस्ट', द हिंदू, 2 अप्रैल, 2019, https://www.thehindu.com/opinion/editorial/space-for-campaign/article26705113.ece
517. 'पीएम्स मिशन शक्ति स्पीच डिंड वायोलेट पोल कोड : इलेक्शन कमीशन', एन.डी.टी.वी., 30 मार्च, 2019, https://www.ndtv.com/india-news/pm-modis-mission-shakti-speech-didnt-violate-model-code-of-conduct-election-commission-2014950

'(मिशन शक्ति) की आधारशिला 2012 में यू.पी.ए. कांग्रेस की सरकार के समय रखी गई थी।'[518] हालाँकि सच यही है कि डी.आर.डी.ओ. ऐसे कार्यक्रम के लिए 2012 से ही तैयार थी, लेकिन उस समय (कांग्रेस पढ़ें) के 'राजनीतिक नेतृत्व' ने इसे मंजूरी नहीं दी थी। डी.आर.डी.ओ. के पूर्व चीफ विजय सारस्वत ने कहा, 'भारत के पास एंटी-सैटेलाइट मिसाइल टेस्ट करने की क्षमता 2012-13 में ही आ गई थी, लेकिन इसे राजनीतिक हरी झंडी नहीं मिली।'[519]

'एसैट' का लॉन्च निश्चित रूप से सही दिशा में भविष्योन्मुखी कदम था और इसकी सराहना सभी ने की थी। विश्व ने आत्म-रक्षा की दिशा में भारत की छलाँग पर गौर किया और जानकारों ने इस परीक्षण के महत्त्व को समझा। रोड आईलैंड में न्यूपोर्ट स्थित 'नेवल वॉर कॉलेज' में राष्ट्रीय सुरक्षा मामलों के प्रोफेसर जोन जॉनसन-फ्रीज ने Space.com को बताया, 'हाल ही में भारत की ओर से किया गया एसैट की क्षमता का परीक्षण अन्य देशों की, विशेष रूप से इस मामले में भारत की भावना को व्यक्त करता है कि अंतरिक्ष का शस्त्रीकरण होने वाला है और शस्त्र-नियंत्रण समझौते अंत में होते हैं तो भारत 'सक्षम' वर्ग के बाहर नहीं रहना चाहता है।'[520]

मोदी अपने संबोधन में मात्र देश को यह भरोसा दिला रहे थे कि उनकी सरकार ऐसी 'भविष्योन्मुखी परियोजनाओं' से भारत को 'सुरक्षित' बना रही है। हालाँकि कांग्रेस एक बार फिर ऐसी ऐतिहासिक उपलब्धि के मौके पर भारत के साथ खड़ी नहीं हो सकी।

विशेष भूमिका में प्रियंका गांधी : चुनावी मौसम में फिर खुली नींद

कांग्रेस ने जिसे मास्टर स्ट्रोक माना, वही उसके लिए एक प्रकार से बोझ साबित हुआ। कांग्रेस की 'फर्स्ट फैमिली' की एक और सदस्य्य प्रियंका गांधी वाड्रा 2019 के लोकसभा चुनाव के प्रचार में शामिल हुईं। 2004 से ही वह 'चुनावी मौसमवाली नेता' रही हैं, जो लोकसभा चुनावों के दौरान सिर्फ अपनी माँ सोनिया गांधी और भाई राहुल

518. 'एज भाजपा सेलिब्रेट एसैट टेस्ट, कांग्रेस सेज क्रेडिट गोज टु मनमोहन गवर्मेंट', द वायर, 27 मार्च, 2019, https://thewire.in/politics/narendra-modi-anti-satellite-test-bjp-congress
519. 'एंटी-सैटेलाइट मिसाइल टेस्ट नॉट डायरेक्टेड एट एनी कंट्री, नो इनटेंशन ऑफ एंटरिंग आर्म्स रेस : इंडिया', आउटलुक, 27 मार्च, 2019, https://www.outlookindia.com/newsscroll/antisatellite-missile-test-not-directed-at-any-country-no-intention-of-entering-arms-race-india/1504159
520. डोरिस एलिन सालाजार, 'इंडियाज एंटी सैटेलाइट मिसाइल टेस्ट इज एक बिग डील। हेयर इज व्हाई, Space.com, 30 मार्च, 2019, https://www.space.com/india-anti-satellite-test-significance.html

गांधी की क्रमश: रायबरेली और अमेठी की सीट पर मदद के लिए जागती हैं। इस बार भी, जब राहुल के सामने कांग्रेस में जान फूँकने की असंभव सी जिम्मेदारी थी, तब उन्हें राजनीतिक निद्रा से जगाकर बुलाया गया। 23 जनवरी, 2019 को उन्हें कांग्रेस महासचिव के रूप में नियुक्त कर पूर्वी उत्तर प्रदेश का इंचार्ज बनाया गया। ऐसा पहली बार हुआ था, जब वह राजनीति में पहली बार औपचारिक तौर पर उतर रही थीं, भले ही एक सीमित भूमिका में। कांग्रेस ने बेशर्मी से वंशवाद को बढ़ावा दिया और ट्वीट किया—'हम जोश से भर गए हैं और आगे बढ़ने के लिए तैयार हैं!'[521] हालाँकि यह पूरी तरह स्पष्ट था कि कांग्रेस और इसके अध्यक्ष राहुल गांधी नर्वस थे और चाहते थे कि गांधी परिवार का दूसरा वंशज उनके भविष्य की रक्षा करे। आर.बी.आई. के स्वतंत्र सदस्य एस. गुरुमूर्ति ने ट्वीट किया, 'प्रियंका का प्रवेश यह घोषणा कर रहा है कि राहुल नाकाफी हैं।'[522] भाजपा नेता संबित पात्रा ने कहा, 'मैं कांग्रेस को इसकी घोषणा के लिए बधाई देता हूँ कि राहुल गांधी फेल हो चुके हैं। प्रियंका गांधी को आगे बढ़ाकर उन्होंने बता दिया है। कांग्रेस केवल परिवार पर ध्यान दे रही है।'[523] एक और सीनियर भाजपा नेता जगत प्रकाश नड्डा ने अपने ट्वीट में इस राजनीतिक घटना का सार बताते हुए कहा, 'प्रियंका गांधी ने गांधी कांग्रेस प्राइवेट लिमिटेड की विरासत को आगे बढ़ाया है और आधिकारिक रूप से कांग्रेस की महासचिव बन गई हैं। कांग्रेस ने पहली बार यह भी घोषित कर दिया है कि उसे राहुल गांधी के नेतृत्व में भरोसा नहीं है। #परिवारकीकांग्रेस।'[524] इस ऐलान के कुछ ही समय बाद पी.एम. मोदी ने महाराष्ट्र की एक रैली में कार्यकर्ताओं से कहा कि ऐसे 'कई मामलों' के विपरीत, जहाँ 'परिवार ही पार्टी है', भाजपा के लिए 'पार्टी ही परिवार है।'[525]

इस पर ध्यान देने के बजाय कि उत्तर प्रदेश में कांग्रेस लोगों के लिए क्या कर सकती है, ऐसे कांग्रेसी नेता थे, जो यह समझाने में जुटे थे कि प्रियंका अपनी दादी इंदिरा

521. https://twitter.com/INCIndia/status/1087974889049473024
522. ईयान मार्लो, 'ए न्यू गांधी एंटर्स पॉलिटिक्स एंड शेक्स अब इंडियाज इलेक्शन', ब्लूमबर्ग, 25 जनवरी, 2019, https://www.bloomberg.com/news/articles/2019-01-25/a-new-gandhi-enters-politics-and-shakes-up-india-s-election
523. ' 'शोज राहुल हैज फैल्ड' : भाजपा, अदर्स रिएक्ट टु प्रियका गांधीज पॉलिटिकल फोरे', Moneycontrol.com, 23 जनवरी, 2019, https://www.moneycontrol.com/news/business/priyanka-gandhi-steps-into-active-politics-here-are-the-top-reactions-3424311.html
524. https://twitter.com/JPNadda/status/1087995717422116867
525. पी.टी.आई., 'फैमिली इज पार्टी इन 'मेनी केसेज', बट पार्टी इज फैमिली इन भाजपा, सेज मोदी', द हिंदू, 23 जनवरी, 2019, https://www.thehindu.com/news/national/family-is-party-in-many-cases-but-party-is-family-in-bjp-narendra-modi/article26070571.ece

के जैसी दिखती हैं! 'इंडिया टुडे' की एक रिपोर्ट कहती है कि जिस बस का इस्तेमाल प्रियंका ने प्रचार के लिए किया, उसमें 'पोस्ट में उनके पीछे इंदिरा गांधी की तसवीर लगी थी।'[526] कुछ ने उन्हें 'छोटी इंदिरा' कहा।[527] अर्चना डालमिया, जो ऑल इंडिया कांग्रेस कमेटी (ए.आई.सी.सी.) के शिकायत प्रकोष्ठ की अध्यक्ष हैं, ने प्रियंका और इंदिरा की समानताओं पर लंबा-चौड़ा लेख लिखा, जिसमें शारीरिक गुणों पर खास तौर पर ध्यान दिलाया गया। वह लिखती हैं—

"और समानताओं का अंत यहीं नहीं होता कि प्रियंका के बाल इंदिराजी के जैसे हैं या कैसे उनकी खड़ी नाक उनकी दादी की तरह है··· प्रियंका को वैसा ही आनुवांशिक व्यक्तित्व मिला है। वह तेज-तर्रार हैं, तनकर चलती हैं, लंबे डग भरती हैं और काफी आकर्षक हैं··· उनके चेहरे पर संतुष्टि की एक चमक है। उनके आस-पास मौजूद लोग उनकी इस चमक से सराबोर हो जाते हैं। उनकी खास मुसकराहट ही काफी है।"[528]

यह मुसकराहट, जैसा कि हम देखेंगे, कांग्रेस को अपने आप को बचा पाने के लिए जरूरी वोट नहीं दिला सकी, क्योंकि उत्तर प्रदेश में कांग्रेस की जीत एक बार फिर नहीं हो सकी।

कांग्रेस ने जो एक और भारी भूल की, जिसका साथ राहुल ने भी दिया, जिसमें यह अफवाह उड़ाई गई कि प्रियंका वाराणसी से पी.एम. मोदी के खिलाफ चुनाव लड़ेंगी। वास्तव में, अपने चुनाव लड़ने की चर्चा स्वयं प्रियंका ने ही शुरू की, जब अमेठी में उन्होंने संवाददाताओं से कहा कि 'अगर मेरी पार्टी चाहेगी तो मैं जरूर लड़ूँगी।' बाद में जब उनकी पार्टी के कार्यकर्ताओं ने उनसे रायबरेली से चुनाव लड़ने को कहा, क्योंकि सोनिया वहाँ उनसे आकर मिलने की स्थिति में नहीं थीं, तब उनका जवाब था, 'वाराणसी से लड़ लूँ?'[529]

भाजपा ने कांग्रेस के ऐसे किसी भी कदम का स्वागत किया। हालाँकि राहुल ने

---

526. कृति मेहता, 'प्रियंका गांधी वाड्रा चार्म : द इंदिरा गांधी 2.0 फैक्टर', इंडिया टुडे, 11 फरवरी, 2019, https://www.indiatoday.in/india/story/priyanka-gandhi-vadra-charm-the-indira-gandhi-2-0-factor-1453284-2019-02-11
527. https://twitter.com/DhillonVijay/status/1087999263353786368
528. अर्चना डालमिया, 'प्रियंका हैज अ लॉट ऑफ थिंग्स इन कॉमन विद हर ग्रैंड मदर इंदिरा गांधी, सेज अर्चना डालमिया', इंडिया टुडे, 29 अप्रैल, 2014, https://www.indiatoday.in/elections/highlights/story/indira-gandhi-priyanka-vadra-congress-jawaharlal-nehru-190843-2014-04-29
529. 'आई विल लीव यू इन सस्पेंस', सेज राहुल गांधी ऑन सिस्टर प्रियंका कंटेस्टिंग फ्रॉम वाराणसी', न्यूज18, 18 अप्रैल, 2019, https://www.news18.com/news/politics/i-will-leave-you-in-suspense-says-rahul-gandhi-on-sister-priyanka-contesting-from-varanasi-2107263.html

न तो इन अफवाहों को शांत किया, न ही इनकी पुष्टि की कि इसे पार्टी गंभीरता से ले रही है या नहीं! दरअसल, जब 'द हिंदू' अखबार ने वाराणसी लोकसभा सीट को लेकर बने सस्पेंस पर सवाल पूछा तो उनका कहना था : 'मैं आपको सस्पेंस में ही छोड़ दूँगा। सस्पेंस हमेशा बुरा नहीं होता!'[530] फिल्मों में सस्पेंस जरूर अच्छा होता है, लेकिन जब बात करोड़ों भारतीयों के जीवन की होती है, जो सबकुछ साफ सुनना चाहते हैं, तब कांग्रेस ने उनसे सच्चाई को छिपाया।

आखिरकार, प्रियंका मुकाबले से पीछे हट गईं। कांग्रेस संचार प्रणाली के तो कहने ही क्या, जिसने उनके चुनाव न लड़ने का ऐलान उस दिन किया, जिस दिन मोदी ने वाराणसी में अभूतपूर्व रोड शो किया। यह भी दिलचस्प है कि कांग्रेस नेताओं में आम राय नहीं थी कि प्रियंका ने चुनाव क्यों नहीं लड़ा? कांग्रेस नेता सैम पित्रोदा ने कहा, 'यह निर्णय उन्हें लेना था और अंत में उन्होंने ही तय किया।'[531] स्वयं प्रियंका के हवाले से कहा गया कि यह 'पार्टी का सामूहिक फैसला था।'[532] खैर, जनकल्याण के स्पष्ट, दूरगामी उद्‍देश्यों के न होने और उसके साथ ही राहुल गांधी और प्रियंका गांधी वाड्रा जैसे पार्ट टाइम नेताओं के नेतृत्व के चलते कांग्रेस को भारी कीमत चुकानी पड़ी। लोगों ने इस वंश और उसके दिशाहीन नेतृत्व को खारिज कर दिया।

राहुल-प्रियंका का चुनाव स्पेशल हिंदुत्व

यह सभी जानते हैं कि कई दशकों तक एक के बाद एक प्रधानमंत्री के जरिए, कांग्रेस खुलकर अल्पसंख्यकों का तुष्टीकरण करती रही। राजीव गांधी ने जहाँ 1985 में मुसलिम वोट बैंक को खुश करने के लिए शाह बानो केस में सुप्रीम कोर्ट के फैसले को पलट दिया, वहीं 2006 में मनमोहन सिंह ने कहा कि अल्पसंख्यकों, विशेष रूप से

---

530. संदीप फूकन, 'राहुल गांधी : पी.एम. इज मिसिंग द लिंक बिटवीन नेशनल सिक्यूरिटी एंड लाइवलीहुड सिक्यूरिटी', द हिंदू, 18 अप्रैल, 2019, https://www.thehindu.com/elections/lok-sabha-2019/this-is-a-fight-for-the-very-idea-of-india-rahul-gandhi/article26869431.ece
531. पी.टी.आई., 'प्रियंकाज ओन डिसिजन नॉट टु कंटेस्ट फ्रॉम वाराणसी : सैम पित्रोदा', द टाइम्स ऑफ इंडिया, 26 अप्रैल, 2019, https://timesofindia.indiatimes.com/elections/lok-sabha-elections-2019/uttar-pradesh/news/priyankas-own-decision-not-to-contest-from-varanasi-sam-pitroda/articleshow/69058520.cms
532. आई.ए.एन.एस., 'इट वाज कलेक्टिव डिसिजन नॉट की कंटेस्ट फ्रॉम वाराणसी: प्रियंका गांधी', द इकोनॉमिक टाइम्स, 30 अप्रैल, 2019, https://economictimes.indiatimes.com/news/elections/lok-sabha/uttar-pradesh/it-was-collective-decision-not-to-contest-from-varanasi-priyanka-gandhi/articleshow/69116747.cms?from=mdr

मुसलमानों का 'प्राकृतिक संसाधनों पर पहला अधिकार' होना चाहिए।[533] यह कांग्रेस का घोर मुसलिम तुष्टीकरण था; दूसरी तरफ दशकों तक बहुसंख्यक समुदायों और उसकी भावनाओं की अनदेखी की जाती रही। पी.एम. मोदी ने कांग्रेस की ऐस वोट-बैंक की राजनीति को बेनकाब कर दिया और सभी के साथ समान व्यवहार का आह्वान किया तथा 2013 के अपने लोकसभा चुनाव प्रचार के दौरान 'सबका साथ, सबका विकास' का नारा दिया। इसका परिणाम यह हुआ कि भाजपा ने 282 सीट के साथ सत्ता में धमाकेदार एंट्री की, जो 1984 के बाद किसी भी एक पार्टी को मिली सबसे अधिक सीटें थीं, जबकि कांग्रेस की दुर्गति हुई और वह चवालीस सीटों पर सिमट गई, जिसे इतनी कम सीट उससे अब तक नहीं मिली थीं।

आगे चलकर कांग्रेस नेता ए.के. एंटनी की अध्यक्षता में एक समिति को 2014 के चुनावों में पार्टी की हार के कारणों का पता लगाने की जिम्मेदारी सौंपी गई। उस समिति ने कांग्रेस के मुसलिम तुष्टीकरण को चुनावों में मिट्टी पलीद होने का एक प्रमुख कारण बताया। रिपोर्ट में कहा गया—

"पार्टी की अल्पसंख्यक-तुष्टीकरण की नीति भी नुकसानदेह साबित हुई··· मुसलिम कोटा पर कुछ कांग्रेस नेताओं की ओर से बार-बार दिए गए बयानों ने जहाँ बहुसंख्यक समुदाय को नाराज और पार्टी से दूर कर दिया, वहीं इस पैनल ने यह भी देखा कि अल्पसंख्यक समुदाय भी कांग्रेस की नीयत पर शक करने लगा, जिसका कहना था कि यू.पी.ए. की ओर से घोषित कार्यक्रमों और जमीन पर उन्हें लागू करने के बीच एक बहुत बड़ा अंतर था।"[534]

'एंटनी कमेटी रिपोर्ट' पर आधी-अधूरी प्रतिक्रिया में तत्कालीन कांग्रेस अध्यक्ष राहुल गांधी ने 2017 के गुजरात विधानसभा चुनाव के समय से ही 'मंदिरों के फेरे' लगाने शुरू कर दिए और बाद में सितंबर 2018 में कैलाश मानसरोवर के तीर्थाटन पर निकले।[535]

---

533. पी.टी.आई., 'माइनॉरिटीज मस्ट हैव फर्स्ट क्लेम ऑन रिसोर्सेज : पी.एम.', द इकोनॉमिक टाइम्स, 9 दिसंबर, 2006, https://economictimes.indiatimes.com/news/politics-and-nation/minorities-must-have-first-claim-on-resources-pm/articleshow/754218.cms

534. औरंगजेब नक्शबंदी, 'एंटनी पैनल रिपोर्ट लिस्ट्स आउट रिजन्स फॉर एल.एस. पोल राउट', हिंदुस्तान टाइम्स, 17 अगस्त, 2014, https://www.hindustantimes.com/india/antony-panel-report-lists-out-reasons-for-ls-poll-rout/story-Qlg82GBxRBua7k3TwgSa3M.html

535. '34 किमी इन 13 ऑवर्स : राहुल गांधी गोज ऑन कैलाश मानसरोवर यात्रा ट्रेक', इंडिया टुडे, 7 सितंबर, 2018, https://www.indiatoday.in/india/story/kailash-mansarovar-yatra-rahul-gandhi-treks-34-kms-on-foot-over-13-hours-1334186-2018-09-07

खबरों के अनुसार, वह अपनी पार्टी की उस 'हिंदू विरोधी' छवि से पीछा छुड़ाने का प्रयास कर रहे थे, जो उनकी पार्टी के सहयोगियों दिग्विजय सिंह और पी. चिदंबरम जैसे नेताओं के द्वारा 'हिंदू आतंकवाद' के झूठे प्रचार की देन थी और अलग नीति को अपना रहे थे, जिसे आगे चलकर 'सॉफ्ट हिंदुत्व' के नाम से जाना गया। राहुल की 'मंदिरों की दौड़' हर बार चुनाव की तारीख करीब आते शुरू हो जाती थी। 2017 के गुजरात चुनावों में वह उस राज्य में स्थित सोमनाथ मंदिर, रणछोड़जी मंदिर और अंबाजी मंदिर गए। राहुल के मंदिरों के दौरे कर्नाटक चुनावों के दौरान भी जारी रहे। कर्नाटक में चुनावों के मद्देनजर मंदिरों के अपने दौरे में वह फरवरी से अप्रैल 2018 के बीच शरण बसवेश्वरा मंदिर, श्री धर्मस्थल मंजुनाथेश्वर मंदिर और कुरुदुमले गणपति मंदिर गए। राज्य में चुनाव उसी वर्ष मई में हुए। कर्नाटक के बाद नवंबर 2018 में तीन हिंदी भाषी राज्यों—मध्य प्रदेश, छत्तीसगढ़ और राजस्थान में विधानसभा के चुनाव हुए। एक बार फिर राहुल मंदिरों की दौड़ लगाते दिखे—अक्तूबर 2018 में मध्य प्रदेश में उज्जैन के महाकालेश्वर मंदिर में, तो नवंबर 2018 में राजस्थान के ब्रह्मा और बेनेश्वर महादेव मंदिर में नजर आए।

2019 के लोकसभा चुनावों से पहले वे अमृतसर के स्वर्ण मंदिर में और बाद में अप्रैल में केरल के वायनाड में थिरुनेल्ली मंदिर में नजर आए। उसी महीने उनकी बहन प्रियंका वाराणसी स्थित काशी विश्वनाथ मंदिर पहुँचीं और इससे पहले कि रायबरेली में यू.पी.ए. चेयरपर्सन सोनिया गांधी अपने बच्चों राहुल और प्रियंका के साथ जाकर नामांकन दाखिल करतीं, हवन भी कराया गया। आनन-फानन में मंदिरों के इन दौरों पर भाजपा की स्मृति ईरानी ने कहा कि 'जो लोग पहले राम का नाम लेने से भी बचते थे, वे आज वोट के लिए जनेऊ धारण कर राम भक्त होने का नाटक कर रहे हैं और मंदिरों की दौड़ लगा रहे हैं।'[536]

न्याय—कांग्रेस का एक और 'गरीबी हटाओ' का खोखला नारा

लोकसभा चुनावों की गहमागहमी के बीच कांग्रेस ने 'न्याय' (न्यूनतम आय योजना) योजना की घोषणा की। इस योजना के अंतर्गत इसने वादा किया कि यदि वह सत्ता में लौटी तो पूरे देश के 30 प्रतिशत सबसे गरीब लोगों के बैंक खाते में रुपए 72,000 प्रतिवर्ष डाल देगी। इस योजना ने 1971 के चुनाव प्रचार के दौरान इंदिरा गांधी

536. टी.एन.एन., 'स्मृति ईरानी स्लैम्स टेंपल रन ऑफ राहुल गांधी, प्रियंका गांधी वाड्रा बिफोर लोक सभा इलेक्शंस', द टाइम्स ऑफ इंडिया, 28 मार्च, 2019, https://timesofindia.indiatimes.com/city/varanasi/irani-slams-temple-run-of-raga-pgv-before-polls/articleshow/68586627.cms

के 'गरीबी हटाओ' के नारे की याद दिला दी। उस नारे को 1980 के दशक में उनके बेटे राजीव गांधी ने दोहराया था। अब उनके पोते राहुल गांधी द्वारा लगभग उसी नारे को लॉञ्च गया किया था, जो यह बताने के लिए काफी था कि इंदिरा और राजीव के अधीन कांग्रेस शासन के इतने वर्षों बाद भी देश को 'गरीबी हटाओ' योजना की जरूरत थी!

इन सबके बीच जानकारों ने कहा कि यह योजना जमीनी स्तर पर लागू नहीं की जा सकती है। अर्थशास्त्री और नीति आयोग के पूर्व उपाध्यक्ष डॉ. अरविंद पनगढ़िया ने 'द इकोनॉमिक टाइम्स' में लिखा कि 'न्याय योजना' वित्तीय रूप से व्यावहारिक नहीं है, क्योंकि इसमें रुपए 3.6 ट्रिलियन खर्च होंगे, जो 2019-20 के बजट में सरकारी खर्च का 13 प्रतिशत है।[537] नीति आयोग के उपाध्यक्ष राजीव कुमार ने निजी तौर पर कहा कि कांग्रेस हमेशा की तरह ही 'चुनाव जीतने के लिए चाँद-तारे तोड़कर लाने का वादा' कर रही है। एक के बाद एक किए ट्वीट में उन्होंने कहा, 'प्रस्तावित आय की गारंटी योजना आर्थिक परीक्षा, राजकोषीय अनुशासन की परीक्षा और कार्यान्वयन की परीक्षा में फेल है…अतीत में चुनाव जीतने के लिए चाँद-तारे तोड़कर लाने के अपने वादों की तरह ही कांग्रेस अध्यक्ष ने एक ऐसी योजना की घोषणा की है, जो राजकोषीय अनुशासन को तहस-नहस करेगी, काम न करने को जबरदस्त प्रोत्साहन देगी और इसे कभी लागू नहीं किया जा सकेगा।'[538] ए.एन.आई. से बात करते हुए कुमार ने कांग्रेस पर एक और तंज कसा। उन्होंने कहा, 'कांग्रेस अपने पुराने ढर्रे पर चल रही है। वे चुनाव जीतने के लिए कुछ भी कह और कर सकते हैं। गरीबी 1966 में हटा दी गई थी, बाद में 'वन रैंक वन पेंशन' लागू कर दी गई, सभी को शिक्षा के अधिकार के तहत उपयुक्त शिक्षा मिल गई! तो आप देखिए कि वे कुछ भी कह और कर सकते हैं!'[539]

पूर्व आर्थिक सलाहकार अरविंद सुब्रह्मण्यन ने कहा कि 'न्याय' जैसी योजनाएँ 'अच्छी, लक्षित सार्वभौमिक मूल आय (यू.बी.आई.) की योजनाओं के मापदंड को पूरा नहीं करतीं… (और)… मुसीबत भरी हैं, क्योंकि वे बेहद संकीर्ण लाभार्थी समूह को

537. 'व्यू : कांग्रेस न्याय स्कीम इज नीदर फेयर नॉर फिजिबल', द इकोनॉमिक टाइम्स, 30 मार्च, 2019, https://economictimes.indiatimes.com/news/economy/policy/view-congress-nyay-scheme-is-neither-fair-nor-feasible/articleshow/68637571.cms

538. 'ईसी आस्क्स नीति आयोग्स राजीव कुमार टु एक्सप्लेन क्रिटिसिज्म ऑफ कांग्रेस्स न्याय', द वायर, 27 मार्च, 2019, https://thewire.in/government/ec-asks-niti-aayogs-rajiv-kumar-to-explain-criticism-of-congresss-nyay

539. 'नीति आयोग्स राजीव कुमार फेसेज ईसी हीट, आस्क्ड टु एक्सप्लेन रिमार्क्स ऑन राहुल्स मिनिमम इनकम स्कीम', फाइनेंशियल एक्सप्रेस, 27 मार्च, 2019, https://www.financialexpress.com/elections/niti-aayogs-rajiv-kumar-faces-ec-heat-asked-to-explain-remarks-on-rahuls-minimum-income-scheme/1528875/

लक्षित करती हैं।'[540] इस प्रकार ऐसा लगता है कि कांग्रेस की 'गेमचेंजर' योजना छलावा से अधिक कुछ नहीं है।

दरअसल, लोकसभा चुनावों के नतीजों ने दिखा दिया है कि लोगों को पी.एम. मोदी की 'पी.एम.-किसान' पर अधिक भरोसा था, जो किसानों को सालाना रुपए 6,000 देता है, बजाय राहुल गांधी की 'न्याय योजना' के, जो रुपए 72,000 हजार प्रतिवर्ष देने वाली थी।

कैसे उलटा पड़ा राहुल का 'चौकीदार चोर है' नारा!

राहुल गांधी का 2019 का चुनाव अभियान दो बातों तक सीमित था—पी.एम. मोदी पर राफेल सौदे को लेकर 'चौकीदार चोर है' नारे से कीचड़ उछालना और लोगों को 'अब होगा न्याय' के नारे के साथ काल्पनिक 'न्याय कैश-ट्रांसफर योजना' को बेचना। अर्थशास्त्रियों ने न्याय को अव्यावहारिक बताया और लोगों ने इसे एक पार्टी का 'झूठा चुनावी वादा' करार दिया। चूँकि 'न्याय' को लोग महत्त्व नहीं दे रहे थे, इस कारण राहुल ने 'चौकीदार चोर है' के तंज पर जरूरत से ज्यादा भरोसा किया और अपने कार्यकर्ताओं से अपनी सभी रैलियों में यही नारा लगाने को कहा। प्रियंका कुछ बच्चों को 'चौकीदार चोर है' के नारे के साथ पी.एम. मोदी के लिए गंदी गालियाँ सिखाती कैमरे में कैद हुई थीं। पी.एम. मोदी ने राहुल के 'चौकीदार चोर है' के नारे को आड़े हाथों लिया और अपने समर्थकों को 'मैं भी चौकीदार' की शपथ दिलाई। उन्होंने ट्विटर पर लिखा, 'आपका चौकीदार डटकर खड़ा है और देश की सेवा कर रहा है। लेकिन मैं ही अकेला नहीं हूँ, जो भ्रष्टाचार, गंदगी, सामाजिक बुराई से लड़ रहा है, ऐसे सभी लोग चौकीदार हैं। भारत की तरक्की के लिए कठिन परिश्रम करनेवाला प्रत्येक व्यक्ति चौकीदार है। आज हर भारतीय कह रहा है #मैंभीचौकीदार।'[541] इस संदेश को स्पष्ट करने के लिए उन्होंने तीन मिनट का एक वीडियो भी पोस्ट किया। यह वीडियो भिन्न-भिन्न वर्गों के भारतीय नागरिकों को गर्व से अपने घरों, अपने समुदायों और अंत में अपने देश की चौकीदारी करते दिखाता है। लाखों नागरिकों ने सोशल मीडिया के अपने प्रोफाइल में नाम के आगे 'चौकीदार' शब्द को जोड़ लिया। मोदी यही नहीं रुके। उन्होंने 25 लाख चौकीदारों को वीडियो कॉन्फ्रेंस के जरिए संबोधित किया। राहुल का 'चौकीदार चोर है' तंज वैसा ही साबित हो रहा था, जैसा 2014 के चुनाव प्रचार के दौरान मणिशंकर अय्यर

---

540. अरूप रॉयचौधरी, 'न्याय, पी.एम. किसान प्रॉब्लेमैटिक, टारगेट नैरो ग्रुप : अरविंद सुब्रह्मण्यन', बिजनेस स्टैंडर्ड, 1 अप्रैल, 2019, https://www.business-standard.com/article/economy-policy/nyay-pm-kisan-problematic-target-narrow-group-arvind-subramanian-119033000802_1.html

541. https://twitter.com/narendramodi/status/1106759555315314689?lang=en

का अपमानित करने वाला 'चायवाला' तंज हुआ था।

राहुल हैरान थे कि पी.एम. मोदी पर दाग चिपक नहीं रहा है। राहुल की बात पर किसी को विश्वास नहीं हो रहा था। राहुल की टीम ने एक कहानी गढ़ी थी कि मोदी के नेतृत्व वाली भाजपा सरकार उस कीमत से अधिक पर राफेल लड़ाकू विमान खरीद रही है, जिस पर यू.पी.ए. सरकार ने सौदा किया था और पी.एम. मोदी ने फ्रांस की सरकार तथा 'डालौल्ट' पर अनिल अंबानी को भारत का एक ऑफसेट पार्टनर बनाने का दबाव डाला था। हालाँकि इसका सच से दूर-दूर तक नाता नहीं था। फ्रांस के राष्ट्रपति ने आधिकारिक रूप से कहा कि राफेल एक सरकार से दूसरी सरकार के बीच का सौदा है, 'डालौल्ट एविएशन3 (राफेल लड़ाकू विमानों का निर्माता) के सी.ई.ओ., एरिक ट्रैपियर ने आधिकारिक रूप से कहा कि ऑफसेट पार्टनर चुनने को लेकर किसी की तरफ से कोई दबाव नहीं था। नियंत्रण और महालेखा परीक्षक (सी.ए.जी.) ने कहा कि मोदी सरकार ने पिछली यू.पी.ए. सरकार में हुए सौदे से 2.86 प्रतिशत कम कीमत पर यह सौदा किया है। यहाँ तक कि जब कांग्रेस सुप्रीम कोर्ट पहुँची, तब कोर्ट ने भी पाया कि राफेल लड़ाकू विमानों की खरीद में कोई अनियमितता नहीं है। उसने कोर्ट की निगरानी में जाँच की अपील करने वाली सभी याचिकाओं को खारिज कर दिया। स्वाभाविक रूप से जब फ्रांस की सरकार, राफेल जेट के निर्माता, सीएजी और सुप्रीम कोर्ट, सभी ने पी.एम. मोदी को क्लीन चिट दे दी थी, तब लोगों ने इन पर विश्वास किया, न कि राहुल गांधी पर, जो खुद कई करोड़ के 'नेशनल हेराल्ड घोटाले' में जमानत पर बाहर थे।

फिर भी राहुल 'चौकीदार चोर है' की कहानी को आगे बढ़ाते रहे। सुप्रीम कोर्ट में राफेल पर चल रही सुनवाई में एक प्रक्रियात्मक निर्णय से उन्हें फिर से चाल चलने का मौका मिल गया। सुप्रीम कोर्ट ने अपने पिछले फैसले पर पुनर्विचार के लिए राफेल के लीक किए गए दस्तावेज दाखिल करने की इजाजत दे दी। कांग्रेस अध्यक्ष राहुल गांधी ने अमेठी की अपनी रैली में लोगों को यह कहकर गुमराह किया कि 'सुप्रीम कोर्ट ने साफ कर दिया है कि चौकीदारजी ने चोरी की है।' भाजपा सांसद मीनाक्षी लेखी ने सुप्रीम कोर्ट में राहुल गांधी के खिलाफ आपराधिक अवमानना की याचिका दाखिल की और कहा कि कांग्रेस अध्यक्ष ने कोर्ट के 10 अप्रैल के आदेश की जानबूझकर गलत व्याख्या की है, जिसने केवल रक्षा मंत्रालय के 'लीक हुए' दस्तावेजों को रिकॉर्ड पर लाने की इजाजत दी थी। लेखी ने कहा, 'वह अपने निजी कथनों को सुप्रीम कोर्ट के आदेश की तरह बता रहे हैं और जनता के मन में प्रतिकूल छवि बनाने का प्रयास कर रहे हैं।'[542] एक बार फिर राहुल

542. 'चौकीदार चोर है : राहुल गांधी सेज सॉरी टु सुप्रीम कोर्ट फॉर यूजिंग इट्स नेम', इंडिया टुडे, 22 अप्रैल, 2019, https://www.indiatoday.in/elections/lok-sabha-2019/story/rahul-gandhi-says-sorry-for-chowkidar-chor-jibe-says-remark-in-heat-of-campaigning-1507217-2019-04-22

गांधी को अपने झूठे प्रचार के लिए शर्मिंदगी उठानी पड़ी, जब सुप्रीम कोर्ट की बेंच ने यह बयान जारी किया कि इसने राफेल डील में पी.एम. की भूमिका पर कोई टिप्पणी नहीं की थी और उसने राहुल गांधी से स्पष्टीकरण माँगा। राहुल गांधी को पी.एम. मोदी पर 'चौकीदार चोर है' की टिप्पणी के लिए कोर्ट से माफी माँगनी पड़ी। यह 2019 में कांग्रेस के अभियान का सबसे निचला स्तर था, जो आने वाले नतीजों से भी स्पष्ट हो गया।

एग्जिट पोल और नतीजे

सत्रहवीं लोकसभा के लिए आम चुनाव 11 अप्रैल से 19 मई के बीच सात चरणों में कराए गए थे। नतीजों की घोषणा 23 मई को होनी थी। टीवी न्यूज चैनलों ने एग्जिट पोल के नतीजे 19 मई की शाम को घोषित किए, जब अंतिम चरण के मतदान समाप्त हो गए। अधिकांश एग्जिट पोट ने एन.डी.ए. को स्पष्ट बहुमत के साथ नरेंद्र मोदी की प्रधानमंत्री के रूप में वापसी का अनुमान लगाया।

2019 में विभिन्न दलों को लेकर एग्जिट पोल के आँकड़े

एग्जिट पोल एजेंसी	एन.डी.ए.	भाजपा	यू.पी.ए.	कांग्रेस	अन्य
एबीपी-नीलसन	267	218	127	81	148
इंडिया टुडे-एक्सिस माय इंडिया	339-365		77-108		69-95
इंडिया टीवी-सीएनएक्स	295	240	127	84	121
न्यूज एक्स -नेता	242		164		137
न्यूज नेशन	282-290		118-126		130-138
न्यूज18-इप्सोस/ सीएनएन-आईबीएन-इप्सोस	336	276	82	46	102-112
न्यूज24-टुडेज चाणक्या	350	300	95	55	97
टाइम्स नाऊ-वीएमआर	306		132		104
रिपब्लिक टीवी-सी वोटर	287	236	128		127
एनडीटीवी पोल ऑफ पोल्स	300		127		115
रिपब्लिक-जन की बात	295-315	254-274	122-125	71-74	102-125

स्रोत : विभिन्न एजेंसियाँ

संकेत साफ थे कि देश अवसरवादी गठबंधनों और भ्रष्ट दलों को खारिज करने जा रहा है और इनके बजाय विकास की राजनीति को चुनने वाला है। राजनीतिक विश्लेषक से राजनीतिज्ञ बने योगेंद्र यादव एग्जिट पोल में कांग्रेस के खराब प्रदर्शन पर जमकर बरसे। ट्विटर पर अपने पोस्ट में उन्होंने कहा, 'कांग्रेस को मर जाना चाहिए। अगर 'इंडिया' के आइडिया को बचाने के लिए वह इस चुनाव में भाजपा को रोक नहीं सकी, तो भारतीय इतिहास में इस पार्टी की कोई सकारात्मक भूमिका बची नहीं है। आज यह एक विकल्प के बनने की राह का अकेला सबसे बड़ा रोड़ा है।'[543] हालाँकि विपक्ष के नेताओं ने इन अनुमानों को खारिज कर दिया, वहीं उनमें से कुछ ने इलेक्ट्रॉनिक वोटिंग मशीनों पर आरोप लगाना शुरू कर दिया। उनमें से कई मतगणना से दो दिन पहले चुनाव आयोग से मिले और बाद में सुप्रीम कोर्ट का दरवाजा खटखटाया, जहाँ 50 प्रतिशत 'मतदाता-सत्यापित पेपर ऑडिट ट्रेल' (वीवीपैट) पर्चियों के सत्यापन की अपील की। दोनों ने ही इस माँग को खारिज कर दिया, क्योंकि इससे लोकसभा चुनाव के नतीजों में काफी देरी होती, जिसका गठन तय समय-सीमा से पहले किया जाना जरूरी था।

विपक्षी दलों ने अलग-अलग तौर पर भी एग्जिट पोल की आलोचना शुरू कर दी। ममता बनर्जी ने उन्हें 'एग्जिट पोल गॉसिप' कहा, जबकि कैप्टन अमरिंदर सिंह ने कहा कि 'उनके सटीक होने पर संदेह' है। एन. चंद्रबाबू नायडू की राय थी कि 'कई मौकों पर एग्जिट पोल गलत और वास्तविकता से परे' साबित हुए हैं, वहीं शशि थरूर ने कहा कि मेरा मानना है कि ऐसे पोल 'एकदम गलत' हैं। डी.एम.के. चीफ एम.के. स्टालिन ने भी एग्जिट पोल के अनुमानों को खारिज कर दिया। उन्होंने कहा, 'हम मीडिया के एग्जिट पोल पर विचार या उन्हें स्वीकार नहीं करते, चाहे वे किसी के भी पक्ष में जाएँ। जैसा कि हमारे नेता कलईग्नार (एम. करुणानिधि) ने पहले कहा था, हम केवल लोगों के नतीजे में विश्वास रखते हैं और हम उसकी उत्सुकता से प्रतीक्षा कर रहे हैं।'[544] सिर्फ जम्मू-कश्मीर नेशनल कॉन्फ्रेंस के नेता उमर अब्दुल्ला आशावादी दिखे, जब उन्होंने ट्वीट किया, 'हर एक एग्जिट पोल गलत नहीं हो सकता है!'

बेशक, पूरा देश उत्सुकता से अंतिम नतीजों का इंतजार कर रहा था, जब 23 मई को रुझान आने लगे, तब यह स्पष्ट हो गया कि हवा किस दिशा में बह रही है, यानी मोदी 2.0 की लहर चल रही थी। देश ने एक स्वर में कहा था, 'फिर एक बार, मोदी सरकार'। अकेले भाजपा ने 303 सीटों का प्रचंड बहुमत हासिल किया था, जो 1984

543. https://twitter.com/_YogendraYadav/status/1130159481084506112

544. 'हाऊ अपॉजिशन लीडर्स रियक्टेड टु एग्जिट पोल्स प्रडिक्शंस', इंडिया टुडे, 20 मई, 2019, https://www.indiatoday.in/elections/lok-sabha-2019/story/lok-sabha-exit-polls-result-opposition-leaders-reaction-1529219-2019-05-20

के बाद किसी भी एक दल के लिए सीटों की सबसे अधिक संख्या थी। भाजपा ने 2014 (282 सीट) के अपने ही प्रदर्शन को बेहतर किया था। भाजपा के नेतृत्व वाले एन.डी.ए. का प्रदर्शन भी 2014 में 336 सीट के मुकाबले 353 सीट हासिल कर बेहतर हुआ था। कांग्रेस एक बार फिर बुरी तरह हारी और देश की जनता ने इसकी नकारात्मक तथा परिवारवादी राजनीति को पूरी तरह से खारिज कर दिया। वह पार्टी, जिसने दशकों तक राज किया था, 2014 में चवालीस सीटों पर सिमट गई थी। अगले पाँच वर्षों में वह देश भर में महज आठ सीट और जोड़ सकी और बावन के आँकड़े तक पहुँची। उत्तर प्रदेश के एस.पी.-बी.एस.पी. के जिस महागठबंधन का इतना शोर था, उसे भी मतदाताओं ने धूल चटा दी और उसकी जातिवादी राजनीति को खारिज कर दिया। दोनों को अस्सी में से पंद्रह सीट मिलीं, बी.एस.पी. को दस और एस.पी. को पाँच। कांग्रेस उत्तर प्रदेश में महज एक सीट, सोनिया गांधी की रायबरेली सीट ही जीत सकी। सबसे बड़ा मुकाबला स्मृति ईरानी ने जीता, जब उन्होंने कांग्रेस अध्यक्ष को उनकी सुरक्षित अमेठी सीट पर 55,000 वोट से हरा दिया। पाँच साल पहले किसने सोचा था कि यह संभव हो सकता है ? यह सत्ता-समर्थक लहर का वोट था।

चुनाव के नतीजों ने एक बड़ा स्पष्ट और जोरदार संदेश दिया—भारतीय मतदाताओं ने कांग्रेस की नकारात्मक राजनीति को खारिज कर दिया और राष्ट्रीय सुरक्षा के लिए जमकर मतदान किया, वहीं इसके साथ-साथ 'सबका साथ, सबका विश्वास' के मोदी मंत्र को गले लगाया। यह स्पष्ट था कि पी.एम. मोदी के निर्णायक नेतृत्व और विकास के कामों ने लोगों का दिल जीत लिया था। उन्होंने दूसरी बार एक निर्णायक जनादेश दिया था, ताकि नए भारत का निर्माण किया जा सके, जो अपनी रक्षा आतंकवाद से कर सके, अपनी संस्कृति और इतिहास पर गर्व कर सके और विकसित देश बनने की दिशा में अपने कदमों को नए जोश के साथ आगे बढ़ा सके।

30 मई, 2019 को नरेंद्र दामोदरदास मोदी ने दूसरी बार प्रधानमंत्री के रूप में शपथ ली।